Hans-Joachim König
Kleine Geschichte Lateinamerikas

Schriftenreihe   Band 583

Hans-Joachim König

Kleine Geschichte Lateinamerikas

bpb:
Bundeszentrale für politische Bildung

Bonn 2006
Lizenzausgabe für die
Bundeszentrale für politische Bildung
Adenauerallee 86, 53113 Bonn

© 2006 Philipp Reclam jun. GmbH & Co., Stuttgart
Kartenzeichnung: Theodor Schwarz, Urbach

Umschlaggestaltung: Michael Rechl, Kassel
Umschlagfoto: © Peter Hirth / transit-Archiv

Satz und Druck: Reclam, Ditzingen
Buchbinderische Verarbeitung: IBB GmbH, Weinsberg

ISBN 3-89331-723-6

www.bpb.de

Inhalt

Vorwort

Lateinamerika besteht aus dreiundzwanzig Staaten, die größtenteils auf eine fast zweihundertjährige Selbständigkeit zurückblicken können und dazu noch eine dreihundertjährige Vorgeschichte besitzen. Es ist ein Raum mit sehr unterschiedlichen naturgeographischen Bedingungen und Ausstattungen, unterschiedlich dichter Besiedelung und ethnisch heterogenen Bevölkerungsgruppen. Ist die Geschichte eines solchen Raumes in einer begrenzten Gesamtübersicht überhaupt darzustellen? Diese Frage stellte ich mir, als ich gebeten wurde, eine »Kleine Geschichte Lateinamerikas« zu schreiben.

Um der Gefahr unstatthafter und unangemessener Vereinfachungen zu entgehen, habe ich gleichsam als Sonde oder als roten Faden den historischen Prozess der Staats- und Nationsbildung gewählt. Ich verfolge und beschreibe den Weg von Kolonien zu Nationalstaaten. Dabei verstehe ich entsprechend der gegenwärtigen Forschung zu Nation, Nationalismus und Nationalstaat unter Nationalstaat eine Sonderform des modernen Territorialstaats, in dem der überwiegende Teil der Bevölkerung eine deutlich erkennbare soziale Einheit bildet und an den Entscheidungen des Staates politisch beteiligt ist und der zudem als Niederschlag des Gesamtwillens der Bevölkerung empfunden wird, so dass es bei seinen Bewohnern über die angestammten Loyalitäten gegenüber Familie, Dorf und Landschaft hinaus eine kollektive Identität, ein Bewusstsein von einer wie auch immer gearteten imaginären Einheit gibt. Diese Definition impliziert, dass nicht alle Staaten zugleich auch Nationalstaaten waren oder sind, jedoch auch, dass ein Staat mit wachsender sozialer Einheit, etwa durch eine integrative Politik oder durch Sozialpolitik, und mit zunehmender Loyalität der Gesamtbevölkerung,

die auf einer solchen Politik beruht, zu einem Nationalstaat werden kann.

Indem ich diesem roten Faden folge, ist es mir möglich,
einerseits einen zeitlichen Bogen von der Kolonialzeit,
von den kolonialen Grundlagen der späteren Staaten, über
den Prozess der Auflösung der iberischen Kolonialreiche
und der Staatenbildung bis in die Gegenwart zu schlagen;
und andererseits den Prozess der innergesellschaftlichen
Entwicklung, die verschiedenen nationalen Projekte, die
Sozialpolitik, die Politik hinsichtlich der rassisch-ethni-
schen Heterogenität, die Konstruktion von Identität, also
die Nationsbildung, in den Blick zu nehmen und kritisch
zu betrachten. Zahlreiche Aussagen können hier allerdings
nur verallgemeinernd gemacht werden, was insofern statt-
haft ist, als es in dem Prozess der Staats- und Nationsbildung in Lateinamerika trotz aller Vielfalt gemeinsame
Züge gibt. Natürlich werden Differenzierungen so weit
nötig und möglich erfolgen. Das betrifft vor allem die Zeit
der Staatenbildung zu Beginn des 19. Jahrhunderts. Diese
Epoche bildet in gewissem Sinn die Mitte meiner Darstellung, ist deshalb auch ausführlich behandelt, weil mit dem
jeweiligen Prozess der Staatsbildung, dem politischen und
gesellschaftlichen Projekt der politisch dominierenden
Gruppen und seinen Defiziten am Beginn der Nationsbildung schwere Hypotheken sichtbar werden.

Insgesamt beziehe ich mich auf den Raum, den Spanier
und Portugiesen erobert und kolonisiert haben, aus deren
Kolonialreichen souveräne Staaten entstanden. Kolonien
anderer europäischer Staaten bzw. die aus anderen europäischen Kolonialreichen in Amerika entstandenen Staaten werden hier bis auf die Staatsbildung Haitis nicht berücksichtigt.

Meine Darstellung richtet sich nicht an Fachkollegen,
sie ist auch nicht für Lateinamerikaner geschrieben. Es
geht um eine »Kleine Geschichte Lateinamerikas« für
deutsche Leserinnen und Leser; sie soll ein Interesse für

die Geschichte Lateinamerikas bei ihnen wecken und ihnen diese näherbringen. Bereits interessierte und vorinformierte Leser sollen zusätzliche Einblicke gewinnen. Denn die Beschäftigung mit diesem kulturell, politisch und auch naturgeographisch so vielfältigen Raum und seiner Geschichte ermöglicht Einsichten in regionalspezifische, aber auch internationale Zusammenhänge; sie zeigt die Bedeutung von regionalen und kulturellen Rahmenbedingungen für die historische Entwicklung und macht die Probleme von Multikulturalität deutlich, Probleme, die auch in Europa und Deutschland im Zuge von Globalisierung und Migration immer relevanter werden.

Eine Bibliographie mit weiterführender Literatur bietet dem Leser die Möglichkeit, sich über einzelne Länder, Aspekte und Phänomene zu informieren.

Die kolonialen Grundlagen der lateinamerikanischen Staaten: Die iberischen Kolonialreiche

(1492–1750)

Epochenüberblick

Die lateinamerikanischen Staaten waren ursprünglich Bestandteile der iberischen Reiche Spanien und Portugal in Amerika. Über drei Jahrhunderte gehörten die amerikanischen Regionen, in denen zu Beginn des 19. Jahrhunderts mehrere souveräne Staaten entstanden, zu den iberischen Imperien Spaniens und Portugals in Amerika. Aus ehemaligen Kolonien der iberischen Kolonialreiche entwickelten sich souveräne Staaten. Dieser Prozess setzte zwar erst verstärkt seit der Mitte des 18. Jahrhunderts ein, doch zeichnen sich Konturen der späteren Staaten, zumindest was die Raumgliederung angeht, schon früh ab. Seit 1492, als Christoph Kolumbus den vierten Erdteil als eine für die Europäer bis dahin unbekannte Neue Welt entdeckte, prägte die dreihundert Jahre dauernde koloniale Herrschaft von Portugiesen und Spaniern die politischen, sozialen, wirtschaftlichen und demographischen Verhältnisse Amerikas. Sie schuf Strukturen, die nicht nur für die Raumgliederung, und damit konkret für die spätere Staatsbildung, entscheidend wurden, sondern auch in innergesellschaftlichen Problemen und Herausforderungen der souveränen Staaten fortwirken.

Das erste Kapitel zeigt, wie sich die »Entdeckung« Amerikas in den seit dem ausgehenden Mittelalter einsetzenden Prozess der europäischen Expansion einfügt und

welche Rolle dabei die beiden iberischen Reiche Portugal
und Spanien gespielt haben. Es skizziert die Motive der
iberischen überseeischen Expansion, beschreibt die rechtlichen Grundlagen der Kolonialherrschaft und verfolgt die
Umsetzung bzw. Durchsetzung dieser Motive bei der Kolonialisierung und der Inwertsetzung der eroberten Gebiete. Dabei gilt den Auswirkungen der Kolonialpolitik
hinsichtlich der administrativen Organisation und territorialen Gliederung, die mit der territorialen Eroberung einherging, sowie der innergesellschaftlichen Entwicklung –
gerade in Bezug auf das Verhalten gegenüber der autochthonen Bevölkerung – besondere Aufmerksamkeit.

Entdeckung und Eroberung Amerikas

1341	Die Portugiesen erobern die westlichen Kanaren: Gran Canaria, Teneriffa und Gomera.
1402	Besetzung der Kanaren durch die Spanier (Kastilier).
Ab 1415	Förderung der portugiesischen Expeditionen entlang der afrikanischen Westküste durch Heinrich den Seefahrer.
1429	Entdeckung der Azoren durch die Portugiesen.
Seit 1444	Handel der Portugiesen mit afrikanischen Sklaven.
1446	Die Portugiesen erreichen die Gambiamündung.
1452–1456	Die Päpste Nikolaus V. und Kalixtus III. autorisieren in verschiedenen Bullen den portugiesischen König Alfons V. zur Entdeckung und Eroberung Afrikas.
1453	Eroberung Konstantinopels durch die Osmanen.
1469	Mit der Vermählung von Isabella von Kastilien und Ferdinand von Aragón beginnt die politische Einigung Spaniens unter Führung Kastiliens.
1474	Der Florentiner Arzt und Kosmograph Paolo del Pozzo Toscanelli informiert den Lissaboner Kanonikus Fernão Martins de Roriz über eine mögliche westliche Seeroute nach Indien.

1479	Vertrag von Alcáçovas-Toledo: Portugal und Spanien legen ihre Rivalitäten in der atlantischen Expansion bei; Portugal erhält die Gebiete südlich einer auf der Höhe des Kap Bojador in Ost-West-Richtung verlaufenden Linie – die Inseln im Atlantik und Afrika –, Spanien die nördlich gelegenen Gebiete – die Kanarischen Inseln.
1488	Bartolomeu Dias umschifft die Südspitze Afrikas; der östliche Seeweg nach Indien ist damit offen.
1492	1. Januar: Einnahme von Granada, dem letzten maurischen Königreich, durch die spanischen Könige; damit endet die Reconquista.
	17. April: Vereinbarungen (*capitulaciones*) zwischen den spanischen Königen und Kolumbus über eine Entdeckungsfahrt in Richtung Indien.
	12. Oktober: Entdeckung Amerikas; Kolumbus landet auf der Suche nach einem westlichen Seeweg nach Indien auf der kleinen Insel Guanahani in der Bahama-Gruppe, der heutigen Watlinsinsel.
	Ende Dezember: Kolumbus lässt Fort Navidad auf Hispaniola/Haiti bauen, die erste europäische Siedlung in der Neuen Welt.
1493	Veröffentlichung des sogenannten Kolumbus-Briefs über die erste Entdeckungsfahrt im April und Mai.
	Papst Alexander VI. bestätigt im Mai den Königen von Kastilien und León die Besitzrechte über die entdeckten und noch zu entdeckenden Länder. Teilung der spanischen und portugiesischen Interessensgebiete entlang des 38. Grads westlicher Länge, 100 Seemeilen westlich der Azoren.
1494	7. Juni: Im Vertrag von Tordesillas einigen sich Spanien und Portugal auf den 46. Grad westlicher Länge, 370 Meilen westlich der Kapverdischen Inseln, als neue Trennungslinie ihrer überseeischen Interessensgebiete. Portugal erhält, ohne es zu wissen, Anteil am amerikanischen Kontinent: Brasilien.
1494–1508	Erkundung und Eroberung im Karibikraum.
1496	Gründung der Stadt Santo Domingo auf Hispaniola.
1498	Spanien geht zur Siedlungskolonisation über.
1500	Pedro Álvares Cabral berührt im April während der

	zweiten portugiesischen Ostindienfahrt Brasilien und nimmt es für Portugal in Besitz: portugiesische Aktivitäten beschränken sich auf den Küstensaum.
1501	Die Katholischen Könige ernennen an Stelle von Kolumbus Nicolás de Ovando zum Gouverneur von Hispaniola.
1501/02	Amerigo Vespucci nimmt an einer portugiesischen Brasilienexpedition teil und berichtet im September 1502 über seine Eindrücke.
1513	Vasco Nuñez de Balboa durchquert im September den Isthmus von Panama und entdeckt das »andere« Meer, den Pazifik, den die Spanier das »Südmeer« nennen.
1516–1556	Regierungszeit Karls I. von Spanien, ab 1519 römisch-deutscher Kaiser Karl V.
Ab 1519	Eroberung Mexikos durch Hernán Cortés.
1523–1524	Pedro de Alvarado erobert Guatemala und El Salvador.
1530–1539	Eroberung Venezuelas und des nordandinen Raums (Neu-Granada).
1533	Eroberung des Inka-Reichs durch Francisco Pizarro.
1537	Errichtung der Provinz Paraguay.
1541–1552	Eroberung Chiles durch Pedro de Valdivia bis zum Bío-Bío-Fluss.
1556–1598	Regierungszeit Philipps II.
1573	Philipp II. erlässt aus 148 Paragraphen bestehende Regelungen zur Entdeckung und Besiedlung (*Ordenanzas de descubrimiento, nueva población y pacificación de las Indias*); damit endet die Phase der Eroberung, und es beginnt die Konsolidierung der Kolonisation.

Die Anfänge der iberischen Expansion

Im 15. Jahrhundert vollzogen sich im östlichen Mittelmeerraum, der seit den Kreuzzügen das wichtigste südeuropäische Kolonisations- und Handelsgebiet darstellte, bedeutsame Veränderungen. Der Zugang zu den Schätzen, Gewürzen und Handelsplätzen des Fernen Ostens, zu den Reichtümern Asiens, wurde immer schwieriger, seit die Osmanen die über Jahrhunderte für den Handel benutzte Seidenstraße zwischen Europa und China blockierten und besonders mit der Einnahme Konstantinopels im Jahr 1453 das bisherige Handelsgefüge empfindlich störten. Dadurch sahen sich vor allem die bis dahin führenden italienischen Handelsrepubliken Venedig und Genua, die das östliche Mittelmeer beherrscht hatten, in ihren wirtschaftlichen Interessen in hohem Maße beeinträchtigt. Hinzu kam, dass Portugal und Spanien (Kastilien), deren politisches und wirtschaftliches Gewicht sich durch die Rückeroberung der Iberischen Halbinsel von den Arabern und vom Islam, die Reconquista, stetig konsolidierte, als Konkurrenten auftraten. Als Küstenländer verfügten sie über eigene seefahrerische Traditionen, machten sich aber auch die Kenntnisse und Erfahrungen der italienischen Seefahrer und Kaufleute sowie das Kapital italienischer Banken zunutze, die sich aus dem östlichen Mittelmeer zurückzogen und im ausgehenden 15. Jahrhundert ihre Aktivitäten auf das westliche Mittelmeer und die Nordlandfahrten verlagerten. Die geographische Lage bot den iberischen Staaten die Möglichkeit, die Handelsbeziehungen zum Fernen Osten, zu »Indien«, das als Synonym für Asien galt, auf dem Seeweg herzustellen.

Zuerst begann das kleinere Portugal mit dem Ausgriff auf den Atlantik. Schon um die Mitte des 13. Jahrhunderts hatte es nämlich im westlichen Teil der Iberischen Halbinsel die Rückeroberung der von den Mauren besetzten Gebiete beenden können und eine politische Einigung und Zentralisierung erlangt, die es ihm erlaubte, erste sporadische Entdeckungsfahrten zu unternehmen. Portugiesen begaben sich besonders unter der gezielten Förderung durch den Prinzen Heinrich (1394–1460) aus dem portugiesischen Königshaus – der deshalb den Beinamen »der

Seefahrer« erhielt – und gestützt auf hochseetüchtige
Schiffe und neue Navigationstechnik seit 1415 auf Entdeckungsfahrten in den atlantischen Raum, nach Nordafrika
und an die westafrikanische Küste. Sie führten mit der
schrittweisen Besetzung der Inseln im Atlantik, der Ent-
schleierung der afrikanischen Küste (1444 Kap Verde,
1483 Kongomündung) und der Umschiffung Afrikas
(1488) die europäische Expansion in bislang unbekannte
Regionen zu einem ersten Höhepunkt. Im Vertrag von
Alcáçovas-Toledo, 1479, konnte Portugal seine Ansprüche auf die afrikanische Küste gegenüber dem Rivalen
Kastilien sichern, das immer wieder versucht hatte, in den
portugiesischen Guineahandel einzugreifen. Im Vertrag
verzichtete Königin Isabella von Kastilien auf ihre Ansprüche südlich der Linie Kanarische Inseln – Kap Boja-
dor und erkannte Afrika, die Inseln im Atlantik, Madeira,
die Azoren und die Kapverdischen Inseln als rechtmäßi-
gen portugiesischen Besitz an, während im Gegenzug
Portugal den Spaniern die Kanarischen Inseln überließ.
Damit wurde Spanien von der afrikanischen Küste ausgeschlossen und musste sich in seinen Atlantikunterneh-
mungen weiter nach Westen orientieren.

Die Entdeckung »Indiens« durch Kolumbus

Spanien (Kastilien) konnte sich erst ab 1492 voll der atlantischen Expansion widmen, nachdem mit der Niederschlagung des letzten maurischen Königreichs auf der
Halbinsel und der Einnahme Granadas am 2. Januar 1492
die Reconquista auch in diesem Teil der Iberischen Halbinsel beendet war. Die Monarchen Isabella von Kastilien
und Ferdinand von Aragón, deren Heirat 1469 einen wesentlichen Beitrag zur Einigung und Stärkung Spaniens
leistete, schlossen am 17. April 1492 vertragliche Verein-

barungen (*capitulaciones*) mit dem Genuesen Christoph Kolumbus, der lange Jahre sowohl am portugiesischen als auch am kastilischen Hof das Projekt einer Westfahrt nach Indien, also nicht um die Küste Afrikas herum, vergeblich vorgetragen hatte. In den Vereinbarungen beauftragten die spanischen Könige Kolumbus, Inseln und Länder in Richtung Indien zu entdecken und zur weiteren wirtschaftlichen Nutzung für sie in Besitz zu nehmen; sie selbst beteiligten sich finanziell an dem Entdeckungs- und Handelsunternehmen, während Kolumbus zum Admiral und Vizekönig der zu entdeckenden Gebiete ernannt wurde und neben dem Exklusivrecht der Entdeckung auch die Zusage für die Beteiligung an den zu erwartenden Gewinnen erhielt.

Das Unternehmen hatte Erfolg. Am 12. Oktober 1492 erreichte Kolumbus eine kleine Insel in der Bahama-Gruppe – die heutige Watlingsinsel – und nahm sie für die spanischen Könige in Besitz. Bei seiner Weiterfahrt berührte er auch die Küsten des heutigen Kubas und Haitis, das er *Española, Hispaniola* nannte; dort gründete er am 25. Dezember 1492 die erste spanisch-europäische Niederlassung, das Fort La Navidad. Kolumbus schien »Indien«, zumindest eine der Inseln des asiatischen Indiens, gefunden zu haben und nannte die Bevölkerung demzufolge Indier oder Indios. Am 16. Januar 1493 nahm Kolumbus dann wieder Kurs in Richtung Spanien und lief am 15. März in den Hafen von Palos ein, von wo aus er über Sevilla nach Barcelona weiterreiste, um dort den spanischen Königen Bericht zu erstatten. Dieser Bericht ist im sogenannten Kolumbus-Brief enthalten, der – inhaltlich parallel zum Schiffstagebuch – die ersten Begegnungen mit Land und Leuten beschrieb. Der Brief fand in Europa schnell Verbreitung und wurde in zahlreichen späteren Werken, in Chroniken und Kosmographien rezipiert und verarbeitet, weil er erste Informationen über bisher unbekannte Regionen und Menschen lieferte. Kolumbus hatte die Möglichkeit bewiesen, den Atlantischen Ozean zu überqueren, zurückzukehren und auf der gewonnenen Route neue Ausfahrten zu unternehmen, also die ersten Begegnungen fortzusetzen. Insofern darf Kolumbus, ungeachtet früherer europäischer Amerikafahrten als derjenige gelten, der die Inseln als eine für die Europäer neue Region entdeckt hat, obwohl er sich bis zu seinem Tod selbst gar nicht bewusst war, eine »neue Welt« gefunden zu haben.

Die »Teilung« der neuen Welten

Unmittelbar nach der Rückkehr von Kolumbus unternahmen die spanischen Könige Schritte, den portugiesischen Rivalen und auch andere europäische Fürsten von diesen Regionen auszuschließen und zugleich ihre eigene Monopolstellung aufzubauen. Sie wirkten im März/April 1493 bei Papst Alexander VI., einem Spanier aus dem valencianischen Adelsgeschlecht der Borja, darauf hin, dass er ihnen den Besitz der neuentdeckten und noch zu entdeckenden Regionen bestätigte, so wie frühere Päpste die portugiesischen Entdeckungen und Eroberungen an der afrikanischen Küste legitimiert hatten. Tatsächlich sanktionierte der Papst die spanischen Entdeckungsunternehmen über das traditionelle Recht der Erstentdeckung hinaus. In mehreren Bullen vom Mai 1493 verlieh Alexander VI. der kastilischen Krone die entsprechenden Besitzrechte über diejenigen Inseln und Länder, die jenseits einer hundert Meilen westlich der Azoren und Kapverdischen Inseln in Nordsüdrichtung verlaufenden Linie – des 38. Grads westlicher Länge – liegen würden, ohne die Ausmaße dieses Aktionsgebietes zu kennen. Zugleich wurde denjenigen Personen göttliche und päpstliche Indignation angedroht, die gegen die päpstliche Zuerkennung und »Teilung« in spanische und portugiesische Einflusssphäre verstoßen würden. Damit wurden andere europäische Fürsten von den neuen Regionen rechtlich ausgeschlossen, was so lange konfliktfrei blieb, wie mögliche Konkurrenten wie Frankreich oder England noch mit internen Problemen beschäftigt waren und keine staatlich geförderte Entdeckungs- und Expansionspolitik betrieben. Der Papst rechtfertigte die Verleihung an die spanischen Könige mit ihrem schon bei der Einnahme von Granada bewiesenen Missionseifer: Entsprechenden Eifer und Sorge für das Seelenheil der Heiden erwartete der Papst auch für Indien. Damit erhielt das ursprünglich wirtschafts- und handelspolitisch motivierte Entdeckungs- und Eroberungsunternehmen Kastiliens nachträglich und zusätzlich eine religiöse Motivierung. Das Missionsargument bewirkte, dass in den weiteren Unternehmungen der religiöse Aspekt deutlicher zum Tragen kam. Von Beginn an wurde die katholische Kirche ein wichtiger Partner bei der Eroberung und der späteren Kolonisation. Der aus den Papstbullen abgeleitete Missionsauftrag lieferte Argumente zur Rechtfertigung von Eroberung und Kolonialherrschaft, bewirkte aber auch heftige Debatten über die Gestaltung des Lebens in den neuen Gebieten und nahm insgesamt gesehen der folgenden Kolonisation den Charakter einer bloßen kolonialen Ausbeutung.

Dadurch, dass die »Trennungslinie« relativ dicht an der afrikanischen Küste verlief, sah sich Portugal bei seinen Indienfahrten auf der östlichen bzw. südlichen Route um Afrika herum beeinträchtigt, weil die Schiffe wegen ungünstiger Küstenwinde und -strömungen in weitem Bogen auf den Atlantik ausgreifen mussten, also zwangsläufig in das spanische Interessensgebiet eindrangen. Um seinen Ostindien-Flotten ungehinderte Fahrten zu sichern, bemühte es sich deshalb darum, auf der Basis der päpstlichen Urkunden eine neue, weiter westlich verlaufende Trennungslinie zwischen den beiden Interessensgebieten

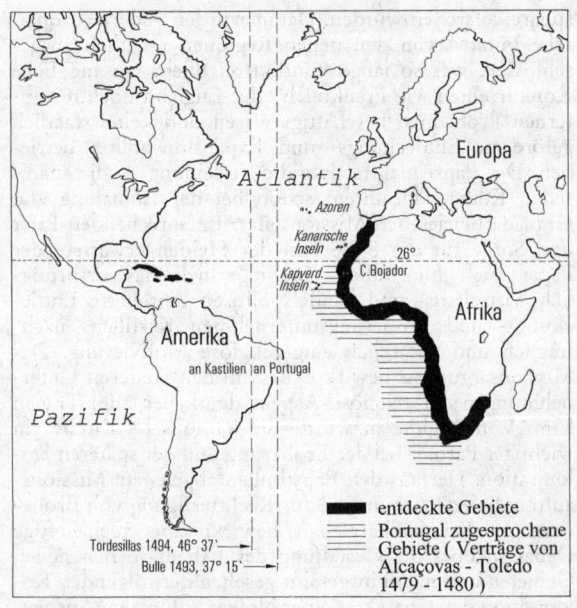

*»Teilung der Welt« durch die Verträge von Alcáçovas (1479) und
Tordesillas (1493)*

festlegen zu lassen. Im Vertrag von Tordesillas vom
7. Juni 1494 einigten sich Spanien und Portugal auf den
46. Grad westlicher Länge als neue Trennungslinie, die
nun 370 Meilen westlich der Kapverdischen Inseln verlief.
Die westlich dieser Grenze liegenden Weiten des Ozeans
und die – noch unbekannten – Regionen sollten spanisches, die östlich liegenden portugiesisches Einflussgebiet
sein. Damit erhielt Portugal Anteil an den neuen Inseln

und Ländern im Westen, denn der östliche Vorsprung des
neuen Kontinents fiel in den Portugal zugewiesenen Ein-
fluss- und Aktionsbereich.

Der Übergang zur Siedlungskolonie

Mit verschiedenen Entdeckungs- und Eroberungsfahrten,
deren Organisation nach Auseinandersetzungen mit Kolumbus die spanischen Monarchen ab 1499 zunehmend
auch anderen Untertanen übertrugen, drangen die Spanier
in *Las Indias* weiter vor. Sie trafen auf den karibischen Inseln und in den Küstenregionen zunächst auf wenig differenzierte Stammesgesellschaften. Die Indianer waren zwar
sesshaft, betrieben aber eine wenig entwickelte Landwirtschaft, die der tropischen bzw. subtropischen Vegetation
entsprach, und hatten noch keine größeren politischen
Organisationen entwickelt. Schnell übernahmen die Spanier hier die Herrschaft, indem sie die Indios besiegten
und zu integrieren versuchten, mit dem Ergebnis, dass
diese Völkerschaften relativ bald dezimiert wurden. Die
weitere Erkundung und Expansion gingen von der Opera-
tionsbasis Santo Domingo auf der Insel Hispaniola aus
und beschränkten sich bis 1508 auf den Karibikraum, die
Antillen sowie auf die zentral- und südamerikanische Ostküste. Zunächst gründeten die Spanier ähnlich wie die
Portugiesen in Afrika an den Küsten der neuentdeckten
Inseln nur Stützpunkte für den Handel, doch schon ab
1498 erlaubten die spanischen Könige auch die Ansiedlung von Spaniern in *Las Indias*. Sie ließen die ursprüngliche Konzeption einer Handelskolonisation mit Handels-
posten als Stützpunkten an den Küsten zugunsten einer
Siedlungskolonisation fallen, weil diese eine effiziente Sicherung des gewonnenen Raumes und zugleich eine effektivere Inwertsetzung der neuen Regionen versprach. Dazu

waren Städtegründungen und Bereitstellung von Arbeitskraft erforderlich.

Schon im zweiten Jahrzehnt der Entdeckung bildeten
sich auf Hispaniola (heutige Dominikanische Republik im
östlichen und Haiti im westlichen Teil) unter Anweisung
der spanischen Könige und unter Anleitung von Nicolás
de Ovando, den die Könige 1501 an Stelle von Kolumbus
zum Gouverneur von Hispaniola ernannt hatten, die typischen spanischen Kolonisationsmuster heraus. Deren Ziel
war es, Städte als Zentren der weiteren Kolonisation zu
gründen und in ihnen spanische Entdecker und Eroberer,
die Abenteurer und Soldaten, die meist aus dem durch die
Strukturen der Reconquista geprägten Kastilien und Andalusien stammten, zur Sicherung des Landes sesshaft zu
machen, ihnen die wirtschaftliche Basis für einen geho-
benen Lebensstandard zu geben und zugleich die dafür
erforderlichen Arbeitskräfte zur Verfügung zu stellen.
Ovando ließ die 1496 gegründete Stadt Santo Domingo an
einer neuen Stelle entsprechend dem Grundriss spanischer
Stadtgründungen im Gebiet der Reconquista als Schachbrettmuster mit einem Hauptplatz, der *plaza mayor*, im
Zentrum rechtwinklig sich kreuzender Straßen anlegen.
Der Bürger der Stadt, der *vecino*, erhielt sowohl ein Stadt-
grundstück für den Hausbau, das je nach Verdienst des
Berechtigten in der Größe variieren konnte, als auch Ländereien außerhalb der Stadt, die einerseits ihm gewinn-
bringende landwirtschaftliche Betätigung in Landwirtschaft, Viehzucht und Bergbau mit Hilfe dienstverpflich-
teter indianischer Arbeitskräfte ermöglichen, andererseits
die städtische Versorgung mit Agrar- und Viehprodukten
gewährleisten sollten.

Eroberung des amerikanischen Festlands

Der weitere Ausgriff auf den amerikanischen Kontinent ging dann gemessen an den geographischen Dimensionen rasch vonstatten. Besonders in Zentralmexiko und in den andinen Regionen, wo die Spanier im Unterschied zu den primitiven Inselkulturen der Karibik auf Kulturen mit ausgebildeten und zentralistisch regierten Großreichen trafen, die ihrerseits Eroberungsreiche waren, erfolgte die Eroberung trotz zahlenmäßiger Unterlegenheit der Spanier relativ schnell. Die spanischen Conquistadoren machten sich nämlich geschickt alte Mythen von der Wiederkehr göttlicher Wesen, aber auch die Unzufriedenheit unterdrückter indianischer Völker in den Eroberungsreichen der Azteken und Inkas zunutze, indem sie sich als Befreier der Unterdrückten präsentierten, was im Übrigen die Eroberung als berechtigte Einmischung zur Überwindung von Tyrannei und Unterdrückung erscheinen ließ. Bei den Eroberungszügen bemühten sie sich besonders darum, zunächst die indianischen Führungsschichten zu beseitigen oder auf ihre Seite zu ziehen. Das erwies sich gerade in den zentralistisch organisierten indianischen Großreichen in Mexiko, Peru und auch im nordandinen Raum – Neu-Granada – wie auch in den Hochländern Mittelamerikas als geschickte Strategie. Denn sobald die politische Hierarchie dieser Reiche bzw. der durchorganisierten Gesellschaften ausgeschaltet war, fiel meist auch der Widerstand der nachgeordneten Gruppen schnell zusammen. Dann konnten die Spanier in die bestehenden politischen Strukturen eintreten, d. h. die Stelle der indianischen Fürsten übernehmen und so eine sich bald weiter stabilisierende Herrschaft ausüben und ihre Zivilisierungsbestrebungen über einem zahlenmäßig starken indianischen Unterbau einleiten. In diesen Gebieten des amerikanischen Festlandes begründeten die Eroberer über den eroberten Reichen neue »Königreiche« (*reinos*), die meist nach den Reichen in Spanien benannt wurden, aber auch einheimische Bezeichnungen erhalten konnten: *Reino de Nueva España, de Nueva Galicia, de Nueva Granada* oder *Reino de Guatemala, de Quito*. Im Unterschied zu den »Reichen« des amerikanischen Festlands hießen die in der frühen Phase eroberten Gebiete der Küstenzonen »Provinzen« (*provincias*). In den Regionen des nördlichen Mittelamerika sowie in den tropischen Tieflandregionen und Regenwäldern Amerikas und des Amazonasgebiets, in denen es entweder noch keine durchorganisierten Reiche gab oder nur halbsesshafte und nomadisierende Völkerschaften lebten, erfasste die Eroberung nicht die Bevölkerung, da die einzelnen Stämme heftigen und teilweise auch erfolgreichen Widerstand leisteten und sich dem Zugriff der Spanier in angrenzende Regionen entzogen und zum Teil bis in das 19. Jahrhundert hinein überlebten, wie z. B. in Argentinien und in Chile (Araukaner) oder in Nordmexiko und in den Urwaldregionen zwischen Mexiko und Zentralamerika. So beschränkten sich die eigentliche Eroberung und die nachträgliche Kolonisation mit strategischen Städtegründungen auf den karibischen Raum sowie auf die Gebiete der andinen Kazikenherrschaften und Großreiche in Mittelamerika oder an der Westküste des Kontinents. Dort waren im Übrigen mit den begehrten Edelmetallen und verwertbaren Agrarprodukten auch die natürlichen Ressourcen vorhanden, welche die eroberten Gebiete wertvoll machten. Und mit den eroberten Völkern gab es dort, wo sie überlebten, auch die erforderlichen Arbeitskräfte.

1519 begann Hernán Cortés mit der Eroberung Mexikos, der sich in den folgenden Jahren diejenige Mittelamerikas anschloss. Nach etlichen früheren Versuchen eroberte Francisco Pizarro 1533 Peru. In den Jahren zwischen 1530–1536 und 1539 erfolgte die Eroberung des nordandinen Raums, d. h. der Region um den Maracaibo-See, die wegen der dortigen Pfahlbausiedlungen »Klein-Venedig«,

Venezuela, genannt wurde, und des Chibcha-Reiches, des späteren Neu-Granada und heutigen Kolumbien; an beiden Eroberungen waren auch deutsche Conquistadoren beteiligt, Philip von Hutten im Dienst der Welser in Venezuela, Nikolaus Federmann in Neu-Granada. 1537 wurde die Provinz Paraguay errichtet. In den folgenden Jahren griff die Eroberung nach Hochperu/Bolivien, in den nordwestlichen Teil Argentiniens und nach Chile aus, das Pedro de Valdivia in den Jahren 1541–1552 bis zum Bío-Bío-Fluss einnahm. Für lange Zeit bildete dieser Fluss die Grenze gegenüber den nicht eroberten Araukanern. Um die Mitte des 16. Jahrhunderts hatten die Spanier das Gebiet erobert, auf dem sich in den anschließenden 250 Jahren ihre Kolonisation vollzog: die Großen Antillen, Mittelamerika, das nördliche Südamerika, die Westseite des Kontinents und das La-Plata-Gebiet. Der weite Binnenraum des tropischen und subtropischen Amerika, besonders das Einzugsgebiet des Amazonas und seiner Zuflüsse, das entsprechend dem Vertrag von Tordesillas eigentlich spanischer Aktionsraum war, erlebte nur geringe Kolonisierung.

Der Übergang von Eroberung zur Kolonisation

Die Spanier hatten Großräume erobert, in denen sie zahlreiche Städte, meist im Landesinneren gelegen, wie Inseln als Ausgangspunkte zur Sicherung und Beherrschung dieser Räume oder als Bergwerksiedlungen zur Ausbeutung der Bodenschätze gründeten. Dieser Prozess der Stadtgründungen ließ besonders in Mexiko/Neu-Spanien, in Neu-Granada sowie in der Küsten- und Bergregion von Peru relativ schnell ein Netz von Städten entstehen. Bis 1570 dauerte dieser erste Gründungsprozess; er lief dann fast vollständig aus bzw. ging bis 1700 in den Prozess der

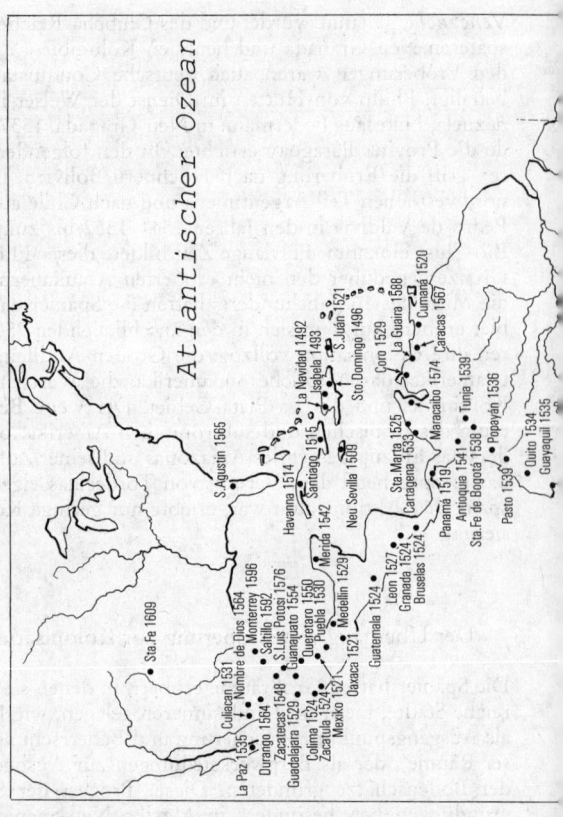

Städtegründungen in Spanischamerika im 16. Jahrhundert

Labels on map:

Atlantischer Ozean

Sta. Fe 1609
S. Agustin 1565
Havanna 1515
La Navidad 1492
Isabela 1493
S. Juan 1521
Santiago 1515
Sto. Domingo 1496
Cumaná 1520
Caracas 1567
La Guaira 1588
Coro 1529
Maracaibo 1574
Tunja 1539
Popayán 1536
Pasto 1535
Quito 1534
Guayaquil 1535
Sta. Marta 1526
Cartagena 1533
Panamá 1519
Antioquia 1541
Sta. Fe de Bogotá 1538
Neu Sevilla 1509
Granada 1524
Bruselas 1524
Leon 1527
Guatemala 1524
Medellin 1529
Mérida 1542
Oaxaca 1521
Mexiko 1521
Zacatula 1524
Colima 1524
Puebla 1530
Queretaro 1550
Guanajuato 1554
S. Luis Potosi 1576
Guadalajara 1529
Zacatecas 1548
Saltillo 1592
Monterrey 1596
Nombre de Dios 1564
Culiacan 1531
Durango 1564
La Paz 1535

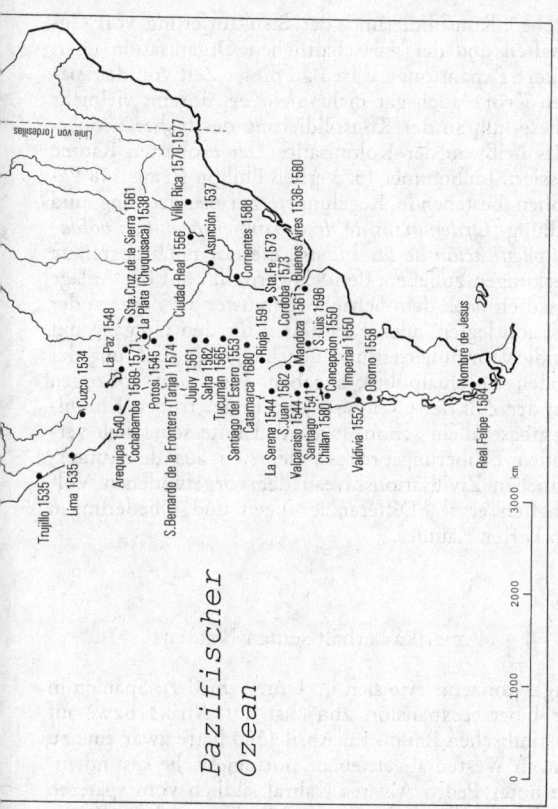

Pazifischer Ozean

Line von Tordesillas

Trujillo 1535
Lima 1535
Cuzco 1534
La Paz 1548
Arequipa 1540
Cochabamba 1569-1574
S.Bernardo de la Frontera 1574
Potosí 1545
Sta.Cruz de la Sierra 1561
La Plata (Chuquisaca) 1538
Ciudad Real 1556
Villa Rica 1570-1577
Asunción 1537
Corrientes 1588
Jujuy 1561
Salta 1582
Tucumán 1565
Santiago del Estero 1553
Catamarca 1680
La Rioja 1591
Sta.Fe 1573
Córdoba 1573
Buenos Aires 1536-1580
La Serena 1544
S.Juan 1562
Mendoza 1561
S.Luis 1596
Valparaíso 1544
Santiago 1541
Concepción 1550
Imperial 1550
Chillán 1580
Valdivia 1552
Osorno 1558
Nombre de Jesús

Real Felipe 1584

0   1000   2000   3000   km

politischen Konsolidierung, der Strukturierung von Gesellschaften und der wirtschaftlichen Organisation über.

Weitere Expansionen waren zu dieser Zeit von der spanischen Krone auch gar nicht mehr erwünscht; vielmehr war diese nun an der Konsolidierung des bisher Eroberten, das heißt an der Kolonisation der eroberten Räume interessiert. Im Sommer 1573 erließ Philipp II. aus 148 Paragraphen bestehende Regelungen zur Entdeckung und Besiedlung (*Ordenanzas de descubrimiento, nueva población y pacificación de las Indias*), die nur noch begrenzte Entdeckungen zuließen, den Schwerpunkt auf die Anlage von Städten nach dem Schachbrettmuster als Zentren der Zivilisation legten, auch Richtlinien für den Umgang mit den Indios formulierten und überhaupt die Richtung der folgenden Kolonialpolitik angaben. Insgesamt vollzogen sich in der Zeit der Conquista und in der frühen Kolonisationsphase allein schon durch den unterschiedlich verlaufenden Eroberungsprozess, der sich aus dem unterschiedlichen Zivilisationsniveau der vorgefundenen Völkerschaften ergab, Differenzierungen und Gliederungen des eroberten Raumes.

»Amerika« erhält seinen Namen

Portugal konzentrierte sich im Unterschied zu Spanien in seiner Überseeexpansion zunächst auf Afrika bzw. auf den ostindischen Raum. Im April 1500 hatte zwar eine zu weit nach Westen abgetriebene portugiesische Ostindien-Flotte unter Pedro Álvares Cabral südlich vom späteren Bahia das amerikanische Festland berührt und für Portugal in Besitz genommen, und durch weitere Expeditionen war geklärt, dass dieses Land, das Cabral »Land des Wahren Kreuzes« (*Terra do Vera Cruz*) genannt hatte, gemäß der Linie von Tordesillas zum portugiesischen Einflussgebiet gehörte. Aber die Portugiesen unternahmen zunächst noch keine kolonisatorischen Anstrengungen. Die Besiedlung des Landes, das schon bald wegen des in den Tropenwäldern gefundenen und zur Rotfärbung geeigneten Holzes den Namen *Terra do Brasil*, »Land des Brasilholzes«, erhielt, beschränkte sich das ganze 16. Jahrhundert hindurch auf die Küstenzonen. Hier lebten die Küstenindianer, die Tupís, auf der Wirtschaftsstufe von einfachen Pflanzerkulturen und verzehrten, wohl aus rituellen Gründen, ihre Gefangenen.

An einer dieser portugiesischen Expeditionen in den Jahren 1501/1502 hatte der Florentiner Kosmograph und Astronom Amerigo Vespucci teilgenommen. Sein Bericht aus dem Jahre 1502 über Land und Leute an der brasilianischen Küste, der zuerst 1503 mit dem Titel *Mundus Novus* als lateinische Ausgabe in Paris und dann in zahlreichen Ausgaben und Übersetzungen erschien, hatte in Europa eine enorme Resonanz; wohl weniger wegen seiner geographischen Beschreibungen als vielmehr wegen der lebendigen Schilderung bislang unbekannter Kulturen und Menschen. Seine Beschreibung des Kannibalismus der Tupinambá hat – in späteren Auflagen oft drastisch vergröbert – für lange Zeit das Zerrbild mitgeprägt, das man sich in Europa vom wilden Indio machte. Auch in anderer Weise zeigte sein Bericht über die »Neue Welt« Wirkung. Vespucci hatte im Unterschied zu Kolumbus die geographischen Gegebenheiten, die Pflanzen und Völkerschaften und den Sternenhimmel über den neuentdeckten Gebieten als etwas tatsächlich »Neues«, das auf der bisherigen Weltkarte des Ptolemäus nicht verzeichnet war, erfasst und das Land als einen eigenen Kontinent und nicht als ein Anhängsel Asiens erkannt. Dies veranlasste dann 1507 die beiden deutschen Geographen Martin Waldseemüller und Matthias Ringmann dazu, in ihrer *Cosmographiae Introductio* für die von Vespucci als Kontinent erkannte Landmasse entsprechend der Tradition, die Kontinente mit einem weiblichen Namen zu benennen, den Namen »America« nach ihrem ›Erfinder‹ Amerigo vorzuschlagen. Sie bedienten sich dabei einer etymologischen Figur, indem sie aus dem Wort *Amerige*, das die griechische Bezeichnung *gē*, ›Erde‹, enthält, in einer philologischen Wortspielerei die Sache benannten: Land des Americus. Auf ihrer großformatigen Weltkarte bezeichneten sie die Gegenden des heutigen Brasiliens, eben diejenigen, die Vespucci beschrieben hatte, zum ersten Mal mit dem Namen America. Und diese Bezeichnung setzte sich bald durch: In allegorischen Darstellungen der vier Erdteile erschien künftig neben den weiblichen Figuren der Europa, Afrika und Asien mit ihren jeweiligen Attributen auch die Figur der Amerika – meist als wilde und barbarische India.

Die neuentdeckten Regionen hatten in Europa nun ihren Namen erhalten: Amerika oder »Neue Welt«. Lediglich die Spanier bezeichneten sie selbst dann noch, nachdem sich die Entdeckung von »Indien« als Irrtum herausgestellt hatte, weiterhin meist als »Indien«, als *Reinos de las Indias* oder nur als *Las Indias*. Die verschiedenen Völker der neuen Regionen behielten ebenfalls die falsche Sammelbezeichnung Indios, »Indier« oder Indianer.

Koloniale Verwaltung

1492	April: In den Vereinbarungen mit Kolumbus ernennen die spanischen Könige Kolumbus zu ihrem Vizekönig und Generalgouverneur der zu entdeckenden Regionen.
1493	Die spanischen Könige bestätigen Kolumbus' Stellung.
1501	Die spanischen Könige ernennen an Stelle von Ko-

lumbus Nicolás de Ovando zum Gouverneur von Hispaniola.

1503 Gründung des staatlichen Handelshauses, der *Casa de la Contratación* in Sevilla, einer für den gesamten Schiffs-, Waren- und Personenverkehr mit Amerika zuständigen Zentralbehörde.

1508 Die spanische Krone erhält von Papst Julius II. das Universalpatronat in Amerika, also die weitreichende Oberaufsicht über die Kirche mit Vorschlagsrecht für die Besetzung der kirchlichen Ämter.
Nach der Anerkennung seiner vom Vater ererbten Ansprüche wird Kolumbus' Sohn Diego Colón zum Vizekönig und Gouverneur der bisher entdeckten Inseln ernannt.

Ab 1510 Erste portugiesische Handelsniederlassungen an der brasilianischen Küste, Pernambuco 1516.

1511 Gründung der ersten *audiencia* als kollegial organisierte Verwaltungs- und Appellationsinstanz in Santo Domingo, als Gegengewicht der Krone gegen die Partikularinteressen der Familie Colón.

1518 Die spanische Krone erhält die Befugnis zur Festlegung von Diözesangrenzen.

1524 Karl V. errichtet den *Consejo Supremo y Real de las Indias*, die höchste für die außereuropäischen Gebiete zuständige zentrale, kollegial aufgebaute Verwaltungs- und Rechtsprechungsinstanz, Finanzbehörde und Leitungsinstanz für die Kirche, mit Sitz in Spanien.

1527 Erster Versuch der Errichtung einer Audiencia für Neu-Spanien in Mexiko als Gegengewicht gegen Hernán Cortés.

1528/29 Zweite Errichtung einer Audiencia in Mexiko für Neu-Spanien.

Ab 1530 Zur Abwehr französischer Handelsaktivitäten an der brasilianischen Küste vollzieht die portugiesische Krone den Übergang von der Handels- zur Siedlungskolonisation mit entsprechender Verwaltung.

1532–1534 Portugals König Johann III. teilt das Land von der Amazonasmündung bis zum heutigen Staat Santa Catarina in 15 Gebietsstreifen (*capitanias* oder *donatá-*

rias) ein und verleiht sie als erbliche Lehen an 12 meist adelige Privatpersonen, die *donatários*.

1535   Errichtung des Vizekönigreichs Neu-Spanien (Mexiko) mit einem Vizekönig als Repräsentant des spanischen Monarchen. Systematischer Ausbau der Territorialverwaltung.

1538–1609   Errichtung weiterer Audiencias als größere Territorien umfassende Jurisdiktionsbereiche zur besseren administrativen Durchdringung der weitläufigen Gebiete; 1538 in Panama, 1543 in Guatemala und Lima; 1548 in Guadalajara und Bogotá, 1559 in Charcas (heute Sucre, Bolivien), 1563 in Quito und 1609 in Santiago de Chile.

1543   Errichtung des Vizekönigreichs Peru und einer Audiencia mit Sitz in Lima. Es umfasst alle südamerikanischen Besitzungen Spaniens ausgenommen Venezuela, das zum Vizekönigreich Neu-Spanien gehört.

Ab 1549   Die portugiesische Krone übernimmt selbst die Verwaltung der Kolonie. São Salvador da Bahia de Todós os Santos wird Hauptstadt und Sitz einer Zentralverwaltung, *governo geral*, in und für Brasilien.

1551   Gründung eines eigenen brasilianischen Bistums Bahia durch Herauslösung Brasiliens aus dem Bistum Funchal auf Madeira.

1555–1560   Gründung einer französischen Kolonie in der Bucht von Guanabara, *France Antarctique*, mit einem Fort Coligny; 1560 portugiesische Rückeroberung.

1565   Die von Spanien eroberten Philippinen werden dem Vizekönigreich Neu-Spanien zugeordnet.

1565   Gründung von Rio de Janeiro an der Stelle von Fort Coligny.

Ab ca. 1570 Ausweitung der Besiedlung von der brasilianischen Küste ins Landesinnere im Gefolge des Zuckerrohranbaus und der Suche nach Edelmetallen.

1580–1640   Sechzigjährige Personalunion der kastilischen und portugiesischen Kronen.

1605   In Mexiko-Stadt, Lima und Bogotá werden zentrale Rechnungshöfe, *Tribunales de Cuentas*, zur Rechnungsprüfung der königlichen Finanzkassen, *Cajas Reales*, errichtet.

1609	In Salvador wird ein für Brasilien zuständiges Appellationsgericht, *Relação*, eingerichtet.
1621	Zur besseren Verwaltung der gewachsenen Kolonie Brasilien erfolgt die Aufteilung in zwei voneinander unabhängige Verwaltungseinheiten: *Estado do Maranhão*, mit den Gebieten des Nordens und Amazonien, und *Estado do Brasil* mit den Gebieten des Zentrums und des Südens.
Ab 1624	Verstärkte Angriffe der Holländer auf Brasilien, speziell auf Salvador de Bahia.
1630–1654	Besetzung der Region Pernambuco/Recife durch die Holländer.
1638	In Havanna wird ein vierter Zentraler Rechnungshof errichtet.
1642	Errichtung einer portugiesischen Zentralbehörde, des *Conselho Ultramarino*, ähnlich wie der spanische Indienrat zuständig für die Verwaltung der Kolonien in Übersee.
1647	Juan de Solórzano legt eine Zusammenfassung des bisherigen »amerikanischen Rechts«, *derecho indiano*, vor.
1648	Die seit 1640 wieder unabhängige Krone Portugals greift unter König Johann IV. aus dem Hause Bragança in die Kämpfe in Brasilien ein und errichtet zur Förderung des Handels und zur Sicherung der Seeverbindungen die Allgemeine Handelskompanie Brasiliens (*Companhia geral do comércio para o Estado do Brasil*).
1654	Die Holländer geben Recife als ihre letzte Bastion in Brasilien auf.
1680/81	Inkrafttreten und Drucklegung des bisherigen »amerikanischen Rechts« in der Gesetzessammlung *Recopilación de Leyes de los Reinos de las Indias*.

Der politische Status Spanischamerikas

Entscheidend für den Aufbau des spanischen Reichs in Amerika war die staatsrechtliche Stellung der außereuropäischen Gebiete, die sich aus der Struktur der damaligen Monarchie Kastiliens ergab. Nach kastilischem Recht fiel in neueroberten Gebieten die volle und alleinige Herrschaft über Land und Leute an den König, an ihn ging die freie Verfügung über Grund und Boden über. Dementsprechend stellten auch die Gebiete der Neuen Welt ein Patrimonialeigentum der kastilischen Könige dar und wurden in das Konglomerat der ererbten und eroberten Reiche der Krone Kastiliens als *Reinos de las Indias*, das heißt als gleichberechtigte und selbständige Teilreiche neben den anderen Kronländern eingegliedert. Die *reinos y provincias* besaßen formal keinen minderen Rechtsstatus und waren deshalb rein rechtlich gesehen keine Kolonien, selbst die Indios waren de jure freie Untertanen. Gleichwohl ist aufgrund der politischen und wirtschaftlichen Abhängigkeit, die sich in verschiedenen Maßnahmen wie zum Beispiel der Errichtung des Sevillaner Handels- und Schifffahrtsmonopols oder besonders dem Verbot des Handels mit Ausländern äußerte, die Bezeichnung Kolonialreich gerechtfertigt. Grundlage der politisch-administrativen Entscheidungen war kastilisches Recht, waren spanische Gesetze, wie sie auch im Mutterland galten. Allerdings entwickelte sich auf dieser Basis und mit der königlichen Gesetzgebung das sogenannte »amerikanische Recht«, *derecho indiano*, nicht weil es ein Sonderrecht darstellte, sondern weil es den Gegebenheiten Amerikas und der Teilregionen Rechnung tragen musste. Der Jurist Juan de Solórzano legte 1647 eine Zusammenfassung dieses bis dahin geltenden »amerikanischen Rechts« vor, die dann nach einer Überarbeitung 1680 in Kraft trat und 1681 als Gesetzessammlung *Recopilación de Leyes de los Reinos de las Indias* gedruckt wurde.

Die Zentralbehörden in Spanien

Entsprechend der staatsrechtlichen Stellung und dem königlichen Souveränitätsanspruch sollte die Verwaltung des ausgedehnten spanischen Herrschaftsgebiets vom Mutterland aus unter Aufsicht und letzter Entscheidung der spanischen Könige erfolgen. Bei den Verwaltungsinstanzen richtete man sich nach dem Vorbild von Verwaltungseinrichtungen, wie sie schon in Spanien bestanden. Zentralbehörden sollten das überseeische Reich politisch und wirtschaftlich verwalten. Zunächst hatte im Mai 1493, kurz nach Kolumbus' Rückkehr, Königin Isabella ein Mitglied des Kastilienrates, den Archediakon der Kathedrale von Sevilla, Juan Rodríguez de Fonseca, damit beauftragt, sich um die Angelegenheiten der neuentdeckten Gebiete zu kümmern. Bis zu seinem Tod 1524 blieb Fonseca Chefberater der Krone hinsichtlich Amerikas. Im Mai 1503 entstand dann auf königliches Geheiß in Sevilla die *Casa de la Contratación*, ein staatliches Handelshaus, eine Behörde, die Fonseca in Handelsangelegenheiten entlastete und von Sevilla und ab 1717 von Cádiz aus für den gesamten Schiffs-, Waren- und Personenverkehr mit Amerika sowie für die Steuerangelegenheiten und die Seemannsausbildung zuständig war. In den folgenden Jahren erweiterte sich der Beraterstab um Fonseca immer mehr, bis dann 1524 Karl V. mit dem in Madrid angesiedelten obersten Indienrat, dem *Consejo Real y Supremo de las Indias*, eine kollegial aufgebaute und mit geschulten Juristen und Geistlichen besetzte Ratsbehörde schuf, die gleichberechtigt neben die schon bestehenden Ratsbehörden Spaniens trat und als oberste, für die außereuropäischen Gebiete zuständige Verwaltungsbehörde und höchstes Gericht, Finanzbehörde und Leitungsinstanz für die Kirche arbeitete. Mit dem Indienrat gelang es der spanischen Krone, in den nächsten zweihundert Jahren ihren Herrschaftsanspruch durchzusetzen und gestützt auf eine kompetente Bürokratie die überseeischen Angelegenheiten recht erfolgreich zu verwalten. Die hohen weltlichen Verwaltungsstellen und kirchlichen Ämter wurden vom König oder seinem Rat besetzt, und zwar fast ausschließlich mit Beamten oder Geistlichen aus Spanien und selten – allenfalls auf unterer Ebene – mit Kreolen, was langfristig zu einer letztlich folgenreichen Unzufriedenheit dieser Amerika-Spanier führte. Erst als die spanische Krone im 17. Jahrhundert unter Philipp IV. und Karl II. den Ämterkauf ausweitete und gegen Geldzahlung Ämter auch auf höchster Behördenebene verkaufte, wurde es auch für die kreolische Oberschicht möglich, hohe Ämter zu erwerben. Trotz detaillierter Dienstvorschriften gelang es der Krone – besonders auf der mittleren Ebene der Provinzbeamten – nicht immer, die Behörden mit qualifizierten und integren Personen zu besetzen, und räumliche Entfernung, schlechte und schleppende Bezahlung förderten zusätzlich die Anfälligkeit solcher Beamter für Korruption. Dennoch hatte die spanische Krone mit diesem Beamtenapparat eine Bürokratie in Händen, die es ihr erlaubte, trotz räumlicher Dezentralisierung absolutistisch zu regieren und amerikanische Repräsentativbestrebungen niederzuhalten. Bis zum Ende der Kolonialzeit waren die amerikanischen Gebiete nicht in der spanischen Ständeversammlung, den *Cortes*, vertreten.

Die Verwaltungsbehörden im Kolonialreich

Mit den Eroberungszügen auf das amerikanische Festland und mit zunehmenden geographischen Kenntnissen über die territorialen Ausmaße der Entdeckungen und Eroberungen entwickelten sich dann auch in Amerika nach anfänglichen Erprobungen neue Territorialverwaltungen, die sich bis zur Mitte des 16. Jahrhunderts stabilisierten und durch die sich das Kolonialreich räumlich zu gliedern begann. Allein die Größe des zu verwaltenden Gebietes erforderte eine Dezentralisierung, und die räumliche Entfernung zum Mutterland machte weitreichende Entscheidungsbefugnisse der amerikanischen Verwaltungsinstanzen unumgänglich. Anordnungen und Entscheidungen durften allerdings nur im Namen der Krone erlassen werden, der nach erfolgter Information die endgültige Entscheidung vorbehalten blieb. Letztinstanzliche Ausrichtung auf die Zentralbehörde im Mutterland und erstinstanzliche Kompetenz auf regionaler Ebene standen nebeneinander.

Im Einzelnen orientierte sich die Verwaltung in Amerika an Vorbildern im Mutterland. Schon im Jahre 1511 richtete die Krone mit Sitz in Santo Domingo auf Hispaniola, dem damaligen Aktionszentrum von Entdeckung und Eroberung, als eigenständige Verwaltungsinstanz einen Appellationsgerichtshof, eine *audiencia*, ein. Diese war nach dem Kollegialprinzip organisiert und mit ausgebildeten Juristen besetzt; sie war zuständig für die Zivil- und Strafgerichtsbarkeit und sollte als Kontroll- und Überwachungsorgan gegenüber Rechtsentscheidungen der unteren Instanzen, hier speziell gegenüber den Entscheidungen des Gouverneurs von Hispaniola Diego Colón, des Sohnes des Entdeckers, fungieren. Beide Verwaltungseinrichtungen, das Amt des Gouverneurs, der als Einzelperson auf Provinzebene – dem *gobierno*, Gouvernement – für die Leitung der Zivilverwaltung verantwortlich war, und die für einen größeren Jurisdiktionsbereich zuständige Audiencia bildeten die Grundlage für den weiteren Ausbau und Aufbau der Zentralbehörden im wachsenden Imperium in Amerika. In besonders gefährdeten Grenzgebieten wurden in Erweiterung der Gouvernements *capitanias generales*, Generalkapitanate, eingerichtet, in denen ein Generalkapitän für Zivilverwaltung und Militärwesen zuständig war. Nach den wichtigsten Eroberungen entstanden in den neuen Gebieten bald Audiencias, nicht nur, um die Verwaltung in den weitläufigen Gebieten zu sichern, sondern oft auch, um ein Gegengewicht und ein Kontrollorgan gegenüber mächtigen Eroberern wie z.B. Hernán Cortés in Mexiko oder den Pizarros in Peru zu schaffen. In der Gründung der Audiencias spiegelt sich geradezu die schrittweise Expansion und Konsolidierung des Kolonialreiches wider: Audiencias entstanden 1527 in Mexiko, 1538 in Panama, 1543 in Guatemala und Lima; 1548 kamen die in Guadalajara und Bogotá, 1559 die in Charcas (heute Sucre, Bolivien), 1563 die in Quito und 1609 die in Santiago de Chile hinzu. Zunächst hatten nur einige das Recht, das königliche Siegel zu führen, und damit die Vollmacht, Verordnungen im Namen des Königs zu erlassen und als letztinstanzliches Gericht zu wirken. Unter Philipp II. erhielten alle Audiencias dieses Recht, wodurch sie zu wichtigen Bezugspunkten innerhalb ihres Jurisdiktionsbereiches wurden und so in gewissem Sinn raumgliedernd wirkten. Audiencia bezeichnete dann sowohl die Behörde selbst als auch den territorialen Jurisdiktionsbereich. Dadurch, dass das von der Krone eingesetzte Richtergremium der Audiencia sowohl als Kontrollorgan und Justizverwaltung, aber auch als Beirat für die oberste Verwaltungsinstanz und im Falle von deren Vakanz sogar als deren Vertreter fungierte, nahmen die Audiencias eine einflussreiche Stellung im Kolonialreich ein. Sie wurden im Zuge der Eroberung und Kolonisierung durch weitere Instanzen auf übergeordneter politischer Ebene bzw. unterhalb der Provinzebene ergänzt.

Neben den Audiencias entstanden als wichtigste politische Instanzen die Vizekönigreiche in den Gebieten, die wegen ihrer Bevölkerungsstruktur, der naturgeographischen Ausstattung insgesamt, also wegen der beabsichtigten Inwertsetzung für Spanien am wichtigsten waren. 1535 erfolgte die Errichtung des Vizekönigreichs Neu-Spanien mit Sitz des Vizekönigs in der Stadt Mexiko, die

Verwaltungsstrukturen: Vizekönigreiche, Audiencias, Gobiernos

auf den Ruinen der eroberten aztekischen Hauptstadt Te-
nochtitlan erbaut worden war, und 1543 die des Vizekönigreichs Peru mit Sitz des Vizekönigs in Lima, das Francisco Pizarro an der Küste neugegründet hatte und das als
Hauptstadt an die Stelle der alten, im Binnenland, in den
Anden, in der *sierra*, gelegenen alten Machtzentrums der
Inkas, Cuzco, trat. Dies führte in Peru langfristig zu einer
ethnischen und kulturellen Spaltung des Landes in *costa,*
Küste, das Hauptsiedlungsgebiet der Weißen, und *sierra,*
andines Bergland, das Hauptsiedlungsgebiet der Indios.
Die Vizekönigreiche waren an sich keine Verwaltungseinheiten, mit der Stellung eines Vizekönigs verbanden sich
keine konkreten Jurisdiktionsbefugnisse, denn die Vizekönige hatten eigentlich nur Repräsentationsfunktionen,
sie sollten in den Kolonien die souveräne Gewalt des Monarchen mit entsprechenden äußerlichen königlichen Attributen stellvertretend repräsentieren. Erst dadurch, dass sie
zugleich die Ämter des Gouverneurs und des Generalka-
pitäns in ihrem *gobierno* und des Präsidenten der an ihrem
Sitz residierenden Audiencia innehatten, nahmen die Vizekönige neben ihrer politischen auch administrative
Funktionen in einem engeren territorialen Rahmen wahr
und erhielten dadurch besonderes Gewicht, während sie
in dem riesigen Gebiet des jeweiligen Vizekönigreichs lediglich eine allgemeine politische Autorität besaßen.

Auf Distrikts- bzw. lokaler Ebene richtete die Krone
Munizipalbereiche als Untergliederungen der Gouvernements ein. Staatliche Beamte, die *corregidores,* leiteten als
Vorsitzende des Stadtrates, als Aufsichtsbeamte und Richter in zweiter Instanz sowohl spanische als auch indianische Munizipien. Die Munizipien, die Städte selbst,
bildeten die unterste Organisationseinheit im spanischen
Amerika. Ihre Verwaltung lag unter dem Vorsitz des königlichen Kommissars, des *corregidor,* in den Händen des
Stadtrats, des *cabildo.* Seine Mitglieder, die Räte, die *regi-*

dores, rekrutierten sich aus den ratsfähigen Vollbürgern, die in der damaligen Terminologie *vecinos* hießen. Je nach Größe der Stadt und Art des Stadtrechts umfassten die *cabildos* sechs bis zwölf Ratsmitglieder; diese besetzten aus ihrer Mitte oder durch Wahl die Magistratsämter, darunter auch die beiden jährlich wechselnden Stadtrichter, die *alcaldes ordinarios*, die die Rechtsprechung in erster Instanz ausübten. So stellten die Cabildos eine wichtige Ebene dar, auf der auch in Amerika geborene Nachkommen der Spanier, die Kreolen, politisch wirken konnten. Schon unter Philipp II. wurde es möglich, dass die Ratsstellen käuflich zu erwerben waren und von dem Inhaber sogar vererbt werden konnten, so dass sie zu Dauerpositionen in den Händen der kleinen lokalen, an ihren eigenen Interessen orientierten Oberschicht wurden, deren soziales Prestige anwuchs, während die königliche Autorität abnahm.

Die kirchliche Gliederung des Kolonialreichs

Neben den genannten Behörden bildete auch die Kirche eine der Hauptstützen des spanischen Herrschaftssystems. Seit 1508 besaß die Krone, die sich entsprechend den Bullen Alexanders VI. für die Missionierung und damit Europäisierung Amerikas zuständig fühlte und dafür schon seit 1501 den gesamten Kirchenzehnten einziehen durfte, das Patronatsrecht, also das Recht, sämtliche kirchlichen Ämter zu besetzen, und seit 1518 war sie befugt, die Diözesangrenzen festzulegen, d. h. Bistümer, Erzbistümer und Kirchenprovinzen zu errichten. Bis 1620 ließ sie in Amerika 35 Bistümer gründen; zwei außerdem gegründete wurden wieder aufgehoben. Diese Bistümer erstreckten sich über ganz Spanischamerika einschließlich der Karibik. Nicht nur seelsorgerische oder missionarische Überlegungen, sondern auch demographische, politisch-administrative und wirtschaftliche Faktoren, die Erwartung zukünftiger Entwicklung von Gebieten spielten bei der Errichtung von Diözesen und Bistumssitzen eine wichtige Rolle. Insgesamt vermittelt das Verwaltungspanorama der Diözesen eine gute Vorstellung von dem Ausmaß, das die spanische Stadtgründungspolitik und das damit einhergehende Wirtschaftswachstum in einigen Räumen erreicht hatten. Zahlreiche Städte, die bereits als Regierungssitz des Vizekönigs, als Hauptstädte von Gouvernements und Generalkapitanaten, als Sitz von Audiencias fungierten, erhielten neue wichtige Funktionen im sozialen Aufgabenfeld. Insgesamt war die katholische Kirche insofern privilegiert, als anderen Glaubensgemeinschaften die Einreise nach Amerika verboten war.

Die Finanzverwaltung

Seit Beginn der Entdeckungs- und Eroberungsunternehmen und vor allem mit der nachfolgenden Kolonisation erhoffte sich die spanische Krone hohe finanzielle Einkünfte von den Handels- und Wirtschaftsaktivitäten. Schon bei den frühen Unternehmungen begleiteten königliche Finanzbeamte, *oficiales de entradas,* die Eroberer, um den königlichen Anteil an erobertem Gut sicherzustellen. Nach einer Stadtgründung hatten diese Finanzbeamten, nun *oficiales reales* genannt, verschiedene Ämter zu versehen. Als es dann um die weitere Nutzung und Inwertsetzung der eroberten Gebiete, um deren Kolonisierung ging, ließ die Krone königliche Finanzkassen, *cajas reales,* vor allem in den Häfen, den Hauptstädten der kolonialen Verwaltungseinheiten und in Bergbauzentren errichten. Die Leitung dieser Kassen versahen die *oficiales reales.* Schnell und parallel zur Stadtgründung entstand so ein dichtes Netz solcher Finanzbehörden, das im Verlauf des 16. und 17. Jahrhunderts weiter ausgebaut wurde. Diese königlichen Finanzkassen waren dafür verantwortlich, die auf Handels- und Wirtschaftsaktivitäten, auf dem Bergregal bei der Edelmetallgewinnung, auf bestimmten Staatsmonopolen ruhenden Steuern sowie den Kirchenzehnten und den Indianertribut einzuziehen. So entstanden in den einzelnen Verwaltungseinheiten meist mehrere *cajas reales*, die voneinander unabhängig waren und direkt der Leitung des Indienrates in Madrid unterstanden. Allerdings nahmen die Finanzkassen am Sitz der Vizekönige, Präsidenten der Audiencias, der Generalkapitäne und Gouverneure eine gewisse Vorrangstellung ein, sie waren sozusagen zentrale Finanzkassen, da in ihnen die Gelder des gesamten Territoriums eingesammelt wurden. Bis 1605 unterstand die Überwachung der Kassenführung den Audiencias. Seitdem waren die Finanzkassen verpflichtet, ihre Kassenführung den drei in Mexiko, Bogotá und Lima errichteten zentralen Rechnungshöfen, *tribunales de cuentas*, vorzulegen. 1638 wurde ein weiterer Rechnungshof in Havanna errichtet.

Das spanische Kolonialreich in Amerika war von Beginn an keine politische Einheit. Schon von der Verwaltungsstruktur her war es in eine Vielzahl von selbständigen zentralen Verwaltungsteilbereichen mit unterschiedlichen Aufgaben und unterschiedlicher Personalstruktur gegliedert, woraus sich teilweise Überschneidungen der Jurisdiktionsbereiche der einzelnen Autoritäten, aber keine hierarchischen Abhängigkeiten ergaben. In den beiden Vizekönigreichen Neu-Spanien und Peru repräsentierten Vizekönige die königliche Autorität und waren gleichzeitig Gouverneure und Generalkapitäne in ihren Provinzen und Präsidenten der in beiden Residenzstädten Mexiko und Lima bestehenden Audiencias. In anderen Gebieten lag die Verwaltung in den Händen von Gouverneuren

oder Generalkapitänen, die wiederum zum Jurisdiktionsbereich einer für größere Räume zuständigen Audiencia
gehörten.

Handelsstützpunkte und lehnsrechtliche Schenkungen an der Küste Brasiliens

Anders als Kastilien schenkte die portugiesische Krone
dem ihr zugefallenen Teil Amerikas zunächst relativ wenig
Beachtung. Lediglich an der Küste entstanden einige Niederlassungen, so 1510 im Gebiet der heutigen Städte São
Paulo und Bahia, sowie Handelsstützpunkte, unter denen
sich das 1516 gegründete Pernambuco, das heutige Recife,
bald hervortat. Portugal war hauptsächlich in Ostindien
engagiert, denn angesichts fehlender Edelmetallvorkommen und indianischer Hochkulturen war Brasilien in den
ersten Jahrzehnten abgesehen vom Brasilholz wirtschaftlich uninteressant. Über die Handelsstützpunkte an der
Küste, von wo aus mit den Indios der Brasilholzhandel betrieben wurde, hinaus gingen daher die Erschließung des
Landesinneren und der Aufbau einer durchorganisierten
Verwaltung anfangs kaum voran. Erst ab 1530 änderte die
portugiesische Krone ihr Verhalten. Französische Kaufleute und Händler hatten unter Missachtung des Aktionsver-
bots in den spanischen und portugiesischen Einflussgebie-
ten, wie es in den Bullen Alexanders VI. und im Vertrag
von Tordesillas festgelegt war, an der ungeschützten brasilianischen Küste versucht, mit den Indiostämmen ebenfalls
Färbholzhandel zu treiben. Durch diese Aktivitäten sah
sich die portugiesische Krone zu planmäßigen Verteidi-
gungen sowie Landnahme- und Verwaltungsanstrengun-
gen veranlasst, um ihre Ansprüche abzusichern und die
Kolonie wirtschaftlich zu nutzen. Wie die Spanier vollzog
die portugiesische Krone den Übergang vom System der

Handelsstützpunkte zur kontinuierlichen, vorerst küstennahen Besiedlung und ließ neue Siedlungen wie São Vicente (1532) in der Nähe des heutigen São Paulo gründen. In den Jahren 1532–1534 teilte König Johann III. das Land von der Amazonasmündung bis zum heutigen Staat Santa Catarina in fünfzehn Gebietsstreifen (*capitanias* oder *donatárias*) ein, die durch von der Küste aus ins Landesinnere in West-Ost-Richtung parallel verlaufende Grenzlinien gebildet wurden, und verlieh sie als Lehen zwölf meist adeligen Privatpersonen, den *donatários*. Für die Verpflichtung zur Kolonisierung und Besiedlung und wirtschaftlichen Nutzung durch die Kultivierung des Zuckerrohrs erhielten die *donatários* weitgehende wirtschaftliche und administrative Rechte; lediglich das Recht für bestimmte Steuern blieb bei der Krone.

Effektivierung der Kolonialverwaltung in Brasilien

Als sich jedoch zeigte, dass die *donatários* wegen mangelnder Kompetenz, geringer Kolonisationserfahrung, zum Teil auch Abwesenheit nicht in der Lage waren, die Gebiete zu verwalten und zu besiedeln und damit wirtschaftlich nutzbar zu machen, und die meisten *capitanias* mit Ausnahme der von Pernambuco und São Vicente keine wirtschaftlichen Erfolge aufwiesen, ging die portugiesische Krone ab 1549 dazu über, die Verwaltung der Kolonie selbst zu übernehmen. Sie ließ in Bahia, einer *capitania*, die inzwischen wegen des Todes des *donatário* eingezogen worden war, die Stadt São Salvador da Bahia de Todos os Santos als Hauptstadt und Sitz einer Zentralverwaltung, *governo geral*, in und für Brasilien gründen. Von nun an besaß ein Generalgouverneur, der bisweilen auch den Titel eines Vizekönigs trug, die administrative Verantwortung und den militärischen Oberbefehl für ganz Brasilien. (Bis

1763 war Salvador die Hauptstadt Brasiliens.) Die höchst-
instanzliche Rechtsprechung lag bei einem Generalrichter,
dem *ouvidor geral*, ein *provedor mor* leitete die Finanzverwaltung. Der Zuwachs an Bedeutung drückte sich auch
darin aus, dass 1551 ein eigenes Bistum Bahia geschaffen
und Brasilien aus dem Bistum Funchal auf Madeira, zu
dem es bis dahin gehört hatte, ausgegliedert wurde. Da die
Rechte der *donatários* durch die neue Verwaltungsstruktur
nicht völlig abgelöst, sondern eher überlagert wurden, kam
es für die Folgezeit zu Auseinandersetzungen zwischen
den eigenständigen Tendenzen in den *capitanias* und den
Bestrebungen der königlichen Zentralgewalt.

Diese verwaltungsmäßige Stabilisierung der Kolonie
Brasilien war wichtig und notwendig, weil die relativ un-
gesicherte Küste Brasiliens durch Angriffe von außen bedroht war. So ließen sich die Franzosen, die schon Anfang
des Jahrhunderts an der Küste agiert hatten, nicht abdrän-
gen. Im Jahr 1555 gründete eine französische Expedition
in der Bucht von Guanabara eine französische Kolonie,
France Antarctique, mit einem Fort Coligny. Erst 1560
konnte eine portugiesische Flotte die französische Kolonie
erobern und die Franzosen zwar nicht gänzlich, aber zumindest aus dieser Region verdrängen. Nun versuchten
die Franzosen, sich im Gebiet der Amazonasmündung
festzusetzen. Portugal reagierte mit der Gründung erster
Niederlassungen am Amazonas, an der Stelle von Fort
Coligny gründeten sie 1565 Rio de Janeiro.

Die Ausweitung der Besiedlung, die im Gefolge der
Ausbreitung des Zuckerrohranbaus seit dem letzten Drittel
des 16. Jahrhunderts, der Suche nach Edelmetallvorkommen und der Sklavenjagden einsetzte, bewirkte eine Veränderung der Gliederung innerhalb der Kolonie. Um eine effektive Verwaltung sowie größere militärische Sicherheit
zu gewährleisten, wurde 1621 die Kolonie in zwei voneinander unabhängige Verwaltungseinheiten aufgeteilt, den
Estado do Maranhão, der die Gebiete des Nordens und

Atlantischer

Amazonas

Pará

Maranhão

Piauhy

Ceará

Itamaracá

Pernambuco
1516

Bahia
Hauptstadt ab 1549

Ilhéus

Porto Seguro 1500

Espirito Santo

São Tomé

Rio de Janeiro

Santo Amaro

S.Vicente 1532

Sant´Ana

Ozean

Xingú

Amazonas

Tocantins

Line von Tordesillas

São Francisco

Parnaíba

Paraná

Uruguay

Frühe Besiedlung vor 1531

Capitanias

0   1000   2000 km

Erste Verwaltungsgliederung in Brasilien im 16. Jahrhundert

Amazonien, die Kapitanien Para, Maranhão und Ceará, umfasste, und den *Estado do Brasil* mit den Gebieten des Zentrums und des Südens, den Kapitanien Bahia, Sergipe, Ilhéus, Porto Seguro, Pernambuco, Rio Grande, Paraíba, Itamaracá, Rio de Janeiro, Espírito Santo und São Vicente.

Niederländische Besetzung brasilianischer Gebiete

Diese neue Verwaltungsgliederung konnte jedoch nicht verhindern, dass von 1630 bis 1654 große Teile Brasiliens von den Niederländern besetzt und in eine niederländische Kolonie umgewandelt wurden. Diese Jahre fielen in die Zeit der Personalunion mit Spanien, es war die Epoche des Dreißigjährigen Krieges, als Spanien militärisch gebunden war, die außereuropäischen Verteidigungsanstrengungen geschwächt waren und die Städte an der brasilianischen Küste wegen ihrer geringen Bevölkerungszahlen selbst wenig Widerstand gegen äußere Angriffe leisten konnten. Die Einwohnerzahlen lagen mit Ausnahme der Hauptstadt Salvador da Bahia oft weit unter 10 000; in Olinda, dem Regierungssitz der florierenden Zuckerkapitanie Pernambuco, auf die es die Holländer besonders abgesehen hatten, lebten 1630 lediglich 4000 Einwohner. Seit 1621 hatten die Holländer wieder damit begonnen, ihren Erbfeind Spanien auch auf den Weltmeeren und in Übersee zu bekämpfen. Nun ging es nicht mehr nur darum, durch Piraterie an den kolonialen Erträgen Spaniens teilzuhaben, sondern in Amerika selbst Kolonialbesitz zu erwerben. Dazu boten sich die günstig gelegenen Besitzungen Portugals an, vor allem das wegen seiner Zuckerproduktion lukrative Pernambuco. Schon 1624 hatten die Kriegsschiffe der 1621 von den Holländern gegründeten Westindischen Kompanie die Hauptstadt Salvador da Bahia erobert, es bereits 1625 aber wieder verloren. Ab 1630 konzentrierten

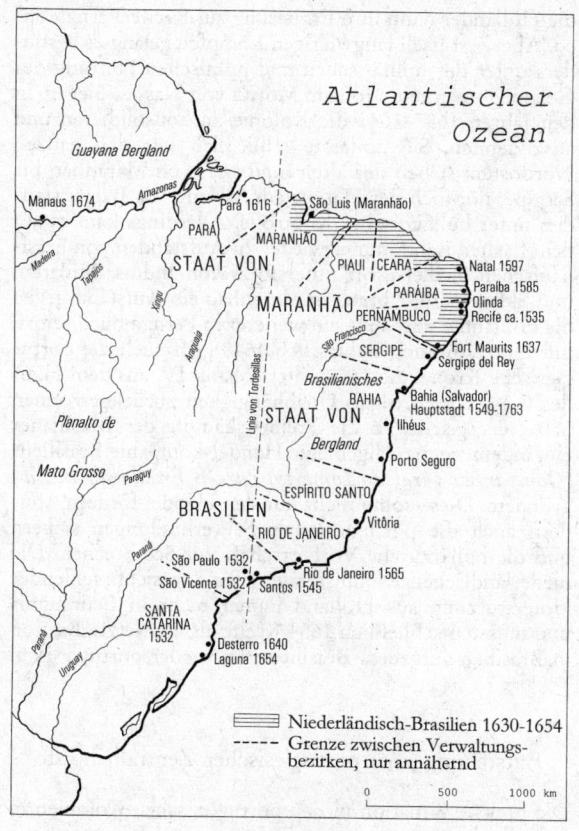

Verwaltungsgliederung Brasiliens im 17. Jahrhundert

die Holländer dann ihre Eroberung auf Recife/Pernambuco. Aber erst nach langwierigen Kämpfen gelang es besonders unter der militärischen und politischen Führung des Generalgouverneurs Johann Moritz von Nassau-Siegen, in den Jahren 1637–1641 die Kolonie zu konsolidieren und auszudehnen. Sie umfasste schließlich fast den ganzen Nordosten; sieben der alten *capitanias* von Maranhão bis Sergipe, nördlich der Hauptstadt Salvador da Bahia, standen unter holländischer Kontrolle. Allerdings kam es auf dem flachen Land immer wieder zu Aufständen von brasilianischen Siedlern, oft unterstützt von Indios, Mulatten und Sklaven. 1642 brach in Maranhão ein Aufstand gegen die Holländer aus; 1644 ein weiterer in Pernambuco selbst, mit Unterstützung Bahias. Ab 1648 griff auch die portugiesische Krone, die 1640 unter Johann IV. aus dem Haus der Braganza Portugals Unabhängigkeit zurückgewonnen hatte, energischer in die Freiheitskämpfe der Brasilianer ein, indem sie die Allgemeine Handelskompanie Brasiliens (*Companhia geral do comercio para o Estado do Brasil*) gründete. Diese sollte nicht nur den Handel fördern, sondern auch die portugiesischen Seeverbindungen sichern und die holländische Vorherrschaft zur See brechen. Die niederländischen Kolonisten gerieten angesichts fehlender Unterstützung aus Holland immer mehr in Bedrängnis und mussten schließlich 1654 Recife als ihre letzte Bastion in Brasilien aufgeben. Brasilien war wieder portugiesisch.

Entstehung einer portugiesischen Zentralbehörde

Die prekäre Situation in den portugiesischen Kolonien in Amerika hatte gezeigt, dass Sicherung und Inwertsetzung der Kolonie auch verstärkte staatliche Kontrollen und Einflussnahmen erforderten. Im Unterschied zu Spanien besaß Portugal keine Zentralbehörde für überseeische oder brasilianische Angelegenheiten. Ansätze einer Zentralisierung der portugiesischen überseeischen Verwaltung gab es zu Zeiten der sechzigjährigen Personalunion der kastilischen und portugiesischen Kronen (1580–1640). Doch erst 1642 wurde in Portugal eine eigene Zentralbehörde, der *Conselho Ultramarino*, gegründet, die ähnlich wie der spanische Indienrat für die Verwaltung der Kolonien in Übersee zuständig war.

In den Kontext der stärkeren Kontrolle gehört auch die Einrichtung des *juiz de fora*. Seit dem Ende des 17. Jahrhunderts ging die portugiesische Krone dazu über, das Stadtregiment, die lokale Selbstverwaltung, durch solche königliche Beamte stärker kontrollieren zu lassen. Auf lokaler Ebene erfolgte die Verwaltung durch den Stadtrat, den *senado da câmara*, kurz *câmara* genannt. Dieser setzte sich aus drei bis vier Ratsherren zusammen, die in einem indirekten Wahlverfahren aus Angehörigen der Oberschicht, aus der Schicht der angesehenen Bürger, den *homens bons*, bestimmt wurden. Im Unterschied zu Spanischamerika besaß die indianische Bevölkerung in Brasilien keine eigenen Stadtregimente. Sie waren seit den 1540er Jahren zwar zu Siedlungen, *aldeias*, zusammengefasst; deren Verwaltung lag jedoch hauptsächlich in den Händen der Jesuiten oder anderer Orden.

Indianerpolitik und Gesellschaft

| 1495 | Die spanischen Könige heben den zunächst erlaubten Handel mit indianischen Sklaven als billigen Arbeitskräften nach Europa auf. |
| 1500 | Die spanische Krone verbietet endgültig die Versklavung unterworfener Indios und betrachtet diese als ihre freien Untertanen. |

1503   März: Die königliche Instruktion an Ovando ordnet
            die Umerziehung der Indios an.
            Dezember: Die spanische Krone richtet zur Lösung
            des Arbeitskräfteproblems und der Christianisierung
            das System des *repartimiento*, Zuteilung, bzw. der *en-
            comienda*, Anvertrauung, ein.

1505   Auf Veranlassung von Ovando werden die ersten Ne-
            gersklaven nach Hispaniola verschifft.

1511   Der portugiesische König Manuel I. ordnet eine gute
            Behandlung der Indios an.
            Dezember: Während seiner Adventspredigt in Santo
            Domingo prangert der Dominikaner Antonio de Mon-
            tesinos die menschenunwürdige Behandlung der In-
            dios an.

1512/13   Die spanische Krone erlässt als Antwort auf Vorwürfe
            der Indiodiskriminierung erste umfassende Maßnah-
            men zum Schutz der Indios, die »Gesetze von Bur-
            gos«.

1513   Der Kronjurist Juan López de Palacios Rubios verfasst
            den *requerimiento*, ein Dokument, das sich zur Klä-
            rung der Rechtslage spanischer Eroberung und Herr-
            schaft in Amerika auf die päpstliche »Schenkung« und
            den »Missionsauftrag« bezieht und eine Art Ultima-
            tum oder Friedensangebot an die Indios darstellt,
            dessen Nichtbefolgung Gewaltanwendung nach sich
            zieht. Die Eroberung wird dadurch zum »gerechten
            Krieg«.

1536   Umwandlung der bisherigen *encomienda* in eine *enco-
            mienda de tributos*; die *encomenderos* haben keinen di-
            rekten Zugriff mehr auf die Indios; erhalten stattdessen
            den Tribut, eine Indianerkopfsteuer.

1542   Karl V. erlässt im November zum Schutz der Indios
            die »Neuen Gesetze«, *Leyes Nuevas*, die Verfügungs-
            gewalt der *encomenderos* über die zugeteilten Indios
            wird eingeschränkt; die mit dem *requerimiento* ver-
            bundenen Aussagen über den »gerechten Krieg« wer-
            den außer Kraft gesetzt und die Indios zu grundsätz-
            lich freien Untertanen der spanischen Krone erklärt; es
            beginnt eine neue Siedlungspolitik für Indianerdörfer,
            die von den Siedlungen der Weißen getrennt werden.

Bis 1548   Die portugiesische Krone bemüht sich um freundschaftliche Beziehungen zu den Indios. Mit der systematischen Kolonisierung verbreitet sich die Indianersklaverei in Form des Sklavenhandels und des Arbeitseinsatzes.

1548   Der Erlass des ersten brasilianischen Generalgouverneurs Tomé de Sousa schränkt die Indianersklaverei
ein.

Bis 1562   Die 1533 nach Brasilien gekommenen Jesuiten experi-
mentieren in der Nähe der Hauptstadt Salvador da Bahia mit dem Konzept geschlossener Indianerdörfer,
den *aldeias*, Missionierung, Zivilisierung und Arbeitskräfteverwaltung der Indios miteinander zu verbinden.

1570   Der portugiesische König Sebastian erklärt im Indianerschutzgesetz von 1570 die Indios zwar für frei,
führt jedoch die barbarischen Sitten der Indianer als
Rechtfertigung für Versklavung an. Angesichts des
Protestes von Pflanzern muss das Gesetz bald zurückgenommen werden.

Ab 1570   An die Stelle der abnehmenden Indiobevölkerung treten mit dem Aufschwung der Zuckerindustrie Sklaven
aus Afrika.

1587   Die portugiesische Krone bestätigt das *aldeia*-Konzept
als Missionskonzept.

1596   Die Jesuiten werden als Hauptträger der portugiesischen Indianerpolitik bestätigt.

Seit 1590   Gewaltsame Sklavenjagden. Territoriale Expansion
und Besiedlung gehen Hand in Hand; berüchtigt werden die Paulistaner Bandeirantes.

1609   Erneut wird die Indianersklaverei verboten; das Gesetz
muss schon 1611 wieder fallen gelassen werden.

1652   Erneutes Gesetz über Verbot der Indianersklaverei.

1680   Die portugiesische Krone verkündet die vollständige
Freiheit der Indios.

1688   Die Versklavung der Indios wird erneut erlaubt.

Kulturelle Vielfalt der Urbevölkerung

Die Europäer hatten keinen menschenleeren Kontinent entdeckt. Nach neueren Schätzungen zählte die vorkolumbische Bevölkerung Amerikas zwischen 35 und 45 Millionen Menschen, die nicht nur keine Übereinstimmung mit den bislang in Europa, Afrika und Asien bekannten Völkern zeigten, sondern auch untereinander gesellschaftliche, kulturelle und sprachliche Verschiedenheiten aufwiesen sowie in geographisch und klimatisch unterschiedlich geprägten Regionen lebten. Die gesellschaftlich-politische Organisation reichte von den halbsesshaften Sammlern und Wildbeutern im südlichen Südamerika und in den tropischen Regenwaldgebieten über sozial und politisch gegliedertere Stammesgesellschaften und Häuptlingstümer oder Kazikenherrschaften mit Dorfansiedlungen auf den Antillen, im Amazonasbecken und an der brasilianischen Küste bis zu den gesellschaftlich und wirtschaftlich komplexen, auf Städte und einen Staatskult gestützten Eroberungsreichen der Azteken in Mexiko und der Inkas im Andenraum Südamerikas sowie dem im Aufbau begriffenen Chibcha-Reich im heutigen Kolumbien und dem zerfallenen Reich der Mayavölker in Guatemala und Yucatán. Für die Europäer waren sie alle gleichermaßen fremd und befremdlich, ja barbarisch.

Tatsächlich trafen die Spanier auf den Westindischen Inseln, an den Küsten des Karibikraumes und an der Ostküste, das heißt den Orten der ersten Kontakte zwischen Europäern und der eingeborenen Bevölkerung, zunächst auf Menschen, die in quasi paradiesischer Nacktheit lebten, sexuell freizügig waren, über keine durchstrukturierten politischen oder gesellschaftlichen Ordnungen größeren Stils verfügten, nur selten in größeren Ansiedlungen lebten und in einzelnen Regionen angeblich auch Kannibalismus praktizierten, also nicht die europäischen Maßstäbe von Zivilisation erfüllten. Diese fremdartigen Züge veranlassten die Spanier dazu, die Indios in einer unstatthaften Verallgemeinerung als minderwertig abzuqualifizieren. Aus dieser angenommenen Inferiorität ergaben sich dann weitreichende Konsequenzen für das Verhalten der Europäer/Spanier gegenüber den Indios, sowohl bei den weiteren Entdeckungen und Eroberungen als auch bei der nachfolgenden Kolonisierung. Je nach Interesse der Beteiligten gab es unterschiedliche Antworten auf die Frage, wie man sich gegenüber den Indios verhalten sollte.

Das Verhalten gegenüber den Indios

Das Interesse der spanischen Könige zielte naturgemäß in erster Linie auf die Erweiterung ihrer politischen und ökonomischen Macht. Allerdings konnte ihnen wenig daran gelegen sein, über Heiden oder Barbaren zu regieren, die nicht nach den europäischen Normen von Gesellschaft, Wirtschaft, Religion und Kultur lebten. Deshalb fasste die spanische Krone schon zu Beginn der Conquista und in der anschließenden Kolonisierung in den ersten Jahrzehnten des 16. Jahrhunderts ihre Politik gegenüber den Indios, trotz heftiger Diskussionen in Detailfragen, als Zivilisierungs- und Europäisierungspolitik auf. Zu den zahlreichen Belegen dieser Politik gehört auch die königliche Instruktion vom März 1503 an Nicolás de Ovando, den Gouverneur von Hispaniola. Sie ordnete eine Politik der Umerziehung an, der zufolge die Indios, die schon zwei Jahre zuvor als Untertanen und Vasallen bezeichnet worden waren, wie die Europäer in dörflichen Siedlungen mit Häusern für die jeweiligen Familien zusammengefasst werden und in einer ihnen bislang ungewohnten Weise Ackerbau und Viehzucht betreiben sollten. Ziel dieser Umerziehung war es und blieb es auch für die folgenden drei Jahrhunderte, die Indios dazu anzuleiten, so wie die

übrigen Untertanen der spanischen Könige, also europäisch, zu leben. Diese Zivilisierung bzw. Hispanisierung/
Europäisierung sollte durch friedliche, wenn auch nicht
ohne Druck ausgeübte Erziehung in allen Lebensberei-
chen erfolgen, was die gleichzeitige Christianisierung einschloss. Über den Weg, diese Ziele zu erreichen, gab es allerdings durchaus unterschiedliche Ansichten.

Für die Conquistadoren und Kolonisten, die schnell
reich werden wollten, war die Ausbeutung der indianischen Arbeitskraft selbstverständlich. Sie hielten deshalb
die gewaltsame Unterwerfung der Indios für richtig und
beanspruchten für sich, über die Unterworfenen in Form
der Sklaverei oder anderer unfreier Arbeitssysteme im
Agrarbereich und im Bergbau verfügen zu dürfen. Sie
konnten sich dabei zum Teil auch auf gesetzliche Regelungen stützen. Nicolás de Ovando hatte bei seinen Überlegungen zur Planung der Stadt Santo Domingo und der
Ansiedlung von Bürgern auch das Arbeitskräfteproblem
mit berücksichtigt. Er sah eine Lösung darin, einen Ar-
beitszwang für die friedlich unter der spanischen Herrschaft lebenden – die »befriedeten« bzw. unterworfenen –
Indios gesetzlich festsetzen zu lassen und den Conquistadoren, die nur selten zu körperlicher Arbeit bereit waren,
dienstverpflichtete indianische Arbeitskräfte zuzuteilen.

Das *encomienda*-System: Ausbeutung und Missionierung

So entstand mit Zustimmung der spanischen Krone vom
20. Dezember 1503 das System der Zuteilung – *repartimiento* – bzw. der Anvertrauung – *encomienda*. Die Conquistadoren und Kolonisten erhielten eine bestimmte Anzahl von Indios – 40, 60 oder bis zu 300 – zugeteilt, die
von den jeweiligen Häuptlingen auszusuchen waren. Die

Besitzer einer *encomienda*, die *encomenderos*, waren verpflichtet, die Arbeiter menschenwürdig unterzubringen, zu
bekleiden, mit Lebensmitteln zu versorgen, ihnen ange-
messenen Lohn zu zahlen und sie in der arbeitsfreien Zeit
in der christlichen Religion zu unterweisen. Arbeitskräfte-
versorgung, Indianererziehung und Christianisierung sollten nach der Konzeption der Krone Hand in Hand gehen;
jedenfalls war dies das Bestreben der Krone, nach deren
Rechtsverständnis die Indios den Status von freien Personen behalten und nicht versklavt werden sollten.

In der Wirklichkeit der neuen, fern von Spanien gelegenen Regionen bedeutete das System von Repartimiento/
Encomienda jedoch hemmungslose Ausbeutung der eingeborenen Bevölkerung. »Zuteilung« hieß meist, dass die
Arbeitskräfte gewaltsam rekrutiert wurden, sogar Frauen
und Kinder in der Landwirtschaft und beim Goldschürfen
oder -waschen – der auf den Antillen vorherrschenden
Form der Goldgewinnung – arbeiten mussten, berechtigter Widerstand brutal bestraft wurde und die allgemeine
Versorgung nur unzureichend gewährleistet war. Die Kolonisten der Anfangszeit nahmen die aus einer solchen Behandlung resultierende Dezimierung der Indios in Kauf,
weil sie diese gemessen an europäischen Kriterien für min-
derwertige und primitive Wesen hielten, deren Leben
nichts galt. Im Übrigen waren im Unterschied zu gekauf-
ten Sklaven, die schon aus Rentabilitätsgründen besser behandelt werden mussten, »freie« und zugeteilte Indios
keine teuren »Investitionsgüter«. Solange das Arbeitskräf-
tereservoir unerschöpflich zu sein schien, d. h., solange es
auf den Inseln noch zu »befriedende«, also zu unterwer-
fende Indios gab, entfiel für die Kolonisten der Zwang zu
größerer Fürsorge für die indianischen Arbeitskräfte.
Zeitgenossen und Historiker sind sich darüber einig, dass
auf Hispaniola innerhalb von zwei Jahrzehnten eine demographische Katastrophe von unvorstellbarem Ausmaß
eingetreten ist: Um 1510 gab es noch 46 000 und um 1520

nur noch 16 000 Indios von einer Bevölkerung, die bei der
Ankunft von Kolumbus 500 000 bzw. nach anderen Schät-
zungen sogar eine Million Menschen gezählt hatte. Ähnlich katastrophal ging die indianische Bevölkerung auch
auf den umliegenden größeren Inseln Jamaika, Puerto
Rico und Kuba um rund 90 Prozent zurück. Dieser dramatische Bevölkerungsrückgang, der durch die bei der
Unterwerfung geführten Kriege, durch Ausbeutung und
Arbeitsüberlastung, aber auch durch eingeschleppte europäische Krankheiten wie Pocken, Pest, Typhus, Grippe,
Masern, Mumps und Diphtherie sowie Infektionen der
Atemwege verursacht wurde, führte dann dazu, dass man
schon bald damit begann, die indianischen Arbeitskräfte
durch Sklaven aus Afrika zu ersetzen. Schon im Jahr 1505
wurden auf Ersuchen des Gouverneurs Ovando die ersten
Negersklaven nach Hispaniola verschifft, die in den Goldminen und in der Zuckerherstellung, in den Zuckerplantagen und Zuckermühlen, einem scheinbar lukrativen Wirtschaftszweig auf den karibischen Antillen, eingesetzt wurden und dort bald die eingeborene Bevölkerung ersetzten.
So entstanden die Grundlagen für die Sklaven- und Pflan-
zergesellschaften dieser Region.

Interessen und Haltung der Missionsorden

Dem unchristlichen Verhalten der spanischen Kolonisten
hielt in Amerika und in Spanien eine besonders durch
Missionare vertretene proindianische Richtung entgegen,
dass es sich bei den Indios nicht um inferiore Wesen han-
dele, diese vielmehr mit Vernunft begabt und deshalb entwicklungsfähig und erhaltenswert seien. In zahlreichen
Berichten klagten sie die Untaten und Übergriffe von
Conquistadoren und Kolonisten an und gaben ihrer Be-
fürchtung Ausdruck, dass eine uneingeschränkte Verfü-

gungsgewalt der Kolonisten über die indianische Bevölkerung zu deren weiterer Vernichtung führen müsste und eine Zivilisierung und Christianisierung der Indios erschwerte. Ja, die ausgeübte Brutalität führte sogar zu den Fragen, welche Berechtigung die Spanier für die Eroberung besäßen, wie die Indios zu behandeln seien, wie die Christianisierung und die Integration in die spanisch-christliche Kultur erfolgen sollte. Es kam zu einer intensiven und öffentlich geführten Diskussion, die ab Ende des Jahres 1511 in eine erste entscheidende Phase trat, als der Dominikanerpater Antonio de Montesinos in einer Adventspredigt in der Kirche von Santo Domingo das bisherige ausbeuterische Verhalten der Encomenderos anprangerte, auf die Diskrepanz zwischen den königlichen Indianerschutzgesetzen und der rauen Wirklichkeit hinwies und überhaupt nach der Berechtigung von Kriegen gegen unschuldige Völker fragte. Er forderte die anwesenden Encomenderos auf, die ihnen zugeteilten Indios freizulassen, anderenfalls würde ihnen die Absolution verweigert.

Die erste Konsequenz dieser von den Dominikanern in Amerika entfachten und in Spanien weitergeführten Diskussion waren nach langen Beratungen die »Gesetze von Burgos« von 1512/13, die das erste umfassendere Korpus von Gesetzen zum Schutz der Indios darstellen. In ihnen wurde zwar noch einmal das System von Repartimiento/Encomienda bestätigt. Die Regelungen zur Arbeitsverpflichtung von Indios wurden aber nun ergänzt durch zahlreiche Vorschriften in Bezug auf Arbeitsschutz, Versorgung und Unterbringung, vor allem aber hinsichtlich der Verpflichtung der Encomenderos zum erzieherischen Auftrag der Zivilisierung der Eingeborenen und zur Unterweisung in der christlichen Religion. Das Zusammenleben von Spaniern und Indios sollte zugleich Arbeitsaufsicht, Erziehung und Christianisierung gewährleisten; Kontrolle und Anleitung waren beabsichtigt, da die Indios nach Meinung der Rechtsberater der Krone von Natur aus lasterhaft und faul seien. Immerhin bescheinigte man den Indios Vernunftbegabung und Lernfähigkeit – ein Fortschritt gegenüber der noch nicht bei allen Gruppen aufgegebenen Abqualifizierung der Indios als Barbaren, Halbmenschen oder Tiere.

Die Krone versuchte in der Folgezeit aus rechtlichen und humanitären, aber auch aus wirtschaftlichen Interessen heraus, den Schutz der autochthonen Bevölkerung durchzusetzen, denn schließlich konnten nur lebende Indios durch ihre Arbeitsleistung zur Erschließung und Ausbeutung der neuen Gebiete nützlich sein. Allerdings hätten ein solcher Schutz der Indios und die Vermittlung von europäischer Zivilisation integre Personen als »Erzieher« oder »Vorbilder« vorausgesetzt. Doch die Ferne zu Spanien sowie zu dieser Zeit noch fehlende gefestigte Verwaltungs- und Beamtenstrukturen, durch die staatliche Kontrolle möglich gewesen wäre, erschwerten die Durchsetzbarkeit der Gesetze. Die Mehrzahl der Spanier in den neuen Gebieten kümmerte sich wenig um die Schutzbestimmungen, trotz entsprechender Ermahnungen und Vorhaltungen durch Missionare und Geistliche.

Die Diskussion um die Rechtmäßigkeit der Eroberung

Ein anderer Diskussionsstrang bezog sich auf die Art der Eroberung und die spanische Präsenz in der Neuen Welt. Die seit der Antike praktizierte Form der Herrschaftsbegründung durch erste Eroberung stieß immer mehr auf Kritik, weil sie von der falschen Voraussetzung eines unbewohnten Landes ausging, also die eingeborene Bevölkerung und deren legitime Herrschaft nicht berücksichtigte. Wie aber konnte die Eroberung ethisch legitimiert, wie konnten die Auswüchse entschuldigt werden? Im Zentrum der neuen Überlegungen stand entsprechend den damaligen Überzeugungen die theologische Begründung, dass die Eroberung aus dem heilbringenden Grund erfolge, die christliche Religion zu verbreiten und die Heiden zur Wahrheit des Christentums zu bekehren. Christianisierung als Ziel und Auftrag, wie sie aus den Bullen Alexanders VI. von 1493 abgeleitet werden konnte, verlieh den Eroberungszügen in den Augen der Spanier Kreuzzugscharakter und machte sie zu sogenannten »gerechten Kriegen«. Gerade um diese Frage des »gerechten Krieges« ist in Spanien in aller Öffentlichkeit viel und heftig und kontrovers diskutiert worden, hing davon doch das Verhalten gegenüber den Indios ab. Das Resultat der Diskussion war der *requerimiento*, ein Dokument zur Klärung der Rechtslage spanischer Herrschaft in Amerika und der Kriterien eines »gerechten Krieges«, das der Kronjurist Juan López de Palacios Rubios, Mitglied der Konferenz von Burgos, auf der die Gesetze von 1512/13 erlassen worden waren, 1513 verfasste. Der *requerimiento* war eine Art Mischung aus Kriegserklärung und Friedensangebot an den Gegner, also die Indios, der ihnen zur Kenntnis gebracht, meist verlesen werden sollte. Das Dokument enthielt Erklärungen über die Schöpfung der Welt und des Menschen, über den Papst als oberste, von Gott eingesetzte Autorität über alle Menschen, ferner über die Schenkung aller Westindischen Inseln und des Festlands durch eben diesen Papst an die spanischen Könige sowie über die auf anderen Inseln bereits erfolgte Unterwerfung unter deren wohlwollende Herrschaft und über die Bekehrung zum Christentum. Es mündete schließlich in der Aufforderung an die Indios, sich friedlich den wahren Glauben verkünden zu lassen, das Christentum anzunehmen und sich ihren neuen Herren – Papst und König – zu unterwerfen. Sollten die Indios jedoch das Angebot ablehnen, wurde ihnen mit Krieg, Verlust des Eigentums und Versklavung von Männern, Frauen und Kindern gedroht.

Schon Zeitgenossen haben diese Art der Kriegserklärung, die in den nächsten Jahrzehnten immer wieder angewendet wurde, als ungerecht und zynisch eingeschätzt, zum einen, weil sie eine einseitige Erklärung war, zum anderen, weil die Indios weder Sprache noch Inhalt dieses Ultimatums verstehen und deshalb gar nicht auf das »Friedensangebot« eingehen konnten und so zwangsläufig Anlass zu nun »legitimen« kriegerischen Handlungen der Spanier gaben. Besonders berühmt geworden ist die Kriegserklärung an den Inka Atahualpa im November 1532. Bei kaum einem Chronisten über die Eroberung Perus fehlt diese Szene der entscheidenden Begegnung auf der Hochfläche von Cajamarca in Peru zwischen Inka und Spaniern, die auch zu verschiedenen bildlichen Darstellungen angeregt hat. Inhalt und Art der Verlesung des *requerimiento* und das Christianisierungsangebot provozierten eine ablehnende Haltung des Inkafürsten, durch die er sich ins »Unrecht« setzte und den Angriff der Spanier auslöste. Im Grunde waren »Friedensangebot« und Kriegserklärung des *requerimiento* eine Farce, durch die sich allerdings das Gewissen der Soldaten beruhigen und die Bedenken von Missionaren beschwichtigen ließen.

Denn auch die Missionare – Dominikaner und Franziskaner – stellten die Präsenz Spaniens in der Neuen Welt nicht grundsätzlich in Frage. Sie ließen keinen Zweifel an der Pflicht zur Christianisierung, die nur durch die Ankunft der Spanier in Gang gekommen war, bedeutete doch in ihren Augen erst das Christentum die Vervollkommnung der Gesellschaft. Immerhin schlugen sie seit 1511 zu den gewaltsamen Eroberungszügen auch alternative Kolonisationsmodelle vor, die auf friedlichem Wege und mit Verständnis für die Indios den Zivilisations- und Christianisierungsauftrag erfüllen sollten. Zu den wenigen, die von der Rede Montesinos' und den Ermahnungen der Dominikaner auf Hispaniola aufgerüttelt wurden oder zumindest einen Anstoß erhielten, über ihr bisheriges Handeln nachzudenken, gehörte auch Bartolomé de Las Casas. 1514 kam er, der auf Hispaniola gegen die Indios gekämpft, als Feldgeistlicher an den Eroberungszügen auf Kuba teilgenommen hatte und selbst *encomendero* war, zu der Erkenntnis, dass die Ausbeutung der indianischen Arbeitskraft gegen die Menschenrechte und gegen das christliche Liebesgebot verstieß. Seit dieser Zeit setzte er sich, zumal er 1516 zum Indioprotektor (*Protector de Indios*) ernannt worden war, für friedliche Missionsprojekte ein, welche die Indios dem direkten Einfluss und der Ausbeutung der Kolonisten entziehen sollten. Obwohl solche Projekte der »friedlichen Gewinnung« scheiterten, gaben weder Las Casas noch Dominikaner und Franziskaner ihre Bemühungen auf, für die Eroberung und Kolonisierung Verbesserungsvorschläge zu machen und für eine menschenwürdige Behandlung der Indios einzutreten, obwohl oder gerade weil die Eroberer der Großreiche in Mexiko und Peru nach wie vor auf Gewalt setzten.

Indianerschutzgesetze

Ihr Drängen, aber auch der drastische Bevölkerungsrückgang, der den Verlust von Arbeitskräften und damit wirtschaftliche Einbußen bedeutete, bewogen die spanische Krone dazu, die Politik gegenüber den Indios neu zu bestimmen. Da sich erwies, dass die ursprüngliche Form der Zuteilung bzw. Anvertrauung von zur Arbeit verpflichteten Indios an Conquistadoren und Kolonisten und der erzieherische Auftrag, wie er in den Gesetzen von Burgos 1512/13 formuliert worden war, eher zur Vernichtung der Indios als zu ihrer Umerziehung führten, bemühte sich die Krone um eine Umwandlung des Encomienda-Systems. Nach mehreren Ansätzen wurde 1536 die Institution der Encomienda dahingehend geändert, dass die Krone die »anvertrauten Indios« dem direkten Zugriff der Encomenderos, d. h. der direkten Ausbeutung ihrer Arbeitskraft, entzog und als Ausgleich für entgangene Arbeitsleistungen den Indianertribut an die Encomenderos, die weiterhin zur Christianisierung verpflichtet waren, abtrat. Der Indianertribut war eine Steuer, die die Krone als Rechtsnachfolgerin der indianischen Herrscher in der Kontinuität vorspanischer Praxis beanspruchte. Jeder Indio hatte einen Tribut in bestimmter Höhe an die Krone zu zahlen; dieser Tribut, der über lange Zeit in Form von Naturalabgaben erhoben werden musste, war und blieb während der gesamten Kolonialzeit die einzige direkte und an den persönlichen Status der Indios gebundene Steuer. Diese Abtretung der eigentlich an die Krone zu zahlenden Abgabe an die Encomenderos blieb bis ins 18. Jahrhundert bestehen, wohingegen Karl V. die weitergehenden Bestimmungen zur gänzlichen Abschaffung der Encomienda, die er in den »Neuen Gesetzen« (_Leyes Nuevas_) von 1542 getroffen hatte, angesichts heftiger, ja bis zu offener Rebellion ausartender Proteste der Kolonisten (Peru) zurücknehmen musste. Immerhin blieben die Regelungen der »Neuen Gesetze« bestehen, welche die Indianersklaverei endgültig aufhoben, die mit dem _requerimiento_ verbundenen Aussagen über den »gerechten Krieg« außer Kraft setzten und die Indios zu freien, allerdings noch schutzbedürftigen und weiter zu erziehenden Untertanen der spanischen Krone erklärten.

Die Einrichtung von separaten Indiosiedlungen

Für die weitere Entwicklung der Gesellschaft allgemein und speziell der indianischen Bevölkerung wurde besonders wichtig, dass die Krone aufgrund der negativen Erfahrungen seit den 1540er Jahren von der ursprünglichen

Methode, die Europäisierung durch Zusammenleben und Nähe von Spaniern und Indios zu erreichen, abwich und zu einer Politik der räumlichen Trennung zwischen Indios und Weißen überging, um so die Indios vor dem Zugriff der spanischen Kolonisten zu schützen. Erziehung und Christianisierung sollten nun wieder ausschließlich in den Händen von Missionaren, Priestern und staatlichen Beamten liegen. Die spanische Krone organisierte nun die Erziehung der indianischen Bevölkerung über den Weg der Absonderung; sie ordnete an, die vorwiegend in Streusiedlungen lebende autochthone Bevölkerung in eigenen Gemeinwesen im Abstand von einer Stunde Gehzeit zu den Siedlungen der Spanier zu konzentrieren. So entstanden im Laufe der nächsten beiden Jahrhunderte zahlreiche Indianerdörfer, *pueblos de indios*, *comunidades de indios*, *resguardos de indios*, deren Anlage dem Grundriss der weißen Siedlerstädte entsprach. Sie erhielten eigene Gemeindeordnungen, eigene kommunale Selbstverwaltung (*cabildo de indios*) nach spanischem Vorbild und wählten jährlich ihre Würdenträger, wie z. B. den *alcalde*, den Dorfrichter bzw. Bürgermeister, meist aus der kooperierenden indianischen Oberschicht der Adeligen wie *caciques* oder *curacas*. Die Indianerdörfer wurden zu Munizipaldistrikten zusammengefasst und unter der Aufsicht von staatlichen Provinzbeamten, den *corregidores de indios*, verwaltet. Diese *corregidores de indios* entwickelten sich bald zu Schwachpunkten der Kolonialverwaltung und Beispielen für Korruptheit und Amtsmissbrauch. Denn da sie oft schlecht bezahlt wurden, operierten sie auch als Zwischenhändler zwischen den Indios und den Weißen und besserten ihr Gehalt u. a., meist in Zusammenarbeit mit den Kaziken, durch den Zwangsverkauf von Waren zu überhöhten Preisen an die Indios (*reparto*, *repartimiento*-Handel) auf. Sie gliederten damit zwar die Indianerdörfer in die koloniale Wirtschaft ein, boten langfristig aber Anlass zu indianischer Unzufriedenheit und Protesten, durch die sich die Kolonialherrschaft teilweise ernsthaft bedroht sah.

Zur Sicherung ihrer wirtschaftlichen Existenz erhielten die Indianerdörfer auch eigenen Grund und Boden, den sie z. T., anknüpfend an vorspanische indianische kollektive Formen und Strukturen wie die aztekischen *calpulli* oder die peruanischen *ayullu*, auch gemeinschaftlich bearbeiteten, wie überhaupt Großfamilie und das Dorf, d. h. Gemeinschaft und nicht das Individuum oder die einzelne Tätigkeit im Vordergrund standen. Da die Missionare, Priester oder Beamten angehalten waren, die Indianersprachen zu erlernen, um so als Erzieher und Lehrer besser wirken zu können, konnten auch die jeweiligen Indianersprachen fortleben.

Eine besondere Form dieser Gemeinwesen stellten die Missionsreservate oder -reduktionen dar, die oft in abgelegenen Regionen angesiedelt waren und auch als eine Art Grenzschutz fungierten. Zu diesen gehören die Missionssiedlungen der Franziskaner im Nordwesten Mexikos (Kalifornien) und die Jesuiten-Reduktionen in Maynas am spanischen Marañón im östlichen Teil des heutigen Ecuador, am Oberlauf des Orinoko im heutigen Venezuela, im Nordwesten von Neu-Spanien, den heutigen Provinzen Sinaloa und Sonora. Die bekanntesten waren diejenigen in Paraguay, die der indianischen Bevölkerung der Guarani nicht nur die christliche Zivilisation zu bringen versuchten, sondern ihnen auch Schutz vor den Übergriffen von Sklavenjägern aus Brasilien boten, wo es nur eine halbherzige Indianerschutzgesetzgebung gab.

Die räumliche Trennung wurde im Laufe der Zeit durch Aufenthaltsverbote bzw. -bestimmungen für Nicht-Indianer – das waren Spanier, Afrikaner, Mestizen – ergänzt; es waren Schutzbestimmungen, die den reinen Eingeborenenstatus der Indianerdörfer sichern sollten. Selbst den Encomenderos war es nicht gestattet, unter ihren »eigenen« Indios zu leben. Vor allem war Nicht-Indianern

Landbesitz in den Indianergemeinden untersagt; den Indios ihrerseits war es verboten, ihren Landbesitz zu veräußern. Diese räumliche Trennung bedeutete jedoch nicht, dass die Indios ihre vollständige Unabhängigkeit erhielten, noch dass sie vor Arbeitsverpflichtungen geschützt waren. Zum einen unterstanden die indianischen Munizipalbezirke den spanischen Provinzbeamten, den *corregidores de indios*, und andere besondere Beamte, die *protectores de indios*, vertraten die noch nicht als rechtsfähig geltenden Indios in rechtlichen Angelegenheiten, zum anderen mussten die *cabildos de indios*, also die gewählten Beamten oder die Kaziken für die Gestellung von Arbeitskräften im Rahmen von verschiedenen Arbeitssystemen sorgen – so z. B. für das schon unter den Inkas bestehende Zwangsarbeitssystem der Mita in Peru, das die turnusmäßige Entsendung von Arbeitskräften in die Bergbaugebiete vorsah, wo Tausende von Indios an den Arbeitsbelastungen starben.

Soziale Strukturen der Weißen- und der Indio-Gesellschaft

Die spanisch-koloniale Indianerpolitik sorgte dafür, dass der Bevölkerungsrückgang, der mit der Ankunft der Europäer einsetzte und je nach Region auf 80–90 Prozent geschätzt wird, um die Mitte des 17. Jahrhunderts gestoppt wurde; zu dieser Zeit lebten in Spanischamerika noch etwa vier Millionen Indios. Seitdem erfolgte allmählich eine demographische Erholung der indianischen Bevölkerung, regional verschieden, aber doch erkennbar, so dass die indianische Bevölkerung gegenüber den spanischen Einwanderern – und nur katholischen Spaniern war die Einwanderung gestattet – zahlenmäßig die größte Gruppe darstellte. Die Zahl der weißen Einwanderer belief sich um 1650 auf etwa 440 000. Doch schuf die koloniale Indianerpolitik mit der Trennung in Indios und Nicht-Indios eine Gesellschaft, in der sich Weiße und Indios, Europäer und Nicht-Europäer, weiterhin als Eroberer und Eroberte gegenüberstanden. De jure waren zwar beide Gruppen freie Vasallen des spanischen Königs, d. h., auch die Indios waren frei, zumindest frei von offener Sklaverei; im täglichen Leben aber wurden die Indios noch wie schutzbedürftige Minderjährige und Unmündige behandelt, die erst durch Umerziehung in den Stand versetzt werden sollten, ihren Status als Vasallen auch auszufüllen.

Die Umerziehungspolitik der spanischen Krone mittels Segregation bedeutete zweifellos den Schutz der indianischen Bevölkerung und verhinderte ihre vollständige physische Vernichtung. Sie begünstigte sogar ungewollt die Erhaltung altindianischer Sitten und Gebräuche, der indianischen Sprachen und kollektiven Sozialstrukturen. Das galt besonders für Peru, wo die indianischen *caciques* bzw. die *curacas* hatten verhindern können, dass ihnen die katholischen Priester den Einfluss auf die indianische Bevölkerung entrissen. Die Umerziehung der Indios und ihre Anpassung an europäische Lebensformen bezog sich meist nur auf den materiellen Bereich, d. h. die Übernahme europäischer Nutzpflanzen, Haustiere und Gerätschaften. Die Übernahme geistiger Elemente der spanisch-europäischen Kultur, kulturelle Mestizisierung und Akkulturation erfolgte, auch aufgrund unzulänglicher Bildungseinrichtungen, nur teilweise und vollzog sich in den unterschiedlichen Räumen graduell auch durchaus verschieden. In Regionen wie Mexiko oder Neu-Granada, wo wegen der europäisch geprägten Städte die vom indianischen Umland zuwandernden oder in der Nähe lebenden Indios bessere Möglichkeiten der Akkulturation besaßen, war – abgesehen von der ethnischen Vermischung – der Prozess der kulturellen Mestizisierung intensiver als in Regionen wie Peru, wo besonders die indianischen Dörfer in den Anden weiter von spanischen Städten entfernt waren und überdies das politische Zentrum an der Küste lag. Während z. B. in Peru die vorspanische Religion und Tradition lebendig blieben, entwickelte sich in Mexiko mit dem Marienkult von Guadalupe ein Integrationsmedium, dem auch die Indios anhängen konnten, war doch der Legende nach die Jungfrau Maria, in Gestalt der Madonna des spanischen Wallfahrtsorts in der Estremadura, 1531 einem mexikanischen Indio an einer Kultstätte der Aztekengöttin Tonantzin erschienen. In vielen Fällen aber war die Akkulturation oberflächlich, und insgesamt galten die Indios, obwohl sie einen privilegierten Sonderstatus als zu Schützende besaßen, am Ende der Kolonialzeit immer noch als Inferiore und Unmündige.

Rassenvermischung und Rassendiskriminierung

Auch die afrikanischen Sklaven besaßen einen allerdings diskriminierenden gesetzlichen Sonderstatus. Seit dem Beginn des 16. Jahrhunderts wurden sie als Ersatz für die dezimierte bzw. zu schonende indianische Bevölkerung in immer größerer Zahl nach Amerika zwangsdeportiert. In der Zeit vom Beginn des 16. Jahrhunderts bis zur Mitte des 17. Jahrhunderts gelangten wohl rund 270 000 afrikanische Sklaven nach Amerika, von denen 26 % über Veracruz nach Neu-Spanien gelangten, 50 % über Cartagena de Indias, den Hauptimporthafen für Südamerika, und 7 % über andere karibische Häfen importiert und ca. 16 % auf den Sklavenmarkt von Buenos Aires verbracht wurden. Von diesen Häfen aus wurden sie ins gesamte Landesinnere weiterverkauft. Sie arbeiteten als Feldsklaven besonders in den tropischen Regionen mit Plantagenwirtschaft, also auf den Westindischen Inseln und den kontinentalen Küstenlandschaften Venezuelas, Neu-Granadas und Perus, aber auch als Goldwäscher in Neu-Granada. In den übrigen Gebieten wurden die Afrikaner vorwiegend als Haussklaven eingesetzt. In den tropischen Gegenden mit einem ihrer Heimat entsprechenden Klima konnten sich die afrikanischen Sklaven trotz der oft brutalen Behandlung vermehren – sehr zum Nutzen der Sklavenhalter, denn die Kinder einer Sklavin wurden wiederum Sklaven. In den für sie ungünstigen Andenregionen, wo sie auch im Abbau der Edelmetalle eingesetzt waren, waren die Lebenserwartungen jedoch nur gering. Ihre Lebensbedingungen waren zumeist miserabel und trotz christlicher Unterweisung menschenunwürdig, so dass die Sklaven häufig ihren Herren entflohen und sich in unwegsamen Gebieten verborgen hielten. Durch ihren Status der Unfreiheit standen sie rechtlich auf der untersten Stufe der kolonialen Gesellschaft, nahmen in der sozialen Wirklichkeit jedoch einen höheren Rang als die Indios ein, da sie ihren Preis hatten, der sie schützte. Im Unterschied zur spanischen Indianerpolitik gab es während der ganzen Kolonialzeit keine expliziten Bestimmungen, die sich mit den Lebensbedingungen der schwarzen Sklaven beschäftigten. Erst 1789 erließ die Krone entsprechende Instruktionen.

Schon von Beginn der Kolonisation an entstand in Spanischamerika eine gemischtrassige Bevölkerung. Denn obwohl die spanische Krone eine Vermischung nicht förderte und sich Mischehen mit Afrikanern ausdrücklich widersetzte, kam es zunehmend zu Vermischungen, vor allem zwischen Weißen und Indiofrauen. Dabei wurde die Heirat zwischen Spaniern und Indiofrauen durchaus akzeptiert, und gerade zu Beginn der Kolonisation, als der Anteil der einwandernden Frauen gering war, füllten die indianischen Frauen, oft aus dem indianischen Adel, diese Lücken. In vielen Fällen aber war die Entstehung einer spanisch-indianischen Mischlingsbevölkerung das Ergebnis von Raub und Vergewaltigung indianischer

Frauen während der Conquista oder von unehelichen Beziehungen zwischen Spaniern und ihren indianischen Dienstmädchen. Zunächst stellten die Kinder solcher spanisch-indianischer Beziehungen kein Problem dar, da sie von der einen oder anderen Seite aufgenommen wurden. Bald jedoch wuchs die Zahl solcher unehelichen Kinder, und es entstand die Bevölkerungsgruppe der Mestizen oder *cholos*, die weder von den Weißen noch von den Indios akzeptiert wurde, aber Spanisch sprach. Um 1650 lebten ca. 650 000 Mestizen in Spanischamerika. Die Mischlingsbevölkerung wuchs in der Kolonialzeit zur zweitgrößten Bevölkerungsgruppe nach den Indios heran, sehr zum Unwillen der spanischen Krone, denn sie hatte für solche Mischlinge, denen meist der Makel der Illegitimität anhaftete, keine gesetzliche Vorsorge getroffen. Mestizen besaßen deshalb mindere Rechte; sie durften keine Encomiendas besitzen, sie waren von Ehrenämtern ausgeschlossen und wurden nicht einmal zum Militärdienst zugelassen. Lediglich das Priesteramt war ihnen zugänglich. Die Mischlinge waren in Kleinhandel und Handwerk tätig oder verdingten sich als freie Lohnarbeiter; in der Regel bildeten sie die Masse der städtischen Bevölkerung. Sozialer Aufstieg in die Oberschicht, die Schicht der Weißen, war für Mestizen zwar schwer, aber nicht unmöglich, wenn sie wirtschaftlich Erfolg hatten. Generell aber waren sie arm und wurden von den Weißen – ebenso wie die anderen Gruppen der Mischlingsbevölkerung: die Mulatten, die aus der Vermischung von Weißen und Afrikanern, oder die Zambos, die aus der Vermischung von Indios und Afrikanern hervorgegangen waren und noch weniger Rechte als die Mestizen besaßen – verächtlich als *castas* bezeichnet; mit diesem Begriff einer sozialen Schichtenzugehörigkeit wurden sie als Teil der farbigen Mischlingsbevölkerung gekennzeichnet.

In den spanischen Kolonien entwickelte sich eine multiethnische Gesellschaft, in der jedoch die rechtliche Un-

gleichheit der Ethnien galt. Die ethnische Zugehörigkeit
bestimmte weitgehend den sozialen Standort in dieser *sociedad de castas,* einer ständisch geordneten und statusori-
entierten Gesellschaft. An ihrer Spitze stand die weiße
Oberschicht, aus der sich die Staatsbeamten und kirchlichen Würdenträger, die Großgrund- und Bergwerksbesitzer sowie die reichen Kaufleute rekrutierten, wobei die in
Amerika geborenen Spanier eher über Landbesitz und
Bergbaurechte verfügten, während die Europa-Spanier die
hohen staatlichen und kirchlichen Ämter innehatten. Beide weißen Gruppen stellten die politisch, sozial und wirtschaftlich führende Schicht der Kolonialgesellschaft dar.
Die *castas* bildeten die armen und abhängigen sozialen
Unterschichten.

Indiosklavenhandel der Portugiesen

Die Portugiesen trafen in dem Teil Amerikas, der ihnen
durch den Vertrag von Tordesillas zugewiesen war und
den sie zunächst küstennah besiedelten, vor allem auf die
Stämme der Aruaks im Gebiet des Amazonas und auf die
Stämme der Tupis, die von Maranhão im Norden bis ins
heutige Rio Grande do Sul siedelten. Es waren einfache
Pflanzerkulturen, die keine größeren politischen Einheiten
hervorgebracht hatten, oft untereinander verfeindet waren, Kriege führten, um Gefangene zu machen, die dann
geopfert, ja – wohl aus religiösen und rituellen Gründen –
auch gegessen wurden. Europäer, wie Amerigo Vespucci,
der Franzose Jean de Léry oder auch der deutsche Kano-
nier in portugiesischen Diensten, Hans Staden, die zeitweise bei den Indios lebten, haben daraus den Vorwurf
der Menschenfresserei abgeleitet und so zur negativen
Wahrnehmung der Indios als Barbaren beigetragen. Im
Inneren des Landes, in den Regionen des brasilianischen

Berglandes, lebten die Stämme der Gê und der Tapuias, die zu einer niedrigeren Kulturstufe als die Küstenbewohner gehörten und sich hauptsächlich von der Jagd und dem Fischfang ernährten. Präzise Angaben über die Zahl der indianischen Bevölkerung bei der Ankunft der Portugiesen in Brasilien sind nicht möglich; die Zahlen schwanken zwischen 2,4 und 4,5 Millionen.

In der Zeit vor der systematischen Kolonisierung Brasiliens, also bis 1548, bemühte sich die Krone um freundschaftliche Beziehungen zu den Eingeborenen, um sie dem Einfluss der französischen Rivalen zu entziehen, die mit den Tupis Handel trieben, konkret Tauschhandel mit Brasilholz. 1511 hatte König Manuel I. eine gute Behandlung der Indios angeordnet, und die portugiesischen Kaufleute versicherten sich mit Freundlichkeit und Geschenken der freiwilligen Arbeitsleistungen der Indios beim Auffinden, Schlagen und Transport des Brasilholzes. Mit der Kolonisierung jedoch veränderte sich die Behandlung der brasilianischen Indios. Es verbreitete sich die Sklaverei, die die portugiesische Krone im Interesse der wirtschaftlichen Entwicklung der Kolonie durchaus billigte, und zwar in der Form des Sklavenhandels und des Arbeitseinsatzes. Der König räumte den *donatários* das Recht ein, mit Indianersklaven Handel zu treiben. Während die spanische Krone Sklavenhandel von Westindien nach Spanien untersagt hatte, sahen die Portugiesen kein Problem darin, Indios als Sklaven nach Portugal zu verschiffen. Sie praktizierten den Sklavenhandel seit der Expansion in den afrikanischen Raum. Schon Mitte des 15. Jahrhunderts (8. Januar 1455) hatte Papst Nikolaus V. den Portugiesen gestattet, die afrikanischen Ungläubigen in die Sklaverei zu führen und sie als Handelsware nach Portugal zu verschiffen; die Ähnlichkeit der brasilianischen Indianer mit den Afrikanern erleichterte den neuerlichen Sklavenhandel. Als in Spanischamerika Indianersklaverei schon de jure abgeschafft war, schränkten die Portugiesen

sie seit dem Erlass des ersten Generalgouverneurs Tomé
de Sousa (1548) lediglich ein und formulierten mit dem
Prinzip des »gerechten Kriegs« bestimmte Gründe wie die
Ablehnung des christlichen Glaubens, Feindschaft gegen
die Europäer und Verweigerung der Zusammenarbeit, die
die kollektive Versklavung von Indianern rechtfertigten.
Ein weiterer Versklavungsgrund war der *rescate*, der Frei-
kauf eines gefangenen Indios aus der Hand seines Geg-
ners. Den Indio vor Versklavung, Tötung oder Verzehr
bewahrt zu haben rechtfertigte es, den so »befreiten« Indio selbst als Sklaven in Dienst zu nehmen. Tausende von
Indios wurden mit Hilfe dieser »gerechten Gründe« versklavt und nach Europa oder nach Westindien verschickt.

Das Arbeitskräfteproblem
der brasilianischen Plantagen

Ein umfangreicher Sklavenhandel kam jedoch nicht zustande, denn die wirtschaftliche Entwicklung Brasiliens,
die Verbreitung des Zuckerrohranbaus als neuer Motor
der brasilianischen Wirtschaft in der Zeit von 1570 bis
1670 erforderte einen hohen Arbeitskräfteeinsatz, den die
Portugiesen zahlenmäßig nicht leisten konnten und von
ihrer Einstellung her auch nicht selbst erbringen wollten.
Mit den Indios schien dieses notwendige Arbeitskräftepotential gegeben zu sein. Doch da die Indios wegen
ihrer Lebensweise zu freiwilligen geregelten Arbeitsleistungen nicht bereit waren, wurden sie unter Zwang zur
Arbeit herangezogen, denn der Erfolg der Plantagenwirtschaft hing von der Sklavenarbeit ab. Allerdings leisteten
die Indios Widerstand gegen diese Versklavung, und ihre
Arbeitsleistungen waren nicht zufriedenstellend. Sie entflohen der Sklaverei der weißen Plantagenbesitzer oder
starben an den Folgen der Arbeit. Um 1600 waren die

freilebenden Stämme der Küstenregion Brasiliens, wo zuvor etwa eine Million Tupis gelebt hatte, weitgehend vernichtet; einige Tausend lebten und überlebten in den *aldeias* der Jesuiten.

Wie in Spanischamerika war die Indianerpolitik der Krone von den unterschiedlichen Interessen besonders der Missionare und der Pflanzer bestimmt, bzw. die Krone versuchte zwischen diesen Interessen zu vermitteln, wobei trotz mehrerer Ansätze zu einer Schutzgesetzgebung doch eine Nachsicht gegenüber den Forderungen der Pflanzer vorherrschte. Im deutlichen Unterschied zu Spanien war die Gesetzgebung eher zögerlich und unzureichend. Das Indianerschutzgesetz König Sebastians von 1570 erklärte zwar die Indios für frei, nannte aber zugleich den »gerechten Krieg« und die barbarischen Sitten der Indianer als Rechtfertigung für die Versklavung. Dies einschränkende Gesetz musste jedoch wegen des Protestes der Pflanzer und Siedler bald widerrufen werden, weil diese die proindianische Gesetzgebung als Bedrohung ihrer Interessen empfanden. Ähnlich erging es dem Gesetz von 1609, das die Indianersklaverei verbot; schon 1611 wurde es zurückgenommen und konnte erst 1652 wieder in Kraft gesetzt werden.

Das *aldeia*-System der Jesuiten

Immerhin hatten die Jesuiten, die seit 1549 in Brasilien weilten und in ihrer Jesuitenprovinz mit Sitz in Salvador das Land sichern sollten, ihr Konzept durchsetzen können, Missionierung der Indios, Christianisierung und Zivilisierung sowie Arbeitskräfteverwaltung miteinander zu verbinden. Dazu fassten sie die Indios in geschlossenen Dörfern, den *aldeias*, zusammen, so wie es dann auch ihre Ordensbrüder in Spanischamerika mit den Reduktionen taten. Bis zum Jahr 1562 experimentierten sie mit diesem Konzept mit wenig Erfolg in der Umgebung der Hauptstadt Salvador. Denn die Nähe zu den weißen Siedlungen erwies sich als problematisch. Zudem wurden die ersten Missionssiedlungen von einer schrecklichen Pockenepidemie heimgesucht, der Tausende von Indios wegen fehlender Abwehrkräfte zum Opfer fielen. Ein zweiter Missionsversuch des *aldeamento* in São Paulo war erfolgreicher, weil die *aldeias* nun weitab von den Siedlern angelegt wurden. Die Jesuiten gründeten zahlreiche weitere *aldeias* als Zentren der Mission, nicht zuletzt deshalb, weil die portugiesische Krone 1587 das *aldeia*-Konzept und 1596 die Jesuiten als Hauptträger der Indianerpolitik bestätigte. Sie allein sollten für die Verwaltung der Siedlungen zuständig sein, was weder anderen Orden noch den Siedlern gefiel und ständige Konflikte provozierte. Gerade die Siedler versuchten, selbst die Verwaltung zu übernehmen, weil sie aus den »zivilisierten« Missionsindianern gern ihre Arbeitskräfte rekrutierten. Letztlich gelang es den Jesuiten nicht, die Indios vor dem Zugriff der Weißen zu schützen. Immerhin aber haben sie das Überleben einiger Tausend in den *aldeias* gesichert. So lebten im Estado do Brasil im Jahre 1702 in 25 *aldeias* mindestens 14 450 Einwohner, und im Estado do Maranhão e Grão-Pará verdoppelte sich die Zahl der *aldeia*-Indianer von 11 000 im Jahr 1696 auf etwa 21 000 im Jahr 1730, insgesamt eine geringe Zahl im Vergleich zu der vor der portugiesischen Eroberung. Eine Integration der Indios, eine Verbesserung ihrer sozialen Stellung ist den Jesuiten aber ebenso wenig gelungen wie eine grundsätzliche Veränderung der diskriminierenden Haltung gegenüber den Indios und ihrer Ausbeutung als Arbeitskräfte.

Sklavenjagden und Expansion der Kolonie

Weil nun die Indios in den Küstenzonen dezimiert oder nicht mehr greifbar waren, kam es seit dem ausgehenden 16. Jahrhundert zu regelrechten Sklavenjagden ins Landesinnere, um die »wilden« Indianer zu jagen und in die wirtschaftlich wichtigen Regionen der Zuckerproduktion zu verschleppen. Dabei gingen gewaltsame Sklavenjagden, d. h. auch Eroberung, und territoriale Expansion und Besiedlung Hand in Hand. Ein wichtiger Ausgangspunkt dieser Vorstöße im südlichen Brasilien war die im Hochland des Inneren gelegene Stadt São Paulo. Von hier aus drangen die sogenannten Paulistaner *bandeirantes* zunächst in die Missionsgebiete des Südens im Gebiet der Flüsse, die sich dann im Río de la Plata vereinigen, und besonders bis in die Jesuitenreduktion Paraguays vor. Bei diesen Trupps, die ihren Namen wohl von *bandeira*, ›Fahne‹ oder ›Fähnlein‹, herleiteten, handelte es sich meist um Mischlinge, *mamelucos*, die aus der Vereinigung zwischen weißen Portugiesen und indianischen Frauen hervorgegangen waren. Ihre Schlagkraft entsprang eben dieser Vermischung: dem portugiesischen kulturellen Selbstbewusstsein und der indianischen Fähigkeit, in der Wildnis zu leben. Bis in die vierziger Jahre des 17. Jahrhunderts überfielen die *bandeirantes* die Missionsreduktionen von Guairá und Tape, töteten oder verschleppten Tausende Missionsindianer. Seit der Mitte des 17. Jahrhunderts richtete sich das Augenmerk der *bandeirantes*, die auch aus Bahia und Pernambuco kamen, dann auf das westliche und nördliche Hinterland. Sie waren als Indianerkämpfer und Bezwinger der Wildnis wesentlich an der gewaltsamen und brutalen Eroberung der Regionen des Nordostens und des *sertão* am mittleren São Francisco beteiligt, die besonders zur Viehzucht geeignet waren. Aber nicht nur Sklavenjagden gehörten zu den Aktivitäten der *bandeirantes*; eine ihrer Triebfedern war auch die

Suche nach Edelmetallen, die seit der Mitte des 17. Jahrhunderts im Mittelpunkt nicht nur ihres Interesses stand, sondern auch von der Krone gefördert wurde, weil die Zuckerproduktion in eine schwere Absatz- und Produktionskrise geraten war. Tatsächlich führte diese intensive Suche in den Jahren 1693–1695 im Bereich des oberen São Francisco zur Entdeckung ergiebiger Goldlager, der Minas Gerais.

Die Sklavenjagden und Expeditionszüge ins Landesinnere bis weit in den Chaco, das Andenvorland oder das Flusssystem des Amazonas waren für die Entwicklung der Kolonie noch aus einem weiteren Grund von großer Bedeutung. Sie veränderten nämlich den kolonialen Besitz Portugals in Amerika und trugen zu einer enormen territorialen Expansion der portugiesischen Kolonie weit über die Demarkationslinie von Tordesillas bei. Denn bei dem Vordringen ins Landesinnere wurden die spanischen Ansprüche kaum respektiert, und da die Spanier ihrerseits ihre Kolonisierung auf den Westen des Kontinents konzentrierten und wenig Interesse zeigten, ihre Herrschaft nach Osten auszudehnen bzw. im Osten auszuüben, konnten die Portugiesen relativ ungestört nach Westen vordringen. Entscheidenden Einfluss hatten dabei die *bandeirantes*: Ihr weitestes Vordringen markiert den portugiesischen Einflussbereich im Inneren Südamerikas, und ihre Stützpunkte entwickelten sich zu Ausgangspunkten einer wenn auch dünnen Besiedlung des Landesinneren. Im Gefolge der Sklavenjagden in die Missionsgebiete der Jesuiten griffen die Portugiesen auch in den unbesiedelten und von Spanien vernachlässigten Raum zwischen ihrer bisherigen Südgrenze und Buenos Aires – die östliche Seite des Río Uruguay, *Banda Oriental del Uruguay* – aus, um Handel mit Peru über den Río de la Plata betreiben zu können und an das begehrte Silber aus Hochperu zu gelangen. Um 1680 wurde deshalb am nördlichen Ufer des Río de la Plata ungefähr gegenüber von Buenos Aires die

Nova Colônia do Sacramento gegründet, der in den folgenden hundert Jahren eine wechselvolle Geschichte in den Auseinandersetzungen zwischen Portugal und Spanien beschieden war.

Für die indianische Bevölkerung waren die gewaltsamen Sklavenjagden fatal. Gerade auch im nordöstlichen Expansionsgebiet am Maranhão und Amazonas im Estado do Maranhão forderte das brutale Vorgehen der *bandeirantes* viele Opfer und führte zu heftigen Auseinandersetzungen mit den Jesuiten, die ihre *aldeia*-Indios schützen wollten. Zwar versuchte die portugiesische Krone seit 1655, die Versklavungen zu erschweren, und verkündete 1680 unter Bezug auf das Gesetz von 1609 die vollständige Freiheit aller Indios, doch veranlasste sie der Protest der Siedler, im Jahr 1688 die Versklavung von Indios in bestimmten Fällen wieder zu erlauben.

Ersatz der Indios durch afrikanische Sklaven

Da die Indianerbevölkerung rasch zurückging bzw. die Arbeitsleistungen der Indios bei der Zuckererzeugung auf den Zuckersiedereien, den *engenhos*, nicht zufriedenstellend waren, traten seit 1570 im Zuge der wachsenden Zuckerindustrie immer mehr Sklaven aus Afrika an ihre Stelle. Portugal besaß ja das Monopol für den Sklavenhandel an der afrikanischen Westküste. So wurden in der Zeit von 1570 bis 1670 etwa 400 000 Afrikaner, zunächst aus Guinea und dann im 17. Jahrhundert hauptsächlich aus dem Kongo und Angola, als Sklaven nach Brasilien importiert. Bereits um 1600 machten auf den *engenhos* afrikanische Sklaven 70 Prozent aller Arbeitskräfte aus.

Während die Indios durch Gewalt oder durch von Europäern eingeschleppte Krankheiten dezimiert wurden, das indianische Element also fast gänzlich verschwand oder in Vermischungen, den *mamelucos*, aufging, wurden die Afrikaner das vorherrschende ethnische Element der brasilianischen Bevölkerung, denn die weiße Bevölkerung Brasiliens entwickelte sich in der Zeit von 1570 von 20 000 Personen lediglich auf 100 000 Personen im Jahr 1700. Wegen der geringen Anzahl weißer Frauen gab es daneben noch eine umfangreiche Mischlingsbevölkerung von Mestizen und Mulatten, die sich zahlenmäßig allerdings nicht präzisieren lässt. Sie stellten die Handwerker und städtischen Lohnarbeiter, vor allem aber auch die Viehtreiber im Nordosten und in den südlichen Expansionsgebieten in Rio Grande do Sul. Schon im ausgehenden 16. Jahrhundert war Brasilien eine multiethnische und angesichts des Überlebens afrikanischer Kulte auch multikulturelle Gesellschaft. Dabei gab es durchaus graduelle Unterschiede. Während die Gesellschaft des brasilianischen Hinterlandes durch den Kontakt bzw. den Konflikt zwischen Europäern und Indios geprägt war, bestimmte in den Plantagengebieten des Nordostens in ihrer Blütezeit ebenso wie seit dem ausgehenden 17. Jahrhundert in den Bergbaugebieten von Minas Gerais die Negersklaverei die Gesellschaft. Insgesamt stand in der brasilianischen Gesellschaft einer kleinen Zahl an Weißen, die aufgrund ihrer Rasse und Hautfarbe die oberste und bevorrechtigte Schicht bildete und als ländliche Pflanzeraristokratie über Wohlstand verfügte, die Masse der minderberechtigten Mischlinge – Mestizen, *mamelucos,* Mulatten – und ausgebeuteten Sklaven gegenüber. Über die Hälfte der Bewohner Brasiliens lebte in der Sklaverei.

Handelssystem und Wirtschaft

1503	Gründung des staatlichen Handelshauses, der *Casa de la Contratación*, in Sevilla, einer für den gesamten Schiffs-, Waren- und Personenverkehr mit Amerika sowie für die Steuerangelegenheiten und die Seemannsausbildung zuständigen Zentralbehörde, ab 1711 in Cádiz. Monopol des Sevillaner Hafens als einzig legalen Ausfuhrhafens für den Handel zwischen Spanien und Amerika.
1535	Errichtung einer staatlichen Münzstätte, *Casa de la Moneda*, in Mexiko-Stadt; weitere Gründungen von Münzstätten erfolgen in Lima (1565), Potosí (1580) und Bogotá (1620).
1543	Die Sevillaner Kaufmannsfamilien erhalten die Genehmigung, sich zu einem *consulado*, einer Kaufmannschaft mit eigener Gerichtsbarkeit, zusammenzuschließen.
1545	Entdeckung der Silberminen von Potosí in Hochperu.
1546	Beginn des Silberbergbaus in Zacatecas in Mexiko.
Ab ca. 1560	Zuckerrohranbau in der Region Pernambuco und an der Nordostküste Brasiliens.
1564	Einführung des Konvoi-Systems der »Flotten und Galeonen«.
1592	Errichtung eines für das Vizekönigreich Neu-Spanien zuständigen *consulado* in Mexiko-Stadt.
1593	Errichtung eines für das südliche Amerika, Vizekönigreich Peru, zuständigen *consulado* in Lima.
1595	Buenos Aires wird als Anlaufhafen für den internationalen und direkten Verkehr mit Sevilla gesperrt.
1623	Die Engländer besetzen St. Christopher und St. Kitts sowie
1627	Barbados.
1634	Die Holländer erobern Curaçao und bauen die Insel vor der Küste Venezuelas zu einem Schmuggelzentrum der Karibik aus.
1635	Die Franzosen besetzen Martinique, Guadeloupe, danach auch die Insel Tortuga, von wo aus mehrere Besetzungsversuche gegen Hispaniola erfolgen.

1648	Errichtung der Allgemeinen Handelskompanie Brasiliens, *Companhia geral do comercio para o Estado do Brasil*, zur Förderung des Handels (Monopol für Brasilholz) und zur Sicherung der Seeverbindungen zwischen Portugal, Afrika und Brasilien.
1655	Die Engländer erobern Jamaika und machen es ebenfalls zu einem Schmuggelzentrum in der Karibik.
1680	Die Portugiesen errichten am nördlichen Ufer des Río de la Plata die Nova Colônia do Sacramento, um sich in den illegalen Handel mit Peru einzuschalten.
1682	Gründung einer Handelskompanie, *Companhia do comercio do Maranhão-Para*, mit Handelsmonopol für Einfuhr von afrikanischen Sklaven.
1697	Im Frieden von Rijswijk muss Spanien den Westteil von Hispaniola an Frankreich abtreten.
1698/99	Erste bedeutende Goldfunde in Minas Gerais.
1728	Gründung der Königlichen Handelsgesellschaft für Caracas, *Real Compañía Guipuzcoana de Caracas*, mit Handelsmonopol für die Provinz Venezuela.
1735	Abschaffung des Konvoi-Systems.

Handelsmonopol und geschlossene Handelsräume

So wie schon bei der Entdeckung und Eroberung die wirtschaftlichen Interessen der portugiesischen und kastilischen Krone die entscheidenden Antriebskräfte gewesen waren, bestimmte das Streben nach größtmöglicher wirtschaftlicher Nutzung der eroberten Gebiete auch für die nächsten Jahrhunderte die Politik und die Maßnahmen der beiden iberischen Kolonialmächte. Sie hofften, mit Einnahmen aus Steuern und Abgaben, die auf Handels- und Wirtschaftsaktivitäten ruhten, die Ausgaben des Staates für die Kolonisierung zu decken, mit finanziellen Gewinnen ihre Staatshaushalte zu sichern und – im Falle

Spaniens – auch ihre europäische Politik zu finanzieren. Entsprechend dem sich in Europa entwickelnden Wirtschaftssystem des Merkantilismus schufen Portugal und Spanien jeweils zwischen Mutterland und den außereuropäischen Gebieten geschlossene Wirtschafts- und Handelsräume. In diesem System war der Handel mit anderen Mächten verboten, das Handelsmonopol lag bei den Mutterländern, und der interkontinentale Handel unterlag besonders im spanischen Imperium bestimmten Regeln. Der Warenaustausch zwischen den Kolonien und dem Mutterland war als Monopolhandel organisiert, ausländische Kaufleute und Schiffe wurden ausgeschlossen, und nur privilegierten Organisationen war der Zugang zu den kolonialen Märkten vorbehalten.

Das Konvoi-System der »Flotten und Galeonen«

Für den Handel zwischen Spanischamerika und dem Mutterland Spanien waren bestimmte Routen und Auslauf- bzw. End- und Zielhäfen festgelegt. Spaniens einziger Ausfuhrhafen war Sevilla bzw. nach 1711 Cádiz, wo die führenden Sevillaner Kaufmannsfamilien, die den Amerikahandel betrieben, 1543 die Erlaubnis von der Krone erlangten, sich zu einem *consulado*, einer Kaufmannschaft mit eigener Gerichtsbarkeit in Handelsdingen, zusammenzuschließen. Dieser *consulado* arbeitete eng mit dem Handelshaus zusammen und erhielt als Ausgleich für Finanzierung und Schutz der auslaufenden Flotten das Monopol für den Amerikahandel sowie die Frachtplanung der zu verschiffenden Waren und die Preisgestaltung in Amerika. Die Sevillaner Großkaufleute erreichten es auch, dass ab 1543 der gefährliche Verkehr von Einzelschiffen nach Westindien verboten wurde und seitdem nur einmal jährlich das Auslaufen von mehreren

Schiffen als geschlossener Konvoi-Verband, als *flota*, und unter Bedeckung von Kriegsschiffen erlaubt war. Dadurch sollte nicht nur ihr Monopol, sondern auch der Schutz vor feindlichen Nationen oder deren Piraten gewährleistet werden. 1564 wurde diese Regelung in der Weise geändert, dass die für Mexiko und Peru bestimmten Schiffe wegen der unterschiedlichen Segelbedingungen zu unterschiedlichen Zeiten und auf verschiedenen Routen aus Sevilla lossegelten, dorthin aber gemeinsam zurückkehrten. Das Konvoi-System der »Flotten und Galeonen« funktionierte mehr oder weniger gut und pünktlich bis zum Ende des 17. Jahrhunderts, bis es im spanischen Erbfolgekrieg zum Erliegen kam und mit königlichem Gesetz vom 21. Januar 1735 abgeschafft wurde. Bis zum Beginn des 17. Jahrhunderts segelten durchschnittlich etwa 135 bis 200 Schiffe jährlich nach Amerika. Danach ging die Zahl zurück, so dass im 18. Jahrhundert nur noch jährlich zwischen dreißig und vierzig, allerdings mit größerem Transportvolumen, ausliefen.

Der streng geregelte transatlantische Handelsaustausch vollzog sich auf der Westindienroute, der *Carrera de las Indias*. Die Mexikoflotte, die *flota*, stach im April in See. Sie passierte nach der Atlantiküberquerung die Kleinen Antillen in Höhe von Dominica, segelte südlich an den Großen Antillen vorbei, entließ einzelne Schiffe in die dortigen Häfen San Juan, Santo Domingo, Santiago und landete schließlich im Zielhafen Veracruz, von wo aus der Weitertransport ins Landesinnere von Neu-Spanien erfolgte bzw. wo die Schiffe mit den mexikanischen Waren und dem Silber beladen wurden. Die im August aufbrechende Peruflotte – die nach dem Typ des spanischen kombinierten Kriegs- und Handelsschiffes, der Galeone, benannten *galeones* – fuhr auf einer südlichen Route in den Karibikraum, nördlich an Trinidad vorbei, segelte dann an der venezolanischen und neu-granadinischen Karibikküste entlang, entließ unterwegs Schiffe in die dortigen Häfen Maracaibo und Santa Marta, landete dann in Cartagena de Indias / Neu-Granada und schließlich am eigentlichen Zielhafen Nombre de Dios / Portobello auf dem Isthmus von Panama. Dort wurden die für Peru bestimmten Waren entladen bzw. die von dort kommenden Güter, die Silbertransporte, geladen. Diese Güter wurden auf dem Landweg über die mittelamerikanische Landenge von bzw. nach Panama-Stadt an der Pazifikküste auf Maultieren transportiert. Wegen ihrer verkehrsgeographisch günstigen Lage spielte diese Region innerhalb des Handelssystems eine wichtige Rolle. Den Transport zwischen Panama und Callao, dem Hafen von Lima, erledigte die sogenannte südliche Armada, die *Armada del sur.* Beide Atlantikflotten überwinterten in den jeweiligen Zielhäfen. Zur gemeinsamen Rückfahrt über den Atlantik trafen sie sich dann im März/April in Havanna auf Kuba, wo noch einmal gebunkert wurde und von wo aus sie mit ihrer wertvollen Fracht die wegen der Piraten gefährliche Rückreise gemeinsam antraten.

Spaniens Kolonialreich war zwar wesentlich auf den Atlantik ausgerichtet, doch erfolgte nach der Eroberung der Philippinen durch Spanien ein Ausgriff in den pazifischen Raum, und es entstand ein zwar numerisch geringer, aber wirtschaftlich weitreichender transpazifischer Handel. Einmal jährlich verkehrte zwischen Acapulco an der Pazifikküste Mexikos und Manila auf den Philippinen die sogenannte »Manila-Galeone« (*galeón de Manila*): zwei bis drei Schiffe, die amerikanisches, vorwiegend auf dem Seeweg nach Acapulco befördertes peruanisches Silber nach Manila transportierten und dafür chinesische Seide und andere asiatische Luxusgüter zurückbrachten. Um den Abfluss des amerikanischen Goldes aus dem atlantischen Handelssystem und den damit verbundenen Kaufkraftverlust zu verhindern, beschränkte die spanische Krone den Wert des zu exportierenden Silbers auf nicht mehr als 500 000 Pesos als

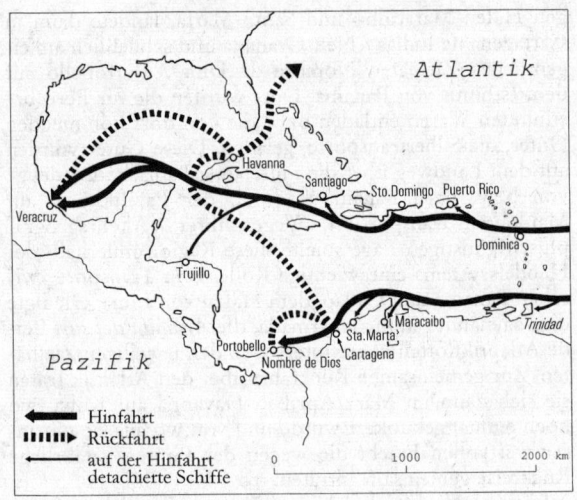

Konvoi-System der »Flotten und Galeonen«

Obergrenze, die jedoch nicht eingehalten wurde. Auf diese Weise wurde über das spanische Kolonialreich durch den Silberumlauf Asien in die beginnende Weltwirtschaft einbezogen.

Das Monopol der Kaufmannschaften, *consulados*

Zur Erhaltung des Warenhandels und zur Regelung des inneramerikanischen Handels führte die spanische Krone die Institution der *consulados*, nach dem Vorbild der Satzung des *consulado* von Sevilla, auch in Amerika ein. In den Jahren 1592 und 1593 richtete sie in Mexiko-Stadt und in Lima für die jeweiligen Vizekönigreiche zuständige Kaufmannschaften ein, deren Mitglieder das Handelsmonopol in ihrem Bereich besaßen. Zusammen mit den Sevillaner Kaufleuten waren sie für den Warenverkehr zwischen Spanien und Amerika, die Abwicklung der Handelsmessen in Portobelo/Panama und Veracruz, besonders aber für den weiteren Vertrieb der Waren in Amerika verantwortlich. Sie konnten aber zugleich durch ihre Monopolstellung auch die Warenmenge und damit den Preis kontrollieren, wodurch sich Kaufleute, Produzenten und Konsumenten in anderen Regionen in ihren Interessen beeinträchtigt sahen und eigene Consulados, allerdings bis zum Ende 18. Jahrhunderts ergebnislos, anstrebten. Nicht zuletzt das gemeinsame Interesse der Export- und Importkaufleute der drei Consulados an hohen Preisen führten dazu, die Versorgung mit europäischen Gütern in Amerika bzw. die Lieferung amerikanischer Produkte in Europa gering zu halten, was eines der gravierendsten Hindernisse für das manufakturelle/industrielle Wachstum in Amerika darstellte.

Das Konvoi-System schloss den La-Plata-Raum und die südamerikanische Pazifikküste von einer direkten Seeverbindung mit dem Mutterlande aus. Buenos Aires war 1595 dezidiert als Hafen für den internationalen und direkten Handel mit Spanien gesperrt worden. Lediglich einige Sondergenehmigungen erlaubten die Einfuhr von Sklaven, die für die Bergbauregion in Hochperu bestimmt waren, oder den Handelsverkehr mit Brasilien und mit zwei Schiffen jährlich mit Sevilla zur Versorgung mit lebensnotwendigen Waren. Im Übrigen aber war – eigentlich im Widerspruch zu seiner geographischen Lage – der La-Plata-Raum ebenso wie Chile legal darauf angewiesen, die europäischen Waren auf dem weiten und kostspieligen Umweg über den Hafen von Callao/Lima zu beziehen, wo die Kaufleute von Lima die Waren in Empfang nahmen und weiter verteilten. Diese künstliche Abhängigkeit von Peru machte den La-Plata-Raum zu einem besonders für Portugal/Brasilien, aber auch für andere europäische Länder wie Holland und England interessanten Schmuggelzentrum. So versuchten die Portugiesen mit der Gründung der _Nova Colônia do Sacramento_ am nördlichen Ufer des Río de la Plata im Jahr 1680, sich in den illegalen Handel mit dem Vizekönigreich Peru einzuschalten und durch den Erwerb von spanischen Silbermünzen dem Mangel an Zahlungsmitteln in Brasilien abzuhelfen. Jahrzehntelang blieb diese Siedlung ein Zankapfel zwischen Portugal und Spanien.

Bis zum Beginn des 18. Jahrhunderts besaßen die drei Consulados das Monopol für den kolonialen Fernhandel, der naturgemäß den Einsatz großer Kapitalien erforderlich machte. Um das Monopol der Großkaufleute in Sevilla und Andalusien zu brechen, kam es zu Beginn des 18. Jahrhunderts verschiedentlich zur Gründung von Handelsgesellschaften im Norden Spaniens. Geldgeber, reisende Kaufleute und Schiffseigentümer taten sich zusammen, um von der Krone Privilegien, d. h. bestimmte Handelsrechte und Handelsmonopole, zu erhalten. Tatsächlich entstanden gegen den Widerstand der Sevillaner Kaufleute mehrere privilegierte Handelsgesellschaften. Unter ihnen war die 1728 gegründete Königliche Handelsgesellschaft Guipuzcoana von Caracas, _Real Compañía Guipuzcoana de Caracas_, die für die Versorgung der Provinz Venezuela mit europäischen Waren und für die Ausfuhr des venezolanischen Kakaos nach Neu-Spanien und Spanien das Monopol besaß, die bedeutendste. Denn sie überlebte nicht nur als Einzige – erst 1785 wurde sie aufgelöst –, sondern stimulierte auch Venezuelas landwirtschaftliche Entwicklung in der ersten Hälfte des 18. Jahrhunderts mit neuen Exportprodukten wie Baumwolle, Indigo und Tabak und machte Venezuela zu einer prosperierenden Provinz.

Der »portugiesische Atlantik«

In Portugal bildete Lissabon das Zentrum eines in Afrika, Asien und Amerika wirkenden Seereichs, doch war die Regelung der Handelsbeziehungen weniger streng. Anders als im spanischen Reich verließen lange Zeit keine geschlossenen Flottenverbände den Hafen von Lissabon. Es gab Einzelschiffsverkehr zwischen Portugal und Brasilien sowie den direkten Schiffsverkehr zwischen Brasilien und den portugiesischen Stützpunkten in Afrika, der u. a. dem Sklavenhandel gewidmet war. Erst 1648 gründete die portugiesische Krone, nachdem sie 1640 die Unabhängigkeit von Spanien zurückgewonnen hatte, die Allgemeine Handelskompanie Brasiliens, *Companhia geral do comercio para o Estado do Brasil.* Diese Handelskompanie sollte die Einrichtung des Konvoi-Systems nach spanischem Vorbild ermöglichen, die portugiesischen Seeverbindungen sichern und die holländische Vorherrschaft zur See und die Handelsaktivitäten der Westindischen Kompanie an der brasilianischen Küste brechen sowie die seit 1630 um Pernambuco bestehende holländische Kolonie, Niederländisch-Brasilien, zurückerobern helfen. Die Kompanie besaß das Monopol, Brasilien mit vier Gütern: Wein, Mehl, Öl und Kabeljau, zu beliefern und aus Brasilien das Brasilholz zu exportieren. Die Handelskompanie war wenig erfolgreich; schon nach 1662 verfiel sie, wurde aber erst 1720 endgültig aufgelöst. Die Konkurrenz englischer und holländischer Kaufleute war zu groß. Zwar erhielt Portugal im Frieden von 1661, der die kriegerischen Auseinandersetzungen zwischen Portugal und den Niederlanden beendete, Niederländisch-Brasilien gegen eine Zahlung von acht Millionen Gulden endgültig zurück, doch musste es den Niederländern, so wie schon vorher den Engländern, Freihandel und Niederlassungsrecht in Brasilien gewähren. Um die wirtschaftliche Entwicklung des Amazonas-Raums zu fördern, dort auch die Plantagenwirtschaft durch den Einsatz afrikanischer Sklaven auszuweiten, wurde 1682 die Handelskompanie für den Maranhão, *Companhia do comércio do Maranhão-Para*, gegründet. Sie erhielt zusätzlich zu dem Monopol, jährlich fünfhundert afrikanische Sklaven einzuführen, um so den Arbeitskräftemangel in der Landwirtschaft zu beheben, das allgemeine Handelsmonopol zwischen Mutterland und der Region des Maranhão. Doch schon 1684 musste die Handelskompanie wegen Unfähigkeit und Fehlverhaltens wieder aufgelöst werden. Neue Handelsgesellschaften entstanden erst ab der Mitte des 18. Jahrhunderts.

Rohstoffe gegen Manufakturen

Was den Handels- und Warenaustausch betraf, so beruhte das System darauf, die Rohstoffvorkommen Amerikas auszubeuten und die neuen Gebiete mit Produkten und Gütern, im Wesentlichen gewerbliche Produkte, aus dem Mutterland bzw. über das Mutterland zu versorgen, also in gewissem Sinn eine Arbeitsteilung vorzunehmen.

Die privilegierten spanischen Kaufleute versorgten die amerikanischen Kolonien vor allem mit Tuchen jeder Art, vom kostbaren Luxusstoff bis zum Segeltuch, ferner mit Eisenbarren und Produkten aus Metall, von Schwertern über Nägel, Messer, Bestecke und Scheren bis zu Uhren und mechanischen Apparaten. Hinzu kamen gewerbliche Luxusprodukte verschiedenster Art wie Glas- und Tonwaren, Möbel, Schreibtische, Schuhe, Handschuhe und Hüte, Bücher und Papier. Auch Nahrungsmittel, Luxusartikel wie Wein, Branntwein, Öl, aber auch Gewürze gehörten zu den europäischen Exportprodukten. Diese vielfältigen gewerblichen Luxuserzeugnisse stammten nur zu einem Teil aus Spanien selbst; in vielen Fällen waren sie aus anderen Teilen Europas importiert worden. Die Krone erhob auf den Export aller dieser Waren nach Amerika ebenso wie auf den Import der Waren aus Amerika, also auf alle in beiden Richtungen verschifften Waren, Import- und Exportzölle, *almojarifazgo,* deren Höhe zwischen siebeneinhalb und zwei Prozent schwankte.

Der Vorrang von Edelmetallabbau

In Spanischamerika zählten Abbau und Verhüttung von Edelmetallen zu den wichtigsten Produktionszweigen der kolonialen Wirtschaft; im 16. und beginnenden 17. Jahrhundert bildeten Edelmetalle, Silber und Gold, das Hauptausfuhrprodukt. In dieser Zeit belief sich ihr Anteil an den amerikanischen Ausfuhren nach Europa auf mehr als 80 Prozent. Bis etwa 1560 war es vorwiegend Gold, das auch auf den Antillen-Inseln als Flussgold gewaschen wurde; danach gewann Silber größere Bedeutung, das in den Gebieten der andinen Hochkulturen und Mexikos in großen Mengen lagerte, von den Indios schon verarbeitet worden war, nun aber von Spaniern, die entsprechende Konzessionen von der spanischen Krone erhalten hatten, in großem Stil in Bergwerken abgebaut wurde. Die Krone erhielt gemäß dem Bergregal vom gewonnenen Silber den sogenannten *quinto,* d. h. den Fünften, später nur noch den Zehnten, Abgaben, die an die königlichen Finanzkassen, *cajas reales,* zu zahlen waren. In den Vizekönigreichen Neu-Spanien und Peru entstanden große Bergbauzentren, z. B. in Zacatecas, San Luis Potosí im Norden Mexikos oder um den berühmten Silberberg von Potosí in Hochperu, dem heutigen Bolivien. Der Abbau dort erwies sich für die Spanier unter anderem auch deshalb als günstig, weil genügend indianische Bevölkerung, d. h. Arbeitskräfte, vorhanden waren. Sie wurden in Potosí/Peru trotz der Indianerschutzpolitik mit Hilfe der *mita-minera* –

einer spanischen Abwandlung des inkaischen Arbeits-
dienstes – zur Zwangsarbeit im Bergbau herangezogen,
während man in Mexiko freie indianische Lohnarbeiter
beschäftigte.

Der Bedeutung dieser Edelmetallverhüttung entsprechend, hatte Karl V. 1535 parallel zur Errichtung des Vizekönigreichs Neu-Spanien in Mexiko eine erste staatliche
Münzstätte, *Casa de la Moneda*, errichten lassen. Weitere
Einrichtungen folgten in anderen Bergbauzentren, so in
Lima, Potosí und Bogotá. Sie sollten das gewonnene Edel-
metall, für das zuvor die der Krone zustehende Abgabe
gezahlt war, zu Münzen ausprägen und für die Monetari-
sierung der kolonialen Wirtschaft sorgen.

Die nachgeordnete Rolle der Landwirtschaft

Die Versorgung der Bergbaustädte – wie im Übrigen auch
aller anderen Städte – mit Fleisch und Getreide stellten im
Laufe der Zeit angesichts unzureichender Lieferungsmög-
lichkeiten durch die Indianerdörfer immer mehr den Städten benachbarte landwirtschaftliche Güter sicher. Diese
Vieh- und Agrarwirtschaft – meist auf die Versorgung der
lokalen oder regionalen Märkte ausgerichtet; wegen der
fehlenden Verkehrsverbindungen nur selten mit dem
Fernhandel verbunden – besaß in solchen Regionen kein
dynamisches Eigengewicht, sie war von der Dynamik der
Stadt- bzw. Bergbauentwicklung abhängig. Hinzu kam,
dass die spanische Wirtschaftspolitik nicht an der Entwicklung von amerikanischen Eigenprodukten interessiert
war, die spanische Exportprodukte wie z. B. Wein hätten
beeinträchtigen können.

Die landwirtschaftlichen Güter entwickelten sich im
Laufe der Zeit zu Latifundien. Zwar war die spanische
Krone Feudalisierungsbestrebungen der Conquistadoren

und Kolonisten dadurch begegnet, dass sie keine Landzuteilung großen Umfangs oder mit grundherrschaftlichen Rechten vornahm. Dennoch bildete sich bis zum Ende des 17. Jahrhunderts durch Landschenkung, Zukauf oder widerrechtliche Wegnahme indianischen Landes ein neuer Großgrundbesitz, die *hacienda*, aus, die zugleich Wirtschafts- und Lebensform darstellte. Sie besaß zwar nur eine geringe Kapitalausstattung, konnte sich aber auf eine billige indianische bzw. mestizisierte Bevölkerung stützen, die wohl ihren Lebensunterhalt erhielt, allerdings oft unter den Bedingungen einer quasi feudalen Abhängigkeit. Ohne Zweifel ist in der Hacienda vielfach mehr ein geschlossenes soziales System als ein Wirtschaftsbetrieb zu sehen, doch hat die neue Historiographie zeigen können, dass es seit dem ausgehenden 17. und zu Beginn des 18. Jahrhunderts auch viele Betriebe gab, die nach wirtschaftlichen Kriterien arbeiteten, indem sie sich auf bestimmte Produkte und Marktsegmente spezialisierten. Neben diesem für die lokalen und regionalen Märkte produzierenden Großgrundbesitz entwickelte sich vor allem seit dem 17. Jahrhundert an den Küsten und auf den Karibik-Inseln eine Plantagenwirtschaft, die unter Einsatz afrikanischer Sklavenarbeit für den Export bestimmte tropische Agrarerzeugnisse wie Zucker, Tabak, Kakao und Baumwolle gewann, ohne allerdings – im spanischen Kolonialreich – die Bedeutung wie die Bergbauwirtschaft zu erlangen bzw. vom Mutterland Spanien für bedeutend erachtet zu werden.

Die brasilianische Plantagenwirtschaft

In der brasilianischen Wirtschaft dagegen dominierte sehr bald die auf den Export ausgerichtete Landwirtschaft. Neben den anfänglichen Brasilholzhandel trat der Zuckerrohranbau als wirtschaftlicher Faktor; ab der Mitte des 16.

Jahrhunderts entwickelte sich besonders in den Küstengebieten von Pernambuco und im Nordosten die Zuckerindustrie zum wichtigsten Motor, der die brasilianische
Wirtschaft in Schwung hielt und die für die Kolonie typi-
sche wirtschaftliche und soziale Institution der _engenhos
de açúcar,_ den Komplex von Zuckerplantagen, Zuckersie-
derei, Herrenhaus und Sklavenhütten, die quasi-feudale
Lebensform des ländlichen Großgrundbesitzes hervor-
brachte. Über 150 Jahre stellten Zuckerrohranbau und
Zuckerverarbeitung den Hauptwirtschaftszweig dar. Allerdings ging diese Konzentration auf die landwirtschaftliche, für den europäischen Markt bestimmte Produktion
zu Lasten anderer landwirtschaftlicher Aktivitäten, mit
denen die Nahrungsmittelversorgung für den eigenen Bedarf hätte gesichert werden können, so dass selbst Waren des täglichen Bedarfs eingeführt werden mussten. Immerhin waren die Versorgung mit Fleisch und anderen
viehwirtschaftlichen Produkten sowie die Lieferung von
Zugtieren für die _engenhos_ durch die Viehzucht in den
Regionen des brasilianischen Hinterlands, im _sertão,_ sichergestellt, die durch die Sklavenjagden der _bandeirantes_
erschlossen wurden und wo riesige Viehfarmen, die _fazen-
das,_ entstanden.

Für die amerikanische Plantagenwirtschaft war der Einsatz von billiger menschlicher Arbeitskraft, von Sklavenarbeit grundlegend. Nachdem in der Karibik-Region und
an der brasilianischen Küste indianische Arbeitskräfte entweder durch Krankheit, Krieg, Ausbeutung und die portugiesischen Sklavenjagden dezimiert worden waren oder
in Spanischamerika durch die Indianerschutzgesetzgebung
nicht mehr zur freien Verfügung standen, bedienten sich
sowohl Spanier als auch Portugiesen afrikanischer Sklaven. Deren Import besorgten die in Afrika agierenden
Portugiesen sowohl für ihren eigenen Bedarf als auch für
den Spaniens. Auch andere europäische Mächte wie England und Frankreich verdienten am brutalen Sklavenhan-

del. Mehrere Millionen schwarze Sklaven gelangten durch diese Zwangsverschleppung nach Amerika, wo sie die ohnehin schon vorhandene ethnische Heterogenität verstärkten und die ethnisch-soziale Rangordnung erweiterten, an deren unterster Stufe sie selbst ohne Zugang zu Bildungseinrichtungen und rechtlich diskriminiert eingeordnet wurden.

Gegen Ende des 17. bzw. zu Beginn des 18. Jahrhunderts, als im Gefolge der Sklavenjagden ins Landesinnere in Minas Gerais, Mato Grosso und Goiás Edelmetall- und Diamantenvorkommen entdeckt wurden, löste die Minenwirtschaft die Zuckerwirtschaft im Nordosten als wichtigste Aktivität ab. Sie stellte in der ersten Hälfte des 18. Jahrhunderts die anderen wirtschaftlichen Aktivitäten geradezu in den Schatten und bewirkte eine demographische und wirtschaftliche Verlagerung des kolonialen Zentrums vom Nordosten in den Süden: Minas Gerais erlebte durch Zuwanderung von Goldsuchern aus allen Gegenden der Kolonie und durch den Import von Sklaven aus Afrika einen enormen Bevölkerungsanstieg, und in den südlichen, neuerschlossenen Regionen entwickelte sich die für die Versorgung der Bergbaustädte erforderliche Viehzucht großen Stils.

Handwerkliche Tätigkeiten

Im Zuge der allgemeinen wirtschaftlichen Tätigkeiten, d. h. Städtebau und Bergbau, entwickelten sich natürlich auch die entsprechenden handwerklichen Berufe. Sie waren in Zünften (*gremios*) organisiert und besaßen unterschiedliches Sozialprestige. So waren Gold- oder Silberschmiede angesehener als Maurer, Tischler oder Schuster. Ähnlich wie die Landwirtschaft war auch das verarbeitende Gewerbe vorwiegend auf die lokale und regionale

Selbstversorgung mit Gütern des allgemeinen Lebensbedarfs ausgerichtet. Güter und Fertigwaren des gehobeneren Bedarfs blieben dem Import vorbehalten, ein lukratives Geschäft für die Großkaufleute, da die Waren mit amerikanischem Silber bezahlt wurden.

An einer Förderung des einheimischen Gewerbes, die über die Sicherung der Selbstversorgung hinausgegangen wäre und Impulse für eine eigenständige dynamische Entwicklung des verarbeitenden Sektors hätte geben können, war der Wirtschaftspolitik Spaniens und Portugals nicht gelegen. Selbst die Textilproduktion, die Wolltuchherstellung, die im spanischen Kolonialreich in den Gebieten der indianischen Hochkulturen schon einen hohen Stand erreicht hatte, später dann auch in den Tuchmühlen (*obrajes*) von Oaxaca, Puebla und Querétaro in Neu-Spanien und Quito in Ecuador mit indianischer Zwangsarbeit im großen Stil betrieben wurde, durfte und konnte sich trotz zeitweiliger Förderung nicht zu einem Impulsgeber entwickeln, weil die Spanier die Produktion des Mutterlandes und den Handel nicht gefährden wollten.

Wirtschaftliche Raumgliederung

Die Grundzüge der iberischen Wirtschaftspolitik und Wirtschaftsinteressen besaßen zwar allgemeine Gültigkeit, doch gestalteten sie sich in verschiedenen Gebieten der Kolonialreiche entsprechend den klimatischen Bedingungen, den vorgefundenen Strukturen, der unterschiedlichen Reaktion der Indios oder den durch die Conquista hervorgerufenen Bedingungen ganz unterschiedlich aus und wirkten raumgliedernd. So wenig wie das spanische Kolonialreich eine politische oder verwaltungsmäßige Einheit darstellte, so wenig einheitlich war auch die wirtschaftliche Situation.

Neu-Spanien und Peru waren die beiden wichtigsten Regionen, nicht nur weil dort die lukrativen Edelmetallvorkommen abgebaut werden konnten, sondern weil mit der zwar dezimierten indianischen Bevölkerung noch ausreichend Arbeitskräfte vorhanden waren und auch die indianische Eigenproduktion erhalten blieb. In Neu-Spanien entwickelte sich Mexiko-Stadt, die auch im geographischen Zentrum Neu-Spaniens gelegen war, mit der Konsolidierung der politischen Herrschaft und der Erschließung der Bodenschätze bald zum Mittelpunkt und Impulsgeber des dortigen Wirtschaftssystems, dessen Achse die Verbindung der Silberminengebiete mit den großen Städten und den Seehäfen Veracruz und Acapulco bildete. Ähnliche Bedeutung hatte Peru in Südamerika mit einer ähnlichen Achse. Allerdings lagen hier das politisch-soziale Zentrum an der Westküste in Lima und das wirtschaftliche Zentrum der Bergbauvorkommen in den Anden, wo auch der größte Teil der indianischen Bevölkerung lebte, weit auseinander. Der Silberberg von Potosí in Hochperu entwickelte sich zu einem Wirtschaftsmotor für die umliegenden Regionen; er erzeugte Handelsströme für den Silberabfluss vorwiegend über den zuständigen Hafen Lima/Callao, aber auch für die Versorgung mit Arbeitskräften und Lebensmitteln aus Nordwest-Argentinien, Ecuador und Chile. Das Vizekönigreich Peru nahm innerhalb des spanischen Imperiums in Amerika eine spezielle Stellung ein, ebenso wie Lima innerhalb des Vizekönigreichs. Peru war zwar von Spanien abhängig, doch war diese Abhängigkeit dadurch abgeschwächt worden, dass es seinerseits die Kontrolle über das gesamte spanische südliche Amerika ausübte. Dank der Silberminen von Potosí in Hochperu und anderer Gold- und Silbervorkommen in Niederperu, dank der Monopolstellung der peruanischen Großkaufleute von Lima genoss Peru eine privilegierte Stellung. Der wirtschaftliche Reichtum konzentrierte sich in Lima, wo die Mitglieder der mächtigen Kaufmann-

schaft (*consulado*), die Minenbesitzer, die Eigentümer von
Haciendas, von Tuchbetrieben und Webereien (*obrajes*)
und anderer großen Einkommensquellen lebten. Lima, bis
zur Mitte des 18. Jahrhunderts der einzige Hafen an der
südamerikanischen Westküste und Handelsmetropole für
die Versorgung Südamerikas bis hin nach Buenos Aires,
war eines der wichtigsten Zentren des spanischen Imperiums
in Amerika; dort hatten die Angehörigen der kreolischen
Elite, welche die Kolonialgesellschaft dominierte,
Zugang zu offiziellen lukrativen Posten der Kolonialbürokratie
wie Audiencia, Consulado und Ratssitze in den
Stadträten (*cabildos*).

Das »Königreich« Neu-Granada bildete aufgrund seiner
Gold- und Smaragdvorkommen, deren Erträge über
den eigenen Karibikhafen Cartagena de Indias nach Spanien
verschifft wurden, eine relativ eigenständige wirtschaftliche
Region. Neben diesen Regionen entstanden
andere Räume, in denen sich die Wirtschaft, gerade wenn
keine ergiebigen Edelmetallvorkommen vorhanden waren,
auf oder um andere Produkte konzentrierte und mit ihnen
auch die Hauptgebiete versorgte oder den Transatlantikhandel
belieferte. So produzierte z. B. das »Königreich«
Guatemala die Exportwaren Indigo und Kakao, mit dem
es auch Mexiko belieferte. Das »Königreich« Quito versorgte
mit den Wollstoffen seiner Tuchwerkstätten (*obrajes*)
in den Anden u. a. die Regionen des peruanischen
Bergbaus, während der an seiner Küste in der Gegend von
Guayaquil angebaute Kakao nach Spanien und Mexiko
exportiert wurde. Auch Venezuela konzentrierte sich auf
seinen Küstenplantagen mit Sklavenarbeit auf den Anbau
von Kakao und wurde gegen Ende des 17. Jahrhunderts
Mexikos größter Kakaolieferant. Das relativ abseits gelegene
Chile wiederum versorgte Peru mit Getreide, war
aber wegen seiner Randlage und fehlender oder noch
nicht genutzter wirtschaftlicher Ressourcen und einer
nicht vorhandenen indianischen Bevölkerung, die ja au-

ßerhalb der Siedlungsgrenzen lebte, wenig attraktiv. Das traf auch auf andere Regionen wie das Gebiet am Río de la Plata zu, während Paraguay schon wegen seiner Binnenlage und durch die Guarani-Indios der Reduktionen einen Sonderfall darstellte; hier wurde im Wesentlichen Subsistenzwirtschaft betrieben. Solche ausgedehnten Randzonen wurden von spanischen Siedlern nur dünn besiedelt und deshalb administrativ und wirtschaftlich sogar vernachlässigt.

Eine ähnliche Vernachlässigung erlebten die Gebiete im zentralamerikanischen Tiefland, in Panama, Costa Rica und Nicaragua, wo eine geringe Bevölkerung von der Subsistenzwirtschaft lebte, und sogar die spanischen Inseln der Karibik. Die Karibik war zwar im ausgehenden 15. und beginnenden 16. Jahrhundert Ausgangspunkt und Basis der spanischen Eroberung und Kolonisation Amerikas gewesen, sie hatte aber dadurch, dass die spanische Krone bei der Inwertsetzung der Kolonien sich vorwiegend auf die Regionen mit Edelmetallvorkommen und den Abbau der Edelmetalle konzentrierte, als Anbaugebiet von weitgehend für den Eigenbedarf bestimmten landwirtschaftlichen Produkten an Bedeutung und Interesse verloren. Da der Zuckerrohranbau erst gegen Ende der Kolonialzeit zu einem lukrativen Wirtschaftszweig wurde, blieben Kuba, Hispaniola und Puerto Rico im 17. Jahrhundert letztlich nur wegen ihrer Schutzfunktion für die mit Edelmetallen beladenen spanischen Flotten wichtig.

Die kleineren Inseln in der Karibik waren erst gar nicht besetzt worden, was dann dazu führte, dass sie von den europäischen Rivalen Spaniens wie England, Frankreich und den Niederlanden besetzt wurden und diesen Stützpunkte in einer Region verschaffte, deren Besetzung ihnen durch die alexandrinischen Bullen von 1493 eigentlich untersagt war. 1623 kamen die Engländer nach St. Christopher / St. Kitts und 1627 nach Barbados. Die Holländer

eroberten 1634 Curaçao vor der Küste Venezuelas und
bauten die Insel zu einem Stützpunkt für den Schmuggelhandel mit Venezuela aus. 1635 besetzten die Franzosen
Martinique und Guadeloupe. 1655 ging Jamaika, das ab
1509 unter spanischer Herrschaft gestanden hatte, an die
Engländer verloren und wurde ebenfalls zu einem
Schmuggelzentrum für die Karibik ausgebaut. Im Frieden
von Rijswijk 1697 musste Spanien den Westteil der Insel
Hispaniola, wo schon seit 1665 französische Niederlassungen nicht mehr hatten abgewehrt werden können, an
Frankreich abtreten; er hieß nun Saint-Domingue.

Auch das portugiesische Kolonialreich in Amerika stellte weder von der Verwaltung noch von der wirtschaftlichen Struktur her eine Einheit dar. Durch die Konzentration auf verschiedene Exportprodukte erfolgte auch in
Brasilien eine räumliche Gliederung, deren Ausprägung
sich als ein Ergebnis der territorialen Expansion von der
Küstenregion mit Zuckerplantagen über die Viehzucht-
region im Sertão und in den Flussgebieten des Río de la
Plata in die Bergbauregion in Minas Gerais und im Landesinneren gestaltete.

Insgesamt wiesen die iberischen Reiche in Amerika also
durchaus desintegrative Züge auf, die sich aus der sied-
lungsgeographischen, der demographischen, der politisch-
administrativen und der wirtschaftlichen Struktur und
Entwicklung der Kolonialreiche ergaben. Diese Desintegration setzte sich dann innerhalb der Gesellschaften der
Kolonien fort, wo nach anfänglicher Mobilität eine durch
das Arbeitssystem sowie die kulturellen und ethnischen
Unterschiede bedingte verhärtete Sozialstruktur entstand.
Hohe Kolonialbeamte, Bergwerks-, Großgrund- und
Plantagenbesitzer sowie die Großkaufleute bildeten trotz
politischer Differenzen eine kleine weiße Oberschicht, die
in den Städten lebte, sich dort gleichwohl von den Angehörigen städtischer Berufe abhob. Die breite Masse der in-

dianischen, der ländlichen Bevölkerung wurde als bloßes Arbeitskräftepotential erachtet und zählte deshalb zur Unterschicht. Unter ihr standen lediglich noch die unfreien Sklaven und deren Abkömmlinge sowie die rechtlosen Mestizen. Ethnische Verschiedenheit und sozialökonomische Ungleichheit waren die Grundmerkmale der Kolonialgesellschaften. Weitere Differenzierungen ergaben sich noch dadurch, dass das Vorhandensein oder die Ausrottung bzw. die Reaktionen der indianischen Bevölkerung in den verschiedenen Gebieten zu unterschiedlichen Prozessen nicht nur der ethnischen, sondern auch der kulturellen Mestizisierung führten.

Erste Autonomiebestrebungen in den Kolonien:
Patriotismus und neuer kolonialer Zugriff

(1750–1800)

Im Verlauf des 18. Jahrhunderts wandelten sich die gegenseitigen Beziehungen und Bindungen zwischen den iberischen Mutterländern und ihren außereuropäischen Regionen in Amerika ganz entscheidend. Besonders ab der zweiten Hälfte des Jahrhunderts versuchten Spanien und Portugal, mit neuen politischen Konzeptionen und unter dem Einfluss der Aufklärung, ihre Kontrolle über die amerikanischen Gebiete ihrer Imperien wiederzugewinnen bzw. zu verstärken. Sie führten eine Reihe von Reformmaßnahmen durch, die zunächst einmal die amerikanischen Gebiete vor dem Eindringen anderer europäischer Mächte, besonders England, sichern und dann – unter anderem auch durch einen stärkeren Warenaustausch – fester an die Mutterländer binden sollten, sie aber nun durch eine effektivere Verwaltung und höhere Besteuerung, man könnte auch sagen durch stärkere Ausbeutung, tatsächlich zu Kolonien machten. Durch eine Liberalisierung des bisher stark reglementierten Handels setzten die Mutterländer zwar wirtschaftliche Entwicklung in Gang, lösten aber durch die fiskalischen und administrativen Maßnahmen auf lokaler oder regionaler Ebene Unruhen und Rebellionen aus, die von unterschiedlichen sozialen und politischen Gruppen getragen wurden. Sie provozierten und stimulierten Protestreaktionen, die sich zum einen gegen die höhere Besteuerung und zum anderen gegen die politische Benachteiligung der Kreolen und die ihnen vorenthaltene politische Mitwirkung richteten und sich langfristig in Bestrebungen nach größerer Autonomie und Selbständigkeit wandelten. Denn mit der Übernahme aufklärerischer Ideen von der Bedeutung nützlicher Wissenschaften und der daraus resultierenden Zurkenntnisnahme der natürlichen Ressourcen ihrer Regionen wurden sich vor allem die amerikanischen Kreolen sowohl im spanischen Amerika als auch in Brasilien ihrer wirtschaftlichen Möglichkeiten bewusst und erkannten, welches Hindernis der bisherige koloniale Status für die eigene Entwicklung darstellte und wie wenig sie selbst über Wege und Ziele dieser Entwicklung mitentscheiden konnten. Zunehmend sahen sie Interessendivergenzen zwischen Amerikanern und Europäern. So entwickelte sich in Abgrenzung gegen die jeweilige Kolonialmacht besonders bei wichtigen Gruppen der Kreolen ein Selbstwertgefühl und Selbstbewusstsein, das Maßnahmen und Entscheidungen der Kolonialmächte nicht mehr widerspruchslos hinnahm und den Kolonialstatus in Frage stellte.

Dieses Kapitel zeichnet den langsamen Prozess der Bewusstwerdung bei den Kreolen nach. Es beschreibt zunächst den neuen administrativen und fiskalischen Zugriff der Kolonialmächte, geht weiterhin auf die verschiedenen verursachenden Faktoren wie Wirkung der Aufklärung, Kritik an der Wirtschaftspolitik, die zur Infragestellung des Kolonialstatus führten, ein und beschreibt erste Autonomiebestrebungen in den Kolonien. Dabei werden besonders auch die sozial orientierten Rebellionen unterer Schichten berücksichtigt, durch die die Kreolen eine Gefährdung ihres sozialen Status gegeben sahen. Dargestellt wird also die Spannung zwischen dem Streben nach politischer Veränderung auf Seiten der Kreolen und dem Streben nach sozialer Veränderung auf Seiten der unteren Schichten, von Indios und Sklaven. Deshalb berichtet dieses Kapitel auch von dem früheren Prozess der Staatwerdung der

ehemaligen französischen Kolonie Saint-Domingue, weil
die sozialen Begleitumstände bei den Kreolen starke Vorbehalte gegen soziale Veränderungen auslösten und ohne
diese Vorgänge das vor allem auf politische Veränderung
ausgerichtete Verhalten der Kreolen im Prozess der Staatwerdung der iberischen Kolonien nicht zu verstehen ist.

Die Kolonialpolitik der spanischen Bourbonen, eine zweite Conquista

1700	Tod des letzten Habsburgers, Karls II.; die Monarchie geht an Philipp von Anjou, den Enkel Ludwigs XIV., über.
1700–1746	Regierungszeit Philipps V.; Beginn der Bourboni-schen Reformen.
1701–1713	Spanischer Erbfolgekrieg.
1711	Schrittweise Einführung des Intendantensystems in Spanien.
1713	Friede von Utrecht; der Bourbone Philipp bleibt spa-nischer König; Spanien ist auf die Iberische Halbinsel zurückgeworfen; behält zwar alle Kolonien, verliert aber seine europäischen Gebiete; Gebietsveränderun-gen in der Karibik; England gewinnt Zugang zu spa-nischem Überseehandel.
1717	Erster Versuch der Gründung des Vizekönigreichs Neu-Granada.
1735–1746	Naturkundliche Expedition an den Äquator mit La Condamine.
1739	Endgültige Errichtung des Vizekönigreichs Neu-Gra-nada mit Sitz in Santafé de Bogotá.
1742	Caracas erhält administrative Eigenständigkeit gegen-über Bogotá.
1743	Manuskriptfassung des Entwicklungskonzepts von Campillo y Cossio: *Nuevo sistema de gobierno econó-mico para la América*.

1746–1759	König Ferdinand VI.; Maßnahmen zum Schutz des Überseereiches durch Heeres- und Flottenausbau.
Ab 1750	Rückkehr zur bevorzugten Ernennung europaspanischer Beamter; Ausweitung staatlicher Monopole; effektivere Steuererhebung.
Ab 1751	Ernennung der Vizekönige zu Generalsuperintendenten der Fiskalverwaltung.
1756–1763	Siebenjähriger Krieg; Spanien gehört zu den Verlierern.
1759–1788	Regierungszeit Karls III.; Höhepunkt der Bourbonischen Reformpolitik.
1762	Einnahme von Havanna durch die Engländer.
1763	Gebietsregelungen im Frieden von Paris: Gegen Rückgabe von Havanna fällt Florida an England; Frankreich entschädigt Spanien mit Louisiana westlich des Mississippi.
Ab 1763	Verstärkung der spanischen Befestigungsanlagen in der Karibik.
1764	Erhebung der Provinz Kuba zum Generalkapitanat.
1765–1771	José de Gálvez Generalvisitator in Neu-Spanien.
1765	Erste Liberalisierung des kolonialen Handelssystems, Steuererleichterung für Karibikinseln.
1767	Einweihung der Universität San Felipe in Santiago de Chile.
	Ausweisung der Jesuiten aus Amerika und Spanien.
	Hochschulreform von Campomanes; Förderung der nützlichen Wissenschaften.
Ab ca. 1771	Förderung der Neuen Wissenschaften und des Interesses an Wirtschaftsfragen durch Vizekönige; die spanische Aufklärung gelangt nach Amerika.
1776–1787	Gálvez spanischer Indienminister.
1776	Errichtung der Generalkommandantur der Inneren Provinzen im nördlichen Mexiko.
	Einführung des Amts eines Regenten an allen Audiencias.
1776/77	Errichtung des Vizekönigreichs La Plata mit Sitz in Buenos Aires.
Ab 1777	Verschiedene naturkundliche Expeditionen reisen zur naturgeographischen Bestandsaufnahme nach Amerika.

1777	Erhebung der Provinz Caracas gemeinsam mit den Küstenprovinzen zum Generalkapitanat Venezuela.
1778	Erhebung des Audiencia-Gebietes von Santiago de Chile zum Generalkapitanat Chile.
	12. Oktober: Freihandelsgesetz; enthält Freihandelsregelung für den La-Plata-Raum, Peru und Chile.
1779	Bernardo Wards 1762 im Manuskript abgeschlossene Modernisierungsschrift *Proyecto Económico* wird von Campomanes veröffentlicht.
1780–1790	Neue Welle der Auswanderung nach Amerika.
1781	Landeskundliche Forschungen des Agronomen Féliz de Azara im La-Plata-Raum.
Ab 1781	In verschiedenen Städten des Kolonialreichs kommt es zur Gründung von Patriotischen Gesellschaften zur Förderung der Landeskenntnisse und der nützlichen Wissenschaften.
1782	Einführung des Intendantensystems im Vizekönigreich Río de la Plata.
1783	Botanische Expedition in Neu-Granada unter Mutis. Errichtung einer Audiencia in Buenos Aires.
1784	Einführung des Intendantensystems im Vizekönigreich Peru; 1786 im Vizekönigreich Neu-Spanien.
1786	Errichtung einer Audiencia in Caracas.
1786/87	Aufteilung von Chile in die beiden Intendencias Santiago und Concepción unter einem Gouverneur in Santiago als ranghöherem Intendanten.
1787	Schaffung zweier spezieller Indienministerien. Errichtung einer Audiencia in Cuzco.
1788–1808	Regierungzeit Karls IV.
1788–1802	Botanische Expedition in Neu-Spanien.
Seit 1788	Gründung neuer Zeitungen als Kommunikationsmedien für die Ideen der Aufklärung und für Verbreitung eines wachsenden Patriotismus.
1788	Bergbau-Mission unter Nordenflycht in Peru. Ausweitung der Freihandelsregelung auf Neu-Spanien und Venezuela.
1789–1794	Amerikaexpedition unter Malaspina.
Seit ca. 1790	Wirtschaftsstudien zu einzelnen Räumen beschreiben die jeweiligen ökonomischen Möglichkeiten.

1790   Neuordnung der spanischen Ministerien: Aufteilung
            der amerikanischen Angelegenheiten nach Sachgebie-
            ten auf Fachministerien.
1792   Gründung des Bergbauseminars in Mexiko.
1799–1804   Amerikaexpedition von Alexander von Humboldt.

Neuordnung in Verwaltung, territorialer Gliederung und Handelsbeziehungen

In der Mitte des 18. Jahrhunderts vollzog sich mit den Bourbonischen Reformen ein deutlicher Wandel in der Politik der spanischen Krone gegenüber den außereuropäischen Gebieten; ein Wandel, von dem sich besonders Teile der amerikanischen kolonialen Oberschicht, der Kreolen, zunehmend betroffen fühlten, weil sie das bisherige Beziehungsgefüge beeinträchtigt sahen. Worum ging es dabei?

Nach dem politischen und wirtschaftlichen Niedergang des spanischen Reiches unter dem letzten Habsburger Karl II. (bis 1700) führte die neue Dynastie der Bourbonen ein umfangreiches Reformprogramm durch, das dazu bestimmt war, Spanien politisch, wirtschaftlich und kulturell zu erneuern und seine Bedeutung als Großmacht in Europa und Amerika wiederherzustellen bzw. sie zu verteidigen. Denn um die Mitte des 18. Jahrhunderts war Spanien im Vergleich zu den entwickelteren Ländern Europas ein zurückgebliebenes Agrarland. Nur in den exportorientierten Provinzen Sevilla einschließlich Cádiz, Katalonien sowie in der Provinz um die Hauptstadt Madrid waren größere Teile der Bevölkerung in der handwerklich-manufakturellen Produktion sowie im Handel beschäftigt. Außerdem war Spaniens Handelsbilanz negativ. Der Wert der Importe von Fertigwaren aus Europa, darunter besonders Textilien, überstieg den Wert der Ex-

porte von Agrarprodukten und Rohstoffen. Das Handels-
bilanzdefizit ließ sich nur durch den Reexport amerikanischer Edelmetalle und kolonialer Agrarprodukte ausgleichen. Im Übrigen hatte Spanien, das selbst überwiegend
nur landwirtschaftliche Erzeugnisse wie Wein, Branntwein, Olivenöl bereitstellte, gegenüber seinen amerikanischen Gebieten weitgehend die Funktion eines Transitlan-
des, das zum einen vorwiegend europäische, nichtspani-
sche Fertigwaren nach Amerika und zum anderen in die
europäischen Länder wiederum Edelmetalle sowie tropische und subtropische Agrarprodukte und Rohstoffe
reexportierte.

Nach der Vorstellung der von der Aufklärung geprägten spanischen Staatsmänner des 18. Jahrhunderts war ein
Wiedererstarken Spaniens vor allem durch die Belebung
der Wirtschaft zu erreichen, die es durch effektivere
Staatsverwaltung abzusichern galt. So nahmen neben
Maßnahmen, welche die Wirtschaft z. B. durch Investitionen in neuen Textilfabriken, Anhebung des Standards
der Handwerker und Sanierung der Finanzen fördern
sollten, Maßnahmen zum Ausbau und zur Verbesserung
der Verwaltungsorganisation einen wichtigen Platz innerhalb der Reformpolitik ein. Die Verwaltungsreformen betrafen den Aufbau von Ressortministerien mit direkt dem
König verantwortlichen Einzelbeamten anstelle der alten
Ratsgremien oder den Ausbau einer zentralisierten und
nach einheitlichen Richtlinien arbeitenden Verwaltungs-
bürokratie. Sie waren nicht nur dazu bestimmt, die Wirksamkeit des staatlichen Verwaltungssystems zu erhöhen,
sondern dienten auch dazu, die Zentralgewalt, den absoluten Machtanspruch der Krone sowie ihre Kontrolle und
Autorität in allen Bereichen des staatlichen Lebens zu
stärken.

Die Bemühungen der Bourbonen, Spaniens Position in
Europa wiederherzustellen, beschränkten sich nun nicht
nur auf das Mutterland, das durch eine Reihe von Ver-

waltungsmaßnahmen in der Regierungszeit Philipps V. (1700–1746) zu einem Einheitsstaat geworden war, mit vier dem König direkt zugeordneten und zuarbeitenden Staatssekretariaten/Staatsministerien (Auswärtige Angelegenheiten; Justiz- und Kirchenangelegenheiten; Kriegswesen; Marine inklusive Überseeangelegenheiten) statt der alten Ratsgremien und mit kompetenter, auf der Einführung des Intendantensystems beruhender Verwaltungsorganisation. Die Maßnahmen bezogen auch die amerikanischen Gebiete mit ein und wiesen ihnen eine besondere Rolle zu. So sollten durch eine stärkere und effektivere wirtschaftliche Ausbeutung Amerikas die für die Reformen notwendigen Einkünfte Spaniens erhöht werden. Die Reformer gingen dabei von der Konzeption des Neo-Merkantilismus, d. h. von der Konzentration auf den Außenhandel aus. Die aufgeklärt-absolutistischen Vorstellungen, wie die amerikanischen Gebiete zum Nutzen Spaniens neu in Wert zu setzen seien, erstreckten sich nicht nur auf die Außenhandelsbeziehungen, sondern umfassten alle Bereiche politischer, wirtschaftlicher und sozialer Entwicklung und betrafen auch Verteidigungsmaßnahmen vor allem in der Karibik gegenüber dem Rivalen England. England hatte ja im 17. Jahrhundert in der Karibik Stützpunkte wie Jamaika (1655) erworben und ausgebaut und bedrohte mit seinem wirtschaftlichen Expansionsdrang nach dem Frieden von Utrecht (1713) die Handelsverbindungen zwischen Spanien und Amerika.

Errichtung eines Vizekönigreichs in Neu-Granada

Seit den 1730er Jahren nahmen die Bourbonen deshalb einige wichtige Veränderungen in der räumlichen Gliederung der amerikanischen Reiche vor, in denen deutlich das Bestreben zu erkennen ist, die amerikanischen Gebiete durch die Repräsentanz des königlichen Willens effektiver zu durchgliedern, sie wirtschaftlich stärker als bisher zu nutzen und sie besonders gegenüber dem Zugriff des englischen Rivalen militärisch abzusichern. Aus dem umfangreichen Vizekönigreich Peru wurde in einem ersten Anlauf schon 1717 und dann endgültig 1739 im nördlichen Südamerika ein großes Gebiet herausgelöst und als Vizekönigreich Neu-Granada mit der Hauptstadt Bogotá errichtet. Der Name Neu-Granada hatte sich ursprünglich nur auf das Gebiet der Audiencia von Santafé de Bogotá bezogen, das in der Kolonialzeit als *Nuevo Reino de Granada* bezeichnet wurde. Nun galt der Name für ein größeres Territorium. Das Vizekönigreich Neu-Granada umfasste das Gebiet der Audiencia-Bezirke von Quito, Santafé de Bogotá und Panama sowie die Provinz Venezuela, die der Audiencia von Santo Domingo unterstand. Mit der Errichtung dieser neuen Verwaltungseinheit hoffte die Krone, die Landenge von Panama, über die der Handelsaustausch zwischen Spanien und dem Vizekönigreich Peru immer noch abgewickelt wurde, und Cartagena, die wichtige Hafenstadt für den nordandinen Raum, gegenüber englischen Invasionen besser sichern zu können. Unter anderem wegen solcher Invasionen erhielt die Provinz Caracas schon 1742 administrative Eigenständigkeit gegenüber dem Vizekönig in Santafé. Im Übrigen bestand in der Verwaltungseinheit des Vizekönigreichs Neu-Granada hinsichtlich der demographischen Zusammensetzung und der unterschiedlichen wirtschaftlichen Ausrichtungen ohnehin keine Einheit, zumal auch die topographische Struktur – d. h. die wie Barrieren wirkenden Andenketten und die ausgedehnten Urwaldregionen – eher aufgliedernd und trennend wirkte. Während in der Verwaltungseinheit Quito/Ecuador die tributpflichtigen und in den Manufakturen der Tuchproduktion arbeitsverpflichteten Indios mit einem Bevölkerungsanteil von über 50 % gegenüber ca. 34 % Weißen die größte Bevölkerungsgruppe stellten, machten in Neu-Granada (44,5 %), Panama (55,8 %) und Venezuela (51 %) die sogenannten Freien – d. h. Mestizen im Andengebiet, die Mulatten und freigelassenen Sklaven im Küstengebiet – den überwiegenden Teil der Bevölkerung aus. Über dem regionalen Durchschnitt von ca. 27 % lag die weiße Bevölkerung von Neu-Granada (33,5 %) und Ecuador (34,2 %) gegenüber 26 % in Venezuela und 15,4 % in Panama. Den höchsten Anteil an Sklaven besaßen Venezuela mit 8 % und Quito mit 6,7 %; diese konzentrierten sich besonders in den Plantagenwirtschaften von Exportprodukten wie Kakao an der Pazifikküste bei Guayaquil und wie Kakao, Indigo und Baumwolle an der venezolanischen Karibikküste. Neu-Granada zeichnete sich wegen der vorhandenen Klimazonen nicht nur durch eine vielfältige Palette landwirtschaftlicher Produkte aus, die zur Versorgung für die eigenen Märkte und für den Export geeignet waren, sondern war wegen der Edelmetallgewinnung von Gold, Silber und Platin sowie der Smaragdvorkommen wirtschaftlich auch potent.

Das Entwicklungskonzept von Campillo y Cossio

Eine deutliche konzeptionelle Veränderung der Kolonialpolitik erfolgte dann jedoch erst seit der Mitte des 18. Jahrhunderts. Die Grundzüge dieses Konzepts entwickelte José del Campillo y Cossio, Kriegs- und Finanzminister Philipps V., in seiner berühmten Schrift *Neues System der ökonomischen Herrschaft für Amerika* (*Nuevo sistema de gobierno económico para la América*) von 1743, die in dieser Zeit nur als Manuskript zirkulierte und erst 1789 veröffentlicht wurde. Diese Denkschrift war die theoretische Anleitung für zahlreiche praktische Reformmaßnahmen in Hispanoamerika, vor allem in der reformintensiven Regierungszeit Karls III. (1759–1788). Bernardo Ward, ein gebürtiger Ire, der unter Ferdinand VI. in die Dienste Spaniens getreten war und unter anderem den reformerischen Staatsmann Pedro Rodríguez de Campomanes sehr beeinflusste, übernahm z. T. wörtlich Gedanken Campillos in seiner 1762 im Manuskript abgeschlossenen und 1779 von Campomanes veröffentlichten Modernisierungsschrift *Proyecto Económico*. Campillos Überlegungen, die von einer Gesamtanalyse der Situation in den spanischen Kolonien Amerikas ausgingen und so ein Bild der damaligen Beziehungen zwischen den Kolonien und dem Mutterland geben, lassen sich geradezu als ein umfassender staatlicher Entwicklungsplan für das spanische Amerika charakterisieren, dessen erhoffte Ergebnisse allerdings primär der Gesundung und Entwicklung Spaniens dienen sollten. Den Dreh- und Angelpunkt des Entwicklungsplans bildete der Handel zwischen Mutterland und Kolonien. Um diesen zu steigern, und das bedeutete, den kolonialspanischen Markt so weit wie möglich zu erschließen und zu erweitern, waren Reformen im Verwaltungsapparat, im Wirtschaftsleben sowie in der Gesellschaftspolitik erforderlich.

Campillo ging in einem Dreierschritt vor: Kritik, Bestandsaufnahme der Möglichkeiten und Reformmaßnahmen. In der Kritik hob er vor allem die mangelhafte Entwicklung der kolonialen Landwirtschaft, die Unterdrückung und unzulängliche Integration der Indios sowie die dünne Besiedlung – also den Außenhandel beeinträchtigende Faktoren – hervor und beklagte überdies die Monopolisierung des Handels sowie die Struktur des Bergbaus, der zwar große Summen produziert habe, aber letztlich vernachlässigt worden sei. Zur Bestandsaufnahme schlug Campillo vor, wie zu Zeiten der Habsburger umfassende Generalvisitationen (*visitas generales*) in Amerika durchführen zu lassen. Deren Aufgabe sollte darin bestehen, zum einen die Kolonialbehörden zu überprüfen und zum anderen die Möglichkeiten zur wirtschaftlichen Nut-

zung und Entwicklung der Kolonien einschließlich neuer
Steuerquellen sowie für weitergehende Reformen administrativer und wirtschaftlich-fiskalischer Art zu eruieren.
Zur Reform der Verwaltungsorganisation in allen amerikanischen Provinzen sollten Intendanten ernannt werden,
die in Spanien schon seit 1711 schrittweise eingeführt
worden waren. Die Intendanten an der Spitze neu zu glie-
dernder territorialer Verwaltungseinheiten, der *intendencias*, sollten in ihren Verwaltungsbezirken als allseits zuständige staatliche Entwicklungsagenten das neue System
der ökonomischen Staatsverwaltung Schritt für Schritt vorantreiben.

Um die Einkünfte des Mutterlandes zu verbessern,
empfahl Campillo als fiskalische Maßnahme, die Fabrikation und den Verkauf von Tabak und Tabakwaren zu einem staatlichen Monopol zu machen. Nach dem Vorbild
Englands und Frankreichs verlangte er die Liberalisierung
des Handels zwischen Spanien und seinen überseeischen
Kolonien, d. h. die Aufhebung des andalusischen Mono-
pols auf den Handel mit Amerika – mit Cádiz als einzi-
gem Im- und Exporthafen – sowie die Abschaffung des
bisherigen obligatorischen Konvoisystems der Handelsflotten. Von einem freizügigen Handel erwartete Campillo eine Belebung der Manufakturproduktion im Mutterland, wodurch auf die Einfuhr ausländischer Produkte
verzichtet werden könnte und gleichzeitig dem Schmuggelhandel stärker als bisher ein Riegel vorgeschoben würde. Als guter Merkantilist forderte Campillo, die Manufakturen, vor allem Textilprodukte, in den Kolonien zu
verbieten, um so die wenigen spanischen Manufakturen
vor unliebsamer Konkurrenz zu schützen. Zugleich sollte
auf diese Weise die Abhängigkeit der Kolonien von der
Lieferung solcher Produkte durch das Mutterland gewahrt
bleiben. Falls der koloniale Markt von den spanischen Fabriken jedoch nicht ausreichend versorgt werden könnte,
dann sollten auf alle Fälle die in den spanischen Kolonien

produzierten Waren den Vorzug vor ausländischen erhalten, um ein Eindringen fremder Kolonialmächte zu vermeiden.

Die Überlegungen Campillos sind in zweierlei Hinsicht sehr aufschlussreich. Zum einen machen sie als Situationsanalyse deutlich, dass Spanien bis zu diesem Zeitpunkt seine amerikanischen Gebiete nach anfänglichem Zugriff weitgehend sich selbst überlassen hatte und die amerikanischen Reichtümer, die Erträge aus Bergbau und Landwirtschaft, nicht mehr in dem Maße wie noch im ersten Jahrhundert der Kolonisation nach Spanien/Europa abflossen, sondern in Amerika blieben. Sie sagen zugleich implizit aus, dass insgesamt die Bindung an das Mutterland nachgelassen hatte, mit anderen Worten, dass sich sowohl die ökonomische Abhängigkeit als auch die administrative Durchdringung der amerikanischen Gebiete gelockert hatten. Zwar übte Spanien eine bürokratische Kontrolle aus, doch hatte sich mit den Kreolen, den in Amerika geborenen und zur weißen Oberschicht gehörenden Spaniern, eine eigene gesellschaftliche Schicht gebildet, deren wirtschaftliche Bedeutung die spanischen Bürokraten nicht übersehen konnten und durften. So war eine politische Praxis entstanden, in der sich die spanische Herrschaft über lange Zeit als eine Art Kompromiss oder Ausgleich zwischen imperialer Oberhoheit und regionalen Interessen der Kreolen darstellte. Oft hatten sich Europa-Spanier und Amerika-Spanier gemeinsam gegen soziale Proteste von unten zur Wehr gesetzt und gemeinsam ihre soziale Stellung verteidigt. Die Kreolen erwarteten geradezu diese Hilfe, und wegen der gewährten Hilfe verhielten sie sich dem fernen Mutterland gegenüber loyal, solange dieser Zustand einer informellen Emanzipation nicht gefährdet wurde.

Zum anderen besagen Campillos Überlegungen als Strategiekonzept für die zukünftigen Beziehungen zwischen den beiden Teilen des spanischen Imperiums diesseits und jenseits des Atlantiks, dass die überseeischen Besitzungen

nun im wirklichen Sinn Kolonien, nämlich abhängige Gebiete, zu sein hatten: einerseits Lieferanten von Rohstoffen aus dem wirtschaftlichen und aus dem Bergbaubereich
und andererseits Abnehmer von Fertigwaren aus Spanien.

Die Umsetzung des Entwicklungskonzepts

Campillos Überlegungen und Vorschläge fielen auf
fruchtbaren Boden und wurden in den zuständigen Gremien diskutiert. Da sie mit finanziellen Aufwendungen
verbunden waren, richteten sich die ersten von dem Marqués de la Ensenada, dem Kriegs-, Finanz- und Marine-
minister Ferdinands VI. (1746–1759), vorangetriebenen
Maßnahmen darauf, die Steuerleistungen in den Kolonien
zu erhöhen. Zu diesem Zweck war der Minister zunächst
darum bemüht, Missstände in der Kolonialverwaltung
durch eine neue Personalpolitik zu bekämpfen. Ab 1750
berief die Krone – im Unterschied zu der bisher geübten
Praxis, auch Amerika-Spanier zu Beamten der Audiencias
zu benennen bzw. ihnen die Möglichkeit zum Ämterkauf
zu gewähren – nunmehr wieder überwiegend Europa-Spanier, die sogenannten *peninsulares*, in die hohen Verwal-
tungs- und Kirchenpositionen und schaffte den Ämterkauf endgültig ab. Dadurch, dass eine Art Ämterlaufbahn
entstand und Pensionskassen für Beamte eingerichtet wurden, hob sich die Moral der Beamten, was letztlich einer
effektiveren Verwaltung diente. Zugleich begann die Krone, in den Kolonien ein weit verzweigtes Behördennetz
aufzubauen, um die an Privatpersonen verpachtete Steuer-
eintreibung wieder selbst übernehmen zu können. Dem
Ziel einer besseren und effektiveren Finanzverwaltung
diente auch die von Ensenada betriebene diesbezügliche
Kompetenzerweiterung der Vizekönige. Ab 1751 ernannte
die Krone die Vizekönige zu Generalsuperintendenten

der Fiskalverwaltung (*superintendentes generales de real hacienda*), die die neuentstehenden Finanzbehörden kontrollieren und leiten sollten. Parallel zur engeren bürokratischen Kontrolle und damit zur fiskalischen Überwachung wurden seit 1750 auch stärkere Anstrengungen unternommen, die Einkünfte der Krone zu erhöhen. Zum einen sollten mit Hilfe moderner Techniken die Bergbauerträge ansteigen oder mit neuen bzw. intensiver angebauten Agrarprodukten wie Zucker, Kakao, Kaffee und Tabak die Exporte erhöht werden. Zum anderen wurden staatliche Monopole ausgeweitet und die Steuern, vor allem die vier- bis sechsprozentige Verkaufssteuer (*alcabala*), nunmehr vom Staat selbst durch entsprechende Beamte und zunehmend rigoroser eingetrieben.

Die eigentliche intensive Umsetzung des Entwicklungs- und Modernisierungskonzepts, noch einmal formuliert in Bernardo Wards *Proyecto Económico,* erfolgte jedoch erst nach der Niederlage Spaniens gegen England im Siebenjährigen Krieg (1755–1763), als Karl III. und seine Minister, unter denen besonders Gerónimo Grimaldi, der Marqués de Esquilache, Julián de Arriaga und dann ab 1776 José de Gálvez herausragen, sich vor die Alternative gestellt sahen, entweder gegenüber dem Rivalen England weiter an Boden zu verlieren oder aber Spanien zu modernisieren und den Vorsprung anderer europäischer Nationen wieder einzuholen. Deswegen stellt die Reformpolitik in gewissem Sinn eine »defensive Modernisierung« dar, womit allerdings nur ein Aspekt benannt ist. Denn die Bemühungen, die königliche Autorität wiederherzustellen, ja noch auszuweiten und das weite Kolonialgebiet und die kolonialen Institutionen wieder besser zu kontrollieren, lassen sich als »neuer Imperialismus«, als »zweite Conquista« bezeichnen, die im Unterschied zur ersten Conquista nicht die autochthone Bevölkerung, die Indios, sondern nun die in Amerika geborenen Nachkommen der Spanier, die Kreolen, betraf.

Die Einrichtung des Milizwesens im Kolonialreich

Diese »zweite Conquista« erfolgte auf verschiedenen Ebenen. Um das Kolonialreich und vor allem den karibischen Raum gegen Angriffe der Engländer, die 1762 in den außereuropäischen Auseinandersetzungen des Siebenjährigen Kriegs die wichtige Hafenstadt Havanna eingenommen und für ein knappes Jahr besetzt hatten, besser verteidigen zu können, ließ Karl III. ab 1763 strategisch wichtige Verteidigungsanlagen besonders im Karibikraum neu befestigen. Noch wichtiger und weitreichender war der Beschluss, die relativ kleinen Verbände des stehenden Heeres in Amerika durch Provinzial- und Stadtmilizen zu ergänzen, für die hauptsächlich Einheimische gewonnen werden sollten. Die einfachen Milizionäre sollten sich aus der breiten Masse der Bevölkerung rekrutieren – und dazu wurden auch Mestizen und freie Neger gerechnet –, während die Indios vom Militärdienst befreit waren. Die Offiziersstellen blieben den Angehörigen der weißen kreolischen Oberschicht vorbehalten. Die Rekrutierungen erwiesen sich oft als mühsam, weil sich die breite Bevölkerung dem Militärdienst und den Wehrübungen zu entziehen versuchte. Besondere Anreize wie die Verleihung der militärischen Sondergerichtsbarkeit (*fuero militar*), die Milizangehörige der Zivilgerichtsbarkeit entzog, oder andere Vergünstigungen sollten die zögerliche breite Bevölkerung gewinnen. Die Angehörigen der kreolischen Oberschicht stellten sich bereitwilliger zur Verfügung, nicht nur weil sie mit der Verleihung des Offizierspatents der ordentlichen Gerichtsbarkeit entzogen und der Standesgerichtsbarkeit des Militärs unterstellt wurden, sondern auch weil die Übernahme eines Offiziersamts einen sozialen Prestigegewinn bedeutete, stellte sie doch die Kreolen den Europa-Spaniern gleich. Trotz gewisser Mängel hinsichtlich Organisation und vor allem Ausrüstung ließ sich doch eine Verstärkung der militärischen Abwehrkräfte – in Neu-Spanien hatten die Milizen eine Stärke von etwa 20 000, in Peru von etwa 40 000 Mann – erreichen, die sowohl bei inneren Unruhen wie sozialen Protesten als auch zur Landesverteidigung – etwa 1779/80 bei der Rückeroberung des westlichen Floridas oder 1806 bei der Abwehr des englischen Invasionsversuchs am Río de la Plata – eingesetzt werden konnten. Allerdings begab sich Spanien mit diesen Maßnahmen in eine gewisse Abhängigkeit von kreolischen Militärs, die ihre erworbene militärische Ausbildung nicht nur für, sondern, wie sich später zeigte, gegebenenfalls auch gegen Spanien einsetzen konnten.

Die Schaffung neuer Verwaltungseinheiten

Ebenfalls zur besseren Verteidigung wurde 1764 die Provinz Kuba zum Generalkapitanat erhoben. Zu ihm gehörten auch die riesigen Gebiete Louisianas westlich des Mississippis, mit denen Frankreich als Verlierer im außereuropäischen Schauplatz des Siebenjährigen Kriegs im Frieden von Paris 1763 seinen Bundesgenossen Spanien als Ausgleich für den Verlust Floridas entschädigt hatte, das wiederum für die Rückgabe Havannas an England gefallen war. Zudem ließ die Krone die Festungsanlagen von Havanna ausbauen und auf Kuba das Militärwesen reorganisieren; dazu setzte sie auf der Insel einen Heeres- und Finanzintendanten ein, der für die Verteidigungsanstrengungen und die mit ihnen verbundenen finanzpolitischen Fragen zuständig war, also die Finanz- und Heeresverwaltung in einer Hand vereinte. Die Krone schuf damit einen neuen Beamtentyp bzw. eine neue Verwaltungseinheit und leitete eine Veränderung der Behördenorganisation ein, die einige Jahrzehnte später auch in anderen Gebieten eingeführt wurde.

An dieser Reorganisation hatte besonders José de Gál-

vez großen Anteil, ein ehemaliger Beamter des Kastilienrates, der in seinen Ämtern als Generalvisitator in
Neu-Spanien (1765–1771) und später als Indienminister
(1776–1787) zum Spiritus Rector der Reformkreise am
spanischen Hof wurde und in zahlreichen Schriften und
Vorschlägen die Vorstellungen Campillos aufnahm und in
Reformmaßnahmen umsetzte. Im Zuge der militärischen
und administrativen Veränderungsbestrebungen wurde er
1765 als Generalvisitator in das Vizekönigreich Neu-Spanien gesandt, um dort, wie es Campillo empfohlen hatte,
die Finanzverwaltung zu inspizieren, neue Steuerquellen
zu erschließen, Maßnahmen zur Erhöhung der Steuereinnahmen zu eruieren und allgemein Reformen zur Reorganisation der Behörden zu prüfen, ohne dabei zunächst die
Autorität des Vizekönigs und anderer Beamter anzutasten. Gálvez erwies sich als fähiger Organisator und Reformer in Verwaltung und im Finanzwesen und legte 1769
Hof und Indienministerium einen Plan vor, im Vizekönigreich Neu-Spanien wie in Spanien Heeres-, Finanz-
und Provinzintendanten einzuführen, da die fehlende Entwicklung in Amerika seiner Meinung nach nur durch qua-
lifizierte Verwaltungsbeamte und Förderer der Wirtschaft,
eben die Intendanten, zum Wohl Spaniens zu erlangen
war. Trotz positiver Gutachten wurde das Projekt nicht
realisiert. Zunächst gab man sich mit den Erfolgen der
Generalvisitation zufrieden. Erst als Gálvez im Januar
1776 selbst Indienminister wurde, nachdem Karl III. zuvor durch die endgültige Trennung der bis dahin vereinten
Geschäftsbereiche Marine und überseeische Angelegenheiten ein eigenes Indienministerium geschaffen hatte, kamen die Reformen erneut in Gang. Es wurden Maßnahmen ergriffen, mit denen sich die organisatorische und
räumliche Struktur des Kolonialreichs folgenreich veränderte. Nach dem Vorbild der Generalvisitation in Neu-
Spanien wurden für die Vizekönigreiche Peru und Neu-
Granada ebenfalls Generalvisitationen mit den gleichen

Aufgaben angeordnet. 1776 veranlasste Gálvez, dass die Krone in den nördlichen Gebieten des Vizekönigreichs Neu-Spanien, die nur dünn besiedelt waren und unter ständigen Attacken und Übergriffen von noch nicht unterworfenen Indianerstämmen, aber auch von Russen und Engländern litten, eine neue Einheit, die sogenannte Generalkommandantur der Inneren Provinzen (*Comandancia General de las Provincias Internas*), einrichtete, um so wichtige Grenzprovinzen wie Sonora, Sinaloa, Kalifornien, Texas und Neu-Mexiko besser verteidigen zu können. Zur Sicherung im karibischen Raum wurde 1777 die Provinz Caracas zusammen mit den wichtigen Küstenprovinzen Guayana, Maracaibo, Cumuná sowie den Inseln Trinidad und Margarita zum selbständigen Generalkapitanat Venezuela erhoben. Das bedeutete eine eigenständigere Position gegenüber dem Vizekönigreich Neu-Granada, zumal dann, als Caracas 1786 Sitz einer eigenen Audiencia wurde, Venezuela also nicht mehr wie vorher zum Audiencia-Bezirk von Santo Domingo gehörte. Allerdings verlor das Generalkapitanat 1797 die Insel Trinidad, die von den Engländern erobert wurde.

Die Errichtung eines vierten Vizekönigreichs

Auch im Süden des Kontinents, wo ebenfalls Interventionen von Ausländern drohten, zugleich noch nicht besiedelte Räume vorhanden waren, vollzogen sich weitreichende administrative und räumliche Neugliederungen. Da im Zuge der geplanten neuen wirtschaftlichen Inwertsetzung der amerikanischen Kolonien die spanische Krone ihr Interesse nicht mehr nur auf die Bergbau-Erträge richtete, gewann die La-Plata-Region, die bislang nur ein relativ unbeachteter Teil des Vizekönigreichs Peru gewesen war, eine neue Bedeutung. Um sich das Wirtschaftspotential dieser noch kaum erschlossenen Region zu sichern und diese vor Übergriffen des portugiesischen Nachbarn, aber auch vor Invasionen der Engländer ähnlich wie der von 1763 in der Karibik zu schützen, gründete die Krone 1776/77 das Vizekönigreich La Plata mit Sitz in Buenos Aires, wobei sie im Vorgriff auf eine spätere Behördenreorganisation die Finanz- und Heeresverwaltung der Kompetenz des Vizekönigs entzog und einem Superintendenten unterstellte. Die Errichtung des vierten Vizekönigreichs, das wie Neu-Granada ebenfalls aus dem Vizekönigreich Peru herausgelöst wurde, bedeutete eine gravierende Veränderung der Raumordnung im spanischen Südamerika, zumal dann, als 1783 Buenos Aires Sitz einer Audiencia wurde. Das neue Vizekönigreich zerfiel in drei große Regionen mit jeweils eigenem kulturellen und sozioökonomischem Charakter. Der Audiencia-Bezirk von Charcas oder Chuquisaca (heute Sucre), der im Wesentlichen dem heutigen Bolivien entspricht, war eine bevölkerungsreiche, u. a. durch den Silberberg von Potosí auch wirtschaftlich weit entwickelte Region mit einem hohen indianischen Bevölkerungsanteil. Die Stadt Charcas oder Chuquisaca besaß eine berühmte Universität. Das Küstentiefland im Einzugsbereich des Río de la Plata bildete eine eigene Region, in der nur noch wenige Indios lebten, die meisten Bewohner europäischer Herkunft waren und eine expandierende Rinderwirtschaft zu einem erhöhten Bedarf an Arbeitskräften führte, der mit afrikanischen Sklaven gedeckt wurde. Die dritte Region, hauptsächlich Paraguay und die heutigen argentinischen Provinzen Misiones und Corrientes, im Flussgebiet von Paraguay, Paraná und Uruguay, war durch eine starke indianische und mestizisierte Bevölkerung geprägt. Im Süden des Kontinents erhielt das zum Vizekönigreich Peru gehörende Audiencia-Gebiet von Santiago de Chile 1778 den Rang eines Generalkapitanats, weil die spanische Zivilisation zunehmend auch in das Gebiet südlich des Bío-Bío-Flusses vordrang,

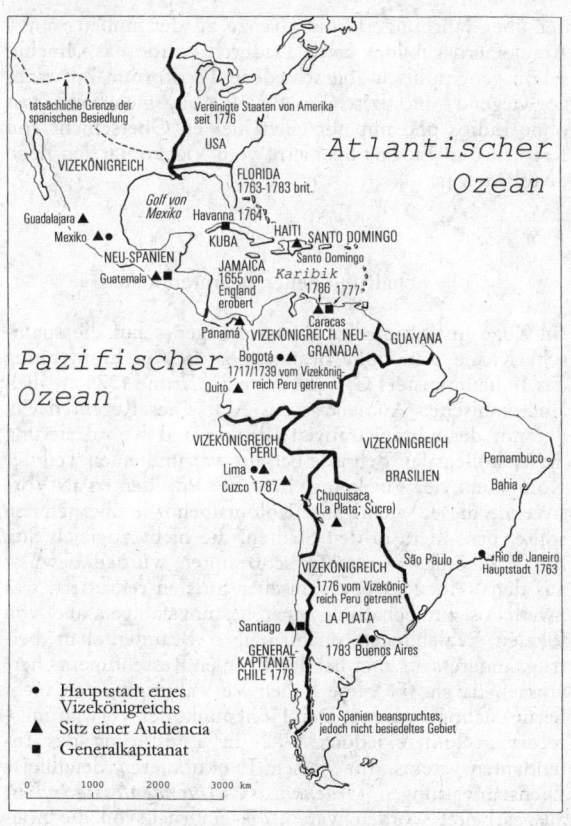

Neue Verwaltungsgliederung

der über Jahrhunderte die Grenze zu den unbeugsamen
Araukanern gebildet hatte. Dadurch wurde das ohnehin
schon geographisch abgeschiedene Territorium mit einer
vorwiegend mestizischen Bevölkerungsmehrheit, fast
ohne Indios und mit nur einer kleinen Oberschicht von
Kreolen und Europa-Spaniern, vom Vizekönigreich noch
unabhängiger.

Die Schaffung neuer Beamtenposten

Im Zuge institutioneller Veränderungen schuf die spanische Krone neue hohe Beamtenposten. Auf Empfehlung
des Indienministers Gálvez führte die Krone 1776 an allen
amerikanischen Audiencias das Amt eines Regenten ein,
der mit der administrativen Leitung und Koordinierung
dieser kollegialen Behörde betraut war und einen Teil der
Kompetenz der Vizekönige bzw. der Präsidenten als Vorsitzende dieser wichtigsten Kolonialbehörde übernehmen
sollte, besonders in den Städten, die nicht zugleich Sitz
des Vizekönigs waren. Diese Beamten wurden bewusst
aus den Reihen europaspanischer Juristen rekrutiert, was
zweifellos zur Schaffung einer leistungsfähigen und von
lokalen Beziehungen unabhängigen Beamtenschaft beitrug, andererseits aber bei den Kreolen Ressentiments hervorrief, da sie für diese hohen Verwaltungsposten nicht
berücksichtigt wurden. Den Höhepunkt der Verwaltungsreformen bildete jedoch 1782 die Einführung des Intendantensystems, für dessen Funktionieren detaillierte
Dienstanweisungen (*Ordenanzas de Intendentes de Indias*)
ausgearbeitet worden waren, die eindrucksvoll die politischen, wirtschaftlichen und sozialen Ziele der Reformpolitik der Bourbonen, d. h. des aufgeklärten Absolutismus erkennen lassen. Zunächst wurde 1782 das neue System im Vizekönigreich Río de la Plata eingerichtet, wo es

schon seit seiner Gründung das Amt des Heeres- und Finanzintendanten gab. Zusätzlich wurden nun auch Provinzintendanten ernannt, für deren Amtsführung die umfangreichen, mehr als dreihundert Paragraphen umfassenden Dienstanweisungen in Kraft traten. 1784 wurden die Intendanten auch im Vizekönigreich Peru und 1786 im Vizekönigreich Neu-Spanien – mit einer nur leicht überarbeiteten Fassung der Dienstanweisungen – eingeführt. 1786/87 wurde auch das Generalkapitanat Chile in die beiden *intendencias* Santiago und Concepción unter einem Gouverneur in Santiago als ranghöherem Intendanten aufgeteilt. Lediglich im Vizekönigreich Neu-Granada verzichtete die spanische Krone darauf, das Intendantensystem einzurichten, aus Furcht vor ähnlichen Aufständen wie dem der *comuneros* von 1780/81, der u. a. gegen überzogene Bürokratisierungs- und Zentralisierungsbestrebungen gerichtet war. Das neue Verwaltungssystem sollte einer effizienteren und ertragreicheren Verwaltung der königlichen Finanzen und der strafferen Gliederung der bisherigen Territorialbehörden dienen. Die seit 1751 von den Vizekönigen wahrgenommene Aufsicht über das Finanz- und Steuerwesen wurde nun direkt dem Indienminister unterstellten und ausreichend besoldeten Beamten, den Superintendanten, übertragen. Diese traten als neue Instanz neben den Vizekönig und führten ihrerseits die Aufsicht über die untergeordneten Provinzintendanten, über Beamte neuen Typs, die in den neugeschaffenen übersichtlicheren Verwaltungsbezirken der Intendencias an die Stelle der früheren regionalen und lokalen Verwaltungsinstanzen – der Provinzgouverneure, *alcaldes mayores* oder *corregidores* – treten und in einer Neuverteilung, d. h. Bündelung, der Kompetenzen deren Verwaltungsangelegenheiten erledigen und für die Entwicklung von Handel, Verkehr, Bergbau und Landwirtschaft sorgen sollten. Da die neuen Beamten, bis auf wenige Ausnahmen alle Europa-Spanier, also *peninsulares*, sich als Vertreter der Krone empfanden, auf der anderen Seite die amerikanischen Eliten in ihnen Vertreter der spanischen Zentralgewalt sahen, die sie verstärkt kontrollieren wollte, brachte die Einführung des Intendantensystems neben einer durchaus erkennbaren höheren Effektivität der Verwaltung auch zahlreiche Konflikte mit sich. Das betraf sowohl das Verhältnis zwischen den neuen und den alten Behörden – wie Audiencia, Vizekönige und auch Cabildos – als auch das Verhältnis zwischen Europa-Spaniern und Kreolen. Diese sahen sich seit 1750 zunehmend aus höheren politischen Ämtern herausgedrängt. Das neue Verwaltungssystem der Intendanturen setzte diese Zurückweisung fort. Deshalb empfanden die Kreolen den neuerlichen bürokratischen Zugriff der spanischen Krone zunehmend als tyrannische Herrschaft. Andererseits fand das Angebot der spanischen Krone, die neu einzuführenden Beamten unterhalb der Ebene der Provinzintendanten, die als deren Delegierte (*subdelegados*) auf Distrikts- und lokaler Ebene die ehemaligen *alcades mayores* und *corregidores* ersetzen sollten, anders als vorher gezielt aus der örtlichen amerikaspanischen Oberschicht zu rekrutieren, bei den Kreolen kaum Resonanz und Akzeptanz. Diese sahen mit den Ämtern auf der untergeordneten Ebene keinerlei Vorteile, allenfalls Belastungen verbunden, was bei schlechter und unzureichender Besoldung nicht verwundert.

Die Ausweisung der Jesuiten

In das Bündel von Maßnahmen, mit denen die Verwaltung und der absolute Machtanspruch der Krone gestärkt werden sollten, gehörte auch die Ausweisung der Jesuiten. Diese hatten in Amerika eine relative Unabhängigkeit genossen, über wirtschaftliche Macht verfügt und ganz allgemein eine gewisse Opposition dargestellt, weil sie am spätscholastischen Gedankengut festhielten, das eben gegen den absoluten monarchischen Machtanspruch gerichtet war und Widerstand gegen tyrannische Herrschaft für rechtmäßig hielt. Außerdem verfügte der Orden über umfangreichen Immobilienbesitz. Insgesamt erschien er als ein Staat im Staate und eine Bedrohung für die herrschende Staatsauffassung. Das Dekret Karls III. vom 27. Februar 1767 wies alle Mitglieder des Ordens aus Spanien und Spanischamerika aus. So mussten rund 2500 Jesuiten im Jahre 1767 ihre Missionsgebiete und Amerika verlassen, ein Vorgang, den zahlreiche Amerika-Spanier als Akt des Despotismus betrachteten, denn viele Mitglieder des Ordens stammten aus kreolischen Familien und hatten enge Beziehungen zu den jeweiligen Regionen. Von den etwa 680 Jesuiten, die aus dem Vizekönigreich Neu-Spanien vertrieben wurden, waren ungefähr 450 Einheimische. Deshalb rief die Vertreibung nicht nur bei den ausgewiesenen Jesuiten selbst, sondern auch bei ihren Angehörigen und Freunden Ressentiments gegen Spanien hervor, deren Langzeitwirkung nicht zu unterschätzen sind. Allerdings gab es auch Kreolen, die ebenso wie die Krone vom Erwerb der konfiszierten Güter der Jesuiten profitierten und demzufolge an einer Rückkehr der Jesuiten kein Interesse hatten, so dass die Haltung der Kreolen zur Ausweisung der Jesuiten insgesamt uneinheitlich war.

Revision von Verwaltungsreformen

Gegen das neue Verwaltungssystem trugen jedoch ganz unterschiedliche Gruppen Proteste vor, die z. T. auch auf einander widersprechende, nicht durchdachte Dienstanweisungen zurückgingen. Sie führten dann besonders nach Gálvez' Tod 1787 und in der reformschwächeren Regierungszeit Karls IV. zu einer Revision der Verwaltungsreformen, die zwar nicht vollständig zurückgenommen, doch dadurch erheblich aufgeweicht wurden, dass alte Regelungen und Kompetenzen wieder in Kraft traten. So erhielten die Vizekönige wiederum die Funktion des Superintendanten, und auf lokaler Ebene erhielten die *subdelegados* wieder dieselben Funktionen, die auch die *corregidores* und *alcaldes mayores* innegehabt hatten, mit allen negativen Konsequenzen einer unzulänglichen Bezahlung. Gerade auf dieser lokalen Ebene muss die Neuordnung der Verwaltungsorganisation als gescheitert gelten, da statt rechtschaffener und kompetenter Beamter wieder zunehmend inkompetente und korrupte Personen eingestellt wurden. Eine Kontrolle durch die Provinzintendanten blieb oft aus, da diese ihrerseits in ihrer Handlungsfreiheit zunehmend durch die Vizekönige eingeschränkt wurden, denen es oft wichtiger war, ihre Begünstigten mit Posten zu versorgen, als die in vielen Fällen vorhandenen Bemühungen der Intendanten um eine effektive und redliche Verwaltung zu unterstützen. Insgesamt gesehen verfehlte die Verwaltungsreform ihr Ziel, das Kolonialreich administrativ zu stabilisieren; stattdessen trug sie dazu bei, die Interessendivergenz zwischen den Kreolen und der spanischen Krone zu vertiefen.

Liberalisierung des Handels

Auch auf wirtschaftlicher und handelspolitischer Ebene gab es Reformmaßnahmen, ebenfalls mit ambivalenten Auswirkungen. Seit 1765 nahm die spanische Krone eine schrittweise Liberalisierung des Handels zwischen Mutterland und Kolonien vor, der sich entsprechend dem Prinzip des Merkantilismus bislang in einem geschlossenen Wirtschafts- und Handelsraum auf festgelegten Routen und mit nur wenigen Ausfuhr- und Einfuhrhäfen

vollzogen hatte. Die Besetzung Havannas durch die Engländer und das Wirken englischer Kaufleute, die die Insel
und sogar Neu-Spanien mit englischen Waren belieferten,
hatten die Vorzüge eines freieren Handels vor Augen geführt. So schaffte die spanische Krone 1765 in einem ersten Schritt Steuern ab, die den Handel mit den Antillen
belasteten, und erlaubte, dass die Kaufleute der Karibik-
inseln auch mit anderen als den bisher üblichen Häfen
Sevilla und Cádiz Handel trieben. Das berühmte Freihandelsreglement (*Reglamento para el comercio libre*) vom 12.
Oktober 1778 bedeutete dann die endgültige Abschaffung
des bisherigen monopolistischen Systems und die Formulierung eines freieren Handels: Die spanischen Häfen erhielten das Recht auf freizügigen Austausch mit Buenos
Aires, der Hauptstadt des 1776 gegründeten neuen Vizekönigreichs, sowie mit Chile und Peru, und der freiere
Handel wurde auf weitere Häfen in den Kolonien ausgeweitet. Nun war es 24 amerikanischen Häfen gestattet,
untereinander und mit 13 spanischen Häfen interkontinentalen Handelsaustausch zu treiben. Allerdings war
dieser Austausch nach wie vor auf den spanischen Han-
dels- und Wirtschaftsraum beschränkt. Handel mit nicht-
spanischen Häfen war den Amerikanern nach wie vor untersagt. Im Übrigen profitierten von der größeren Freiheit
des Handels nur die spanischen Großkaufleute in den
spanischen und amerikanischen Häfen. Amerikanischen
Kaufleuten war weiterhin nur innerkolonialer Warenverkehr erlaubt. Ab 1788 wurde das System des freien Handels dann auch auf die mexikanischen und venezolanischen Häfen ausgeweitet. Die Regelung des Freihandels
sah die Kombination von Freiheit und Protektionismus
vor. Ziel war es, die Besiedlung bevölkerungsarmer Regionen zu fördern, den Schmuggel auszuschalten und über
ein gestiegenes Handelsvolumen höhere Steuern einzunehmen.

Vor allem aber sollten die Kolonien einerseits als Absatzmärkte für spanische Produkte, die gegenüber ausländischen Waren eine Zollvergünstigung erhielten, und andererseits als Lieferanten von Rohstoffen für Spaniens Industrie stärker als bisher in Wert gesetzt werden. Tatsächlich brachte die Einführung des Freihandels Spanien Vorteile: Das Handelsvolumen stieg in den Jahren bis 1796 um mehr als das Vierfache, der Anteil spanischer Produkte an der Ausfuhr erhöhte sich von 38 % im Jahr 1778 auf 52 % in den Jahren 1782 bis 1796, ohne jedoch auf die erhoffte Entwicklung der spanischen Industrie stimulierend zu wirken. Für den Export aus Amerika standen bald bislang vernachlässigte Produkte wie Tabak, Kakao, Zucker, Koschenille, Indigo, Häute und Heilpflanzen bereit; allerdings machten sie nur weniger als die Hälfte des Gesamtimports in Spanien aus, über 50 % entfielen auf die nach wie vor wichtigen Bergbauerzeugnisse. Gleichwohl erlebte die amerikanische Landwirtschaft, besonders in einigen Regionen, enorme Zuwächse und Impulse. Dazu gehörten vor allem Neu-Spanien, das als produktivste Agrarregion des spanischen Amerikas galt; ferner die karibischen Inseln, Venezuela, das geradezu einen Exportboom erlebte, und die Region des Río de la Plata, dessen Tierprodukte aus der Weidewirtschaft (Häute, Pökelfleisch) durch die Öffnung der Häfen von Montevideo und Buenos Aires nun im direkten interkontinentalen bzw. innerkolonialen Handel exportiert werden konnten. Für den industriellen Bereich gingen von der Lockerung der Handelsbeschränkungen hingegen kaum Impulse aus. Die ohnehin schwach ausgebildeten und von Spanien nicht geförderten Manufakturen, besonders die einheimische Textilproduktion, die Artikel für die unteren Schichten und für den täglichen Bedarf herstellten, hatten unter der Konkurrenz importierter Waren zu leiden.

Konkurrenz bedeuteten auch die zahlreichen spanischen Immigranten, Beamte und Kaufleute, die im Zuge der durch das Gesetz von 1778 ausgelösten erfolgreichen

Handelspolitik nach Amerika auswanderten. Im Zeitraum von 1780 bis 1790 wanderten fünfmal mehr Spanier nach Amerika aus als in den Jahren von 1710 bis 1730. Im Unterschied zu früheren Auswanderungswellen kamen sie nun aus dem nördlichen Spanien, aus Regionen, die für wirtschaftliche Aktivität und Unternehmungsgeist standen. Aufgrund ihrer Tüchtigkeit, aber auch wegen der für die Europa-Spanier noch bestehenden Privilegien in Bezug auf die Ämterbesetzung und auf das Handelsmonopol gelang es ihnen schnell, wichtige administrative und ökonomische Positionen einzunehmen – zum Nachteil der Kreolen.

Die ambivalente Wirkung der Aufklärung

Bedeutenden Anteil an der von den Bourbonen gewünschten Modernisierung hatten auch die Ideen der europäischen Aufklärung mit ihrem Glauben an die Vernunft und ihrem optimistischen Vertrauen in die Wissenschaften, vornehmlich die Natur- und Erfahrungswissenschaften, als Faktor menschlichen Fortschritts. Sie waren in Spanien besonders in der zweiten Hälfte des 18. Jahrhunderts rezipiert und zusammen mit eigenen Ansätzen zu einem politischen Konzept verarbeitet worden. Mit der Abkehr von den traditionellen Bildungsinhalten der spanischen Scholastik und der Hinwendung zur modernen Wissenschaft und ihren Forschungsmethoden leiteten sie eine kulturelle Reform ein, die zu einem wichtigen Bestandteil des gesamten bourbonischen Reformprogramms wurde und sich z. B. in der 1771 von Graf Pedro Rodríguez de Campomanes konzipierten Hochschulreform niederschlug. Denn die neuen Wissenschaften, eingesetzt zur Erforschung und besseren Nutzung der natürlichen Reichtümer Spaniens und seiner Kolonien, erschienen als das adäquate Instrument, Spaniens ökonomische und politische Vormachtstellung wiederherzustellen. Theoretiker und Praktiker der Modernisierungsbestrebungen wie José de Campillo y Cossio, der Marqués de la Ensenada, der Graf von Aranda, Bernardo Ward (*Proyecto Económico*), der Graf von Campomanes (Abhandlung über die Volkserziehung der Handwerker und ihre Förderung, *Discurso sobre el fomento de la industria popular; Discurso sobre la educación popular de los artesanos y su fomento*), der Graf von Floridablanca und Gaspar Melchor de Jovellanos (*Elogio de Carlos III; Informe sobre la Ley Agraria; Memoria sobre la educación pública, o sea tratado teórico-práctico de enseñanza*) haben mit ihren Reden und Schriften in diesem Sinn für die nützlichen Wissenschaften (*ciencias útiles*), für die nützliche Bildung Propaganda gemacht. Diese praktisch-pragmatische und utilitaristische spanische Aufklärung, die sich von der mehr theoretisch-spekulativen Aufklärung französischer Provenienz abhob, gelangte bald auch in die Kolonien. Zwar war die amtliche Zensur – besonders nach der Französischen Revolution – darum bemüht, zu verhindern, dass auch die Ideen der eher politisch geprägten westeuropäischen Aufklärung mit ihrer Kritik an der Herrschaftsform der absoluten Monarchie und den Lehren von der Volkssouveränität in den Kolonien Fuß fassten, doch konnte sie das Eindringen nicht gänzlich abwehren. Besonders in Regionen, die wie die La-Plata-Region oder Venezuela Europa zugewandt waren und z. B. wegen ihrer Küstenlage unter Umgehung der amtlichen Zensur besser an Informationen und auch verbotene Bücher aus dem Ausland gelangen konnten, wurden diese Ideen der Aufklärung rezipiert. Allerdings war es hier wie auch in anderen Regionen nur die kleine Gruppe der kreolischen Oberschicht, die in direkten Kontakt mit der Aufklärung kam.

Förderung der nützlichen Wissenschaften

Was die spanische Aufklärung betraf, so förderte die spanische Krone mit ihren Ministern und hohen Kolonialbeamten wie Vizekönigen und Intendanten das auch in den Kolonien erwachende Interesse an den Naturwissenschaften und an Wirtschaftsfragen, entsprechend den wirtschaftspolitischen Zielen, wie sie Campillo y Cossio formuliert hatte. Im Vizekönigreich Neu-Granada waren die Vizekönige Manuel de Guirior (1773–1776) und besonders Antonio Caballero y Góngora bestrebt, die nützliche Bildung zu verbreiten, indem sie u. a. Naturwissenschaftler ins Land holten und ihre Arbeit förderten, eine öffentliche Bibliothek in Bogotá errichteten, neue Bildungs- und Studienpläne ausarbeiten ließen und die Errichtung einer öffentlichen, nicht von religiösen Orden geleiteten Universität in Bogotá vorschlugen. In Peru förderten die Vizekönige Manuel de Amat y Junient (1761–1776) und Manuel de Guirior (1776–1780) eine Hochschulreform mit Konzentration auf Naturwissenschaften, Mathematik und Medizin. Zwar sträubte sich die Universität San Marcos von Lima gegen Reformprojekte, doch öffnete sich das Colegio San Carlos den neuen Wissenschaften Arithmetik, Algebra und Geometrie. An der 1767 eingeweihten Universität San Felipe in Santiago de Chile wurden Lehrstühle für Medizin und Mathematik eingerichtet. Im Generalkapitanat Guatemala legte der Philosophiedozent Antonio Liendo de Goicoechea 1782 an der dortigen Universität San Carlos einen Studienreformplan vor, der besonders die Naturwissenschaften hervorhob. In Mexiko wurde 1792 das königliche Bergbauseminar mit den Fächern Mathematik, Chemie, Physik, Mineralogie und technisches Zeichnen gegründet, ein deutlicher Beweis für das Interesse der spanischen Krone an den nützlichen Wissenschaften.

Naturgeographische Bestandsaufnahmen

Da von der Modernisierung im Bergbau und von der höheren Effektivität der Landwirtschaft die stärksten Wachstums- und Entwicklungsimpulse bzw. die größten Profite erwartet wurden, konzentrierten sich die Förderungsmaßnahmen auch in diesen Bereichen. So förderten oder organisierten die bourbonischen Könige zur Bestandsaufnahme der Reichtümer Amerikas zahlreiche Forschungsexpeditionen, die die geographischen und naturkundlichen Kenntnisse über das spanische Amerika erweiterten: Schon in der Regierungszeit Philipps V. bereiste von 1735 bis 1746 eine Expedition, an der unter anderem auch die Franzosen La Condamine und Antoine-Laurent Jussieu sowie die spanischen Offiziere Jorge Juan y Santacilia und Antonio de Ulloa teilnahmen, die Region von Ecuador, um hier exakte Vermessungen für die Grenzziehung zwischen dem spanischen und portugiesischen Imperium vorzunehmen. Von den Publikationen, in denen die beiden Spanier die Ergebnisse dieser Expedition veröffentlichten, ist besonders die zweite wichtig: die *Geheimen Nachrichten über Amerika* (*Noticias secretas de América. Entretenimiento físico-histórico sobre la América Meridional y Septentrional Oriental*, Madrid 1772). In ihnen lieferten Jorge Juan und Antonio de Ulloa nicht nur einen umfassenden Überblick über die naturkundlichen, geographischen, meteorologischen und anthropologischen Verhältnisse des Gebiets am Äquator, sondern stellten auch die Verwaltung der spanischen Herrschaft in den Vizekönigreichen Peru und Neu-Granada kritisch dar, so dass mit den *Noticias secretas* zugleich eine Analyse der damaligen Regierungspraxis vorliegt. Während der Regierungszeit Karls III. konnte 1777 eine botanische Expedition nach Peru und Chile mit den Botanikern Hipólito Ruiz, José Pavon und dem Franzosen J. Dombey aufbrechen (1777–1788); ihre Ergebnisse sind in dem Werk *Peruani-*

sche und Chilenische Flora (*Flora Peruviana et Chilensis*, 1794–1804) festgehalten. 1783 genehmigte Karl III. eine auch vom Vizekönig Caballero y Góngora empfohlene botanische Expedition in Neu-Granada. Unter der Leitung des spanischen Naturforschers José Celestino Mutis, der 1760 in Begleitung des Vizekönigs Pedro Messía de la Cerda nach Neu-Granada gekommen war und bis zu seinem Tod 1808 als Lehrer in Bogotá mehrere Generationen der Kreolen an die neuen Wissenschaften heranführte, erforschte die königliche Expedition Flora und Fauna des Vizekönigreichs Neu-Granada und rief mit ihren wissenschaftlichen Forschungen auf den Gebieten der Botanik, Zoologie, Geographie, Astronomie und Mineralogie sowie durch die Sammlung und Aufzeichnung der Flora und Fauna die Bewunderung der zeitgenössischen Naturforscher Europas hervor, wie die umfangreiche Korrespondenz von Mutis mit zahlreichen europäischen Wissenschaftlern belegt. Im Vizekönigreich Río de la Plata wirkte ab 1781 der spanische Militäringenieur und Agronom Féliz de Azara. Er war als designiertes Mitglied einer weiteren Kommission zur Regelung der Grenzprobleme zwischen dem portugiesischen und spanischen Imperium in diesen Raum gekommen und widmete seine Zeit der Erforschung von Land und Leuten am Rio Paraguay und Río de la Plata. Mit seinen Erkenntnissen lieferte er Grundlagen für den Ausbau von Landwirtschaft und Rinderzucht im Vizekönigreich. Auch Karl IV. förderte und finanzierte verschiedene Forschungsreisen. So wirkte ab 1788 eine botanische Expedition unter der Leitung von Martin de Sessé vierzehn Jahre in Neu-Spanien (1788–1802). An der von dem Italiener Alejandro Malaspina geleiteten Expedition rund um Amerika und über den Pazifik (1789–1794), die hydrographischen und navigatorischen Messungen diente, nahmen zahlreiche spanische und europäische Wissenschaftler und Naturforscher teil, unter ihnen auch der tschechische Gelehrte Thaddäus

Haenke. Haenke kehrte nicht nach Europa zurück, sondern blieb bis zu seinem Tod (1817) in Cochabamba in
Hochperu, wo er die Ideen der Aufklärung propagierte.
Seine Beschreibung der Situation in Peru und Chile zeigen
ihn als einen guten Beobachter der Naturgeschichte sowie
als differenzierten Kritiker des spanischen Kolonialsystems.

Zu den bedeutendsten Expeditionsreisen, die Land und
Leute des hispanischen Amerikas erforschten, gehört
zweifellos die fünf Jahre dauernde Reise des preußischen
Naturforschers Alexander von Humboldt, der am 16. Juni
1799 in Cumaná in Venezuela südamerikanischen Boden
betrat. Als der junge, noch nicht dreißigjährige Humboldt
am 5. Juni 1799 zusammen mit dem französischen Botaniker Aimé Bonpland von La Coruña aus in das spanische
Kolonialreich in Amerika aufbrach, hatte er sich sechs
Jahre lang auf diese Forschungsreise vorbereitet. In dem
vier Jahre jüngeren Bonpland, dessen Bruder Joseph an
der Expedition von La Condamine von 1735 bis 1746 teilgenommen hatte, stand ihm ein fähiger Reisegefährte zur
Seite. Die beiden Forscher hielten sich sechs Monate in
Madrid auf, erlernten die spanische Sprache und knüpften
offizielle Kontakte. Vom spanischen König Karl IV. erhielt Humboldt in einer Weise Unterstützung, wie sie vor
ihm noch kein ausländischer Forscher, geschweige denn
ein Protestant erhalten hatte: Er bekam die Erlaubnis, sich
im gesamten spanischen Kolonialreich frei zu bewegen,
die Kolonialbehörden wurden zu großzügiger Hilfeleistung angewiesen.

Nach der Ankunft in Venezuela unternahmen die beiden Forscher von Cumaná aus zunächst einige Expeditionen ins Landesinnere und machten in Caracas Bekanntschaft mit Vertretern der Kolonialregierung und mit
wichtigen gesellschaftlichen Kreisen. Nach weiteren Expeditionen im Landesinneren in den Llanos und am Orinoco schifften sie sich Ende November 1800 von der Ka

ribikküste aus nach Havanna auf Kuba ein. Während eines dreimonatigen Aufenthaltes durchquerten sie die Insel und sahen dort die Schrecken der Sklavenwirtschaft, für deren Abschaffung sich Humboldt fortan einsetzte. Im März 1801 kehrten die beiden Forscher nach Südamerika zurück. Sie gingen in Cartagena de Indias, an der Küste des Vizekönigreichs Neu-Granada, an Land. In Bogotá wurden sie von José Celestino Mutis empfangen; dort machten sie auch die Bekanntschaft jüngerer, an neuen Erkenntnissen interessierter Wissenschaftler wie z. B. Francisco José de Caldas, der später an einigen Exkursionen in Ecuador teilnahm. Die Anden durchquerend, erreichten sie auf dem Weg über Popayán Anfang des Jahres 1802 Quito, von wo aus sie verschiedene Vulkane bestiegen. Aus dem Andenhochland ging die Reise weiter in das Tiefland, in das Zuflussgebiet des oberen Amazonas. Von dort gelangten die Reisenden nach Lima. Im Dezember 1802 setzten sie die Reise per Schiff von Callao über Guayaquil die Westküste Amerikas entlang bis ins Vizekönigreich Neu-Spanien fort, wo sie Ende März 1803 in Acapulco landeten. Schon einen Monat später erreichten sie die Stadt Mexiko. Ein knappes Jahr lang unternahm Humboldt mehrere Exkursionen in verschiedene Provinzen des Vizekönigreichs und setzte seine Vulkanstudien fort. Im März 1804 traten die beiden Forscher von Veracruz an der Ostküste aus die Rückreise an; zunächst gab es noch einen zweiten kürzeren Aufenthalt in Havanna. Von dort ging es Ende April in die USA, nach Philadelphia, wo sie einige Wochen als Gast von Präsident Jefferson verbrachten, bevor Anfang Juli von Philadelphia aus die letzte Etappe der Rückreise begann. Am 3. August 1804 trafen sie in Frankreich in Bordeaux ein.

Allein schon der Reiseweg und die Länge des Aufenthalts nötigen Respekt ab. Doch nicht die Route an sich oder ihre Dauer machen das Besondere dieser Expedition aus. Deren Bedeutung besteht vielmehr darin, dass sie ei-

nen neuen Expeditionstyp schuf, der intensive Vorbereitung, Ausführung und Auswertung in sich vereinte und
eben mit dieser Auswertung Korrekturen an dem bisherigen Bild von Amerika, dem spanischen Amerika, vornahm. Humboldt war nicht der erste Forschungsreisende
nach und in Amerika, aber er war der erste, dem es gelang,
ein vollständiges und zugleich detailliertes Bild der wichtigsten Bereiche des spanischen Kolonialimperiums in
Amerika an Hand einer umfangreichen Dokumentation
und eigener Beobachtung zu erarbeiten. Grundlage dieser
Auswertung war ein überlegter Empirismus, der sich auf
die Sammlung der beobachteten Daten aus dem realen Bereich, auf ihre Anordnung auch unter vergleichendem
Aspekt und schließlich auf die sorgfältige Auswertung
stützte, in die Humboldt auch die Materialien und Daten
über Geschichte, Gesellschaft und Politik mit einbezog,
zu denen er in den Archiven, Bibliotheken und Institutionen des Kolonialreichs Zugang hatte. Mit der Auswertung
der Forschungsreise war Humboldt fast dreißig Jahre beschäftigt, indem er die umfangreichen Forschungsergeb-
nisse aufarbeitete, aktualisierte und veröffentlichte. Er tat
dies im Wesentlichen in dem von 1805 bis 1834 zunächst
auf Französisch publizierten Reisewerk *Voyage aux Ré-
gions équinoxiales du Nouveau Continent* (»Reise in die
Äquinoktialgegenden des Neuen Kontinents«) von über
dreißig Bänden. 1811 erschien als Band 25 und 26 dieser
Sammlung der berühmte *Essai politique sur la Nouvelle
Espagne* und 1826 der nicht minder wichtige *Essai politique sur l'île de Cuba*, der ursprünglich das Kapitel
XXVIII der *Relation Historique* des Reisewerks dargestellt hatte. Die *Voyage* wurde jedoch bald auch in andere
Sprachen übersetzt.

Durch die Einarbeitung neuerer Daten, durch Fußnoten
und Querverweise, durch Skizzen von Pflanzen, Tieren
und geologischen Formationen sowie die Beifügung von
Karten- und Atlantenwerken stellt Humboldts Reisewerk

mehr dar als nur einen chronologischen Reisebericht oder eine bloße Umschrift der Reisetagebücher; er hat auch die politische und gesellschaftliche Situation differenziert und kritisch analysiert und wichtige Hinweise zur Situation und zur politischen Stimmung der Kreolen wie der Bevölkerung allgemein am Ende der Kolonialzeit geliefert. Damit hat er nicht nur den Europäern, sondern auch den Amerikanern, besonders den Kreolen eine neue Vorstellung von Raum, Natur und Menschen des Kontinents gegeben. Er korrigierte u. a. das bisherige in Europa vorherrschende negative Bild, das Amerika wegen der alten indianischen Kulturen mit Barbarei identifizierte, und konstatierte unterschiedliche Entwicklungsstufen der Zivilisation in Amerika; ja er machte die indianische Bevölkerung zu einem neuen Thema. Er äußerte heftige Kritik an der Sklaverei sowie am politischen System der Kolonialmacht Spanien und förderte damit implizit die damals beginnenden Autonomiebestrebungen der Kreolen.

Landeskenntnisse und Patriotismus

Im Bergbaubereich konnten die Brüder Fausto und Juan José D'Elhuyar, spanische Mineralogen, die sich bei europäischen Fachleuten in den Naturwissenschaften weitergebildet hatten, Expeditionen in Mexiko, Peru und Neu-Granada durchführen, um den Abbau von Edelmetallen wieder in Gang zu bringen. 1788 entsandte die spanische Krone eine Bergbau-Mission unter der Leitung des Barons Thaddaeus von Nordenflycht nach Peru, um die technischen Standards der andinen Bergbauindustrie zu verbessern.

Weitreichende Auswirkungen hatte die Tatsache, dass an den verschiedenen Expeditionen auch Kreolen als Forscher, Zeichner oder Maler mitarbeiteten und sich durch diese Tätigkeit Landeskenntnisse erwarben und die Reichtümer und Möglichkeiten ihres eigenen Landes entdeckten. Denn sie wurden ihrerseits nun häufig zu Multiplikatoren der neuen Wissenschaften und Denkweisen und gaben in ihren eigenen Studien über Geographie und Wirtschaftsfragen ihre Erkenntnisse über die Entwicklungsbedingungen und -möglichkeiten der einzelnen amerikanischen Regionen an ihre Landsleute weiter, die mit Stolz die ihren Ländern entgegengebrachte Aufmerksamkeit zur Kenntnis nahmen.

Patriotische Gesellschaften und Zeitungen

Medium und Instrument solcher Verbreitung und Meinungsbildung wurden literarische Zirkel, *Tertulias*, die nach dem Vorbild solcher Zirkel in Frankreich oder Spanien entstanden, oder die sogenannten *Patriotischen Gesellschaften*, *Gesellschaften von Vaterlandsfreunden zur Förderung der Wirtschaft* (*Sociedades económicas de amigos del país* oder *Sociedades Patrióticas*). Diese Gesellschaften sollten als organisatorische Zentren der wirtschaftlichen Entwicklung dienen. In Spanien hatten sich seit der ersten Patriotischen Gesellschaft in Vergara, im Baskenland, die 1764 nach dem Vorbild ähnlicher Gesellschaften in der Schweiz, Frankreich und anderen europäischen Ländern gegründet worden war, und besonders nach dem Gründungsaufruf des Grafen von Campomanes von 1774 weitere Gesellschaften gebildet. Sie bemühten sich entsprechend der allgemeinen Tendenz – allerdings mehr auf privater Ebene und durch private Initiative – um eine Wiederbelebung der spanischen Wirtschaft und befassten sich mit Fragen der landwirtschaftlichen Produktionssteigerung sowie der Förderung von Handwerk und Handel durch Verbreitung neuer Ideen, Techniken und

Methoden. Auch im Kolonialreich entstanden seit 1781 solche Gesellschaften, teils mit nur kurzer, teils aber auch mit längerer Lebensdauer. *Patriotische Gesellschaften* oder *Ökonomische Gesellschaften* existierten in Medellín (1781) und Mompós (1784) in Neu-Granada, in Guatemala (1794–1800), in Havanna (1792–1823), Santiago de Cuba (1787), Quito, Lima (1789–1793), Bogotá (1801), Buenos Aires (1800). Wie in Spanien gehörten die Mitglieder dieser *Sociedades* der Oberschicht an, sie waren die *vecinos principales* bzw. hohe Kolonialbeamte. Wie dort versuchten die *Sociedades* in den Kolonien, die verschiedenen Wirtschaftszweige zum Wohl der Allgemeinheit zu fördern, indem sich ihre Mitglieder mit der Literatur der Aufklärung, mit wissenschaftlichen Fragen, neuen Techniken, aber auch mit Fragen des aktuellen Zeitgeschehens beschäftigten, teilweise selbst geographische Studien in ihren jeweiligen Regionen unternahmen und wie z. B. in Havanna auch öffentliche Bibliotheken zur Weiterbildung aufbauten. Die Befürworter und Gründer solcher Gesellschaften versprachen sich von der Beschäftigung mit der Geographie und den Ressourcen ihrer Region, mit wirtschaftlichen Problemen und der Analyse ihrer Ursachen und Lösungsstrategien nicht nur allgemeinen wirtschaftlichen Fortschritt, sondern bei ihren Mitgliedern auch die Entwicklung von Patriotismus oder Liebe zum eigenen Land (*amor a su país*), wie es z. B. der Neu-Granadiner Pedro Fermín de Vargas in seinen um 1790 geschriebenen *Pensamientos Políticos* formulierte: »Der Gärungsprozess, der unmittelbar nach der Gründung einer Ökonomischen Gesellschaft zu erwarten wäre, würde bei den Gemeindegliedern und den wohlhabenden Leuten der Ortschaften die Liebe zu ihrem Land wecken, und man kann davon ausgehen, dass mit dieser Haltung sich dieses Reich [*reino*] in wirtschaftlichen Dingen zu bilden beginnt, die bislang unbekannt sind.« Die Befürworter solcher Gesellschaften betonten eindringlich den Zusammenhang von Patriotismus und wirtschaftlicher Entwicklung. Dabei bedeuteten die Begriffe *amor a su país*, *patriotismo* nicht nur eine bloße Umsetzung des auch in Spanien gebrauchten Namens der Patriotischen Gesellschaften in das dazugehörige Verhalten, sondern sie erhielten in den Kolonien einen ganz spezifischen Inhalt und Bezug. Die mit den Gesellschaften beabsichtigte Wirtschaftsförderung setzte nämlich eine vorherige Kenntnisnahme der Ressourcen des eigenen Lands voraus. Dies wiederum musste den doppelten Effekt haben, dass man die Möglichkeiten, die das eigene Land in Bezug auf Landwirtschaft, Nutzung der Bodenschätze und ihre Vermarktung bot, erkannte und zugleich damit sich der bisherigen Vernachlässigung durch Spanien bzw. der Beeinträchtigung der eigenen Möglichkeiten durch die geltenden Rahmenbedingungen bewusst wurde. So verwundert es nicht, dass durch solche Kenntnisnahme Vorbehalte und Kritik an Spanien wuchsen und im Umkehreffekt dazu sich die Beziehungen zur eigenen Region vertieften. Die Kenntnis der geographischen Gegebenheiten, die im geographischen Milieu liegenden Möglichkeiten und der daraus resultierende Optimismus wirkten geradezu identitätsstiftend, zumindest trugen sie zur Entwicklung eines kreolischen Selbstbewusstseins bei.

Für die Verbreitung der neuen Kenntnisse und der praktisch-pragmatischen Aufklärung wurden gerade in den letzten beiden Jahrzehnten des 18. Jahrhunderts neue Zeitungen gegründet, die sich anders als frühere offizielle Organe weniger mit Europa nun kritisch reflektierend mit der eigenen Region beschäftigten, wie z. B. *Gaceta de Literatura de México* (1788–1795), *Gaceta de México* (1784–1810), *Papel Periódico de la Ciudad de Santa Fé de Bogotá* (1791–1797), *Correo Curioso, Erudito, Económico y Mercantil de la Ciudad de Santafé* (1801, 42 Nummern). Ohne das Kommunikationsmedium Zeitungen wären die *Tertulias* oder die *Sociedades económicos de amigos del país* nur esoterische Clubs geblieben und hätten die Er-

gebnisse der Zusammenkünfte keine größere Wirkung gehabt. In einigen Fällen gaben die *Sociedades* selbst solche
Zeitungen als ihr Publikationsorgan heraus, wie die Gesellschaft in Lima den *Mercurio Peruano* (1790–1795),
die damals größte illustrierte Zeitschrift Amerikas, oder
die von Havanna den *Papel Periódico de la Habana*
(1791–1810) oder die von Quito die *Primicias de la Cultura de Quito* (1792). Mit solchen Zeitungen schufen an der
Modernisierung interessierte Spanier und Kreolen die Bil-
dungsorgane, mit denen sie die Ideen der Aufklärung verbreiten und zugleich Patriotismus wecken oder verstärken
konnten und langfristig einen Optimismus hinsichtlich
der eigenen Möglichkeiten förderten.

Wirtschaftsstudien und Kolonialkritik

Eben diese eigenen Möglichkeiten traten zunehmend in
den Vordergrund. Seitdem die von der spanischen Aufklärung propagierten nützlichen Wissenschaften auch in
Amerika an Boden gewonnen hatten, begannen spanische
Verwaltungsbeamte, aber auch Amerikaner, die Kreolen,
in mehr oder weniger umfangreichen Studien die Wirt-
schaftssituation im Kolonialreich kritisch zu analysieren
und gleichzeitig Verbesserungsvorschläge zu machen.
Umfassende Wirtschaftsstudien, oft auch in den Ökonomischen Gesellschaften diskutiert, datieren vom letzten
Jahrzehnt des 18. Jahrhunderts bis in die erste Dekade des
19. Jahrhunderts und sind aus mehreren Gründen interessant. Zum einen, weil sie sich nicht auf Gesamtamerika,
sondern auf einzelne Regionen oder Großregionen beziehen und so auf eine schon gewachsene Raumvorstellung
hinweisen; zum anderen, weil sich in ihnen zunehmend
eine kritische Haltung gegenüber Spanien zeigt, ohne allerdings schon auf Loslösung zu drängen. Unter den zahl-

reichen Wirtschaftsstudien und damaligen Wirtschaftsvor-
stellungen ragen einige besonders heraus: So beschrieb der
Neu-Granadiner Pedro Fermín de Vargas, der durch seine
Teilnahme an der botanischen Expedition und durch seine
Tätigkeit als Beamter im Sekretariat des Vizekönigs Caballero y Góngora sowie als Corregidor von Zipaquirá
über gute Landeskenntnisse verfügte, in den um 1790 entstandenen »Politischen Überlegungen über Landwirtschaft, Handel und Bergbau des Vizekönigreichs von Santafé de Bogotá [d. i. Neu-Granada]« (*Pensamientos políticos sobre la agricultura, comercio y minas del Virreinato de
Santafé de Bogotá*) und in einer »Denkschrift über die Bevölkerung Neu-Granadas« (*Memoria sobre la población
del Nuevo Reino de Granada*) die Rückständigkeit dieses
Gebiets und entwarf zugleich ein neues Wirtschaftskon-
zept. 1791 veröffentlichte José Baquíjano y Carrillo – er
hatte verschiedene Ämter in Lima innegehabt, an der königlichen Universität San Marcos von Lima Naturrecht
gelehrt und beim Antrittsbesuch des Vizekönigs Jáuregui
in der Universität 1781 Kritik an dem abwertenden Verhalten gegenüber den Kreolen geübt (*Elogio del Virrey
Jáuregui*), war Gründungsmitglied der »Gesellschaft der
Vaterlandsfreunde« und ihres Publikationsorgans – im
Mercurio Peruano eine »Historisch-politische Abhandlung über den Handel Perus« (*Disertación histórica y política sobre el comercio del Peru*). In ihr analysierte er an
Hand historischer, naturgeographischer, sozialer und
ökonomischer Aspekte die wirtschaftlichen Möglichkeiten
Perus und sprach sich dafür aus, den Schwerpunkt auf den
Bergbau zu legen. 1792 formulierte der kubanische Kreole
Francisco de Arango y Parreño, Mitglied der Ökonomi-
schen Gesellschaft von Havanna, Mitbegründer des *Papel
Periódico* und Sprachrohr der kubanischen Zuckerprodu-
zenten, mit seinem »Diskurs über die Landwirtschaft von
Havanna und ihre Förderungsmaßnahmen« (*Discurso so-
bre la agricultura de la Habana y medios de fomentarla*)

Argumente für eine wirtschaftliche Erneuerung Kubas, die auf Zucker, Plantagen und Sklaven basieren sollte. 1808 fasste der Neu-Granadiner Francisco José de Caldas, ein Schüler von Mutis, Mitglied der botanischen Expedition und Reisebegleiter Humboldts in Ecuador, der wohl bedeutendste neu-granadinische Naturforscher dieser Zeit, die Ergebnisse seiner Forschungsreisen durch Neu-Granada 1807 in einer umfangreichen Studie über den »Geographischen Zustand des Vizekönigreichs von Santafé de Bogotá [d. i. Neu-Granada] mit Bezug auf Wirtschaft und Handel« (*Estado de la geografía del Virreinato de Santafé de Bogotá con relación a la economía y al comercio*) zusammen und veröffentlichte sie im Januar/Februar 1808 in der von ihm eigens für die Beschreibung der naturgeographischen Ausstattung Neu-Granadas herausgegebenen Zeitung *Semanario del Nuevo Reino de Granada* (1808–1811). Diese Schrift ist ein weiteres Beispiel dafür, wie sich aus den wirtschaftsgeographischen Studien eine Wertschätzung für das eigene Land und eine optimistische Beurteilung seiner Entwicklungsmöglichkeiten ergeben. Enthusiastisch pries Caldas die Vorzüge seiner Heimat in Bezug auf Landschaft, geographische Lage und Klima und steigerte sein Lob bis zu der Aussage, dass seine Heimat Neu-Granada geradezu das Zentrum des neuen Kontinents darstelle, und das nicht nur in geographischer Hinsicht. In ähnlicher Weise hatte schon 1805 der chilenische Kreole Manuel de Salas, der seit 1795 das Amt des Syndikus der neugegründeten Kaufmannschaft (*consulado*) von Santiago de Chile ausübte und ein eifriger Anhänger der Reformpolitik Karls III. war, in einer Eingabe an den spanischen Wirtschaftsminister über den Zustand der Landwirtschaft, der Wirtschaft allgemein und des Handels in Chile (*Representación sobre el estado de la agricultura, industria y comercio del reino de Chile*) sein Vaterland, seine natürlichen Ressourcen und seine Bevölkerung als für die menschliche Glückseligkeit am besten geeignet gelobt sowie die zukünftigen Entwicklungschancen aufgezeigt, die allerdings eine veränderte Kolonialpolitik voraussetzten.

Solche Wirtschaftsstudien gingen über die bloße Beschreibung der natürlichen Gegebenheiten und der klimatischen und geographischen Vorzüge einer Region hinaus, indem sie auch die politischen bzw. wirtschaftspolitischen Bedingungen aufzeigten, in deren Rahmen sich wirtschaftliche Entwicklung vollziehen konnte oder zumindest nicht mehr gehindert wurde. Für diesen Entwicklungsprozess galt es, günstigere Bedingungen als bisher zu schaffen. Deshalb beschrieben die amerikanischen Ökonomen die Diskrepanz zwischen der bestehenden schlechten Situation und der ihrer Meinung und Analyse nach möglichen, bei effektiver Ausnutzung der natürlichen Gegebenheiten und sinnvoller Anwendung moderner Technik zu erwartenden wirtschaftlichen Entwicklung ihrer Region. Sie kamen natürlich auch auf die Gründe für die Diskrepanz zwischen dem realen und dem potentiellen Entwicklungsstand zu sprechen. Dabei kritisierten sie unterschwellig das spanische Wirtschafts-, Steuer- und Handelssystem, besonders wenn sie wirtschaftliche Maßnahmen zur Überwindung der Stagnation vorschlugen, die sie aus Monopolen, Handelsbeschränkungen und Produktionsverboten herleiteten. Belebung von Wirtschaft und Wohlstand implizierte für die Kreolen eine völlige Veränderung der von Spanien praktizierten Wirtschaftspolitik.

Die Verbesserungsvorschläge betrafen alle Bereiche des wirtschaftlichen Lebens. Neben dem Binnenhandel richtete sich das besondere Interesse auf den Außenhandel, einen Handel ohne Beschränkungen, der wirklich den Namen »Freihandel« verdiente und der als Grundlage für Reichtum und Wohlstand, als Motor für Gewerbe und Landwirtschaft galt. Die Landwirtschaft mit der Bereitstellung von Exportprodukten spielte entsprechend den damals vorherrschenden physiokratischen Vorstellungen natürlich eine wichtige Rolle, ohne dass die Bergbauförderung gänzlich ausgeschlossen wurde.

Die Analyse der wirtschaftlichen Situation in den Kolonien einerseits sowie die zunehmende Kenntnis von entwicklungsfördernden theoretischen Überlegungen und technischen Errungenschaften in anderen Ländern Europas andererseits stießen zwangsläufig auf die entwicklungshemmenden Grenzen, die das spanische Wirtschaftssystem mit sich brachte. Dies musste bei den Wirtschaftskritikern selbst und bei ihren Lesern eine Abwehrhaltung gegen Spanien als den Urheber dieser Beschränkungen auslösen und zugleich zu einer wachsenden Identifizierung mit ihren jeweiligen Ländern führen, die im Unterschied zu dem um die Jahrhundertwende stagnierenden Spanien entwicklungsfähig erschienen.

Obwohl positive Auswirkungen auf Spaniens Wirtschaft nicht unerwähnt blieben, stand die Verbesserung der eigenen, amerikanischen Situation im Vordergrund. Die Vorschläge zur Intensivierung von Landwirtschaft, Handel und Gewerbe lassen erkennen, wie sehr die Ökonomen ihre Regionen jeweils wegen ihrer wirtschaftlichen Besonderheiten und Vielfältigkeiten als lebensfähige Einheiten verstanden. Darin waren auch immer gewisse Vorstellungen von der Eigenständigkeit des eigenen Landes enthalten, so dass die Wirtschaftskritiker nicht nur eine Abgrenzung ihrer Region, der *patria*, gegenüber Spanien, sondern gleichzeitig gegenüber anderen amerikanischen Regionen vornahmen. Damit erhielten diese Regionen, die meist schon durch das aus den alten Audiencias resultierende Beziehungsgefüge hinsichtlich Verwaltungs-, Wirtschafts-, Finanz- und Rechtsfragen geprägt waren und im Sprachgebrauch als *reinos, estos reinos, este país* etc. erschienen, zusätzlich festere räumliche Konturen.

Insgesamt bezogen die Verfasser der genannten geographischen Bestandsaufnahmen und Wirtschaftsstudien den von Spanien mit den Reformen geplanten Entwicklungsprozess eines spanischen Nationalstaats immer mehr auf die eigene Region, die nun zunehmend den Mittelpunkt der wirtschaftlichen und politischen Überlegungen ebenso wie der schriftstellerischen Beschäftigung darstellte. In Fällen wie Neu-Spanien, Neu-Granada, Chile und Buenos Aires weckten oder verstärkten solche Studien einen aggressiven Patriotismus und förderten einen »nationalen« Optimismus, der für den späteren Prozess der Emanzipation wichtig wurde.

Zurückweisung der Abwertung Amerikas

Zur Entwicklung eines amerikanischen, kreolischen Selbstbewusstseins trug auch die Auseinandersetzung mit der Abwertung Amerikas in den Werken europäischer Autoren bei. Die Beschäftigung mit ihren Ländern gab den Kreolen Gelegenheit, die Unkenntnis und Voreingenommenheit der Europäer gegenüber den naturgeographischen Qualitäten Amerikas und seiner Bewohner aufzuzeigen und so den Ruf der Inferiorität und Degeneriertheit, der in zahlreichen antiamerikanischen Schriften seit der Mitte des Jahrhunderts den Tieren, Pflanzen und Menschen der Neuen Welt zugeschrieben war, zurückzuweisen und zu widerlegen. Im Jahrhundert der Aufklärung hatte sich angesichts der neuen Idee von der hohen Zivilisation Europas das alte in Europa geltende negative Bild von der amerikanischen Andersartigkeit nun zu einer allgemeinen Theorie über die Minderwertigkeit der Natur der Amerikaner verdichtet. Die Zurechtweisung und Richtigstellung durch amerikanische Autoren richtete sich besonders gegen die Ansichten des französischen Naturforschers Georges-Louis Leclerc Buffon und ihre Verbreitung durch den preußischen Naturphilosophen Cornelius de Pauw. Buffon hatte in seiner *Histoire naturelle* (44 Bände, Paris

1749–1804) den amerikanischen Tieren eine genetische Degeneriertheit beigemessen, die er aus der Schwäche und Kleinheit der amerikanischen Tiere im Vergleich zu europäischen oder afrikanischen, verursacht durch geographische oder klimatische Widrigkeiten, abgeleitet hatte. De Pauw hatte die These von der Inferiorität der Tiere auch auf die Menschen – sowohl auf die Indios als auch auf die Kreolen – übertragen. Beider Vorstellungen waren durch die *History of America* (1777) des schottischen Geistlichen und Historikers William Robertson weit verbreitet worden. Robertson hatte die abwertende Beurteilung des amerikanisch-indianischen Menschen nur insofern modifiziert, als er anders als de Pauw den Amerikanern nicht ihr Menschsein absprach, sie aber in moralischer und physischer Hinsicht auf dem Entwicklungsstand von Kindern einstufte.

Derartige Abwertungen mussten den Stolz der amerikanischen Kreolen treffen. Gerade in den Bestandsaufnahmen der natürlichen Ressourcen, ihrer Mitwirkung an solchen Expeditionen, aber auch in der Kultur und politischen Organisation vorspanischer Bevölkerungen wie der Azteken, Inka oder Muiscas sahen sie die Abwertung widerlegt. Zwar konstatierten sie ein momentanes Entwicklungsgefälle zwischen Europa und den spanischen Kolonien, aber sie akzeptierten keinesfalls eine unabänderliche Inferiorität; vielmehr führten sie das vorhandene Bildungsdefizit auf die politische Situation einer Kolonie zurück. Die Zurückweisung der europäischen Abwertung war sowohl Ausdruck als auch Stimulans eines neuen Selbstbewusstseins, das in Krisenzeiten zu einer wichtigen Grundvoraussetzung für die Emanzipation werden konnte.

Reaktionen der Kolonialbevölkerung auf die zweite Conquista

1771	Mai: Eingabe des Stadtrats von Mexiko-Stadt an Karl III. wegen Diskriminierung der Kreolen.
1777–1781	José de Areche Generalvisitator in Peru; rigorose Durchsetzung der Reformmaßnahmen.
1778–1783	Juan Francisco Gutiérrez de Piñeres, Generalvisitator in Neu-Granada; rigorose Amtsführung.
1780/81	Große Andenrebellion, Aufstandsbewegung von Indios und Mestizen unter Túpac Amaru in Peru; Proteste gegen Warenzwangszuteilung, Arbeitsverpflichtungen und Übergriffe der *corregidores*; aus Furcht vor Rassenauseinandersetzungen oder Dominanz der Indios verweigern die Kreolen Zusammenarbeit.
1780/81–83	Aufstand der *comuneros* im Nordosten der Audiencia von Santa Fé de Bogotá, im Vizekönigreich Neu-Granada, zunächst als Protest der unteren Bevölkerungsschichten gegen die Auswirkungen der Besteuerung, dann ausgeweitet auf die Kreolen, die gegen politische Diskriminierung protestieren.
1781	7. Juni: Die Kolonialverwaltung akzeptiert die Forderungen der *comuneros*, niedergelegt in den Vereinbarungen, *capitulaciones*, von Zipaquirá; in ihnen erscheint Neu-Granada als eine soziale und politische Einheit, *nuestra sociabilidad*.
	Mai–Oktober: Erfolgloser Aufstand der *comuneros* des *corregimiento* Mérida im Gebiet der Audiencia von Caracas; ohne Beteiligung der Oberschicht.
1787	Errichtung einer Audiencia in Cuzco; hauptsächlich mit Europa-Spaniern besetzt, wird sie zu einem Bollwerk der spanischen Macht in den Anden.
1792	Der Stadtrat von Mexiko-Stadt wiederholt seinen Protest gegen die Diskriminierung der Kreolen.
	Anordnung zur Gründung eines *Real Colegio de Nobles Americanos* in Granada.
1793	Anordnung zur Aufstellung einer Kompanie von Amerika-Spaniern in der königlichen Garde.

Übersetzung der »Erklärung der Menschenrechte«
aus dem Französischen durch den Neu-Granadiner
Antonio Nariño und Veröffentlichung in seiner Zeitung *Imprenta Patriótica*, in Santa Fé de Bogotá.

1795   Sklavenaufstand in Coro, Venezuela, wegen der von
weißen Sklavenbesitzern veranlassten Rücknahme des
spanischen Gesetzes von 1789 zur besseren Behandlung der Sklaven.

1797   An der venezolanischen Küste Rebellion freigelasse-
ner Sklaven, der Pardos, und armer weißer Arbeiter
unter der Führung von Manuel Gual, dem *corregidor*
von Macuto und ehemaligen Offizier des spanischen
Heers, und José María España zur Errichtung einer
sozial gerechteren Gesellschaft von Gleichen; Verwendung populärer Revolutionslieder.

1806   Der Versuch von Francisco de Miranda, sein Vaterland Venezuela zu befreien, scheitert an der mangeln-
den Unterstützung seiner Landsleute.

Spanische Nationalstaatsbestrebungen

Mit den Maßnahmen zur Vereinheitlichung und Kontrolle
der inneren Organisation des spanischen Imperiums, aber
auch mit handelspolitischen Maßnahmen wie der schrittweisen Aufhebung des Handelsmonopols strebten die
bourbonischen Reformer nicht nur die Bildung eines großen und ertragreichen Wirtschaftsraums an, sie planten
auch die Bildung eines Nationalstaates, in dem die Teile
des spanischen Imperiums zu einem *solo cuerpo de nación*
verschmelzen sollten. Dieses Endziel der Reformen fand
seinen sinnfälligen Ausdruck darin, dass 1790 die gerade
erst 1787 geschaffenen beiden speziellen Indienministerien
(Kriegs- und Finanzwesen sowie Justiz- und Kirchenangelegenheiten) aufgelöst und die amerikanischen Angelegenheiten nach Sachgebieten auf die fünf in Spanien beste-

henden Ministerien für Auswärtiges, Krieg, Marine, Justiz und Finanzen aufgeteilt wurden. Damit war die alte spanische Konzeption von einer Vielheit verschiedener Reiche (*reinos*), die durch die Person des Königs miteinander verbunden waren, endgültig verschwunden. An ihre Stelle war die Vorstellung von einem einheitlichen Nationalstaat getreten. Da die Konsolidierung eines solchen großspanischen Staates die Loyalität auch der Amerika-Spanier voraussetzte, sahen die Reformer einige Regelungen in der Personalpolitik vor, die bei den Kreolen ein Gefühl der Identität gegenüber dem neuen Staat hervorrufen sollten. Schon 1768 hatten die Fiscales Campomanes und Moñino, der spätere Graf von Floridablanca, die zukünftige Personalpolitik formuliert: Damit gegenseitige Freundschaft entstehe und daraus ein Nationalstaat erwachse, sollte eine bestimmte Anzahl von Kreolen sowohl in Amerika als auch in Spanien hohe Ämter bekleiden können und dadurch in ihren Interessen an die Metropole gebunden werden, während gleichzeitig Spanier hohe Ämter in Amerika besetzen sollten. 1776 griff die Krone dieses Integrationskonzept, das zugleich eine Reaktion auf die Unruhe unter den Amerika-Spaniern wegen der seit 1750 geltenden diskriminierenden Ernennungspraxis darstellte, in einem königlichen Gesetz auf. Es legte fest, dass Amerika-Spanier auch bei Vakanzen in Spanien angemessen zu berücksichtigen seien und ihnen ein Drittel der hohen Kirchenämter in Amerika vorbehalten werden sollte. Allerdings bedeutete dies keine Lösung des Problems der politischen Beteiligung, denn diese Regelung schloss die Besetzung der Audiencias nicht mit ein. Ebenfalls 1776 erhielten die kreolischen Kadetten die gleichen Aufstiegschancen wie die Spanier; 1792 erfolgte die Anordnung, ein *Real Colegio de Nobles Americanos* in Granada zu gründen; eine Anordnung von 1793 sah vor, eine Kompanie von Amerika-Spaniern in der königlichen Garde aufzustellen. Loyalität ist aus solchen Maßnahmen nicht entstanden.

Die Ergebnisse einer Politik größerer Integration, wie sie Spanien plante, blieben jedoch hinter den Erwartungen zurück, denn die bourbonische Reformpolitik, die ja eine Politik von »oben« war, machte es vor allem den Amerika-Spaniern, die zur sozialen und ökonomischen Oberschicht gehörten und nach den Angaben von Alexander von Humboldt um 1800 etwa 19 Prozent einer Gesamtbevölkerung von etwa 16 Millionen ausmachten, immer schwerer, sich mit dem Mutterland Spanien zu identifizieren und gegenüber dem spanischen Staat loyal zu bleiben. Nicht nur die stärkere Ausbeutung des wirtschaftlichen Reichtums Amerikas zum Nutzen Spaniens, neue Steuermaßnahmen sowie die höhere und effektivere Besteuerung, sondern vor allem auch die neue Praxis der Ernennung von Beamten führte bei den Amerika-Spaniern zunehmend zur Diskussion über die Legitimität der spanischen Herrschaft. Die von den Amerikanern als Diskriminierung empfundene Benachteiligung bei der Ämterbesetzung trug einerseits zur Entfremdung und Rivalität zwischen Europa-Spaniern, die nur etwas mehr als 1 Prozent der weißen Bevölkerung ausmachten, und Amerika-Spaniern bei, wie sie zahlreiche europäische Reisende wie z. B. die spanischen Forschungsreisenden Jorge Juan und Antonio Ulloa um die Mitte des 18. Jahrhunderts oder Alexander von Humboldt zu Beginn des 19. Jahrhunderts konstatierten. Sie förderte andererseits eine immer stärker werdende Bindung an die eigene Region und für eine Zeitlang auch an Amerika. Die Kreolen entwickelten kein überschäumendes Loyalitätsgefühl gegenüber Spanien, doch enthielten ihre Reaktionen auf die zweite Conquista zunächst noch keine dezidierten Unabhängigkeitstendenzen oder Separationsbestrebungen, was teilweise damit zusammenhängt, dass die Reaktionen und Agitationen anderer sozialer Gruppen wie z. B. der Indios in Peru (1780) oder der Sklaven und Pardos (Freigelassenen) in Venezuela (1795 bzw. 1797) die Kreolen vor radikalen Veränderungen zurückschrecken ließen. Immerhin zeigen die Reaktionen der Kreolen trotz mancher Unterschiede in den verschiedenen Regionen deren wachsendes Selbst- und Eigenbewusstsein sowie ein Streben nach sozialer Veränderung, das allerdings nur sie selbst betraf und die armen Schichten von Indios, Sklaven oder Mestizen nicht mit einbezog. Die Forderungen der Kreolen nach sozialer und dann auch politischer Gleichheit bezogen sich auf das Verhältnis zwischen ihnen, den Amerika-Spaniern, und den Europa-Spaniern.

Unter den Reaktionen auf die Reformen und ihre Auswirkungen ragen einige teils wegen der Forderungen der selbstbewussten Kreolen nach politischer Teilhabe, teils wegen der sozialen Forderungen der Unterschichten oder einer Kombination von beiden, teils wegen ihrer überregionalen Bedeutung besonders heraus.

Die Eingabe des Stadtrats von Mexiko-Stadt

Zu einer ersten offiziellen und in Amerika publik gemachten Äußerung bezüglich Diskriminierung und Interessendivergenz kam es 1771 im Vizekönigreich Neu-Spanien im letzten Jahr der Visitationsreise des José de Gálvez. Dessen Maßnahmen zur Umstrukturierung des Beamtenapparates durch die Zurückdrängung der Kreolen z. B. aus der Audiencia und die Erweiterung des Cabildo von Mexiko-Stadt um sechs vom Vizekönig ernannte Stadträte bzw. *regidores honorarios* veranlassten den Stadtrat im Mai 1771 zu einer Eingabe an König Karl III. Der Stadtrat, der seinem Selbstverständnis nach stellvertretend für das nördliche Amerika, *América septentrional*, sprach, wies zunächst europäische Vorurteile über Amerika und seine Bewohner zurück, betonte dann innerhalb der spanischen Monarchie die Gleichstellung Neu-Spaniens mit

Kastilien als eigenständiges Königreich (*reino*), wies also den Status Neu-Spaniens als einer Kolonie Spaniens zurück, unterstrich nicht nur die daraus resultierende Gleichberechtigung von Amerika-Spaniern und Europa-Spaniern, sondern forderte im Gegensatz zu der neuen Kolonialpolitik der Bourbonen die Bevorzugung der Amerika-Spanier bei der Besetzung von Stellen, ja sogar den Ausschluss aller Europa-Spanier von der Verwaltung der amerikanischen Gebiete. Er unterstrich, dass die spanischen Beamten in Amerika ihre Ämter weder zum Nutzen Amerikas noch zu dem Spaniens auszuüben imstande seien, da sie keine engeren persönlichen Beziehungen, keine Liebe zum Land (*país*), ja nicht einmal Kenntnis von Land und Leuten besäßen und im Unterschied zu den Amerika-Spaniern in Amerika Fremde (*estrangeros*) seien und überhaupt nur Interesse an ihrer eigenen Bereicherung hätten. Die vom Stadtrat geforderte Gleichheit bzw. Bevorzugung bezog sich jedoch nur auf die Kreolen, die spanischen Amerikaner, die das Land nach der Conquista besiedelt hatten, nicht auf die Indios, deren Inferiorität der Stadtrat im Gegenteil bestätigte. Der Stadtrat grenzte Amerika deutlich vom Mutterland ab und wies auf die Verschiedenheit der Gesellschaften in den beiden Regionen hin, die unterschiedliche Regelungen erfordere.

Die Eingabe des Stadtrats von Mexiko hatte keine direkte Auswirkung, auch sind offizielle Antworten der Krone unbekannt. Im Gegenteil, die Amerikaner verloren weiter ihre Kontrolle über die Audiencia. Allerdings wirkte sie in einer Art Vorbild für ähnliche Argumentationen in anderen Situationen wie z. B. zehn Jahre später bei den *comuneros* in Neu-Granada, und der Stadtrat von Mexiko wiederholte im Mai 1792 seinen Protest, der sowohl die Kluft zwischen der amerikanisch-mexikanischen und der spanischen Bürokratie als auch die Identifizierung mit Amerika ausdrückte.

Die Große Andenrebellion des Túpac Amaru

Zu einer der spektakulärsten Reaktionen kam es im Vize-königreich Peru in den 1780er Jahren. Die vielgeschichtete Kolonialgesellschaft Perus machte nach der Volkszählung von 1791 über 1 Million Einwohner aus (1 076 122), die sich unterteilten in 226 200 Amerika-Spanier, 608 894 Indios, 24 436 Mestizen, 81 592 freie Neger oder Sklaven und 135 000 Spanier. Mit seiner privilegierten Stellung und als Sitz des vizeköniglichen Hofes dominierte Lima mit fast 53 000 Einwohnern in gewissem Sinn andere Regionen Perus und andere Provinzstädte wie Cuzco mit knapp 32 000, Huamanga mit fast 26 000, Arequipa mit fast 24 000 und Piura mit fast 13 000 Einwohnern.

Die politischen und wirtschaftlichen Interessen Perus waren durch die Errichtung des Vizekönigreichs Río de la Plata 1776 stark betroffen. Denn dessen Errichtung bedeutete nach der früheren Ausgliederung des Vizekönigreichs Neu-Granada 1739 eine weitere schwerwiegende Amputation des bisher von Lima aus kontrollierten Gebietes und eine Beeinträchtigung des internen Marktes und Handels. Tatsächlich ging die Gebietsreform zu Lasten der peruanischen Wirtschaft, denn mit ihr verlor das Vizekönigreich Peru nicht nur die Steuereinnahmen aus dem Tribut der Indios in Hochperu und der allgemeinen Verkaufssteuer, sondern auch die wichtigen Bergbaugebiete des Silberbergs von Potosí und andere Grubengebiete – immerhin über 50 Prozent der bisherigen Bergbauförderung – an die neue Verwaltungseinheit. Das hatte zur Konsequenz, dass die in Hochperu gewonnenen Edelmetalle nicht mehr über Lima und den Pazifik, sondern über Buenos Aires und den Atlantik abflossen. Dieser Verlust bedeutete zusammen mit den Regelungen des freien Handels und der daraus resultierenden Aufhebung des Handelsmonopols für den Hafen Callao/Lima eine Beeinträchtigung der peruanischen Wirtschaft und traf vor allem die Kaufleute von Lima schwer und rief entsprechende Proteste hervor. Immerhin konnten die in Lima ansässigen und im Consulado organisierten Großkaufleute ihre vorherrschende Stellung im Übersee- und Zwischenhandel innerhalb des ihnen verbliebenen Gebietes wahren. Sie profitierten durchaus auch von den Steigerungsraten, die der Freihandel bis 1796 mit sich brachte.

Die Verwaltungsreformen konnten ebenso wenig nach dem Geschmack der kreolischen Oberschicht sein. Der Druck aus dem Mutterland erreichte seinen Höhepunkt, als 1777 José Antonio de Areche als Generalvisitator nach Peru kam. Areche wies nicht nur in seinen Berichten an Gálvez auf Schwachpunkte der Kolonialverwaltung und die Korruptheit bzw. den Amtsmissbrauch der Corregidores, schlecht bezahlter staatlicher Provinzbeamter, hin, die ihr Gehalt u. a. mit dem Zwangsverkauf von Waren zu überhöhten Preisen an die Indios (*reparto, repartimiento*-Handel) aufbesserten. Er setzte auch ungeeignete Beamte ab, erhöhte die allgemeine Verkaufssteuer (*alcabala*) von vier auf sechs Prozent, errichtete zur effektiveren Steuereinnahme im ganzen Land Zollstationen und wollte sogar die Mestizen und Mulatten mit einer ähnlichen Kopfsteuer wie dem Tribut belasten.

Areches autoritäre und unsensible Politik – so legte er sich auch mit dem Vizekönig Manuel de Guirior (1776–1780) an, der schon aus seiner vorherigen Amtszeit als Vizekönig in Neu-Granada Erfahrungen und Kenntnisse bezüglich der Interessen der Amerika-Spanier hatte sammeln können und diese in seine Politik mit einbezog – traf die Kreolen ebenso wie die anderen sozialen Schichten. Die Kreolen beklagten die neue steuerliche Belastung und die Bevorzugung von Europa-Spaniern bzw. von spanischen Einwanderern bei der Besetzung von Posten. Im Zuge der erfolgreichen Handelspolitik waren zahlreiche Spanier, Beamte und Kaufleute, nach Amerika ausgewandert, die die Kreolen verächtlich *chapetones* (Neulinge)

nannten. Die Indios protestierten gegen die Warenzwangszuteilung (*repartos*), die Arbeitsrekrutierung vor allem in
den Bergwerken (*mita minera*) und die Corregidores, welche die Warenzwangszuteilung praktizierten und die
Dienstverpflichtung organisierten. An verschiedenen Orten Perus kam es zu Unruhen und besonders zu Indianer-
protesten und Demonstrationen wie in Arequipa und
Cuzco, sowie in Hochperu in La Paz, Cochabamba und
Chuquisaca. Keine erreichte jedoch das Ausmaß der Großen Andenrebellion von 1780/81, der Aufstandsbewegung
von Indios und Mestizen, die unter der Führung des Kaziken José Gabriel Condorcanqui oder Túpac Amaru, wie
er sich in Erinnerung an den letzten von den Spaniern hin-
gerichteten Inkaherrscher nannte, das spanische Kolonialsystem in Peru ernsthaft gefährdete. Túpac Amaru wollte die Indios von harten Zahlungsverpflichtungen und
Zwangsarbeiten befreien und die Übergriffe von Dorfäl-
testen und Corregidores abstellen. Als seine Bemühungen
scheiterten, ging er zum bewaffneten Aufstand gegen die
Kolonialverwaltung über. Im November 1780 ließ er den
Corregidor von Tinta erhängen, bildete eine Art Revolutionsregierung, ordnete die Sklavenbefreiung und die Abschaffung der Warenzwangszuteilung an und versprach,
die *chapetones* zu vertreiben und Tuchwerkstätten (*obrajes*) zu zerstören. Seine Mobilisierungsappelle an Indios,
Mestizen und Kreolen fanden jedoch nur partielle Resonanz. Zwar vermochte er die Landbevölkerung zu mobilisieren und aus Indios und befreiten Sklaven eine Armee
zusammenzustellen, die im Januar 1781 Cuzco belagerte.
Zu Beginn des Jahres 1781 war die gesamte südliche Hälfte Perus im Aufstand, und es kam zu bewaffneten Auseinandersetzungen. Doch gelang es Túpac Amaru nicht, die
Kreolen und die Bewohner von Cuzco, von denen durchaus zahlreiche mit ihm sympathisierten, zu mobilisieren
und auf Dauer auf seine Seite zu ziehen, auch nicht die Indios und besonders die Kaziken bei der Stange zu halten

oder vor dem Überlaufen zu den Spaniern abzuhalten. Deshalb hatte der Aufstand gegenüber den Streitkräften der Kolonialverwaltung und ihren indianischen Hilfstruppen keine Chance. Túpac Amaru wurde gefangen genommen und im Mai 1781 enthauptet. Bevor die Rebellion im Jahre 1783 endete, hatten etwa 100 000 Menschen den Tod gefunden. Auch in der Folgezeit gab es zahlreiche Unruhen.

Für die weitere Entwicklung des Vizekönigreichs Peru hatte die Große Rebellion, die sehr stark auf die Indiosymbolik und die Wiederherstellung der Inkaherrschaft abgehoben hatte, weitreichende Konsequenzen; zum einen im eher psychologischen, zum anderen im administrativen Bereich. Obwohl die Kreolen nach wie vor negativ gegenüber den Europa-Spaniern, den *chapetones*, eingestellt waren, erwuchsen daraus keine Loslösungsbestrebungen: Der in der Rebellion auch offenbar gewordene Rassenantagonismus ließ zahlreiche Kreolen lieber den Kolonialstatus akzeptieren, als blutige und gewaltsame Rassenauseinandersetzungen oder gar die Dominanz der Indios zu riskieren. Die Kolonialbehörden hatten schon während des Aufstands mit der Abschaffung der *repartos* im Dezember 1780 einen Kritikpunkt zu korrigieren versucht. 1781 ersetzte Gálvez den unsensibel und kompromisslos agierenden Generalvisitator Areche durch den flexibleren Jorge de Escobedo. 1782 wurden die *repartos* und 1784 die Ämter der Corregidores abgeschafft, hatte doch die Große Rebellion die Missstände dieser Verwaltungsposten aufgedeckt. Die *corregimientos* wurden gemäß den bourbonischen Reformvorstellungen in das andernorts schon geltende Intendantensystem überführt. Aus Dutzenden von *corregimientos* wurden in den Grenzen der sieben Bistümer sieben Intendencias als neue Verwaltungseinheiten gebildet: Lima, Tarma, Trujillo, Arequipa, Cuzco, Huamanga und Huancavelica; eine achte Intendencia, die von Puno, wurde 1796 geschaffen, als diese

Provinz aus dem Vizekönigreich Río de la Plata ins Vizekönigreich Peru zurückgeführt wurde. Die Intendencias
wiederum wurden in *subdelegaciones* untergliedert. Sub-
delegierte sollten örtliche Honoratioren sein, die an die
Stelle der verhassten Corregidores treten sollten. Diesem
neuen Verwaltungssystem gelang es, die öffentliche Verwaltung zu verbessern und auch die schlimmsten Übergriffe gegenüber den Indios einzudämmen. Doch da das
Rekrutierungssystem für Zwangsarbeiten, die *mita*, bestehen blieb, die Subdelegierten wegen schlechter Bezahlung
wie früher die Corregidores über den – verbotenen –
Zwangshandel ihre Gehälter aufbesserten und Posten an
den Intendencias häufig mit Europa-Spaniern besetzt
wurden, blieben genügend Motive für Unzufriedenheit,
sowohl für die Indios als auch für die Kreolen. Insgesamt
stabilisierte das Intendantensystem die politische Autorität, förderte die Entwicklung auf regionaler Ebene, trug
damit aber auch zu einer stärkeren Regionalisierung des
Landes bei. Dies trat auch zutage, als 1787 die spanische
Krone in Cuzco eine eigene Audiencia errichtete, einerseits aus Dank für die Loyalität der Einwohner von Cuzco während der Rebellion Túpac Amarus, andererseits
aber vor allem aus der Notwendigkeit, diese unruhigen
Andenprovinzen mit einer funktionierenden zentralen
Verwaltungsinstanz auszustatten, welche die königliche
Autorität stärkte und den Rang Cuzcos erhöhte. Unver-
kennbar wurde mit dieser Entscheidung, die zahlreichen
Bewohnern Cuzcos als eine späte Wiedergutmachung für
die schon zu Beginn der Kolonialzeit entzogene ursprüngliche Hauptstadtfunktion erschien, die Machtposition Limas weiter reduziert. Die Audiencia von Cuzco, deren
Posten hauptsächlich mit Europa-Spaniern besetzt wurden, wurde zu einem Bollwerk der spanischen Macht, was
später zu folgenreichen Konflikten führte.

Überhaupt blieb Peru zunächst noch pro-spanisch.
Zwar erschienen im Zuge der modernisierenden Aufklä-

rung auch in Lima, veröffentlicht im *Mercurio Peruano*, Wirtschaftsstudien wie z. B. die von José Ignacio Lecuanda, José Baquíjano y Carillo oder Hipólito Unánue, die das spanische Wirtschaftssystem kritisierten. Doch riefen diese Studien lediglich einen Patriotismus im Sinn einer verbesserten Kenntnis über das eigene Land, ja auch Stolz auf die Möglichkeiten des eigenen Landes hervor. In ihnen nahm Peru Gestalt an, doch stimulierten sie bei den Kreolen in Lima keine Forderung nach Loslösung vom Mutterland; noch bedeutete die in den Texten beschworene peruanische Nation (*nación peruana*) keine politische Abgrenzung von Spanien, vielmehr drückte der Patriotismus den emotionalen Bezug der Kreolen, der Amerika-Spanier, zur engeren Region Peru und nicht zu Amerika insgesamt aus.

Diese Haltung verwundert – zumindest auf den ersten Blick. Denn wie gesehen, wurde die kreolische Elite und besonders die von Lima durch die Gebiets- und Verwaltungsreformen in ihren bisherigen Privilegien und auch durch die Besteuerung betroffen. Die Abschaffung des bisherigen Monopolsystems und die Einführung eines freieren Handels, ferner die Konkurrenz anderer amerikanischer Häfen beeinträchtigten die Stellung der peruanischen Großkaufleute in Lima und verringerten ihre Einkünfte, denn die erhöhte Einfuhr europäischer Waren bedeutete ein Sinken der Preise. Dennoch hielten die peruanischen Großkaufleute an Spanien fest, weil sie den kolonialen Markt nur in dem Maße für sich sichern zu können glaubten, wie Spanien das Monopol auf den Handel mit seinen Kolonien und die Kontrolle auf See gegenüber seinem Rivalen England oder dem Schmuggelhandel behielt. Obwohl oder weil sie längst nicht mehr den gesamten südlichen Kontinent kontrollierten, sahen sich die peruanischen Großkaufleute genötigt, im alten Kolonialsystem zu verbleiben, damit der schon reduzierte Markt nicht gänzlich ihren Händen entglitt. Aus wirtschaftlicher

Sicht erschien einer kreolischen Elite, die immer noch vom Kolonialstatus profitierte, eine Lösung vom Mutterland nicht sinnvoll.

Zu diesen wirtschaftlichen Aspekten kamen soziale Überlegungen hinzu, konkreter gesagt, die Furcht der Kreolen vor gewaltsamen und blutigen sozialen Protesten oder vor den sozialen Konsequenzen gewaltsamer Rebellionen der unteren Schichten, besonders der Indios, vor Rebellionen oder Unruhen, die ebenfalls von den bourbonischen Reformen hervorgerufen bzw. durch sie nicht beruhigt worden waren und seit der Großen Rebellion von 1780 immer wieder das Land erschütterten. Beide Aspekte bestärkten die führenden Gesellschaftsschichten trotz vorhandener Ressentiments gegenüber der spanischen Kolonialpolitik in der Ansicht, dass ihr sozialer und wirtschaftlicher Status am besten durch die Kolonialmacht gesichert war, solange diese dazu in der Lage war. Noch hielten die kolonialen Beziehungen zwischen Mutterland und Kolonie Peru.

Der Aufstand der *comuneros* in Neu-Granada

Ein weiterer spektakulärer Aufstand fand fast parallel zur Großen Andenrebellion im Vizekönigreich Neu-Granada statt. Auch dort rief die seit der Mitte des 18. Jahrhunderts geübte Praxis, bei der Ämterbesetzung wieder vornehmlich Europa-Spanier zu berücksichtigen, Verwaltungsstrukturen im Sinn einer modernen Staatsbildung durchzusetzen sowie neue Staatsmonopole einzuführen bzw. das staatliche Monopol auf Tabak und einige andere Waren wie z. B. Branntwein durchzusetzen und die Steuerbelastung zu verschärfen, immer wieder Protest hervor. Dieser kam meist von der kreolischen Oberschicht, die sich in ihrem Einfluss auf die Regierungsgeschäfte in ihrem Land, dessen Bedürfnisse sie besser als die Spanier zu kennen glaubten, zurückgedrängt und in ihrem Mitspracherecht bei der Bewilligung von Steuern übergangen fühlte. Die Kreolen nutzten aber auch geschickt den Unmut des Volkes über die neuen Zollregelungen hinsichtlich des Branntweinmonopols oder manipulierten die Entrüstung der Bevölkerung.

Schon im Mai 1765 kam es in Quito zu ersten Protesten. Mehr als 4000 Bewohner der Stadtviertel San Roque und San Sebastián zogen am 22. Mai zum Gebäude der Zollverwaltung, stürmten und zerstörten es und formulierten ihre Forderungen: Rücknahme der Steuererhöhung der *alcabala*, Aufhebung des Branntweinmonopols und Generalamnestie für alle am Aufruhr Beteiligten. Zunächst gab die Audiencia dem Druck der Aufständischen nach und akzeptierte deren Forderungen. Aufrührer machten in den nächsten Wochen Stimmung gegen die Verwaltung und besonders gegen die Europa-Spanier, deren Ausweisung sie forderten. In den Stadtvierteln wuchs die Unruhe, und gewaltsame Übergriffe auf Hab und Gut der Europa-Spanier sowie Zwischenfälle mit tödlichem Ausgang nahmen zu. Diese gipfelten am 28. Juli 1765 in der Erstürmung des Regierungspalastes. Als die Audiencia Ende Juli die Forderungen nach Ausweisung der Europa-Spanier wenigstens zum Teil akzeptierte, beruhigten sich die Aufstände. Längerfristigen Erfolg hatte die Revolte nicht; die Truppen wurden verstärkt, die Branntweinsteuer wurde wieder eingeführt, ebenso wie die *alcabala* wieder erhöht wurde. Das Leben schien wieder in den alten Bahnen zu verlaufen. Doch war der Riss zwischen der Kolonialverwaltung und den Europa-Spaniern einerseits und den Kreolen und den Amerika-Spaniern andererseits deutlich geworden.

Größere Wirkung hatte der Aufstand, der im März 1781 im Gebiet der Audiencia von Santa Fé de Bogotá ausbrach. Es war ein Aufstand, an dem alle Bevölkerungs-

gruppen beteiligt waren. Er war die Reaktion auf die Anwesenheit und Amtsführung des neuen Regenten und Generalvisitators Juan Francisco Gutiérrez de Piñeres, der
seit 1778 im Lande weilte. Gutiérrez de Piñeres war ein
Schützling des Indienministers José de Gálvez, nach dessen Vorbild er den auch von ihm als bedrohlich empfun-
denen Einfluss der Kreolen zurückzudrängen versuchte.
Vor allem aber störte er durch seine Funktionen als Koordinator der Audiencia in Bogotá und sozusagen im Vorgriff auf das geplante Intendantensystem als neuer Beauf-
tragter für die Finanz- und Steuerverwaltung das alte
Gleichgewicht der Kräfte und den vom Vizekönig Flórez
praktizierten Interessenausgleich zwischen Krone und
Kreolen. Kompromisslos und unüberlegt setzte er die
neuen Finanz- und Steuermaßnahmen sowie die administrativen Änderungen durch.

Die Unruhen entstanden im Nordosten des Gebiets der
Audiencia, in Socorro, der wirtschaftlich aktivsten Provinz Neu-Granadas, die deshalb auch am meisten von den
neuen Steuern betroffen war. Schon am 21. Oktober 1780
gab es erste Proteste. Fünf Monate später kam es dann zu
dem berühmten Aufstand der *comuneros*. Er begann am
16. März 1781 als Protest der unteren Bevölkerungsschichten, der Kleinbauern und Kleinhändler in Socorro und Umgebung, weil sie besonders von den Regelungen des Tabakmonopols, der Erhöhung der allgemeinen
Verkaufssteuer, der *alcabala*, oder neuen Wegesteuern
betroffen waren und sich in ihren wirtschaftlichen Unternehmungen gehindert sahen. Über 6000 Menschen ver-
sammelten sich in Socorro. Erst am 18. April, als die Demonstrationen gegen die Besteuerung und die rigorose
Eintreibung immer häufiger und erfolgversprechender geworden waren, trat die Oberschicht aus Socorro unter
Juan Francisco Berbeo zur Bewegung hinzu und übernahm die Führung mit gewählten *capitanes*. Diese Führer
bildeten eine Junta bzw. ein *comun*, woher der Name *co-*

muneros abgeleitet ist. Nach einigem Zögern bzw. Abwarten unterstützten dann auch die Kreolen in der Hauptstadt Bogotá den Aufstand und benutzten ihn zur Durchsetzung ihrer politischen Interessen. Auch unzufriedene Indios aus etwa hundert Indianerdörfern (*resguardos*) – vor allem die indianischen Bewohner des einstigen Herrschaftsgebiets der Chibchas – beteiligten sich an dem allgemeinen Protest gegen die Kolonialverwaltung, da diese die von den neu-granadinischen Kreolen und Mestizen betriebene Aufteilung und Veräußerung der *resguardos* nicht rückgängig gemacht und eine Politik der Umsiedlung, d. h. eine Zusammenlegung reiner Indianerdörfer in Schutzgebieten betrieben hatte. Die Indios stießen unter ihrem Führer Ambrosio Pisco mit ihren Heerhaufen zu den *comuneros* und verstärkten so den Druck gegen die Kolonialbehörden. Die Aufforderung, wie sie in einer schnell publik gewordenen Schmähschrift gegen Gutiérrez de Piñeres formuliert worden war, gegen die Vertreter des Königs, die schlechten Beamten, und gegen die Hauptstadt Bogotá zu marschieren, war bald verwirklicht. Von den Tabakzentren aus zogen die Aufständischen nach Santa Fé de Bogotá. Zwei Monate später standen ca. 20 000 Mann, wenn auch schlecht bewaffnet, dreißig Kilometer vor Bogotá in Zipaquirá und bedrohten den Sitz der Kolonialverwaltung. Hier kam es zu Verhandlungen zwischen den *comuneros* und einer Delegation der Kolonialverwaltung, die Gutiérrez de Piñeres als Regent der Audiencia den Anrückenden entgegengeschickt hatte. Ihr gehörten u. a. der Erzbischof von Bogotá, Caballero y Gongora, und einige Beamte der Audiencia an. Am 7. Juni 1781 akzeptierte die Delegation alle Forderungen der *comuneros*, die in 35 *capitulaciones*, Vereinbarungen, niedergelegt sind. Diese zunächst auch ratifizierten *capitulaciones* von Zipaquirá sind in der spanischen Kolonialgeschichte einzigartig. Die Amerikaner hatten der spanischen Kolonialverwaltung Vereinbarungen über die wirt-

schaftliche und politische Organisation Neu-Granadas ab-
getrotzt, das sie als eine politische und soziale Einheit, als
nuestra sociabilidad, verstanden. Dabei handelte es sich
hinsichtlich des politisch-administrativen Bereichs nicht
nur um die Forderungen der kreolischen Oberschicht aus
Socorro, die die Führung der Protestbewegung übernommen hatte, sondern um ein gemeinsames Anliegen der
neu-granadinischen Kreolen; denn an der Diskussion über
die Forderungen hatten auch einflussreiche Vertreter der
kreolischen Oberschicht aus Bogotá teilgenommen.

Die meisten der 35 Vereinbarungen bezogen sich entsprechend den Interessen besonders der Bevölkerungsschichten, die die Masse der Bewegung gestellt hatten, auf
die sofortige Behebung der wirtschaftlichen und fiskalischen Missstände, d. h. die Abschaffung und Senkung von
Steuern, die Verbesserung des internen Verkehrs durch
den Ausbau von Wegen und Brücken oder durch den
Fortfall besonderer Wegerechte, auf die Freizügigkeit des
Tabakanbaus und -handels sowie auf die Senkung des Indianertributs und auf die Rückgabe des indianischen
Landbesitzes an die entsprechenden Indianergemeinden.
Zugleich plädierten die Vertreter der *comuneros* dafür,
den indianischen, eigentlich unveräußerlichen Gemeinschaftsbesitz der *resguardos* in Individualbesitz aufzutei-
len und jedem einzelnen Indio das Verfügungsrecht darüber zu verschaffen, was den Kreolen und kleinbäuerlichen Mestizen die Möglichkeit eröffnet hätte, von den
Indios die noch verbliebenen *resguardos* Stück für Stück
zu erwerben. Die neu-granadinischen Kreolen und Mestizen hatten mit der spanischen Segregationspolitik, die die
Indios schützte, nichts mehr im Sinn.

Die eigentliche Bedeutung erhält der Gesamtvertrag jedoch durch die politischen Forderungen und Vorstellungen der Kreolen. Die diesbezüglichen Artikel machten innerhalb der Vereinbarungen zwar nur einen Anteil von 14
Prozent aus, doch stellten sie so etwas wie eine Verfassung

dar, indem sie sowohl Sinn und Ziel der Gesellschaft angaben als auch Verteilung und Ausübung der politischen Macht zu regeln versuchten und damit Grundlagen zur Einlösung der wirtschaftlichen Interessen schufen. Die Kreolen beschränkten sich nicht auf die Forderung, an der politischen Macht beteiligt zu werden, sondern beanspruchten sogar, die gesamte Regierungsgewalt in Neu-Granada zwar noch im Namen des Königs, aber doch eigenverantwortlich und von Spanien unkontrolliert ausüben zu können; unkontrolliert insofern, als sie die Abschaffung nicht nur der alten Überwachungsorgane wie der *residencia*, sondern vor allem der Ämter des Regenten und des Generalvisitators verlangten; eigenverantwortlich auch insofern, als sie, die Amerikaner, die Mehrheit in den Verwaltungsstellen innehaben wollten.

Die Rebellion der *comuneros* in Mérida

Die Vorgänge in Socorro und die wirtschaftlichen Forderungen der Vereinbarungen von Zipaquirá hatten auch Auswirkungen auf einige Andenregionen in Venezuela, besonders auf das *corregimiento* Mérida, das noch bis 1777 zu Neu-Granada gehört hatte. Ähnlich wie in Socorro erhoben sich dort in den Monaten Mai bis September 1781 auch größere Bevölkerungsschichten, allerdings ohne die Unterstützung der reichen Oberschicht, und protestierten gegen die zu hohe Besteuerung und gegen schlechte Beamte des Königs. Im Falle Méridas sprang der Funke nicht auf die kreolischen Oberschichten in Maracaibo oder Caracas über; diese wollten mit den niederen Schichten, die den Aufstand trugen, nichts zu tun haben. Im Oktober 1781 waren die *comuneros* von Mérida besiegt.

Die Vereinbarungen von Zipaquirá sind nicht oder nur teilweise verwirklicht worden. Sobald sich das vor Bogotá

stehende Heer der Aufständischen aufgelöst hatte, sobald
Truppenverstärkungen aus Cartagena angerückt waren,
erklärten die Kolonialbehörden schon Ende 1781 die Vereinbarungen für ungültig, da sie unter Druck zustande gekommen seien. Dieser Schritt wurde möglich, weil die
kreolische Oberschicht sich angesichts der militärischen
Überlegenheit der Spanier ruhig verhielt und weil sie aus
Furcht vor sozialen Umstürzen, die durch von Teilen der
comuneros begangene gewaltsame Übergriffe zu drohen
schienen, z. T. sogar mit den Spaniern zusammenarbeite-
ten. Allerdings blieb der Aufstand nicht ohne Auswirkungen auf die Kolonialpolitik in Neu-Granada. Der Vizekönig Flórez und vor allem sein Nachfolger Caballero y
Góngora (ab 1782) trugen den wirtschaftlichen Forderungen der *comuneros* Rechnung, indem sie, ohne die verhassten Monopole abzuschaffen, Steuersenkungen veranlassten, für eine maßvolle und geordnete Art der Steuer-
einziehung sorgten und allgemein die wirtschaftliche und
kulturelle Entwicklung Neu-Granadas voranzutreiben
suchten. Die brisanten politischen Forderungen blieben
jedoch unerfüllt. Zwar verließ der vielgehasste Generalvisitator Gutiérrez de Piñeres 1783 das Land, zwar wurde
das Intendantensystem in Neu-Granada nicht eingeführt,
doch blieb die politische Beteiligung der Kreolen weiterhin auf die Bürokratie auf lokaler Ebene beschränkt.

Die Forderung nach Gleichbehandlung

Trotz mancher Unterschiede im Einzelnen und der verschiedenen Reaktionen, die dem jeweiligen sozialen Rahmen und den wirtschaftlichen Interessen Rechnung trugen, lag den Reaktionen, soweit es die Kreolen betraf,
doch ein gemeinsamer Tenor zugrunde: In ihren Argumentationen gingen die Kreolen von der Gleichberechti-

gung zwischen Spaniern und Amerikanern aus, die unter
dem gemeinsamen König gleiche Rechte haben, so dass
auch die Amerikaner Anspruch auf Teilhabe an der politischen Macht und auf Berücksichtigung bei der Ämterver-
gabe besitzen. Gleichzeitig aber schränkten die Kreolen
die Gültigkeit und Geltung des Gleichheitsprinzips für die
Spanier wieder ein, betonten im Gegenteil die Überlegenheit der Einheimischen, eine Argumentation, die auch in
der Phase der Unabhängigkeitsbewegung weiter verwendet wurde. Im Grunde beruhte diese Argumentation der
Kreolen auf der Überzeugung von einer unüberbrückba-
ren Interessendivergenz zwischen Amerika-Spaniern und
Europa-Spaniern, was im Endeffekt bedeutete, dass auf
der einen Seite die Amerikaner nicht mehr nur Spanier
waren, zumindest nicht im Sinne von abhängigen Untertanen des bourbonischen Einheitsstaates, und dass umge-
kehrt die Europa-Spanier in Amerika nur Fremde waren,
die keine persönliche und tiefere Beziehung zu Amerika
besaßen und deshalb an dessen Interessen vorbei regierten. Das Argument der Interessendivergenz sowie der Be-
ziehungslosigkeit der Spanier gegenüber Amerika blieb
eine Konstante in den kreolischen Klagen über politische
Diskriminierung und fand in der heißen Phase der Loslösung vom Mutterland vehemente Verfechter, die diesen
minderberechtigten Status als Kolonialstatus deklarierten.

Logischerweise implizierte die Betonung der Andersartigkeit auch die Betonung der Eigenart, so dass die politischen Forderungen, die sich aus den Klagen ergaben, und
ihre Begründung ohne Zweifel das gewachsene Bewusstsein einer eigenen amerikanischen Identität widerspiegel-
ten, einer Identität, die sich langfristig nur in politischer
Selbstbestimmung innerhalb eines eigenen Territoriums
erfüllen konnte. Doch obwohl immer wieder von Amerika und von den Amerikanern die Rede war, und obwohl
man sich einer gemeinsamen allgemeinen amerikanischen
Interessenlage gegenüber Spanien bewusst war, bezog sich

die Identifizierung zunehmend auf die engeren Territorialbezirke des Kolonialreiches, insbesondere die Wirkungsbereiche der Audiencias, die nun als Vaterland, die *patria*, gedacht wurden.

Allerdings waren mit den Reaktionen der Kolonialbevölkerung noch keine dezidierten Aussagen verbunden, die auf eine Trennung von Spanien abzielten, obwohl zahlreiche Kolonialbeamte derartige Befürchtungen äußerten und auf die negativen Vorbilder der US-amerikanischen Unabhängigkeitserklärung und der Französischen Revolution hinwiesen. Tatsächlich kursierten in den Kolonien neuerlich französische politische und philosophische Aufklärungsschriften: Ende 1793 hatte der Neu-Granadiner Antonio Nariño in Bogotá die von der Inquisition in Cartagena verbotene »Erklärung der Menschenrechte« aus dem Französischen übersetzt und in seiner Zeitung *Imprenta Patriótica* veröffentlicht, weshalb er wegen Verschwörung gegen den spanischen Staat und König vor Gericht gestellt wurde. In seiner Verteidigungsschrift aus dem Jahr 1795 brachte Nariño den Anspruch auf Gleichheit und Gleichbehandlung, aber auch die persönliche Stellung der Amerika-Spanier zum spanischen König sehr gut zum Ausdruck. Nach Nariños Meinung bestand kein Unterschied zwischen Neu-Granadinern und Spaniern, wenn denn die spanische Monarchie wirklich eine Nation sein wollte. »Es gibt nur einen frommen Monarchen, der alle regiert; als seine Vasallen sind wir alle gleich, für alle gelten die gleichen gerechten Gesetze; sie machen keine Unterscheidung hinsichtlich Verdienst oder Bestrafung derjenigen, die auf 4½ Grad nördlicher Breite oder auf 40 Grad nördlicher Breite geboren werden; sie umfassen die gesamte Ausdehnung der Monarchie, und ihre wohltuende Wirkung muss in gleicher Weise für die ganze Nation gelten.« Auch die Amerikaner besaßen demgemäß ein Recht auf Teilhabe an der politischen Macht. Nariños Argumente überzeugten nicht. Die Kolonialbehörden verbannten ihn mit anderen Gleichgesinnten aus Amerika und verurteilten ihn zu einer hohen Gefängnisstrafe in Spanien.

Aufstände in Venezuela

Im Generalkapitanat Venezuela bezogen sich im Mai 1795 etwa dreihundert aufständische Sklaven und schwarze Arbeiter in Coro an der Karibikküste, dem Zentrum der Zuckerproduktion, auf die Ideen der französischen Revolution und forderten Freiheit für die Sklaven, die Errichtung einer Republik und die Abschaffung der *alcabala*. Zu dieser Rebellion war es gekommen, weil die weißen Sklavenbesitzer es 1794 erreicht hatten, dass die Krone ein Gesetz von Mai 1789 zurücknahm, mit dem sie durch eine Auflistung der Pflichten der Sklavenhalter und der Rechte der Sklaven deren Lebensbedingungen hatte verbessern wollen. Diese isolierte und schlecht ausgerüstete Rebellion war zum Scheitern verurteilt und konnte schnell niedergeschlagen werden. Eine andere subversive Bewegung, die seit 1794 latent vorhanden gewesen war und im Juli 1797 in La Guaira zu Tage trat, verwendete ebenfalls revolutionäres Gedankengut von Freiheit und Gleichheit. An dieser Verschwörung, die unter der Führung von Manuel Gual, dem Corregidor von Macuto und ehemaligen Offizier des spanischen Heers, und José María España stand, waren die sogenannten kleinen Leute beteiligt, freigelassene Sklaven (Pardos), arme Weiße, Arbeiter und kleine Grundbesitzer, die eine republikanische Regierung, Handelsfreiheit, Abschaffung der *alcabala* und anderer Steuern, Sklavenbefreiung und Verteilung von Land an die Indios, insgesamt eine sozial gerechtere Gesellschaft von Gleichen forderten. Mit Hilfe der kreolischen Oberschicht konnte dieser radikale Aktionsplan schnell im

Keim erstickt werden. Der Versuch von Gual und España, mit einer Reihe von Texten wie der Übersetzung der Erklärung der Menschen- und Bürgerrechte in der radikalen Formulierung der französischen Verfassung von 1793 oder populären Revolutionsliedern wie der *Canción americana* oder der *Carmañola americana*, die nach dem Vorbild der Marseillaise gedichtet war, revolutionäres Gedankengut auch den unteren Bevölkerungsschichten nahezubringen und diese zu mobilisieren, war fehlgeschlagen. Eine Mobilisierung der unteren Bevölkerungsschichten erfolgte zwar nicht, doch blieben soziale Unruhen und Forderungen der unteren Schichten latent bestehen.

Dass mit den Reaktionen auf Seiten der Kreolen die Bildung von Spanien unabhängiger Staaten noch nicht beabsichtigt war, geht aus dem Verhalten gegenüber dem spanischen König hervor. Die Reaktionen waren zwar eine Absage an den geplanten bourbonischen Einheitsstaat und seine zentralistische Bürokratisierung, nicht aber an den spanischen König. Noch war dieser der Hauptbezugspunkt der politischen Loyalität. Nach wie vor gründete die Legitimität von Herrschaft in der Monarchie, verkörpert in der Person des Königs; in seinem Namen wollten die Kreolen eigenverantwortlich Herrschaft ausüben. Noch sahen sich die Kreolen in ihrem sozialen Status von Spanien geschützt.

Deshalb auch war der Versuch des venezolanischen Kreolen Francisco de Miranda, die Bevölkerung im nördlichen Andenraum zu revolutionieren, noch zum Scheitern verurteilt. Der 1750 in Caracas geborene Miranda hatte während seines Aufenthalts in den Vereinigten Staaten in den Jahren 1783 bis 1785 zahlreiche Unabhängigkeitskämpfer kennen gelernt, hatte 1793 im französischen Revolutionsheer gekämpft und in England mit mehreren Memoranden und Regierungsplänen vergeblich Unterstützung für die Befreiung des spanischen Amerika gesucht. Im Jahr 1806 landete er mit einem kleinen Expeditionsheer von ungefähr zweihundert Personen an der venezolanischen Küste in Ocumare und Coro, um zunächst Venezuela zu befreien, dort eine Republik Kolumbien zu gründen und dann ganz Südamerika zu befreien. Da seine venezolanischen Landsleute ihn nicht unterstützten, schlug Mirandas Versuch fehl; er begab sich nach England, von wo aus er die Unabhängigkeitsbewegung weiter vorantrieb.

Die Loyalität zur amerikanischen *patria*

Obwohl also die Trennung von Spanien noch nicht beabsichtigt war, wurde dennoch im Duktus der Argumentationen sichtbar, dass neben den König ein neuer Bezugspunkt getreten war – die Loyalität gegenüber der eigenen politischen und sozialen Gemeinschaft, die als Gegenpart zum Mutterland Spanien allerdings noch mit vagen Begriffen wie *este reino*, *este país*, *nuestra sociabilidad* bezeichnet wurde. Mit den Aufständen setzte ein Prozess der Forderung zunächst nach Autonomie und später nach Souveränität ein, der in den einzelnen Regionen ganz unterschiedlich und in verschiedenen Phasen verlief. Dabei spielten sowohl die Situation im Mutterland als auch die erste Staatsgründung einer ehemaligen Kolonie im südamerikanischen Raum, Haitis, eine wichtige Rolle: die Staatsgründung Haitis 1804 hinsichtlich innergesellschaftlicher Veränderungen des Kolonialstatus, die Situation im Mutterland hinsichtlich der politischen Veränderung des Kolonialstatus durch die Gründung eigener Staaten.

Portugals neue Kolonialpolitik ab 1750

1703	Die Methuen-Verträge sehen außenpolitische Partnerschaft mit Großbritannien und gegenseitige Öffnung der Märkte vor.
1736	Erste Entwürfe über Regelungen der Grenzstreitigkeiten mit Spanien durch Alexandre de Gusmão.
1750–1777	Sebastião José de Carvalho e Melo, Marqués de Pombal bestimmt die portugiesische Politik.
1750	17. Januar: Der Vertrag von Madrid regelt den Grenzverlauf zwischen dem portugiesischen und spanischen Imperium in Amerika entsprechend der faktischen Expansion.
1751	Vergrößerung der nördlichen Verwaltungseinheit und Umwandlung in den Estado do Grão Pará e Maranhão mit Hauptstadt Belém.
	Errichtung von Kontrollposten in den brasilianischen Häfen zur Qualitätskontrolle der Exportprodukte.
1755	Zerstörung Lissabons durch ein Erdbeben.
	Zulassung von Eheschließungen zwischen ärmeren Einwanderern und Soldaten mit einheimischen/indianischen Frauen; Abschaffung des *aldeia*-Systems.
	Errichtung einer Art Handelsministerium, *Junta do Comercio*.
	Gründung einer Handelskompanie für den Norden und Nordosten Brasiliens, *Companhia Geral do Grão Pará e Maranhão*.
1759	Verbot des Jesuitenordens im gesamten portugiesischen Imperium.
	Gründung einer weiteren Handelskompanie, *Companhia de Pernambuco e Paraíba*.
1760	Errichtung eines weiteren Kapitats im Süden Brasiliens, Rio Grande de São Pedro, mit Hauptstadt Rio Grande.
1761	Eine zentrale königliche Finanzkasse in Lissabon, *Erário Régio*, übernimmt die Abwicklung des Steuerwesens mit regionalen Finanzräten, *junta da fazenda*, in jedem Kapitat Brasiliens.

1763	Rio de Janeiro wird statt Salvador da Bahia Hauptstadt des Estado do Brasil, Sitz des Vizekönigs und der zentralen Verwaltungsbehörden.
1774	Die Eigenständigkeit des nördlichen Staates wird abgeschafft; dieser wird dem Estado do Brasil eingegliedert.
1777	1. Oktober: Der Friedensvertrag von San Ildefonso regelt endgültig die Grenzfragen zwischen dem portugiesischen und spanischen Kolonialreich in Amerika, wichtig für den La-Plata-Raum.

Die Pombalinischen Reformen

Ähnlich wie Spanien bemühte sich auch Portugal besonders in der zweiten Hälfte des 18. Jahrhunderts darum, sich mit einer Reihe von Reformen der Reichtümer seiner amerikanischen Kolonie zu vergewissern, also Brasilien, das große natürliche Reichtümer besaß, zum Wohlstand des Mutterlandes sowie auch zum Wiederaufbau des 1755 durch ein verheerendes Erdbeben zerstörten Lissabon beitragen zu lassen. Portugals Wirtschaft war im Vergleich zu Spanien wesentlich einseitiger, noch weniger entwickelt und zudem von England abhängig. Seit den Methuen-Verträgen von 1703 waren Portugal und England außenpolitisch aneinander gebunden und hatten gegenseitig die Märkte für die Produkte des Partners geöffnet. Damit erhielten die englischen Industrieprodukte freien Zugang in Portugal. Statt für eine eigene Fertigwarenproduktion zu sorgen, förderte Portugal die Weinproduktion, um den Bedürfnissen des englischen Marktes nachzukommen. Durch die Verträge hatte England auch Zugang zum brasilianischen Markt. England wollte nicht nur vom Goldboom Brasiliens profitieren, sondern englische Kaufleute und Schmuggler versuchten auch, von Brasilien aus Zugang zu den spanischen Kolonien am La Plata zu erhalten. Wollte das portugiesische Herrscherhaus Brasilien nutzbringend in Wert setzen, musste es, wie es die spanischen Bourbonen im spanischen Amerika taten, die staatliche Autorität, die es in Portugal dank der Gold- und Edelsteinfunde in Minas Gerais hatte stärken können, auch in der Kolonie weiter stabilisieren. Ferner galt es, die Grenzen zu sichern und das Land vor ausländischem Zugriff zu schützen sowie wirtschaftspolitische Maßnahmen durchzuführen, die den Abfluss der Reichtümer verhindern und den sich ankündigenden Abschwung des Goldzyklus kompensieren konnten. Die diesbezügliche Reformpolitik ist eng mit dem portugiesischen Premierminister Sebastião José de Carvalho e Melo verbunden, besser bekannt unter seinem späteren Adelsnamen Marqués de Pombal, der nach der Thronbesteigung von König Joseph I. im August 1750 bis zu seinem Sturz 1777 mit einer aufgeklärt-absolutistischen Regierungspolitik die Entwicklung Portugals und der portugiesischen Kolonie in Amerika nachhaltig bestimmte.

Die Sicherung der territorialen Expansion

Die politischen, administrativen und wirtschaftlichen Maßnahmen bezogen sich auf ein Territorium, dessen Ausmaße längst nicht mehr den Regelungen des Vertrags von Tordesillas entsprachen. Portugal musste deshalb an einer Neuregelung der Grenzen interessiert sein, um kostenträchtige Grenzstreitigkeiten mit Spanien zu vermeiden. Schon 1736 hatte der in Brasilien geborene Sekretär König Johanns V. und spätere Staatssekretär Alexandre de Gusmão entsprechende Leitlinien entwickelt und eine Fülle geographischer Daten über den brasilianischen Besitz zusammentragen lassen. Günstige Voraussetzungen

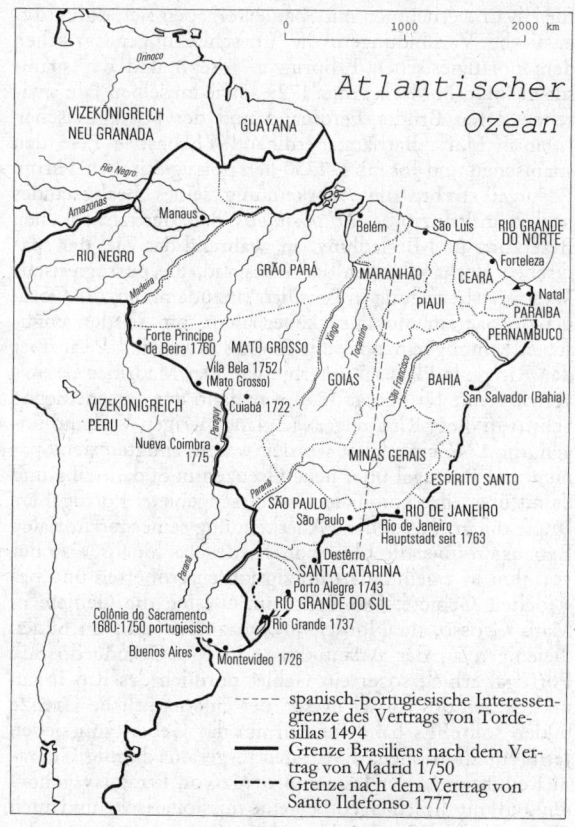

Grenzfestlegung der spanischen und portugiesischen Kolonialreiche

für ein Einvernehmen mit Spanien ergaben sich durch dynastische Verbindungen: die Eheschließungen zwischen dem portugiesischen Erbprinzen Joseph und der spanischen Infantin Maria Anna 1729 sowie im selben Jahr zwischen deren Bruder Ferdinand und der portugiesischen Infantin Maria Barbara; Ferdinand VI. bestieg 1746 den spanischen und Joseph I. 1750 den portugiesischen Thron. Portugal strebte die Anerkennung seines Besitzstandes nach dem Prinzip des *uti possidetis*, d. h. der tatsächlichen Besetzung und Besiedlung, an, während das Ziel der spanischen Verhandlungen darin bestand, die portugiesische Westwärtsbewegung in Brasilien einzudämmen, die Colônia do Sacramento zurückzuerhalten, um so den englischen Schmuggelhandel mit Buenos Aires und Peru über den Río de la Plata zu unterbinden. Der Madrider Grenzvertrag vom 17. Januar 1750 war dann der entscheidende Schritt in diese Richtung. Nach langwierigen Verhandlungen, die 1746 eingeleitet worden waren, einigten sich Spanien und Portugal über neue Grenzen in Südamerika und damit über ihre kolonialen Interessengebiete. Portugal erlangte die grundsätzliche Anerkennung seiner territorialen Expansion über die Linie von Tordesillas hinaus, also der von ihm in zweihundertfünfzig Jahren eroberten und besiedelten Gebiete. Das betraf im Westen die Gebiete in Mato Grosso, im Norden in Amazonien und im Süden diejenigen an der Atlantikküste in Río Grande do Sul. Portugal erhielt sogar ein Gebiet nördlich des Río Ibicuí und östlich des Río Uruguay, der eine natürliche Grenze bilden sollte. Es handelte sich um das Gebiet von sieben Jesuitenreduktionen, die zu den insgesamt dreißig Guaraní-Reduktionen der Jesuitenprovinz von Paraguay gehörten und mit diesen eigentlich eine missionarische und auch ökonomische Einheit bildeten: San Borja, am Ostufer des Uruguay gelegen, San Nicolás, San Luis, San Lorenzo, San Miguel, San Juan und San Angel. Die auf der Westseite des Río Uruguay gelegenen Reduktionen La Cruz, Concepción, San Tomé und San Javier, verloren ihre Estancias, die auf der Ostseite lagen. Artikel 16 des Vertrags sah vor, dass die Jesuiten die Indios der sieben Dörfer auf der spanischen Seite des Uruguay ansiedeln sollten. Die Indios durften nur ihre bewegliche Habe mit sich führen, alle unbeweglichen Güter und das urbar gemachte Land sollten Portugal zufallen. Ein geheimes Zusatzabkommen sah vor, bei Widerstand von Indios und Jesuiten die Evakuierung der sieben Dörfer notfalls gemeinsam mit Waffengewalt durchzuführen. Portugal verzichtete seinerseits auf das östliche Ufer der La-Plata-Mündung und übergab die Colônia do Sacramento an Spanien. Portugal und Spanien setzten jeweils Landvermessungskommissionen ein, die die genaue Grenzfestlegung im Norden und im Süden erarbeiten sollten.

Bevölkerungspolitik

Um die Reichtümer dieses großen Territoriums auch nutzen zu können, musste vor allem über die Grenzsicherung hinaus auch seine Verteidigung gewährleistet werden. Pombal war über die Situation in Brasilien durch seinen Bruder gut unterrichtet, der in den Jahren 1736/37 das Land bereist hatte und seit 1751 auf Veranlassung Pombals als Generalkapitän der nördlichen Verwaltungseinheit Brasiliens, des Estado do GrãoPará e Maranhão, tätig war. Eine der wichtigsten Maßnahmen Pombals zielte darauf ab, in Brasilien das Wachstum der Bevölkerung zu stimulieren, die mit etwa 1,5 Millionen Einwohnern ungefähr der Bevölkerung des Mutterlandes entsprach. Im Rahmen seiner Bevölkerungspolitik förderte Pombal die Einwanderung von Siedlern, vor allem von Ehepaaren von den portugiesischen Atlantikinseln, den Azoren und Madeira, während aus Portugal selbst die Auswanderung erschwert

wurde. Den demographischen Zuwachs im Land selbst
versuchte er dadurch zu stimulieren, dass er die Gründung
von Familien begünstigte, aber auch die Legitimierung
unehelicher Kinder vereinfachte; der brasilianischen
Oberschicht verbot er, ihre Töchter nach Portugal in
Klöster zu schicken und sie so den ehewilligen höheren
Offizieren und Beamten zu entziehen. Ferner förderte er
gezielt die Verbindung zwischen niederen Armeeangehö-
rigen und anderen Einwanderern mit einheimischen, also
indianischen Frauen – 1755 wurden solche Ehen legitimiert – und animierte sogar die Indiobevölkerung zur
stärkeren Vermehrung. Dazu erhielten die Indios 1755
nun endgültig den Status als freie Untertanen; vor allem
aber schaffte Pombal in demselben Jahr das *aldeia*-System
ab, das die Indios der Obhut der geistlichen Orden unterstellt und so dem Zugriff der brasilianischen Pflanzer entzogen hatte. Fortan sollten sie wie die anderen Brasilianer
in Dörfern leben dürfen und sich als Bevölkerungsgruppe
vermehren. Diese Regelung hatte noch den Nebeneffekt,
dass sie besonders den Jesuitenorden traf und schwächte,
den die Reformpolitiker des aufgeklärten Absolutismus
ohnehin als Hemmnis für die Verwirklichung ihrer Reformen und als Konkurrenten für die Hegemonie des Staates
betrachteten. Im September 1759 wurde der Orden dann
im gesamten portugiesischen Imperium verboten; in den
nächsten beiden Jahren mussten etwa sechshundert Jesui-
tenpatres Brasilien verlassen. Die Fördermaßnahmen im
Rahmen der Bevölkerungspolitik ergänzte Pombal noch
dadurch, dass er die brasilianischen Gouverneure mit Erfolg dazu drängte, auch im Landesinneren neue Städte und
Dörfer zu gründen, um die wachsende Bevölkerung aufzunehmen. Tatsächlich entstanden zahlreiche, oft jedoch
nur kurzlebige Dörfer und Städte, und die Bevölkerung
wuchs, wenn auch nicht in außergewöhnlichem Ausmaß.
Zum Zuwachs trug nicht unwesentlich die Verschleppung
afrikanischer Sklaven nach Brasilien bei, obwohl die Ein-

fuhr von Sklaven nicht Teil der Bevölkerungspolitik war, sondern durch die Bereitstellung von Arbeitskräften für die Plantagen entlang der Küste, die Minengegenden, zunehmend auch die neuen Regionen im Norden und Süden motiviert war. Ungefähr 100 000 Sklaven kamen in Pombals Amtsperiode nach Brasilien. Im Unterschied zu den Indios profitierten die afrikanischen Sklaven jedoch nicht von den freiheitlicheren Regelungen der neuen Bevölkerungspolitik.

Territoriale und administrative Integrationspolitik

Parallel zur demographischen Stabilisierung Brasiliens bemühte sich Pombal darum, die territoriale Integration zu verbessern und mit entsprechenden Maßnahmen zugleich auch die staatliche Autorität zu stärken. Auf der Verwaltungsebene ging es darum, die Reste seniorialer-feudaler Verwaltung, die Kapitanate, von den *donatarios* freizukaufen und der Krone anzugliedern. Zunächst wurde 1751 die seit 1621 bestehende Verwaltungseinheit des nördlichen Teils der Kolonie und Amazoniens, der Estado do Maranhão, durch die Eingliederung der Kapitanate Pará, Maranhão und Piauî sowie einiger anderer Gebiete erweitert und in den Estado do Grão Pará e Maranhão mit der Hauptstadt Belém umgebildet. Im Jahr 1763 ließ Pombal die Hauptstadt des Estado do Brasil von Salvador da Bahia nach Rio de Janeiro verlegen, wo schon 1751 neben dem in Salvador da Bahia bestehenden ein zweites Berufungsgericht (*relação*) eingerichtet worden war. Mit der Verlegung konnte Pombal zum einen der wachsenden wirtschaftlichen Bedeutung von Minas Gerais und der südlichen Provinzen Rechnung tragen und zum anderen den Auseinandersetzungen am Río de La Plata mit dem Rivalen Spanien besser begegnen, weil die neue Hauptstadt strategisch günstiger gelegen war. Diese wurde zugleich Sitz des Vizekönigs und der zentralen Verwaltungsbehörden. Das betraf vor allem die Verwaltung der gesamten Kolonie Brasilien; denn im Jahr 1774 wurde die Eigenständigkeit des nördlichen Staates abgeschafft, der seitdem in den Estado do Brasil eingegliedert war.

Andere Maßnahmen berührten das Justizwesen. Dessen Effektivierung, d. h. der Beschleunigung von Verfahren, sollten neue Gerichtskommissionen, die *juntas de justiça*, dienen, die 1765 in allen Kapitanaten gegründet wurden und ab 1769 mit der *Lei da Boa Razão* auch über ein Rechtsinstrument, eine Art neues Gesetzbuch verfügten, das Züge der Aufklärung trug und rationale Entscheidungen ermöglichen sollte. Weitere Maßnahmen betrafen die Steuerverwaltung. Ab 1761 übernahm eine zentrale königliche Finanzkasse in Lissabon, *Erário Régio*, die Abwicklung des gesamten Steuerwesens anstelle des bisherigen Rechnungshofes, *Casa dos Contos*, der lediglich die Einnahmen registriert hatte. Die neue Einrichtung war nicht nur für Einnahmen und Ausgaben zuständig, sie sollte vor allem dafür sorgen, dass die Steuern auch tatsächlich gezahlt würden, und entsprechende Kontrolle ausüben. Dazu konnte sie sich auf regionale Finanzräte, *juntas da fazenda*, stützen, die in den 1760er Jahren in jedem Kapitanat Brasiliens etabliert, mit qualifizierten Beamten besetzt wurden und alle finanziellen Aktionen des Staates durchführten.

Effektivierung portugiesischer Handelsaktivitäten

Mit seinen Maßnahmen war Pombal bestrebt, Brasilien besser und effektiver kontrollieren zu können und die Kolonie enger an Portugal zu binden, ein Ziel, das nicht unbedingt die Zustimmung der brasilianischen Oberschicht fand und langfristig zu Spannungen führte, zumal Pombal die bisherige städtische Selbstverwaltung dadurch beschränkte, dass er die Bürgermeister, *juizes de fora*, einsetzte.

Die stärkere Anbindung der Kolonie an Portugal hatte aber nur Sinn, wenn daraus wirtschaftlicher Nutzen für Portugal erwuchs. Deshalb richteten sich zahlreiche Reformmaßnahmen Pombals auf Neuerungen, ja gewissermaßen auf eine Nationalisierung des Handels zwischen Portugal und Brasilien, um den Abfluss der brasilianischen Reichtümer durch die englischen Aktivitäten oder durch Schmuggel zu vermeiden, und auf eine Modernisierung der Kolonialwirtschaft, um deren agrarische und industrielle Potentiale zu mobilisieren. Zunächst wurden schon 1751 die Zolltarife angepasst und in den wichtigsten brasilianischen Häfen Kontrollposten zur Überwachung von Qualität, Gewicht und Preisen so wichtiger Exportprodukte wie Zucker und Tabak eingerichtet. 1755 entstand eine Art Handelsministerium, *Junta do Comercio*, das für die Einfuhr der Rohstoffe und Fertigwaren, für den Schiffsverkehr und für die Gründung neuer Gewerbebetriebe zuständig war. Pombal gründete auch neue Handelskompanien, die mit bestimmten Privilegien ausgestattet waren und genügend Schiffsraum zur Verfügung stellen sowie den Export bestimmter Produkte anregen sollten. 1755 wurde die *Companhia Geral do Grão Pará e Maranhão* errichtet. Sie wirkte im Norden und Nordosten Brasiliens, besonders im Gebiet vom Orinoco bis nach Mato Grosso und entwickelte sich mit der Förderung einiger Agrarprodukte, wie z. B. Kakao, Kaffee und Baumwolle, zu einer der erfolgreichsten Unternehmungen Pombals. Nicht ganz so erfolgreich war die 1759 gegründete *Companhia de Pernambuco e Paraíba*, doch gingen auch von ihr wichtige Impulse z. B. zur Wiederbelebung des Zuckerexports aus. Für die südlicheren Häfen Brasiliens wie Salvador da Bahia oder Rio de Janeiro entstanden keine speziellen Handelskompanien. Stattdessen wurden dort das Flottensystem und die Beschränkungen für den Küstenhandel abgeschafft und ein freier Handel gefördert, Maßnahmen, die zu neuen wirtschaftliche Aktivitäten beitrugen und das wirtschaftliche Zentrum Brasiliens aus dem Nordosten in die zentralen und südlichen Regionen verschob. Pombals Reformen konnten zwar nicht den Abschwung der brasilianischen Goldförderung in Minas Gerais, Goiás und Mato Grosso verhindern, doch stimulierten seine Maßnahmen die brasilianische Landwirtschaft enorm, diversifizierten die Agrarprodukte und ließen auch industrielle (Eisenschmiede) sowie die manufakturelle Produktion von Fertigwaren aus Tuchen und Häuten zu.

Gebietskonflikte mit Spanien im La-Plata-Raum

Im außenpolitischen Bereich unterlagen die insgesamt für Portugal günstigen Gebiets- und Grenzregelungen, die noch vor dem Amtsantritt Pombals getroffen waren, in den folgenden Jahren noch einigen Verzögerungen und Änderungen, bis sie im Oktober 1777 im Friedensvertrag von San Ildefonso mit geringen Abweichungen bestätigt wurden. Die Colônia do Sacramento wechselte noch einige Male den Besitzer, da weder Pombal die Räumung der portugiesischen Kolonie guthieß noch Karl III., ab 1759 neuer König von Spanien, den Madrider Vertrag überhaupt anerkannte. In den Jesuitenreduktionen versuchten die Jesuiten, die Vertragsregelungen zu verändern und die Umsiedlung der Indios aus wirtschaftlich blühenden Missionssiedlungen zu verhindern, und die Guaraní-Indios selbst weigerten sich, auf die spanische Seite des Río Uruguay umzusiedeln. Anfang 1754 kam es sogar zu einem regelrechten Aufstand, zur *Guerra Guaranítica*, als die

Portugiesen endlich die Übergabe forderten. Erst im Februar 1756 brach dieser Widerstand mit der Niederlage der Indios gegen die gemeinsamen Truppen von Portugiesen und Spaniern zusammen. Angesichts dieser Querelen wurde 1761 der gesamte Gebietstausch im Vertrag von El Pardo sogar rückgängig gemacht. Das hinderte Portugal nicht daran, seine Position in Mato Grosso und Amazonien oder im Becken des Rio Negro und Rio Branco, wo Spanier aus Venezuela vordrangen, durch den Bau von Festungen, die Gründung von Städten oder die Anlage von Indianerdörfern zu verstärken. Auch im Süden setzten die Portugiesen ihre Kolonisation fort, zumal mit der Gründung des Kapitanats Rio Grande de São Pedro 1760 mit der Hauptstadt Rio Grande im Süden eine weitere Konsolidierung vorgenommen war. 1762 nahmen die Spanier unter dem Gouverneur von Buenos Aires, Cevallos, die Colônia do Sacramento ein und fielen in Rio Grande do Sul ein. Zwar musste Spanien im Pariser Frieden von 1763 die Colônia an Portugal zurückgeben, doch blieben spanische Truppen in Rio Grande. Im Februar 1777 nahm Cevallos erneut die Colônia ein. Portugal sah sich im Süden seines Kolonialbesitzes bedroht, zumal sich mit der Errichtung des Vizekönigreichs La Plata 1776 das Kräfteverhältnis an seiner Südgrenze verschoben hatte. Der Friedensvertrag von San Ildefonso vom 1. Oktober 1777 legte dann die Konflikte bei und bestätigte die Abmachungen von 1750 insoweit, als das Prinzip des *uti possidetis* bekräftigt und damit Portugals Präsenz in Mato Grosso, Amazonien und in Rio Grande do Sul anerkannt wurde. Die gesamte La-Plata-Mündung mit in etwa dem Gebiet des heutigen Uruguay, also auch die Colônia do Sacramento sowie das Gebiet der Sieben Dörfer fielen an Spanien. Mit den Regelungen der Verträge von Madrid / San Ildefonso erhielt Brasilien nun auch de jure die geographischen Umrisse, die es bis auf wenige Veränderungen – so eroberten die Brasilianer 1801 das

Gebiet der Sieben Dörfer endgültig zurück – bis heute bewahrt hat.

Im Unterschied zu den Bourbonischen Reformen in den spanischen Kolonien zeigten Pombals Reformen in Bezug auf die Stabilisierung des Staatsgebiet positivere Ergebnisse. Denn während die Reformmaßnahmen im spanischen Amerika zu einer stärkeren regionalen Differenzierung beitrugen, bewirkten diejenigen in Brasilien eine längerfristige Zentralisierung und Vereinheitlichung und ließen in umgekehrter Reihenfolge wie im spanischen Amerika aus einem ursprünglich stark gegliederten Territorium ein einheitlicheres Verwaltungsgebiet entstehen – mit weitreichenden Folgen für den späteren Prozess der Unabhängigkeit Brasiliens.

Kolonialkritik in Brasilien

1749	Der Versuch, eine Druckerpresse in Rio de Janeiro zu installieren, wird unterbunden.
1768	Cláudio Manuel da Costa beschreibt in seinen *Obras* die Goldgräberregion Minas Gerais als Vaterland.
1769	José Basílio da Gama verherrlicht in seinem Werk *O Uruguai* den Kampf portugiesischer Truppen gegen die Jesuitenreduktionen.
1771	Errichtung einer Wissenschaftlichen Akademie in Rio de Janeiro.
1781	José de Santa Rita Durão preist in seinem Epos *Caramuru* die Schönheit Brasiliens.
1785	Rücknahme der Erlaubnis der Manufakturproduktion in Brasilien.
1786	Errichtung und Wirken einer Literarischen Gesellschaft in Rio de Janeiro.
1788/80	Tomás Antônio Gonzaga prangert in seinen *Cartas Chilenas* politische Missstände in Minas Gerais an.

1789	Verschwörung von Mittel- und Oberschichten in Minas Gerais gegen ungerechte Besteuerung, Umsturzpläne zur Errichtung einer unabhängigen Republik Minas Gerais, *Inconfidência Mineira*.
1791	Schauprozesse gegen die Hauptaktivisten der Verschwörung in Minas Gerais.
1792	21. April: Hinrichtung von Joaquim José da Silva Xavier, genannt Tiradentes, dem selbsternannten Führer der Verschwörung. Das Datum wird später Gedenktag.
1794	Reaktivierung der Literarischen Gesellschaft in Rio de Janeiro; Prozess gegen einige ihrer Mitglieder wegen angeblicher Verschwörung, *Conjuração Carioca*.
1796	Errichtung eines Botanischen Gartens in Belém.
1798	August. Verschwörung von Salvador de Bahia: Aktion unterer Bevölkerungsschichten und Sklaven gegen Rassendiskriminierung und rigide Arbeitsverhältnisse; *Inconfidência Baiana* oder *Revolta dos Alfaiates*.

Das Selbstbewusstsein der brasilianischen Kreolen

Ähnlich wie zwischen Amerika-Spaniern und Europa-Spaniern kam es auch in Brasilien durch das umfangreiche Reformprogramm mit Straffung der administrativen und fiskalischen Kontrolle zu Rivalitäten und Kontroversen zwischen der einheimischen landbesitzenden, Sklavenarbeit nutzenden Oberschicht und den Europa-Portugiesen. Die brasilianische Oberschicht sah sich in ihren wirtschaftlichen Aktivitäten und politischen Einflussmöglichkeiten benachteiligt. Denn im Januar 1785 untersagte ein portugiesischer Kronerlass die Errichtung bzw. Fortführung von Manufakturen, um die Abhängigkeit der Brasilianer vom Mutterland zu gewährleisten und wirtschaftlichen Unabhängigkeitsbestrebungen entgegenzuwirken. Zudem versuchten die Politiker in Portugal, in Brasilien die Ausbreitung der politischen Ideen der europäischen Aufklärung und später derjenigen der Amerikanischen und Französischen Revolution zu verhindern, indem sie entsprechende Informationen unterbanden, die Einfuhr von Büchern oder Publikationen verboten oder den Druck im eigenen Land dadurch unmöglich machten, dass sie die Installation eigener Druckerpressen nicht zuließen. Als eine solche im Jahr 1749 in Rio de Janeiro ihren Betrieb hatte aufnehmen wollen, war sie sofort konfisziert worden; bis 1808 gab es in Brasilien keine Druckerpresse. Dennoch erhielten Teile der brasilianischen Oberschicht Kenntnis von den neuen Ideen und vom politischen Wandel in den englischen Kolonien in Nordamerika sowie von den Geschehnissen in Europa. Um die Bindungen zwischen der Kolonie Brasilien und Portugal zu festigen, hatte das portugiesische Königshaus ganz bewusst in Brasilien keine Universität errichtet; deshalb waren studierwillige Brasilianer darauf angewiesen, portugiesische Universitäten zu besuchen. So studierten viele junge Brasilianer vor allem an der Universität in Coimbra in Portugal – man geht für den Zeitraum von 1772 bis 1808 von rund sechshundert Studenten aus – oder sogar an anderen europäischen Universitäten und kamen zwangsläufig auf diese Weise auch mit neuen Ideen in Berührung.

Aus den Erfahrungen in Europa, aus dem Vergleich zwischen Europa und dem eigenen Land vollzog sich in Kreisen der brasilianischen Oberschicht, z. T. von der Krone und den Vizekönigen ungewollt gefördert, die Entdeckung Brasiliens als Vaterland, indem dessen Geschichte und naturgeographische Möglichkeiten wahrgenommen wurden. In dieser Zeit entstanden wichtige literarische Werke zum Thema Brasilien: Zwei frühe Beispiele sind die Werke zweier Dichter, die beide aus Brasilien stammten, ihre Hauptwerke jedoch, in denen sie brasilianische Stoffe verarbeiteten, in Portugal schrieben: José Basílio da Gama verherrlichte in seinem Werk *O Uruguai* (1769) den Kampf der vereinigten spanischen und portugiesi-

schen Truppen gegen die am Fluss Uruguay gelegenen Jesuitenreduktionen, die sich den Bestimmungen des Vertrags von Madrid (1750), das Gebiet an die portugiesische
Krone zu übergeben, widersetzten. José de Santa Rita Du-
rão pries in seinem Epos *Caramuru*. *Poema épico do Des-
cobrimento da Bahia* (1781) die Schönheiten und Reichtümer Brasiliens. Eine andere Gruppe von Dichtern, deren
Werke ebenfalls das Vaterland Brasilien thematisieren und
z. T. die koloniale Situation kritisieren, war sogar an einer
der wichtigsten Verschwörungen, der sogenannten Verschwörung in Minas Gerais (*Inconfidência Mineira*) von
1789 beteiligt. Cláudio Manuel da Costa besang in seiner
Dichtung mit dem schlichten Titel *Werke* (*Obras*, 1768)
die Goldgräberregion Minas Gerais, die er einfach als Vaterland lieben müsse. Tomás Antônio Gonzaga prangerte
in seinen *Chilenischen Briefen* (*Cartas Chilenas*, 1788/89),
die er nach dem Muster der *Lettres persanes* (1721) von
Montesquieu schrieb, explizit die politischen Missstände
in Minas Gerais an. In manchen Gedichten des Dichters
Inácio José de Alvarenga Peixoto, dessen Texte in ihrer
Gesamtheit erst postum als *Obras poéticas* (1865) erschienen, werden brasilianische Pflanzen und Vögel genannt.
Ähnlich wie in Spanischamerika die *Tertulias* oder die Patriotischen Gesellschaften waren in Brasilien unter dem
Schutz der Krone Dichterakademien oder Wissenschaftli-
che Akademien wie die *Academia Científica* in Rio de
Janeiro (1771) oder Literarische Gesellschaften wie die in
Rio de Janeiro von 1786 bis 1794 unter der Aufsicht des
Vizekönigs Conde de Rezende wirkende *Sociedade Literária* Sprachrohr und Multiplikator solcher Landeslitera-
tur oder der Beschreibung der eigenen Flora. Zwar gab es
in der ausgehenden Kolonialzeit nicht wie im Spanischen
Imperium die naturkundlichen Expeditionen, doch diente
die Errichtung von Botanischen Gärten wie z. B. in Belém
1796 demselben Zweck.

Erste regionale Separationsbestrebungen

Diese wachsende Wahrnehmung und Wertschätzung des Eigenen erfolgte zu einer Zeit, als die pombalinischen Reformen antiportugiesische Gefühle und ein Bewusstsein von der ökonomischen Abhängigkeit Brasiliens und seiner Ausbeutung durch Portugal hervorgerufen hatten. So ist es nicht verwunderlich, dass es zu einer Reihe von öffentlichen Protesten kam, die am Ende des 18. Jahrhunderts zunahmen und in ihrer Häufung das Vorhandensein latenter Separationsbestrebungen belegen. Pombals fiskalische Maßnahmen der Steuererhöhung traf vor allem die Region Minas Gerais, wo die Goldförderung ihren Höhepunkt in der Mitte des 18. Jahrhunderts erreicht hatte und bis zum Ende des Jahrhunderts kontinuierlich sank. Das hatte zur Folge, dass die Bergwerksbesitzer und -betreiber den »Königlichen Fünften« (*quinto real*), die Abgabemenge auf alle geförderten Edelmetalle, die für die Goldgebiete auf jährlich 100 *arrobas*, rund 1500 kg, Gold festgesetzt war, nicht mehr aufbringen konnten. Wenn die Abgaben diese Menge nicht erreichten, musste der Fehlbetrag durch eine Steuerumlage (*derrama*) in dem betreffenden Gebiet – d. h. Zwangssteuern, Abgaben pro Haushalt, Liegenschaften und Personen, Straßenzoll, Handelsbelastungen – eingetrieben werden. Für 1788 war wiederum eine Steuerumlage angeordnet, da der Gouverneur Luis Antônio Furtado de Mendoça die Außenstände für die Goldproduktion der Periode 1774/85 in Höhe von 384 *arrobas* Gold einforderte. Gegen diese drohende Steuerbelastung und getragen von der Hoffnung auf eine allgemeine Empörung taten sich Bürger von Ouro Preto in Minas Gerais zu einer Aktion zusammen, die als die Verschwörung in Minas Gerais (*Inconfidência Mineira*) bekannt geworden ist. Es war eine kleine Gruppe von ungefähr zwanzig Mitgliedern vorwiegend der lokalen und regionalen Oberschicht, Offiziere auch unterer Ränge wie z. B. der Fähnrich Joaquim José da Silva Xavier, der sich nebenbei Geld als Zahnzieher verdiente und deshalb den Spitznamen *Tiradentes* trug, Geistliche, Intellektuelle wie der Dichter und Minenbesitzer Inácio José da Alvarenga Peixoto, der Dichter und Anwalt Cláudio Manuel da Costa, der Dichter und Richter Tomás Antônio Gonzaga und Geschäftsleute. Sie trafen sich heimlich im Dezember 1788 und entwarfen einen Umsturzplan, der im Februar 1789 umgesetzt werden sollte: Als Erstes sollte der Gouverneur getötet werden, um in der folgenden instabilen Situation eine provisorische Regierung einer unabhängigen Republik Minas Gerais bilden zu können. Das politische Projekt sah weiterhin die Aussetzung der Schuldenzahlung an Portugal sowie die Aufhebung des Diamantenmonopols, ferner Handelsfreiheit und die Gründung von Manufakturen vor. Obwohl die Devise auf dem Entwurf einer Fahne der vorgesehenen Republik – ein Halbvers des lateinischen Dichters Vergil (*Hirtengedichte* 1,27): »Libertas quae sera tamen«, »Freiheit, auch wenn sie spät kommt« – die Freiheit beschwor, bezog Letztere nicht die Sklaven ein; allenfalls für die im Lande Geborenen war die Befreiung vorgesehen.

Das Projekt der weißen Oberschicht konnte jedoch nicht realisiert werden, denn ein Mitglied der Verschwörergruppe, der Geschäftsmann Joaquim Silvério dos Reis, verriet die Pläne, und die Verschwörer wurden schnell verhaftet. Bei dem folgenden Verfahren, einem Schauprozess, der im Laufe des Jahres 1791 in Rio de Janeiro stattfand, reagierte die portugiesische Obrigkeit mit harten Strafen, immerhin waren durch die Französische Revolution von 1789 und durch den Sklavenaufstand in Saint-Domingue von 1791 Ängste besonders der Weißen vor sozialen Veränderungen geschürt worden. Die Strafen reichten von Verbannungen nach Afrika bis zu Todesurteilen, die jedoch bis auf eines ebenfalls in Verbannungen umgewandelt wurden; zu den nach Angola Verbannten

gehörten auch die Dichter Alvarenga Peixoto und Gonzaga. Nur das Todesurteil für den selbsternannten Anführer
der Verschwörung, den Fähnrich Joaquim José da Silva
Xavier, genannt *Tiradentes*, wurde am 21. April 1792 voll-
streckt. Er wurde gehängt und geviertelt, und zur Ab-
schreckung für zukünftige Verschwörer wurde sein Kopf
auf einen Pfahl in Ouro Preto aufgestellt. Der Dichter
Cláudio Manuel da Costa hatte sich in seiner Gefängnis-
zelle erhängt. Das Hinrichtungsdatum 21. April wurde in
späteren Zeiten als Tag des Gedenkens an frühe Autonomiebestrebungen begangen.

Auch wenn diese Verschwörung einiger weißer Mitglieder der Oberschicht keinen Erfolg hatte, wohl auch nicht
haben konnte, weil sie keine große Massen mobilisierte
und keinen allgemeinen sozialen Umsturz anzielte, belegt
sie doch, dass in Brasilien wirtschaftliche Unzufriedenheit
vorhanden war, die in politische Revolten umschlagen
konnte. Deshalb achteten die portugiesischen Behörden
sehr auf Anzeichen politischen Widerspruchs oder antikolonialen Gedankenguts. 1794 glaubten sie Derartiges in
der *Sociedade Literária* von Rio de Janeiro zu erkennen,
die in demselben Jahr von dem Dichter und Professor Manuel Inácio da Silva Alvarenga, einem ihrer alten Mitglieder und Anhänger aufklärerischer Ideen, reaktiviert worden war. Da die angeblich subversiven Versammlungen
trotz des Verbots des Vizekönigs Conde de Rezende wei-
tergingen und man sich im Geheimen traf, wurden im Dezember 1794 einige Mitglieder, unter ihnen Silva Alvarenga, unter der Anklage konspirativer gegen die Regierung
gerichteter Tätigkeit, auch wegen des Besitzes subversiver
Schriften wie der von Rousseau, verhaftet. Für drei Jahre
musste Silva Alvarenga ins Gefängnis, ohne dass den Angeklagten dieser vermeintlichen Verschwörung von Rio de
Janeiro (*Conjuração Carioca*) tatsächlich etwas nachge-
wiesen werden konnte.

Die Ideen der Französischen Revolution kamen erst einige Jahre später zum Tragen, als in Salvador da Bahia im August 1798 eine Verschwörergruppe von Mitgliedern der unteren Bevölkerungsschichten – Handwerker, besonders Schneider, sowie zumeist Mulatten und afrikanische Sklaven – die Verwirklichung von Freiheit, Gleichheit und Brüderlichkeit forderte. Ab dem 12. August 1798 erschienen an den Wänden der Stadt handgeschriebene Manifeste, in denen die Verschwörer zum gewaltsamen Umsturz der Monarchie und zur Errichtung einer Republik aufriefen sowie die Abschaffung der Sklaverei und jeglicher Rassendiskriminierung in Arbeitsverhältnissen, freien Handel mit ausländischen Mächten und die Enteignung von kirchlichem Eigentum forderten. Doch der Ruf zu den Waffen zeigte keine nennenswerte Wirkung, und Weiße, die ebenfalls französischen Ideen anhingen oder sie diskutierten, versagten ihre Unterstützung. So fiel diese Verschwörung von Bahia (*Inconfidência Baiana*), wegen der Beteiligung mehrerer Schneider auch Revolution der Schneider (*Revolta dos Alfaiates*) genannt, schnell in sich zusammen, und es gelang den portugiesischen Behörden binnen kurzem, etwas mehr als vierzig Aufständische, in der Mehrzahl Mulatten oder Sklaven, zu inhaftieren. Der Schneider João de Deus do Nascimento, Lucas Dantas, Luís Gonzaga das Virgenes, Autor der Manifeste, und Manuel Faustino dos Santos Lira, alle Mulatten, wurden als Anführer der Verschwörung verurteilt und öffentlich am Galgen hingerichtet.

Obwohl die weiße Elite von Salvador da Bahia einigen Punkten der Verschwörung durchaus zustimmen konnte, lehnte sie andere Punkte wie die Sklavenbefreiung oder die Rassengleichheit, die eine Gefährdung ihres sozialen Status quo bedeutet hätte, auch vor dem Hintergrund des gewaltsamen Rassenkriegs in Saint-Domingue ab. Die Tatsache, dass die Mehrheit der Verschwörer in Bahia Mulatten waren, verstärkte die Ängste der weißen Oberschicht vor sozialer Veränderung und veranlasste sie trotz antiportugiesischer Ressentiments, die jeweils auch nur auf regionaler Ebene wirkten, gegenüber der portugiesischen Krone, also der Kolonialmacht, loyal zu bleiben. Insgesamt gingen die antikolonialen Aktivitäten kleinerer Gruppen nicht über regionale Separationsbestrebungen hinaus; keine versuchte, die Unabhängigkeit Brasiliens zu erreichen. Das ernsthafte Streben nach Unabhängigkeit ganz Brasiliens ergab sich erst in den folgenden beiden Jahrzehnten.

Die Staatsgründung Haitis durch ehemalige Sklaven – Vorbild und Horrorszenario

1697   Im Frieden von Rijswijk tritt Spanien die Westhälfte Hispaniolas an Frankreich ab.

1788   Weiße Pflanzer von Saint-Domingue organisieren in Paris eine Interessenvertretung.

1789   Im Kontext der Französischen Revolution erlangen weiße Pflanzer die Zulassung von Vertretern beim »Dritten Stand«.

1790   März: Die französische Konstituante erklärt von Weißen organisierte Provinzialversammlungen für rechtens.

1791   Februar: In einem brutal niedergeschlagenen Aufstand fordern die Mulatten Gleichberechtigung.
        Mai: Die französische Konstituante verfügt die volle Gleichberechtigung der freien Farbigen.
        August: Angesichts der Auseinandersetzungen zwischen Weißen und Mulatten bricht im Norden ein Sklavenaufstand aus, der bald das ganze Land erfasst.
        September: Die französische Konstituante hebt die rechtliche Gleichstellung der Mulatten wieder auf.

1792   April: Das Gleichstellungsdekret wird wieder, endgültig, in Kraft gesetzt.
        September: Jakobinische Kommissare landen mit republi-

kanischen Truppen, die sie zur Ausschaltung gegenrevolutionärer Weißer einsetzen.

1793 Nach dem Ausbruch des Krieges zwischen Frankreich und England/Spanien besetzen englische Truppen große Teile der Insel, die Sklaventruppen treten in spanische Dienste auf dem Ostteil der Insel.

1794 Februar: Der französische Konvent gibt die Sklaverei in den französischen Kolonien auf.
Mai: Der Führer der schwarzen Rebellen, François Dominique Toussaint, tritt mit seinen Truppen auf die französische Seite über und befriedet die Insel mit dem Experiment einer Zusammenarbeit von Schwarzen und Weißen.

1795 April: Im Frieden von Basel scheidet Spanien als Gegner aus und tritt die Osthälfte von Hispaniola an Frankreich ab.

1798 Frankreich ernennt Toussaint zum Oberbefehlshaber und Generalgouverneur.

1799 Anfang des Jahres bricht ein erbitterter Bürgerkrieg zwischen Schwarzen und Mulatten unter dem letzten frankreichtreuen Mulattengeneral André Rigaud aus.

1800 Toussaint besiegt Rigaud, zahlreiche Mulatten werden getötet. Toussaint besetzt auch den Ostteil der Insel.

1801 Juli: Toussaint erlässt eine Verfassung, die der Insel große Autonomie einräumt, Frankreich aber nur noch eine nominelle Oberhoheit lässt.

1802 Eine von Napoleon Bonaparte zur Rückeroberung der Insel entsandte Armee unter seinem Schwager Leclerc besiegt zwar Toussaints Armee und nimmt ihn selbst gefangen, vermag aber nicht, die Herrschaft zurückzugewinnen.
August: Die Nachricht von der von Napoleon bestimmten Wiedereinführung der Sklaverei ruft einen blutigen Aufstand von Schwarzen und Mulatten hervor, der unter dem neuen Rebellengeneral Jean-Jacques Dessalines die endgültige Unabhängigkeit herbeiführt.

1804 1. Januar: Die Führer der Rebellentruppen proklamieren die Unabhängigkeit des neuen Staates Haiti.

1806 Nach der Ermordung Dessalines, der sich selbst zum Kaiser ernannt und eine blutige Eliminierung der Weißen betrieben hatte, zerfällt Haiti in eine Mulattenrepublik im Süden und einen Staat von Schwarzen im Norden.

1820   Der Mulatte General Jean-Pierre Boyer aus dem Süden vereinigt Nord- und Südhaiti.

1822   Boyer besetzt den 1808/09 wieder spanisch und 1821 unabhängig gewordenen Ostteil Hispaniolas.

1844   Januar: Der Ostteil proklamiert als Dominikanische Republik seine Unabhängigkeit von Haiti.

Rassenkonflikte um »Gleichheit« und Anerkennung

Seit dem Frieden von Rijswijk 1697 gehörte der Ostteil der zweitgrößten Antilleninsel Hispaniola zu Frankreich. Die französische Kolonie Saint-Domingue hatte sich im 18. Jahrhundert, vor allem durch die Produktion von Rohrzucker und Kaffee auf Plantagen und durch Sklavenarbeit, zu einer wichtigen und für Frankreich ertragreichen Kolonie entwickelt. Sie war in drei unterschiedlich strukturierte Provinzen aufgeteilt. In der Nordprovinz lagen die größten Plantagen, und dementsprechend groß war der Anteil der Sklaven; in der Westprovinz lag das Verwaltungszentrum Port-au-Prince; in der Südprovinz lebten viele landbesitzende farbige Freie. Die kapital- und arbeitsintensive Produktion der in Frankreich begehrten tropischen Waren hatte dazu geführt, dass sich verschiedene soziale Schichten herausgebildet hatten. Spannungen und Konflikte waren die Folge. So stand am Ende des 18. Jahrhunderts bei einer Gesamtbevölkerung von rund 550 000 Einwohnern der kleinen Gruppe Weißer von etwa 33 000 Personen – die sich wiederum in reiche Plantagenbesitzer, die *grands blancs*, und arme weiße Städter, die *petits blancs*, unterteilten – die große Masse der Negersklaven mit immerhin fast 484 000 Personen gegenüber. Eine Zwischenstellung nahm die Gruppe der freien Farbigen, der freigelassenen Mischlingsbevölkerung – meist Nachkommen weißer Herren und schwarzer Sklavinnen –

ein. Die Mulatten mit annähernd 33 000 Personen verfügten über Land- und Sklavenbesitz, wodurch viele von ihnen zwar wirtschaftlich bisweilen sogar auf der Stufe der
»reichen Weißen« standen, als Farbige aber sozial diskriminiert wurden, obwohl sie ihrerseits an der scharfen
Trennung gegenüber den Sklaven festhielten. Entsprechend ihrer Hautfarbe und ihrem sozialen Stand hatten
die verschiedenen Bevölkerungsgruppen unterschiedliche
Vorstellungen darüber, wie der bisherige soziale und politische Status zu verändern sei. Während die weiße Pflanzeroligarchie angesichts der Unterordnung unter die wirtschaftlichen Interessen des Mutterlands und eines fehlenden politischen Mitspracherechts mit der französischen
Kolonialherrschaft unzufrieden war und größere Autonomie beanspruchte und die farbigen Freien und Mulatten
nach sozialer Gleichberechtigung mit den Weißen strebten, war es den Plantagensklaven zunächst um ihre Freiheit zu tun.

Der Ausbruch der Revolution im Mutterland 1789 löste auch in der Kolonie Saint-Domingue einen erbitterten
Interessenkampf der einzelnen Gruppen untereinander
aus, der schließlich in einen Krieg gegen das Mutterland
umschlug und zum Sieg der schwarzen Bevölkerung
führte. Bereits 1789 gelang es weißen Plantagenbesitzern,
Abgeordnete der wohlhabenden Kolonistenkreise unter
die Vertreter des »Dritten Standes« in der französischen
Nationalversammlung zu bringen und 1790 auch die Anerkennung einer eigenen Kolonialversammlung zu erreichen, was ihren Autonomiebestrebungen sehr entgegenkam. Die freien Farbigen verstanden die Parolen der
Französischen Revolution von Freiheit, Gleichheit, Brüderlichkeit als Zugang zu jener sozialen Gleichberechtigung, die ihnen bisher die weiße Kolonialgesellschaft verweigert hatte, und beanspruchten deshalb für sich das
Wahlrecht für die Kolonialversammlung. Da die *grands
blancs* ihnen dieses Recht verweigerten, verstärkten sich

die Interessengegensätze. Sie mündeten in bewaffnete Auseinandersetzungen zwischen Weißen und Mulatten, als nach einem mit brutaler Härte unterdrückten Mulattenaufstand im Februar 1791 die Nationalversammlung im Mai 1791 die volle Gleichberechtigung der freien Farbigen verfügte, die weißen Kolonisten und der Gouverneur sich aber weigerten, das Mulattendekret anzuerkennen. Lediglich die gemeinsame Furcht vor einer Sklavenrebellion veranlasste beide Gruppen von Sklavenhaltern einzulenken, die Auseinandersetzungen einzudämmen, ja sogar ein Bündnis einzugehen. Allerdings kam eine Integration der Mulatten nicht zustande, so dass auch keine Konsolidierung einer kolonialen Autonomie unter Dominanz der weißen Gruppen eintrat. Überdies verfolgte die Gruppe der Weißen keine einheitliche politische Richtung; neben Patrioten und Republikanern gab es auch antirevolutionäre, royalistische Kräfte, und die Position der Mulatten wurde dadurch geschwächt, dass die französische Konstituante im September 1791 die rechtliche Gleichstellung der Mulatten wieder aufhob.

Sklavenaufstand und Abschaffung der Sklaverei

In dieser Krisensituation brach im August 1791 auf den großen Zuckerrohrplantagen im Norden ein Sklavenaufstand aus, an dem in kurzer Zeit mehrere Tausend Sklaven beteiligt waren. Er breitete sich schnell über ganz Saint-Domingue aus und überzog die Insel in den nächsten Jahren mit einem blutigen Krieg zwischen wechselnden Koalitionen. Als im September 1792 jakobinische Kommissare, von denen jeder eine Teilregion übernahm, mit republikanischen Truppen auf die Insel kamen, setzten sie die Soldaten nicht etwa dazu ein, die Rebellion der Sklaven einzudämmen, sondern zunächst mit Hilfe der Mulatten weiße

Gegenrevolutionäre und Autonomisten auszuschalten. Im Norden gelang das auch, hatte aber zur Folge, dass zahlreiche Pflanzer und Beamte in die USA flohen, die wirtschaftliche Produktion zurückging, die Instabilität zunahm und im Süden Reste der weißen Kolonialbevölkerung ihr Gebiet im September 1793 sogar der englischen Krone unterstellten. Englische Truppen besetzten große Teile der Insel. Während sich die Weißen mit England verbündeten – nach der Hinrichtung des französischen Königs Ludwig XVI. am 21. Januar 1793 hatte sich England ebenso wie Spanien und andere europäische Monarchien dem Bündnis gegen Frankreich angeschlossen –, traten die rebellierenden Sklaven auf die Seite der Spanier, die vom spanischen Ostteil der Insel Hispaniola aus operierten. Lediglich die Mulatten unterstützten die französische Herrschaft, nachdem die französische Legislative das im Mai 1791 erlassene, dann im September 1791 wieder aufgehobene Gleichheitsdekret am 4. April 1792 endgültig in Kraft gesetzt hatte. Allerdings waren sie als Gruppe zu schwach und zu wenig einheitlich, als dass sie zu einem tragenden Element einer neuen französischen Kolonialordnung hätten werden können. Im Übrigen hatten sie Vorbehalte gegenüber Frankreich, wo der Konvent am 4. Februar 1794 die Abschaffung der Sklaverei für alle französischen Kolonien verkündet hatte, ein Akt, den sie als Einschränkung ihrer Rechte gegenüber den Sklaven empfanden.

Autonomie-Status und schwarz-weißer Konsens

Für die rebellierenden Sklaven bot die Aufhebung der Sklaverei jedoch neue Perspektiven, so dass verständlich wird, warum im Mai 1794 der herausragende Führer der Sklaven, François Dominique Toussaint, ein ehemaliger Haussklave und Toussaint L'Ouverture genannt, weil er das Tor zur Freiheit öffnete, mit einer disziplinierten Truppe von 4000 Mann von der spanischen auf die französische Seite wechselte. Unter seiner geschickten Führerschaft als Militär und Politiker gelang es, Engländer und Spanier zurückzudrängen und das französische Herrschaftsgebiet zu sichern und sogar auszudehnen. Spanien schloss 1795 mit Frankreich Frieden und trat im Frieden von Basel den Ostteil der Insel an Frankreich ab. England zog 1798 seine Truppen aus Saint-Domingue ab. Zudem erreichte es Toussaint, die Ordnung auf den Plantagen wiederherzustellen, mit einer rigorosen Arbeitsverpflichtung für die ehemaligen Sklaven und mit ökonomischem Sachverstand zurückkehrender Weißer den Produktionsprozess wieder in Gang zu bringen und so einen neuen Wirtschaftsaufschwung einzuleiten. Zugleich nahm aber auch Toussaints politische Konzeption Gestalt an, die Freiheit sowohl von den weißen Sklavenbesitzern als auch von Frankreich durchzusetzen. Unter seiner klugen Leitung wurde die schwarze Bevölkerung der Kolonie zu einer Macht. Seine Beliebtheit bei den Schwarzen stärkte wiederum seine Stellung, zumal er auch Anhänger in der weißen Bevölkerung besaß. So konnte Toussaint sowohl den militärischen Oberbefehl als auch die politische Führung übernehmen, und der französischen Regierung blieb gar nichts anderes übrig, als ihn 1798 sowohl als Oberbefehlshaber als auch als Generalgouverneur zu bestätigen. Und nachdem er Anfang 1800 den letzten frankreichtreuen, im Süden operierenden Mulattengeneral André Rigaud in einem einjährigen blutigen Bürgerkrieg zwischen Mulatten und Schwarzen besiegt hatte, war seine Macht unangefochten. Bei der weiteren Stabilisierung der politischen und wirtschaftlichen Ordnung setzte er vorwiegend auf Schwarze im Militär und Weiße in Verwaltung und Wirtschaft; die Mulatten im Norden und im Zentrum waren während des Bürgerkriegs fast ausgelöscht worden. Im Jahr 1800 besetzte Toussaint auch den ehemaligen spanischen Ostteil der Insel, war damit also Herr der ganzen Insel Hispaniola. Im Juli 1801 schuf er eine autoritär ausgerichtete Präsidialverfassung, die die Insel zwar noch als Teil des französischen Imperiums bezeichnete, ihr aber ein großes Maß an Autonomie verlieh, indem sie Frankreich kaum mehr als eine nominelle Oberherrschaft (Suzeränität) über die halbsouveräne Insel zuerkannte.

Französische Rückeroberung und Staatsgründung

Die neue französische Kolonialpolitik unter Napoleon beendete jedoch bald diesen Zustand großer Autonomie bzw. löste den gewaltsamen Schritt zur endgültigen Loslösung vom Mutterland aus. Denn Napoleon Bonaparte, seit Ende 1799 Erster Konsul der neuen französischen Konsulatsverfassung und seit den Siegen über Österreich 1800 in seiner Macht gefestigt, stand auf der Seite der emigrierten weißen Pflanzer und begann, die Zugeständnisse an die Kolonie und Toussaint zurückzunehmen. Er entsandte zur Rückeroberung der Insel 1802 eine große Expeditionsarmee unter seinem Schwager Leclerc nach Saint-Domingue. In blutigen Kämpfen konnte Leclerc die Armee Toussaints besiegen und ihn selbst gefangen nehmen. Toussaint wurde nach Frankreich gebracht, wo er 1803 starb. Doch eine Rückeroberung gelang Leclerc nicht. Denn als die Nachricht von der durch Napoleon 1802 bestimmten Wiedereinführung der Sklaverei auf den französischen Antillen in Saint-Domingue bekannt wurde, begannen im August 1802 Schwarze und Mulatten, gestützt auf Reste von Toussaints Armee, erneut zu rebellieren. Diesem Aufstand hatten die von Krankheiten geschwächten französischen Truppen nichts entgegenzusetzen; in kurzer Zeit vertrieb die Rebellenarmee unter dem neuen Anführer Jean-Jacques Dessalines, ebenfalls einem ehema-

ligen Sklaven, mit Hilfe englischer Seestreitkräfte die von
Napoleon entsandten Truppen von der Insel. Nach dem
Sieg proklamierten am 1. Januar 1804 die Führer des Auf-
standes die Unabhängigkeit der ehemaligen französischen
Westhälfte unter dem Namen Haiti.

Krieg der Schwarzen gegen Weiße und Mulatten

Mit dieser Namensgebung griffen die ehemaligen afrikanischen Sklaven bezeichnenderweise auf den indianischen
Namen zurück, den die Insel vor der Eroberung durch die
Spanier gehabt hatte. Bewusst wurde also die Zeit des Kolonialstatus ausgeblendet. Und tatsächlich war mit der
Unabhängigkeit die politische Freiheit, die Souveränität
erlangt, nicht jedoch ein innergesellschaftlicher Konsens.
Schon während der vorangegangenen Auseinandersetzungen waren die Mulatten dezimiert worden. Nun erfolgte
unter Dessalines, der zum Staatsoberhaupt gewählt wurde
und sich selbst zum Kaiser Jacques I. ernannte, die Eliminierung der europäischen weißen Bevölkerung. Wer den
Massakern entkommen konnte, floh entweder in den noch
unter französischer Kontrolle stehenden Ostteil der Insel
– ein Versuch Dessalines vom März 1804, die Franzosen
dort auszuschalten, scheiterte – oder auf andere Inseln der
Karibik. Dessalines setzte nicht nur Toussaints Versuch
einer schwarz-weißen Partnerschaft nicht fort, sondern
bemühte sich auch nicht um einen Konsens zwischen
Schwarzen und Mulatten. So zerbrach nach seiner Ermordung 1806 Haiti in eine Mulattenrepublik im Süden unter
Alexandre Pétion und einen Staat von Schwarzen im Norden unter General Henri Christophe, der sich 1811 zum
Kaiser Henri I. ernannte. Erst dem Mulatten General
Jean-Pierre Boyer, der 1818 Pétions Nachfolge antrat, gelang es nach dem Selbstmord Henris I. 1820, ganz Haiti

wieder zu vereinigen. 1822 annektierte er auch die Osthälfte der Insel, wo 1808/09 ein Aufstand die französische
Herrschaft beseitigt, Santo Domingo wieder unter spanische Herrschaft gestellt und 1821 ein erneuter Aufstand
die Unabhängigkeit von Spanien erklärt hatte; bis 1844
blieb der Ostteil der Insel eine Provinz Haitis.

Auswirkungen der Rassenemanzipation

Während Frankreich als ehemalige Kolonialmacht zwar
spät, aber immerhin 1825 die Unabhängigkeit Haitis anerkannte, blieb die internationale Anerkennung lange aus.
Verlauf und Ergebnis der Revolution auf Hispaniola
wirkten auf die umliegenden, an Sklavenwirtschaft orientierten Kolonialgesellschaften und Staaten abschreckend:
In politischer Hinsicht hatte die Abfolge verschiedener
Projekte von einem durch weiße Pflanzer bestimmten Au-
tonomieprojekt über den Versuch eines schwarz-weißen
Konsenses zu einer »Negerrepublik« geführt, also die Dimension einer Rassenemanzipation angenommen; in wirtschaftlicher Hinsicht hatte die Zerschlagung der Plantagenwirtschaft und die Einführung einer kleinbäuerlichen
Wirtschaft wirtschaftlichen Niedergang hervorgerufen.
Die Staatsgründung Haitis, die politische und soziale
Emanzipation einer mehrheitlich von Nichtweißen bevöl-
kerten Kolonie, war in den Augen der weißen Schichten
in den Kolonialgesellschaften kein nachahmenswertes Beispiel.

Von Kolonien zu souveränen Staaten: Der Prozess der Staatenbildung

(1808–1830)

Epochenüberblick

Die seit der Mitte des 18. Jahrhunderts gewachsene Entfremdung der Kreolen von den Mutterländern führte zunächst zu Bestrebungen nach größerer politischer Autonomie und letztlich dann zu Separationsbewegungen, was in der Bildersprache der damaligen Zeit als ein natürlicher Prozess des Erwachsenwerdens erschien. Dabei wirkten das Beispiel der Separation der englischen Kolonien in Nordamerika und das der Französischen Revolution mit ihren politischen Auswirkungen durchaus stimulierend auf die politischen Entscheidungen. Allerdings blockierten die gesellschaftlichen Auswirkungen der Französischen Revolution, besonders der jakobinischen Phase, und die nach blutigen Rassenkämpfen von ehemaligen Sklaven vorgenommene Gründung eines unabhängigen Staates Haiti auf dem westlichen Teil der Antilleninsel Hispaniola sowie die daraus resultierende Furcht vor ähnlichen Entwicklungen in Amerika in fast allen neuen Staaten innergesellschaftliche Maßnahmen hinsichtlich einer Veränderung der starren sozialen Strukturen. Diese Zurückhaltung rührte daher, dass vorwiegend amerikanische Kreolen die Hauptakteure des Loslösungsprozesses waren und nicht die benachteiligten, um soziale Veränderungen kämpfenden Schichten der Indios oder der Sklaven bzw. dass sich die Interessen der Kreolen und ihr Projekt der Staatenbildung und nicht die Anliegen der unteren Schichten durchsetzten,

wenn sie denn wie in Bolivien, Peru, Mexiko oder Venezuela rebellierten und den bestehenden sozialen Status quo
zu gefährden schienen. In solchen Fällen erfolgte die Erklärung der Unabhängigkeit bzw. die Akzeptanz des Kolonialstatus geradezu als Absicherung der kreolischen Interessen. Diese Interessenabsicherung führte sogar dazu, dass
Kuba im Unterschied zu den anderen Kolonien Spanien
treu blieb und das koloniale Verhältnis nicht löste, weil den
Kreolen daraus wirtschaftliche Vorteile erwuchsen.

So war der Loslösungsprozess in den verschiedenen Regionen, der sich seit der Mitte des 18. Jahrhunderts ange-
deutet hatte, seit dessen letztem Jahrzehnt und vor allem
im ersten Jahrzehnt des 19. Jahrhunderts in der besonderen Situation der napoleonischen Besetzung der Iberischen
Halbinsel in seine heiße Phase trat, ja durch diese Ereignisse erst ausgelöst wurde, kein einheitlicher und identischer
Vorgang, obwohl die Emanzipationsbewegungen gleichzeitig erfolgten. Das betraf nicht nur die unterschiedliche
Entwicklung des spanischen Amerikas und Brasiliens, sondern auch die verschiedenen Wege zur Emanzipation, zur
Staatenbildung in Spanischamerika. Während das spanische Amerika entsprechend der früheren Raumgliederung
in mehreren Staaten unabhängig wurde, blieb das unabhängige Brasilien dank der vorhergehenden Zentralisie-
rungspolitik trotz geographischer, klimatischer und wirtschaftlicher Verschiedenheiten als politische Einheit bestehen. Während Brasilien seine Souveränität als Monarchie
erlangte, konstituierten sich die ehemaligen spanischen
Kolonien nach kontroversen Diskussionen über die adäquate Staatsform letztlich als Republiken von Staatsbürgern, ohne dass dies jedoch eine Rechtsgleichheit aller
Bürger bedeutet hätte. Denn die bestehenden gesellschaftlichen Strukturen veränderten sich nicht. Insofern gelten
die Unabhängigkeitsrevolutionen als unvollendete Revolutionen, weil ihnen die soziale Komponente fehlte.

Dieses Kapitel zeichnet die verschiedenen Phasen der

Unabhängigkeitsrevolutionen nach, gegliedert nach den ehemaligen Vizekönigreichen und Brasilien im Kontext der Krisen der iberischen Mutterländer von den ersten Junta-Bewegungen bis zur Erlangung der Souveränität. Es schildert, dass und wie sich die Projekte der rebellierenden Gruppen von Kreolen durchsetzten, und beschreibt, mit welchen Argumenten und Instrumenten diese die Loslösung von den Mutterländern rechtfertigten, Unentschlossene für ihre Sache motivierten und mit welchen Symbolen sie angesichts der bestehenden kulturellen und ethnischen Heterogenität Identität bzw. Identifizierung mit den neuen Staaten zu stiften versuchten. Es bewertet auch das Ergebnis des Emanzipationsprozesses, indem es die ungelösten Schwierigkeiten, Probleme und Defizite benennt, vor die sich die kulturell und ethnisch heterogenen sowie hierarchisch strukturierten Gesellschaften eben durch die Art der Staatwerdung gestellt sahen: Junge, aus politischen Revolutionen entstandene Staaten mussten ihre internen Legitimitäts- und Loyalitätsprobleme lösen sowie ihre Stellung in der internationalen Staatenwelt neu einnehmen, die zu Beginn des 19. Jahrhunderts durch europäische Regeln und Interessen bestimmt war.

Die Krise in Spanien

1780	Die Krone beginnt zur Finanzierung von Kriegskosten mit der Ausgabe von Schuldverschreibungen (*vales reales*).
1788–1808	Regierungszeit Karls IV.
1796	Mit dem Vertrag von Ildefonso wird Spanien zum Bündnispartner Frankreichs und in die europäischen Auseinandersetzungen verwickelt; Beschränkungen im atlantischen Handelsverkehr.

1797	Spanien räumt den Kolonien das Recht ein, mit neutralen Staaten Handel zu treiben.
1798	Die Krone ordnet als neue Geldquelle den Verkauf von Kirchengut (Desamortisation) in Spanien an.
1804	Januar: Spanien tritt an der Seite Frankreichs in den Krieg gegen England ein.
	Dezember: Die Krone dehnt die Maßnahmen zur Desamortisation auch nach Amerika aus.
1805	21. Oktober: Spanien verliert mit der Niederlage in der Seeschlacht von Trafalgar einen Großteil seiner Flotte und damit die Schutzfunktion für seine Kolonien in Amerika.
1806/07	Die Invasion der Engländer in der La-Plata-Mündung offenbart Spaniens militärische Schwäche. Amerikanische Freiwillige unter dem französischen Marineoffizier Santiago Linniers verteidigen Buenos Aires.
1808–1812	Napoleonische Invasion und Besetzung der Iberischen Halbinsel.
1808	19. März: Junge Offiziere setzen den Günstling der Königin, den Minister Manuel Godoy, ab und zwingen König Karl IV. zur Abdankung zugunsten seines Sohnes Ferdinand.
	28. April bis 5. Mai: Napoleon zwingt in der Zusammenkunft von Bayonne Ferdinand VII. und Karl IV. zur Abdankung und hält sie in Frankreich gefangen.
	2. Mai: In Madrid beginnt ein Aufstand gegen die Invasion Napoleons, der sich im ganzen Land ausweitet; regionale autonome Juntas übernehmen stellvertretend die Regierungsgewalt.
	6. Juni: Napoleon bestimmt seinen Bruder Joseph zum König von Spanien und Las Indias.
1808–1810	Junta-Bildungen durch Cabildos einiger spanischer Städte in Amerika: August 1808 mit Billigung des Vizekönigs Iturrigaray in Mexiko-Stadt; Mai 1809 in Chuquisaca, Juli 1809 in La Paz; August 1809 in Quito.
1808	15. September: Europa-Spanier setzen Vizekönig Iturrigaray ab.
	25. September: Es gelingt, eine Zentraljunta, *Junta Central Suprema*, zu bilden, die vor anrückenden Fran-

zosen Zuflucht auf der kleinen Insel León vor Cádiz findet.

1809   22. Januar: Die Zentraljunta erklärt die amerikanischen Gebiete zu integralen Bestandteilen der spanischen Monarchie, hebt also den Kolonialstatus auf, und lädt die Amerikaner zur Teilnahme an der Zentraljunta ein.

1810   1. Januar: Die Zentraljunta verkündet die Einberufung der Cortes.

29. Januar: Die Zentraljunta tritt die provisorische Regierung an einen Regentschaftsrat, *Consejo de regencia*, ab, der am 31. Januar die Regierung übernimmt.

14. Februar: Der Regentschaftsrat erkennt die Rechtsgleichheit der ehemaligen Kolonien an und regelt die Modalitäten für die Wahl der amerikanischen Delegierten zu den Cortes.

24. September: Nach der Vereidigung der Abgeordneten beginnen die Cortes von Cádiz zu tagen.

Niedergang der spanischen Kolonialmacht

Seit 1796 und besonders im ersten Jahrzehnt des 19. Jahrhunderts trat erneut ein Wechsel in den Beziehungen zwischen dem spanischen Mutterland und den Kolonien ein. Durch den Niedergang der spanischen Macht in den internationalen Konflikten und durch den Verfall der bourbonischen Dynastie, ferner durch die von Napoleon erzwungene Abdankung des legitimen spanischen Königs und seines Nachfolgers sowie die Proklamation Joseph Bonapartes zum spanischen König entstand in Spanischamerika ein Machtvakuum, das die Kreolen zur Stärkung ihrer eigenen Position gegenüber einem geschwächten Spanien und den spanischen Kolonialbehörden zu nutzen vermochten.

Vor allem im ökonomischen Bereich, im so vielverspre-
chend gewachsenen Handelsverkehr hatte sich Spaniens
Niedergang gezeigt. Bedingt durch die Kriege, die es gegen England führen musste, seit es im Vertrag von Ildefonso 1796 zum Bündnispartner Frankreichs geworden
war, erlebten die Handelsverbindungen zwischen Spanien
und seinen Kolonien häufige Unterbrechungen. Spanien
konnte weder eine ausreichende Versorgung mit europäischen Gütern gewährleisten noch für erweiterte Absatzmöglichkeiten von Agrarprodukten sorgen, die zahlreiche
Ökonomen gerade für die amerikanischen Gebiete als besonders entwicklungsförderlich propagiert hatten. Ein
häufig beklagter und seit dem ausgehenden 18. Jahrhundert zunehmender Schmuggelhandel mit Agrarprodukten
aber belegt, dass wirtschaftliche Interessen und Aktivitäten in Amerika vorhanden waren und dass sich die Kreolen in den beginnenden weltweiten Modernisierungsprozess einbringen wollten, den Spanien und Portugal nicht
gewährleisten konnten. Zudem waren die kommerziellen
Bindungen dadurch gelockert worden, dass Spanien 1797
den Kolonien das Recht einräumen musste, mit neutralen
Nationen wie z. B. den USA Handel zu treiben. Die
mehrmalige Zurücknahme bzw. Neugewährung dieser
Konzessionen in den folgenden Jahren war nicht dazu angetan, das Vertrauen in das spanische Handelssystem zu
stärken, das sich in internationalen Konflikten als anfällig
erwies.

Vertrauen verspielte Spanien auch durch seine Politik,
zur Entschuldung seiner Staatsfinanzen, die durch die
Aufwendungen für Kriegskosten entstanden, große Teile
des Kirchenbesitzes zu veräußern. Zur Finanzierung der
Kriegskosten hatte die Krone seit 1780 Unmengen von
staatlichen Schuldverschreibungen (*vales reales*) ausgege-
ben, die regelmäßige Zinszahlungen und bestimmte Til-
gungsfristen vorsahen und auch als offizielles Zahlungs-
mittel dienen konnten. Als die Krone diese Staatsschulden

nicht mehr bedienen konnte, hatte sie 1798 als neue Geld-
quelle den Verkauf der Liegenschaften aller religiösen
Bruderschaften (*cofradías*), frommen Stiftungen (*obras
pias*) und kirchlichen Hospitäler in Spanien zugunsten einer staatlichen Finanzkasse (*caja de consolidación*), aus der
die Tilgung der Schuldverschreibungen erfolgen sollte, dekretiert. Auf Versteigerungen sollten demnach diejenigen
Güter desamortisiert werden, die durch frühere rechtliche
Bestimmungen dem Wirtschaftskreislauf dauerhaft entzogen, also amortisiert, waren. Ende 1804, als Spanien mit
neuen Kriegskosten belastet war und die alten Schuldverschreibungen nur noch 50 Prozent ihres ursprünglichen
Nennwerts besaßen, dehnte die Regierung Karls IV. per
Dekret vom 26. Dezember 1804 diese Maßnahme auch auf
Amerika aus, ja verschärfte sie noch dadurch, dass das gesamte Vermögen, Immobilien und Geldvermögen der verschiedenen kirchlichen Korporationen – Kirchen, frommen Stiftungen, Spitälern und religiösen Bruderschaften –
erfasst werden sollte, soweit es über die notwendigen
Kosten für den Unterhalt der Pfarrkirche oder des Klos-
ters hinausging.

Das Verfahren rief Unverständnis und Protest bei großen Teilen der kreolischen Gruppen einschließlich der
Geistlichen hervor, denn gerade der vorgesehene Zugriff
auf das Geldvermögen traf zahlreiche Privatpersonen sehr
empfindlich, sollten sie doch nun die von kirchlichen Einrichtungen erhaltenen Kredite zurückzahlen, damit diese
ihre Geldvermögen flüssig machen konnten. In der kolonialen Wirtschaftsordnung stellten nämlich kirchliche
Einrichtungen die wichtigsten Kreditgeber dar. Durch
Spenden der Gläubigen sowie durch eigene wirtschaftliche
Aktivitäten verfügten sie über enorme Vermögen, die es
ihnen ermöglichten, Kredite an Privatpersonen zu vergeben, wodurch diese wiederum wirtschaftlich aktiv werden
oder andere Interessen befriedigen konnten. Zum Geldvermögen zählten auch die Kaplanspfründen (*capellanías*),

Zahlungsverpflichtungen, die Gläubige als Stiftungen für fromme Werke, Armenspeisungen oder das Lesen von Messen für das Seelenheil des Spenders durch einen eigens beauftragten Geistlichen (*capellán*) eingingen. Als Sicherheit für Kredite und Zahlungsverpflichtungen waren Häuser oder Grundbesitz der Kreditnehmer oder Spender mit Hypotheken (*censos*) belastet worden. Mit dem Gesetz zur Veräußerung des Kirchenvermögens nun waren die Kreditnehmer gezwungen, Hypotheken abzulösen, während begünstigte Geistliche oder Mitglieder der kirchlichen Einrichtungen um ihre Einnahmen fürchten mussten. Verständlicherweise kam es deshalb in den Kolonien zu vehementen Protesten gegen diese Maßnahme, weil in vielen Fällen Privatpersonen wegen Zahlungsunfähigkeit bei der Ablösung der Hypotheken ihrer Häuser verlustig gingen und das wirtschaftliche Leben durch den Zusammenbruch des Kreditsystems beeinträchtigt wurde bzw. wichtige Gruppen in den Kolonien die Wirtschaft beeinträchtigt sahen, zumal die Ablösesummen nicht in die eigene Wirtschaft geleitet, sondern nach Spanien abgeführt wurden. Doch nicht so sehr die tatsächlich zu zahlenden Beträge empörten die Kreolen, viel mehr noch die Tatsache, dass die spanische Regierung die Maßnahme anscheinend in Unkenntnis der Kreditsituation in den Kolonien überhaupt angeordnet hatte. So erzeugte das Dekret zur Desamortisation bei zahlreichen Mitgliedern der Kolonialgesellschaft das Gefühl, einer schlechten Regierung ausgeliefert zu sein; erst am 14. Januar 1809 wurde es außer Kraft gesetzt.

Das Vertrauen in Spaniens Beschützerrolle ging ebenfalls verloren. Zwar hatte Spanien versucht, sich aus der ihm durch das Bündnis mit Frankreich aufgezwungenen Beteiligung an den napoleonischen Kriegen in Europa herauszuhalten und im Konflikt zwischen England und Frankreich neutral zu bleiben. Doch da England die spanische Neutralität nicht anerkannte, kam es zu einer neuen Allianz mit Frankreich, die im Januar 1804 zum Eintritt Spaniens in den Krieg gegen England führte. Als in der Seeschlacht von Trafalgar am 21. Oktober 1805 die Flotte der Alliierten eine vernichtende Niederlage erlitt und Spanien einen Großteil seiner Flotte verlor, schied es nicht nur als Seemacht in Europa aus, sondern büßte auch seine militärische Schutzfunktion gegenüber Amerika ein. Die englische Invasion in der La-Plata-Mündung 1806/07 enthüllte dies mit aller Deutlichkeit. Denn nicht spanisches Eingreifen von See, nicht spanische Hilfstruppen, nicht der amtierende spanische Vizekönig, der Marqués de Sobremonte, der sich vor den englischen Truppen nach Córdoba abgesetzt hatte, vertrieben die englische Besatzung aus Buenos Aires und schlugen die Engländer aus der La-Plata-Mündung zurück, sondern die Freiwilligentruppen der Stadt Buenos Aires, die Amerikaner selbst unter Führung des französischen Marineoffiziers Santiago Liniers und anderer kreolischer Offiziere. Kaum ein anderes Ereignis führte den amerikanischen Kreolen die militärische Schwäche Spaniens einerseits, zugleich aber auch die eigene militärische Leistungsfähigkeit so schlagend vor Augen. Nicht nur die Einwohner von Buenos Aires feierten den Sieg über die Engländer als Ausdruck ihrer Fähigkeit, Entschlossenheit und Stärke, auch andere Amerikaner wie z. B. die Neu-Granadiner im fernen Bogotá nahmen regen Anteil an den Vorgängen am La Plata und feierten den Sieg über die Engländer, den sie bezeichnenderweise als Sieg der Amerikaner begriffen. So fasste der Geistliche Antonio de León in einer Dankpredigt im Februar 1808, also nur sieben Monate nach dem endgültigen Sieg der Argentinier über die Engländer, die Leistungen der Amerikaner voll Stolz zusammen, indem er ausrief: »Ah, unsere Amerikas hatten bis jetzt noch keinen außergewöhnlichen Beweis jenes martialischen Geistes liefern können, der von eben diesem Gott herrührt [...]. Nun aber ist dieser wertvolle Augenblick gekommen, der so

lange im tiefsten Dunkeln geborgen war. Amerika hat
jetzt sein Haupt erfolgreich erhoben, und allein durch die
Schlacht von Buenos Aires lässt es frühere Ruhmestaten
für immer verblassen.«

Napoleonische Besetzung Spaniens und Widerstand

Zu dem militärischen Machtverfall Spaniens kamen die internen Auseinandersetzungen der bourbonischen Dynastie erschwerend hinzu. Seit 1788 herrschte Karl IV., der
sich zunehmend als unfähig erwies und die Regierung
dem Günstling der Königin, Manuel Godoy, überließ. Die
allgemeine Unzufriedenheit über die Intrigen am spanischen Hof, über die zunehmende Ineffizienz der Regierung sowie den Einmarsch französischer Truppen zur gemeinsamen Eroberung Portugals führten schließlich zu
dem von Offizieren und breiten Kreisen der spanischen
Bevölkerung getragenen Aufstand von Aranjuez am 19.
März 1808, in dessen Verlauf Karl IV. seinen Minister
Godoy entließ und selbst zugunsten seines Sohnes Ferdinand abdanken musste. Napoleon wiederum erhielt durch
diese Vorgänge den Vorwand, nun auch in die spanischen
Verhältnisse einzugreifen: Seine Truppen besetzten Madrid und bald ganz Spanien. In der Zusammenkunft von
Bayonne vom 20. April bis 5. Mai 1808 zwang er den jungen König Ferdinand VII., in den die Spanier so viel Hoffnung auf eine allgemeine Erneuerung gesetzt hatten, die
Krone an seinen Vater zurückzugeben, und diesen brachte
er dazu, abzudanken. Während Napoleon seinen Bruder,
Joseph Bonaparte, zum Rey de España e Indias machte,
wurden die spanischen Bourbonen in Frankreich gefangen
gehalten.

Die Spanier jedoch akzeptierten die neue napoleonische
Dynastie nicht. Schon am 2. Mai 1808 war in Madrid eine

Volkserhebung gegen die französischen Truppen ausgebrochen, die schnell weite Teile Spaniens erfasste und in einen allgemeinen nationalen und über Jahre dauernden politischen und militärischen Widerstand gegen die Besetzung durch die Franzosen überging. Diesen Widerstand organisierten zuerst regionale autonome Juntas, die für sich beanspruchten, die oberste Instanz des gegen die Franzosen und für die Rückkehr Ferdinands VII. kämpfenden Spaniens zu sein. Erst am 25. September 1808 gelang es, die verschiedenen Führungsansprüche zu überwinden und unter der Präsidentschaft des alten Grafen Floridablanca, der seit Mitte der 1770er Jahre bis 1792 die Außenpolitik geleitet hatte, eine Zentraljunta, *Junta Central Suprema*, zu gründen, die im Namen Ferdinands VII. die Regierung und die Organisation der Verteidigung übernahm, auch wohl einige liberale Strukturveränderungen ins Auge fasste. Trotz anhaltenden Widerstands und wirksamer Guerillatätigkeit blieb dem Volksaufstand Erfolg lange versagt, denn in den Jahren 1809/10 besetzten französische Truppen fast die gesamte Halbinsel und behielten dort bis zu Napoleons Russlandfeldzug 1812 die Oberhand. So musste die Zentraljunta vor den Franzosen auf die kleine Insel León bei Cádiz fliehen. Von einer funktionierenden Regierungsgewalt konnte keine Rede sein, auch dann nicht, als die Zentraljunta Anfang des Jahres 1810 die provisorische Regierung an einen Regentschaftsrat, *Consejo de regencia*, abtrat, der sein Überleben auf der Insel León dem Schutz der englischen Flotte verdankte.

Junta-Bewegung im Kolonialreich

Angesichts der Krise der spanischen Monarchie, angesichts der militärischen und politischen Ereignisse in Europa, die ein aktives Eingreifen Spaniens in seinen Kolonien nicht gestatteten, sahen sich die unzufriedenen Kreolen vor die Möglichkeit gestellt – in gewissem Sinn auch dazu gezwungen –, über ihre politische Zukunft zu entscheiden. Dies war umso wichtiger, als die intakt gebliebenen spanischen Kolonialbehörden in Mexiko, Venezuela, Montevideo und Buenos Aires durchaus geneigt waren, die napoleonische Dynastie anzuerkennen, während die Kreolen den Bourbonen und besonders Ferdinand VII. gegenüber loyal bleiben, sich zu ihm bekennen wollten, aber auch das Problem der Abwesenheit des königlichen Souveräns und die sich daraus ergebenden Konsequenzen diskutierten. In dieser Konstellation sahen die Kreolen nun die Möglichkeit, eine eigene Position gegenüber den alten, mit Spaniern besetzten Kolonialbehörden aufzubauen. Wie in Spanien kam es auch in Amerika zur Bildung von Juntas, die anfangs ihre Loyalität gegenüber Spanien und dem abgesetzten Monarchen betonten, bald aber zu den unterschiedlichsten Initiativen übergingen, um mehr Autonomie auszuüben.

Einen ersten, wenn auch gescheiterten Versuch, eine Regierungsjunta (*junta de gobierno*) zu bilden, unternahm der Stadtrat (*cabildo*) von Mexiko-Stadt. Dieser Versuch und die von den Ratsmitgliedern vorgetragenen Argumente zeigen zum einen ein gewachsenes kreolisches Selbstbewusstsein, zum anderen verdeutlichen sie die Stellung des spanischen Königs innerhalb des Machtgefüges der Monarchie sowie die Loyalität seiner Untertanen ihm gegenüber und geben Einblick in die vertragsrechtlichen Begründungen. Sobald nämlich im Juli 1808 die erzwungene Abdankung Ferdinands VII. bekannt geworden war, trat angesichts aufkommender öffentlicher Unruhe der Stadtrat von Mexiko-Stadt zusammen, um die neue Situation, die sich ihm als eine schwere Verfassungskrise darstellte, und das weitere Vorgehen zu beraten. Denn das Vizekönigreich war seiner wichtigsten symbolischen Verkörperung, des Monarchen, beraubt, in und mit dessen Namen alle Machtausübung geschah. Der Cabildo, der ausdrücklich die Führungsrolle als Haupt, Metropole (*cabeza, metrópoli*) des ganzen Königreichs Neu-Spanien für sich beanspruchte, bekräftigte in einem Grundsatzbeschluss vom 19. Juli seine Loyalität gegenüber Ferdinand VII. und forderte den Vizekönig auf, das Reich auf keinen Fall fremden Mächten auszuliefern. In einer weiteren Eingabe vom 5. August – inzwischen waren die Nachrichten von der Junta-Bildung in Spanien eingetroffen – bezog sich der Cabildo sowohl auf ältere spanische vertragsrechtliche Traditionen (*Siete Partidas*) als auch auf neuere Vertragsrechtslehren von der Übertragung der Regierungsbefugnisse durch das Volk an den Souverän und argumentierte, dass eben im Falle der Verhinderung des Souveräns die Herrschaftsgewalt an das Volk zurückfalle bzw. in den Händen der Cortes liege. Er schlug deshalb die Errichtung einer Regierungsjunta unter der Leitung des Vizekönigs Iturrigaray sowie die Einberufung einer neuspanischen Cortes-Versammlung vor. Entscheidungen, die zuvor beim Indienrat oder beim König gelegen hatten, sollten nun stellvertretend durch das versammelte Königreich (*reino*) entschieden werden. Während die Audiencia den Vizekönig dringend davor warnte, auf die Vorschläge einzugehen, verhielt sich Iturrigaray abwartend bis zustimmend, nahm auch an der Versammlung von 89 Personen teil, die am 9. August 1808 zusammentrat. Gefördert vom Vizekönig, fanden weitere Junta-Sitzungen statt, auf denen die Souveränitätsfrage und die Einberufung einer neuspanischen Versammlung erörtert wurden. Dieses Verhalten und die Angst vor separatistischen Bestrebungen mexikanischer Kreolen und überhaupt vor den Konsequenzen der Etablierung einer Junta, die in Vertretung des *reino* als souveräne Instanz fungieren sollte, veranlassten Europa-Spanier in Bürokratie und Handel bzw. die europaspanische Partei dazu, einzugreifen: In der Nacht vom 15. auf den 16. September 1808 besetzten etwa 250 Europa-Spa-

nier den vizeköniglichen Palast und nahmen den Vizekönig und einige neuspanische Kreolen fest. Die Audiencia
bestimmte den dienstältesten Auditor der Audiencia, den
achtzigjährigen Pedro Garibay, zum interimistischen Vizekönig. Die ersten neuspanischen Autonomiebestrebungen waren gescheitert.

Auch in anderen amerikanischen Provinzen entstanden
auf Initiative oder unter Mitwirkung einzelner Stadträte,
der Cabildos, ab Mai 1809 in zahlreichen Städten des Kolonialreichs (Mai 1809 Chuquisaca, Juli 1809 La Paz; August
1809 Quito) erste Juntas, denen es mit ähnlicher Argumentation wie derjenigen des Cabildo von Mexiko-Stadt
vor allem darum ging, die Anerkennung der Zentraljunta
in Spanien zu verhindern und weitgehende politische Autonomie gegenüber den interimistischen spanischen Zentralbehörden zu erringen. Wie in Spanien hielten sich die
Vertreter der Junta-Bewegung entsprechend dem traditionellen spanischen Recht, dass bei Abwesenheit des Königs
die Souveränität beim Volke liege, dazu für vollkommen
legitimiert.

Die Bewegung in Hochperu, in La Paz, wo am 16. Juli
1809 eine Junta, bestehend nur aus amerikanischen Mitgliedern, die Truppenquartiere besetzen ließ und den Intendanten und den Bischof absetzte, ist deshalb besonders
interessant, weil sie sehr radikal ausgerichtet war und auch
ein starkes mestizisches Element aufwies. Der Vorsitzende
der Junta war ein mestizischer Soldat, und auch die revolutionären Truppen rekrutierten sich aus Mestizen. Die
Junta stellte einen radikalen antikolonialen Forderungska-
talog auf, der nicht nur größtmögliche Autonomie, die
Überwindung der Abhängigkeit von Buenos Aires und
Spanien enthielt, sondern auch Erleichterungen für die Indios versprach und Indios und Mestizen zu gemeinsamen
Versammlungen aufrief. Angesichts dieser sozialen und
rassischen Komponente der Bewegung kam es zu internen
Auseinandersetzungen, und die Kreolen fühlten sich alar-

miert, so dass sie ihre Unterstützung versagten. Im Oktober 1809 wurde die Junta durch eine kombinierte Operation von Truppen aus den Vizekönigreichen Peru und Río de la Plata abgesetzt. Die Kreolen zogen die spanische Herrschaft einer mestizischen Bewegung, die den sozialen Status quo verändert hätte, vor.

Integrationsversuche durch spanische Behörden

Zunächst wollten die meisten amerikanischen Stadträte die größere Autonomie durchaus noch im Rahmen der spanischen Monarchie erreichen, als deren integrale Teile die amerikanischen Gebiete sich neuerdings angesprochen sahen. Denn um in der Krisensituation besonders die finanzielle Unterstützung durch die Kreolen zu erhalten, hoben die Zentraljunta und der Regentschaftsrat in mehreren Proklamationen und Dekreten den bisherigen Kolonialstatus Amerikas auf und boten den Amerika-Spaniern an, Delegierte für die Zentraljunta bzw. das einzuberufende Ständeparlament, die Cortes, zu entsenden. So betonte die Zentraljunta in der Entschließung vom 22. Januar 1809, dass die weiten Gebiete Amerikas ein wesentlicher und integraler Bestandteil der spanischen Monarchie seien, und gestand ihnen deshalb die Möglichkeit zu, in der Zentraljunta vertreten zu sein. Allerdings sollten die amerikanischen Gebiete in der Zentraljunta insgesamt nur mit zehn Mitgliedern – je einem Vertreter für die vier Vizekönigreiche und die sechs Generalkapitanate – gegenüber 36 Delegierten der spanischen Provinzen vertreten sein. Trotz dieser Disparität wurden die Wahlen in Amerika durchgeführt. Im Schreiben des Regentschaftsrats vom 14. Februar 1810 hieß es, dass die Amerika-Spanier sich nunmehr zur Würde von freien Menschen erhoben sehen könnten, sie nicht mehr wie vorher unter ein hartes Joch gezwängt, vernachlässigt und von Habgier gequält seien. Mit der erstmaligen Entsendung von Delegierten hänge ihr Schicksal nicht mehr von Vizekönigen oder von Gouverneuren ab; es liege nun in ihren eigenen Händen. Damit erkannten die provisorischen spanischen Regierungen das von den Kreolen geforderte Repräsentativprinzip an, billigten den amerikanischen Gebieten einen neuen, freien Status zu und erklärten den ehemaligen Kolonialstatus ausdrücklich für beendet.

Radikalisierung der kreolischen politischen Forderungen

Doch statt die Bindung zwischen den beiden Hemisphären, zwischen Europa-Spaniern und Amerika-Spaniern zu stärken, wirkten diese Gleichheitsangebote eher kontraproduktiv und lieferten den Kreolen weitere Argumente, die spanischen Kolonialbehörden durch eigene Organe der Selbstregierung zu ersetzen und immer mehr Selbständigkeit zu fordern, bedeuteten die spanischen Angebote doch die Bestätigung früher vorgetragener Kritik am spanischen Kolonialsystem. Zudem wurde das Gleichheitsangebot durch den für die Amerikaner ungünstigen Wahlmodus wieder relativiert.

Ohne Frage haben das Machtvakuum in Spanischamerika nach 1808, das Vorbild autonomer Juntas in Spanien und die neue, die Gleichheit betonende Politik der spanischen Interimsregierungen auch die amerikanischen Kreolen zu den weitgehenden politischen Forderungen, die sie seit 1808 erhoben, ermutigt. Hervorgerufen haben sie diese Forderungen jedoch nicht. Diese lassen sich vielmehr eindeutig als Ergebnis eines längerfristigen, durch politische und ökonomische Benachteiligung bedingten Prozesses der Entfremdung gegenüber der Kolonialmacht Spanien und eines parallel dazu verlaufenden Prozesses der Identifizierung mit den jeweiligen eigenen erfahrbaren Regionen erklären.

Zahlreiche politische Äußerungen ab 1808 nahmen noch einmal die alten Argumente auf, wie sie als Reaktion auf die zweite Conquista formuliert worden waren, und gingen dann den entscheidenden Schritt weiter. Kreolen in ganz unterschiedlichen Regionen des Kolonialreichs – wie z. B. der Neu-Granadiner Camilo Torres in seiner Beschwerdeeingabe (*Memorial de agravios*, 1809), Bernardo de Monteagudo, Student an der Universität von Charcas, in seinem *Dialog zwischen Atahualpa und Ferdinand VII. in den Elysischen Gefilden* (1809), die Mitglieder der revolutionären universitären Zirkel in ihrer Proklamation an die Stadt La Plata (Charcas) von 1809, der Bonarenser Jurist Mariano Moreno in der Eingabe der Landbesitzer (*Representación de los hacendados*, 1809) – listeten die Punkte auf, die das Verhältnis zwischen Spanien und Amerika belastet und eine adäquate und für möglich gehaltene wirtschaftliche Entwicklung Amerikas verhindert hatten, und zogen daraus politische Konsequenzen. In der Argumentation der Kreolen lässt sich ein bestimmtes Schema feststellen: Sie beschrieben die Diskrepanz zwischen dem realen, durch dreihundertjährigen Kolonialstatus bedingten Entwicklungsstand und den vorhandenen Entwicklungsmöglichkeiten. Anders als noch zehn oder zwanzig Jahre zuvor machten sie nun das Mutterland Spanien explizit für die Rückständigkeit in den Kolonien verantwortlich, was nach dem Eingeständnis fehlerhafter Kolonialpolitik durch Zentraljunta und Regentschaftsrat und angesichts der militärischen Schwäche Spaniens nicht mehr mit Gefahren verbunden war. Alle schon früher vorgetragenen Vorwürfe sind enthalten: die mangelnde oder nur einseitige scholastische Bildung und Ausbildung; die parteilichen Gerichtsverfahren zuungunsten der Amerikaner; langwierige juristische Entscheidungen; die unzureichende Infrastruktur im Hinblick auf Kommunikation und Handelswege zu Wasser und zu Lande; fehlende industrielle Innovationen und Impulse; übermäßige Besteuerung; Behinderungen eines erfolgversprechenden Außenhandels mit Bodenschätzen und Agrarprodukten. Erklärungsversuche, die die wirtschaftliche Stagnation auf die angebliche Unfähigkeit oder Inferiorität der Amerikaner oder auf eine unzureichende naturgeographische Ausstattung Amerikas zurückführten, seien falsch, vielmehr seien es die Fehlleistungen Spaniens, die Amerika in einen Zustand der Barbarei und Unwissenheit gebracht hätten.

Ein neuer politischer Patriotismus

In solchen Äußerungen der Kreolen manifestierte sich ein Patriotismus, der nicht mehr nur Wertschätzung des Eigenen enthielt, sondern auf Selbstbestimmung abzielte: Allein die politische Selbstbestimmung schien den Kreolen nach den bisherigen Erfahrungen die Gewähr zu bieten, die vorhandenen wirtschaftlichen Möglichkeiten zu nutzen. Dies wollten die Kreolen allerdings nicht mehr im Sinne Spaniens tun, das sich fragen lassen musste, wie es denn mit den Reichtümern Amerikas umgegangen sei und wo diese geblieben seien; vielmehr wollten sie den eigenen wirtschaftlichen Interessen Rechnung tragen, um in Zukunft an dem weltweiten Wirtschaftsprozess teilzuhaben, aus dem Amerika durch das bisherige Handelssystem ausgeschlossen gewesen war. Zahlreiche Kreolen fanden deshalb leicht eine Antwort auf die Frage, welche Maßnahmen sie ergreifen sollten, um den Freiraum, den sie seit der erzwungenen Abdankung der legitimen Monarchen besaßen, richtig zu gebrauchen. Angesichts der politischen Situation in Spanien sahen sie, wie es Vertreter des Stadtrats von Mexiko-Stadt, z. B. Francisco Primo de Verdad y Ramos (1808), formulierten, eine Lösung, ja geradezu eine Verpflichtung darin, in ihren jeweiligen Regionen – meist den alten Audiencia-Einheiten – zum Wohle der Amerikaner die politische Herrschaft selbst zu übernehmen.

Von da aus war es kein weiter Schritt, souveräne Staaten zu bilden, die unabhängig von Spanien, aber auch unabhängig voneinander die jeweils eigenen regionalen naturgeographischen Möglichkeiten wahrnehmen sollten. Für viele Kreolen war mit der Übernahme der Souveränität und der konsequenten Loslösung der Kolonien von Spanien ganz natürlich auch die endgültige Desintegration des schon in verschiedene Räume gegliederten Kolonialreichs in mehrere Staaten verbunden. So formulierte es der neugranadinische Patriot Camilo Torres im Mai 1810, als sich eine kreolische Junta in Cartagena und einen Monat später auch eine in Bogotá bildete, unter Verwendung der damals häufig benutzten Familienmetapher in einem privaten Brief an seinen Onkel Ignacio Tenorio, Auditor der Audiencia von Quito: »Nach der Auflösung der Monarchie und dem Verlust Spaniens befinden wir uns in der gleichen Situation wie erwachsen gewordene Kinder nach dem Tod des gemeinsamen Vaters. Jeder Sohn nimmt nun seine Rechte wahr, baut sich sein eigenes Haus und organisiert sein Leben für sich selbst, sofern er nicht unmündig oder schwächlich ist und sich unter die Obhut eines anderen begeben muss. Deshalb kann und darf jedes Reich oder jede Provinz Amerikas, die sich aufgrund ihrer Ausdehnung, ihrer Reichtümer und ihrer Bevölkerung für fähig hält, eine eigene Familie und einen unabhängigen Staat zu bilden, dies auch tun.«

Die spanischamerikanischen
Unabhängigkeitsrevolutionen

Ab Mitte 1810 erfolgten in den meisten Kolonien abgesehen von Zentalamerika, Kuba und Peru mit sogenannten Unabhängigkeitserklärungen die ersten Schritte zur Bildung eigener souveräner Staaten. Damit gingen wichtige Gruppen der Kreolen, indem sie die Institution des *cabildo abierto* (»Offener Stadtrat«) oder *cabildo extraordinario* (»Außerordentlicher Stadtrat«), die Versammlung aller Stadtbürger, *vecinos*, als Forum benutzten, über die Forderungen der früheren Junta-Bewegung hinaus. Das ist insofern nachvollziehbar, als sich die Situation in Europa mit der Besetzung Spaniens durch napoleonische Truppen und der Zurückdrängung der interimistischen Regierung auf die Isla de León vor Cádiz verschlimmert hatte und der seit Januar 1810 amtierende Regentschaftsrat keine wirkliche Autorität besaß, allerdings seine Anerkennung in den überseeischen Provinzen einforderte und überdies die Kreolen mit immer höheren Geldforderungen an den Kriegskosten beteiligen wollte. Und daran entzündeten sich die Auseinandersetzungen zwischen unabhängigkeitswilligen Kreolen, den Patrioten, auf der einen und spanientreuen Kreolen und Spaniern auf der anderen Seite. Es begannen die über fünfzehn Jahre dauernden Unabhängigkeitskriege, die im Wesentlichen zwei Phasen durchliefen und von den Ereignissen im Mutterland mit beeinflusst waren. Die erste Phase reichte von 1810 bis 1816, als nach der Rückkehr Ferdinands VII. auf den spanischen Thron (1814) und der Rücknahme der liberalen Verfassung von 1812 auch in großen Teilen Spanischamerikas mit Ausnahme des Río-de-la-Plata-Raums die spanische Herrschaft in ihrer absolutistischen Form wiederhergestellt werden konnte. Gerade die dann von Spanien gegenüber den Patrioten ausgeübte Gewalt und rigorose Bestrafung förderten die Separationsbewegungen innerhalb der Kreolen und ließen selbst spanientreue Kreolen an einem gutwilligen Spanien zweifeln. Zweifel waren schon durch die Politik der liberalen Cortes gegenüber Amerika laut geworden. Die spanischen Ersatzregierungen hatten zwar nach 1808 in dem Bemühen, auch die Überseegebiete für die Überwindung der Krise in Spanien zu gewinnen, weitgehende wirtschaftliche und politische Zugeständnisse gemacht, hatten aber vor der Gewährung einer vollen Gleichberechtigung zwischen Europa-Spaniern und Amerika-Spaniern zurückgeschreckt. Die Zentraljunta hatte die Einwohner von Spanien und Amerika als Gleiche angesprochen. Auch die Cortes von Cádiz, in denen die Amerikaner mit 29 Delegierten von insgesamt 104 Abgeordneten vertreten waren, hatten das Gleichheitsprinzip sanktioniert, indem sie in der Verfassung von 1812 alle freien, im gesamten Herrschaftsgebiet geborenen und wohnenden Personen – also auch die Indios, Mestizen und Farbigen – zu Spaniern erklärten. Aber schon dadurch, dass Artikel 22 der Verfassung den Negern und Negermischlingen die Bürgerrechte versagte und dass die Staatsbürgerschaft nur für diejenigen galt, deren Vorfahren väterlicher- und mütterlicherseits aus dem spanischen Herrschaftsgebiet stammten, war das Gleichheitsprinzip durchbrochen und damit die Repräsentationsgrundlage und demzufolge die Sitzverteilung für die Cortes zuungunsten der Amerikaner festgelegt. Zudem hatten selbst die spanischen Staatsbürger aus Amerika trotz einiger wirtschaftlicher Erleichterungen, die die liberalen Cortes für Spanien und Amerika beschlossen, nicht die volle Gleichberechtigung und Entfaltungsmöglichkeit erhalten; denn auch weiterhin blieb ihre wichtigste ökonomische Forderung, die Restriktionen im Außenhandel abzubauen, unerfüllt. Die nach der Rückkehr Ferdinands VII. praktizierte restriktive und rigorose Politik des Mutterlands, als 1815 ein Entsatzheer nach Amerika zur Rückeroberung

geschickt wurde, ließ die Separationsbestrebungen neu
aufleben und leitete die zweite, nun erfolgreiche, von 1816
bis 1826 dauernde Phase ein. Entscheidend für den Erfolg
waren nicht nur die jeweiligen Aktivitäten der amerikanischen Patrioten, sondern auch die innerspanische Entwicklung, die Auseinandersetzungen zwischen liberalen
und konservativen Kräften um die politische Linie. Anfang Januar 1820 rebellierten im liberalen Cádiz Teile eines weiteren für Amerika bestimmten Entsatzheeres unter
Führung des Obersten Rafael de Riego gegen das absolutistische Regime Ferdinands VII. und forderten die Wiedereinsetzung der Verfassung von 1812, d. h. die Rückkehr zum politischen System von 1812. Andere Regionen
Spaniens folgten dem Beispiel; sie erreichten, dass der König den Eid auf die Verfassung von 1812 leistete, im März
1820 die liberale Verfassung von Cádiz wieder einsetzte
und damit die Reformgesetzgebung der liberalen Cortes
wieder für gültig erklärte. Für Spanien, die erneuerte konstitutionelle Monarchie, brach eine Zeit halbherziger Reformen und politischer Auseinandersetzungen zwischen Re-
formern und traditionellen Kräften an, während deren Ferdinand VII. die absolutistische Restauration vorbereitete,
die er nach drei Jahren auch erreichte. Denn 1822 beschloss
die Heilige Allianz auf dem Kongress von Verona, die Wiederherstellung des Absolutismus in Spanien militärisch zu
unterstützen; und tatsächlich konnte Ferdinand VII. nach
dem Einmarsch eines französischen Heeres im Frühjahr
1823 die absolutistische Monarchie wiederherstellen: Erneut setzte er die liberale Verfassung von 1812 außer
Kraft. Die innerspanischen Auseinandersetzungen, das
Hin und Her zwischen Reformen und Restauration, boten den amerikanischen Kreolen neuen Anlass, den Äußerungen des Mutterlandes nicht zu trauen, und verschafften
ihnen zugleich militärische Erleichterung, weil spanische
Truppen in Spanien gebunden waren.

Die ersten Unabhängigkeitsrevolutionen und Staatsgrün-

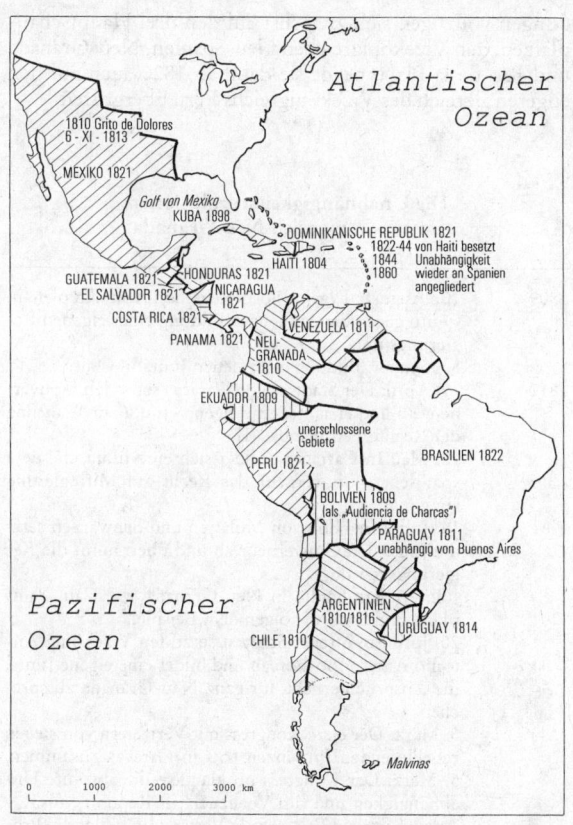

Unabhängigkeitserklärungen

dungen vollzogen sich zunächst auf den drei Hauptschau-
plätzen, den Vizekönigreichen Neu-Spanien, Neu-Granada
und Río de la Plata, bevor sie dann ab 1820 auch auf den
engeren Bereich des Vizekönigreichs Peru übergriffen.

Die Unabhängigkeitsrevolutionen
im Vizekönigreich Neu-Granada

1809	10. August: Ergebnislose Rebellion von Kreolen in Quito gegen die Audiencia: Bildung einer eigenen Regierungsjunta. September: Bildung einer neuen Junta in Quito.
1810	19. April: Der Stadtrat von Caracas setzt den Gouverneur ab und errichtet eine eigene »Junta zur Wahrung der Rechte Ferdinands VII.«. 22. Mai: In Cartagena bildet sich eine Junta, die dem spanischen Gouverneur das Recht auf Mitregierung abzwingt. 14. Juli: Mit Hilfe von Mulatten und Schwarzen setzt die Junta den Gouverneur ab und übernimmt die Regierungsgewalt. Juli: Andere Städte in Neu-Granada wie Cali, Pamplona und Socorro folgen dem Beispiel. 20. Juli: Ein offener Stadtrat setzt den Vizekönig Antonio Amar y Borbon ab und bildet eine eigene Junta, die Anspruch erhebt, für ganz Neu-Granada zu sprechen.
1811	3. März: Der erste Kongress mit Vertretern von sieben rebellierenden Provinzen tritt in Caracas zusammen. 5. März: Der Kongress proklamiert die absolute Unabhängigkeit und ruft Venezuela als Republik aus. April: Seit dem Erlass einer Verfassung bildet die Provinz Bogotá unter dem alten indianischen Namen Cundinamarca einen eigenen Staat. November: Mehrere Provinzen, mit Ausnahme von Cundinamarca, schließen sich als »Vereinigte Provin-

zen von Neu-Granada« zu einem losen Bündnis zusammen, das vor allem gegen die Vormachtstellung von Cundinamarca gerichtet ist. Die Provinzen geben sich eigene Verfassungen mit Erklärungen der Unabhängigkeit von Spanien.

11. Dezember: Ein Konstitutiver Kongress erklärt die Unabhängigkeit Quitos vom spanischen Regentschaftsrat.

21. Dezember: Die erste Verfassung organisiert Venezuela als föderalistischen Staat.

1812   25. Juli: Die Truppen unter General Miranda kapitulieren vor den spanischen Rückeroberungstruppen unter Juan Domingo Monteverde. Die spanische Herrschaft wird in ganz Venezuela wiederhergestellt.

November: Rückeroberung Quitos durch vizekönigliche Truppen aus Lima.

1812–1814   Bürgerkriegsähnliche Auseinandersetzungen zwischen Cundinamarca und den Vereinigten Provinzen von Neu-Granada.

15. Dezember: Der ins unabhängige Cartagena geflohene Simón Bolívar veröffentlicht sein berühmtes *Manifest von Cartagena*.

1813   16. Juli: Cundinamarca vollzieht die endgültige Trennung von Spanien.

6. August: Triumphaler Einmarsch Bolívars in Caracas nach Blitzfeldzug von Cúcuta aus. Beginn der zweiten Republik Venezuela, die allerdings nur aus Teilregionen des Landes besteht.

1814   7. Juli: Nach Niederlagen der Patrioten gegen die Spanier, die von den Llaneros unter José Tomás Boves unterstützt werden, verlässt Bolívar mit Tausenden Einwohnern Caracas. Nach weiteren Niederlagen endet im Dezember auch die zweite Republik.

September: Bolívar begibt sich nach Neu-Granada und bietet seine Dienste dem Kongress der Vereinigten Provinzen an.

Dezember: Cundinamarca wird nach einer militärischen Niederlage in die Vereinigten Provinzen eingegliedert.

1815   Mai: Unter General Pablo Morillo landet an der vene-
            zolanischen Küste ein 10 000 Mann starkes Entsatz-
            korps zur Rückeroberung Südamerikas.
            Mai: Bolívar setzt sich vor heranrückenden spani-
            schen Truppen aus Cartagena nach Jamaika ab.
            Schreibt dort im September seinen berühmten *Brief
            aus Jamaika.*
            Ab Mitte des Jahres Rückeroberung Neu-Granadas
            durch das spanische Entsatzheer.
            6. Dezember: Pablo Morillo nimmt Cartagena ein
            und beginnt von dort die Rückeroberung Neu-Gra-
            nadas.
            Dezember: Bolívar begibt sich nach Haiti.

1816   6. Mai: Mit der Einnahme Bogotás findet die erste
            Phase der Unabhängigkeitsbewegung in Neu-Grana-
            da ein blutiges Ende. Es beginnt eine tyrannische
            Bestrafungs- und Schreckensherrschaft unter Morillo
            und ab Ende des Jahres unter seinem Stellvertreter
            Juan Sámano.
            Mai–September: Bolívar organisiert mit Hilfe von
            Alexandre Pétion, dem Präsidenten der Mulattenre-
            publik der Südhälfte Haitis, mehrere – allerdings er-
            folglose – Expeditionen.
            2. Juni: Bolívar erlässt ein Dekret zur Sklavenbefrei-
            ung.

1816/17   Bolívar fasst im Ostteil Venezuelas, Oriente, wo an-
            dere republikanische Führer schon operierten, wieder
            Fuß.

1817   27. März: Mit der Wiedereinrichtung der am 20. Juli
            abgesetzten Audiencia in Bogotá ist die koloniale
            Ordnung wiederhergestellt.
            Francisco de Paula Santander organisiert in der Pro-
            vinz Casanare den neu-granadinischen Widerstand.
            17. Juli: Die Stadt Angostura am Orinoko ergibt sich,
            wird Zentrum der dritten Republik und Ausgangs-
            punkt weiterer militärischer Unternehmen zur Befrei-
            ung Venezuelas.
            10. Oktober: Bolívar erlässt ein Dekret zur Verteilung
            von erbeutetem Grundeigentum als Belohnung für
            die Angehörigen der Befreiungsarmee.

1818   Januar: Bolívar gewinnt die Anerkennung des Llanero-Führers José Antonio Páez.
Nach dem Rücktritt von Vizekönig Montalvo im Februar ernennt Ferdinand VII. den verhassten Sámano
zum neuen Vizekönig von Neu-Granada.
11. März: Gesetz zur Abschaffung der Sklaverei als
Anreiz für ehemalige Sklaven, sich der venezonali-
schen Befreiungsarmee anzuschließen.
Morillo zieht die Truppen aus Neu-Granada nach
Venezuela ab; es eröffnet sich die Möglichkeit, von
Neu-Granada aus in gemeinsamer Anstrengung venezolanischer und neu-granadinischer Truppen den
nordandinen Raum zu befreien.

1819   Februar: In Angostura tritt der Kongress des teilbe-
freiten Venezuelas mit venezolanischen Abgeordneten
zusammen; ab Juni nehmen auch drei Abgeordnete
aus der befreiten neu-granadinischen Provinz Casanare teil.
Mai: Der Befreiungsfeldzug gegen das besetzte Neu-
Granada beginnt. Vereinigung der Truppen Bolívars
und Santanders. Spektakulärer Zug über die Hochgebirgspässe der Anden.
7. August: In der Entscheidungsschlacht an der Brücke von Boyacá werden die Spanier besiegt. Vizekönig Sámano flieht. Bolívar kehrt nach Venezuela zum
Kongress von Angostura zurück, er lässt Santander
als seinen Vertreter in Bogotá zurück.
17. Dezember: Der Kongress beschließt mit dem
Grundgesetz die Schaffung der Republik (Groß-)Ko-
lumbien aus Venezuela, Neu-Granada und Quito, obwohl weite Teile des Gebietes noch nicht befreit sind.
Er wählt Bolívar zum Präsidenten der Republik.

1821   6. Mai – 14. Oktober: Der erste gemeinsame Kongress
in Cúcuta im Grenzgebiet von Neu-Granada und
Venezuela gibt als verfassunggebender Kongress der
Republik eine zentralistische Verfassung mit direkt
dem Präsidenten unterstehenden Verwaltungschefs
von mehreren Departements (30. August).
24. Juni: Der Sieg in der Schlacht von Carabobo si-
chert Venezuela vor spanischer Rückeroberung.

	28. November: Die Provinz Panama erklärt ihre Unabhängigkeit von Spanien und schließt sich der Republik Großkolumbien an.
1822	24. Mai: Mit dem Sieg in der Schlacht am Pichincha ist auch das befreite Ecuador Teil von Großkolumbien.
1823	24. Juli: In der Land- und Seeschlacht bei Maracaibo werden letzte spanische Rückeroberungsversuche abgewehrt.
1826	In den alten Einheiten Venezuela, Neu-Granada, Ecuador zeigen sich Separationstendenzen.
1829	November: Die Venezolaner kündigen ihre Separation von Großkolumbien an.
1830	Januar: Ein Kongress in Bogotá bemüht sich in einem letzten Versuch, Großkolumbien durch eine Verfassungsreform zu erhalten.
	Mai: Ecuador löst sich von Großkolumbien.
	Oktober: Eine verfassunggebende Versammlung in Valencia gibt Venezuela eine eigene Verfassung.

Erster Staatsbildungsversuch in Quito

Im Vizekönigreich Neu-Granada begann die Unabhängigkeitsrevolution im Gebiet der *Presidencia* von Quito, in Quito, **Ecuador**, wo am 10. August 1809 eine Gruppe von einflussreichen Kreolen gegen den Vorsitzenden der Audiencia und Generalkapitän Manuel de Urriez, Conde Ruiz de Castilla, rebellierte, die Audiencia absetzte und eine erste Regierungsjunta unter Juan Pío Montúfar, Marqués de Selva Alegre, bildete, die – zunächst noch im Namen Ferdinands VII. – die Interessen der Kreolen durchsetzen sollte. Diese Rebellion konnte der Vizekönig Abascal aus Lima schnell wieder unter Kontrolle bringen, zumal sie aus der Bevölkerung kaum Unterstützung erhalten hatte und die Art und Weise, wie die Regierung in

Quito die Ämter besetzte, den Unmut anderer Städte hervorrief. Die Junta kapitulierte und legte die Verwaltung
im Oktober wieder in die Hände des ehemaligen Präsidenten der Audiencia. Dessen repressive Haltung und ri-
goroses Vorgehen gegen die Patrioten bewirkte dann gemeinsame Aktionen der Kreolen und der einfachen Bevölkerung. Besonders nachdem am 2. August 1810 bei einem
Versuch, inhaftierte Patrioten zu befreien, die Soldaten ein
Blutbad unter den Häftlingen angerichtet hatten, kam es
zu einer zweiten Rebellion. Im September bildete sich eine
neue Regierungsjunta, die, vom Marqués de Selva Alegre
und weiteren Verwandten dominiert, die Autorität des
Regentschaftsrates in Cádiz nicht anerkannte und die
Weichen für die Unabhängigkeit von Spanien stellte, ohne
dabei die koloniale Gesellschaftsstruktur in Frage zu stellen. Anfang Dezember 1811 nahm ein Konstitutiver Kongress, bestehend aus Mitgliedern der obersten staatlichen,
kirchlichen und gesellschaftlichen Vertreter der kolonialen
Gesellschaft, seine Arbeit auf und erklärte am 11. Dezember 1811 die Unabhängigkeit vom spanischen Regentschaftsrat. Anfang 1812 wurde ein Verfassungsentwurf der
Republik von Quito vorgelegt, der allerdings noch die
Möglichkeit einer Rückkehr Ferdinands VII. und damit
eine konstitutionelle Monarchie offen hielt. Die von der
neuen Regierung unterhaltenen Truppen waren jedoch zu
schwach, als dass sie den aus Lima entsandten vizeköniglichen Truppen unter General Toribio Montes Widerstand
hätten leisten können. Neu-Granada, wo Patrioten in verschiedenen Städten ebenfalls Unabhängigkeitserklärungen
formuliert hatten, war mit sich selbst beschäftigt; von dort
war keine Unterstützung zu erwarten. Mit der Einnahme
Quitos im November 1812 befand sich das Gebiet der
Audiencia wieder in der Gewalt der royalistischen Truppen aus Lima. Der erste Versuch, im Gebiet des Vizekönigreichs Neu-Granada einen von Spanien unabhängigen
Staat zu bilden, war gescheitert.

Die defensive Junta-Bildung in Caracas

Im Generalkapitanat **Venezuela**, dem Gerichtsbezirk der Audiencia von Caracas, markierte der 19. April 1810 den entscheidenden Schritt zur Unabhängigkeit, als der Stadtrat von Caracas nach Bekanntwerden der Auflösung der Obersten Zentraljunta in Spanien und der Bildung des Regentschaftsrates, unterstützt von wichtigen Gruppen der oberen Gesellschaftsschichten, den sogenannten *mantuanos*, der regulären Truppen und der Milizen, den spanischen Gouverneur und Generalkapitän Vicente de Emparan sowie die meisten hohen Kolonialbeamten absetzte, ins Exil schickte und eine eigene »Junta zur Bewahrung der Rechte Ferdinands VII.« bildete. Er nahm damit Bestrebungen von Juli 1808 wieder auf, mit denen eine Gruppe von Kreolen in Caracas den damaligen Gouverneur Juan de Casas schon einmal dazu zu bewegen versucht hatte, eine eigene Junta zu bilden, so wie es andere Städte in Spanien auch taten. Dieser Versuch war nicht zuletzt deshalb gescheitert, weil Offiziere der Milizen der Pardos, der freigelassenen Sklaven, dem Gouverneur Casas ihre Unterstützung gegen die Verschwörer zugesagt hatten. Angesichts der neuen Situation in Spanien ergriffen Kreolen in Caracas erneut die Initiative. Denn in Venezuela besaß die häufig beklagte Krise der kolonialen Gesellschaft eine weitere prekäre Dimension, gab es doch nicht nur Konflikte zwischen Amerikanern und Europa-Spaniern, sondern auch zwischen den verschiedenen sozialen Gruppen, die entsprechend ihren jeweiligen Interessen agierten. Nach dem von den Vorgängen in Haiti beeinflussten Sklavenaufstand 1795 in Coro und der Verschwörung von Gual und España 1797 war die farbige Bevölkerung auch in den folgenden Jahren ein entscheidender Unruhefaktor geblieben. Gerade angesichts der großen sozialen Spannungen zwischen Freien und Nicht-Freien, zwischen Weißen und Nicht-Weißen, angesichts des Verlangens von Pardos (Freigelassenen) und Sklaven nach Gleichheit und Freiheit war die kreolische Oberschicht zu der Überzeugung gelangt, dass die spanischen Ersatzregierungen weder die Ereignisse in Europa noch in Venezuela zu kontrollieren vermochten und nicht in der Lage waren, die soziale Struktur und Ordnung, das heißt ihre soziale Vorherrschaft zu sichern. Mit der Bildung einer eigenen Junta in Caracas wollten sie die Geschicke ihrer Provinz in die eigenen Hände nehmen. Auch andere Hauptstädte der übrigen Provinzen wie Cumaná, Barinas, Trujillo, Barcelona, Mérida und Margarita schlossen sich an und bildeten ihrerseits kreolische Juntas, während Coro, Maracaibo und Guayana spanientreu blieben und den Regentschaftsrat anerkannten.

Die kurzlebige erste Republik Venezuela

Die Tatsache, dass die Kreolen diplomatische Gesandte nach London und Washington mit dem Gesuch um Anerkennung schickten, macht deutlich, dass es den patriotischen Kreolen tatsächlich um die volle politische Unabhängigkeit ging. Demzufolge durfte Francisco de Miranda, der Jahre zuvor von seinen Landsleuten keine Unterstützung erhalten hatte, nun im Dezember 1810 nach Venezuela zurückkehren. Am 3. März 1811 trat in Caracas ein Kongress von 31 Vertretern der sieben rebellierenden Provinzen, allesamt Mitglieder der grundbesitzenden Oberschicht, zusammen. Unter dem Einfluss von Miranda und einer kleinen radikalen Gruppe von Anhängern der absoluten Unabhängigkeit, die von der im August 1810 gegründeten Patriotischen Gesellschaft aus operierten, proklamierte der Kongress schließlich am 5. Juli 1811 die absolute Unabhängigkeit des ehemaligen Generalkapitanats

Venezuela und rief die Republik Venezuela aus, die gemäß der am 21. Dezember 1811 verabschiedeten Verfassung als föderalistischer Staat organisiert wurde.

Die Wiedererrichtung der spanischen Herrschaft

Die erste Republik Venezuela hatte jedoch nur ein Jahr Bestand. Denn das föderalistische Prinzip erschwerte die Koordination der einzelnen Provinzen untereinander und mit der Bundesregierung in Caracas, einer Regierung mit einer komplizierten Struktur aus einem Triumvirat mit alternierender Präsidentschaft. Hinzu kamen wirtschaftliche Schwierigkeiten, wodurch sich allgemeine Unzufriedenheit ausbreitete. Die Pardos (Freigelassenen) und Sklaven hatten ohnehin keine Verbesserungen errungen. Zwar erhielten die Pardos denselben rechtlichen Status wie die Weißen, doch hob ein Zensuswahlrecht diese Gleichheit de facto wieder auf; die bestehende Sklaverei war gar nicht erst abgeschafft worden. Vor allem aber entwickelte sich die militärische Lage zuungunsten der Patrioten. Von Coro aus begannen spanische Truppen unter Domingo de Monteverde, unterstützt von einer wachsenden Zahl von Kreolen und von Angehörigen der farbigen Unterschichten und der von Monteverde gegen die Republik aufgestachelten Sklaven, die zahlenmäßig überlegenen, aber uneinigen Patrioten zu besiegen und das Land zurückzuerobern. Nach der Einnahme wichtiger Küstenstädte wie Valencia (Anfang Mai 1812), Puerto Cabello (Anfang Juli 1812) nahm Miranda, der im April 1812 eines effizienteren Widerstandes wegen zum Diktator ernannt worden war, Verhandlungen mit Monteverde auf und kapitulierte am 25. Juli 1812. Einige revolutionäre Patrioten um Simón Bolívar sahen diesen Schritt als Verrat an und lieferten Miranda an die Spanier aus; er starb 1816 im Gefängnis von Cádiz. Allerdings konnten die Patrioten damit nichts mehr daran ändern, dass Monteverde Ende Juli 1812 die spanische Herrschaft in ganz Venezuela wiederherstellte und ein brutales Regime errichtete.

Führende Köpfe der Revolution flohen auf die Antillen oder wie Bolívar nach Neu-Granada, in das unabhängige Cartagena. Dort veröffentlichte Bolívar am 15. Dezember 1812 sein berühmtes *Manifest von Cartagena*. In ihm analysierte er die Gründe für das Scheitern der ersten Republik von Venezuela, um eine spätere Wiederholung zu vermeiden; besonders warnte er vor einem extremen Föderalismus und vor Gesetzen, Institutionen und Verfassungen, die den Bedingungen Südamerikas nicht entsprächen. Zugleich forderte er eine stärkere Kooperation der südamerikanischen Staaten untereinander und bat konkret Neu-Granada um Hilfe bei der Befreiung seines Vaterlandes.

Simón Bolívar, geboren 1783, gehörte zu der in Caracas ansässigen kreolischen Oberschicht. Er war Erbe eines der größten venezolanischen Vermögen an Grund- und Bergwerksbesitz. Früh verwaist, wurde er von seinem Onkel erzogen und kam durch seinen spanischen Lehrer Simón Rodríguez mit den Ideen der Aufklärung in Berührung. Seinem Stand entsprechend war er schon in jungen Jahren (1798) zum Offizier der Miliz ernannt worden. Während zweier Europaaufenthalte lernte er bei dem einen (1799–1802) in Madrid u. a. die krisenhaften Zustände am spanischen Hof kennen, erweiterte bei dem anderen (1803–1806) unter dem Eindruck der napoleonischen Herrschaft und der Bekanntschaft mit Alexander von Humboldt sowie durch Reisen in Europa sein politisches Weltbild. Der frühe Tod seiner Frau (1802) nach nur einem knappen Jahr Ehe hatte ihn veranlasst, sein Leben fortan ausschließlich der Befreiung seines Vaterlandes und ganz Südamerikas zu widmen.

Die ebenso kurzlebige zweite Republik Venezuela

Tatsächlich erhielt Bolívar Unterstützung. Zunächst ernannte ihn im März 1813 der Kongress der Vereinigten Provinzen von Neu-Granada zum Brigadier seiner Truppen, und im Mai erhielt Bolívar vom Präsidenten der Vereinigten Provinzen von Neu-Granada, Camilo Torres, die Genehmigung, mit neu-granadinischer Unterstützung einen Befreiungszug gegen Venezuela zu führen, wo bereits im Januar 1813 General Santiago Mariño von der Insel Trinidad aus den Kampf im Osten des Landes wiederaufgenommen hatte. In einem regelrechten Blitzfeldzug von Cúcuta aus überrollte Bolívar die spanischen Truppen, befreite zahlreiche Städte und zog am 6. August 1813 in einem wahren Triumphzug in Caracas ein. Damit begann die zweite Republik Venezuela, die jedoch ebenfalls nur von kurzer Dauer war. Zwar konnte Bolívar eine starke Exekutive durchsetzen, und im Januar 1814 erhielt er sogar diktatorische Vollmachten, doch blieb das Fundament des Staates so schwach wie in der ersten Republik. Die Republik bestand nur aus Teilregionen des Landes, die spanischen Truppen waren lediglich abgedrängt, nicht jedoch vernichtet, und Bolívar besaß nicht die Unterstützung der unteren und farbigen Bevölkerungsschichten, die unter José Tomás Boves einen sozialen Krieg zunächst auf Seiten der Spanier, bald aber auch gegen die Weißen überhaupt führten.

Rassen- und Klassenkampf unter Boves

Boves hatte die Llaneros, die halbnomadischen, mestizischen Viehtreiber und Steppenreiter in den Ebenen der Llanos, mobilisiert, indem er mit der Parole »Kampf den weißen Ausbeutern des Farbigen« und mit dem Versprechen »Das Land der Weißen für die Farbigen« den seit

Jahrhunderten aufgestauten Rassen- und Klassenhass aus-
nutzte. Dadurch hatte sich die spanische Gegenrevolution
in den Llanos in einen Kampf auf Leben und Tod nicht
unbedingt für Spanien, sondern gegen die weißen Venezolaner – Kreolen und Spanier – und ihren Besitz verwandelt. Boves löste einen Rassen- und Klassenkampf aus. Er
verfügte die Sklavenbefreiung, die Verteilung des eroberten Landes an die Llaneros und gab den Farbigen hohe
Ränge innerhalb des Offizierskorps. Durch die Unterstützung der Llaneros gewannen die Royalisten an militärischem Übergewicht gegenüber den Patrioten.

Boves' Sieg in der Schlacht von La Puerta am 15. Juni
1814 zwang dann die Republikaner dazu, Caracas vor den
gefürchteten Llaneros zu evakuieren. Am 7. Juli verließen
gemeinsam mit Bolívar und zahlreichen venezolanischen
Patrioten Tausende von Bewohnern die Stadt in Richtung
Oriente. Dort gab es noch letzte vergebliche Kämpfe gegen die Spanier, doch mit dem Sieg von Boves in der
Schlacht von Urica im Dezember 1814 endete auch hier
der Widerstand und damit die zweite Republik Venezuela.
Wenige Monate später, im Mai 1815, landete ein 10 000
Mann starkes spanisches Expeditionsheer unter General
Pablo Morillo an der venezolanischen Küste und begann
mit der Rückeroberung des ganzen nördlichen Südameri-
kas. Diese ursprünglich für den La-Plata-Raum bestimmte
militärische Expedition war die größte, die Spanien in
den drei Jahrhunderten seiner Kolonialherrschaft je nach
Amerika geschickt hatte.

Bolívars Bemühungen um eine dritte Republik

Bolívar hatte Venezuela schon im September 1814 verlassen und war erneut nach Neu-Granada geflohen, wo er
seine Dienste dem Kongress der Vereinigten Provinzen

von Neu-Granada anbot und tatsächlich mit dem militärischen Oberbefehl betraut wurde, um die staatliche Einheit der verschiedenen unabhängig gewordenen Regionen
Neu-Granadas zu erzwingen. Dieser Auftrag gelang in
Bezug auf Cundinamarca, nicht jedoch in Bezug auf Cartagena, so dass Bolívar im Mai 1815 angesichts heranrü-
ckender spanischer Truppen unter Pablo Morillo das
Land verließ und sich auf die englische Insel Jamaika begab, wo er auf den günstigen Moment wartete, die Revolution in Venezuela wiederaufzunehmen. Dort schrieb er
neben anderen Artikeln im September auch seinen berühmten *Brief aus Jamaika*. In ihm rechtfertigte Bolívar
die Loslösung der südamerikanischen Staaten von der
spanischen Kolonialherrschaft und beschrieb seine Vision
von der zukünftigen Entwicklung der südamerikanischen
Staaten in Bezug auf Regierungsform und Landesgren-
zen. Im Dezember 1815 begab sich Bolívar nach Haiti.
Von dort aus organisierte er in den Monaten Mai bis September 1816 mit der Unterstützung von Alexandre Pétion, dem Präsidenten der Mulattenrepublik der Südhälfte
Haitis, mehrere – allerdings erfolglose – Expeditionen.
Erst Ende Dezember 1816 / Anfang 1817 gelang es ihm,
in Venezuela, im Oriente, wo verschiedene republikanische Heerführer mit kleinen Einheiten den Widerstand
aufrechterhalten hatten, wieder Fuß zu fassen und die
dritte Republik zu errichten, was nicht ohne Auseinandersetzung mit den anderen Revolutionsführern vor sich
ging. Nachdem sich am 17. Juli 1817 die Stadt Angostura
den Patrioten ergeben hatte, wurden Guayana und der
untere Orinoko zur Ausgangsbasis für die weiteren militärischen Unternehmungen zur Befreiung ganz Venezuelas.

Diese Befreiung wurde realistischer, weil die Patrioten
der Revolution nun auch einen sozialen Inhalt gaben. Die
zunächst abwartende oder gar feindliche Haltung der farbigen Bevölkerung veranlasste, ja zwang die rebellieren-

den Kreolen dazu, die unteren Bevölkerungsmassen, die Pardos (Freigelassenen), Sklaven und besonders die Llaneros, für ihre Sache zu gewinnen. Die von Bolívar verkündeten Dekrete zur Sklavenbefreiung (2. Juni 1816), zur Abschaffung der Sklaverei (11. März 1818) und zur Verteilung von erbeutetem Grundeigentum als Belohnung für die Angehörigen der Befreiungsarmee (10. Oktober 1817) machten die Revolution populärer und führten den Patrioten neue Soldaten zu. Seit Bolívar im Januar 1818 die Anerkennung des neuen Llanero-Führers José Antonio Páez gewinnen konnte, kämpften die Llaneros nun für die Unabhängigkeit. Schritt für Schritt stabilisierte sich die Republik, konnte aber erst reorganisiert werden, als Venezuela mit Neu-Granada gemeinsam zu operieren begann.

Regionale Unabhängigkeitsaktionen in Neu-Granada

In **Neu-Granada**, dem Gebiet des heutigen Kolumbien, das aus vierzehn Provinzen bestand, begann die Unabhängigkeitsbewegung an der Karibikküste in der Hafenstadt Cartagena, dem militärischen und handelspolitischen Zentrum des Vizekönigreichs. In Cartagena hatte sich aufgrund seiner Bedeutung und in Rivalität zu Santa Fé de Bogotá ein starkes regionales Bewusstsein ausgebildet; am Ende der Kolonialzeit sahen sich seine Bewohner – die kreolischen Eliten, spanische Kaufleute, aber auch eine bedeutende Handwerkerschaft aus den Reihen von Mulatten und freien Schwarzen – durch das spanische Kolonialsystem an einem freieren Handel gehindert. So bildete sich hier am 22. Mai 1810 eine Junta, die zunächst dem spanischen Gouverneur eine Mitregierung abzwang, ihn dann am 14. Juli mit Hilfe der unteren Bevölkerungsschichten der Mulatten und Schwarzen absetzte und die

Regierungsgewalt übernahm. Andere Städte folgten dem Beispiel, Cali am 3. Juli, Pamplona am 4. Juli, Socorro am 10. Juli. In Bogotá, dem Sitz des Vizekönigs, formulierte dann am 20. Juli 1810 ein »Außerordentlicher Stadtrat« eine »Unabhängigkeitserklärung«, die *Acta de Independencia* – im Sinne einer regionalen Autonomie –, setzte den Vizekönig Antonio Amar y Borbon ab und zwang ihn zur Abreise nach Spanien. Aus dem »Außerordentlichen Stadtrat« bildete sich eine von einflussreichen Kreolen besetzte Oberste Junta von Neu-Granada (*Junta Suprema de Santafé del Nuevo Reino de Granada*); sie wollte die Regierungsgeschäfte in Neu-Granada so lange übernehmen, bis auf einem Nationalen Kongress, zu dem die Junta einlud, eine neue Regierung mit einer neuen Verfassung konstituiert war.

Regionale Rivalitäten um die Führungsrolle

Gegen diesen Führungsanspruch Bogotás kamen Vorbehalte und Proteste besonders aus jenen sich ebenfalls emanzipierenden Provinzen, in denen wegen ihrer Größe, Bevölkerung und wirtschaftlichen Bedeutung eigene politische und wirtschaftliche Interessen bestanden und deshalb Rivalitäten gegenüber Bogotá vorhanden waren. Vor allem Antioquia, das wichtigste Bergbaugebiet, und die Hafenstadt Cartagena, das Zentrum des Importhandels, sowie Tunja und Socorro mit ihrer bedeutenden Landwirtschaft und ihren Manufakturen gehörten dazu. Am heftigsten protestierte Cartagena und schlug als Versammlungsort des Kongresses statt Bogotá die Stadt Medellín vor, um Bogotás Übergewicht zu begegnen. Die genannten Provinzen plädierten verständlicherweise für einen lockeren Zusammenschluss, also für einen föderalistischen Staat Neu-Granada nach dem von vielen Granadi-

nern bewunderten Vorbild und Modell der Vereinigten
Staaten. So schlossen sich die wichtigsten Provinzen Neu-
Granadas im November 1811 zur Föderation der Vereinigten Provinzen von Neu-Granada (*Provincias Unidas
de Nueva Granada*) zusammen. Innerhalb dieser Föderation gaben sich verschiedene Provinzen eigene Verfassungen und lösten damit weitgehend die Beziehungen zu
Spanien: Tunja im Dezember 1811, Antioquia im Mai
1812 und noch einmal im Juli 1815, Cartagena im Juni
1812, Mariquita und Neiva im Juni 1815. Die Föderation
selbst aber brachte trotz verschiedener Ansätze und
Grundsatzerklärungen, die die Befugnisse der Bundesregierung regelten, keine Verfassung für einen Staat hervor.
Die Provinz Bogotá hingegen bildete seit der Verfassung
im April 1811 einen eigenen Staat außerhalb der Föderation. Da dort noch viele Spanier und spanische Beamte lebten, errichtete sie zunächst eine konstitutionelle Monarchie mit Ferdinand VII. als König von Cundinamarca;
nach einer Verfassungsreform im April 1812 formierte sie
sich als Republik Cundinamarca und vollzog am 16. Juli
1813 die endgültige Trennung von Spanien. Die Provinzen Santa Marta an der Karibikküste und Pasto im Süden
schlossen sich keinem der beiden Blöcke an, sondern blieben spanien- und königstreu. Die Auseinandersetzungen
zwischen Zentralisten und Föderalisten mit ihren jeweiligen Hauptvertretern Antonio Nariño aus Bogotá und
Camilo Torres aus Popayán erreichten in den Jahren
1812–1814 bürgerkriegsähnliche Ausmaße; erst ab Dezember 1814 gehörte Cundinamarca nach seiner Niederlage gegen die Truppen der Vereinigten Provinzen, die
man unter das Kommando des Venezolaners Simón Bolívar gestellt hatte, mehr oder weniger gezwungen zur Föderation.

Wiedererrichtung der spanischen Herrschaft

Die Auseinandersetzungen schwächten Neu-Granada in militärischer, politischer und sozialer Hinsicht, sie ermöglichten den königstreuen Truppen territoriale Gewinne im Norden, veranlassten einen frustrierten Simón Bolívar im Mai 1815 zum Gang ins Exil nach Jamaika und erleichterten insgesamt den spanischen Truppen unter General Pablo Morillo die Rückeroberung Neu-Granadas ab Mitte 1815. Zunächst nahm Morillo am 6. Dezember 1815 die Hafenstadt Cartagena nach einer 106-tägigen Blockade ein und eroberte von da aus Stadt für Stadt Neu-Granadas zurück. In Cartagena blieb General Francisco Montalvo als Vizekönig des am 28. April 1816 durch königliche Order wiedererrichteten Vizekönigreichs Neu-Granada zurück. Dort residierte zunächst auch eine am 8. Juli neu eingesetzte Audiencia. Mit der Einnahme Bogotás am 6. Mai 1816 fand die erste Phase der Eigenstaatlichkeit Neu-Granadas ein blutiges Ende; General Pablo Morillo führte brutale Strafmaßnahmen und Säuberungsaktionen durch, denen zahlreiche neu-granadinische Patrioten zum Opfer fielen; sie wurden gefangen genommen oder verbannt, oder hingerichtet wie Camilo Torres (5. Oktober), Francisco José de Caldas (29. Oktober). Als am 27. März 1817 die am 20. Juli 1810 abgeschaffte Audiencia in Bogotá wieder errichtet wurde, war die alte koloniale Ordnung wiederhergestellt. Morillo hatte sich Ende 1816 nach Venezuela begeben; der von ihm als militärischer Stellvertreter eingesetzte Militärkommandant Juan Sámano führte das Terrorregime weiter und wurde zum meistgehassten Mann in Neu-Granada. Da Vizekönig Montalvo mit den brutalen Aktionen Sámanos nicht einverstanden war, gab er im Februar 1818 sein Amt auf; an seiner statt ernannte Ferdinand VII. den verhassten Juan Sámano. Seit 1817 organisierte der Neu-Granadiner Francisco de Paula Santander in der Provinz Casanare den Widerstand gegen die Kolonialherrschaft.

Kooperation von Venezolanern und Neu-Granadinern

Ab 1818 trat die Unabhängigkeitsbewegung im Vizekönigreich Neu-Granada in eine neue Phase, als Venezolaner, Neu-Granadiner und Quiteños ihre Interessen, die spanische Kolonialherrschaft endgültig abzuschütteln, bündelten und dazu übergingen, die spanischen Truppen in gemeinsamen militärischen Anstrengungen aus Amerika zu vertreiben, nachdem die einzelnen, isoliert durchgeführten Versuche fehlgeschlagen waren.

Der letzte entscheidende Versuch begann von Casanare aus unter der Führung des Neu-Granadiners Francisco de Paula Santander, als der spanische General Morillo 1818 die spanischen Truppen aus Neu-Granada weitgehend abzog, um sie hauptsächlich in Venezuela zu konzentrieren. Durch die Truppenbewegungen der Spanier entstand die strategisch günstige Lage, die neu-granadinischen Truppen unter Santander mit den venezolanischen unter Bolívar und dem Llanero-Führer José Antonio Páez vereinigen zu können, um gemeinsam von Casanare aus zuerst Neu-Granada zu befreien, dieses als Stützpunkt und Nachschubzentrum für Versorgung und Truppenrekrutierung zu benutzen und von hier aus in gemeinsamen militärischen Unternehmungen die Befreiung Venezuelas und Quitos durchzuführen. Bolívar und Santander erkannten und ergriffen die Gelegenheit für ein gemeinsames Vorgehen. Die gemeinsamen militärischen Operationen von venezolanischen und neu-granadinischen Truppen, die im Frühjahr 1819 mit einem spektakulären Feldzug – aus den venezolanischen Llanos über die Hochgebirgspässe der Anden auf die Hochebene von Bogotá – zur Eroberung Neu-Granadas begannen, brachten schon bald militärische Erfolge. In der Schlacht an der Brücke von Boyacá am 7. August 1819 errangen die Truppen unter der Führung Bolívars den entscheidenden Sieg über die vizeköniglichen

Truppen und damit die endgültige Unabhängigkeit Neu-Granadas. Der Vizekönig Juan Sámano flüchtete aus Bogotá und ließ Vorräte an Waffen und Munition zurück. Der siegreiche Befreier Bolívar kehrte nach kurzer Zeit nach Venezuela zurück, um seine Vorstellungen von der zukünftigen Verfassung auszuarbeiten und sie dem Kongress in Angostura vorzustellen. Im Übrigen stand in Venezuela die Entscheidungsschlacht noch aus. Zu seinem Stellvertreter ernannte er im September 1819 General Santander, der während der Abwesenheit Bolívars als Vizepräsident der befreiten Republik fungierte.

Die Errichtung der Republik Großkolumbien

Der institutionellen Absicherung der gemeinsamen Befreiungsinteressen diente die Schaffung der Republik Kolumbien durch den Kongress von Angostura. Dieser im Februar 1819 auf Veranlassung von Bolívar gebildete Kongress war ursprünglich eine Versammlung von Abgeordneten aus den bis dahin befreiten Provinzen Venezuelas gewesen; an ihm nahmen seit Juni 1819 auch drei von der freien Provinz Casanare gewählte Delegierte als Vertreter Neu-Granadas teil: Francisco Antonio Zea, der zuvor Delegierter für die Provinz Caracas gewesen war, Oberst José María Vergara und Oberstleutnant Vicente de Uribe. Mit dem Grundgesetz (*ley fundamental*) vom 17. Dezember 1819, das zu einer Zeit erlassen wurde, als mit dem Sieg an der Brücke von Boyacá die ersten positiven Ergebnisse eines gemeinsamen militärischen Vorgehens sichtbar geworden waren, konstituierte der Kongress die Republik Kolumbien, die dem Gebiet des Vizekönigreichs Neu-Granada entsprechen sollte. Diese Republik wird allgemein Großkolumbien genannt, um sie von der späteren Republik Kolumbien zu unterscheiden, die nach der Auf-

lösung Großkolumbiens dem Gebiet des Staates Neu-
Granada entsprach.

Großkolumbien sollte in drei große Departements Ve-
nezuela, Quito und Cundinamarca – das ehemalige
Neu-Granada – gegliedert werden und jeweils regionale
Hauptstädte und eigene Regierungschefs mit dem Titel
Vizepräsident unter der Gesamtregierung eines Präsiden-
ten von Kolumbien erhalten. Der Kongress wählte den
Venezolaner Simón Bolívar zum Präsidenten und den
Neu-Granadiner Francisco Antonio Zea zum Vizepräsidenten von Kolumbien; Francisco de Paula Santander und
Germán Roscio wurden mit der Regierungsgewalt in
Neu-Granada bzw. Venezuela betraut; mit der Wahl eines
Regierungschefs für Quito sollte bis nach der Befreiung
dieses Gebietes gewartet werden. Diese Staatsbildung erfolgte zu einem Zeitpunkt, als Teile des Staatsgebietes noch
von spanischen Truppen besetzt waren und über ihre Zugehörigkeit zum neuen Staat gar nicht mit entscheiden
konnten. Erst mit dem Sieg neu-granadinischer und venezolanischer Truppen in der Schlacht von Carabobo am 24.
Juli 1821 war die endgültige Befreiung Venezuelas gesichert. Doch als der verfassunggebende Kongress der neu-
en Republik vom 6. Mai bis 14. Oktober 1821 in Cúcuta
im Grenzgebiet zwischen Neu-Granada und Venezuela
zusammentrat, hielten sich immer noch – bis 1824 – spanische Guerillas in Venezuela, und der südliche Teil Kolumbiens – Pasto, Ecuador – musste erst noch befreit werden.
Die zum ehemaligen Vizekönigreich Neu-Granada gehörende Provinz Panama erklärte am 28. November 1821 in
einem unblutigen Vorgang ihre Unabhängigkeit von Spanien und schloss sich Großkolumbien an. Es ist das Kennzeichen der Staatsbildung Großkolumbiens, dass sie unter
der Bedrohung von außen, durch die gemeinsame Abwehr
gegen die noch immer gefährliche und in Teilen des
Staatsgebiets präsente Kolonialmacht Spanien zustande
kam. Begründung und Basis dieser Staatsbildung leiteten

sich aus der Einsicht in die Notwendigkeit gemeinsamer, grenzüberschreitender und nicht regional beschränkter Maßnahmen zur Erlangung der politischen Freiheit und der Loslösung aus dem für alle Amerikaner gleichermaßen geltenden Kolonialstatus her. Es waren Überlegungen, die das allen Amerikanern gemeinsame Freiheitsziel gegenüber regionalen Interessen oder Eigenheiten in den Vordergrund stellten und von einem überregionalen Patriotismus ausgingen. Auch der Kongress von Cúcuta von 1821, auf dem nun Delegierte aus Venezuela und Neu-Granada gleichermaßen vertreten waren, hob im Juli 1821 bei der Bekräftigung des Grundgesetzes von 1819 die Interessenidentität von Neu-Granadinern und Venezolanern angesichts eines gemeinsamen äußeren Feindes als Begründung für die Union der Völker Kolumbiens hervor. Die Einsicht in die Notwendigkeit gemeinsamer Anstrengungen zur Fortführung des Befreiungskrieges und zur Erlangung der Anerkennung als souveräner Staat ging sogar so weit, dass die Delegierten des Kongresses – allerdings erst nach langen und kontroversen Diskussionen – die Republik Großkolumbien nicht wie 1819 als eine Föderation relativ eigenständig nebeneinander bestehender Departements, sondern als eine tatsächliche Union, als einen zentralistischen Staat konstituierten. Die Exekutive bestand aus einem Präsidenten, einem Vizepräsidenten und Ministern, die in der neuen Hauptstadt Bogotá residieren sollten. Gewählt wurden für die erste Legislaturperiode Simón Bolívar zum Präsidenten und Francisco de Paula Santander als Vizepräsident, der für die Zeit der Abwesenheit Bolívars während der weiteren Befreiungskriege die Regierungsgeschäfte führte. Das Staatsgebiet wurde in mehrere, die ursprünglichen drei kolonialen Verwaltungseinheiten – Venezuela, Neu-Granada und Quito – sprengende Departements mit direkt dem Präsidenten unterstehenden Verwaltungschefs, den Intendanten, gegliedert; unterhalb der Departements gab es Provinzen und Kantone. Selbst in der Terminologie drückte sich der neue Einheitsgedanke aus: Nicht mehr bloß von der Republik Großkolumbien war die Rede; ganz bewusst sprach das Grundgesetz nun vom Nationalstaat (*solo cuerpo de nación*) und gab mit dem Hinweis auf die Volksherrschaft die Legitimitätsbasis für die Regierung an.

Eine am 30. August 1821 verabschiedete Verfassung gab dem neuen Staat die notwendige politisch-rechtliche Grundlage und regelte die innere Ordnung. Zehn Jahre sollte diese Union nach dem Willen der Verfassungsväter Bestand haben; dann – also 1831 – sollte eine neue verfassunggebende Versammlung zusammentreten, die über eventuell erforderliche Reformen, über den Zusammenschluss sowie über die Form dieser Union befinden sollte.

Auflösungstendenzen in Großkolumbien

Zu dieser neuen Versammlung kam es nicht mehr, denn schon ab 1826 gab es Auflösungstendenzen, die im Jahr 1830 tatsächlich Wirkung zeigten. Zuvor allerdings gelang es dem Befreiungsheer (*ejército libertador*) – unterstützt von einigen Tausend europäischen Kriegsfreiwilligen –, mit einer Reihe spektakulärer Siege das Territorium des neuen Staates Gebiet für Gebiet zu befreien. Mit dem Sieg in der Schlacht am Pichincha am 24. Mai 1822 konnte das-jenige Gebiet in den neuen Staat eingegliedert werden, das zum Zeitpunkt der Staatsgründung bis auf die Stadt Guayaquil noch in der Hand der Spanier gewesen war und die Entscheidung über die Staatsgründung nicht hatte mittragen können: Ecuador, das Gebiet der Audiencia von Quito. Nachdem dann in einer kombinierten Land- und Seeschlacht bei Maracaibo am 24. Juli 1823 spanische Rück-eroberungsversuche erfolgreich zurückgeschlagen worden waren und als Folge davon am 7. November die letzte

spanische Bastion in Puerto Cabello genommen wurde,
konnte der amtierende Regierungschef, Vizepräsident
Santander, am 9. Dezember 1823 in seiner Proklamation
an die Kolumbianer mit Recht die vollständige Befreiung
Großkolumbiens verkünden. Zugleich dehnte Bolívar das
Operationsgebiet nach Peru und Bolivien aus, wobei er
von den strategischen Überlegungen ausging, dass Kolumbiens Unabhängigkeit und Freiheit nur dann Bestand haben konnten, wenn auch seine Nachbarn von der spanischen Kolonialmacht dauerhaft befreit waren und sie das
republikanische Regierungssystem angenommen hatten.
Während in Bogotá Santander als stellvertretender Staatschef Großkolumbiens zurückblieb, konnten Bolívar und
Sucre mit den kolumbianischen Truppen mit den Siegen
über die spanischen Truppen in den Schlachten von Junín,
am 6. August, und von Ayacucho, am 9. Dezember 1824,
nicht nur Peru und Bolivien befreien, sondern auch der
spanischen Kolonialherrschaft auf dem amerikanischen
Kontinent den endgültigen Todesstoß versetzen.

Aber mit dem Sieg von Ayacucho war auch der gemeinsame äußere Feind, der *vecino temible*, der Druck, der
Großkolumbien seit 1819/21 zusammengehalten hatte,
verschwunden. Der künstlich geschaffene Staat zerfiel in
die drei ursprünglichen Teilstaaten. Schon die geographischen Gegebenheiten standen einer engen Verflechtung
entgegen. Wirkten die schwer passierbaren Andenketten
und die großen Entfernungen sowie das Fehlen eines Verkehrsnetzes von Straßen und Flüssen schon in Venezuela,
Neu-Granada und Ecuador selbst desintegrierend, so
trennten sie auf überregionaler Ebene die Staaten noch
mehr voneinander und erschwerten dadurch Transport,
Handelsaustausch und ganz allgemein die für einen staatlichen Zusammenhalt notwendige Kommunikation. Wirtschaftliche Verflechtungen und gemeinsame sozioökonomische Interessen fehlten der künstlichen Schöpfung
ebenso wie ein gewachsenes historisches Zusammenge-

hörigkeitsgefühl. Vorhandene regionale Zugehörigkeitsgefühle in Venezuela, Neu-Granada und Ecuador lebten wieder auf, Zugehörigkeitsgefühle, die u. a. darin zum Ausdruck gekommen waren, dass sich die ersten Staatsbildungsversuche ab 1810 in den Grenzen der jeweiligen kleineren kolonialen Verwaltungseinheiten und nicht etwa in denen des Vizekönigreichs vollzogen hatten. Zudem machten die auf überregionaler Ebene vorhandenen ökonomischen und sozialen Unterschiede administrative Ausnahmeregelungen erforderlich und erwiesen sich damit als integrationshemmende Probleme. Sie lieferten besonders den Venezolanern und Ecuadorianern Argumente für ihre Separationsbestrebungen, die auch dadurch Nahrung erhielten, dass Bolívar nach der Rückkehr aus Peru und der Übernahme der Regierungsgeschäfte 1827/28 für Venezuela und Ecuador jeweils Sonderregelungen traf und diesen Regionen eine Quasi-Selbständigkeit verlieh, indem er General José Antonio Páez in Venezuela und General Juan José Flores in Ecuador als *jefes superiores* mit außergewöhnlichen regionalen Vollmachten ausstattete und so das bisherige Verhältnis von zentraler und lokal-regionaler Autorität weitgehend veränderte. Im November 1829 kündigten die Venezolaner ihre Separation von Großkolumbien an. Im Januar 1830 trat noch einmal ein Kongress in Bogotá zusammen, um in einem letzten Versuch Kolumbien durch eine Verfassungsreform doch noch zu erhalten. Vergebens: Im Mai 1830 trennte sich Ecuador von Großkolumbien, und im Oktober gab eine verfassunggebende Versammlung in Valencia Venezuela eine eigene Verfassung. So fand 1830 mit dem Zerfall Großkolumbiens und der anschließenden Wiedererrichtung der drei ursprünglichen Staaten der Prozess der Staatsgründung im Vizekönigreich Neu-Granada seinen Abschluss. Panama blieb bis 1903 ein Teil der Zentralregion, die als selbständiger Staat wieder den Namen Neu-Granada annahm.

Die Unabhängigkeitsbewegungen im Vizekönigreich
Neu-Spanien

1809   Ab Ende des Jahres: Kreolische Verschwörergruppe in Querétaro.

1810   16. September: Aufruf von Dolores, *Grito de Dolores*, verfasst von Miguel Hidalgo y Costilla.
28. September: Marsch gegen Mexiko-Stadt, Eroberung der Stadt Guanajuato. Plünderungen.

1811   17. Januar: Hidalgos Truppen erleiden bei Guadalajara eine schwere Niederlage.
30. Juli: Hidalgo wird hingerichtet. Der Kampf um die Unabhängigkeit geht jedoch weiter.
19. August: In Zitácuaro wird eine Oberste Nationale Junta Amerikas errichtet. Die weitere Führung übernimmt der Geistliche José María Morelos. Mit Guerilla-Taktik hat er Erfolge.

1813   Mai: Morelos ruft zu einer Nationalversammlung nach Chilpancingo auf; er kann sich auch auf wichtige Gruppen von Kreolen stützen.
14. September: In seiner Eröffnungsrede fordert Morelos die Delegierten auf, einen unabhängigen Staat zu gründen.
6. November: Der Kongress, aus acht Delegierten bestehend, proklamiert die Unabhängigkeit von Spanien.
Dezember: Morelos und seine Truppen erleiden bei Valladolid eine schwere Niederlage.

1814   Oktober: Der mehrfach den Versammlungsort wechselnde Kongress tritt in Apatzingán zusammen, wo er am 22. Oktober eine liberale Verfassung verkündet, die eine republikanische Staatsform festlegt und die Gleichheit aller Rassen ausspricht, Sklaverei und Indianertribut abschafft.

1815   22. Dezember: Nach mehreren Niederlagen gegen vereinigte Royalisten und Kreolen und Gefangennahme wird Morelos in Mexiko-Stadt standrechtlich erschossen. Die Verfassung von Apatzingán wird nicht realisiert. Widerstand gegen Spanier unter Vicente Guerrero.

1820   Mai: Nach der Riego-Revolte in Spanien setzt der Vizekönig Apodaca auch in Neu-Spanien die liberale Verfassung von 1812 wieder in Kraft. Konservative Kreolen lehnen liberale Reformmaßnahmen ab.

1821 24. Februar: Im sogenannten Plan von Iguala verbünden sich Oberst Agustín de Iturbide und Guerrero, den Iturbide eigentlich hatte bekämpfen sollen, und formulieren ein politisches Grundsatzprogramm: Unabhängigkeit von Spanien in Form einer konstitutionellen Monarchie, Katholizismus als wahre Religion, Einheit von Europa- und Amerika-Spaniern sowie Gleichberechtigung aller mexikanischen Bürger.

24. August: Der neue Vizekönig O'Donojú verhandelt angesichts der militärischen Stärke von Iturbide und akzeptiert im Vertrag von Córdoba die Punkte des Plans von Iguala.

15. September: Im Generalkapitanat Guatemala erklärt der amtierende Generalkapitän Gabino Gainza auf Drängen von Kreolen dessen Unabhängigkeit. Dieses schließt sich auf Drängen Iturbides Mexiko an.

27. September: Iturbide zieht siegreich in Mexiko-Stadt ein; am 28. tritt eine von Iturbide benannte *Junta Soberana* aus Kreolen der Oberschicht ohne Beteiligung der früheren Aufständischen zusammen und wählt Iturbide zu ihrem Präsidenten.

1822 24. Februar: Ein neuer Kongress tritt zusammen, um die Staatsform zu diskutieren.

18. Mai: Da die spanischen Cortes den Vertrag von Córdoba ablehnen, erklärt sich Iturbide, gestützt auf sein Leibregiment, als Agustín I. zum Kaiser von Mexiko.

31. Oktober: Angesichts politischen Widerstands gegen sein autoritäres Regime löst Iturbide den Kongress auf und ersetzt ihn durch eine neue Regierungsjunta.

Dezember: Der Kommandant von Veracruz, Antonio López de Santa Anna, putscht gegen Iturbide und erhält schnell Unterstützung.

1823 19. März: Iturbide dankt ab, begibt sich im Mai ins Exil nach Italien. Nach seiner Rückkehr im folgenden Jahr wird er gefangen genommen und standrechtlich erschossen.

1. Juli: Nach dem Sturz Iturbides erklärt im ehemaligen Generalkapitanat Guatemala eine konstituierende Nationalversammlung dessen Unabhängigkeit als »Vereinigte Provinzen

von Zentralamerika«, Costa Rica, El Salvador, Guatemala, Honduras, Nicaragua. Chiapas bleibt bei Mexiko.

November: Ein neuer Kongress ruft die Republik Mexiko aus.

1824   Oktober: Die neue Verfassung organisiert Mexiko als eine Bundesrepublik von neunzehn Staaten.

November: In Zentralamerika sieht die neue Verfassung fünf Bundesstaaten mit je eigener Legislative und Exekutive vor.

1826   In Zentralamerika spitzt sich der Konflikt zwischen der konservativen, zentralistisch orientierten Oligarchie und den Liberalen, die den Föderalismus vorziehen, zu einem Bürgerkrieg zu.

1829   Sieg der Liberalen unter Francisco Morazán, einem Politiker aus Honduras.

1830   Morazán wird vom Kongress zum Präsidenten ernannt; damit scheint zunächst der Fortbestand der Föderation gesichert. Seine liberale Politik sowie finanzielle Maßnahmen wie Wiedereinführung des Indianertributs führen zu Unmut und offenem Widerstand.

1837   Protestbewegungen mit unterschiedlichen Koalitionen, an deren Spitze der Guatemalteke Rafael Carrera steht, ein analphabetischer hispanisierter Indio, ein *ladino*. Ihm gelingt es, die liberalen Kräfte zu besiegen, doch führt sein Sieg auch zum endgültigen Scheitern der Föderation.

1838   April: Nicaragua verlässt als erster Bundesstaat die Föderation. Es folgen noch im selben Jahr Guatemala, Honduras und Costa Rica.

1841   El Salvador tritt als letzter Staat aus der Zentralamerikanischen Föderation aus, die damit aufgelöst ist.

Die soziale Revolutionsbewegung

Im Vizekönigreich Neu-Spanien, in **Mexiko**, war es in der Stadt Mexiko nach dem ersten Scheitern der frühen Junta-Bewegung im September 1808 zu keinen weiteren Bewegungen dieser Art gekommen, obwohl die neuspanischen Kreolen mit dem instabilen vizeköniglichen Regime, das einige Patrioten wegen ihrer Beteiligung an den Aktionen des Cabildo hatte inhaftieren lassen, sehr unzufrieden waren. In einigen Provinzen gab es kreolische Verschwörungen, und der Wunsch nach politischer Selbständigkeit des Landes war nicht zuletzt wegen der immer höheren Geldforderungen aus Spanien latent weiter vorhanden. Im September 1810, zu einem Zeitpunkt, als mit Francisco Javier Venegas ein energischer neuer Vizekönig sein Amt antrat, als in Cádiz die von Zentraljunta und Regentschaftsrat einberufenen Cortes endlich zusammentraten, Spanien aber von napoleonischen Truppen besetzt war, kam der mexikanische Unabhängigkeitsprozess erneut in Gang. Dadurch, dass er schnell zu einer Massenbewegung mit sozialen Forderungen wurde, deren Hauptträger die indianische Bevölkerung war, erhielt er eine Dimension, die nicht mehr im Sinne der besitzenden kreolischen Gruppen sein konnte und deshalb ohne deren Unterstützung blieb. Das Vizekönigreich Neu-Spanien war ja in den ersten Jahren des 19. Jahrhunderts durch große soziale Ungleichheiten gekennzeichnet. Die Bevölkerung zählte etwas mehr als sechs Millionen Menschen, von denen etwa 18 % (ca. 1,09 Millionen) Weiße waren, mehrheitlich Kreolen und nur ca. 15 000 Europa-Spanier, die den Handel kontrollierten und die hohen zivilen und kirchlichen Posten innehatten. Die Mehrheit der Bevölkerung machten mit rund 60 % (3,66 Millionen) die Indios und mit etwa 22 % die Castas, die Mischlingsbevölkerung, aus.

Ausgelöst wurde die mexikanische Unabhängigkeitsbewegung durch eine Ende 1809 gebildete kreolische Verschwörergruppe in Querétaro, deren Ziel es war, die europaspanische Herrschaft durch eine kreolische Regierung zu ersetzen, die Spanier auszuweisen und deren Güter einzuziehen. Mitte 1810 zogen sie auch den kreolischen Priester aus der Gemeinde Dolores im Distrikt der Intendencia von Guanajuato, Miguel Hidalgo y Costilla, hinzu, weil sie von ihm als Prediger erwarteten, dass er die indianisch-bäuerliche Bevölkerung der Region für einen Aufstand motivieren könne. Denn in der Agrar- und Bergwerksregion des Bajío herrschte ein starker sozialer Gegensatz zwischen Bergwerks- und Großgrundbesitzern und einer verarmten indianischen Bevölkerung, die sich überdies durch die Tributzahlungen in ihrem wirtschaftlichen Fortkommen gehindert sah. Da die Verschwörung verraten worden war, sah sich Hidalgo genötigt, eher als geplant zu handeln und zur Revolution aufzurufen. Pikanterweise gehörte Hildalgo zu den Geistlichen, die einige Jahre zuvor von den Maßnahmen der Desamortisationspolitik betroffen waren. Weil er die auf seiner Hacienda lastende Hypothek nicht zahlen konnte, war die Hacienda beschlagnahmt und verpachtet worden. Erst als das Gesetz 1809 aufgehoben worden war, hatte er sie zurückerhalten. Dieser Geistliche forderte nun am Morgen des 16. September vom Vorplatz seiner Kirche in Dolores aus seine vorwiegend indianischen Gemeindeglieder auf, sich ihm im Kampf für »die gerechte Sache« anzuschließen und die schlechte Regierung zu stürzen sowie auch das ihnen von den Spaniern genommene Land wieder in Besitz zu nehmen. Mit dieser Predigt, dem sogenannten Aufruf von Dolores (*Grito de Dolores*), begann eine soziale Aufstandsbewegung, die bald schon ihre eigene Dynamik als Kampf der besitzlosen Indianerbevölkerung gegen die kreolischen und spanischen Grundbesitzer entwickelte.

Auf dem Marsch gegen die Hauptstadt Mexiko schlossen sich Hidalgo und seinen Aufständischen rasch immer mehr Teilnehmer an. Schon Ende September 1810 zählte die von ihm und dem Mitverschwörer Ignacio José Allende, einem Offizier des in der Nähe von Dolores stationierten Milizregiments, geführte Streitmacht 20 000 Mann, doch handelte es sich eher um unorganisierte und undisziplinierte Heerhaufen, die sich von den kreolischen

Führern nur schwer kontrollieren ließen. Als sie am 28. September Guanajuato einnahmen, richteten sie unter den Spaniern ein Blutbad an und plünderten die Stadt. Dadurch, dass Hidalgo seinen Anhängern soziale Verbesserungen wie z. B. die Abschaffung des Indianertributs und der Sklaverei versprach, wuchs das von ihm geführte Massenheer in den nächsten Wochen auf über 80 000 Mann an. Zudem wirkte seine Maßnahme, die seit der Mitte des 16. Jahrhunderts von Indios, Kreolen und Spaniern verehrte Jungfrau von Guadalupe zur Schutzpatronin des Krieges zu machen, zusätzlich massenmobilisierend. Allerdings riefen die im Land angerichteten Verwüstungen und Plünderungen der Haciendas das Entsetzen der gesamten Oberschicht und zugleich den Widerstand der landbesitzenden Kreolen im restlichen Mexiko gegen die soziale Revolution hervor. So vermochte Hidalgo trotz seines zahlenmäßig großen Massenheeres nicht, die Stadt Mexiko einzunehmen. Er befahl den Rückzug, auf dem er in San Jerónimo Aculco von dem spanischen General Félix María Calleja geschlagen wurde. Danach zog Hidalgo nach Guadalajara, das andere aufständische Gruppen eingenommen hatten. Hier erließ er mehrere Beschlüsse zur sozialen Verbesserung und bemühte sich um die Gründung einer Republik. Es gelang ihm zwar, eine neue Armee aufzubauen, doch brachten ihm royalistische Truppen unter Calleja, einem hervorragenden Militärstrategen, in der Schlacht bei Puente de Calderón östlich von Guadalajara am 17. Januar 1811 die entscheidende Niederlage bei. Hidalgo, Allende und der Rest der Rebellen flohen weiter nach Norden, wo sie am 21. März 1811 in einen Hinterhalt gerieten. Alle Gefangenen wurden vor ein Kriegsgericht gestellt, das mehrheitlich sogar aus Kreolen bestand. Hidalgo und Allende wurden zum Tode verurteilt und am 30. Juli 1811 hingerichtet. Der Kampf um die Unabhängigkeit und die Bildung eines eigenen Staates ging jedoch weiter. So setzten z. B. im Norden, in der Region von Zitácuaro, Aufständische unter der Führung des Lizenziaten Ignacio López Rayón den Kampf fort und errichteten dort sogar am 19. August 1811 eine neue Oberste Nationale Junta Amerikas (*Suprema Junta Nacional de América*), der neben Rayón selbst noch der Offizier José María Liceaga und der Geistliche José Sixto Verduzco angehörten.

Die erste Unabhängigkeitserklärung

Die Führung der Revolution übernahm nun José María Morelos, ein mestizischer Geistlicher einer armen Pfarrei in Carácuaro, Michoacán, der sich von Hidalgos Aufruf hatte überzeugen lassen und seitdem mit einem kleinen Heer an der südwestlichen Küste Mexikos erfolgreich gewesen war. Er organisierte die Bewegung planvoller und straffer und wandte effizient eine Guerilla-Taktik an, mit der es seinen Truppen tatsächlich gelang, wichtige Städte wie Oaxaca (November 1812) und Acapulco (April 1813) einzunehmen. Auch ging er als Mitglied der Nationaljunta mit größerem politischen Geschick vor, um nicht nur die unteren Schichten, sondern auch immer mehr kreolische Kreise zu gewinnen. So versicherte er in einem Erlass vom 13. Oktober 1811, dass kooperationswillige Kreolen nicht um ihren Landbesitz fürchten müssten und zu Amt und Würden im zivilen wie im militärischen Bereich gelangen würden. Tatsächlich sympathisierten sogar Teile der Kreolen in der Hauptstadt, die sich zu einer Verschwörergruppe, den Guadalupes, zusammengeschlossen hatten, mit Morelos und standen mit ihm im regelmäßigen Schriftverkehr. Der Bewegung schlossen sich seit 1810 nach und nach mit der spanischen Herrschaft unzufriedene kreolische Intellektuelle und Geistliche, allerdings in geringer Zahl, an, so dass die Bewegung zwar zur Mobilisierung der Massen ihre soziale Dimension behielt, zugleich aber eine starke politisch orientierte Komponente gewann. Als Morelos im Mai 1813 zu einer Nationalversammlung nach Chilpancingo aufrief, die dem Land eine Verfassung geben sollte, konnte er auf so kompetente Kreolen zählen wie Carlos María de Bustamante, den ehemaligen Herausgeber des *Diario de México* und radikalen Verfechter der Unabhängigkeit, der Ende 1812 in Mexiko einer Verhaftung durch den Vizekönig durch die Flucht zu den Aufständischen zuvorgekommen war; Andrés Quintana Roo, einen Dichter, Journalisten und Rechtsgelehrten; Ignacio López Rayón, den Präsidenten der Junta von Zitácuaro; den Geistlichen José María Cos, den ehemaligen Herausgeber zweier Zeitungen der Aufstandsbewegung, *El Ilustrador Nacional* und *El Despertador Americano*. Nicht ohne Absicht hieß diese Versammlung »Kongress von Anáhuac«, spielte doch der alte Name für Mexiko auf die vorspanische, vorkoloniale Vergangenheit an. Vier Monate tagte sie in Chilpancingo. In 23 Artikeln, als »Gefühle der Nation« (*Sentimientos de la Nación*) betitelten grundsätzlichen Überlegungen zur Arbeit des Kongresses, die im Anschluss an seine Eröffnungsrede am 14. September 1813 verlesen wurden, forderte Morelos die Versammlungsteilnehmer auf, zu erklären, dass Mexiko ein freies und von Spanien unabhängiges Land sei, dass neben der katholischen Religion keine andere gelten sollte, dass die Staatsgewalt direkt vom Volk ausgehe und dass die Gesetze »Überfluss und Armut ausgleichen« sowie »Unwissenheit, Diebstahl und Raub beseitigen« sollten. Tatsächlich proklamierte am 6. November 1813 der Kongress, auf dem acht Delegierte, drei sogar ohne gewählt worden zu sein, den Anspruch erhoben, ganz Mexiko zu vertreten, die vollständige Unabhängigkeit des Landes von Spanien.

Spanische Rückeroberungserfolge

Während der Kongress die Arbeit an der Verfassung aufnahm, verließ Morelos Chilpancingo und nahm den
Kampf zur weiteren Befreiung des Landes wieder auf. Allerdings war es in der Zwischenzeit dem spanischen General Calleja, der seit März 1813 auch das Amt des Vizekönigs innehatte, gelungen, die Regierungstruppen, z.T.
mit zahlreichen kreolischen Offizieren und mestizischen
Soldaten aus den Provinzmilizen, zu reorganisieren und
neu auszurüsten, wohingegen Morelos seine Truppen nur
aus Beutestücken bewaffnen konnte. So kam es dazu, dass
im Dezember 1813 Morelos und seine Truppen bei Valladolid eine schwere Niederlage erlitten und die royalistischen Truppen nach Süden vordringen konnten. Der
Kongress musste deshalb mehrfach an einen anderen Ort
verlegt werden, um der Gefangennahme vorzubeugen. Im
Oktober 1814 trat er in Apatzingán zusammen und verkündete am 22. Oktober die neue Verfassung, die sich im
Wesentlichen an die französische von 1793 und die spanische von 1812 anlehnte, also starke liberale Elemente enthielt. Sie legte die republikanische Staatsform mit einer
mehrköpfigen Exekutive und einer starken Legislative sowie die Abschaffung der Sklaverei und des Tributs fest,
sprach damit also die Gleichheit aller Rassen aus, und erklärte die Pressefreiheit zum Bürgerrecht. Eigentlich bot
diese Verfassung für die Kreolen Mexikos eine Alternative, denn die im September 1812 auch im Vizekönigreich
Neu-Spanien eingeführte und praktizierte liberale Verfassung von Cádiz war, nachdem Ferdinand VII. auf den
Thron zurückgekehrt war und mit der Aussetzung der
Verfassung die absolutistische Herrschaft wiedererrichtet
hatte, im August 1814 auch vom Vizekönig Calleja ausgesetzt worden. Doch die Mehrheit der Kreolen ließ sich
nicht gegen den »Despotismus der spanischen Monarchie« gewinnen. Zwar garantierte die Verfassung den

Schutz des Eigentums, garantierte das Wohlergehen aller Bürger durch den Anspruch auf Gleichheit, Sicherheit, Besitz und Freiheit, doch konnte dies die Furcht der grundbesitzenden Kreolen nicht beruhigen. Da sich die Bewegung nicht in bloßen Unabhängigkeitsbestrebungen erschöpft hatte, sondern – die berechtigten Forderungen und Bedürfnisse der unterdrückten Bevölkerung aufgreifend – vor allem eine soziale und wirtschaftliche Zielsetzung hatte, schlugen sich viele Kreolen, die zwar Souveränität erstrebten, sich selbst aber durch die sozialen Forderungen und die gewaltsame Art von deren Umsetzungen bedroht fühlten, auf die Seite der spanischen Regierung und der Royalisten. Von ihnen erwarteten die Kreolen einen effektiveren Schutz ihres Eigentums, während sie die radikale Kriegführung, zu der Morelos übergegangen war, abschreckte.

So wurde die Verfassung von Apatzingán nie in die Tat umgesetzt. Als sie verkündet wurde, waren die Aufständischen bereits aus den südlichen Provinzen verjagt, und Morelos verfügte mittlerweile nur noch über knapp tausend Mann, während Calleja 80 000 Soldaten befehligte. Als der Kongress Ende 1815 wieder einmal einen Ortswechsel vornehmen musste und Morelos die militärische Begleitung übernahm, konnte er diesem zwar zur Flucht verhelfen, doch fiel er selbst in die Hände der Royalisten und wurde nach Mexiko gebracht, wo man ihm den Prozess machte. Am 22. Dezember 1815 wurde er standrechtlich erschossen. Damit hatte die Bewegung, die soziale, ökonomische und politische Veränderungen angestrebt hatte, ihren wichtigsten Führer verloren; auch diese Phase der mexikanischen Unabhängigkeitsbewegung war ohne Erfolg abgeschlossen. Große Gruppen der Kreolen waren, sei es aus Überzeugung, sei es aus Furcht vor dem Verlust ihres sozialen Status, spanien- und königstreu geblieben. Sie hatten sich nicht nur der Unabhängigkeitsbewegung verweigert, sondern erlangten in den folgenden Jahren innerhalb des spanischen Herrschaftssystems sogar eine gewisse Dominanz.

Von der anfänglichen Massenbewegung blieben nur einige Widerstandsgruppen. Als der Vizekönig Apodaca, Callejas Nachfolger, den Aufständischen Begnadigung zusagte, waren viele bereit, sich zu ergeben. Um 1819 setzten nur noch wenige Guerillaführer wie Pedro Ascencio und Vicente Guerrero die Aufstandsbewegung im unzugänglichen Süden des Landes fort.

Die konservative Revolution

Bis April/Mai 1820 befand sich das Vizekönigreich Neu-Spanien abgesehen von einigen regional begrenzten Guerillaaktivitäten fest in der Hand der Royalisten, nicht zuletzt deswegen, weil die nach Jahren des Bürgerkriegs auf Versöhnung und Wiederaufbau ausgerichtete Amtsführung des Vizekönigs Apodaca dazu beitrug, Vertrauen in die spanische Kolonialherrschaft zurückzugewinnen. Erst die Ereignisse in Spanien, die Riego-Revolte, die Wiedereinsetzung der Verfassung von 1812 und die in den Cortes beschlossenen Gesetze ließen die Unabhängigkeitsbewegung wieder aufleben. Diesmal waren es die reichen Kreolen, die schon 1808 die Unabhängigkeit befürwortet hatten, die den Moment gekommen sahen, sie zu verwirklichen, und zwar ohne gleichzeitig soziale Reformen durchführen zu müssen. Die vom Vizekönig im Mai 1820 offiziell wieder in Kraft gesetzte Verfassung und andere liberale Maßnahmen ließen konservative Kreise in Mexiko ein stärkeres Übergreifen liberaler Tendenzen auf Amerika befürchten. Vor allem lehnten sie als Betroffene die Gesetze zur Wiederaufnahme der Desamortisationspolitik, zur erneuten Aufhebung des Jesuitenordens, zur Abschaffung der Inquisition, zur Wiedereinführung der Pressefreiheit, zur Aufhebung der Sondergerichtsbarkeiten der Kirche und des Militärs ab. In dem Augenblick, als die kreolische Oligarchie zu der Überzeugung gelangte, dass Spanien nicht mehr ihren sozialen Status, ihre Dominanz gewährleisten konnte, setzte sie wieder auf die Karte Unabhängigkeit, um den Status quo zu bewahren. In dem kreolischen Oberst Agustín de Iturbide fanden sie den geeigneten Mann, der ihre Interessen vertrat.

Iturbide war ein erprobter Kämpfer aus den Kriegen gegen die Aufständischen; 1820 erhielt er von Vizekönig Apodaca den Oberbefehl über die Truppen, um Guerrero und die letzten Reste der Guerillas auszuschalten. Im November 1820 marschierte Iturbide mit seinen Truppen gen Süden.

Die Errichtung des Kaiserreichs Mexiko

Doch statt gegen Guerrero zu kämpfen, nahm Iturbide mit diesem Verhandlungen auf, deren Ergebnis der am 24. Februar 1821 veröffentlichte, nach seinem Entstehungsort benannte *Plan de Iguala* war. Gemeinsam verkündigten Iturbide und Guerrero in diesem Plan, der von den vereinigten Truppen, vom »Heer der drei Garantien« (*ejercito trigarante*) unter der Führung Iturbides durchgesetzt werden sollte, besonders drei Prinzipien als politisches Grundsatzprogramm: Unabhängigkeit von Spanien in der Form einer konstitutionellen Monarchie unter einem Angehörigen des spanischen Königshauses; Katholizismus als einzig wahre Religion; Einheit von Mexikanern und Europa-Spaniern und Gleichberechtigung aller mexikanischen Bürger. Der Plan von Iguala garantierte also die Gleichheit aller Mexikaner. Aber der gleichzeitige Schutz des Privateigentums machte daraus nicht mehr als nur eine verbale Anerkennung der Ziele, die Hidalgo und Morelos in der frühen sozialen Phase verfochten hatten. Denn die Privilegien der Kreolen, der Großgrundbesitzer blieben vollauf erhalten, während die Bauernbevölkerung der Indios keinerlei Nutzen aus der politischen Befreiung von Spanien ziehen konnte. Dennoch kam von ihrer Seite ebenso wie von den unteren Bevölkerungsschichten oder auch von den Trägern der sozialen Revolution kein nennenswerter Widerstand. Den frommen unteren Bevölkerungsschichten, beeinflusst durch katholische Geistliche, erschien der Plan als Rettung der wahren Religion vor den gottlosen Machenschaften der Liberalen, und die ehemaligen Revolutionäre sahen in dem Plan die beste der derzeit machbaren Möglichkeiten mit der Option für spätere Verbesserungen.

Innerhalb von fünf Monaten gelang es Iturbide, den Plan umzusetzen; die verschiedenen gesellschaftlichen Gruppen akzeptierten ihn, und der militärische Feldzug war kurz und fast unblutig. Angesichts dieser Situation kam der spanische General Juan O'Donojú, den die spanischen Cortes zum Nachfolger des Vizekönigs Apodaca ernannt hatten, nach seiner Ankunft Anfang August 1821 schnell zu der Überzeugung, dass Mexiko zu diesem Zeitpunkt faktisch bereits unabhängig war. Er erklärte sich bereit, mit Iturbide zu verhandeln, und am 24. August 1821 unterzeichneten beide Seiten den Vertrag von Córdoba, der den Plan von Iguala in seinen wesentlichen Punkten bekräftigte und die Einrichtung einer provisorischen Regierung unter Mitwirkung von O'Donojú vorsah. Am 27. September hielt das siegreiche Heer mit Iturbide an der Spitze einen triumphalen Einzug in der Stadt Mexiko, und am 28. September trat eine von Iturbide benannte *Junta Soberana* zusammen, deren Mitglieder sämtlich aus der kreolischen Oberschicht von Kirche und Verwaltung, nicht jedoch aus den Schichten der früheren Aufständischen oder von den Republikanern stammten. Sie wählte Iturbide zu ihrem Präsidenten und beschloss den

Text der »Unabhängigkeitsakte des mexikanischen Reiches«. Sie war auch für die Vorbereitung, Ausschreibung und Durchführung der Wahlen zur verfassunggebenden Versammlung zuständig. Am 24. Februar 1822 trat der neue Kongress zusammen. Die Kreolen der Mittelschicht, die zu einer republikanischen Regierungsform neigten, bildeten zwar die Mehrheit, und die Monarchisten waren in Anhänger der Bourbonen und Anhänger von Iturbide gespalten, doch als bekannt wurde, dass die spanischen Cortes sich weigerten, den Vertrag von Córdoba zu ratifizieren und einen Monarchen aus dem bourbonischen Königshaus zu stellen, wählte die Verfassunggebende Versammlung unter dem Druck des Leibregiments von Iturbide diesen am 18. Mai 1822 als Agustín I. zum Kaiser von Mexiko.

Iturbides Kaisertum dauerte jedoch nur elf Monate. Seine rigorose Haltung gegenüber der Opposition, seine selbstherrliche Politik gegenüber dem Kongress sowie wirtschaftliche Probleme riefen den Unmut der Anhänger eines bourbonischen Monarchen und der Republikaner hervor; es gab sogar Verschwörungen gegen ihn. Deshalb löste er am 31. Oktober 1822 den Kongress auf und ersetzte ihn durch eine Regierungsjunta, die auch Neuwahlen ausschreiben sollte. In dieser prekären und gespannten Situation rebellierte Anfang Dezember 1822 in Veracruz, dem wichtigsten Hafen Mexikos, der dortige Kommandant Antonio López de Santa Anna gegen den Kaiser und verbündete sich mit den ehemaligen Unabhängigkeitskämpfern Nicolás Bravo, Vicente Guerrero und Guadalupe Victoria; Anfang 1823 konnte er sogar einen General Iturbides, José Antonio Echávarri, auf seine Seite ziehen. Ziel war es, Iturbide zu stürzen, den Kongress wiedereinzusetzen und die drei Garantien zu erneuern. Als die Rebellion um sich griff und Iturbide seinen Einfluss nur noch auf die Stadt Mexiko beschränkt sah, verfügte er die Wiedereinsetzung des aufgelösten Kongresses, dankte am

19. März 1823 ab und begab sich im Mai ins Exil nach Italien; bei seiner Rückkehr nach Mexiko im folgenden Jahr wurde er gefangen genommen und zwei Tage danach standrechtlich erschossen.

Die Errichtung der Republik Mexiko

Nach der Auflösung der Monarchie rief in Mexiko im November 1823 ein neugewählter Kongress die Republik aus und begann, eine Verfassung auszuarbeiten, die im Oktober 1824 veröffentlicht wurde und Mexiko als eine föderalistische, regionale ökonomische Interessen berücksichtigende Bundesrepublik mit neunzehn Einzelstaaten organisierte. Mexiko gab sich ein Zweikammer-System, der Präsident erhielt weitgehende Machtbefugnisse. Aus den ersten Wahlen gingen Guadalupe Victoria als Präsident und Nicolás Bravo als Vizepräsident hervor, alte und bekannte Kämpfer der sozialen Unabhängigkeitsbewegung. Damit war der wechselvolle Prozess der mexikanischen Staatsbildung von einer der wichtigsten Kolonien Spaniens zum selbständigen Staat abgeschlossen. Die Spanier hatten ihr Machtmonopol gegenüber den Kreolen verloren, anders gesagt, die Kreolen lösten die Spanier als herrschende Schicht ab. Die spätkoloniale Gesellschaftsstruktur erfuhr jedoch keine Veränderungen.

Die Abspaltung Zentralamerikas

Der neue Staat Mexiko umfasste zunächst ein riesiges Territorium; er bestand aus den umfangreichen zentralen und nördlichen Gebieten des ehemaligen Vizekönigreichs Neu-Spanien, dazu gehörten noch die weiten Regionen jenseits des Rio Grande sowie die Küstenregionen von

Alabama und Mississippi und das ganze Gebiet westlich des Mississippis. Das Territorium schloss nicht mehr die südlichen Provinzen ein, also das **Generalkapitanat Guatemala**, dessen Ausdehnung mit dem Gerichtsbezirk der Audiencia von Guatemala übereinstimmte, zuständig für die auf Provinzialebene eingerichteten Gouvernements Guatemala, Honduras, Nicaragua und Costa Rica, sich also über fast ganz Zentralamerika mit Ausnahme des Gerichtsbezirks der Audiencia von Panama erstreckte. Allerdings war das Audiencia-Gebiet des kolonialen Guatemala nur ein administratives Konstrukt gewesen, das nicht einer natürlichen Einheit entsprach. Weder die Topographie noch die unterschiedlichen ethnischen Strukturen boten die Grundlage für größere Einheitlichkeit, denn die Provinzen Honduras, Nicaragua und Costa Rica hatten nicht wie Guatemala an der Erfahrung der Maya-Kultur teilgehabt. So lebte die indianische Bevölkerung, die in Zentralamerika insgesamt etwa zwei Drittel der Gesamtbevölkerung ausmachte, überwiegend im gebirgigen Nordwesten, in Chiapas und Guatemala. Mischlinge, Ladinos genannt, deren Gesamtanteil sich auf rund 30 % belief, lebten vorwiegend in Nicaragua, El Salvador – das im Zuge der bourbonischen Verwaltungsreformen, d. h. der Einführung des Intendantensystems zwischen 1785 und 1787, zu einer eigenen Verwaltungseinheit geworden war – und Honduras. Die weiße Bevölkerung bildete mit nur vier Prozent eine eindeutige Minderheit, sie lebte vorwiegend in den Städten. Auch die wirtschaftlichen Interessen divergierten, besonders zwischen den Großkaufleuten aus Guatemala-Stadt und den kreolischen Pflanzern verschiedener agrarischer Produkte in El Salvador, vor allem des Textilfarbstoffs Indigo, das seit der Mitte des 18. Jahrhunderts zu einem wichtigen Ausfuhrprodukt geworden war.

Inspiriert durch die Unabhängigkeitserklärung Mexikos im Februar 1821 und in dem schon seit längerem artikulierten Wunsch nach stärkerer Beteiligung von Kreolen an politischen Entscheidungen hatte am 15. September 1821 der amtierende Generalkapitän Gabino Gainza die Unabhängigkeit des Generalkapitanats Guatemala erklärt. Mehr oder weniger durch die Androhung des mexikanischen Kaisers Iturbide, in Mittelamerika einzumarschieren, gezwungen, hatte es sich Mexiko angeschlossen. Doch nach dem Sturz Iturbides lösten sich die zentralamerikanischen Provinzen mit Ausnahme von Chiapas, das für eine Fortdauer der Union mit Mexiko optierte, aus dem Staat Mexiko. Auf einer konstituierenden Nationalversammlung in Guatemala-Stadt proklamierten 41 kreolische Abgeordnete aus den fünf Provinzen am 1. Juli 1823 die Unabhängigkeit als »Vereinigte Provinzen von Zentralamerika«. Eine im November 1824 angenommene, vom Vorbild der Vereinigten Staaten beeinflusste Verfassung sah fünf Bundesstaaten mit je eigener Legislative und Exekutive vor, womit zwar den unterschiedlichen Interessen der verschiedenen Regionen Rechnung getragen, eine Staatsbildung auf Bundesebene aber erschwert wurde. Die nächsten Jahrzehnte zeigten, dass in Zentralamerika die zentrifugalen Kräfte stärker waren als diejenigen, die eine Einheit stützten.

Die Unabhängigkeitsrevolutionen im Vizekönigreich Río de la Plata

1810   22. Mai: Patrioten in Buenos Aires erzwingen die Einberufung eines »Offenen Stadtrats«.

25. Mai: In der als »Revolution des 25. Mai« benannten Aktion werden der Vizekönig ab- und eine Patriotische Junta eingesetzt, die jedoch noch keinen formalen Bruch mit Spanien vollzieht. Die Junta erhebt Anspruch auf Anerkennung durch alle Provinzen des La-Plata-Raums.

2. Juni: Ein »Offener Cabildo« in Montevideo, wo viele

Spanier lebten, lehnt die Aufforderung, die Junta in Buenos Aires anzuerkennen, ab und erkennt den Regentschaftsrat in Spanien an.

24. Juli: Ein »Offener Cabildo« in Asunción weist die Forderung Buenos Aires nach Anerkennung der Junta zurück und erkennt den Regentschaftsrat in Spanien an.

August: Ein Expeditionsheer aus Buenos Aires soll in Hochperu die Anerkennung der Junta erwirken.

7. November: In der Schlacht bei Suipacha in Hochperu werden die Königstreuen besiegt. Zahlreiche hochperuanische Städte schließen sich der Revolution an. Ungeschickte Besatzungspolitik lässt die Stimmung umschlagen.

Ende des Jahres wird die Bonarenser Junta durch Vertreter der Provinzen zur *Junta Grande* erweitert.

Richtungsstreit zwischen Radikalen, die sofortige Unabhängigkeit und Vorherrschaft von Buenos Aires verlangen, und Gemäßigten, die Zuwarten und Rücksichtnahme auf die Provinzen fordern.

1811 Anfang des Jahres gelingt es den kreolischen Milizoffizieren in der Provinz Paraguay mit ihrer »Kavallerie« aus Viehtreibern, ein Expeditionsheer aus Buenos Aires unter Belgrano zurückzuschlagen, das die Anerkennung mit Gewalt erzwingen sollte.

Februar: José Gervasio Artigas schließt sich der Bewegung in Buenos Aires an und mobilisiert in der Banda Oriental die Bevölkerung auf dem Land.

Mai: Die vereinigten Heere der Patrioten aus der Banda Oriental und Buenos Aires besiegen in der Schlacht bei Las Piedras die Royalisten und werfen sie auf die Stadt Montevideo zurück.

14./15. Mai: Die kreolische Oberschicht in der Provinz Paraguay errichtet eine eigene Oberste Regierungsjunta und erklärt ihre Selbständigkeit gegenüber Buenos Aires.

Juni: Die Revolutionstruppen aus Buenos Aires werden von den Königstreuen in Hochperu und einem aus dem Vizekönigreich Peru entsandten Heer geschlagen und zum Rückzug gezwungen. Die Verfolgung dringt bis nach Salta vor.

September: Die Große Junta wird durch ein Triumvirat ersetzt.

20. Oktober: Angesichts eines portugiesischen Einmarschs in die Banda Oriental verpflichtet sich die Junta in Buenos Aires – ohne Absprache mit Artigas – in einem Waffenstillstand mit dem spanischen Gouverneur von Montevideo dazu, die argentinischen Truppen aus der Banda Oriental zurückzuziehen und dieses Gebiet den Royalisten zu überlassen. Artigas kämpft weiter um die Unabhängigkeit.

1812　Januar: Die von der *Junta Grande* gebilligten Provinzjuntas werden aufgelöst.

Oktober: Vertreter der Provinzen stürzen das erste Triumvirat und bilden ein zweites.

1813　31. Januar: Eine erste verfassunggebende Versammlung nimmt in Buenos Aires ihre Arbeit auf. Die Vertreter der Banda Oriental, Verfechter eines föderativen Systems, werden nicht zugelassen. Angesichts äußerer Bedrohungen wird ein Einerdirektorium geschaffen.

Eine erneute Expedition unter General Belgrano kann Hochperu zunächst zurückerobern, wird aber im selben Jahr von einem Heer aus Peru unter dem Kommando des spanischen Generals Joaquín de la Pezuela geschlagen.

Herbst: Ein von dem kreolischen Anwalt José Gaspar Rodríguez de Francia beeinflusster Kongress erklärt die Unabhängigkeit der Republik Paraguay und errichtet eine Konsulatsregierung mit Francia als einem der beiden Konsuln.

1814　31. Januar: Gervasio Antonio de Posadas tritt sein Amt als erster »Oberster Führer«, *Supremo Director*, der »Vereinigten Provinzen des Río de la Plata« an.

Ein neuer Kongress in Paraguay ernennt Francia zum »Obersten Diktator der Republik« für die nächsten fünf Jahre.

Juni: Nach der Kapitulation der Royalisten in Montevideo vor der gemeinsamen Belagerung durch argentinische Truppen und Artigas' Anhänger übergeben die Argentinier die Stadt an Artigas.

1815　Januar: Posadas gibt sein Amt auf. Dieses übernimmt sein machthungriger Neffe Alvear, der allerdings schon drei Monate später wieder zurücktreten muss.

Eine dritte Expedition nach Hochperu unter General José Rondeau bleibt ebenfalls ohne Erfolg. In der Schlacht von Sipe-Sipe am 29. November besiegt Pezuela die Revolutionstruppen und erobert damit Hochperu für Spanien und das Vizekönigreich Peru zurück.

1815/16 Die Banda Oriental erlebt eine kurze Zeit relativer Autonomie als Bestandteil der 1815 gebildeten Föderalen Liga der Küstenprovinzen, die Artigas zum »Protektor der freien Städte und Provinzen« ernannt hatten.

1816 März: Die Delegierten eines von der Regierung in Buenos Aires nach Tucumán einberufenen verfassunggebenden Kongresses beginnen mit ihrer Arbeit.

3. Mai: Juan Martín de Pueyrredón, Mitglied des ersten Triumvirats, wird zum »Obersten Staatsführer« gewählt.

1. Juni: Ein neuer Kongress in Paraguay ernennt Francia zum Diktator auf Lebenszeit und löst sich selbst auf. Seitdem regiert Francia als Oberster Staatsführer bis zu seinem Tod im Jahr 1840. Er herrscht autoritär, fördert die Wirtschaft, verhindert aber jede geistige und kulturelle Entwicklung.

9. Juli: Die Versammlung in Tucumán erklärt die Unabhängigkeit der »Vereinigten Provinzen Südamerikas«.

August: Unter dem Vorwand, Unruhen an den südlichen Grenzen Brasiliens zu beseitigen, beginnen die Portugiesen von Brasilien aus mit der Invasion der Banda Oriental.

1817 Januar: Portugiesische Truppen unter General Carlos F. Lecor nehmen Montevideo ein; Artigas muss sich ins Landesinnere zurückziehen.

Mai: Der Kongress der »Vereinigten Provinzen« tagt wieder in Buenos Aires.

1819 Die neue Verfassung sieht eine zentralistische Staatsform vor und bevorzugt Buenos Aires. Es kommt zu Widerstand in den Provinzen und zur Loslösung einiger Provinzen.

Eine Separationsbewegung im Nordosten errichtet die Föderale Republik Tucumán; im August 1819 kündet der Caudillo von Santa Fé, Estanislao López, ebenfalls eine Republik an.

1820 Die Provinz Entre Ríos unter dem Provinzcaudillo Francisco Ramírez erklärt sich zur freien Republik Entre Ríos, die auch Corrientes mit umfasst. Auch Córdoba konstituiert sich zu einer Republik.

22. Januar: Artigas erleidet bei Tacuarembó mit seinen Truppen gegen die Portugiesen eine schwere Niederlage,

begibt sich mit den Resten seiner Truppen nach Entre Ríos und geht im September ins Exil nach Paraguay.

Februar: Die Regierungstruppen unterliegen in der Schlacht von Cepeda den Truppen der Provinzcaudillos López und Ramírez. Direktorium, Kongress und jedwede zentralistische Autorität, also die unitarische Verfassung von 1819, werden aufgelöst. Buenos Aires ist isoliert.

23. Februar: Der Vertrag von Pilar sieht die völlige Autonomie der Provinzen vor und schafft eine vage föderale Republik.

September: In Buenos Aires beginnt unter der Provinzregierung des Martín Rodríguez eine neue auf die eigene Entwicklung ausgerichtete Politik, deren eigentliche treibende Kraft Bernardino Rivadavia, Mitglied der Regierung seit 1821, wird.

1821   Juli: In Montevideo stimmt ein von der portugiesischen Besatzung einberufener Kongress für den offiziellen Anschluss an Portugal, d. h. an die »Vereinigten Königreiche von Portugal, Brasilien und Algarve« unter dem Namen Cisplatinischer Staat.

1823   1. Januar: Ein Cabildo in Montevideo lehnt den Anschluss an das im September 1822 unabhängig gewordene Brasilien ab und erbittet Hilfe von Buenos Aires.

November: General Lecor nimmt die Stadt wieder ein und gliedert die Banda Oriental mit Zustimmung der privilegierten Schichten als Cisplatinische Provinz in das Kaiserreich Brasilien ein.

1824   Ein neuer Kongress wird von Rivadavia und anderen Unitariern aus Buenos Aires kontrolliert und dazu benutzt, Institutionen auf großräumiger, »nationaler« Ebene zu schaffen. Eine zentralistische Verfassung wird erarbeitet.

1825   19. April: Landung einer Gruppe von Freiwilligen in der Nähe von Colonia, um die immer noch vorhandene Unabhängigkeits- und Freiheitsbewegung in der Banda Oriental zum Erfolg zu führen.

August: Eine von Patrioten einberufene Verfassunggebende Versammlung in La Florida erklärt nach fünf Tagen Beratung die Eingliederung der Banda Oriental in das brasilianische Kaiserreich für nichtig und ruft deren absolute Unabhängigkeit aus. Zugleich plädiert sie für die Eingliederung in das Gebiet des Río de la Plata entsprechend dem zu dieser Zeit geltenden föderalistischen Prinzip souveräner Provinzen.

Dezember: Brasilien erklärt den Vereinigten Provinzen den Krieg, da diese das Beitrittsgesuch angenommen haben.

1826 7. Februar: Der Kongress in Buenos Aires beruft Rivadavia zum Präsidenten des neuen Staates.

1827 Juni: Angesichts von Protesten aus den Provinzen und fehlender Unterstützung in Buenos Aires tritt Rivadavia zurück. Der Kongress löst sich auf. Die Provinzen bilden wiederum nur einen losen Verbund, die »Argentinische Konföderation«, in der jede Provinz wieder selbst ihre Angelegenheiten regelt.

1828 August/September: Unter Vermittlung der Briten kommt es zum Friedensschluss zwischen Argentinien und Brasilien. Dieser sieht die Bildung eines von seinen beiden großen Nachbarn unabhängigen Staates in der Banda Oriental vor.

1829 In Buenos Aires bestimmt der mächtige Viehzüchter und Caudillo in der Pampa, Juan Manuel de Rosas, bis 1852 die Politik von Buenos Aires und des ganzen Landes. Erst mit der Verfassung von 1853 wird die staatliche Organisation Argentiniens, der zentralen Region des Vizekönigreichs La Plata, geregelt.

1830 18. Juli: Ein Kongress verkündet die Verfassung der »República Oriental del Uruguay«.

Die Mai-Revolution in Buenos Aires

Im Vizekönigreich Río de la Plata begannen die Unabhängigkeitsbewegungen im Mai 1810 in der Haupt- und Hafenstadt Buenos Aires, wo sich die Patrioten im Unterschied zu anderen Regionen Amerikas schon im Laufe des Jahres 1810 endgültig durchsetzen konnten. Zum einen verfügten die dortigen Patrioten, die als Bewohner der Hafenstadt und zur Unterscheidung von den übrigen Be-

wohnern des La-Plata-Raums als *Porteños* bezeichnet
werden, seit der Zurückweisung der englischen Invasions-
versuche 1806/07 über militärische Erfahrung und mit den
neugebildeten Milizen unter kreolischen Offizieren auch
über militärischen Rückhalt. Zum anderen unterstützten
weite Kreise der Kreolen, Kaufleute und Viehzüchter, die
Autonomiebestrebungen aus Unzufriedenheit über die
Beschränkungen, die das spanische Wirtschaftssystem der
eingetretenen und zukünftigen wirtschaftlichen Entwicklung der Hafenstadt und ihrer Region auferlegte und deren Abschaffung Mariano Moreno 1809 mit seiner Schrift
»Eingabe der Landbesitzer« (*Representación de los hacendados*) zugunsten des freien Handels mit ausländischen
Staaten gefordert hatte.

Als im Mai 1810 die Nachricht eintraf, dass die Franzosen Südspanien besetzt hatten, die Oberste Zentraljunta
nach Cádiz geflohen war und ein Regentschaftsrat, dessen
Zuständigkeit gar nicht geklärt war, die Regierungsgeschäfte übernommen hatte, kamen die latenten Autonomiebestrebungen offen zum Ausbruch. Eine bislang im
Geheimen operierende Gruppe um Manuel Belgrano, Sekretär der Kaufmannschaft (*consulado*), Juan José Castelli
und Nicolás Rodríguez Peña ergriff mit einigen Offizieren der Milizen die Initiative. Cornelio Saavedra, Kom-
mandeur der mächtigsten Milizeneinheit, des Patricios-
Regiments, und einige andere Milizoffiziere stellten den
Vizekönig Cisneros unter Arrest und erzwangen gegen
den Widerstand des Cabildo für den 22. Mai die Einberufung eines »Offenen Stadtrats«, an dem aber nur die
Oberschicht von Buenos Aires teilnahm. 450 waren geladen, 251 kamen tatsächlich; das war nur eine kleine Zahl
aus der Gruppe der damals wahlfähigen 15 000 erwachsenen Männer und ein noch geringerer Prozentsatz der Ge-
samteinwohnerzahl von etwa 50 000 Menschen. Nach
zweitägigen Debatten, in denen das Für und Wider einer
Revolution diskutiert, die Interessendivergenz zwischen

Europa-Spaniern und Amerika-Spaniern noch einmal unterstrichen, ferner die Legitimität der Herrschaftsüber-
nahme mit dem Argument der Volkssouveränität, d. h.
der Rückkehr der Herrschaft zum Volk (!), angesichts des
Zusammenbruchs der legitimen Monarchie bekräftigt
wurden, fiel die Entscheidung. Am 25. Mai 1810 wurde
der Vizekönig ab- und eine Patriotische Junta eingesetzt.
Ihr gehörten u. a. Saavedra als Präsident, Moreno als einer
der beiden Sekretäre sowie Belgrano und Castelli an. Dieser als »Revolution des 25. Mai« berühmt gewordene
Vorgang war dezidiert gegen die frühere spanische Herrschaft gerichtet: Die Revolutionäre enthoben alle spanischen Beamten und Funktionsträger ihres Amtes und ersetzten sie durch Amerika-Spanier. Seitdem hatte Buenos
Aires eine eigene Regierung, die allerdings zunächst noch
formal im Namen Ferdinands VII. handelte, d. h. noch
nicht offiziell mit dem Mutterland brach. Doch übernahm
seitdem keine spanische Obrigkeit je wieder die Herrschaft in Buenos Aires.

Rivalitäten um die Führungsrolle

Mit der Junta in Buenos Aires hatten wichtige Kreise im
La-Plata-Raum zwar die Selbstverwaltung erlangt, aber
damit war die politische Zukunft keinesfalls gesichert.
Zum einen, weil es in der Junta selbst interne Richtungs-
streitigkeiten über die zukünftige staatliche Organisation
und die Politik überhaupt gab; zum anderen, weil die
Kreolen aus Buenos Aires, die *Porteños*, den Führungsanspruch auch über die übrigen Territorien des Vizekönigreichs erhoben und die Stadt zur Hauptstadt machen
wollten. Unter den zahlreichen politischen Gruppen in
Buenos Aires ragten eine gemäßigte unter der Führung
von Saavedra, dem Präsidenten der Junta, und eine radika-

le, jakobinisch orientierte Gruppe unter Moreno, einem der Sekretäre, hervor. Die Gruppe um Moreno vertrat Ideen von der absoluten und unteilbaren Volkssouveränität, ohne damit jedoch eine allgemeine politische und soziale Gleichheit unter allen Bevölkerungsschichten zu intendieren, akzeptierte – wie die Jakobiner während der Französischen Revolution – auch Terror und Pression als Mittel der Politik und forderte die absolute Unabhängigkeit. Dagegen war die gemäßigte Gruppe um Saavedra weniger doktrinär hinsichtlich institutioneller Veränderungen. Folglich hatte sie vor allem im eher konservativ orientierten Landesinneren mehr Unterstützung als die Radikalen. Denn der gesamte nördliche Streifen des Landes (Salta, Jujuy, Tucumán und Catamarca) sowie die zentralen Provinzen Córdoba und San Luís waren mit Agrarprodukten, Haus- und Zugtieren und Textilien wirtschaftlich auf die Versorgung der Bergwerksregion in Hochperu, das sich in den Händen der Royalisten befand, sowie auf lokale Märkte ausgerichtet und betrachteten mit Argwohn die Freihandelspolitik von Buenos Aires, die auf den Export von viehwirtschaftlichen Produkten nach Europa abzielte und die Importzölle für Fertigwaren senkte. Die andine Region (Mendoza) war durch Subsistenzwirtschaft gekennzeichnet, und einige ihrer Agrarprodukte waren eher für den chilenischen oder peruanischen Markt bestimmt. In diesen Regionen dominierte Großgrundbesitz mit indianischen oder mestizischen Arbeitskräften, bestand eine hierarchische seniorale Gesellschaftsstruktur, keine guten Voraussetzungen für liberale Veränderungsbestrebungen. Doch auch dort, wo eine liberale Handelspolitik gewünscht wurde, in den Provinzen der Küstenregion, des *litoral* – Santa Fé, Entre Ríos und Corrientes –, die von ihrer naturgeographischen Ausstattung her der Region um Buenos Aires sehr ähnlich waren, erschien Buenos Aires eher als neue Kolonialmacht. Die Küstenprovinzen wünschten ebenfalls freien Handel und den direkten Zugang zum Meer über die Flüsse Uruguay und Paraná. Die *Porteños* aber waren bestrebt, diese Flüsse nicht für den Außenhandel zu öffnen und allein dem Hafen von Buenos Aires Aus- und Einfuhr für das gesamte Land vorzubehalten, obwohl sich dadurch die Kosten für den Transport in die Küstenregionen erhöhten. Angesichts der im Land bestehenden sozioökonomischen Verschiedenheiten musste es den *Porteños* schwer fallen, die verschiedenen Landesteile unter ihrer revolutionären Fahne zu sammeln.

Die Suche nach einer adäquaten Regierungsform

Richtungsstreit blieb eine Konstante in den ersten Jahren der revolutionären Bewegung, eine Junta löste die andere ab, und auch andere Regierungsformen wurden ausprobiert. Die erste Regierungsjunta von 1810 stand unter dem Einfluss der Radikalen (Moreno, Belgrano). Ende 1810 setzten sich die Gemäßigten unter Saavedra durch, als es ihnen gelungen war, die Aufnahme auch von Vertretern der Provinzen des Landesinneren in einer erweiterten Junta durchzusetzen. Diese sogenannte Große Junta, *Junta Grande*, versuchte die Radikalen kaltzustellen, indem sie wichtige Politiker auf militärische oder – wie Moreno – politische Missionen schickte. Die Tatsache, dass sie die Bildung von Provinzregierungen unterstützte und auch ansonsten eine gemäßigte Politik betrieb, weckten den Unmut von liberalen und radikalen Kräften, meist jungen kreolischen, in der Patriotischen Gesellschaft (März 1811) zusammengeschlossenen Revolutionären. Diese erreichten es in einer von Putschen und Gegenputschen aufgeheizten Situation, dass im September 1811 die Große Junta durch ein Triumvirat als Exekutive ersetzt wurde und nur sie als gesetzgebende Kammer fungieren sollte. In diesem Triumvirat dominierten wiederum die Radikalen mit Bernadino Rivadavia, einem uneingeschränkten Anhänger liberaler Ideen, als Sekretär. Unterschiedliche Vorstellungen zwischen Regierung und der alten Junta über die Rolle von Buenos Aires und die Stellung der Provinzen führten sehr bald dazu, dass im Januar 1812 die Provinzjuntas aufgelöst wurden. Doch auch diese Regierung konnte sich nicht die Zustimmung der verschiedenen revolutionären Gruppen sichern: Im Oktober 1812 stürzte eine Gruppe, bestehend aus Vertretern der Provinzen und neuen, aus Europa zurückgekehrten Patrioten wie den Offizieren José de San Martín und Carlos de Alvear, das erste Triumvirat und ersetzte es durch ein zweites.

Das zweite Triumvirat berief die Vertreter der verschiedenen Intendencias des La-Plata-Raums zu einer Verfassunggebenden Versammlung nach Buenos Aires ein. Diese nahm am 31. Januar 1813 ihre Arbeit auf. Zwar verabschiedete sie unter dem Einfluss der liberalen Verfassung von Cádiz von 1812 einige wichtige liberale Reformen wie die Abschaffung der indianischen Zwangsarbeit, die rechtliche Gleichstellung aller Bürger, doch eine Verfassung kam wegen der unterschiedlichen Vorstellungen über eine zentralistische oder föderalistische Staatsform nicht zustande. Die Vertreter der Banda Oriental wurden gar nicht erst zugelassen, weil sie unter dem Einfluss von Gervasio Artigas, einem glühenden Verehrer des US-amerikanischen politischen Systems, das Gebiet des Río de la Plata in Form einer Konföderation von autonomen Provinzen mit einer stark eingeschränkten Zentralregierung gestalten wollten und die sofortige offizielle Unabhängigkeit von Spanien forderten. Bedrohliche Ereignisse in anderen Regionen des La-Plata-Raums – wie die Verstärkung spanischer Truppen in Montevideo, die Niederlage Belgranos bei der Expedition gegen Hochperu und die Loslösung Paraguays von Buenos Aires sowie interne Auseinandersetzungen über den Zeitpunkt der offiziellen Unabhängig-

keit – ließen die Konzentration der politischen Exekutive
in einer Person als sinnvoll und notwendig erscheinen. Es
wurde ein Einerdirektorium geschaffen, dem ein Staatsrat
aus neun Personen, zuständig für Krieg und Frieden sowie
Handel, zur Seite gestellt wurde. Am 31. Januar 1814 trat
Gervasio Antonio de Posadas, eigentlich ein unbedeutender bischöflicher Notariatsbeamter, sein Amt als »Oberster Führer«, *Supremo Director*, der »Vereinigten Provinzen des Río de la Plata« an. So lautete zumindest sein
Titel, obwohl weder die Provinzen vereinigt waren noch
Posadas sie regierte, denn außerhalb von Buenos Aires
besaß er keine Autorität und in Buenos Aires selbst bestimmte sein Neffe Carlos de Alvear, der militärische
Oberkommandierende, die Politik.

Rivalität zwischen Buenos Aires und den Provinzen

Für die nächsten sechs Jahre hatte das Direktorium der
Vereinigten Provinzen als politische Institution mit wechselnden »Obersten Führern« Bestand. Doch erlebten die
Vereinigten Provinzen in diesem Zeitraum eine der aufre-
gendsten Phasen im Prozess der Staatsbildung. Denn obwohl von spanischer Seite keine Gefahr drohte, da das ursprünglich für den La-Plata-Raum bestimmte Entsatzheer
unter Pablo Morillo 1815 nach Venezuela und in den nordandinen Raum geschickt worden war, brachten die internen Antagonismen zwischen Buenos Aires und den Provinzen des Binnenlands sowie denen der Küstenregion das
Land an den Rand des vollständigen Auseinanderbrechens.
Paraguay hatte sich ohnehin schon 1813 von Buenos Aires
gelöst und seine politische Unabhängigkeit erklärt, Hochperu ging trotz verschiedener Expeditionen 1815 wieder an
das Vizekönigreich Peru verloren, und die Banda Oriental
(Uruguay) entwickelte sich nicht nur zum Zentrum föde-

ralistischer Bestrebungen und damit zum Hauptgegner
von Buenos Aires, sondern wurde auch erneut das Objekt portugiesischer Expansionsbestrebungen. In ökonomischer Hinsicht allerdings brachten die sechs Jahre des
Direktoriums Fortschritt, vor allem für Buenos Aires, weil
es vom Freihandel profitieren konnte; das Handelsbürgertum von Kaufleuten und Zwischenhändlern erstarkte dort,
während dasjenige in den inneren Provinzen angesichts des
Preisverfalls seiner Produkte und des Preisanstiegs für importierte Manufakturwaren schwächer wurde.

Gerade aber diese unterschiedliche Entwicklung, der
Argwohn der Provinzen – d. h. lokaler machthungriger
Führer, *caudillos*, und oligarchischer Gruppen in den Städten des Landesinneren –, in ihren wirtschaftlichen Interessen benachteiligt zu werden, sowie die sture Haltung der
Porteños, die die Anerkennung einer Zentralregierung und
die Führerschaft von Buenos Aires forderten, doch auch
das Unvermögen der *Porteños*, ihre Autorität in dem riesigen Gebiet durchzusetzen, standen der Bildung eines Staates entgegen. Buenos Aires hätte dazu größere militärische
Kräfte gebraucht, als es sie ohnehin schon im kostenträch-
tigen Kampf gegen die Provinzen einsetzte. Zu diesen eher
außenpolitischen Problemen traten immer wieder die internen Auseinandersetzungen, auch persönlichen Rivalitäten unter den Bonarenser Revolutionären hinzu.

Im Januar 1815 gab Posadas, vor allem von den Konflikten mit den Provinzcaudillos entnervt, sein Amt auf.
An seine Stelle trat sein Neffe Alvear, der allerdings schon
nach drei Monaten im April 1815 wieder zurücktreten
musste, weil er nicht die Unterstützung der Bevölkerung
besaß und sich mit anderen Militärs überwarf. Er hatte angesichts drohender spanischer Invasionspläne von Montevideo her die irrwitzige Idee, die Provinzen des La-Plata-
Raums als Protektorat der englischen Regierung zu unterstellen; sein Versuch, das Heer unter seinem Kommando
zu zentralisieren, scheiterte am Widerspruch besonders

von San Martín, der in der Andenregion ein Heer zur Befreiung Chiles und Perus aufstellte. Dieser ging nämlich davon aus, dass ein erfolgreicher Angriff auf das Kerngebiet des Vizekönigreichs Peru und dessen Hauptstadt Lima nicht über Land, sondern von Chile aus auf dem Seeweg geführt werden müsse. Auf Initiative des Stadtrats von Buenos Aires ernannte statt der aufgelösten Verfassunggebenden Versammlung ein ad hoc einberufenes Wahlmännergremium den General des Nordheers José Rondeau zum »Obersten Führer«, in dessen Abwesenheit der Oberst Ignacio Álvarez Thomas interimistisch regieren sollte. Dieser Wechsel verhinderte jedoch nicht, dass die Provinzen des ehemaligen Vizekönigreichs weiter auseinanderfielen und die Vormachtstellung von Buenos Aires mit dem Zusammenschluss der Küstenprovinzen und der Banda Oriental zur »Föderalen Liga« unter der Führung von Artigas sowie mit der Öffnung der Häfen von Montevideo und Colonia für den freien Handel ins Wanken geriet. Eine militärische Strafexpedition gegen die Provinz Santa Fé hatte keinen Erfolg. Um die prekäre Situation zu stabilisieren, die Provinzen zu beruhigen, die Unabhängigkeit endlich zu formalisieren und damit für das geplante Eingreifen in Chile und Peru eine rechtliche Grundlage zu schaffen, berief die Regierung von Buenos Aires eine neue nationale Verfassunggebende Versammlung ein, die aus symbolischen Gründen nicht in Buenos Aires, sondern im Landesinneren, in Tucumán stattfinden sollte. Das war allerdings nur Augenwischerei, denn in Wirklichkeit dominierten die *Porteños*: Zum einen war Buenos Aires mit mehr Delegierten als jede andere Provinz vertreten, und zum anderen waren deren Vertreter ebenfalls *Porteños*, die lediglich in den Provinzen wohnten, oder Anhänger der *Porteños*. Von »national« konnte keine Rede sein, da Vertreter der »Föderalen Liga«, also der Banda Oriental, Entre Ríos, Santa Fé, Corrientes und Córdoba, gar nicht teilnahmen.

Die Vereinigten Provinzen Südamerikas

Im März 1816 begannen die Delegierten mit ihrer Arbeit. Am 3. Mai wählten sie Juan Martín de Pueyrredón, einen schon im Widerstand gegen die britische Invasion aktiven Offizier und später Mitglied des ersten Triumvirats, zum »Obersten Staatsführer« und erklärten am 9. Juli 1816 die Unabhängigkeit der »Vereinigten Provinzen Südamerikas«. Mit diesem recht vagen Namen hielten sie die Möglichkeit offen bzw. die Hoffnung aufrecht, dass weitere unabhängige Provinzen oder Regionen des südlichen Amerika dem neuen Staat beitraten. Die Staatsbürgerschaft erhielten alle auf dem Territorium des ehemaligen Vizekönigreichs Geborenen sowie die aus anderen ehemaligen spanischen Kolonien gebürtigen Amerikaner. Europäische Spanier mussten sich um die Staatsbürgerschaft bewerben. Über die Staatsform erzielten die Delegierten jedoch keine Einigung. Manche hielten eine Monarchie für am besten geeignet, das politische Chaos zu überwinden; wie diese Monarchie aussehen sollte, war allerdings strittig. Denn eine Gruppe befürwortete eine konstitutionelle Monarchie mit einem Inka-Nachkommen an der Spitze; eine andere Gruppe sprach sich für eine konstitutionelle Monarchie nach englischem Vorbild mit einem Fürsten aus einem europäischen Fürstenhaus an der Spitze aus. Diesen monarchischen Formen widersprachen vehement die Republikaner, Anhänger der Ideen, wie sie Moreno formuliert hatte. So blieb die Regelung in der Verfassung von 1819 vage; sie sprach in Bezug auf die Exekutive lediglich vom »Obersten Staatsführer«, *Director de Estado*, der von den beiden gesetzgebenden Kammern, dem Repräsentantenhaus und dem Senat, gewählt werden sollte.

Auflösungstendenzen

Als diese Verfassung verabschiedet wurde, tagte der Kongress längst wieder in Buenos Aires. Im Mai 1817 hatte er sich wegen der Nähe des spanischen Heeres in Hochperu und angesichts der Notwendigkeit, Exekutive und Legislative an einem Ort zu konzentrieren, um dem politischen Zerfall des neuen Staates Einhalt zu gebieten und die militärischen Operationen gegen die portugiesische Invasion in der Banda Oriental besser zu organisieren, wieder nach Buenos Aires begeben. In den nächsten drei Jahren erwies sich die konservative Regierung Pueyrredón so lange als relativ stabil, wie sie die Unterstützung lokaler Führer und einiger Provinzen im Landesinneren wie Tucumán und Cuyo besaß, die nicht dem Föderalismus der Küstenprovinzen um Artigas anhingen und ihre wirtschaftlichen Interessen halbwegs erfüllt sahen. In dem Maße aber, wie sich die allgemeine wirtschaftliche Lage verschlechterte und Pueyrredóns zentralistische Tendenzen und die Rückkehr zu den unitarischen Hegemoniebestrebungen von Buenos Aires offenbar wurden, nahmen die Auflösungstendenzen wieder zu. Da die neue Verfassung von 1819 eine zentralistische Regierung vorsah und deutlich Provinz und Stadt Buenos Aires bevorzugte, erhoben sich die Provinzen gegen Buenos Aires und erklärten ihre Unabhängigkeit, ja Eigenstaatlichkeit. So errichtete 1819 im Nordosten eine Separationsbewegung unter dem Gouverneur von Tucumán, Bernabé Aráoz, die Föderale Republik von Tucumán, zu der auch die Provinzen Santiago del Estero und Catamarca gehörten, die ihrerseits gegen Tucumán um ihre Unabhängigkeit kämpften. Im August 1819 verkündete der Caudillo von Santa Fé, Estanislao López, ebenfalls eine kleine Republik errichten zu wollen. 1820 erklärte sich angesichts der portugiesischen Invasion in der Banda Oriental die ehemals mit Artigas verbündete Provinz Entre Ríos unter dem Provinzcaudillo Francisco

Ramírez zur freien Republik Entre Ríos, die auch Corrientes mit umfasste. Córdoba erklärte ebenfalls seine Unabhängigkeit und konstituierte sich zu einer Republik, von der sich unter der Ägide von Facundo Quiroga, dem Prototyp eines Provinzcaudillos, Rioja als autonomes Gebiet loslöste. Der Nachfolger Pueyrredóns im Amt des »Obersten Staatsführers«, José Rondeau, versuchte zwar, die Lage militärisch mit Strafexpeditionen unter Kontrolle zu bekommen, doch da er weder von den Streitkräften San Martíns noch Belgranos Unterstützung erhielt, unterlag sein Heer am 1. Februar 1820 den überlegeneren Kämpfern, der Gaucho-Kavallerie von Lopéz und Ramírez, in der Schlacht von Cepeda. Das hatte zur Folge, dass das Direktorium, der Kongress und jedwede zentralistische Autorität, also die unitarische Verfassung von 1819, aufgelöst wurden und lediglich die Regierung der Provinz Buenos Aires bestehen blieb. Diese musste den siegreichen Caudillos weitreichende Zugeständnisse machen: Der Vertrag von Pilar vom 23. Februar 1820 sah die völlige Autonomie der Provinzen vor und schuf eine vage föderale Republik. Einerseits verlor Buenos Aires damit seine politische Vormachtstellung und musste auch wirtschaftliche Beeinträchtigungen hinnehmen, da der Vertrag den freien Handel auf Flüssen vorsah; andererseits war es aber durch den Vertrag von jeglicher politischer Verpflichtung dem Binnenland gegenüber entbunden.

Nach zehn Jahren blutiger Kämpfe war zwar die politische Unabhängigkeit im Raum des ehemaligen Vizekönigreichs gesichert, doch hatte sich kein großräumiger Staat gebildet: Im Zuge der Auseinandersetzungen zwischen Buenos Aires und dem Binnenland, zwischen Anhängern eines einheitlichen Staates, den Unitariern, und denen einer Föderation, den Föderalisten, war ein loser Verband von selbständigen Provinzen entstanden, die ihre Angelegenheiten selbst regeln wollten, obwohl nur wenige dazu das humane Kapital oder die wirtschaftlichen Ressourcen besaßen.

Die Sonderentwicklung von Buenos Aires

Die Provinz Buenos Aires und die Stadt selbst besaßen mit einem riesigen Hinterland und den Handelsverbindungen nach Übersee diese Voraussetzungen, und wichtige Gruppen begannen in den nächsten Jahren, die wirtschaftliche Entwicklung von Buenos Aires voranzutreiben. Damit taten sie das, was auch in Buenos Aires aktive Föderalisten schon länger gefordert hatten: sich auf den eigenen engeren Raum zu konzentrieren. Einfluss nahmen vor allem Kaufleute und Großgrundbesitzer, die Besitzer großer, besonders in die Region südlich von Buenos Aires vordringender Weidewirtschaften, der *estancias*. Das zur Verfügung stehende und durch militärische Expeditionen gegen die Indios hinzueroberte, durch Viehwirtschaft nutzbar gemachte Land war im Zuge der Freihandelspolitik zum Fundament der gesellschaftlichen und politischen Stellung einiger Familien geworden. Zahlreiche Kaufleute hatten ihr Kapital in den Erwerb von Land investiert, weil sie in diesem Wirtschaftszweig größere wirtschaftliche Chancen sahen, als mit den englischen Kaufleuten zu konkurrieren, die sich immer häufiger in Buenos Aires niederließen. Während die Weidewirtschaft in den anderen Küstenprovinzen durch die Unabhängigkeitskriege und die Bürgerkriegssituation ruiniert worden war, erlebte diejenige von Buenos Aires unter dem seit September 1820 amtierenden Gouverneur von Buenos Aires, Martín Rodríguez, einen enormen Aufschwung.

Die treibende Kraft der Regierung Rodríguez war Bernardino Rivadavia, ein entschiedener Anhänger liberaler Ideen und seit Juli 1821 Innen- und Außenminister. Rivadavia entwickelte und realisierte zahlreiche Projekte, wie die Gründung einer Universität (1821), einer Bibliothek, eines Staatsarchivs und einer Bank – mit englischem Kapital und englischen Gesellschaftern (1822). Sein Hauptinteresse aber galt der wirtschaftlichen Entwicklung, der Modernisierung gemäß dem Wirtschaftsliberalismus: wirtschaftliche Aktivität des Individuums unter staatlichem Schutz. Die neue Sicherheit zog auch erneut britisches Kapital und britische Kaufleute an, trug auch dazu bei, dass Buenos Aires britische Anleihen erhielt und 1825 ein Handelsvertrag mit Großbritannien geschlossen wurde. Im Sinne größtmöglicher wirtschaftlicher Nutzung handelte Rivadavia auch bei der Verteilung der Ländereien, die durch militärische Expeditionen von einflussreichen Großgrundbesitzern ins Indianerland, durch das Vorrücken der Grenze nach Süden, als Staatsland erobert wurden. 1822 führte Rivadavia ein Pacht- und Nutzungssystem (Emphyteuse) ein, das Interessierten für zwanzig Jahre Land verpachtete und der Provinz eine neue Einnahmequelle schuf. Vor allem schon wohlhabende Viehzüchter profitierten von diesem System und konnten damit ihren Landhunger befriedigen, denn sie waren finanziell in der Lage, die Pacht zu zahlen, und da es keine Beschränkungen hinsichtlich der Größe der gepachteten Ländereien gab, entstanden in dieser Zeit riesige Estancias. Es vollzog sich eine Verteilung des Landes zugunsten von wenigen Begünstigten. Beinahe 80 000 km², fast die gesamte Provinz, wurden unter etwa fünfhundert Personen aufgeteilt; so entstand die neue dominierende Schicht der Großgrundbesitzer. Diese profitierte zudem von einer anderen Maßnahme Rivadavias, mit der er die Ordnung im Land sichern wollte: Alle Bewohner auf dem Land waren verpflichtet, einen Ausweis ihrer Identität und einen Beschäftigungsnachweis mit sich zu führen, andernfalls galten sie als Vagabunden und wurden ebenso wie die Landarbeiter oder Viehtreiber, die außerhalb ihrer Estancia angetroffen wurden, im Heer zwangsrekrutiert oder für öffentliche Arbeiten zwangsverpflichtet.

    Rivadavia trieb zwar die Entwicklung von Buenos Aires voran, doch tat er dies im Hinblick auf einen zu gründenden Einheitsstaat, denn im Grunde war er ein Anhänger eines größeren einigen Argentiniens. Die Provinz Buenos

Aires sollte gleichsam der Kern dieses Argentiniens sein. Ein 1824 einberufener Kongress wurde von ihm und anderen Unitariern aus Buenos Aires kontrolliert und dazu benutzt, Institutionen auf großräumiger, »nationaler« Ebene zu schaffen. Dieser Kongress sprach sich für einen Staat mit Namen »Vereinigte Provinzen des Río de la Plata« aus, beschloss eine neue, zentralistisch orientierte Verfassung und berief am 7. Februar 1826 Rivadavia zum Präsidenten des neuen argentinischen Staates. Doch führte dieser Schritt zu vehementen Protesten der Provinzen, die der neuen Verfassung die Zustimmung versagten und ihre Delegierten zurückriefen. Auch in Buenos Aires selbst erhielt Rivadavia wenig Unterstützung, da die dortigen Föderalisten und vor allem die Großgrundbesitzer sich durch den Beschluss, Stadt und Hafen Buenos Aires zu einer Bundeseinrichtung zu machen, sie quasi zu nationalisieren, in ihren wirtschaftlichen Interessen beeinträchtigt sahen. Immerhin machten die Zolleinnahmen im Hafen 75 Prozent der gesamten Einnahmen der Provinz aus; ein Fortfall dieser Gelder für die Provinz ließ die Viehzüchter die Festsetzung von Ersatzeinnahmen wie Einkommenssteuern oder Grundsteuer befürchten. Zu diesen eher innenpolitischen Konflikten kam noch die ungelöste Frage des politischen Status der Banda Oriental hinzu, ganz konkret der Krieg mit der Besatzungsmacht Brasilien, gegen die 1825 die *Orientales* rebelliert und den Wiederanschluss an die Vereinigten Provinzen gesucht hatten. Neue Kriegskosten und wirtschaftliche Beeinträchtigungen kamen auf Buenos Aires und die Viehzüchter zu.

In der Einsicht, seine Vorstellung von einem einheitlichen, zentralisierten Staat nicht durchsetzen zu können, trat Rivadavia noch während des Krieges im Juni 1827 von der Präsidentschaft zurück und ging ins Exil. Der Kongress löste sich selbst auf. Dies bedeutete das Ende der kurzlebigen unitarischen Republik: Die Provinzen kehrten zu ihrem früheren Zustand eines losen Verbundes zu-

rück. Innerhalb der »Argentinischen Konföderation« regelte jede Provinz wieder selbst ihre Angelegenheiten. In
Buenos Aires übernahmen nun die Föderalisten die Regierung der wiedererrichteten Provinz, zunächst Manuel
Dorrego und nach seiner Ermordung – während eines
fehlgeschlagenen Versuchs der Unitarier, wieder an die
Macht zu gelangen – ab 1829 der mächtige Viehzüchter
und Caudillo in der Pampa, Juan Manuel de Rosas.

Widerstand in den Randgebieten des La-Plata-Raums

Aus den Randgebieten des Vizekönigreichs, wo auch
schon zuvor politische und ökonomische regionale Eigeninteressen erkennbar gewesen waren: Hochperu (Bolivien), Paraguay und der Banda Oriental (Uruguay), kam
von Anfang an Widerstand gegen die Absicht der verschiedenen Regierungen von Buenos Aires, die territoriale
Einheit des Vizekönigreichs zu erhalten, d. h. gegen die
Forderung, sich der Mai-Revolution und Buenos Aires
anzuschließen sowie die Autorität der Regierungen von
Buenos Aires und ihre Zielsetzung zu akzeptieren.

In **Hochperu**, wo noch im Oktober 1809 eine antikoloniale Juntabewegung niedergeschlagen worden war, kam
es zu heftigen Auseinandersetzungen zwischen Anhängern der Unabhängigkeit einerseits und Königstreuen
bzw. Gegnern einer sozialen Veränderung andererseits.
Zudem sah sich der Vizekönig in Lima durch die Revolution in Buenos Aires dazu veranlasst, Hochperu für das
Vizekönigreich Peru mit militärischem Einsatz zurückzugewinnen. Da die Anhänger der Emanzipationsbewegung
durchaus weiterhin zur La-Plata-Region gehören wollten,
entsandte im August 1810 die Junta in Buenos Aires zu
ihrer Unterstützung und zur Niederschlagung gegenrevolutionärer Kräfte in Hochperu ein Expeditionsheer. Dies

schlug tatsächlich, nachdem es in Córdoba royalistischen Widerstand gebrochen und die Revolution nach Tucumán und Salta gebracht hatte, am 7. November 1810 bei Suipacha in Hochperu die Königstreuen. Zahlreiche hochperuanische Städte schlossen sich der Revolution an, hochperuanische Guerillas unterstützten die revolutionären Truppen. Doch kamen deren Vormarsch sowie eine Konsolidierung der revolutionären Bewegung zum Stillstand. Denn das undisziplinierte Verhalten der Truppen aus Buenos Aires sowie das autoritäre und unkluge Auftreten des politischen Führers des Expeditionsheeres, Castelli, schwächte die Zustimmung der hochperuanischen Kreolen schnell ab. Castelli besetzte nicht nur selbstherrlich und ohne Rücksicht auf die lokalen Interessen dieser Gruppe verschiedene Ämter, sondern operierte auch diesen Interessen zuwider, indem er den Indios Freiheiten und Abschaffung der Zwangsarbeit versprach. Während die Indios diesen leeren Versprechungen, mit denen Castelli sich ihrer Unterstützung versichern wollte, nicht glaubten, wuchs bei den hochperuanischen Kreolen Verärgerung über eine Politik, die ihnen die Arbeitskräfte zu nehmen drohte. Es kam erst gar nicht zur Umsetzung dieser Maßnahmen. Castellis revolutionäre Truppen wurden im Juni 1811 von den Königstreuen und einem aus dem Vizekönigreich Peru entsandten Heer geschlagen und zum Rückzug gezwungen, wobei sie in Potosí die »Münze« (*casa de moneda*) ausraubten. Bis über die Landesgrenze, bis nach Salta drangen die Königstreuen vor.

Der Verlust Hochperus

In den folgenden Jahren kam es zwischen dem Vizekönigreich Peru und Buenos Aires mit wechselndem Erfolg zu mehreren Kämpfen um Hochperu. 1813 konnte General

Belgrano zwar Hochperu zurückerobern, wurde aber im selben Jahr von einem Heer aus Peru unter dem Kommando des spanischen Generals Joaquín de la Pezuela geschlagen. Eine dritte Expedition nach Hochperu im Jahre 1815 unter dem Kommando des Generals José Rondeau hatte ebenfalls keinen Erfolg, obwohl die hochperuanischen Guerillatruppen sehr aktiv waren und den spanischen Truppen aus Peru, die wegen eines Aufstands unter dem Kaziken Pumacahua hatten verringert werden müssen, arg zusetzten. Wiederum verhielten sich die Revolutionstruppen so undiszipliniert und unsympathisch, dass die hochperuanischen Kreolen wenig Begeisterung für ihre »Befreier« entwickelten. In der Schlacht von Sipe-Sipe am 29. November 1815 besiegte Pezuela die Revolutionstruppen und eroberte damit Hochperu für Spanien und das Vizekönigreich Peru zurück. Denn seitdem gaben es die Regierungen in Buenos Aires – abgesehen von einem zögerlichen Versuch 1817 – auf, Hochperu in ihr Herrschaftsgebiet zurückzuführen. Hochperu war wiederum dem Vizekönigreich Peru einverleibt. Immerhin hatte sich bei den hochperuanischen Kreolen nicht zuletzt in Reaktion auf das schockierende Verhalten der Truppen aus dem La-Plata-Gebiet ein Eigenbewusstsein herausgebildet. Für die Regierungen in Buenos Aires bedeutete der Verlust Hochperus ein Scheitern ihrer Einheitsbestrebungen.

Paraguays Separation von Buenos Aires und Spanien

Hatte in Hochperu das Eingreifen des vizeköniglichen Heeres aus Peru dessen Eingliederung verhindert, so scheiterten in der Provinz Paraguay die Einheitsbestrebungen der Junta am Widerstand der Bevölkerung selbst. Paraguay war allein schon durch seine Lage weit im Landesin-

neren – 1600 Kilometer den Río de la Plata / Paraná flussaufwärts – geographisch isoliert. Seine Wirtschaft war
recht primitiv und hauptsächlich auf die Produktion agrarischer Güter wie Yerba Mate und Tabak sowie auf Häute ausgerichtet. Eine kreolische ländlich geprägte Oberschicht von Besitzern großer Weideflächen und Produzenten der agrarischen Güter, von Offizieren der Milizen,
meist zugleich Spanisch und Guaraní sprechend, bestimmte in patriarchalischer Weise das Leben der übrigen weitgehend mestizisierten Bevölkerungsschichten von kleinen
Landwirten, Handwerkern und abhängigen Landarbeitern
und Viehtreibern sowie der Guaraní-Indios. Die Abge-
schiedenheit und die ständige Verteidigung gegen eindrin-
gende Portugiesen aus Brasilien hatten bei der kreolischen
Oberschicht Paraguays einen starken Regionalismus und
ein gewisses Selbstbewusstsein entstehen lassen, das sich
sowohl gegen Spanien als auch gegen die Bevormundung
von Buenos Aires richtete, seitdem dort das neue Vizekönigreich eingerichtet worden war.

Als deshalb im Juni 1810 Abgesandte der Junta aus
Buenos Aires in Asunción mit der Aufforderung erschienen, sich der Autorität der Junta zu unterstellen, wiesen
der Intendant von Paraguay und ein »Offener Cabildo«
von rund zweihundert Personen der Oberschicht am 24.
Juli dieses Ansinnen ab und erkannten stattdessen zunächst den Regentschaftsrat in Spanien an. Als es den Paraguayern, den kreolischen Milizoffizieren mit ihrer »Kavallerie« aus Viehtreibern, gelang, zu Anfang des Jahres
1811 (9. Januar und 9. März) ein Expeditionsheer aus Buenos Aires zurückzuschlagen, das unter der Führung von
Belgrano die Anerkennung mit Gewalt erzwingen sollte,
stärkte dieser Sieg das Selbstvertrauen und bedeutete zugleich die Emanzipation von Spanien und den Übergang
zur Autonomie. Die kreolische Oberschicht strebte nun
die Unabhängigkeit an und führte die sogenannte Revolution vom 14. und 15. Mai 1811 durch. Sie wies die spani-

schen Beamten aus, errichtete eine eigene Oberste Regierungsjunta und erklärte ihre Selbständigkeit gegenüber Buenos Aires, signalisierte jedoch Bereitschaft hinsichtlich einer Konföderation unter der Bedingung garantierter Gleichheit. Es gelang der Junta sogar, einen Vertrag mit Buenos Aires zu schließen, der die alten Handelsbeschränkungen aufhob.

Die Errichtung der Diktatur des Dr. Francia

Führender Kopf dieser Junta war der kreolische Anwalt José Gaspar Rodríguez de Francia, der an der Universität Tucumán den Grad eines Doktors der Theologie erworben hatte. Er sah Konflikte mit Buenos Aires um die Kontrolle des Außenhandels voraus, die sich durch die günstige Lage der Hafenstadt und ihre Eigeninteressen ergeben mussten, und plädierte deshalb für ein unabhängiges Paraguay. Damit verband er zugleich sein persönliches Machtstreben. Ein von ihm beeinflusster Kongress im Herbst 1813 erklärte formell die Unabhängigkeit der Republik Paraguay und errichtete eine Konsulatsregierung mit ihm und Fulgencio Yegros, einem der Hauptakteure der Revolution von 1811, einem ungebildeten und Francia intellektuell weit unterlegenen Großgrundbesitzer, als den beiden sich abwechselnden Konsuln. Auch den im folgenden Jahr 1814 zusammentretenden Kongress vermochte er in der Weise zu manipulieren, dass er sich dafür einsetzte, Delegierte aus allen Landesteilen und vor allem aus den unteren Gesellschaftsschichten zu entsenden. Dadurch gewann er deren Stimmen, so dass er mit sieben Achteln der Stimmen auf dem Kongress zum »Obersten Diktator der Republik« für die nächsten fünf Jahre ernannt wurde. Schon zwei Jahre später, nachdem er in der Zwischenzeit seine politische und militärische Machtbasis mit einer eigenen

Privatarmee und Leibgarde ausgebaut hatte, konnte er darauf drängen, dass ihn ein Kongress am 1. Juni 1816 zum »Diktator auf Lebenszeit« ernannte und sich selbst auflöste. Seitdem regierte Francia als Oberster Staatsführer bis zu seinem Tod im Jahr 1840. Paraguay war zwar ein unabhängiger Staat geworden; seine innergesellschaftliche Entwicklung wurde jedoch durch die Diktatur des Dr. Francia gebremst.

Die Autonomiebestrebungen der Banda Oriental

Auch im Gebiet nördlich des Río de la Plata, in der Banda Oriental, dem Gebiet zwischen dem Río Uruguay und dem Atlantik, weigerten sich wichtige Teile der Bevölkerung, die Junta von Buenos Aires anzuerkennen, weil sie durch Buenos Aires ihre eigenen Interessen nicht gewahrt sahen. Schon seit einigen Jahrzehnten bestand eine Rivalität zwischen Buenos Aires und Montevideo, das in den 1720er Jahren gegründet worden war, um in dem bislang vernachlässigten Raum ein Gegengewicht zu der portugiesischen Colonia do Sacramento weiter flussaufwärts zu bilden und den fruchtbaren Weideboden der Region in Wert zu setzen. Mit der Gründung Montevideos hatten Einwanderung und Besiedlung des Raumes begonnen, die sich dann ab den 1770er Jahren noch einmal intensiviert hatten, als 1776 das Vizekönigreich La Plata gegründet worden war, Montevideo einen eigenen Gouverneur als Festungskommandanten erhalten hatte und sich mit dem Vertrag von San Ildefonso 1777 die Portugiesen aus der Colonia do Sacramento zurückgezogen hatten. Zahlreiche Einwanderer besonders aus dem Norden Spaniens hatten von der neuen Siedlungspolitik profitiert; sie hatten riesige Landflächen zugeteilt bekommen, auf denen große, auf der Arbeit von meist mestizischen Viehtreibern, den no-

madisierenden *gauchos,* beruhende Viehgroßfarmen, die
estancias, entstanden waren. Die schnelle Entwicklung der
Weidewirtschaft und die notwendig gewordene Vermarktung von Fleisch und Häuten hatten wiederum zahlreiche
Kaufleute aus Spanien angezogen, die Montevideo zu einem wichtigen Handelsplatz gemacht hatten. Dabei war
auch entscheidend gewesen, dass Montevideo seit dem
Freihandelsreglement von 1778 zu den Häfen gehörte, denen direkter Handel mit Spanien und inneramerikanischer
Handel erlaubt waren. Obwohl es bisweilen zu Spannungen zwischen Kaufleuten und Viehgroßfarmern, den *estancieros,* gekommen war, hatten sich beide Gruppen in
ihrer gemeinsamen Haltung gegen Buenos Aires vereint
gesehen. Denn die Kaufleute aus Buenos Aires, denen
1794 die Errichtung einer Kaufmannsgilde, *consulado,* gelungen war, hatten die wirtschaftliche Entwicklung Montevideos mit großem Missfallen gesehen und verhindert,
dass das von der Lage her begünstigte Montevideo zu einer Intendantur erhoben wurde oder eine eigene Kaufmannsgilde erhielt und so von Buenos Aires unabhängiger
wurde.

Artigas' Kampf gegen Buenos Aires und Royalisten

Als nach der Mai-Revolution 1810 in Buenos Aires Abgesandte der Junta in Montevideo mit der Aufforderung erschienen, die Junta anzuerkennen, lehnten die Kreolen in
Montevideo in einem »Offenen Cabildo« am 2. Juni 1810
dies ab und erkannten stattdessen den Regentschaftsrat in
Spanien an. Die Stadt Montevideo, in der ohnehin viele
Spanier lebten und spanisches Militär stationiert war,
blieb also zunächst spanientreu, weil sich so die Kreolen
aus der Abhängigkeit von Buenos Aires lösen zu können
glaubten. Auf dem Lande allerdings bildete sich aus den

Gauchos und kleinen Bauern, die gegenüber der Stadt Montevideo und den Estancieros und Kaufleuten schon immer in einem gewissen Gegensatz gestanden hatten, eine Bewegung, die Anschluss an die argentinische Freiheitsbewegung gegen Spanien suchte. Führer dieser Gruppe war José Gervasio Artigas, aus einer Grundbesitzerfamilie stammend, der in seiner Jugend ein wildes Leben als Anführer von Gauchobanden geführt hatte, bevor er Offizier einer Milizeinheit zur Bekämpfung des Bandenunwesens wurde. Im Februar 1811 schloss er sich der Bewegung in Buenos Aires an, und es gelang ihm, auch kreolische Estancieros mit ihren Gauchos auf seine Seite zu ziehen, denn angesichts der steuerlichen Abgaben, die die spanische Verwaltung in Montevideo von ihnen zur Finanzierung der militärischen Stationierung und des Kampfes gegen Buenos Aires verlangte, empfanden sie die spanische Herrschaft nun als Besatzung, und Artigas schien ihnen der Garant für Ordnung auf dem Lande zu sein. In der ersten militärischen Auseinandersetzung besiegten die vereinigten Heere der Patrioten aus der Banda Oriental und Buenos Aires im Mai 1811 bei Las Piedras die Royalisten und warfen sie auf die Stadt Montevideo zurück, von wo aus der spanische Festungskommandant Francisco Javier de Elío, früher Gouverneur von Montevideo und seit Anfang 1811 Vizekönig, jedoch die Mündung des Río de la Plata kontrollieren und damit die Versorgung von Buenos Aires behindern konnte. Diese nicht ungünstige Position versuchte Elío noch dadurch zu verbessern, dass er vom portugiesischen Königshof, der seit 1808 in Rio de Janeiro residierte, militärische Unterstützung von Landseite erbat. Tatsächlich rückte Mitte des Jahres 1811 ein portugiesisches Heer aus Rio Grande do Sul bis weit in die Banda Oriental vor, um die Unruhen an der Südgrenze Brasiliens einzudämmen; es ließ aber keinen Zweifel daran, dass es auch andere Absichten als bloße Hilfe verfolgte. Angesichts dieser Bedrohung, das Gebiet an die Portugiesen zu verlieren, verpflichtete sich die Junta in Buenos Aires am 20. Oktober 1811 in einem Waffenstillstand mit Elío – ohne sich allerdings vorher mit Artigas beraten zu haben – dazu, die argentinischen Truppen aus der Banda Oriental zurückzuziehen, dieses Gebiet den Royalisten zu überlassen und gemeinsam auf den Abzug der Portugiesen zu drängen.

Der Waffenstillstand, d. h. das Verhalten der Kreolen aus Buenos Aires führte Artigas und seinen Leuten deutlich die Interessendivergenz zwischen der Junta in Buenos Aires und den Patrioten in der Banda Oriental vor Augen: Von Buenos Aires war eine Unterstützung der Interessen der Banda Oriental nicht zu erwarten. Seitdem verfolgten er und seine Leute, vor allem die Landbewohner, offen die Loslösung sowohl von Spanien als auch von Buenos Aires. Zunächst führte Artigas aus Protest gegen den Waffenstillstand und die Besetzung des Landes durch die Portugiesen etwa 10 000 seiner Landsleute, Truppen und Zivilisten, immerhin ein Viertel der Bevölkerung, aus der Banda Oriental über den Río Uruguay in die Provinz Entre Ríos ins Exil. Mehr als ein Jahr blieben sie dort und bildeten in der Entscheidung, eher im Exil leben zu wollen als sich zu unterwerfen, den harten Kern von unabhängigkeitswilligen Patrioten. Als die Portugiesen auf Drängen Großbritanniens endlich Ende 1812 aus der Banda Oriental abzogen, war der Weg für die Patrioten offen, in ihr Land zurückzukehren und den Kampf gegen die Royalisten aufzunehmen. Dabei sahen sie sich allerdings auch mit argentinischen Truppen konfrontiert, denn das erste Triumvirat war gewillt, die Banda Oriental zu beherrschen. Die argentinischen Truppen bekämpften Montevideo von Seeseite her, während Artigas mit seinen Truppen von Land her agierte. Beide Truppenkontingente begannen im Jahr 1813 Montevideo zu belagern, obwohl die politischen Interessen verschieden waren.

Die Konföderation autonomer Küstenprovinzen

Diese kamen deutlich auf der Verfassunggebenden Versammlung der Vereinigten Provinzen zu Tage, zu der das zweite Triumvirat für 1813 nach Buenos Aires eingeladen hatte, um mit den Vertretern der einzelnen Provinzen eine breite politische Basis zu schaffen. Zwar verabschiedete diese Versammlung einige wichtige liberale Reformen, doch kam wegen der unterschiedlichen Vorstellungen über eine zentralistische oder föderalistische Staatsform eine Verfassung nicht zustande. Die Vertreter der Banda Oriental wurden gar nicht erst zugelassen, weil sie unter dem Einfluss von Artigas, einem glühenden Verehrer des US-amerikanischen politischen Systems, das Gebiet des Río de la Plata in Form einer Konföderation von autonomen Provinzen mit einer stark eingeschränkten Zentralregierung gestalten wollten. Diese Ablehnung veranlasste Artigas, sich mit seinen Truppen im Januar 1814 von der Belagerung Montevideos zurückzuziehen und den bewaffneten Widerstand gegen die Regierung in Buenos Aires auf dem Land zu organisieren. Während ihn diese ächtete, gelang es Artigas, die Küstenregionen gegen Buenos Aires zu mobilisieren. Denn seine Vorstellungen von einer föderalistischen Staatsform fanden weit über die Grenzen der Banda Oriental besonders in den sogenannten Küstenprovinzen Corrientes, Entre Ríos, Santa Fé, Córdoba und Misiones Anklang, die mit einer solchen Staatsform das Übergewicht der Hauptstadt Buenos Aires und deren Führungsanspruch brechen und ihre Eigeninteressen wahren wollten. Angesichts dieser starken Stellung von Artigas blieb der Regierung in Buenos Aires gar nichts anderes übrig, als im Februar 1815 Montevideo, das die argentinischen Truppen seit der Kapitulation des spanischen Festungskommandanten im Juni 1814 besetzt hielten, an die einheimischen Patrioten zu übergeben.

In den Jahren 1815 und 1816 erlebte die Banda Oriental

eine kurze Zeit relativer Autonomie. Sie war Bestandteil
der 1815 gebildeten Föderalen Liga der Küstenprovinzen,
die Artigas zum »Protektor der freien Städte und Provinzen« ernannt hatten. Während dieser Jahre versuchte er,
im Unterschied zu den lokalen Caudillos in den anderen
Provinzen, in seinem durch die Kriege der letzten Jahre
verwüsteten und verarmten Land für Ordnung zu sorgen,
wirtschaftliche Entwicklung zu initiieren und mit der Öffnung der Häfen von Montevideo und Colonia für den
freien Handel – besonders mit den Briten – die wirtschaftliche Dominanz von Buenos Aires zu schwächen. Mit
Maßnahmen wie z. B. einer Verteilung der von den Royalisten konfiszierten Ländereien an die unteren Schichten –
Indios, Schwarze und Zambos sowie arme Weiße – versuchte er, soziale Gleichheit zu schaffen.

Die portugiesische Invasion in der Banda Oriental

Die sozialen Maßnahmen kosteten Artigas allerdings das
Wohlwollen der Großgrundbesitzer und machten die politische Situation instabil. Dies wiederum nutzten die Portugiesen aus und begannen – zunächst mit Zustimmung
der Regierung in Buenos Aires – unter dem Vorwand, die
Unruhen an den südlichen Grenzen Brasiliens zu beseitigen, im August 1816 mit der Invasion der Banda Oriental.
Im Januar 1817 nahmen portugiesische Truppen unter
General Carlos F. Lecor Montevideo ein; Artigas musste
sich ins Landesinnere zurückziehen, von wo aus er die
portugiesischen Invasoren wieder zu verdrängen suchte.
Doch schwand sein Einfluss in dem Maße, wie andere lokale Caudillos der Küstenprovinzen ihrerseits militärische
Erfolge gegen Buenos Aires errangen und seine Führungs-
position nicht mehr akzeptierten. Am 22. Januar 1820 erlitt er bei Tacuarembó mit seinen Truppen gegen die Por-

tugiesen eine schwere Niederlage und begab sich mit den Resten seiner Truppen nach Entre Ríos. Er selbst bat im September 1820 in Paraguay um Asyl, was ihm Dr. Francia auch gewährte, der ihn aber das Land nicht wieder verlassen ließ. Artigas starb dort im Jahr 1850.

Die Portugiesen profitierten von dieser Situation im Lande und besetzten es nun. Zahlreiche Grundbesitzer und Kaufleute arrangierten sich zunächst mit der neuen Herrschaft. So stimmte ein im Juli 1821 von der portugiesischen Besatzung einberufener Kongress von sechzehn proportugiesisch ausgerichteten Abgeordneten für den offiziellen Anschluss an Portugal, d. h. an die »Vereinigten Königreiche von Portugal, Brasilien und Algarve« unter dem Namen »Cisplatinischer Staat«. Diese Union mit Portugal dauerte etwas mehr als ein Jahr, denn am 7. September 1822 erklärte der portugiesische Kronprinz Dom Pedro mit dem sogenannten »Ausruf am Ipiranga« Brasilien für unabhängig, das sich im Dezember als Kaiserreich konstituierte. Diese Entwicklung provozierte neue Unruhen unter der Bevölkerung; eine Gruppe der Portugiesen wollte weiter zu Portugal gehören; eine andere stimmte für die Zugehörigkeit zu Brasilien. Bei den Spaniern bzw. Kreolen war die Meinung ebenfalls geteilt. Aber auch die Unabhängigkeitsbewegung erhielt neuen Aufschwung, denn zahlreichen Einheimischen war eine Zugehörigkeit zu einem autokratischen und sklavenhalterischen Brasilien nicht geheuer. So versuchten sie die Gunst der Stunde zu nutzen und für die Banda Oriental die Unabhängigkeit zu erreichen. Am 1. Januar 1823 trat in Montevideo ein Cabildo zusammen, der den Anschluss an Brasilien ablehnte und Hilfe von Buenos Aires erbat. Doch blieb die Unabhängigkeit zunächst noch ein Traum, und Befürworter der Unabhängigkeit wie z. B. Juan Antonio Lavalleja, ein Offizier aus Artigas' Heer, mussten ins Exil nach Entre Ríos fliehen. Denn General Lecor, der sich für Brasilien entschieden hatte, belagerte Montevideo, nahm die Stadt im

November 1823 ein und gliederte die Banda Oriental mit
Zustimmung der privilegierten Schichten als Cisplatinische Provinz in das Kaiserreich Brasilien ein.

Erneute Kämpfe um die Unabhängigkeit

Bei der Bevölkerung auf dem Land rief die Eingliederung
jedoch Bitterkeit und Abwehr hervor, denn der jahrelange
Kampf um eine föderale Gestaltung des La-Plata-Raums
als Gegengewicht gegen die Dominanz von Buenos Aires
hatte bei ihr einen Patriotismus entstehen lassen, der latent
weiter vorhanden war. Als deshalb in Buenos Aires, wohin zahlreiche Patrioten aus der Banda Oriental geflohen
waren, die Nachricht vom Sieg in Ayacucho am 9. Dezember 1824 über die vizeköniglichen Truppen eintraf, es
damit offenbar wurde, dass in Südamerika die spanische
Herrschaft zu Ende gegangen war, begannen die Patrioten
mit neuem Elan, für die Unabhängigkeit ihres Landes mo-
bilzumachen. Sie erhielten sogar die Unterstützung einiger
Kaufleute aus Buenos Aires. Am 19. April 1825 trat mit
der Überfahrt der sogenannten »33 Östlichen« (*Orientales*), einer Gruppe von Freiwilligen unter der Führung von
Lavalleja, über den Río de la Plata und ihrer Landung in
der Nähe von Colonia, die Unabhängigkeits- und Freiheitsbewegung in der Banda Oriental in ihre letzte entscheidende Phase. Schnell erhielt die Bewegung Zulauf
und breitete sich rasch im Land aus, so dass schon am 20.
August 1825 die Patrioten zu einer verfassunggebenden
Versammlung in La Florida einladen konnten. Diese erklärte nach fünf Tagen Beratung die Eingliederung der
Banda Oriental in das brasilianische Kaiserreich für nichtig und rief deren absolute Unabhängigkeit aus. Zugleich
plädierte sie für die Eingliederung in das Gebiet des Río
de la Plata entsprechend dem föderalistischen Prinzip sou-

veräner Provinzen, das zu dieser Zeit galt. Buenos Aires akzeptierte, denn noch immer bestand dort der Wunsch, die Banda Oriental zu beherrschen; allerdings erklärte Brasilien als Antwort auf die Entscheidung den Vereinigten Provinzen im Dezember 1825 den Krieg.

Zunächst kämpften Truppen der *Porteños* und der *Orientales* mit Erfolg gemeinsam gegen die brasilianischen Truppen, doch mussten die *Orientales* bald erkennen, dass die Regierung in Buenos Aires von neuem die Ideale und Ziele von Artigas verraten würde. Denn dort hatte am 7. Februar 1826 mit der Wahl von Bernardino Rivadavia zum Präsidenten der Vereinigten Provinzen ein überzeugter Unitarier die Regierung übernommen, der eine Politik der Hegemonie von Buenos Aires gegenüber den anderen Provinzen, also auch gegenüber der Banda Oriental verfolgte. In dieser Situation, als trotz einiger militärischer Triumphe die argentinische Offensive von 1827 zu stocken begann, weil Rivadavia Truppen zur Bekämpfung der föderalen Kräfte im eigenen Land abziehen musste, als Guerillatruppen aus der Banda Oriental und der Küstenprovinzen unter Fructuoso Rivera, einem ehemaligen Offizier der Truppen von Artigas, Gebiete der brasilianischen Provinz Misiones besetzten und damit ein Faustpfand für die Verhandlungen über die Unabhängigkeit besaßen, kam es im August/September 1828 unter Vermittlung wiederum der Briten zum Friedensschluss zwischen Argentinien und Brasilien. Dieser Frieden sah die Bildung eines von seinen beiden großen Nachbarn unabhängigen Staates vor. Am 18. Juli 1830 wurde die Verfassung der »República Oriental del Uruguay«, der Republik östlich des Uruguay, verkündet. Damit war der lange Kampf zuerst um größere Autonomie gegenüber Buenos Aires, dann um die absolute Unabhängigkeit beendet. Die unitarischen Kräfte in Buenos Aires hatten keinen Erfolg gehabt.

Die Unabhängigkeitsrevolutionen im Vizekönigreich Peru

1810	Juni: Nach der Nachricht von der Mai-Revolution in Buenos Aires planen Kreolen im Cabildo von Santiago für den 17. Juli einen Putsch gegen den Gouverneur.
	16. Juli: Einen Tag vor dem Putsch bewegt die um Ausgleich bemühte Audiencia den Gouverneur García Carrasco zum Rücktritt und ernennt mit Zustimmung des Cabildo den betagten Kreolen Mateo de Toro y Zambrano zum Gouverneur.
	18. September: Ein »Offener Cabildo« beschließt den vom spanischen Regentschaftsrat ernannten neuen Gouverneur abzulehnen, eine eigene Regierungsjunta unter dem Vorsitz des Conde de la Conquista einzusetzen und in absehbarer Zeit einen Kongress einzuberufen. Die Junta führt eine Reihe von liberalen Reformen durch.
1811	4. Juli: Der erste chilenische Kongress tritt zusammen. Er errichtet u. a. neben Santiago und Concepción die dritte Provinz Coquimbo.
	15. November: Militärputsch von José Miguel Carrera. Er lässt eine neue Junta von drei Mitgliedern als Vertreter der größeren Städte Santiago, Concepción und Coquimo wählen und löst den Kongress auf.
1812	Die provisorische Verfassung (*Reglamento Constitucional Provisorio*) sieht allerdings immer noch eine Regierung, eine Junta, im Namen Ferdinands VII. vor. Ansätze zu Rebellionen in Peru wie die von Huánuco können im Keim erstickt werden.
1813	Der Vizekönig in Lima, Abascal, entsendet eine Offiziersgruppe in den Süden Chiles, um ein Rückeroberungsheer zu organisieren.
	Ende des Jahres zeigt sich Carrera nicht in der Lage, die auf Santiago vorrückenden royalistischen Truppen aufzuhalten. Die Regierungsjunta setzt ihn ab und ernennt an seiner statt Bernardo O'Higgins zum Oberbefehlshaber der patriotischen Armee.

1814   März: Die Regierungsjunta tritt angesichts einer weiteren militärischen Bedrohung durch ein zweites Entsatzheer aus Peru zurück und übergibt die Regierungsgewalt an einen »Obersten Staatsführer«.

Mai: Da es O'Higgins gelingt, den Royalisten den Weg auf Santiago zu verlegen, kommt es zu einem Waffenstillstand, in dem Chile eine gewisse Autonomie und freier Handel unter der Oberherrschaft Spaniens zugestanden wird.

1./2. Oktober: In der Schlacht von Rancagua erleiden die von O'Higgins kommandierten Truppen der Patrioten eine schwere Niederlage gegen die um ein weiteres Entsatzheer aus Peru verstärkten Truppen der Royalisten. O'Higgins, Carrera und mit ihnen weitere 2000 Chilenen fliehen über die Anden nach Mendoza.

1814/15   In der Region Cuzco wird ein zunächst gemeinsamer Aufstand von Kreolen und Indios, mobilisiert vom Kaziken Mateo García Pumacahua, nach schweren Kämpfen niedergeschlagen.

1814–1817   Wiederherstellung des alten Kolonialsystems in Chile unter dem Gouverneur Francisco Casimiro Marcó del Pont.

1816–1821   Instabilität und Unzufriedenheit in Peru unter Vizekönig Joaquín de la Pezuela.

1817   Januar: Eine ca. 5000 Mann starke und trainierte Befreiungsarmee von Chilenen und Argentiniern unter San Martín überquert an mehreren Hochgebirgspässen die Anden.

12. Februar: In der Entscheidungsschlacht von Chacabuco, nördlich von Santiago, werden die Royalisten vernichtend geschlagen. O'Higgins erklärt die Unabhängigkeit Chiles. Zwei Tage später ziehen die Patrioten in Santiago ein. O'Higgins wird statt des ursprünglich gewählten San Martín, der aber ablehnt, zum »Obersten Staatsführer« ernannt.

1818   5. April: In einer blutigen und verlustreichen Schlacht südlich von Santiago in den Ebenen von Maipo gelingt es San Martín, wiedererstarkte royalistische Kräfte endgültig zu schlagen. Damit war die Unabhängigkeit Chiles endgültig erkämpft, auch wenn im Süden Chiles noch einige Jahre royalistische Guerillas operierten.

1817–1823   Bernardo O'Higgins führt als »Oberster Staatsführer« ein autoritäres Regime. Die von ihm geprägte provisorische Verfassung von 1818 sieht zwar Gewaltenteilung vor, doch überträgt sie der Exekutive, d. h. dem »Obersten Staatsführer«, weitreichende Vollmachten.

1820   September: General San Martín landet von Valparaíso kommend mit einem argentinisch-chilenischen Expeditionskorps von ca. 5000 Mann in Pisco und marschiert auf Lima.
            September: Die Nachricht vom Aufstand Riegos in Spanien mobilisiert unterschiedliche Gruppen; einige Städte in Nordperu wie Trujillo (Dezember 1820), Piura (Januar 1821), Tumbes und Cajamarca erklären ihre Unabhängigkeit.

1821   Januar: In einem Staatsstreich wird Vizekönig Pezuela abgesetzt, der royalistische General José de La Serna übernimmt die Regierung und den militärischen Oberbefehl.
            Juli: La Serna verlässt mit der Mehrheit der königstreuen Truppen die belagerte Stadt und verlegt den vizeköniglichen Sitz ins royalistische Cuzco.
            28. Juli: Ein öffentlicher *cabildo* proklamiert Perus Unabhängigkeit, auf Bitten der Notabeln der Stadt ernennt sich San Martín zum vorläufigen Protektor Perus.

1822   26./27. Juli: In der Hafenstadt Guayaquil treffen sich die beiden Befreier San Martín und Simón Bolívar, um sich über das zukünftige politische System Perus und das Schicksal Amerikas zu einigen.
            September: Der erste peruanische Kongress ruft die unabhängige Republik Peru aus; San Martín legt sein Amt nieder und verlässt Peru und Amerika.

1823   28. Januar: Angesichts von Anfeindungen von verschiedenen mit seiner liberalen Reformpolitik unzufriedenen Gruppen dankt O'Higgins ab und begibt sich wenig später nach Peru ins Exil.

1823–1826   Verschiedene Verfassungsentwürfe für Chile scheitern.

| 1823 | Juni: Der peruanische Kongress fordert angesichts der verworrenen Lage in Peru Bolívar auf, den Unabhängigkeitskrieg in Peru mit seinen kolumbianischen Truppen zu vollenden. Im September folgt Bolívar der Aufforderung. |

1824 Februar: Der peruanische Kongress ernennt Bolívar zum Diktator, damit er die entscheidenden Konfrontationen mit den Royalisten durchführen kann.

6. August: In der Schlacht bei Junín bringt Simón Bolívar den royalistischen Truppen unter General José de Canterac eine schwere Niederlage bei.

9. Dezember: Das Heer der Patrioten unter Marschall José de Sucre besiegt auf der Hochfläche bei Ayacucho die Truppen des Vizekönigs La Serna; dieser wird gefangen genommen. Royalistischer Widerstand bleibt nur noch in Hochperu.

1825 1. April: In der Schlacht von Tumusla besiegt Marschall Sucre, von Bolívar zur Befreiung Hochperus geschickt, General Olañeta und sein Heer.

10. Juli: In Chuquisaca tritt ein Kongress zusammen, um über die Zukunft des Landes zu beraten.

6. August: Am ersten Jahrestag der Schlacht von Junín proklamiert der hochperuanische Kongress die Unabhängigkeit Hochperus als Republik und gibt dem neuen Staat zu Ehren Bolívars den Namen Bolívar, der später in Bolivia geändert wird.

1826 Januar: Bolívar, der das Land ab August besucht hatte, kehrt nach Lima zurück und überlässt die Regierung Sucre.

November: Der bolivianische Kongress nimmt Bolívars Verfassungsentwurf an (gilt bis 1828); dessen Kernstück war ein auf Lebenszeit gewählter Präsident, der seinen Nachfolger selbst bestimmen durfte.

1828 April: Sucre legt angesichts fremdenfeindlicher Anwürfe gegen ihn sein Amt nieder und begibt sich im August nach Kolumbien.

8. August: In Chile erlässt ein neuer Verfassunggebender Kongress eine neue moderate liberale Verfassung mit sowohl föderalistischen als auch zentralistisch-autoritären Elementen.

1829   Als bei den Wahlen zum Vizepräsidenten der liberal
        dominierte Kongress dem Kandidaten der Konserva-
        tiven trotz Mehrheit der Stimmen den Wahlsieg ver-
        weigert, kommt es zum Bürgerkrieg zwischen Libera-
        len und Konservativen. Von den Provinzen her grei-
        fen die Konservativen Santiago an und kontrollieren
        schon im Januar 1830 die Hauptstadt mit einer neuen
        konservativen Regierung, deren eigentliche Triebkraft
        Diego Portales ist.

1830   17. April: Mit dem Sieg der Truppen der Konservati-
        ven über die Regierungstruppen in der Schlacht von
        Lircay endet der Bürgerkrieg.

1833   Die Verfassung von 1833 errichtet ein politisches Sys-
        tem, das dem Namen nach republikanisch, in Wirk-
        lichkeit aber autoritär ist und das aktive und passive
        Wahlrecht auf weniger als zehn Prozent der Bevölke-
        rung beschränkt.

Erste Autonomiebestrebungen in Chile

Auch im Vizekönigreich Peru kam es parallel zu den übrigen Bewegungen in Amerika zu Unabhängigkeitsbewegungen; sie begannen aber nicht in Lima, sondern im abgelegenen Süden, im Generalkapitanat Chile. Wichtige
Gruppen dieser an der Peripherie des spanischen Imperiums in Amerika gelegenen Region hatten im Zeitraum der
Bourbonischen Reformen ein gewisses Selbstbewusstsein
– zumindest gegenüber dem ursprünglichen Machtzen-
trum Lima – gewonnen und eigene Vorstellungen vom
Fortschritt ihrer Region entwickelt. Chile war damals
überwiegend auf Landwirtschaft ausgerichtet, die im
Hauptsiedlungsgebiet auf dem engen, vom Pazifik und
den Anden begrenzten fruchtbaren Landstreifen zwischen
der dünn besiedelten Wüstenregion im Norden (Coquimbo) und der Indianergrenze am Bío-Bío-Fluss im Süden

betrieben wurde. Auf großen Latifundien, den Haciendas, wurde Getreide, vor allem Weizen, angebaut, der für den eigenen Verbrauch, aber hauptsächlich für den peruanischen Markt bestimmt war. Große Viehwirtschaftsbetriebe, die Estancias, belieferten die eigenen Märkte, aber auch die peruanischen mit Fleisch. Der Export chilenischer Produkte war möglich, weil die Bevölkerung Chiles, die zu über fünfzig Prozent aus Mestizen bestand, also relativ homogen war, nicht mehr als 800 000 Personen zählte; außerhalb der kolonialen Gesellschaft lebten jenseits der Indianergrenze, dem Bío-Bío-Fluss, in der Araukania noch ungefähr 100 000 freie Indios. Den Umstand, mit Peru einen Abnehmer ihrer Produkte zu haben, beurteilten die chilenischen Produzenten angesichts der für Handel ungünstigen geographischen Lage ihrer Region durchaus positiv. Sie sahen aber auch die daraus resultierende Abhängigkeit vom Abnehmer, der aufgrund seiner größeren Machtfülle die Preise diktieren konnte. Überdies lagen Handel und Transport sehr zum Ärger der chilenischen Kaufleute in den Händen der Kaufmannschaft (*consulado*) in Lima. So war diese Abhängigkeit verständlicherweise ein ständiger Kritikpunkt und Anlass zu ernsthaften Autonomiebestrebungen.

Administrative und handelspolitische Maßnahmen der Bourbonischen Reformen kamen solchen Forderungen wichtiger chilenischer Gruppen entgegen, ermöglichten sie es Chile doch, sich schrittweise aus der Abhängigkeit vom Vizekönigreich Peru zu lösen: 1778 wurde Chile von einer Provinz zu einem Generalkapitanat erhoben; die 1778 vorgenommene allgemeine Liberalisierung des Handels im spanischen Imperium bestätigte schon früher praktizierte direkte Handelsverbindungen mit Spanien auf der Kap-Hoorn-Route; 1795 erhielt Santiago eine eigene Kaufmannschaft (*consulado*), lediglich die Kontrolle über den Weizentransport nach Peru verblieb bei den Großkaufleuten aus Lima; 1798 erlangte Chile die vollständige administrative Unabhängigkeit von Peru. Was noch fehlte, war die Möglichkeit, über die Entwicklung des Landes selbst bestimmen zu können, Zölle oder Steuern selbst festzusetzen und bislang nicht oder nur wenig genutzte Ressourcen wie z. B. den Abbau von Kupfer in den nördlichen Wüstenregionen zu fördern, um so am Welthandel teilnehmen zu können. Die Übernahme von Ideen der praktisch orientierten Aufklärung mit den nützlichen Wissenschaften im Zuge der Bestandsaufnahme von Ressourcen sowie die wachsende Bildung bei der Oberschicht nach der Gründung der Universität von San Felipe in Santiago im Jahr 1758 hatten die wohlhabenden Schichten der Kreolen, die sich aus rund zweihundert Familien von Großgrundbesitzern im Zentraltal sowie aus Kaufleuten und Bergwerksbesitzern rekrutierten, die Möglichkeiten ihres Landes erkennen lassen. Dementsprechend stiegen ihr Selbstbewusstsein und ihre Bestrebungen nach größerer politischer Einflussnahme. Zahlreiche Autoren, exilierte Jesuiten wie Felipe Gómez de Vidaurre und Juan Ignacio Molina oder gebildete Kreolen wie Manuel de Salas und Juan Egaña, brachten in literarischen Werken dieses regionale Selbstbewusstsein zum Ausdruck, betonten die Besonderheit des Vaterlands, der *patria* Chile, und appellierten an einen chilenischen Patriotismus. Mit diesem Appell erreichten sie zwar die interessierte kreolische Oberschicht, nicht jedoch die Mehrheit der chilenischen Kolonialgesellschaft von Mestizen und armen Weißen, die Landarbeiter und Tagelöhner auf den Haciendas oder die zur Arbeit auf den Großgrundbesitzungen verpflichteten Landarbeiter-Pächter, die *inquilinos*; auch nicht die farbige Bevölkerung – Schwarze, Zambos und Mulatten – von rund 20 000 Personen, einschließlich etwa 5000 Sklaven; schon gar nicht die Indio-Bevölkerung in der Araukania.

Die instabile Situation in Spanien zwischen 1808 und 1810 animierte auch die Kreolen in Chile, die Krise zu nutzen und ihre Autonomieforderungen zu realisieren, zumal der amtierende Gouverneur Francisco Antonio García Carrasco durch seine Amtsführung, bei der er sich vor allem auf Europa-Spanier stützte – insgesamt gab es in Chile etwa 20 000 – und deren Interessen verfolgte, den Unmut der Kreolen erregt hatte. Als Ende Juni 1810 in Santiago die Nachricht von der Mai-Revolution in Buenos Aires eintraf, wirkte sie wie ein zündender Funke. Die Kreolen, vertreten durch den Stadtrat, formulierten weiter ihre Forderungen und planten für den 17. Juli 1810 einen Putsch, um den Gouverneur abzusetzen. Diesem kam die auf Ausgleich bemühte Audiencia zuvor, indem sie einen Tag vorher García Carrasco zum Rücktritt bewog und mit Zustimmung des Cabildo an seiner statt den 83-jährigen Kreolen Mateo de Toro y Zambrano, den Conde de la Conquista, einen der reichsten Männer des Landes, zum Gouverneur ernannte. Zunächst schien die Situation gerettet, da beide politischen Gremien hofften, den altersschwachen Mann für ihre Interessen einspannen zu können. Doch als Ende August die Nachricht eintraf, dass der Regentschaftsrat in Cádiz den wegen seiner Unnachgiebigkeit besonders gefürchteten General Francisco Javier Elío zum neuen Gouverneur und Generalkapitän ernannt hatte, entschlossen sich die Patrioten, unverzüglich zu handeln. Sie erreichten, dass der Conde de la Conquista für den 18. September 1810 eine Versammlung der einflussreichsten Bürger Santiagos (*cabildo abierto*) einberief, um über die zukünftige Regierungsform zu beraten. Die Versammlung, auf der die Zahl der Europa-Spanier bewusst gering gehalten war, beschloss, den vorgeschlagenen neuen Gouverneur abzulehnen, eine eigene Regierungsjunta unter dem Vorsitz des Conde de la Conquista einzusetzen und in absehbarer Zeit einen Kongress einzuberufen.

In der siebenköpfigen Junta überwogen zwar mit fünf Mitgliedern die Kreolen, doch stellte sie keineswegs einen

Bruch mit Spanien dar, regierte sie doch noch im Namen Ferdinands VII. und erkannte den Regentschaftsrat an. Diese Loyalität mochte für die Gemäßigten einen gangbaren Weg zu Reformen und Autonomie bedeuten; für andere, radikaler Gesinnte, die allerdings noch in der Minderheit waren, war sie lediglich eine taktische Überlegung. Zu dieser kleinen, aber aktiven Gruppe der Anhänger einer definitiven Trennung von Spanien gehörte auch Bernardo O'Higgins, unehelicher Sohn eines Iren in spanischen Diensten, des Intendanten von Concepción und späteren Gouverneurs von Chile und Vizekönig von Lima, Ambrosio O'Higgins, und einer kreolischen Aristokratin. Bernardo O'Higgins war nach einem längeren Erziehungsurlaub in England 1802 erfüllt von liberalen Ideen nach Chile zurückgekehrt und hatte die Leitung der im Süden Chiles nahe der araukanischen Grenze gelegenen Hacienda seines Vaters übernommen. Trotz sichtbarer Differenzen brachte die Junta unter der Ägide von Juan Martínez de Rozas aus Concepción eine Reihe von liberalen Reformen auf den Weg: Sie reorganisierte die Milizen, um das Land gegen eine mögliche Invasion von Peru her verteidigen zu können; sie öffnete gegen den Widerstand der Kaufmannschaft von Santiago die vier Häfen Valparaíso, Coquimbo, Talcahuano und Valdivia für den freien Handel mit dem Ausland; sie entsandte ein Kontingent von Veteranen zur Unterstützung der *Porteños* in Buenos Aires, die angesichts der militärischen Bedrohung der Royalisten aus Hochperu und der Banda Oriental um Hilfe gebeten hatten. Sie löste die Audiencia auf, die als Interessenvertretung der Spanier und Anhänger des alten Regimes und als Initiator des royalistischen Putsches unter dem spanischen Offizier Tomás de Figueroa vom 1. April 1811 galt.

Von der Autonomie zur Unabhängigkeit

Am 4. Juli 1811 trat der erste chilenische Kongress zusammen, doch war er wegen der politischen Unstimmigkeiten unter den Patrioten, die überdies noch unabhängig von der politischen Richtung auch durch die Rivalität zwischen der einflussreichen und weitverzweigten Familie Larraín und ihren Gegnern wie z. B. den Anhängern von Rozas gespalten waren, wenig produktiv. Immerhin brachte der Kongress, nachdem im Verlauf eines Putsches die Radikalen die Mehrheit gewonnen, d. h. einige Abgeordnete ausgetauscht und in der Junta fünf ihrer Mitglieder, darunter einen Larraín und Rozas, eingesetzt sowie Joaquín Larraín zum Präsidenten des Kongresses gewählt hatten, einige Projekte auf den Weg. Dazu gehörten die Errichtung einer dritten Verwaltungsregion im Norden, Coquimbo, die Errichtung eines Justiztribunals, das die Audiencia ersetzen sollte, das Verbot des Sklavenhandels und die schrittweise Abschaffung der Sklaverei durch das Gesetz zur »Freiheit des Leibes«, mit dem jedes zukünftige Kind einer Sklavin frei geboren wurde.

Schon Ende des Jahres 1811 änderte sich die politische Situation dadurch, dass der kurz zuvor aus Spanien heimgekehrte José Miguel Carrera, Mitglied einer reichen Großgrundbesitzerfamilie, ein junger Offizier und Teilnehmer der dortigen Befreiungskriege, in einem zweiten Militärputsch am 15. November 1811 mit Hilfe seiner schon an der Autonomiebewegung beteiligten Brüder in die Politik eingriff, um die Vormachtstellung der Larraíns in Santiago und die Rozas' in Concepción zu brechen und gleichzeitig die Unabhängigkeit Chiles voranzutreiben. Er ließ eine neue Junta von drei Mitgliedern wählen, mit ihm selbst als Vertreter der Hauptstadt Santiago, Rozas für Concepción, in dessen Abwesenheit sein Freund Bernardo O'Higgins als Mitglied fungierte, und José Gaspar Marín für Coquimbo. Danach löste er, gestützt auf seine milit-

rische Macht, den Kongress auf, woraufhin O'Higgins
und Marín von ihren Ämtern zurücktraten. Motiviert von
persönlichem Ehrgeiz, schaltete Carrera in der folgenden
Zeit seine Gegner aus, setzte sie gefangen oder verbannte
sie wie Rozas nach Mendoza und errichtete eine auf Teile
des Militärs und seine einflussreiche Familie gestützte
Diktatur. Immerhin erhielt der Gedanke der Unabhängigkeit unter seiner Ägide neue Impulse: Patriotische Intellektuelle konnten, nachdem die Pressefreiheit dekretiert
war, in neuen Publikationsorganen wie der 1812 gegründeten Zeitung *La Aurora de Chile* oder im offiziellen
Presseorgan der Regierung, im *Monitor Araucano*, ihr revolutionäres Gedankengut, ihre Vorstellungen von der
chilenischen Nationalität verbreiten. Die Errichtung einer
Nationalbibliothek und eines nationalen Instituts für Bildung und Erziehung unterstrichen ebenfalls die politische
Richtung Carreras. Allerdings scheute Carrera angesichts
der Opposition, die ihm sogar aus dem patriotischen Lager drohte, vor dem letzten Schritt einer offiziellen staatsrechtlichen Trennung von Spanien zurück. So sah die 1812
erlassene provisorische Verfassung (*Reglamento Constitucional Provisorio*) immer noch eine Regierung, eine Junta,
im Namen Ferdinands VII. vor; lediglich ein Passus
sprach verklausuliert die Unabhängigkeit in der Praxis an,
indem er alle Anordnungen und Gesetze, die außerhalb
des chilenischen Territoriums erlassen würden, für null
und nichtig erklärte.

Die Wiedererrichtung der spanischen Herrschaft

Mit Recht musste deshalb Anfang 1813 der Vizekönig von
Peru José Fernando de Abascal davon ausgehen, dass die
chilenischen Patrioten die Unabhängigkeit anstrebten,
brauchte aber zugleich wegen der internen Auseinander-

setzungen nicht damit zu rechnen, dass der Widerstand allzu groß sein würde. So schickte er zunächst eine kleine Gruppe von Offizieren unter dem Kommando des Brigadiers Antonio Pareja nach Chile. Sie landeten auf der Insel Chiloé, und mit Unterstützung der dortigen Garnisonen sowie der Bevölkerung in der Region Valdivia konnten sie bald eine Division von 2000 Mann aufstellen, sich Richtung Norden begeben, Concepción einnehmen und im Zentraltal weiter nach Norden vordringen, wo sich ihnen zahlreiche Kreolen mit ihrer Klientel anschlossen. Angesichts des Wiedererstarkens der Royalisten taten sich auf Seiten der Patrioten Radikale und Gemäßigte zusammen und ernannten zunächst Carrera zum Oberkommandierenden General. Doch konnte Carrera seiner Aufgabe als Oberbefehlshaber nicht gerecht werden, denn trotz seiner diktatorischen Machtfülle war er militärisch nicht in der Lage, die Royalisten zu besiegen, so dass die Regierungsjunta Ende 1813 seinen Rücktritt verlangte und an seiner Stelle Bernardo O'Higgins ernannte, der sich in einigen kleineren Scharmützeln ausgezeichnet hatte. Doch auch O'Higgins konnte nicht viel ausrichten, zumal sich die Sache der Patrioten noch dadurch verschlechtert hatte, dass Abascal Anfang 1814 ein Regiment geschulter Soldaten unter dem Kommando des Brigadiers Gabino Gaínza zur Unterstützung der Royalisten nach Chile entsandt hatte. Die Royalisten nahmen Talca ein und drohten, weiter auf Santiago vorzurücken. In dieser bedrohlichen Lage trat im März 1814 die Regierungsjunta zurück und übergab die Regierungsgewalt an einen »Obersten Staatsführer« (*Supremo Director*). Immerhin gelang es O'Higgins, den Royalisten den Weg nach Santiago zu verlegen und damit eine zügige Beendigung des Feldzugs in Frage zu stellen. So kam es Anfang Mai 1814 zwischen den beiden Heerführern zu einem Waffenstillstand, in dem Chile eine gewisse Autonomie und freier Handel unter der Oberherrschaft Spaniens zugestanden wurde.

Für viele Patrioten stellte dieser sogenannte Vertrag von Lircay eine willkommene Atempause dar. Doch weder der Vizekönig in Lima noch eine Gruppe um die Brüder Carrera, denen es im Juli 1814 gelang, in Santiago die Macht wieder an sich zu reißen, akzeptierten den Vertrag. Abascal entsandte unter dem Kommando des Generals Mariano Osorio ein drittes Expeditionsheer mit kampferprobten Soldaten aus den Revolutionskriegen in Spanien, um Santiago einzunehmen und Chile endgültig zu unterwerfen. Zwar verbündeten sich angesichts dieser Bedrohung die beiden Rivalen O'Higgins und Carrera wieder, doch konnten sie den militärischen Zusammenbruch nicht abwenden. In der Schlacht von Rancagua am 1. und 2. Oktober 1814 erlitten die von O'Higgins kommandierten Truppen der Patrioten eine schwere Niederlage mit großen Verlusten. O'Higgins, Carrera und mit ihnen weitere 2000 Chilenen flohen über die Anden nach Mendoza, wo San Martín dabei war, ein Befreiungsheer aufzubauen. General Osorio aber zog in Santiago ein und stellte die Ordnung von vor 1810 wieder her. Damit war die als »Altes Vaterland« (*Patria Vieja*) bezeichnete Phase des chilenischen Unabhängigkeitskampfes erfolglos beendet.

Die Befreiung von außen

Zwei Jahre und vier Monate dauerte die wiederhergestellte Kolonialherrschaft in Chile. In dieser Zeit wurden sich die Patrioten ihrer Sache immer mehr bewusst, denn die Restauration der spanischen Herrschaft erwies sich besonders unter dem ab 1815 amtierenden Gouverneur Francisco Casimiro Marcó del Pont als Schreckensherrschaft. Wie in anderen rückeroberten Teilen Amerikas war diese rigide Haltung der spanischen Politik nach der Rückkehr Ferdinands VII. geschuldet. Die brutale Verfolgung von

Patrioten, die Zerstörung ihrer Häuser, die Konfiszierung ihres Eigentums sowie allgemeine Repressionsmaßnahmen und Zwangssteuern brachten die Kolonialherrschaft in Misskredit und ließen nun auch in weiten Teilen der Bevölkerung den Schritt zur Unabhängigkeit als notwendig erscheinen. Auf dem Lande begannen vereinzelte Guerillabanden, die spanische Besatzung zu beunruhigen. Doch die Befreiung des Landes erfolgte von außen, von Argentinien her, wo in Mendoza die geflüchteten Chilenen um O'Higgins und Carrera gemeinsam mit General San Martín ein Heer zusammenstellten, das nach den Vorstellungen San Martíns von Süden her, über das befreite Chile, von Seeseite dem Vizekönigreich Peru, der letzten Bastion der spanischen Herrschaft in Südamerika, den Todesstoß versetzen sollte. Ab Anfang Januar 1817 ließ San Martín die ungefähr 5000 Mann starke und trainierte Befreiungsarmee an mehreren Hochgebirgspässen die Anden überqueren. In Chile angekommen, vereinigten sich die Kolonnen wieder und zogen im Zentraltal Richtung Süden auf Santiago zu. Bei Chacabuco, nördlich von Santiago, kam es am 12. Februar 1817 zur Entscheidungsschlacht, in der die Royalisten vernichtend geschlagen wurden. Zwei Tage später zog das siegreiche Heer in Santiago ein, wo San Martín eine Bürgerversammlung einberief, um drei Wahlmänner – für jede Provinz einen – wählen zu lassen, die ihrerseits einen »Obersten Staatsführer« von Chile bestimmen sollten. Am 15. Februar 1817 wählten diese San Martín, der dieses Amt jedoch ablehnte und nur die Position eines Oberkommandierenden des vereinigten Andenheeres aus Argentiniern und Chilenen annahm. Eine neue Versammlung wählte daraufhin Bernardo O'Higgins zum »Obersten Staatsführer«.

Zwar war Chile für die Spanier verloren, doch dauerte seine endgültige Befreiung noch einige Zeit. Die Royalisten hatten sich nach Süden auf die Halbinsel Talcahuano und die dortige maritime Basis zurückgezogen, wo sie ihre

Kräfte sammelten; überdies rechneten sie auch mit der Unterstützung der Indios. Tatsächlich konnten sie schon im Dezember 1817 eine gegen sie entsandte Einheit der Patrioten schlagen. Einige Monate später, am 19. März 1818, brachten sie, unterstützt von Truppen, die der neue Vizekönig in Lima, Joaquín de la Pezuela, unter dem Befehl des Generals Mariano Osorio geschickt hatte, den Patrioten in der Schlacht von Cancha Rayada eine weitere schwere Niederlage bei und zogen gen Norden in Richtung Santiago. Doch gelang es San Martín, das angeschlagene Heer zu reorganisieren und in einer blutigen und verlustreichen Schlacht etwas südlich von Santiago in den Ebenen von Maipo am 5. April 1818 die royalistischen Kräfte vernichtend zu schlagen. Mit diesem Sieg und dem Befehl des Vizekönigs in Lima an Osorio, mit den spanischen Truppen nach Peru zurückzukehren, war die Unabhängigkeit Chiles endgültig erkämpft, auch wenn im Süden des Landes noch einige Jahre royalistische Guerillas operierten und die letzte spanische Festung auf Chiloé sich erst im Jahr 1826 ergab.

O'Higgins' Bemühungen um politische Konsolidierung

Schon am 12. Februar 1818 hatte O'Higgins formell die politische Unabhängigkeit Chiles erklärt. Die Ära des »Neuen Vaterlandes« begann. Nach der militärischen Befreiung galt es nun, die neue Situation politisch zu konsolidieren. Doch dauerte es mehr als zehn Jahre, bis die Chilenen, konkret die kreolische Oberschicht, im Laufe harter Auseinandersetzungen und nach fünf Verfassungsentwürfen bzw. Verfassungen eine adäquate Regierungsform gefunden hatten. Von 1817 bis 1823 regierte Bernardo O'Higgins als »Oberster Staatsführer« (*Supremo Direc-*

tor). Da er davon überzeugt war, dass nur eine starke Regierung, überhaupt nur ein intervenierender Staat, die wirtschaftlichen und sozialen Bedingungen verbessern sowie die politische Krisensituation der Nachkriegszeit überwinden könnte, führte er ein autoritäres, ja bis 1820 fast ein diktatorisches Regime. Die von ihm geprägte provisorische Verfassung von 1818 sah zwar Gewaltenteilung vor, doch besaß die Exekutive, d. h. der »Oberste Staatsführer«, weitreichende Vollmachten; so konnte er z. B. die Legislative, einen beratenden Senat mit fünf Mitgliedern, selbst bestimmen. Noch gab es kein allgemeines Wahlrecht oder einen Kongress aus Vertretern der drei Provinzen Coquimbo, Concepción und Santiago. Die Verfassung vom Oktober 1822 garantierte die individuellen Freiheiten, erklärte alle männlichen Chilenen zu Gleichen vor dem Gesetz ohne jegliche Rangunterschiede und sah zwei Kammern vor, von denen das Abgeordnetenhaus gewählt werden sollte. Die Exekutive aber behielt ihren autoritären Charakter; ja die Verfassung enthielt sogar eine Regelung, mit der O'Higgins ein weiteres Jahrzehnt hätte an der Macht bleiben können.

Dies konnten und wollten die Oberschichten nicht hinnehmen. Denn O'Higgins hatte sich unbeliebt gemacht. Dass er die Royalisten besiegt hatte und die im Süden noch operierenden weiter zurückdrängte, dass er Schulen gründete und Bildungsmaßnahmen ergriff, brachte ihm Anerkennung und Lob ein. Auch sein Bemühen, mit Dekreten über die Gleichheit zwischen Indios und Weißen (1818, 1819) das Vertrauen der feindlich gesinnten Araukaner zu gewinnen, ihre Zustimmung zum neuen Staat zu erreichen und so kostspielige militärische Operationen an der Indianergrenze zu sparen, fand Beifall. Und dennoch kam es zu ernsthaften Auseinandersetzungen mit ganz unterschiedlichen Gruppen der kreolischen Oberschicht. O'Higgins brachte liberale, eigentlich an Reformen interessierte Gruppen und Vertreter der Provinzen durch seinen Autoritarismus gegen sich auf, konservative Gruppen und die Kirche durch seinen Antiklerikalismus und eine tolerante Politik gegenüber den Protestanten. Mit der wichtigen Schicht der Landbesitzer verdarb er es sich durch seine Reformen zur Struktur des Grundbesitzes (Abschaffung des Majoratssystems, d. h. des unteilbaren Landbesitzes) und des Verbots von adeligen Titeln und Wappen. Alle Gruppen sahen sich irgendwie von der erhofften Beteiligung an den politischen Geschäften ausgeschlossen. Die daraus resultierende Unzufriedenheit zeigte sich vor allem in der weiterbestehenden Opposition der Anhänger von Carrera, der selbst 1821 in Mendoza hingerichtet wurde. Im Übrigen missbilligten wesentliche Gruppen O'Higgins' Anstrengungen, San Martín bei der Expedition zur Befreiung Perus finanziell und materiell mit Schiffen zu unterstützen, ein Unternehmen, das O'Higgins mit Recht für die Sicherung der Unabhängigkeit Chiles für unabdingbar hielt. Mit der Klausel über seinen möglichen Verbleib im Amt hatte er jeden Kredit verspielt. Aufruhr entstand im Land. Von Süden her zog der Intendant von Concepción, General Ramón Freire, gegen Santiago. Die Provinz Coquimbo erhob sich ebenfalls gegen O'Higgins. Um weitere Eskalation und Blutvergießen zu vermeiden, erklärte sich O'Higgins am 28. Januar 1823 bereit abzudanken. Kurze Zeit darauf verließ er Chile in Richtung Peru, wo er 1842 starb.

Interne Richtungskämpfe um die Regierungsform

Doch brachte die Abdankung von O'Higgins keine Entschärfung der politischen Konflikte, im Gegenteil, sie leitete einen zeitweisen Zerfall der nationalen Einheit ein, zumal in den kommenden Jahren die Provinzen ihre Interessen durchzusetzen versuchten, ihre Abgeordneten aus dem Kongress abzogen und im Jahr 1825 sogar eigene Versammlungen einrichteten. Überhaupt gewannen föderalistische Ideen an Boden, obwohl Chile mit seiner geringen Bevölkerungszahl von knapp 1 Million Einwohnern und einem in sich geschlossenen Territorium eigentlich keine bundesstaatliche Ordnung benötigte. Mehrere Staatschefs und Verfassungen folgten in kurzem Abstand aufeinander. General Ramón Freire aus Concepción war mehrere Male Staatschef (1823–1827, 1828, 1829, 1830), konnte aber keine Autorität gewinnen. Eine 1823 von Juan Egaña entworfene Verfassung mit ausgesprochen moralistischem Charakter – so sollte auch das Privatleben der Bürger überprüft werden – erwies sich wegen undurchführbarer Regeln als untauglich und wurde 1826 durch einen Verfassungsentwurf ersetzt, in dem liberale und extrem föderalistische Ideen kulminierten: Chile wurde in acht Provinzen mit eigenen Provinzversammlungen unter einem Intendanten aufgeteilt. Da dieses Projekt, bedingt durch den Mangel an Ressourcen in den einzelnen Provinzen sowie durch das Fehlen einer funktionsfähigen Exekutive, ebenfalls keinen Erfolg hatte, erließ am 8. August 1828 ein neuer verfassunggebender Kongress unter Mitwirkung des prominenten spanischen Liberalen José Joaquín de Mora eine neue Verfassung. Dabei handelte es sich um eine moderate liberale Verfassung mit sowohl föderalistischen als auch zentralistisch-autoritären Elementen, und für eine kurze Zeit schien es, als ob die Liberalen mit General Francisco Antonio Pinto Díaz eine stabile Regierung stellen könnten, deren Exekutive hier zum ersten Mal »Präsident der Republik« genannt wurde. Allerdings fühlten sich die Konservativen um ihren Wortführer Diego Portales durch die in der Verfassung erneut ausgesprochene Abschaffung der Majorate sowie durch weitere, ihre ökonomischen Interessen beeinträchtigende Regelungen benachteiligt. Ihre Unzufriedenheit brach sich gewaltsam Bahn, als 1829 bei den Wahlen zum Vizepräsidenten der

liberal dominierte Kongress ihrem Kandidaten trotz
Mehrheit der Stimmen den Wahlsieg verweigerte. Im Süden stellten die Großgrundbesitzer, denen die Vorherrschaft von Santiago ohnehin missfiel, ein Heer unter General Joaquín Prieto zusammen. Von den Provinzen her
griffen die Konservativen Santiago an und kontrollierten
schon im Januar 1830 die Hauptstadt mit einer neuen
konservativen Regierung, an deren Spitze zwar ab März
1830 José Tomás Ovalle als Präsident stand, deren eigentliche Triebkraft aber Diego Portales mit den beiden wichtigsten Ministerämtern war. Mit dem Sieg der Truppen
der Konservativen unter Prieto über die Regierungstruppen unter General Ramón Freire am 17. April 1830 in der
Schlacht von Lircay endete der Bürgerkrieg. Es endete
aber auch die kurze Ära der Liberalen mit ihren liberalen
und föderalistischen Experimenten, und es begann eine
lange Zeit politischer Stabilität und dementsprechend
wirtschaftlichen Wachstums nach den Regeln, wie sie die
neue Verfassung von 1833 festlegte.

Die loyale Haltung der kreolischen Elite in Peru

Im Zentrum des Vizekönigreichs, in Peru, verhielt sich die
kreolische Elite, von Lima dominiert, anders als in anderen Teilen des spanischen Imperiums. Hier bildeten sich
nicht nur keine Juntas, sondern von Lima bzw. Peru aus
wurden mit finanzieller Unterstützung der Kaufmannsgilde (*consulado*) Truppen in Marsch gesetzt, um die Junta-
gründungen von Kreolen in Hochperu, Chuquisaca, La
Paz sowie die Rebellen in Buenos Aires, Chile oder in
Quito zu bekämpfen.

Ein wichtiger Faktor für die Zurückhaltung Perus, zumindest Limas bis 1814/15 – gleichzeitig mit der liberalen
Phase in Spanien, der Geltung der liberalen Verfassung

von 1812 –, nicht den Weg der Loslösung zu gehen, war die Stärke und Attraktivität des vizeköniglichen Regiments in Lima, die sich in der Persönlichkeit des Vizekönigs José Fernando de Abascal (1806–1816) manifestierte. Abascal stimmte zwar nicht mit allen Reformen überein, welche die Cortes in Spanien während der liberalen Phase oder auch die liberale Verfassung von Cádiz von 1812 vorgeschlagen hatten – wie z. B. Pressefreiheit oder Abschaffung des Indianertributs –, weil er davon überzeugt war, dass einige liberale Reformen die königliche Autorität und die Einheit des Imperiums schwächen würden. Dennoch setzte er die Reformen, wenn auch manche mit Zurückhaltung, in Peru um. Die Regelung über die Pressefreiheit hinderte ihn nicht daran, radikale bzw. kolonialkritische Zeitungen, die Sprachrohr der zeitgenössischen kritischen Vorstellungen auf dem amerikanischen Kontinent waren, sorgfältig überprüfen oder, um Polarisierungen zwischen Kreolen und Spaniern vorzubeugen, gar schließen zu lassen, wie den *El Peruano* oder den *El Satéllite del Peruano*. Andererseits ließ er wie vorgesehen die Wahlen für die Provinzialräte und die Repräsentanten Perus zu den Cortes in Spanien durchführen.

Tatsächlich war Peru in diesem spanischen Parlament von 1810 bis Mai 1814 immer vertreten, zuerst durch Ersatzvertreter, durch in Spanien anwesende Amerikaner, die sogenannten *diputados suplentes*, dann durch die gewählten Vertreter der verschiedenen Regionen Perus. Diese waren keine Rebellen, eher Reformer und eher gemäßigt vor allem in Bezug auf Probleme wie die Abschaffung der Zwangsarbeit (*mita*) oder die Gleichheit vor dem Gesetz, also in Bezug auf soziale Aspekte, die ihre eigene Position, d. h. die der Kreolen, beeinträchtigt hätten. Sie stellten wie die kreolische Oberschicht Perus und vor allem Limas ein System nicht in Frage, das ihnen durch die schon von den Cortes 1810 anerkannte Gleichheit zwischen Europa-Spaniern und Amerika-Spaniern die Kontinuität ihres sozialen Status und ihre Privilegien sicherte. Und da Abascal darum bemüht war, die Interessen zwischen Mutterland und der kreolischen Elite – besonders der von Lima – mit einem Entwicklungs- und Modernisierungsprogramm für die Stadt Lima abzustimmen und zu harmonisieren, erreichte er es, die Wogen der Rebellion und Separation von Peru fernzuhalten und sich der politischen und finanziellen Unterstützung der kreolischen Elite zu versichern, zumindest solange die Wirtschaft florierte.

Die Rebellion des Pumacahua

Es gelang Abascal auch, Ansätze zu Rebellionen, die durch eine – wenn auch schnell brüchige – Koalition zwischen Kreolen und Indios hätten gefährlich werden können, schon im Keime zu ersticken, wie z. B. die von Huánuco zu Beginn des Jahres 1812. Keine glückliche Hand zeigte er bei der Beilegung der Konflikte, die von Dezember 1812 bis März 1815 im Raum Cuzco, ja im gesamten südlichen Peru die spanische Herrschaft bedrohten. 1805 hatte es in Cuzco Versuche gegeben, die Inkaherrschaft wiederherzustellen; u. a. war daran das Mitglied der Audiencia Manuel José de Ubalde beteiligt gewesen. Abascal hatte 1809 die Position der Royalisten in der Audiencia durch die Ernennung von Europa-Spaniern zu stärken gesucht. Tatsächlich wurde die Audiencia die wichtigste Stütze der spanischen Herrschaft in der Sierra. Das ging sogar so weit, dass die Audiencia nicht nur die Veröffentlichung der liberalen Verfassung von Cádiz von 1812, deren Exemplare im Dezember 1812 in Cuzco ankamen, verzögerte, sondern auch deren Anwendung in Bezug auf die Wahl der Repräsentanten für die Cortes mit den entsprechenden Vorwahlen der Wahlmänner wie auch auf die

Wahl der Stadträte zu verhindern suchte. Daraus entwickelten sich zwischen der Audiencia und den Kreolen, die sich von der Verfassung größere Freiheiten und Rechtsgleichheit mit den Europa-Spaniern erwarteten, immer stärkere Spannungen. Sie führten zur Absetzung der Audiencia durch die Kreolen und schließlich im August 1814 zur Bildung einer Übergangsregierung, eines Triumvirats. Diese Auseinandersetzungen, diese Rebellion mündeten rasch in dem dezidierten Bestreben, ein unabhängiges Peru mit Cuzco als Hauptstadt zu schaffen. Große Teile der Indiobevölkerung, mobilisiert durch den Kaziken Mateo García Pumacahua, der noch bei der Rebellion des Túpac Amaru den Spaniern geholfen hatte, unterstützten den Aufstand und gaben ihm damit zunächst Durchschlagskraft. Doch in dem Maße, wie die Beteiligung der Indios zunahm und die Wiederherstellung der Inkaherrschaft gefordert wurde, begannen die Kreolen zurückhaltender und ängstlicher zu werden. Sie empfanden die massive Unterstützung der Indios in Erinnerung an die Rebellion von Túpac Amaru zunehmend als Bedrohung, und dies kam der royalistischen Gegenoffensive zugute. Der Antagonismus der Kreolen von Cuzco gegenüber Lima und dem Spanien der Restauration war nicht stark genug, die Angst vor sozialer Rebellion zu überwinden und an der gemeinsamen Aktion von Weißen und der indianischen Bevölkerung festzuhalten. Im März 1815 schlug die royalistische Armee unter José Ramírez die Truppen der Aufständischen, die in drei Expeditionen immerhin La Paz, Puno und Arequipa eingenommen hatten. Pumacahua wurde am 17. März 1815 hingerichtet. Ende 1815 wurde die Audiencia wieder eingesetzt und blieb danach bis Ende 1824 das wichtigste Bollwerk der spanischen Herrschaft in der Sierra, ja in Peru überhaupt, als es ab 1822 Sitz des Vizekönigs La Serna wurde.

Restaurative Politik und wachsende Unzufriedenheit

Trotz dieser Erfolge in der Sierra begann die spanische
Herrschaft an Kraft zu verlieren. Abascals Bemühungen,
die Revolution der Separation von Peru fern zu halten,
hatten seine Regierung finanziell geschwächt. Hinzu kam,
dass 1814 die Rückkehr Ferdinands VII. auf den spanischen Thron und die damit einhergehende restaurative
Politik, die sich u. a. in der Schließung der Cortes von Cádiz (Mai 1814) und der Abschaffung der liberalen Verfassung von 1812 äußerte, die Beziehungen zwischen Mutterland und Kolonien wiederum veränderte. Doch es war
nicht so einfach, die Situation von vor 1808 wiederherzustellen. Die kreolische Elite begriff schnell, dass das neue
absolutistische Regime nun ihre Entwicklungsmöglichkeiten beschränkte. Allerdings besaß sie keine gemeinsamen
Vorstellungen, wie die Zukunft zu gestalten sei. Es gab
Gruppen mit unterschiedlichen Interessen – Royalisten,
liberale und konservative Patrioten –, die sich wirtschaftlichen, militärischen oder politischen Krisensituationen
gegenübersahen. Selbst im akademischen Bereich versuchte die Restauration mit der Schließung des Colegio von
San Carlos und mit Inspektionen der Lehrkurse an der
Universität San Marcos die Uhr zurückzudrehen. Angesichts solcher Konfliktbereiche, angesichts des Verlustes
von Chile nach einer Niederlage der peruanischen Truppen im April 1818, angesichts der Anwesenheit eines argentinisch-chilenischen Befreiungsheeres unter General
San Martín an der Küste und angesichts von Unruhen in
Hochperu kam der Nachfolger Abascals, der Vizekönig
Joaquín de la Pezuela (1816–1821) aus den Schwierigkeiten nicht mehr heraus, vor allem gelang ihm nicht die
Wiederbelebung der Wirtschaft. Sowohl intellektuelle
Gruppen in Lima als auch Militärs wie der Truppenkom-
mandant General José de La Serna begannen, dem Vizekönig Widerstand zu leisten. Die Situation verschärfte

sich noch, als im September 1820 Lima die Nachricht vom Aufstand des Generals Riego, von der liberalen Revolution in Spanien und von der Wiedereinsetzung der liberalen Verfassung von Cádiz erreichte. Damit war es für die Royalisten klar, dass sie nicht mit Truppenunterstützung aus Spanien rechnen konnten. Andere Gruppen verloren ihr Vertrauen in das politische System, konservative Kreise aus der kreolischen Oberschicht schlossen sich der nun formulierten Sache der Unabhängigkeit an und arbeiteten fortan mit aufständischen Gruppen zusammen.

Verworrene militärische und politische Lage

Das Vizekönigreich begann, sich von innen aufzulösen: Einige Städte in Nordperu wie Trujillo (Dezember 1820), Piura (Januar 1821) oder Tumbes und Cajamarca erklärten ihre Unabhängigkeit. In Callao kaperte der englische Admiral Thomas A. Cochrane die Fregatte »Esmeralda«, das Flaggschiff der spanischen Pazifikflotte. Aus Chile kam San Martín mit einer kleinen Flotte und argentinisch-chilenischen Truppen. Das Chaos kulminierte im Januar 1821 in einem Staatsstreich gegen den Vizekönig Pezuela. Fast schon im Angesicht der Invasionstruppen San Martíns, der am 20. August 1820 mit einer Flotte von acht Kriegs- und sechzehn Transportschiffen und einem argentinisch-chilenischen Expeditionskorps von etwa 5000 Mann aus Valparaíso in See gestochen und am 8. September in Pisco gelandet war, übernahm General La Serna die Regierung sowie den militärischen Oberbefehl, ohne dass sich jedoch die Situation für die Royalisten verbesserte.

Verständlicherweise wurden in dieser Situation San Martíns Ankunft und Marsch auf Lima von zahlreichen Küstenstädten und von zahlreichen Gruppen der Unterschicht, von Mestizen oder Sklaven, die sich seinem Heer anschlossen, begrüßt. Lima allerdings blieb standhaft, wollte sich noch nicht ergeben. Erst als im Juli 1821 La Serna mit der Mehrheit der königstreuen Truppen die Stadt verließ und den vizeköniglichen Sitz ins royalistische Cuzco verlegte, ergab sich die Stadt. Am 28. Juli 1821 proklamierte ein »Offener Cabildo« Perus Unabhängigkeit, und auf Bitten der Notabeln der Stadt ernannte sich San Martín zum vorläufigen Protektor Perus, bis die Frage des zukünftigen politischen Systems – Anerkennung und Zulassung der spanischen Verfassung von 1812 oder Unabhängigkeit – geklärt sei. Doch verbesserte sich die chaotische und durch die Unterhaltskosten für die Armeen auch wirtschaftlich belastete Situation Perus keinesfalls, obwohl San Martín während seines einjährigen Protektorats wichtige politisch-administrative Maßnahmen wie die Abschaffung des Indianertributs und der *mita* erließ und eine politische Lösung in der Errichtung einer Monarchie unter einem europäischen Monarchen sah.

Endgültige Befreiung Perus durch Hilfe von außen

San Martíns monarchische Tendenzen und eine hohe Besteuerung stießen auf den Widerstand der Anhänger einer peruanischen Unabhängigkeit, und da diese San Martín militärische Hilfe versagten, andererseits die Truppen der peruanischen Royalisten den Patrioten empfindliche Niederlagen beigebracht hatten, sah sich San Martín genötigt, zur vollständigen Befreiung Perus Hilfe von außen zu suchen. Aus diesem Grund und um zu einer Übereinkunft über das zukünftige politische System Perus, ja Amerikas zu kommen, traf er sich am 26. und 27. Juli 1822 in der Hafenstadt Guayaquil mit Simón Bolívar, der seinerseits von Norden aus einen Befreiungszug in Richtung Süden unternommen und mit militärischen Siegen das Gebiet der Audiencia von Quito, Ecuador, befreit, also auch de facto in den neuen Staat Großkolumbien eingegliedert hatte.

San Martín erreichte nur die Zusage der militärischen Zusammenarbeit, die Entsendung kolumbianischer Hilfstruppen unter dem Kommando von Antonio José de Sucre, konnte sich mit seinen monarchischen Vorstellungen jedoch nicht durchsetzen, da Bolívar für die unabhängigen Staaten Amerikas als Staatsform nur ein republikanisches System für sinnvoll hielt, allerdings mit einer starken Exekutive. San Martín steckte zurück und legte nach seiner Rückkehr nach Lima auf dem ersten peruanischen Kongress am 20. September 1822 seine Ämter nieder, verließ das Land und begab sich im folgenden Jahr ins europäische Exil, wo er 1850 in Boulogne-sur-Mer starb.

Die Situation im Vizekönigreich Peru blieb verworren. Zwar rief der erste peruanische Kongress im September/ November 1822 die Republik Peru aus, und am 17. Dezember wurden die Grundlagen für eine Verfassung Perus vorgestellt, wobei man zum ersten Mal von einer peruanischen Nation, nun im politischen Sinne, sprach. Doch es folgten weitere zwei Jahre von militärischen Rückschlägen gegenüber den Royalisten und von Meinungsverschiedenheiten, von Zwietracht zwischen den Patrioten selbst. Zeitweise gab es sogar zwei Präsidenten: José de Riva Agüero in Trujillo, der sich gegen internationale Hilfe von außen aussprach, und der Marqués de Torre Tagle in Lima, ein Anhänger Bolívars und seiner Befreiungspolitik. Angesichts der militärischen Notsituation und der Einnahme Limas durch die Royalisten – das peruanische Heer und der Kongress hatten sich nach Callao geflüchtet – forderte der peruanische Kongress im Juni 1823 Bolívar auf, selbst nach Peru zu kommen und den Unabhängigkeitskrieg zu beenden. Als Bolívar im September 1823 in Peru eintraf, war das Land gespalten, hatte zwei Präsidenten,

und die militärische Lage der Patrioten war desolat, obwohl die Wiederherstellung der absoluten Monarchie 1823
in Spanien und die erneute Zurücknahme der liberalen
Verfassung von Cádiz ihr Bestreben nach Unabhängigkeit
stärkte. In dieser Lage ernannte der Kongress am 10. Februar 1824 den Venezolaner Simón Bolívar, trotz vorhandener Ressentiments gegenüber einem Nicht-Peruaner,
zum Diktator.

Die Klärung der Konfliktsituation durch Bolívar

Bolívar bereitete die entscheidende Konfrontation mit den
Royalisten von der Küste aus vor, während Sucre schon in
der Sierra operierte, wohin sich der Vizekönig La Serna
zurückgezogen hatte. Das ursprüngliche, für die Patrioten
und Bolívar ungünstige Zahlenverhältnis der Truppenstär-
ke verschob sich zu ihren Gunsten, als General Pedro Antonio de Olañeta, der mit dem spanischen Konstitutiona-
lismus nach 1820 nicht einverstanden war, mit seinen
Truppen wieder nach Hochperu abzog und dort im Januar 1824 eine absolutistische Herrschaft errichtete. Zwei
Entscheidungsschlachten besiegelten den Sieg der Patrioten und gleichzeitig das Ende des militärischen Widerstands der Spanier. Während Bolívar in der Schlacht bei
Junín am 6. August 1824 den royalistischen Truppen unter General José de Canterac eine schwere Niederlage bei-
brachte – woraufhin dieser zum Vizekönig nach Cuzco
floh –, besiegte das Heer der Patrioten unter Marschall
José de Sucre am 9. Dezember 1824 auf der Hochfläche
bei Ayacucho die Truppen des Vizekönigs La Serna: Dieser wurde gefangen genommen, die Truppen ergaben sich,
und auch andere spanische Garnisonen in Cuzco, Puno
und Arequipa schlossen sich der Kapitulation an. Nur in
Hochperu und in den Hafenbefestigungen von Callao

hielt sich noch Widerstand. Zur Zerschlagung des Widerstands in Hochperu schickte Bolívar den siegreichen Marschall Sucre. Nach den Siegen der patriotischen Truppen gegen die Royalisten in den Schlachten von Junín und Ayacucho war der Weg frei für die selbständige Republik Peru.

Die kritische peruanische Historiographie urteilt, dass Peru seine Unabhängigkeit nicht selbst erworben habe, sondern dass sie ihm von außen angetragen worden sei (*una independencia concedida y no obtenida*). Tatsächlich spricht die Art und Weise, wie verschiedene Gruppen in Peru auf die seit den Bourbonischen Reformen sich verändernden Beziehungen zwischen Mutterland und Kolonien reagierten, für diese Einschätzung. Die Art und Weise, wie die verschiedenen sozialen Schichten, wie die verschiedenen Regionen Perus zwischen Loyalität zum Mutterland und Streben nach größerer Autonomie je nach Handlungsspielraum hin- und hergeschwankt haben, wie anfängliche Kooperation zwischen Kreolen und Indios an den Ängsten der Kreolen, d. h. an der Furcht vor dem Verlust ihrer sozialen Stellung, gescheitert ist, hat Gründe für die verspätete Unabhängigkeit Perus offenbar gemacht. Der fehlende Konsens hat aber vor allem deutlich werden lassen, dass der Weg Perus zur Unabhängigkeit, zur Bildung einer souveränen Republik, nicht auf einer gemeinsamen Anstrengung oder einem gemeinsamen Willen zur Bildung einer neuen Gesellschaft beruhte.

Die letzte Bastion der Royalisten in Hochperu

In Hochperu, dem Gebiet der Audiencia von Charcas, das seit 1776 zum neuen Vizekönigreich Río de la Plata gehörte, hatten nach den ersten Junta-Bewegungen in

Chuquisaca und La Paz im Jahr 1809 vizekönigliche Truppen aus Peru und vom Río de la Plata die alte Ordnung sehr schnell wiederherstellen können. Beide Regierungen waren an dieser wirtschaftlich wichtigen Bergbauregion interessiert, und als im Mai 1810 die Revolution in Buenos Aires ausbrach, versuchte Lima sein ehemaliges Bergbaugebiet zurückzuerobern, was ihm auch gelang. Spanische und vizekönigliche Truppen aus Peru konnten sogar verschiedene Befreiungsexpeditionen aus Buenos Aires zurückschlagen, so dass Hochperu zu einer Bastion der Royalisten wurde. Dazu trug auch bei, dass spanische Streitkräfte, die nach 1815 durch Entsatz aus Spanien verstärkt wurden, die in Hochperu in verschiedenen unzugänglichen Gegenden für ihre lokale »Unabhängigkeit« von Gesetz und Ordnung sowie für Befreiung von Steuern operierenden Guerillabanden aus Weißen mittleren Ranges und Mestizen 1816 besiegen konnten. Seitdem verhielt sich bis auf kleine liberale Patriotenkreise die kreolische Oberschicht, vor allem die Bergwerksbesitzerschicht, loyal gegenüber Spanien und seiner Ordnung, die ihren sozialen Status quo gegenüber den Indios stärkte und vor allem deren Arbeitskraft sicherte. Sie gaben ihre Loyalität erst auf, als keine Zweifel mehr an der Beendigung der spanischen Herrschaft in Amerika bestehen konnten und zudem die äußere Lage in Peru sowie die ausländischen Befreiungstruppen unter Marschall Sucre kaum eine andere Wahl zuließen. Zunächst glaubte die kreolische Oberschicht noch in der von General Pedro Antonio de Olañeta am 12. Februar 1824 errichteten absolutistischen Monarchie eine Alternative zu haben, doch schwenkte sie bald um, als nach der Entscheidungsschlacht bei Ayacucho am 9. Dezember 1824 Bolívar Marschall Sucre mit der Befreiung Hochperus betraute.

Die Befreiung Hochperus durch Sucre und Bolívar

Es gelang Sucre, ohne große Widerstände in Hochperu einzurücken; am 1. April 1825 kam es zur Schlacht von Tumusla, in der General Olañeta tödlich verletzt und sein Heer besiegt wurde. Es war die letzte Schlacht der spanischamerikanischen Unabhängigkeitsrevolutionen. Auswärtige Truppen schufen für die hochperuanischen Kreolen die Voraussetzungen für staatliche Selbständigkeit. Am 10. Juli 1825 trat in Chuquisaca ein Kongress von Delegierten zusammen, von denen einige kurz zuvor noch Royalisten oder Anhänger Olañetas gewesen waren. 48 nach Besitz und Bildung gewählte Delegierte, zumeist Juristen der Universität von Chuquisaca, vertraten eine Bevölkerung von ca. 1 Million Menschen! Sie stimmten mehrheitlich für die absolute Unabhängigkeit für das Gebiet der ehemaligen Audiencia von Charcas, also nicht nur für die Loslösung von Spanien, sondern auch für die Loslösung von Peru ebenso wie von den Vereinigten Provinzen des Río de la Plata. So proklamierte am 6. August 1825, dem ersten Jahrestag der Schlacht von Junín, der hochperuanische Kongress die Unabhängigkeit Hochperus als Republik und gab dem neuen Staat zu Ehren Bolívars den Namen Bolívar, der später in Bolivia geändert wurde. Ab August 1825 besuchte Bolívar persönlich in einem wahren Triumphzug den neuen Staat, erließ einige wichtige Gesetze zum Wohl der Indios, die über 80 Prozent der Bevölkerung ausmachten, wie z. B. die Verteilung von staatseigenem Land vorzugsweise an die Indios (14. Dezember 1825) oder die Abschaffung des Indianertributs (22. Dezember 1825; wurde Juli 1826 wieder eingeführt), überließ aber Sucre die Regierung, während er selbst im Januar 1826 nach Lima zurückkehrte. Dort redigierte er die erste bolivianische Verfassung, um die ihn die Delegierten gebeten hatten. Am 25. Mai 1826 übermittelte Bolívar dem in Chuquisaca tagenden Kongress von Bolivien den Verfassungsentwurf zu-

VEREINIGTE STAATEN (USA)

Atlantischer Ozean

MEXIKO

Golf von Mexiko

BERMUDA (brit.)

FLORIDA 1819 an USA

KUBA (span.)

Bahama (brit.)

DOMINIK.REP. (unter Haiti 1822-44)

JAMAIKA
brit. (brit.)

PUERTO RICO (span.)

HONDURAS 1838

HAITI 1804

GUATEMALA 1838

NICARAGUA
1838

SALVADOR 1841

COSTA RICA 1838

TRINIDAD (brit.)

PANAMA
(bis 1903 zu
Kolumbien)

VENEZUELA
1830

GUAYANA
brit. · niederl. franz.

NEU GRANADA
(Kolumbien) 1830/31

• Bogotá

EKUADOR
1830

*Pazifischer
Ozean*

**REPUBLIK PERU
1821**

• Lima

**KAISERREICH
BRASILIEN 1822**

• La Paz

**REPUBLIK
BOLIVIEN
1825**

REP.PARA-
GUAY 1813

• Asunción

Rio de Janeiro

REP.CHILE
1818

**ARGENTINISCHE
KONFÖDERATION**
1816/1827 seit
1853 Rep.Argentinien

• Santiago

• Buenos Aires

URUGUAY 1828

Patagonien

▬ Frühere spanische
Besitzungen

▥ Frühere portugiesische
Besitzungen

▨ Vereinigte Staaten von
Zentralamerika 1823-1841

Republik Groß-Kolum-
bien 1819-1830

▨ Mexiko 1822-23 Kaiser-
reich, 1824 Republik

0   1000   2000   3000 km

Unabhängige Staaten zu Beginn des 19. Jahrhunderts

sammen mit einer Botschaft über die Grundzüge der neuen Verfassung. Bolívar leitete seinen Entwurf aus den bisherigen negativen politischen Erfahrungen der spanischamerikanischen Staaten ab und glaubte, in der Verfassung ein Modell gefunden zu haben, das den besonderen Bedingungen Spanischamerikas entsprach und freiheitliche und demokratische Grundsätze eines Repräsentativsystems mit einer starken Exekutive in Einklang brachte. Als Kernstück seines Modells schlug er einen auf Lebenszeit gewählten Präsidenten vor, der seinen Nachfolger selbst bestimmen durfte, und erweiterte das übliche Zwei-Kammern-System um die Zensoren-Kammer, deren Mitglieder ebenfalls auf Lebenszeit gewählt, als dritte Kammer Bestandteil der Legislative sind und als moralische Autorität für die Einhaltung von Recht und Ordnung sorgen sollen. Der bolivianische Kongress nahm Bolívars Vorschlag bis auf wenige Änderungen Ende November 1826 an. Auch in Peru wurde sie 1826 eingeführt, aber in beiden Ländern bald, in Peru 1827, in Bolivien 1828 wieder aufgehoben, nachdem Bolívar im September 1826 Peru verließ, um in Kolumbien die beginnende Auflösung zu stoppen, und Sucre, unter dem Eindruck ständiger fremdenfeindlicher Anwürfe gegen die kolumbianischen Befreiungstruppen und seine Person, im April 1828 von seinem Amt in Bolivien zurücktrat und im August 1828 Bolivien Richtung Quito verließ, um Bolívar in den Auseinandersetzungen zwischen Großkolumbien und Peru zu unterstützen.

Probleme der Staatenbildung

Der Bruch mit Spanien und die Gründung eigener Staaten erforderten von den Kreolen als den entscheidenden Trägern der Unabhängigkeitsrevolutionen weitreichende Ent-

scheidungen über die zukünftige staatliche Entwicklung.
Wie sollten die neuen Gebilde aussehen, sollten sie zentralistisch oder im Gegensatz zu der bisherigen Praxis eher
föderalistisch konstituiert werden? Sollte man überhaupt
die Staatsform der Monarchie aufgeben? Mit welchen
Symbolen oder Werten konnten neue Identitäten beschrieben und dadurch bei den sehr verschiedenen Bevölkerungsgruppen ein Gefühl der Zugehörigkeit zu den
neuen Staaten geschaffen werden?

Zentralismus oder Föderalismus

Zahlreiche südamerikanische Patrioten wollten das nordamerikanische Verfassungsmodell übernehmen, das in den
USA mit Erfolg praktiziert wurde und u. a. auch deshalb
Vorbildcharakter genoss, weil die ehemaligen dreizehn
englischen Kolonien sich in einer ähnlichen Unabhängigkeitsrevolution von der Kolonialmacht England gelöst
hatten. Die Verfechter des föderativen Prinzips strebten
keineswegs eine bundesstaatliche Organisation aus den
Teilen des ehemaligen spanischen Kolonialreichs an. Diesbezügliche Ansätze zu größeren staatlichen Zusammen-
schlüssen wie Großkolumbien (1819/21–1830) oder die
von Bolívar propagierte Konföderation der Andenstaaten
Großkolumbien, Peru, Bolivien unter seiner Leitung
(1827/28) waren nur von kurzer Dauer und dienten eher
zur gemeinsamen Verteidigung gegen äußere Feinde. Das
nordamerikanische bundesstaatliche Modell sollte vielmehr für die innere Organisation der neuen Staaten gelten.
Doch selbst dabei übersahen seine Anhänger die unterschiedlichen Ausgangssituationen in den englischen und
spanischamerikanischen Kolonien zur Zeit der Staatsgründungsphase hinsichtlich der historischen Entwicklung, ihrer politischen Struktur bzw. Erfahrungen sowie ihrer

Bevölkerungszusammensetzung. Nicht allein die andere Größenordnung – die ehemaligen dreizehn englischen Kolonien besaßen überschaubare Größen –, sondern auch spezielle spanischamerikanische Bedingungen sprachen eigentlich gegen die Annahme eines komplizierten Systems wie des Föderalismus, das u. a. auch politische Reife voraussetzte: Wegen der Kolonialherrschaft, die der Bevölkerung die Beteiligung an überörtlichen politischen Entscheidungsprozessen verweigert hatte, gab es nur mangelhafte politische Erfahrung; Ausbildung und Bildung waren auf eine kleine Bevölkerungsschicht beschränkt; große soziale und wirtschaftliche Unterschiede sowie ethnische und kulturelle Heterogenität und damit verbundene unterschiedliche Wertvorstellungen bargen die Gefahr von Gruppenegoismen und Spannungen.

Die prominenteste Persönlichkeit der Unabhängigkeitsbewegung, der Venezolaner Simón Bolívar, der die Revolution im nördlichen Südamerika und im Andenraum politisch vorantrieb und militärisch auch zum Erfolg führte, setzte sich in zahlreichen Reden, Briefen und Proklamationen mit der Problematik von Föderalismus und Zentralismus auseinander und warnte vor einem föderativen System, weil es die vorhandenen Kapazitäten überfordere und zu Separatismus und Anarchie führe. Einen interessanten Eindruck dieses Denkens bietet die als *Brief aus Jamaica* berühmt gewordene Analyse vom 6. September 1815 über Entstehen, Probleme und mögliche Entwicklung der spanischamerikanischen Staatenwelt.

Bolívars Befürchtungen waren nicht unbegründet. Denn in den meisten Ländern kam es seit Beginn der Staatsgründungen zu oft blutigen Auseinandersetzungen darüber, wie die Verantwortlichkeiten zwischen Regierung und den Provinzen aussehen sollten. Man kann sogar sagen, dass im Allgemeinen die föderalistischen Bestrebungen weniger auf staatstheoretischen Überlegungen als vielmehr auf unterschiedlichen Regional- oder Gruppeninteressen in den neuen Einheiten beruhten. Die Erinnerung an die koloniale Zentralverwaltung sowie politische und wirtschaftliche Rivalitäten zwischen Städten wie z. B. Cumaná und Caracas in Venezuela, Buenos Aires und Montevideo im La-Plata-Gebiet, Cartagena de Indias, Santa Marta und Bogotá in Neu-Granada (Kolumbien) oder Guayaquil und Quito in Ecuador, Guatemala-Stadt und San Salvador erschwerten die Konsensbildung und Konsolidierung der neuen staatlichen Einheiten oder führten sogar wie im La-Plata-Gebiet oder in Zentralamerika zu eigener Staatenbildung. Darüber hinaus war die Regierungsform des Föderalismus geeignet, persönliche Machtansprüche einzelner lokaler politischer oder militärischer Führer zu befriedigen, indem sie ihnen Bewegungsfreiheit gegenüber jeder Staatsgewalt verschaffen konnte. In diesen Auseinandersetzungen um Föderalismus oder Zentralismus verschwendeten die Patrioten unnötigerweise ihre Kräfte und erleichterten so zeitweilige spanische Rückeroberungserfolge (z. B. im nordandinen Raum oder in Chile). Sie schwächten damit eine stabile Bewegung für ein eigenes politisches System. Gleichzeitig sind die Auseinandersetzungen jedoch auch als Ausdruck eines noch nicht entwickelten allgemeinen Staatsbewusstseins, eines fehlenden politischen Konsenses, der die bestehenden Gruppen- und Regionalinteressen institutionell hätte relativieren oder einbinden können, zu bewerten. So blieb bzw. entstand in dieser politischen Instabilität Raum für die Machtausübung der für Lateinamerika so typischen starken Männer, der *caudillos*.

Republik oder Monarchie

Ungeachtet dieser Auseinandersetzungen aber stimmten die patriotischen Kreolen, ob sie nun föderalistisch oder zentralistisch gesinnt waren, dafür, einen Wechsel des Regierungssystems vorzunehmen und die Legitimitätsquelle staatlicher Herrschaft nicht mehr im dynastischen Prinzip und im Gottesgnadentum des Absolutismus, sondern nun im Prinzip der Volkssouveränität zu sehen. Sie vertraten dieses neue Prinzip nicht nur in der politischen Publizistik, sondern verankerten es auch in den Verfassungen. Damit war trotz der Auseinandersetzungen um Zentralismus oder Föderalismus eine gemeinsame Basis für eine zu schaffende staatliche Ordnung gegeben.

Es wäre jedoch verfehlt, diesen Wechsel von der monarchischen zur republikanischen Staatsform als Ergebnis eines längeren Demokratisierungsprozesses oder als Äußerung profunder demokratischer Überzeugung erklären zu wollen. In einzelnen Fällen war ja sogar eine Monarchie propagiert worden, und sei es nur als Übergangsregelung vom Gewohnten zum Neuen. Und die Einführung von Präsidialverfassungen zeigt die Vorliebe für starke Personen zu Lasten eines demokratischen Parlamentarismus. So ist bei der Übernahme des Prinzips der Volkssouveränität ein taktisches Kalkül nicht zu übersehen, ließ sich doch durch den Hinweis auf die Souveränität des Volkes der Anspruch auf Selbstbestimmung und Unabhängigkeit gegenüber der Kolonialmacht rechtlich begründen. Hinzu kommt, dass allein schon der Tatbestand der Separation es der politischen Führung nicht gestattete, zur Legitimierung ihrer Herrschaft auf das bisherige Legitimitätsprinzip zurückzugreifen, das sich nach Max Webers Typologie der legitimen Herrschaft als traditionale Herrschaft charakterisieren lässt; traditional in der Weise, dass die Autorität auf dem Glauben an die Heiligkeit der von jeher vorhandenen Ordnungen und Gewalten beruht und dass dem durch die Tradition geheiligten Herrn gehorcht wird, in dessen Hand allein die Herrschaftsgewalt liegt, der seinerseits aber zur Wahrung der Rechte und Gewohnheiten des Landes verpflichtet ist. Die spanische Kolonialherrschaft war auf dieser Grundüberzeugung aufgebaut und hatte dementsprechend Autorität ausgeübt und Gehorsam erhalten.

Eine neue Politik in einem neuen System, das mit Spanien brach, verlangte auch andere Begründungen von Herrschaft. Die Führer der Unabhängigkeitsbewegung in Amerika kamen dieser Notwendigkeit in der Weise nach, dass sie die Herkunft politischer Herrschaft – die Volkssouveränität – angaben und ihre Ausübung durch positives Recht und ein System festgesetzter Normen vor allem hinsichtlich abgegrenzter Kompetenzen, d. h. der Gewaltenteilung und der Repräsentation, der Träger der neuen Legitimitätsquelle, regelten. Die Hinweise auf Volkssouveränität und Staatsbürgerrechte in zahlreichen Verfassungen in der Staatsgründungsphase sind Ausdruck dieses Begründungszwanges. Diese Legitimität der Herrschaft ließe sich wiederum nach Max Weber als »legale Herrschaft« charakterisieren, insofern Herrschaft durch positive Rechtssetzungen legalisiert war; das bedeutete jedoch nicht, dass sie notwendigerweise auch demokratisch sein musste. Zwar wurden die Verfahren der demokratischen Legitimation von Herrschaft durch Staatsbürger praktiziert, jedoch hatten die Kreolen die Ausübung staatsbürgerlicher Rechte, vor allem des aktiven und passiven Wahlrechts, an bestimmte wirtschaftliche, soziale, geschlechtliche und kulturelle Voraussetzungen gebunden, so dass als Träger dieser Legitimation nur sie selbst blieben, »Volk« sich auf sie beschränkte. So bedeutete die Konstituierung von neuen Staaten in ihrer Gründungsphase nicht viel mehr als die Selbstlegitimierung der kreolischen Eliten aus Grundbesitzern, Kaufleuten und Beamten, die sich mit ihren Interessen und ihrem nationalen Projekt durchgesetzt hatten.

Zwangsläufig ergaben sich aus dem Wechsel des Regierungssystems und aus der andersartigen Legitimierung der Herrschaft ernsthafte Konsequenzen für die Beziehung des Einzelnen zum neuen politischen System und damit für dessen Stabilität. Hatte das traditionale System die persönliche Beziehung zum Monarchen, die Loyalität zur Person des Königs als Herrschaftsausübenden gefördert und gefordert, so war nun die Loyalität gegenüber der gesetzmäßig geregelten Ordnung, d. h. gegenüber einem abstrakten Staat, gefragt. Wie schwierig es war, die entstandenen Staaten zum neuen Bezugspunkt der persönlichen Loyalität ihrer Bürger aufzubauen, zeigt die weitere Entwicklung, denn auch in den folgenden Jahrzehnten blieb die Beziehung zu Personen das überwiegende Loyalitätsprinzip in den neuen Staaten. An die Stelle des Monarchen traten nun häufig Persönlichkeiten aus den Unabhängigkeitskriegen, militärische Führer, Caudillos, als Objekt der Loyalität. Aufgrund ihrer politischen Macht und Verfügungsgewalt über ökonomische Ressourcen konnten sie fürsorgerisch wirken und erhielten dafür mehr Gehorsam als der abstrakte Staat. Autoritätsfixierung und hierarchisches Denken blieben auch nach der politischen Unabhängigkeit schwere Hypotheken für die neuen Staaten. Zeitweise kam es sogar zu Bestrebungen, angesichts des politischen Chaos und eines fehlenden Konsenses die Monarchie wiederherzustellen.

Unvollendete Revolutionen

Die Akteure der Unabhängigkeitsbewegung verstanden sich durchaus als Revolutionäre und waren der Überzeugung, dass es sich bei den gewaltsamen Loslösungen vom Mutterland tatsächlich um Revolutionen handelte. Doch waren es wirklich Revolutionen, oder in welchem Sinne waren sie es?

Die spanischamerikanischen Revolutionen unterscheiden sich deutlich von der europäischen Revolution, d. h. der Französischen Revolution von 1789, denn ihr Ergeb-

nis bestand im Wesentlichen darin, die Herrschaft des
spanischen überseeischen Imperiums gebrochen, nicht
hingegen eine grundlegende Neugestaltung der Gesellschaft bewirkt zu haben, also das nicht geleistet zu haben,
was entsprechend der Definition der modernen Revoluti-
onstheorie eigentlich eine Revolution auszeichnet. Während es im Verlauf der Französischen Revolution grundlegende Veränderungen gab, indem die herrschende und
privilegierte Schicht beseitigt wurde und mit einem neuen
Regierungssystem auch eine neue Gesellschaftsordnung
entstand, brachten die spanischamerikanischen Unabhängigkeitsrevolutionen lediglich neue souveräne und unabhängige Staaten hervor: Radikale Veränderungen in den
hierarchisch geprägten Sozialverhältnissen und in der
durch den Großgrundbesitz geprägten Besitzstruktur
blieben weitgehend aus. Zwar lockerten sich als Folgeer-
scheinungen der Kriege durch Aufstiegsmöglichkeiten im
Heer die ethnisch-sozialen Schranken zwischen den einzelnen Schichten und eine gewisse soziale Mobilität wurde
ausgelöst; ferner ergaben sich Rückwirkungen auf Wirtschaft und Gesellschaft besonders durch die Ausweitung
des Außenhandels. Aber insgesamt riefen die Revolutionen keine größeren Strukturwandlungen hervor, lediglich
die Anfänge eines grundlegenden Wandels fanden statt,
z. B. durch das Verbot des Sklavenhandels, die schrittweise Abschaffung der Sklaverei und die Aufhebung des Indianertributs. Doch setzte sich der beginnende Wandel
nicht durch oder führte gar zu Verbesserungen für die Betroffenen.

Dass der politischen Befreiung keine Revolutionierung
der sozioökonomischen Strukturen folgte, dass die koloniale ökonomische und soziale Struktur für die nächsten
Jahrzehnte erhalten blieb, erklärt sich aus Trägerschaft
und Zielsetzungen der Unabhängigkeitsbewegungen. Diese ergaben sich ja vorwiegend aus Rebellionen der herrschenden kreolischen Eliten gegen das spanische Mutter-

land und seine Repräsentanten, jedoch (mit Ausnahme von Haiti) nicht oder nur partiell aus einem Aufstand der benachteiligten Eingeborenen- oder Mischlingsbevölkerung gegen die Kolonisten, d. h. gegen die weiße – kreolische und spanische – Oberschicht. Dabei zielten die politischen Ambitionen der Kreolen auf Selbstbestimmung, Gleichheit und Gleichberechtigung mit den Spaniern – für sich selbst, nicht jedoch für Indios, Schwarze oder die Mischlingsbevölkerung, die zusammen vier Fünftel der Gesamtbevölkerung ausmachten. Derart motivierte Rebellionen waren nicht dazu angetan, die Gesamtgesellschaft zu emanzipieren und im Inneren zu dekolonisieren. Im Gegenteil, sobald nicht-kreolische Gruppen, Mestizen oder freie Farbige eigene Vorstellungen von Freiheit und Emanzipation entwickelten, die den sozialen Status quo hätten gefährden können, wie es z. B. in Venezuela, Mexiko oder Hochperu der Fall war, kooperierten die Kreolen mit den Spaniern oder bekämpften selbst solche Projekte. So veränderten sich die Sozialstrukturen jener Zeit nur unwesentlich.

Sowenig es sich bei den Unabhängigkeitsrevolutionen um »demokratische« Bewegungen handelte, so wenig waren es auch große »Volksbewegungen«. Die politisch und auch ökonomisch motivierten Revolutionen, mit denen die Kreolen auch die wirtschaftliche Emanzipation durch die Zerstörung des spanischen Handelsmonopols und die Öffnung der amerikanischen Häfen für den Welthandel erreichen wollten, betrafen nur das spanische Mutterland und die Kreolen. Die tributpflichtigen indianischen Bauern, die rechtlosen Negersklaven, die unterdrückten Mestizen und Mulatten, deren soziale Proteste im 18. Jahrhundert nicht zuletzt wegen der fehlenden Unterstützung von Seiten der Kreolen fehlgeschlagen waren, waren selten Hauptakteure der Kämpfe. Zu den Ausnahmen gehören die Aktionen der Mulatten in Cartagena, die die abwartenden Kreolen zum entscheidenden Schritt der endgülti-

gen Unabhängigkeit drängten. An den Schlachten, die
doch nur ihre Herren betrafen, nahmen die unterdrückten
Massen oft nur zwangsweise rekrutiert teil, und es machte
ihnen wenig aus, ob sie auf kreolischer oder spanischer
Seite kämpften. Zeitweise wechselten sie auch die Seiten.
Nur in einigen wenigen Ausnahmefällen nahmen die
Kämpfe Züge einer durch Klassen- und Rassenunterschie-
de geprägten sozialen Auseinandersetzung an, wenn sie
von der eingeborenen oder farbigen Bevölkerung getragen
wurden. Dazu gehören z. B. Venezuela und Mexiko, deren Unabhängigkeitsbewegungen zumindest in einzelnen
Phasen eine soziale Vertiefung erfuhren. Dadurch, dass
die Kreolen ihre Projekte durchsetzen konnten, blieben
ihre Privilegien vollauf erhalten, während die Indios, die
Landbevölkerung, die Mestizen keinerlei oder nur wenig
Nutzen aus der politischen Befreiung von Spanien ziehen
konnten. Sie hatten keine neue Freiheit – bestenfalls neue
Herren.

So handelte es sich bei den Revolutionen in Lateinamerika zu Beginn des 19. Jahrhunderts – bedingt durch die
gegen das spanische Mutterland gerichtete antikoloniale
Frontstellung – nur um politische Revolutionen. Ihnen
fehlte die soziale Komponente ganz, oder sie war nur an-
satz- und teilweise vorhanden und wurde rasch von den
politischen Interessen der Kreolen überlagert, obwohl die
nationalen Symbole und Verfassungen allgemeine Werte
wie Freiheit, Selbstbestimmung, Gleichheitsrechte, ökonomische Freizügigkeit verhießen. Eigentlich waren dies
Wertvorstellungen, die sowohl den außen- als auch den
innenpolitischen Bereich betrafen. Ihre konsequente Anwendung in der Innenpolitik hätte jedoch nicht nur eine
politische Veränderung des Kolonialstatus, sondern auch
breitgefächerte soziale Veränderung bedeutet, konkret den
Fortfall billiger Arbeitskräfte.

Diese Umsetzung im sozialen Bereich haben die führenden Schichten dieser Zeit nicht vorgesehen, sie blieb

politische Rhetorik; in der Situation des Freiheitskampfes, der fast zwanzig Jahre dauerte, galt die vordringlichste Sorge dem Aufbau und der Behauptung der neuen Staaten nach außen. Politische Zielsetzungen hatten vor sozialen Bestrebungen Vorrang. Darüber hinaus war bei den Kreolen durch die gewaltsamen Vorgänge bei den sozialen Protesten des ausgehenden 18. Jahrhunderts (Túpac Amaru, Comuneros, Coro) sowie durch die Entwicklung der Französischen Revolution in ihrer jakobinischen Phase nach 1793 und das Beispiel Haiti aus Furcht vor unkontrollierbaren Entwicklungen eine Abwehrhaltung gegenüber überstürzten sozialen Veränderungen entstanden. So handelt es sich bei der Loslösung vom Mutterland um »Revolutionen«, die als Ergebnis zwar die politische Souveränität hervorbrachten, hinsichtlich der sozialen Veränderungen aber unvollständig und unvollendet blieben. Die Gründung politisch unabhängiger Staaten war deshalb nur der Beginn eines langwierigen Entwicklungsprozesses auf dem Weg zur tatsächlichen Verwirklichung der propagierten sozialen Emanzipation der Gesamtbevölkerung, zur Bildung von Nationalstaaten.

Die Frage kollektiver Identität

Noch in anderer Hinsicht blieben die »Revolutionen« unvollständig. Die Kreolen konnten oder wollten nämlich das wichtige Problem der innergesellschaftlichen Konsolidierung nicht befriedigend lösen. Abgesehen von der Entscheidung für eine sinnvolle und praktikable Staatsform mussten die politischen Führungen Antworten auf weitere wichtige Fragen finden: Mit welchen kulturellen oder ethnischen Vorstellungen und Symbolen sollte bei den zunächst zusammengewürfelten Bevölkerungen der einzelnen staatlichen Territorien ein Gefühl der Zusammengehörigkeit erzeugt werden, das aus den neuen, in ihren Grenzen mehr oder weniger anerkannten souveränen Staaten Nationalstaaten werden ließ? Waren diesbezügliche Gemeinsamkeiten vorhanden, auf denen man weiter aufbauen konnte? Worin sollte das Hauptmerkmal der neuen Staatlichkeit, worin die Idee der Nation bestehen, die die eigene Ordnung als besonders wertvoll erscheinen lassen und gleichzeitig nach innen gerichtet handlungsorientierend wirken konnte und eine neue Form kollektiver Identität ausbildete? Welche Vorstellungen über Gegenwart, Vergangenheit und Zukunft gab es, durch deren gemeinsame Anerkennung die neuen Staaten zu stabilen sozialen und anerkannten Systemen, zu Nationalstaaten werden könnten?

In zahlreichen Äußerungen am Ende des 18. Jahrhunderts und im ersten Jahrzehnt des 19. Jahrhunderts betonten die Kreolen die Verschiedenheit zwischen Spaniern und Amerikanern und charakterisierten Spanien und Amerika als zwei sich gegenüberstehende Komplexe. Lagen damit etwa Bestimmungskriterien vor, durch die sich eine neue staatliche oder nationale Einheit konstituieren sollte und konnte? Die Kreolen nahmen mit der Selbstbezeichnung *Americanos* eine bestimmte Klassifizierung vor, aus der sich eine Abgrenzung gegenüber den Spaniern ergab. Jedoch verbanden die Kreolen damit keine besonderen rassischen Merkmale oder besonderen kulturellen Eigenheiten, nahmen also keine ethnisch-kulturelle Besonderheit für sich in Anspruch. Im Gegenteil, sie wiesen immer wieder auf ihre spanische Abstammung hin und nannten sich bezeichnenderweise Amerika-Spanier. Allerdings verwandten sie den Terminus *Americanos* auch nicht bloß zur Bezeichnung der geographischen Lage. Vielmehr benutzten sie ihn, weil sich mit der geographischen Lage ein bestimmter politischer Status verbinden ließ, nämlich der für die verschiedenen Regionen gleichermaßen geltende Tatbestand kolonialer Abhängigkeit und Unselbständig-

keit. Mit der Selbstbezeichnung *Americanos* ließ sich dies
vor Augen führen und damit zugleich unterschwellig oder
direkt die Absage an diesen Status verbinden. Diese Absage war immer bestimmter geworden, je intensiver sich die
Kreolen mit den Möglichkeiten ihres Kontinents und der
einzelnen Regionen vertraut gemacht hatten und sich ihrer
eigenen Interessen bewusst geworden waren. Dadurch
wurde dieses Bekenntnis zu Amerika, dessen Bedeutung
schon Alexander von Humboldt erkannt hatte, nun mehr
denn je politisch angereichert und artikulierte nicht nur
ein »Anderssein« gegenüber Spanien, sondern enthielt
auch einen handlungsorientierenden Aspekt: die Überwindung der kolonialen Abhängigkeit, den Erwerb äußerer
Freiheit. In dieser Abgrenzung nach außen, gegen Spanien,
gewann das Kriterium, Amerikaner zu sein, eine kontinentale Dimension und Bedeutung. Kontinentale Solidarität,
Interessengemeinschaft an einer »äußeren Front« waren
die Vorstellungen, welche die Kreolen in dieser Phase des
Emanzipationsprozesses hegten. Als eine vorgegebene
staatlich-politische oder kulturelle Einheit sahen sie Amerika jedoch nicht, zumal ja auch keine kolonial deter-
minierte Einheit Spanischamerika vorhanden war, in die
hinein das »nach außen« vorgetragene kontinentale Bewusstsein hätte wirken können. Alte Verwaltungsgrenzen
und ökonomische Bindungen sowie regionale Patriotismen und Identifizierungen hatten verschiedene territoriale
Einheiten entstehen lassen. So verlor nach den Staatsgründungen der Hinweis auf die Amerikanität seine Funktion.

Die Instrumentalisierung des Indianischen

Wie konnten solche Patriotismen und Identifizierungen,
die aus der Zurkenntnisnahme der naturgeographischen
Bedingungen und ökonomischen Möglichkeiten entstan-

den waren, kulturell und symbolisch aufgeladen werden? Zunächst schienen in diesen Patriotismus auch jeweils ethnische Kriterien einbezogen zu sein. Denn unmittelbar vor und während der Unabhängigkeitsbewegung sowie in den Anfangsjahren der souveränen Staaten wandten sich Kreolen in besonderer Weise der autochthonen indianischen Bevölkerung zu. Diese Hinwendung erfolgte in zweierlei Hinsicht: zum einen im Zugriff auf die Menschen, zum andern im Rückgriff auf die indianische Geschichte vor, während und seit der Conquista. Besonders in Ländern mit hohem indianischen Bevölkerungsanteil, wie z. B. in Mexiko, Peru, Hochperu (Bolivien) und Chile, versuchten die Akteure der Separationsbewegung, d. h. im Wesentlichen die Kreolen, die Indios als Verstärkung für die Truppenkontingente in den kriegerischen Auseinandersetzungen mit Spanien zu gewinnen. Zahlreiche Versprechungen und Dekrete, welche die bisherige Benachteiligung und Unfreiheit der Indios aufheben sollten, dienten dazu, die Indios zur Beteiligung an den Freiheitskämpfen zu bewegen und sie dahin zu bringen, in den Kreolen ihre Befreier zu sehen. Diese Maßnahmen betrafen im Einzelnen die Abschaffung des Tributs und der Zwangsarbeit, die Verbesserung der Rechtsposition, die Gleichstellung mit den übrigen Bürgern, den Zugang zu Schulbildung sowie die Landverteilung bzw. Rückgabe ehemaligen indianischen Landbesitzes. Eine effektive und nennenswerte Mobilisierung indianischer Gruppen hat sich aus solchen Versprechungen nur selten ergeben; die erste Phase der Unabhängigkeitsbewegung in Mexiko unter Hidalgo und Morelos bildet ebenso eine Ausnahme wie die Revolution 1814/15 in Cuzco unter Pumacahua. Im Übrigen umwarben auch die Spanier mit ähnlichen Versprechungen die Indios, so dass die gepriesenen Befreiungsdekrete der Kreolen relativiert wurden. In verschiedenen Ländern begannen die Kreolen, sich mit der vorspanischen Geschichte der Indios zu beschäftigen. Dabei ging es nicht um die

Darstellung indianischer Sitten oder sozialer und wirtschaftlicher Einrichtungen, aus denen neue politische und gesellschaftliche Orientierungen abgeleitet werden sollten. Vielmehr diente die Beschäftigung mit der indianischen Vergangenheit und der Conquista dazu, in einer Phase des Umbruchs, wie sie die Unabhängigkeitsbewegung darstellte, größeren Gruppen die Berechtigung für die Freiheitskämpfe plausibel zu machen und gleichzeitig mit der Propagierung »nationaler« Mythen zumindest zeitweise einheitsstiftend zu wirken. Die politisch-propagandistischen Maßnahmen reichten von indianischer Namensgebung über bildliche Symbolik, Dichtung bis hin zu politischen Schriften, deren Autoren pikanterweise bisweilen vor der Unabhängigkeit lediglich unfreundliche Worte über die Indios gefunden hatten.

In einzelnen Ländern tauchten vermehrt indianische Namen und alte indianische Bezeichnungen wieder auf. Beispielsweise wurde in Chile das Heldenepos von Alonso de Ercilla, *La Araucana* (3 Teile, 1569, 1578, 1589), in dem er die Auseinandersetzungen zwischen Spaniern und Araukanern in der Eroberungsphase beschrieben hatte, während der Unabhängigkeitskämpfe mit neuer Begeisterung gelesen. Die Chilenen verwendeten das Adjektiv *araucano* gleichbedeutend mit ›freiheitlich‹, ›freiheitsliebend‹ und machten es geradezu zu einem poetischen Synonym für antispanisch, d. h. chilenisch. Zeitungen dieser Zeit führten in ihrem Namen die Bezeichnung »araukanisch« und druckten Artikel ab, in denen die Chilenen aufgefordert wurden, in ihrem Freiheitswillen dem Vorbild ihrer araukanischen »Vorfahren« Caupolicán oder Lautaro nachzueifern. In einem zeitgenössischen Drama über die chilenische Befreiungsbewegung trug eine chilenische Fregatte bezeichnenderweise den Namen Lautaro. Nach dem araukanischen Helden Lautaro erhielt auch die Freimaurerloge Logia Lautaro (Lautarino) ihren Namen. In Neu-Granada gab es mit der Verwendung alter indiani-

scher Namen Anspielungen auf die ursprünglichen recht-
mäßigen Bewohner und Herrscher des Landes. In Geset-
zestexten, Liedern und in der Dichtung, die in dieser Zeit
des Umbruchs verständlicherweise politisch ausgerichtet
war, tauchten die alten indianischen Bezeichnungen für
Cartagena de Indias – Calamar – sowie für die Zentralregion um Bogotá – Cundinamarca – wieder auf, damals immerhin die beiden bedeutendsten Regionen des neuen
Staates Neu-Granada, des heutigen Kolumbien. In Mexiko sollte die alte Bezeichnung *Anáhuac* an die vorspanische Geschichte anknüpfen.

   Neben den indianischen Namen spielte die bildliche
Darstellung des Indianischen eine wichtige Rolle. Besonders während der frühen Zeit der Staatsbildung, solange
die endgültige Unabhängigkeit noch nicht vollzogen war
und zahlreiche Zeitgenossen von der Notwendigkeit und
vom Sinn der Befreiungsbewegung noch überzeugt werden mussten, verwendeten die Kreolen in einigen Ländern
in Fahnenzeichnungen, Staatswappen, politischen Gemäl-
den und auf Münzen eine allegorische weibliche indianische Gestalt als Symbol der Freiheit, der Überwindung einer seit der Conquista bestehenden Unterdrückung, indem sie sie z. B. als gekrönte und wehrhafte amerikanische
Amazone mit zersprengten Ketten und besiegtem Kaiman
darstellten. Mit einem derartigen Rückgriff auf indianische
Vergangenheit konnten die Kreolen zugleich auch die
Zielsetzung der neuen Staaten, nämlich Freiheit, angeben
und die Rechtmäßigkeit des antikolonialen Kampfes unterstreichen.

   Im Zentrum der Inanspruchnahme der indianischen
Vergangenheit stand die Verurteilung der spanischen
Conquista. Zahlreiche politische Reden und Schriften,
aber auch die Verfassungstexte behandelten in propagan-
distischer Absicht die Frage der Conquista. Diese bildete
den eigentlichen Argumentationsansatz für die Konstruktion einer jeweils »nationalen« Geschichte, welche die

Kontinuität des Kampfes gegen die Spanier als Feinde und Fremde, d. h. Nicht-Amerikaner belegen sollte. Ausgangspunkt war die Zurückweisung der spanischen Rechtstitel, die für die Eroberung Amerikas geltend gemacht worden waren. Die Kreolen griffen die Diskussion des 16. Jahrhunderts um die Rechtstitel der spanischen Conquista und Kolonisation wieder auf, bei der es ja besonders um das Verhältnis von Indios und Spaniern gegangen war. Die Amerika-Spanier bestritten die Gültigkeit der Rechtstitel, mit denen die Spanier ihre Herrschaft in Amerika begründet hatten. Eine Legitimierung der spanischen Präsenz aus der »Schenkung« durch Papst Alexander VI., verbunden mit dem Missionsauftrag, lehnten sie ebenso ab wie das aus Entdeckung und Eroberung abgeleitete Recht des Stärkeren.

Im Zuge dieser neuerlichen Diskussion lag es nahe, gleichsam als Kontrast zu der geschilderten Arroganz der Spanier und ihrer Grausamkeiten während der Conquista, die indianischen Reiche und Gesellschaften, auf welche die Spanier in ihren Eroberungszügen vor allem auf dem Festland gestoßen waren, positiv, ja geradezu verherrlichend darzustellen. In solchen Darstellungen erschienen die Indios zur Zeit der Conquista als freie und vernunftbegabte Menschen, die zwar noch nicht den zivilisatorischen und kulturellen Stand der Europäer erreicht hatten, gleichwohl aber schon in funktionierenden Gemeinwesen oder Staaten organisiert waren. Sogar demokratische oder republikanische Prinzipien meinten die Kreolen schon bei den Indios, konkret bei den Araukanern erkennen zu können. Nicht nur chilenische Patrioten vollzogen diese Idealisierung, sondern auch außerhalb Chiles wurden die Araukaner als Republikaner überhöht, wie z. B. von dem Venezolaner Simón Bolívar in seinem berühmten *Brief aus Jamaica* vom 6. September 1815. Die Funktion solcher Argumentation ist klar ersichtlich: Mit dem Hinweis auf funktionierende indianische Gesellschaften und Reichsordnungen sowie auf legitime Herrscher der Indios ließen sich die Unrechtmäßigkeit der spanischen Conquista als Usurpation einerseits und der Widerstand der Indios gegen die Spanier als Verteidigung angestammter Rechte andererseits geschickt unterstreichen. Wenn spanische Conquista und Kolonialisierung nichts anderes waren als eine ohne ausreichende Legitimation brutal durchgeführte Invasion und demzufolge die Unterdrückung friedlicher Völker und illegitime Herrschaftsanmaßung bedeuteten, dann konnten die Kreolen die Bildung eigenständiger, von Spanien unabhängiger Staaten als die Wiederherstellung der durch die Conquista verlorenen Freiheit und die Wiedereinsetzung in alte Rechte darstellen.

Diese Argumentation ist in zahlreichen politischen Texten der Unabhängigkeitsepoche anzutreffen, wie z. B. im *Dialog zwischen Atahualpa und Ferdinand VII. im Reich der Schatten*. Dieser Text, Anfang des Jahres 1809 in Charcas (Hochperu/Bolivien) geschrieben, stammt wahrscheinlich aus der Feder des Studenten Bernardo de Monteagudo, des späteren rioplatensischen Patrioten. Monteagudo lässt in diesem Dialog Atahualpa, den letzten Inkaherrscher, auf Ferdinand VII. treffen, der sich über die unrechtmäßige Eroberung Spaniens durch die französischen Truppen und den Usurpator Napoleon beklagt. Atahualpa nun fordert Ferdinand VII. auf, die derzeitige Situation mit derjenigen Amerikas dreihundert Jahre zuvor zu vergleichen, als die Spanier freie und friedliche indianische Völker mit blutigem Krieg überzogen, dem er selbst zum Opfer fiel. Nachdem Atahualpa die Fragwürdigkeit der Rechtstitel, die Inhaltslosigkeit der Christianisierung, das Missverhältnis zwischen dem Anspruch der christlichen Religion und der tatsächlichen Anwendung sowie sämtliche Defizite der Kolonialregierung in Form eines Beschwerdekatalogs aufgelistet hat, kann Ferdinand gar nicht anders, als das spanische System als Fremdherrschaft zu bezeichnen und das Streben der Amerikaner nach Unabhängigkeit gutzuheißen. Monteagudo hat die Beschreibung der leidvollen indianischen Geschichte, aber auch die Auflistung des Mängelkatalogs, der ähnlich wie das zeitlich parallele *Memorial de Agravios*, die Denkschrift der Beschwerden, des Neu-Granadiners Camilo Torres im Grunde die politischen und ökonomischen Beschwerden bzw. Forderungen der kreolischen Oberschicht, d. h. der Amerika-Spanier, darlegte, sehr effektvoll einem indianischen Herrscher in den Mund gelegt. Dadurch konnte er sehr gut eine Identität zwischen Indios und den übrigen Amerikanern herstellen. Diesem Ziel entspricht auch der letzte Satz des Dialogs, wenn Monteagudo den Inka Atahualpa sagen lässt, er werde nun Moctezuma und anderen (ehemaligen) Herrschern Amerikas die freudige Botschaft übermitteln, dass ihre Untertanen kurz davorstünden, die Freiheit hochleben zu lassen. Alte Herrscher und neue Untertanen, womit vor allem die Kreolen bzw. die Amerikaner allgemein gemeint waren, bildeten hier eine Einheit.

Mit solchen und ähnlichen »historischen Betrachtungen« nahmen die Kreolen die Geschichte der Indios vor und seit der Conquista für sich in Anspruch. Mit dem Hinweis auf die Unfreiheit und Unterdrückung der Indios ließen sich auch die Unterdrückung und Unfreiheit Amerikas insgesamt anprangern und zugleich der Vorwurf erheben, dass die amerikanischen Gebiete seit der Conquista und durch sie lediglich den Status abhängiger Kolonien besaßen. Die kreolischen Propagandisten übertrugen so die Fremdherrschaft, Unterdrückung und Ausbeutung, welche die Indios seit der Conquista erlitten hatten, auch auf sich selbst, die Kreolen. Die Identifizierung mit der Geschichte der Indios ging häufig so weit, dass in manchen Texten die Kreolen selbst als die Unterworfenen erschienen. Da war von »wir« oder von »uns« die Rede; einige Führer der Unabhängigkeitsbewegung, wie z. B. der argentinische General José de San Martín oder der Chilene Bernardo O'Higgins, bezeichneten sich sogar als Indios bzw. Nachfahren amerikanischer Väter. Konsequenterweise wurde dementsprechend in der politischen Propaganda die Befreiung der Indios als Motiv für die Unabhängigkeitsbewegung vorgegeben. Die Kreolen, die sozusagen stellvertretend für ihre indianischen Schicksalsgenossen agierten, wurden dabei als Rächer des an den Indios verübten Unrechts stilisiert.

Von der Übertragung der indianischen Geschichte auf eine amerikanische Schicksalsgemeinschaft war es nur ein kleiner, aber logischer Schritt, die Situation der Unabhängigkeitsbewegung zu Beginn des 19. Jahrhunderts mit derjenigen des 16. Jahrhunderts zur Zeit der Conquista in Beziehung zu setzen. Geschickt zog die politische Propaganda dabei nicht nur Parallelen in Bezug auf die Grausamkeit der Spanier, wenn z. B. die mit der »Befriedung« der aufständischen Kolonien beauftragten spanischen Generäle wie Pablo Morillo im nordandinen Raum als neuer Pizarro oder der Vizekönig Félix María Calleja in Mexiko als neuer Cortés charakterisiert wurden. Die Propaganda konstatierte auch eine Kontinuität zwischen indianischer Vergangenheit in den verschiedenen Regionen und der jeweiligen amerikanisch-kreolischen Gegenwart, indem sie die Staatsbildung als einen Akt der Wiederherstellung alter Herrschaft pries, so als ob die neuen Staaten schon vor der Conquista – zumindest im Bereich der andinen Hochkulturen – angelegt worden seien und durch die Unabhängigkeit erneuert würden. Am konsequentesten hat wohl José María Morelos, der Nachfolger von Miguel Hidalgo, in der ersten Phase der mexikanischen Unabhängigkeitsbewegung diese Art Kontinuität in der Rede angesprochen, mit der er am 14. September 1813 den Kongress von Chilpancingo eröffnete. Diese Rede, die der Revolutionär und Journalist Carlos María de Bustamante redigiert hatte, enthielt zahlreiche Anspielungen an die indianische Vergangenheit, wie z. B. den alten Namen Anáhuac. Nach der

Anrufung der Schatten von Moctezuma und anderer aztekischer Fürsten, die einst von den Spaniern ermordet worden waren, sich nun aber ihrer Söhne freuen können, weil diese das einstige Gemetzel der Spanier rächen und sich von den Ketten der Tyrannei befreien, gipfelte die Rede in der Aussage: »Auf den 12. August 1521 folgt der 14. September 1813. An jenem Tage wurden die Ketten unserer Knechtschaft in Mexiko-Tenochtitlan geschmiedet, an diesem Tage zerbrechen sie für immer im glücklichen Chilpancingo. [...] Wir werden das mexikanische Reich wiederherstellen, indem wir das Herrschaftssystem verbessern.«

In diesem Kontext der »historischen« Betrachtungen, Anspielungen und Anklagen erfolgte auch eine erneute Beschäftigung mit Bartolomé de Las Casas, der im 16. Jahrhundert unermüdlich dafür gekämpft hatte, die Indios vor dem Zugriff der Spanier zu beschützen. Sein Name und Werk eigneten sich dazu, zugleich als Anklage gegen Spanien und als Programm für die neuen Staaten propagandistisch eingesetzt zu werden. So gab in Bogotá, in Neu-Granada, der Patriot Augustín Gutiérrez Moreno 1813 eine Neuausgabe des 1552 in Sevilla erschienenen Buches *Kurzgefasster Bericht über die Zerstörung der Indien* in Auftrag, um, wie er in der Einleitung schrieb, angesichts der spanischen Grausamkeiten die antispanische Haltung, d. h. den Patriotismus der Kreolen zu stimulieren. Die Ausgabe war schnell vergriffen. Der mexikanische Dominikaner Fray Servando Teresa de Mier ging in seiner im Exil in London 1813 veröffentlichten *Geschichte der Revolution von Neuspanien, vormals bekannt als Anáhuac* u. a. auf Las Casas als Vorbild für die Kreolen ein, bezeichnete diese als Erben von Las Casas in der Verteidigung der Indios, während er in der zeitgenössischen Grausamkeit der Spanier gegenüber den Unabhängigkeitskämpfern genügend Stoff für eine Fortsetzung von Las Casas' kurzgefasstem Bericht sah. In seinem *Brief aus Ja-*

maika, September 1815, schlug Simón Bolívar für den zu bildenden Staat Kolumbien eine neue Hauptstadt mit dem programmatischen Namen Las Casas »zu Ehren dieses Helden der Menschenliebe« vor.

Weder Bolívar noch die politischen Führungsgruppen der Kreolen haben das soziale Programm, das mit dem Namen Las Casas und mit der Identifizierung mit der indianischen Geschichte verbunden war, auf Dauer eingelöst und für die Indios die dreihundert Jahre zuvor verlorene Freiheit erstritten bzw. gesichert. Die Kreolen setzten sich zwar dafür ein, den Indianertribut abzuschaffen und die Indios zu freien und den anderen Bürgern gleichgestellten Menschen zu erheben und sie so die Wirkung der Conquista vergessen zu lassen. Diese Forderungen wurden in allen Regionen Amerikas seit Beginn der Unabhängigkeitsbewegung bis in die 1820er Jahre erhoben und nach erfolgter Staatsbildung auch rechtlich beschlossen. Doch wurden die Versprechungen, die Indios zu gleichen Bürgern, zu Gebildeten, zu Landeigentümern zu machen und sie in die Gesellschaft zu integrieren, nicht realisiert.

Die Art und Weise, wie die kreolischen Führungsschichten sich vor, während und nach der Unabhängigkeitsbewegung, der ersten Stufe im Prozess der Staats- und Nationsbildung, mit den Indios und ihrer Geschichte beschäftigten, lässt deutlich erkennen, dass sie sich für die Zeit des Umbruchs das Vorhandensein der von den Spaniern eroberten und dann unterdrückten autochthonen Bevölkerung zunutze machten, weil sie sich mit ihr bezüglich dieses Status von »Unfreien« und »Unterdrückten« identifizieren konnten. Die Geschichte der Indios vor und seit der Conquista war das ideale Element einer – wenn auch konstruierten – gemeinsamen »nationalen« Vergangenheit, das am deutlichsten auf die Fremdherrschaft der Spanier anspielte und zugleich Rechtfertigung, Anspruch und Zielsetzung, nämlich Freiheit der nationalen Bewegung, enthielt. Die Hinwendung zum »Indianischen« bedeutete aber weder die Übernahme indianischer Traditionen und Werte noch den dauerhaften Rückgriff auf eine symbolische Grundsubstanz für die Bildung kollektiver nationaler Identität. Sobald die Unabhängigkeitsrevolutionen Erfolg hatten und die Staaten gegründet waren, verzichteten die politisch dominanten Gruppen der Kreolen auf das Indianische als Symbol der Zusammengehörigkeit.

Das politische Symbol des Staatsbürgers

Die Kreolen entschieden sich nicht ohne Sinn dagegen, für ihren speziellen Fall kulturell oder ethnisch bestimmte Einheiten (Nationalitäten) als Fundamente für die neuen Staaten oder für die nationalen Bewegungen zu wählen, denn anders als in einigen Prozessen der Staats- und Nationsbildung in Europa ging es in Lateinamerika nicht um die Wiedergewinnung der eigenen Kultur oder den nationalen Zusammenschluss politisch getrennter kultureller Einheiten, sondern zunächst um die Überwindung des Kolonialstatus mit dem Ziel der politischen Freiheit und Souveränität. Damit liegt für Amerika ein eigener Typ der Staats- und Nationsbildung vor, zeitlich parallel, ja sogar früher als die europäische Nationalstaatsbildung. Deshalb musste sich der Kern zukünftiger nationaler Identifizierung nicht unbedingt auf eine vorhandene ethnische Einheit (Nationalität), sondern eher auf die Idee der politischen Freiheit und der Autonomie beziehen. So lag es nahe, dass die kreolischen Eliten bei ihren Bemühungen, nationale Identität und Loyalität gegenüber den neuen Staaten und damit inneren Zusammenhalt zu fördern, sich entsprechender Kriterien und Symbole bedienten. Die geforderte Freiheit und Gleichheit – als Freigabe gleicher

Chancen im politischen und wirtschaftlichen Bereich –
und die politische Teilhabe sahen sie im Begriff und Status
des Staatsbürgers, des *ciudadano*, enthalten, wie sie ihn
aus Aufklärungsschriften, aus der Amerikanischen und
Französischen Revolution und deren Verfassungen kann-
ten. In zahlreichen Schriften, Gedichten, patriotischen
Gesängen und in den Verfassungen definierten sie die
neuen Staaten als Republiken von freien und gleichberechtigten Staatsbürgern. Entsprechend der Idee von der politischen Freiheit bestimmten die politischen Führungsschichten die Staatsbürgerschaft, die *ciudadanía política*,
zum Hauptkriterium für die Zugehörigkeit zur Staatsge-
meinschaft, zur Nation, die innerhalb der Grenzen des als
Einheit erfahrenen Geburts- oder Vaterlandes, der *patria*,
gebildet werden sollte. Dadurch konnte sich der neue
Staat nicht nur positiv von der ehemaligen Kolonialmacht
abheben, es ließen sich auch Ziel und Inhalt der neuen
Staaten sowie die Legitimitätsbasis angeben. Zugleich ließ
sich demonstrieren, dass ethnische und kulturelle Zugehörigkeit keine Ungleichheit schufen, dass vielmehr politische Gleichheit das Wesensmerkmal des neuen Staates
darstellte und die Angehörigen dieses Staates zu einer Nation zusammenschloss. Das Ziel war die Bildung von
Staatsbürgernationen. Auch die Indios sollten mit einbezogen werden. Hatte die spanische Kolonialgesetzgebung
den Indios den Status von Schutzbedürftigen zugewiesen,
so verfügten die Kreolen in den neuen Staaten die rechtliche Gleichstellung mit den anderen Bevölkerungsgruppen.
Sie sollten Staatsbürger mit gleichen Rechten und Pflichten sein. Äußeres Zeichen dieser neuen Stellung, der ein
fiktives Bild von Gleichheit, gleichen Interessen und gleichen Bedürfnissen zugrunde lag, war die neue Namensgebung. Seit dieser Zeit nämlich wurden die Indios mit dem
weniger diskriminierenden Namen als *indígenas*, Eingeborene, bezeichnet.

Die Tatsache, dass die Kreolen ihre Staaten als Republiken über staatsbürgerlichen Gleichheitsrechten errichteten, bedeutete jedoch nicht, dass nun tatsächlich Nationalstaaten von gleichberechtigten Staatsbürgern entstanden waren. Da die Ausübung staatsbürgerlicher Rechte wie des aktiven und passiven Wahlrechts an bestimmte wirtschaftliche, soziale und geschlechtliche Voraussetzungen gebunden war, fiel die politische Macht in die Hände der kreolischen Eliten aus Grundbesitzern, Kaufleuten und Beamten sowie der sich herausbildenden Schicht von Militärs. *Indígenas*, Afroamerikaner und Mestizen blieben weiterhin von politischer oder sozialökonomischer Beteiligung ausgeschlossen. Da in diesem primär politisch fundierten Entwurf von Nation keine besonderen ethnischen und kulturellen Merkmale oder Kriterien formuliert wurden, welche die gesellschaftliche Situation und die heterogene ethnische Struktur berücksichtigt hätten, begannen die neuen Staaten ihren Eintritt in die internationale Staatenwelt mit schweren Defiziten. Es war weder geklärt, wie die Gesellschaften strukturiert, noch wie die bestehende soziale Ungleichheit überwunden oder der ethnischen Heterogenität Rechnung getragen werden sollte. Im Gegenteil, die kollektive Identität sollte durch die Integration in eine einheitliche, europäischen – d. h. nun westeuropäischen, nicht-iberischen – Werten verpflichtete Kultur erzielt werden. Überdies fehlte den neuen Staaten eine gesellschaftsweite Verständigung: die Zustimmung besonders der nichtprivilegierten Bevölkerungsgruppen. Die Allegorie der India als Symbol der Freiheit hatte nach Erlangung der Unabhängigkeit ausgedient, die Instrumentalisierung des Indianischen hatte eine Übernahme indianischer Vorstellungen von gesellschaftlichem Verhalten, z. B. von kollektiver Arbeit und Nutzung, nicht impliziert, ebenso wenig wurden Voraussetzungen wie Alphabetisierung und wirtschaftliche Absicherung bereitgestellt, die für die propagierte gesellschaftliche Integration dieser Bevölkerungsgruppen und für ihre wirkliche soziale Gleichstellung erforderlich gewesen wären. Im Gegenteil, anscheinend wohlgemeinte, dem Glauben an die stimulierende Wirkung von Individualbesitz verpflichtete Gesetze, die den Kommunalbesitz der Indianergemeinden zu privatisieren versuchten, nahmen den Indios langfristig ihre Existenzgrundlage.

Die Staaten standen mit der politischen Emanzipation, nach dem Fortfall der gemeinsamen äußeren Bedrohung und nach erfolgter Befreiung und anerkannter staatlicher Etablierung, erst am Beginn eines längerfristigen Prozesses der Nationsbildung, der Konsolidierung zu funktionierenden Nationalstaaten, in denen es ein Minimum an gesellschaftlichem Konsens und Übereinkunft über die Ausübung der politischen Souveränität gab. Da die Staaten den Nationen vorangingen, galt es, die politische und soziale Integration zu fördern; in politischer Hinsicht, weil innerhalb der Staatsgrenzen durch widrige Topographie, durch alte Rivalitäten, durch die Geschichtlichkeit verschiedener lokaler oder regionaler Gesellschaften oder durch unterschiedliche nationale Projekte bedingte Interessen bestanden; in sozialer Hinsicht, weil die alte koloniale hierarchische Struktur, die sich besonders in der Verfügbarkeit über Grund und Boden manifestierte, fortbestand, es also galt, die ausschließende Staatsbürgerschaft durch das allgemeine Wahlrecht in eine einschließende Staatsbürgerschaft umzuwandeln. So standen die Staaten erst am Beginn eines langen Prozesses, Nationen und nationale Identitäten zu konstruieren, die auch andere Symbole als nur das des Staatsbürgers enthielten.

Der Sonderfall Kuba

1789	Kuba erhält die Erlaubnis, Sklaven zu importieren.
1790	Kuba wird gestattet, Handel mit Neutralen, vor allem mit nordamerikanischen Schiffen zu betreiben.
1791	Von den negativen Auswirkungen des Sklavenaufstands auf Saint-Domingue (Haiti) profitiert der Zuckerrohranbau auf Kuba; Zuzug von weißen Siedlern mit Kapital und Wirtschaftskenntnissen.
Seit 1791/92	Verbreitung des Kaffeeanbaus im Ostteil der Insel durch französische Emigranten aus Saint-Domingue.
1792–1795	Durch vermehrte Einfuhr von Sklaven und den Zusammenbruch von Saint-Domingue kommt es zum ersten Zuckerboom auf Kuba.
1793	Gründung der *Sociedad Económica de Amigos del País* in Havanna mit einer eigenen Zeitung, dem *Papel Periódico*.
1795	Auf Initiative des Kreolen Francisco de Arango y Parreño wird ein Konsulat, das *Real Consulado de Agricultura y Comercio de la Habana*, errichtet, das als Zentrum für Vorschläge zur Entwicklung von Wirtschaft und Handel dient.
1800	Mit der Verlegung der für den Karibikraum zuständigen Audiencia von Santo Domingo nach Puerto Principe erhält Kuba eine eigene Audiencia.
1804	Santiago de Cuba wird Sitz eines Erzbistums. Neuangelegte Zuckerplantagen werden von der sonst üblichen Zahlung des Kirchenzehnten (5 % der Jahresproduktion) befreit.
1810–1814	Auf den Cortes von Cádiz haben die kubanischen Vertreter der Sklavenhalter-Oligarchie Erfolg.
1814–1824	Unter dem Einfluss der kubanischen Zuckeraristokratie kommt es unter Ferdinand VII. zu wichtigen Reformen, die Hindernisse für die kreolische Zuckerproduktion und für Massensklaverei beseitigen.
1815	Das Dekret über die Freiheit des Holzeinschlags schafft der kreolischen Zuckeraristokratie neue Ländereien für Plantagen.

1817	Die Aufhebung des Tabakmonopols, des *Estanco del Tabaco*, führt zur Ausweitung der Tabakwirtschaft.
1818	Das Dekret über den Freihandel mit allen mit Spanien nicht verfeindeten Staaten fördert die Wirtschaft.
1824	Mit der Ernennung Arangos zum Superintendanten und Verwalter der Finanzen wird ein kreolischer Reformer zum zweiten Mann der Verwaltungshierarchie.

Die treue Kolonie Spaniens

1825 hatten sich alle größeren spanischamerikanischen Gebiete von der spanischen Herrschaft gelöst und waren souveräne Staaten geworden. Lediglich in der Karibik, dem ersten Aktionsfeld der Spanier in der Neuen Welt, blieben Kuba und Puerto Rico spanisch. Die historische Entwicklung Kubas vollzog sich einerseits ähnlich wie die in den übrigen Teilen des spanischen Imperiums, unterschied sich aber andererseits auch wieder sehr. Auch in Kuba gab es am Ende des 18. und zu Beginn des 19. Jahrhunderts eine Unabhängigkeitsbewegung, allerdings mit einer anderen Dynamik. Auch hier hatten die spanischen Könige ihre Reformen durchgeführt, ja, Kuba war so etwas wie ein Experimentierfeld gewesen: Hier wurde das System der Intendanten zuerst eingeführt, hier wurden die permanenten Milizen mit kreolischen Offizieren aus den einflussreichen Familien der Großgrundbesitzer aufgestellt. Auch auf Kuba wirkte die Aufklärung, mit der 1792 gegründeten *Real Sociedad Patriótica de la Habana* als Zentrum. Ihr wichtigster Sprecher war Francisco de Arango y Parreño, der in zahlreichen Schriften und Eingaben die Probleme und Hindernisse, aber auch die Möglichkeiten der Entwicklung Kubas darlegte und dabei weder die Interessendivergenzen zwischen Europa-Spaniern und Kreolen noch die auch von den Kubanern empfundene politische Ungleichheit verschwieg. Auch für Kuba brachte das 19. Jahrhundert krisenhafte Veränderungen.

Diese Veränderungen begannen schon zu Ende des 18. Jahrhunderts. In dieser Zeit nämlich machten die Kräfte des Marktes den Zucker zum dominierenden Faktor der wirtschaftlichen Aktivitäten auf der Insel, und dieser Wandel berührte und veränderte sowohl die Beziehungen zwischen Metropole und der Insel als auch die Beziehungen der Kolonialgesellschaft, die zwischen Weißen und Schwarzen sowie die zwischen den Weißen selbst, d. h. zwischen Kreolen und Europa-Spaniern. Ausgangspunkt dieses Wandels war der Sklavenaufstand 1791 auf Saint-Domingue (Haiti). Innerhalb eines Jahrzehnts brach die Produktion in der französischen Kolonie zusammen, wodurch die wichtigsten Lieferanten von Zucker, Kaffee und Kakao entfielen. Gerade mit diesem Zusammenbruch von Saint-Domingue ergaben sich unerwartete, aber günstige Möglichkeiten für die kubanischen Produzenten. Denn der Produktionsrückgang auf Saint-Domingue bedeutete einen Boom für die Zuckerproduzenten auf Kuba, wo die Zuckerplantagen seit dem 16. Jahrhundert einen wichtigen Wirtschaftssektor darstellten, der nun auch von dem Zustrom von ca. 30 000 Siedlern profitierte, die bis 1808 vor den revolutionären Exzessen der Nachbarinsel nach Kuba flohen. Sie brachten nicht nur Kapital und Kenntnisse nach Kuba, sondern erhöhten auch die Arbeitskräfte. So weiteten sich seit dem Ende des 18. Jahrhunderts die Zuckerplantagen von der Umgebung von Havanna immer weiter ins Landesinnere Richtung Matanzas aus. Andere Zuckerzentren entstanden in der Nähe der südlichen Häfen in der Gegend von Trinidad und Santiago. Die Zahl der Zuckermühlen (*ingenios*) stieg von 529 im Jahr 1792 auf ungefähr 1000 im Jahr 1827; und die Produktion wuchs von 19 000 Tonnen auf 73 000 im Jahr 1829.

Diese Entwicklung rief ihrerseits weitere gesellschaftliche Veränderungen hervor, denn die Ausweitung der Zuckerproduktion brachte einen dramatischen Bedarf an Arbeitskräften mit sich. Nun war zwar in Kuba die Sklaverei schon früh im 16. Jahrhundert eingeführt worden und hatte sich auch ausgeweitet, aber bis zum Ende des 18. Jahrhunderts stand die Arbeit von afrikanischen Sklaven nicht im Zentrum der wirtschaftlichen Produktion. Sklaven waren hauptsächlich in häuslichen oder städtischen Diensten, nicht in der Agrarwirtschaft tätig. Das änderte sich nun mit dem Zuckerboom.

Mit ihm veränderten sich die Gewichte zwischen den drei gesellschaftlich wichtigen Gruppen der kubanischen Gesellschaft, d. h. zwischen den Europa-Spaniern, den Kreolen und den Farbigen. Gerade Letztere, besonders die Sklaven auf den Zuckerplantagen, wurden immer wichtiger, und ihr prozentualer Anteil an der Bevölkerung wuchs. Sklaven waren oder wurden die Quelle des Reichtums der Plantagenbesitzer. Seit 1780 besaß die Insel die Erlaubnis, Sklaven zu importieren, und ab 1790 gelangten jährlich 7500 Afrikaner als Sklaven nach Kuba. Nach den Zahlen des Zensus von 1792 gab es etwa 85 000 afrikanische Sklaven und rund 54 000 freie Farbige. Schon 1810 hatten sich diese Zahlen mehr als verdoppelt: Jetzt lebten auf Kuba über 217 000 Sklaven und 109 000 freie Farbige. Das bedeutete, dass der Bevölkerungsanteil der Weißen gegenüber freien Farbigen und Sklaven abnahm und sich im Jahr 1817 nur noch auf 43 Prozent belief.

Die kreolische Oligarchie, die sich seit dem ausgehenden 18. Jahrhundert zu organisieren und der Kolonialverwaltung wie auch der Regierung in Madrid ihre wirtschaftlichen und politischen Vorschläge zu unterbreiten begann, erreichte es sogar, dass die verschiedenen spanischen Regelungen bezüglich Sklavenhandel und Sklaverei für Kuba nicht galten. Seit 1790 durfte Kuba Handel mit Neutralen, vor allem mit nordamerikanischen Schiffen treiben, und 1795 wurde auf Initiative von Arango der *Real Consulado de Agricultura y Comercio de la Habana* errichtet, der als Zentrum für Vorschläge zur Entwicklung von Wirtschaft und Handel diente.

Nun erfolgte die neue wirtschaftliche Prosperität in Kuba zu einem Zeitpunkt politischer Rebellion und sozialer Proteste in der Neuen Welt. Und diese zeitliche Parallelität bestimmte das Verhalten der kubanischen Kreolen, der sogenannten Zuckeraristokratie (*sacarocracía*), mit dem sie unter anderen Umständen womöglich nicht reagiert hätten. Die verschiedenen Sozialrebellionen im karibischen Raum (Saint-Domingue, Coro usw.) machten nämlich deutlich, wie fragil die sozialen, politischen und militärischen Kräfte waren, die der Erhalt der Sklaverei eigentlich erforderte. Die Nachfrage der Zuckerproduzenten nach immer mehr Sklaven, mit denen die Produktionssteigerungen nur zu erreichen waren, fiel mit dem Niedergang des legalen Sklavenhandels zusammen und erfolgte zu einer Zeit, als die Sklaverei sowohl von den Sklaven auf Kuba selbst als auch von europäischen Staaten wie England in Frage gestellt wurde.

Als die anderen amerikanischen Kolonien sich von Spanien zu lösen begannen, erschien es deshalb der kubanischen Zuckeroligarchie sinnvoll, den kolonialen Status beizubehalten. Zu Beginn des 19. Jahrhunderts erblickten viele kubanische Kreolen keine bessere Alternative zur spanischen Herrschaft, von der sie die Bereitstellung ausreichender Arbeitskräfte, die Weiterführung der Sklaverei und Schutz vor Sklavenrebellionen gewährleistet sahen. Beim spanischen Mutterland zu bleiben schien politische Stabilität, soziale Ordnung und wirtschaftliche Prosperität zu garantieren. Im Übrigen sollte die militärisch-politische Präsenz Spaniens dazu dienen, die bisherige hierarchische koloniale Struktur in Kuba aufrechtzuerhalten.

Während also in den anderen spanischamerikanischen Regionen des Festlandes die kolonialen Beziehungen wegen der Interessendivergenzen zwischen Kreolen und Spaniern zerbrachen, erhielten sie in Kuba neues Leben. Das hieß nicht, dass die kreolische Oberschicht mit dem Kolonialstatus vollkommen zufrieden gewesen wäre. Als im Juli 1808 die Nachricht vom erzwungenen Rücktritt Ferdinands VII. bekannt wurde, verfasste Arango eine Bittschrift mit dem Ziel, eine kubanische Oberste Junta zu bilden (*Junta Suprema Provincial*); allerdings ohne Erfolg, denn gerade die Offiziere der Milizen verweigerten ihre Unterschrift. Auch andere Autonomiebewegungen waren nicht stark genug, um mit dem Projekt der Zuckerproduzenten zu konkurrieren. Diese waren um Regelungen bemüht, die ihnen die Kontrolle über die Produktion, den Schutz ihres Grundbesitzes und auch eine gewisse politische Beteiligung zumindest auf lokaler Ebene zusicherten, sie also von der spanischen Ordnungsmacht profitieren ließen. Das Zentrum solcher Überlegungen war die *Real Sociedad Patriótica de la Habana*. Hier entstanden Studien, die in den ersten Dekaden des 19. Jahrhunderts das Maß der kolonialen Beziehungen prägten; sie betrafen sowohl die Probleme des Außenhandels der Kolonie – die Aufhebung des Handelsmonopols, das bei den spanischen Handelshäusern lag – als auch eine größere politische Autonomie, um die Interessen der Kubaner zu sichern. Arango y Parreño formulierte entsprechende politische Vorschläge, allerdings ohne großen Erfolg.

Mehr Erfolg hatten die Kreolen in Bezug auf wirtschaftliche Zugeständnisse. Als die Cortes in Cádiz die Abschaffung des Sklavenhandels in Amerika diskutierten, wies der kubanische Delegierte Jáuregui auf die negativen wirtschaftlichen Folgen dieser Maßnahme für Kuba hin, und tatsächlich ging die Krone in der zweiten Phase der Unabhängigkeitskriege auf dem Kontinent auf die Proteste der kubanischen Kreolen ein, schon um sich Kubas als einer stabilen Basis ihrer verbleibenden Macht in Amerika zu versichern. Der Sklavenhandel wurde fortgeführt, und die Zwangsimmigration von Afrikanern nach Kuba nahm zu. Ein zusätzlicher Schmuggelhandel stellte die für die Zuckerproduktion erforderlichen Arbeitskräfte bereit und diente damit sowohl den wirtschaftlichen Interessen der kubanischen Produzenten als auch der Staatskasse der spanischen Regierung. Zwar musste Spanien 1817 in einem Vertrag mit England das Verbot des Sklavenhandels aussprechen, doch dies bedeutete keinesfalls dessen Ende – allenfalls nahmen die Risiken zu, stiegen die Preise und wuchsen die Vorteile der Sklavenhändler und der öffentlichen Beamten. Überdies entfiel im Jahr 1817 das königliche Monopol für den Tabakverkauf, und im folgenden Jahr verbesserten sich die Außenhandelsbedingungen ganz entscheidend. Andere Dekrete (Oktober 1817 und 1819) ermöglichten die Einwanderung von Weißen und den freien Kauf und Verkauf von Grund und Boden, was für das Zahlenverhältnis von Weißen und Schwarzen wichtig war. Weitere Reformen zur Qualitätsverbesserung der Grundschulbildung oder zur Errichtung spezieller Fachschulen für Handel, Produktion und Landwirtschaft ließen ebenfalls positive Auswirkungen für die Wirtschaft erwarten.

Auch wenn es der kreolischen Oberschicht während der Krise des spanischen Imperiums nicht gelang, für sich einen Teil der politischen Macht zu erlangen, eröffneten ihr die wirtschaftlichen Maßnahmen neue Möglichkeiten, ihren Einfluss in der Kolonialgesellschaft zu steigern. Externe und interne Faktoren einer wirtschaftlichen Entwicklung, von der eine entscheidende Gruppe der kubanischen Elite profitierte, führten zu einer Stabilisierung der kolonialen Beziehungen (*nexus colonial*), wodurch Kuba zur »immer treuen Insel« (*la siempre fiel isla*) wurde. Die dominante Gruppe der Zuckerproduzenten war sich zwar des kolonialen Status bewusst, aber anstatt ihn mit einem antikolonialen Nationalismus zu attackieren, bedienten sie sich des kolonialen Systems zu ihrem eigenen Vorteil.

Brasiliens friedlicher Übergang in die Souveränität

1807	25.–27. November: Der gesamte portugiesische Hofstaat flieht vor den französischen Truppen nach Brasilien.
1808	22. Januar: Der Prinzregent Johann betritt in Salvador da Bahia als erster europäischer Monarch den Boden der Neuen Welt.
	28. Januar: Königliche Verordnung des Prinzregenten zur Öffnung der brasilianischen Häfen für befreundete Nationen.
	7. März: Johann trifft in Rio de Janeiro ein, das er zur Residenz und zum Sitz zentraler Regierungsbehörden macht.
1810	19. Februar: Ein Handelsvertrag mit England gewährt englischen Einfuhrprodukten Vorzugstarife.
1815	16. Dezember: Johann erhebt die ehemalige Kolonie Brasilien zum Königreich und macht sie zu einem gleichberechtigten Bestandteil der Gesamtmonarchie »Vereinigte Königreiche von Portugal, Brasilien und Algarve«.
1815–1817	Naturkundliche Expedition des Prinzen Maximilian zu Wied-Neuwied.
1816	Tod der Königinmutter Maria I.
1817	März: Revolte von Pernambuco; republikanische Revolution gegen die Bevorzugung der Europa-Portugiesen und das Übergewicht von Rio de Janeiro.
1817–1836	Österreichische Brasilienexpedition.
1817–1820	Bayerische Brasilienexpedition von Johann Baptist von Spix und Carl Friedrich Philipp von Martius.
1818	6. Februar: Prinzregent Johann tritt als Johann VI. offiziell die Nachfolge seiner Mutter an, bleibt trotz Befreiung Portugals in Brasilien.
1821	Januar: Das portugiesische Ständeparlament, die Cortes, fordert die Rückkehr Johanns VI. nach Portugal.
	April: König Johann VI. kehrt mit der königlichen Familie nach Portugal zurück, lässt aber seinen Sohn Pedro als Prinzregenten in Rio de Janeiro zurück.

1822	9. Januar: Prinzregent Dom Pedro weist die Forderung der portugiesischen Cortes nach Rückkehr zurück.
	Mai: Dom Pedro macht die Gültigkeit portugiesischer Gesetze von seiner Zustimmung abhängig.
	7. September: Mit dem »Ausruf am Ipiranga« (*Grito de Ipiranga*) – »Unabhängigkeit oder Tod« – löst Dom Pedro Brasilien aus der portugiesischen Monarchie. Das Datum wird zum gefeierten Unabhängigkeitstag.
	12. Oktober: Dom Pedro wird zum Brasilianischen Kaiser und Ewigen Verteidiger Brasiliens proklamiert.
	1. Dezember: Der ehemalige portugiesische Prinzregent wird zum brasilianischen Kaiser Pedro I. gekrönt.
1824	Die Verfassung sanktioniert die konstitutionelle Monarchie.

Brasilien, Zufluchtsort der portugiesischen Krone

Ähnlich wie im spanischen Amerika war auch in Brasilien die Loslösung vom Mutterland Portugal der Abschluss eines längeren Entfremdungsprozesses. Auch die Emanzipation des portugiesischen Herrschaftsbereichs in Amerika stand in engem Zusammenhang mit der napoleonischen Besetzung der Iberischen Halbinsel. Dennoch erlangte Brasilien auf einem anderen, friedlicheren Weg seine Selbständigkeit und nahm eine andere politische Entwicklung.

Kurz bevor Portugal, das sich aufgrund seiner wirtschaftlichen Beziehungen zu England der Kontinentalsperre gegen Großbritannien nicht anschließen wollte, von französischen Truppen besetzt wurde, übersiedelte der gesamte portugiesische Hof mit Hilfe der englischen Kriegsflotte nach Brasilien. Ungefähr 15 000 Personen schifften sich vom 25. bis 27. November 1807 in Lissabon ein: der portugiesische Prinzregent Johann, der für seine geisteskranke Mutter Maria I. die Herrschaft ausübte, mit seiner Mutter und der königlichen Familie, dem Hof und Regierungsbeamten, mit Richtern und Offizieren von Armee und Seestreitkräften sowie Geistlichen und mit dem gesamten Regierungsapparat, mit Staatskasse, diplomatischen Archiven und Druckerpresse. Als Johann am 22. Januar 1808 mit einem Teil der Flotte in Salvador da Bahia landete, setzte zum ersten Mal ein Herrscher der Alten Welt seinen Fuß auf den Boden der Neuen Welt. Hier kam es angesichts der Tatsache, dass Portugals Handelsbeziehungen wegen der französischen Besetzung abgeschnitten waren, zu ersten einschneidenden Veränderungen im Verhältnis zwischen Kolonie und Mutterland. Wirtschaftliche Versorgungsengpässe und fiskalische Erwägungen (Zolleinnahmen) ließen Prinz Johann zur notwendigen Steigerung des Handelsverkehrs wirtschaftspolitische Maßnahmen ergreifen, die das jahrhundertalte Handels- und Wirtschaftsmonopol des Mutterlandes Portugal beseitigten. Mit der »Königlichen Verordnung zur Öffnung der Häfen« (28. Januar) erklärte der Prinzregent die brasilianischen Häfen als offen für den Handel mit allen befreundeten Nationen und hob ebenfalls das Verbot hinsichtlich der Einrichtung von Manufakturen in den portugiesischen Kolonien auf. Damit wurden die von der Kolonialbevölkerung, d. h. besonders von der Schicht der alteingesessenen brasilianischen Pflanzer und Großgrundbesitzer, gewünschten wirtschaftlichen Freizügigkeiten realisiert, die einseitige wirtschaftliche Bindung Brasiliens an Portugal verschwand. Mit diesen Maßnahmen konnte Johann einerseits Portugals Dank an England abstatten und den am freien Handel interessierten englischen Kaufleuten entgegenkommen, und andererseits die Interessen einheimischer Produzenten von Zucker und Baumwolle befriedigen sowie einheimische Kaufleute vom Schmuggelhandel fernhalten.

Johann blieb nicht in Salvador, sondern reiste weiter nach Rio de Janeiro, wo er am 7. März 1808 eintraf. Er machte die Stadt zur Residenz und damit zur politischen Zentrale des gesamten portugiesischen Imperiums. Er richtete zahlreiche zentrale Regierungsbehörden wie z. B. den Staatsrat (*Conselho de Estado*), den Obersten Marine- und Justizrat (*Conselho Supremo Militar e de Justiça*) oder die für das ganze Land zuständige Berufungsinstanz (*Casa da Suplicação*) ein, wodurch er für Brasilien eine größere Zentralisierung erreichte, als es sie unter den Vizekönigen gegeben hatte. Mit der Errichtung der königlichen Druckerei, der Nationalbibliothek, eines Botanischen Gartens und eines Nationalmuseums gab er dem Land eine wichtige kulturelle Infrastruktur. Auch die wirtschaftlichen Maßnahmen wie u. a. die Errichtung einer Nationalbank bedeuteten erste Schritte zur Selbständigkeit, doch ergaben sich neue wirtschaftliche Abhängigkeiten. Denn ein Handelsvertrag vom 19. Februar 1810 gewährte England für seine Schutzgarantie neue Spezial- und Vorzugstarife für die Einfuhr englischer Waren, ferner gesetzliche Immunität der englischen Staatsbürger in Brasilien und andere Vorzüge, ohne aber Vorteile für die brasilianischen Exporte nach England zu enthalten. Damit wurde die Basis für eine nahezu konkurrenzlose Stellung Englands in Brasilien in der ersten Hälfte des 19. Jahrhunderts gelegt.

Brasilien, gleichberechtigter Teil der Gesamtmonarchie

Ein wichtiger Schritt auf dem Weg zur politischen Selbständigkeit erfolgte 1815, wiederum aufgrund europäischer Entwicklungen. Als nach dem Sturz Napoleons die europäischen Monarchien ihre Herrschaft nach dem dynastischen Legitimitätsprinzip erneuerten und in Lissabon

das Haus Bragança wiedereingesetzt wurde, trug auch das
portugiesische Herrscherhaus der veränderten Stellung
Brasiliens Rechnung: Am 16. Dezember 1815 erhob Johann die ehemalige Kolonie zum Königreich (*reino*) und
machte sie zum gleichberechtigten Bestandteil der Ge-
samtmonarchie der »Vereinigten Königreiche von Portugal, Brasilien und Algarve«. Nun besaßen Brasilien und
Portugal denselben rechtlichen Status. Der Prinzregent
selbst trat nach dem Tod seiner Mutter Maria I. im März
1816 als König Johann VI. am 6. Februar 1818 offiziell die
Nachfolge seiner Mutter an. Da er trotz Drängens seiner
portugiesischen Berater in Brasilien blieb, behielt dort
nicht nur die monarchische Staatsform ihre Bedeutung,
sondern das Land selbst erlangte durch die Schwerpunkt-
verlagerung von Portugal nach Brasilien, in die ehemalige
Kolonie, immer mehr Gewicht.

Die brasilianischen Kreolen jedoch sahen sich trotz der
neuen Stellung ihres Landes bei Hofe nicht genügend respektiert. Denn die höchsten Ämter in Politik, Verwaltung,
Militär- und Rechtswesen blieben den Europa-Portugiesen vorbehalten, die aus Portugal mitgereist waren; und
diese wachten eifersüchtig über ihre Vorrangstellung.
Zwar erhielten einige Kreolen Adelstitel, aber kein Brasilianer wurde in ein Ministeramt oder in den Staatsrat be-
rufen, der den König in allen wichtigen Fragen beriet. So
kam es zu ständigen Friktionen zwischen Amerika-Portu-
giesen und Europa-Portugiesen, zumal sich diese auch öffentlich recht abfällig über Brasilien und seine multiethnische Bevölkerung äußerten und dadurch bei allen sozialen
Schichten Brasiliens antiportugiesische Ressentiments hervorriefen. Im Jahr 1817 explodierten diese Ressentiments
in der Revolte von Pernambuco, einer republikanischen
Revolution gegen die »Seeleute« (*marinheros*), wie die aus
Portugal mitgereisten und noch weiterhin eintreffenden
Neuankömmlinge genannt wurden. Die Rebellion begann
in Recife am 7. März 1817 mit der Bildung einer proviso-

rischen Regierung, den Forderungen nach größerer regionaler Autonomie und der Vertreibung aller Portugiesen aus der Region sowie der Ankündigung einer Republik. Zahlreiche Gruppen trugen diese Revolution: Angehörige des Militärs, Großgrundbesitzer, Kaufleute und zahlreiche Priester. Sie wehrten sich gegen die Bevorzugung der Portugiesen und das zunehmende Übergewicht von Rio de Janeiro, das von der neuen Situation besonders profitierte, und griffen dabei auch frühere Unabhängigkeitstendenzen und Partikularismen auf, die z. T. auf die Rolle Pernambucos beim Kampf gegen die Holländer zurückgingen. Zwar versuchten die Revolutionäre, auch die Nachbarregionen zu mobilisieren und die Unterstützung von Argentinien, Großbritannien und den Vereinigten Staaten zu erlangen, doch blieben diese Versuche ohne Erfolg; die Bewegung griff nie über die nordöstliche Region hinaus. Portugiesische Truppen aus mehreren Landesteilen schlugen den Aufstand schnell nieder und erlangten die Kontrolle über Recife schon im Mai 1817 zurück. Die Anführer wurden inhaftiert oder hingerichtet. Die Revolution von Pernambuco blieb die einzige ernsthafte Separationsbestrebung während der Regierungszeit König Johanns VI. in Brasilien.

Die erneute Kolonialpolitik
der portugiesischen Cortes

Anfang der 1820er Jahre führten wiederum europäische Vorgänge zum entscheidenden Schritt, der die Trennung von Portugal bedeutete. Die liberale Bewegung auf der Iberischen Halbinsel von 1820 hatte auch in Portugal Anhänger gefunden, die zum einen gegen die Anwesenheit englischer Schutztruppen vorgingen und zum anderen für die Errichtung einer konstitutionellen Monarchie entsprechend dem Vorbild der liberalen spanischen Verfassung plädierten. Mittlerweile hatte sich im Januar 1821 in Portugal ein Ständeparlament (Cortes) gebildet, das die Rückkehr des Königs forderte. Wollte König Johann VI. nicht Gefahr laufen, den Thron zu verlieren, musste er zurückkehren. So schiffte sich Johann unter dem Druck portugiesischer Berater im April 1821 mit der königlichen Familie und viertausend weiteren Personen ein, ließ aber seinen 23-jährigen Sohn Pedro als Prinzregenten in Rio de Janeiro zurück. Obwohl auch in Brasilien die liberalen Ideen Befürworter fanden und die brasilianische Seite den Staatsgedanken der konstitutionellen Monarchie akzeptieren konnte, kam es zum Bruch. Denn die Cortes in Lissabon gaben sich nicht mit der Rückkehr des Königs zufrieden, sondern versuchten, den alten kolonialen Status Brasiliens wiederherzustellen, indem sie sämtliche bis dahin erfolgten Maßnahmen widerriefen, die Brasilien eine stärkere wirtschaftliche und politische Selbständigkeit ermöglicht hatten. Sie forderten auch die Rückkehr des Prinzregenten und riefen die brasilianischen Provinzen auf, die direkte Verwaltungsautorität von Lissabon anzuerkennen. Während die nordöstlichen Provinzen dies als Möglichkeit sahen, sich von der Zentralverwaltung Rio de Janeiros zu lösen, beharrten die südlichen Provinzen auf der neugewonnenen Autonomie gegenüber Portugal. Um die Forderungen notfalls mit Gewalt durchzusetzen, bereiteten die Cortes die Entsendung von Truppen nach Pernambuco und Rio de Janeiro vor.

Verständlicherweise rief diese neue koloniale Politik den Widerstand der brasilianischen Eliten, von Großgrundbesitzern, Pflanzern und Kaufleuten hervor, die von der Erneuerung der Kontrolle durch Portugal die Wiedereinführung der früheren Handelsprivilegien und Monopole für die Europa-Portugiesen und damit eine Beschneidung ihrer gerade erworbenen eigenen Vorteile befürchteten. Zudem entwickelten sie in der Konfrontation mit den neu aus Europa gekommenen Portugiesen einen brasilianischen Patriotismus. Dieser erhielt auch dadurch Nahrung, dass zahlreiche vom portugiesischen König gestattete und initiierte naturkundliche Expeditionen, u. a. die des Prinzen Maximilian zu Wied-Neuwied (1815–1817) oder die von Johann Baptist von Spix und Carl Friedrich Philipp von Martius (1817–1820), wichtige Erkenntnisse über das Landesinnere und den Nordosten brachten und damit – ähnlich wie die spanischen Amerikaexpeditionen des 18. Jahrhunderts – die eigenen Möglichkeiten wahrnehmen ließen. Lissabons Autorität abzulehnen aber hieß letztlich, sich von Portugal zu lösen.

Die Loslösung Brasiliens durch den Prinzregenten

So kam es jetzt zu ernsthaften Unabhängigkeitsbestrebungen der brasilianischen Eliten, die sich die Anwesenheit des portugiesischen Prinzregenten und seine Freundschaft mit dem brasilianischen Intellektuellen José Bonifácio de Andrade e Silva, der die Loslösung Brasiliens von Portugal anstrebte, zunutze machten. Sie brachten Dom Pedro dazu, die Forderung der portugiesischen Cortes, nach Portugal zurückzukehren, am 9. Januar 1822 öffentlich zurückzuweisen. Unter dem Einfluss von Andrade e Silva, der zum offiziellen Ratgeber ernannt war, entschied Dom Pedro im Mai 1822 sogar, dass keine Maßnahme der Cortes ohne seine Zustimmung in Brasilien Gesetzeskraft haben sollte, und nahm den Titel »Ewiger Verteidiger von Brasilien« an, den der Senat von Rio de Janeiro ihm angetragen hatte. Als er dann während einer Reise von Santos nach São Paulo am 7. September 1822 davon erfuhr, dass die Cortes in Lissabon ihn als Verräter betrachteten und seine sofortige Rückkehr verlangten, musste er sich entscheiden, ob er dieser Forderung nachgeben oder in Brasilien bleiben sollte, um selbst die Führung der Separatisten

zu übernehmen und damit möglicherweise Brasilien für
das Haus Bragança zu retten. Wie ihm Andrade e Silva
vorhielt, war ein Kompromiss nicht mehr möglich. So
kam es vor den Toren von São Paulo am Fluss Ipiranga zu
dem theatralischen »Ausruf am Ipiranga« (*Grito de Ipiranga*): Dom Pedro zog sein Schwert und rief die berühmten Worte »Unabhängigkeit oder Tod« (»Independência
ou morte«). Damit war am 7. September 1822 nach mehr
als dreihundert Jahren Kolonialzeit die Unabhängigkeit
Brasiliens einseitig erklärt.

Die Erhebung Brasiliens zum Kaiserreich

Der »Ausruf am Ipiranga« war kein Aufruf an die brasilianische Bevölkerung, zu den Waffen zu greifen. Er war
vielmehr die Zusage des Prinzregenten, sich nicht den
Cortes zu beugen, sondern in Brasilien zu bleiben und die
Regierung so wie bisher weiterzuführen. Die Betonung
lag dabei mehr auf Kontinuität als auf Revolution. Demzufolge vollzog sich der Übergang vom portugiesischen
Königreich zu einem unabhängigen Brasilien weitgehend
friedlich. Der Umstand, dass ein Mitglied der königlichen
Familie im Lande lebte und bereit war zu regieren, legte
die Monarchie als Staatsform nahe. Im Übrigen gab es keine ernsthaften Bestrebungen, eine Republik zu installieren, da die brasilianischen Eliten ein derartiges System mit
politischer Instabilität und sozialem Chaos gleichsetzten.
So wurde am 12. Oktober 1822 der Kronprinz in Rio de
Janeiro zum Brasilianischen Kaiser und Ewigen Verteidiger Brasiliens (*Imperador Constitucional e Defensor Per-
pétuo do Brasil*) proklamiert und am 1. Dezember 1822 als
Pedro I. gekrönt. Man wählte den Kaisertitel, um die Größe des Reiches zu dokumentieren, vor allem aber, um eine
Parallelität zu König Johann VI. zu vermeiden.

Indem ein Mitglied der Dynastie der Bragança die Autonomiebestrebungen der kleinen brasilianischen Elite unterstützte, indem die Staatsform der konstitutionellen Monarchie übernommen und in der Verfassung 1824 sanktioniert wurde und damit die Integrationskraft der Krone mit dem Monarchen als Zentrum der Loyalität – anders als in Spanischamerika – erhalten blieb, konnte der Übergang von der Kolonie in die Selbständigkeit auf relativ friedlichem Weg und unter Wahrung der territorialen Einheit erfolgen. Widerstand portugiesischer Behörden und Truppen in den Provinzen Montevideo, Maranhão und Pará sowie Proteste im Nordosten gegen die zentrale Kontrolle durch Rio de Janeiro wurden in den folgenden zwei Jahren gebrochen. Interne Auseinandersetzungen um die Staatsform und um die Gliederung des Territoriums blieben Brasilien in der Zeit der Staatsgründung weitgehend erspart. Die Verfassung schuf eine Zentralregierung und unterteilte das Land in achtzehn Provinzen, denen vom Kaiser ernannte Beamte, sogenannte Präsidenten, vorstanden. Ein Parlament aus zwei Kammern bildete die Legislative, es bestand aus einem Senat mit auf Lebenszeit vom Kaiser ernannten Kandidaten der Provinzen und einer Delegiertenkammer mit auf vier Jahre gewählten Abgeordneten. Der Kaiser hatte zuvor im November 1823 noch einen Staatsrat errichtet. Artikel 98 der Verfassung stattete den Kaiser mit der »vermittelnden Gewalt« (*poder moderador*) aus, d. h. mit dem Recht, nach Rücksprache mit dem Staatsrat in der Gesetzgebung sein Veto einzulegen und das Parlament aufzulösen. Die kleine brasilianische Elite akzeptierte diese in der Verfassung geregelte Dominanz des Kaisers als Inhaber der Exekutivgewalt gegenüber Legislative und Judikative, weil sie sich davon einerseits politische Stabilität und andererseits wirtschaftliche Entwicklung im beginnenden Modernisierungsprozess versprach. Tatsächlich gewährleistete die konstitutionelle Monarchie für die nächsten 67 Jahre, bis 1889, trotz gelegentlicher Aktivitäten von Anhängern der Republik eine relativ stabile Herrschaft. Und da es gelang, effektive Verwaltungseinrichtungen zu schaffen, und da eine vom System profitierende und zusammenhaltende Elite sowie Militärs den Staat unterstützten, blieb das große Territorium trotz gelegentlicher regionaler Autonomiebestrebungen als Einheit erhalten. Die Historiker sind sich weitgehend einig, dass die Monarchie der stabilisierende Faktor war, mit dem Kaiser als persönlichem Bezugspunkt der Loyalität.

Eine Änderung der bestehenden sozialen Strukturen erfolgte jedoch nicht, schon gar nicht eine Abschaffung der Negersklaverei, auf der auch für die folgenden Jahrzehnte weiterhin Wirtschaft und Gesellschaft Brasiliens beruhte. Zu Beginn der Unabhängigkeit 1822 lebten in Brasilien schätzungsweise zwischen drei und vier Millionen Menschen; so weit liegen die Zahlenangaben auseinander. Sie verteilten sich auf die verschiedenen Rassen etwa zu gleichen Anteilen, d. h. es gab etwa 1,2 Millionen afrikanische Sklaven. Damit war ein Drittel der Bevölkerung ausgegrenzt. Und frei zu sein bedeutete für die Mulatten nicht automatisch Gleichheit. Die Verfassung spiegelte exakt die weiterbestehende koloniale Gesellschaftsstruktur wider, in der einer kleinen weißen Elite von Landbesitzern, Pflanzern und Kaufleuten die große Masse von abhängigen Arbeitskräften gegenüberstand. Die politischen und Wahlrechte waren nur männlichen Erwachsenen mit Eigentum und ausreichendem Einkommen vorbehalten. Die Staatswerdung Brasiliens, die besonders von den Angehörigen der alteingesessenen Familien der einheimischen Großgrundbesitzer und Pflanzer getragen war, garantierte deren Privilegien und ermöglichte es ihnen, in den hohen Posten von Verwaltung und Politik an die Stelle der Portugiesen zu treten. Auch Brasilien befand sich nach der Staatsgründung auf dem schwierigen Weg zu einem Nationalstaat.

Internationale Rahmenbedingungen

Schon zu Beginn der Staatenbildung zeigte sich, wie sehr die neuen Staaten durch die internationalen Rahmenbedingungen beeinflusst wurden. Die Konstituierung als selbständige und souveräne Staaten, die Verabschiedung von Verfassungen sowie die Zurückdrängung iberischer Truppen von ihrem Staatsgebiet markierten einen wichtigen Abschnitt im Prozess der Staats- und Nationsbildung. Die Loslösung der ehemaligen Kolonien von den iberischen Mutterländern war damit perfekt und abgeschlossen.

Die unabdingbare internationale Anerkennung

Allerdings stellte diese Staatsbildung nur einen einseitigen Willensakt dar, an dem die Mutterländer weder aktiv noch zustimmend beteiligt waren; ja, sie erfolgte gegen deren erklärten Willen. So hatte Spanien die neuen Staaten nicht nur nicht in die Selbständigkeit entlassen; es versuchte mit enormen militärischen Maßnahmen – z. B. durch die Entsendung von Expeditionskorps –, die Kolonien zurückzuerobern, und versagte den neuen Republiken selbst dann noch die Anerkennung, als abzusehen war, dass es die ehemaligen Kolonien niemals würde zurückgewinnen können. Eine völkerrechtliche Anerkennung der neuen Staaten durch Mitglieder der bestehenden Völkerrechtsgemeinschaft war jedoch erforderlich, wollten sie als vollwertiges und rechtmäßiges Staatsgebilde im internationalen Staatengefüge einen Platz einnehmen und dem Makel einer illegitimen Staatsentstehung entgehen. Deshalb musste die politische Führung der neuen Staaten, die ehemalige kreolische Oberschicht aus Grundbesitzern, Kauf-

leuten, Bergwerksbesitzern, Juristen und Intellektuellen
darum bemüht sein, die internationale Anerkennung zu
gewinnen. Dabei hatte es Brasilien leichter, weil sein Monarch aus demselben Königshaus wie der Monarch Portugals stammte, der Bruch also weniger tief war.

Die Bemühungen der neuen Staaten um die internationale Anerkennung geben einen interessanten Einblick in
die Handlungsspielräume bzw. -zwänge der neuen Regierungen gegenüber den europäischen Interessen. Bei ihren
Bemühungen um Aufnahme in die internationale Völkergemeinschaft sahen sich die Regierungen zwei Problemen
gegenüber, die beide aus der schon bestehenden Völkergemeinschaft und ihren Spielregeln resultierten. Die zu Beginn des 19. Jahrhunderts maßgebliche internationale Ordnung war nämlich eine europäisch geprägte Ordnung,
die sich im Laufe der Zeit herausgebildet hatte und recht
präzise Regeln besaß, was die Beziehungen der Staaten
untereinander und deren Legitimität betraf. Deshalb reichte es nicht aus, dass die neuen Regierungen – im spanischen Bereich unter Respektierung der administrativen
Grenzen, wie sie im Jahr 1810 bestanden hatten (Prinzip
des »uti possidetis«) – einander anerkannten und sich
ihrer gegenseitigen Hilfe zur Abwehr jeglicher Rekoloni-
alisierungsversuche versicherten. So wichtig die diesbezüglichen inneramerikanischen Kontakte und Verträge zur Bestätigung der jeweiligen Staatsgrenzen auch waren, ent-
scheidendere Bedeutung kam letztlich der Anerkennung
durch europäische Staaten zu, weil deren Staats- und Gesellschaftsverständnis universale Geltung besaß.

Der Zwang, mit europäischen Staaten Kontakt aufzunehmen, war unumgänglich, aber akzeptabel. Problematischer
hingegen waren die Kriterien, nach denen ein europäisches »Gutachtergremium« die neuen Staaten beurteilen
würde. Die »Verfassungsgrundlagen« der für die lateinamerikanischen Staaten primär wichtigen ehemaligen
Mutterländer Spanien und Portugal bzw. der mit ihnen li-

ierten monarchischen Hauptmächte der »Heiligen Allianz« (Russland, Österreich, Preußen und später Frankreich) beruhten nämlich auf Legitimitätsvorstellungen von dynastischer Ebenbürtigkeit, erbmonarchischer Souveränität und göttlicher Einsetzung. Die Faktizität der politischen Selbständigkeit, die Autonomie bzw. die Effektivität der ausgeübten Regierungsgewalt reichten als Anerkennungsprinzip nicht aus. Als die lateinamerikanischen Staaten in Europa um ihre Anerkennung ersuchten, galt als Voraussetzung für die Anerkennung solcher aus Separation entstandener Staatsgebilde, dass der bisherige Souverän auf seinen Herrschaftsanspruch verzichtete und das seiner herrscherlichen Gewalt unterworfene Volk und Gebiet für frei und unabhängig erklärte. Dieses Prinzip hatte sich im Verlauf der diplomatischen Verhandlungen anlässlich des nordamerikanischen Unabhängigkeitskrieges herausgebildet und war durch den offiziellen Verzicht des britischen Königs im Pariser Frieden vom 3. September 1783 praktiziert worden.

In der Anerkennungsfrage war deshalb gegenüber Staaten, die aus revolutionären Bewegungen hervorgegangen waren und sich wie im spanischen Amerika zur Rechtfertigung staatlicher Gewalt auf die Volkssouveränität und das Recht auf nationale Selbstbestimmung beriefen, bei den monarchisch orientierten Staaten der Restauration eine Abwehrhaltung geradezu programmiert. Lediglich gegenüber dem seit 1822 unabhängigen Kaiserreich Brasilien gab es weniger Bedenken. In gewissem Sinne könnte sogar die Akklamation Pedros I. zum Kaiser von Brasilien als Widerstand und Erhebung eines Reichsteils gegen die von einer revolutionären Junta in Lissabon 1820/21 usurpierte Staatsgewalt interpretiert werden, so dass der brasilianische Kaiser geradezu als Wahrer der legitimen Rechte der Dynastie Bragança erscheinen konnte. Nachdem die Vereinigten Staaten Brasilien im Mai 1824 anerkannt hatten, erfolgte bald unter der Vermittlung Großbritanniens

der offizielle Verzicht Portugals auf Brasilien. Im portugiesisch-brasilianischen Friedens- und Allianzvertrag vom
29. August 1825 erkannte in Artikel 1 der portugiesische
König Johann VI. Brasilien als einen unabhängigen, von
Portugal völlig getrennten Staat an und übertrug seinem
Sohn aus freiem Willen und in aller Form die Souveränität
über das brasilianische Kaiserreich. Allerdings musste sich
Brasilien zur Zahlung einer hohen Ablösesumme an Portugal verpflichten. Portugals Anerkennung gab den Weg
zur völkerrechtlichen Anerkennung Brasiliens durch andere europäische Mächte frei. Großbritannien war besonders an Brasilien interessiert, zumal ihm im Vertrag von
1810, der fünfzehn Jahre galt, schon besondere Handelsbedingungen eingeräumt worden waren. Es verknüpfte
seine Anerkennung Brasiliens mit Verhandlungen über
eine Erneuerung des Handelsvertrages sowie über ein von
ihm gewünschtes Verbot des Sklavenhandels, das schon
im Allianzvertrag von 1810 angesprochen war. Die Anerkennung der Unabhängigkeit Brasiliens erfolgte im Januar
1826; der Vertrag über das Verbot des Sklavenhandels
wurde 1826 und der Handelsvertrag 1827 ratifiziert.
Frankreich, Österreich und Preußen folgten mit ihrer Anerkennung.

In der Frage der Anerkennung der spanischamerikanischen Staaten erwies sich nun als großes Hindernis, dass
Spanien einen Verzicht auf seine Souveränität über die
ehemaligen Kolonien und deren förmliche Anerkennung
auch dann noch verweigerte, als die Staatenbildung ein
nicht mehr aus der Welt zu schaffendes Faktum war, und
dass ferner diese Nichtanerkennung auch von den Mächten der Heiligen Allianz u. a. aus Furcht vor revolutionär-
demokratischem Gedankengut mitgetragen wurde. Für die
politische Führung der spanischamerikanischen Staaten ergab sich deshalb die Notwendigkeit, nachdem Bemühungen um Verhandlungen mit Spanien fruchtlos geblieben
waren, durch politisch-rechtliche Argumente gekoppelt

mit ökonomischen Anreizen den Nichtanerkennungs-
block aufzuweichen bzw. zu umgehen. Einen guten Einblick in die Denkkategorien solcher Angebote, die nationalen Reichtümer als Gegenleistung für die Anerkennung
bereitzustellen, gibt die Note, die am 8. April 1822 der
Sonderbeauftragte Großkolumbiens in Europa, Francisco
Antonio Zea, den europäischen Kabinetten zukommen
ließ. Vor allem galt es, mit denjenigen Staaten Kontakt
aufzunehmen, von denen eine politische Anerkennung am
ehesten zu erwarten war. Dazu gehörten die USA, die ja
ebenfalls durch Separation ihre Staatlichkeit gewonnen
hatten und ein ähnliches Regierungssystem besaßen; ferner
Großbritannien, das, u. a. seiner parlamentarisch-liberalen
Tradition folgend, in die restaurative Nichtanerkennungsfront der Heiligen Allianz nicht eingebunden war und als
alter Konkurrent Spaniens schon immer an den offiziell
verschlossenen wirtschaftlichen Möglichkeiten Südamerikas interessiert gewesen war. Selbst kleinere Handelsnatio-
nen wie die Hansestädte Lübeck, Bremen und Hamburg,
die im Deutschen Bund (5. November 1816) als selbständige Stadtstaaten anerkannt waren, zeichneten sich als An-
sprechpartner ab, waren sie doch schon immer dem Amerikahandel zugewandt gewesen.

Politische Anerkennung durch Freihandelsverträge

Die dann erfolgten Vertragsabschlüsse und ihre Inhalte
sind nicht ohne die besondere historische Situation zu
verstehen, die mit der Unabhängigkeit der ehemaligen
Kolonien Spaniens und Portugals eingetreten war. Die politische Emanzipation bedeutete ja einen Bruch mit dem
alten kolonialen Merkantilsystem, das mit Hilfe von Monopolen und Verboten geschlossene Handelsräume zwischen Kolonien und Mutterland geschaffen hatte. Nun

war freier und friedlicher Zugang zu einer Region möglich, um derentwillen die europäischen Mächte zahlreiche
Kriege geführt hatten. Besonders für die europäischen
Wirtschaftsinteressen, vor allem natürlich für Großbritannien im Verlauf der Industriellen Revolution, tat sich mit
unabhängigen Staaten in Amerika die Ausweitung des
Welthandels auf. Schon 1820 brachte der englische Politiker George Canning das britische Interesse an den lateinamerikanischen Staaten auf den Punkt, indem er die Faktizität der spanischamerikanischen Unabhängigkeit konstatierte und meinte, wenn England es richtig anpacke, dann
werde Amerika englisch werden. Die Commerz-Deputa-
tion in Hamburg, die Vertretung der Hamburger Kaufmannschaft, beurteilte im Juni 1822 in ähnlicher Weise die
Lage in Südamerika, sie sah mit der Freiheit Lateinamerikas ein neues Zeitalter des Freihandels eintreten, mit den
südamerikanischen Freistaaten habe Hamburg geradezu
Kolonien erhalten. Nicht mehr Monopol und Privileg,
sondern Freiheit des Handels hieß die Devise, um sich
Märkte zu öffnen und den ungehinderten Zugang zu den
Rohstoffen und Edelmetallen der neuen Staaten zu gewinnen.

Auch auf lateinamerikanischer Seite bestand ein großes
Interesse am freizügigen Handelsverkehr. Nicht zuletzt
die Kritik an dem geschlossenen kolonialen Handelssystem hatte ja die Amerikaner den Schritt zur Separation gehen lassen. Vom freien Handel erwarteten sie sich
entsprechend den zeitgenössischen liberalen Vorstellungen Entwicklungsimpulse, die Entfaltung der natürlichen
Reichtümer ihrer Länder, also wirtschaftlichen Wohlstand. Deshalb öffneten die lateinamerikanischen Staaten
ihre Häfen, sobald die Unabhängigkeit errungen war, um
freien Handel mit aller Welt treiben zu können, obwohl
sie selbst über keine eigenen oder nur kleine Handelsflotten verfügten und demzufolge am internationalen Handel
eigentlich noch nicht selbständig teilnehmen konnten.

Öffnung der Häfen und freier Handel bedeuteten jedoch nicht, dass Einfuhr- oder Ausfuhrzölle entfielen. Im Gegenteil. Im Unterschied zur Kolonialzeit bildeten diese Zölle in den Zollhäusern der Seehäfen die Haupteinkünfte der neuen Regierungen. Nach den Unabhängigkeitskriegen und in den Anfängen der staatlichen Konsolidierung befanden sich die Staatsfinanzen verständlicherweise in einem desolaten Zustand permanenten Defizits. Dies rührte nicht nur aus überhöhten Staatsausgaben her, unter denen – im spanischen Amerika – besonders Heer und Marine angesichts spanischer Rückeroberungsversuche den größten Anteil verschlangen, sondern auch die Steuerpolitik selbst trug zum Defizit bei. Steuern nämlich, die den Kreolen bisher als Merkmal kolonialistischer Unterdrückung verhasst waren, wurden entweder gesenkt oder ganz abgeschafft. Deshalb kam eben dem Handel mit den Import- und Exportzöllen eine eminent wichtige fiskalische Bedeutung zu; die Zollsätze bewegten sich je nach Warenart zwischen 7,5 % und 35 % auf den Warenwert (*ad valorem*). Um den Aufbau eigener Handelsflotten zu fördern, wurden Anfang der 1820er Jahre Vorzugs- oder Differentialzölle eingeführt, die auf eigenen nationalen Schiffen angelandeten Importen einen Steuernachlass von ca. 5 % gewährten. Dieser Vorzugszoll wurde aus Solidarität auch auf die anderen lateinamerikanischen Staaten ausgedehnt. Bald beanspruchten ihn aber auch die USA und vor allem Großbritannien innerhalb der Anerkennungsverhandlungen. Mit der Öffnung ihrer Häfen, mit dem Angebot des freien Handels, an dem Europa und die USA interessiert waren, hatten die lateinamerikanischen Staaten im Ringen um ihre Anerkennung zweifellos ein Faustpfand in der Hand. Ein Faustpfand allerdings, das wegen der benötigten Handelszolleinnahmen nicht so gewichtig war, als dass es die lateinamerikanischen Staaten vor einer wirtschaftlichen Übervorteilung besonders durch Großbritannien bewahren konnte.

Die USA gingen in der Anerkennungsfrage voran. Nach der Regelung des Florida-Erwerbs 1821, einer ersten Abrundung oder Ausdehnung des US-amerikanischen Staatsgebiets, brauchten die USA auf Spanien keine Rücksicht mehr zu nehmen. Im Anschluss an die Botschaft des Präsidenten Monroe vom 8. März 1822, in der er seine Bereitschaft zu erkennen gab, die notwendigen Schritte zur Anerkennung der faktisch unabhängigen Staaten Lateinamerikas zu unternehmen, erkannten die USA zuerst die Republik Kolumbien am 17. Juni 1822, danach auch andere lateinamerikanische Staaten an: Buenos Aires am 27. Januar 1823, Chile und Mexiko am 26. Mai 1824, Brasilien am 4. August 1824 jeweils in der Form von Freundschafts-, Handels- und Schifffahrtsverträgen. Damit hatten die USA den Grundstein zur Bildung eines eigenen amerikanischen Interessengebiets gelegt. Großbritannien folgte bald darauf, besonders ab 1822 unter dem Außenminister George Canning. Britische Häfen wurden für die Schiffe der lateinamerikanischen Staaten geöffnet, Handelsagenten sollten bei den neuen Regierungen patentiert werden. Durch die Aufnahme von Handelsbeziehungen mit den lateinamerikanischen Staaten (1822) wandte Großbritannien die Hilfskonstruktion einer »kommerziellen« Anerkennung an. Gut zwei Jahre danach ließ Großbritannien auch die politische Anerkennung folgen. Am 15. Dezember 1824 beschloss das englische Kabinett die diplomatische Anerkennung Mexikos, Kolumbiens und von Buenos Aires, was dann zu Freundschafts-, Handels- und Schifffahrtsverträgen mit Kolumbien am 18. April 1825, mit Mexiko am 26. Dezember 1826 und Buenos Aires am 17. August 1827 führte.

Mitte der 1820er Jahre waren die lateinamerikanischen Staaten von zwei wichtigen Mitgliedern der internationalen Völkergemeinschaft anerkannt worden, ohne allerdings – bis auf den Sonderfall des Kaiserreichs Brasilien – den Makel der Illegitimität ganz abgeschüttelt zu haben, da Spanien weiterhin eine Anerkennung ablehnte. Überdies ging mit diesen Verträgen ein Stück Selbstbestimmung verloren, nicht nur weil z. B. die Verträge mit Großbritannien weniger das Ergebnis von Verhandlungen zwischen Gleichberechtigten als vielmehr den Nachvollzug der englischen Vertragsentwürfe darstellten, sondern auch weil sich durch die Vertragsbestimmungen neue Bindungen und Abhängigkeiten ergaben. Denn für die so wichtige politische Anerkennung, mit der die Nichtanerkennungsfront aufgebrochen werden konnte, mussten die lateinamerikanischen Staaten einen hohen Preis bezahlen: offene Häfen und Freihandel auf der Basis vollkommener Reziprozität und dem Prinzip der Meistbegünstigung. Damit wurde jedwede Vorzugsbehandlung gegenüber den Einheimischen unmöglich, die Handelspartner sicherten sich vielmehr zu, dem andern jeweils die Rechte der eigenen Staatsangehörigen angedeihen zu lassen. War dies erst einmal zwischen zwei Staaten vereinbart, so mussten dritte Staaten, um als Konkurrenten nicht diskriminiert zu werden, Anschluss an diese Vereinbarungen suchen. Dem Grundsatz der Reziprozität trat die Meistbegünstigungsklausel zur Seite, mit der erreicht wurde, dass bei entsprechender Gegenleistung alle Handelspartner gleiche und keinem besondere Rechte eingeräumt wurden. Da die Meistbegünstigungsklausel besagte, dass jede einer dritten Nation zugestandene Vergünstigung sofort auch für die Vertragspartner gelten sollte, war den Lateinamerikanern die Möglichkeit verbaut, sich auf Grund ihrer ähnlichen Ausgangslage Sonderbedingungen oder Vorzugszölle einzuräumen.

Freiheit des Handels und neue
Handlungsbeschränkung

Die Verträge waren, wie der Name schon sagt, hauptsächlich Handelsverträge, die nach einem ähnlichen
Grundmuster gegliedert waren. Nach der Versicherung
der gegenseitigen Freundschaft im ersten Artikel – einer
wichtigen Anerkennungsformel – befassten sich die weiteren Artikel im Wesentlichen mit wirtschaftlichen und
mit Handelsfragen. Schon der zweite Artikel ging, im
Unterschied zu den Allianzverträgen der lateinamerikanischen Staaten untereinander, sofort auf den Handel ein.
Die in den Artikeln vier, fünf und sechs formulierten Bestimmungen über die Freizügigkeit, im jeweils anderen
Land Handel treiben zu dürfen, ferner über die Gleichstellung der jeweiligen nationalen Schiffe in Bezug auf
Hafensteuer, Tonnen-, Leucht- und Bergungsgebühren
sowie die Gleichstellung der jeweiligen nationalen Produkte in Bezug auf Einfuhr und Besteuerung setzten voraus bzw. spiegelten eine Gleichheit zwischen den Ver-
handlungs- und Handelspartnern vor, die gar nicht vorhanden war, weder was die Handelsprodukte noch was
die Schiffskapazität betraf. Denn nationale Schiffe, die
für eine aktive Teilnahme am vereinbarten Überseehandel
erforderlich gewesen wären, gab es in Lateinamerika nur
in geringer Zahl. Überdies wurden durch die damals übliche und in Verträge aufgenommene Regelung, dass als
nationale Schiffe nur solche gelten sollten, die im jeweiligen Land auch gebaut worden waren, von einem nationalen Kapitän und von einer mindestens zu zwei Drit-
teln aus Landeskindern bestehenden Mannschaft geführt
wurden, die Lateinamerikaner benachteiligt. Die Flagge,
die das Schiff als nationales Eigentum kennzeichnete,
reichte nicht aus. Zwar erlangte die kolumbianische
ebenso wie die mexikanische Regierung in ihren Ver-
tragsverhandlungen mit Großbritannien einen Aufschub

dieser Regelung um sieben bzw. zehn Jahre, doch war dies ein Zugeständnis, das den Engländern angesichts des sonst Erreichten, womit ihnen die Märkte Kolumbiens und Mexikos offen standen, nicht sehr weh tat, während es den Lateinamerikanern nur ein kurzes Atemholen gestattete.

Die politische Führung der lateinamerikanischen Staaten war sich durchaus bewusst, dass die nach außen so positiv erscheinende in den Verträgen formulierte Gleichheit einseitige wirtschaftliche Vergünstigungen für den amerikanischen und englischen Vertragspartner enthielt und mit der Öffnung der Märkte für europäische Angebote einheimische, noch nicht dem europäischen Standard entsprechende Produkte einer gefährlichen Konkurrenz ausgesetzt wurden. Dennoch sah sie sich genötigt, um der politischen Anerkennung willen die ungünstigen Handelsbedingungen zu akzeptieren.

Mit der Strategie der Freiheit des Handels gegen politische Anerkennung gingen die lateinamerikanischen Staaten zwangsweise neue Bindungen der Abhängigkeit ein, die ihnen nicht die Handlungsfreiheit brachte, die sie während der Kolonialzeit immer vermisst hatten. Es ergab sich das Paradoxon, dass Freiheit des Handels und neue, aus den europäischen Interessen resultierende wirtschaftliche Abhängigkeit die Garantien für die staatliche Unabhängigkeit bildeten. Am Beginn ihrer Staats- und Nationsbildung hatten die lateinamerikanischen Staaten nicht nur mit einer innenpolitischen Hypothek fertig zu werden, sie waren zusätzlich durch notwendige Zugeständnisse an ihre internationalen Partner in ihrer Handlungsfreiheit eingeengt. Die politische Emanzipation war gesichert, doch wurde die wirtschaftliche Emanzipation der neuen Staaten durch politische und soziale Instabilität im Inneren und neue Bindungen der Abhängigkeit verzögert. Die Bemühungen, auch die wirtschaftliche Emanzipation zu erreichen und die in den frühen Verträgen angesprochene

Gleichstellung wenigstens annähernd zu erlangen, machen mit ihren Erfolgen und ihren Frustrationen einen wichtigen Teil der Geschichte Lateinamerikas im 19. und 20. Jahrhundert aus.

Staatlich-politische Konsolidierung: Entwicklungs- und Wachstumsbestrebungen

(1830–1900)

Epochenüberblick

Die auf den Abschluss der Unabhängigkeitsrevolutionen folgenden Jahrzehnte des 19. Jahrhunderts zeigten, dass mit der Staatsgründung der Prozess der Staatsbildung eigentlich nur in dem Teil abgeschlossen war, der den äußeren, den außenpolitischen Bereich betraf. Die neuen Staaten hatten sich gegenseitig anerkannt, und damit waren auch fürs Erste die jeweiligen Staatsgrenzen festgelegt. Zu kriegerischen Auseinandersetzungen kam es erst später, wenn einzelne Staaten wie Chile oder Paraguay eine Expansionspolitik betrieben oder wenn wie im Grenzgebiet zwischen Kolumbien und Venezuela, zwischen Ecuador und Peru oder zwischen Peru und Chile ertragreiche Bodenschätze gefunden oder vermutet wurden. Die Anerkennung durch europäische Staaten und durch die USA erfolgte zwar zögerlich, doch bestand an der Faktizität der neuen Staaten kein Zweifel mehr, auch wenn Spanien seine ehemaligen Kolonien erst nach Jahrzehnten anerkannte. Der innenpolitische Bereich bedurfte jedoch weiterer Stabilisierung und Konsolidierung. Denn um die jeweilige neue staatliche Einheit zu sichern und vor einem möglichen Auseinanderfallen oder vor Abspaltungen zu bewahren, erwies es sich als notwendig, die vorhandenen, zum Teil ökonomisch begründeten, zum Teil durch persönliche Interessen von Caudillos provozierten Partikularismen und Regionalismen zu überwinden. Konkret ging es darum, zu einer Übereinkunft zunächst über die Staatsform – Monarchie oder Republik – und dann über die Regierungsform – zentralistische oder föderalistische Ordnung – zu gelangen und Institutionen, überhaupt eine Staatsgewalt zu schaffen, die gegenüber der Gesellschaft bzw. gegenüber vielfältigen gesellschaftlichen Interessengruppen als Ordnungsmacht, als politisches Koordinations- und Regulierungszentrum fungieren konnte. Zudem galt es, bei der Bevölkerung, zumindest bei den wichtigen Gruppen der Oberschicht, die Anerkennung des jeweils neuen Staates zu erreichen bzw. voranzutreiben und Identifizierung mit ihm zu stimulieren. In den meisten lateinamerikanischen Staaten vollzog sich dieser schmerzhafte Prozess der politischen Konsolidierung durch das ganze 19. Jahrhundert hindurch, schmerzhaft deshalb, weil er von z. T. heftigen Bürgerkriegen wie in Argentinien, Kolumbien, Mexiko und Venezuela begleitet war oder Gebietsabtretungen wie in Bolivien, Mexiko, Kolumbien oder Peru mit sich brachte. Aus einem der Bürgerkriege in Kolumbien ging 1903 mit US-amerikanischer Hilfe sogar der souveräne Staat Panama hervor. Nach wechselvollen Kämpfen erlangte auch Kuba als letzte spanische Kolonie in Amerika 1898 die politische Selbständigkeit. Brasilien, dessen relativ friedlicher Übergang von einer Kolonie Portugals zu einer selbständigen konstitutionellen Monarchie das Auseinanderbrechen des riesigen Territoriums verhindert hatte, erlebte im Laufe des 19. Jahrhunderts einige staatsgefährdende Rebellionen, konnte aber die staatliche Einheit bewahren. 1889 schafften es republikanische Kräfte, in einem Putsch den Übergang von der Monarchie zur Republik zu vollziehen. Am Ende des 19. bzw. zu Beginn des 20. Jahrhunderts konnten die meisten Staaten als politisch konsolidiert gelten, zumindest was den territorialen Bestand sowie die Regelung der Verantwortlichkeiten zwischen der Zentral- und den Regionalgewalten in den Staaten betraf.

Ein wesentlicher Grund für die Unabhängigkeitsrevolutionen war der Wunsch der Kreolen gewesen, an dem
beginnenden Modernisierungsprozess teilzuhaben, sich
von den handelspolitischen Beschränkungen der Kolonialmächte zu befreien und entsprechend den naturgeographischen Ressourcen ihrer Länder am Welthandel teilzuneh-
men. Deshalb betrieben in allen lateinamerikanischen
Staaten die herrschenden politischen Gruppen eine Wirtschaftspolitik oder suchten nach Wegen, die ihnen wirtschaftliche Entwicklung und damit Eingliederung in den
Welthandel zu versprechen schienen. Vom geltenden europäischen Wirtschaftsliberalismus geprägt und überhaupt
nicht-iberischen Wertvorstellungen folgend, sahen sie seit
der Mitte des Jahrhunderts diese Entwicklungsmöglich-
keit vordringlich in der Förderung ihrer jeweiligen Exportgüter, tropischer Agrarprodukte oder Bergbaupro-
dukte, also im Außenhandel. Denn in den Jahrzehnten
zuvor waren Versuche, mit dem Instrument des Protektionismus eine eigene Industrie aufzubauen, wenig erfolgreich gewesen. So traten die lateinamerikanischen Staaten
in die Phase der »Entwicklung nach außen« ein. Mit einer
Reihe von flankierenden Maßnahmen hofften die Regierungen, positive Ergebnisse zu erzielen: Dazu gehörten die Erweiterung der landwirtschaftlichen Nutzfläche
durch Zuteilung von Staatsland, Auflösung, d. h. Indivi-
dualisierung, von indianischem Gemeinschaftsbesitz und
kirchlichen Gütern, oder durch Binnenkolonisation und
eine gezielte Einwanderungspolitik, d. h. eine Politik der
»Aufweißung«, des Austausches der als minderwertig erachteten Indios und Schwarzen sowie eine Verbesserung
der Infrastrukturen. Das Ergebnis dieser von Utilitarismus, Positivismus und sozialdarwinistischen Ideen geprägten Politik war im Hinblick auf die Bildung von Nationalstaaten mäßig. Denn es vollzog sich nur eine partielle Modernisierung, nur ein partielles wirtschaftliches
Wachstum trat ein, an dem weder alle Regionen der jewei-

ligen Staaten noch alle gesellschaftlichen Gruppen Anteil
hatten. Deshalb begannen am Ende des Jahrhunderts Intellektuelle und Politiker, nach den Gründen für diese
partielle Entwicklung zu fragen und mögliche Alternativen zu einer einseitigen Orientierung an europäischen
Modellen zu entwerfen sowie die Problematik der kulturellen Identität anzugehen.

Dieses Kapitel zeichnet den wechselvollen Prozess der
politischen Konsolidierung der lateinamerikanischen Staaten in seinen Grundzügen nach, allerdings ohne immer auf
die einzelnen Staaten detailliert einzugehen, zeigt dabei
bestimmte Charakteristika lateinamerikanischer Politik im
19. Jahrhundert auf und beschreibt die ökonomischen
Maßnahmen im Kontext der liberalen Wirtschaftsvorstel-
lungen. Dabei gilt die Aufmerksamkeit weniger den ereig-
nisgeschichtlichen Vorgängen selbst als den Ergebnissen
der Politik.

Die konservative Phase:
Zersplitterung und schwache Ordnungsmächte

Die unabhängig gewordenen Staaten Lateinamerikas wandten sich mit ihrer neuerlangten Souveränität nicht nur
politisch von Spanien und Portugal ab. Gerade die intellektuellen Eliten wollten einen offensichtlichen Bruch
auch mit dem iberischen kulturellen Erbe vollziehen. Die
koloniale Vergangenheit galt als Reich des »Obskurantismus« und als »Mittelalter«, wie es noch 1844 der Chilene
Francisco Bilbao formulierte. Diese Abkehr vollzog sich
in den ehemaligen spanischen Kolonien heftiger als in
Brasilien, da sie von Spanien völkerrechtlich nicht anerkannt wurden; sie bedeutete jedoch keine völlige Abwen-
dung von Europa. Im Gegenteil, die neuen Staaten wand-

ten sich nun, wenn auch in unterschiedlichem Maße, dem modernen, nicht-iberischen Europa zu. Die politischen Führungsschichten der neuen Staaten versuchten, sich an England, an seinen politischen Strukturen und seiner Industrialisierung, sowie am revolutionären Frankreich mit den politischen Vorstellungen von Demokratie und Bürgeraktivität auszurichten. Simón Bolívar, einer der wichtigsten Unabhängigkeitskämpfer, hat diese Sichtweise einschließlich der Kritik an Spanien in seiner Rede zur Eröffnung des venezolanischen Kongresses von Angostura am 15. Februar 1819 zum Ausdruck gebracht. In dieser Rede stellte er die zentralen Probleme dar, mit denen die Träger der Unabhängigkeitsbewegung hinsichtlich der politischen und gesellschaftlichen Gestaltung der neuen Staaten fertig werden mussten: Zunächst wies Bolívar auf die Schwierigkeit hin, eine eigene Identität vorweisen zu können, da die Kreolen – als die wichtigste Gruppe der neuen Staaten – weder Europäer noch im Unterschied zu den Indios echte Amerikaner seien; er kritisierte dann die spanische Kolonialpolitik, welche die Kreolen nicht genügend an den politischen Entscheidungen beteiligt und überhaupt die Kolonialbevölkerung insgesamt nicht auf kreative politische und gesellschaftliche Teilnahme und Teilhabe vorbereitet habe, so dass sich die Staatenbildung unter enormen Schwierigkeiten vollziehe. Einer dieser Schwierigkeiten, nämlich der Frage eines sinnvollen und machbaren Regierungssystems, widmete Bolívar besondere Aufmerksamkeit; seiner Meinung nach sollten sich die jungen Staaten in Überwindung ihres iberischen Erbes an Grundstrukturen moderner Staaten orientieren, weniger an den USA, sondern an Frankreich und England. Tatsächlich erließen die jungen Staaten Verfassungen, die sich teilweise an die liberale spanische Verfassung von 1812, teilweise an andere europäische Modelle anlehnten. Doch verhinderten verfassungsrechtliche Einschränkungen des Wahlrechts, die Manipulation von Wahlen oder die Praxis politischer Patronage einen allgemeinen Demokratisierungsprozess.

Im Übrigen waren mit der Gründung souveräner Staaten noch keine stabilen und funktionierenden Staaten entstanden, die in der Lage gewesen wären, Gesellschaft, Politik und Wirtschaft zu gestalten. Schon der Weg zur Unabhängigkeit und der Prozess der Loslösung waren ja durch fehlenden Konsens und vielfältige Auseinandersetzungen unter den Kreolen gekennzeichnet gewesen. In den meisten neuen Staaten setzten sich solche Konfliktsituationen auch in den Jahrzehnten nach der Unabhängigkeit fort. Bis weit in die Mitte des Jahrhunderts hinein herrschte in den jungen Staaten mit Ausnahme von Chile und Paraguay eine chronische politische Instabilität, die sich u. a. darin äußerte, dass oft aus Militärrevolten hervorgegangene Regierungen in kurzen Abständen einander ablösten oder Verfassungen nur kurze Gültigkeit besaßen bzw. entsprechend der politischen Couleur umgeschrieben wurden. Das Hauptcharakteristikum der politischen Geschichte der meisten jungen Staaten im 19. Jahrhundert ist darin zu sehen, dass nach dem Fortfall der kolonialen Ordnungsmacht mit der jeweiligen Staatsgründung keine neue Ordnungsmacht entstand, keine starke und durchsetzungsfähige (Zentral-)Regierung vorhanden war, und dass einige der neuen Staaten sich zeitweise in eine Vielzahl lokaler und regionaler Machtbereiche, ja sogar autonomer Teilstaaten auflösten und erst am Ende des Jahrhunderts eine innerstaatliche Stabilisierung erlangten.

Trotz regionaler Vielfalt lassen sich bei diesem Prozess ähnliche zeitliche Phasen und gewisse Grundzüge feststellen. Nach der Staatsgründungsphase, die bis auf Mexiko und Brasilien unter liberalem Vorzeichen stand, folgte eine eher konservativ zu kennzeichnende Phase mit dem Aufkommen autoritärer und caudillistischer Herrschaftsformen im Gefolge regionaler Konflikte. Die Fragmentierung der politischen Macht und das Entstehen lokaler oder regionaler Machtbereiche wurde einerseits durch die Folgewirkungen der Unabhängigkeitskriege und andererseits durch das Fortbestehen der ländlichen Strukturen sowie die widrigen topographischen, einzelne Regionen voneinander isolierenden Bedingungen begünstigt. Es entstand die autoritäre Machtausübung des *caudillismo*. Die Unabhängigkeitskriege hatten zahlreiche Heerführer hervorgebracht, die mit Waffengewalt ihre politischen Ziele, aber oft auch ihre persönlichen Interessen durchgesetzt hatten. Sie hatten dabei Führungsqualitäten bewiesen und für ihre Anhänger, aber auch für sich selbst gesorgt, indem sie ihren schon vorhandenen Grundbesitz erweiterten oder sich neuen aneigneten. Das gab ihnen die Möglichkeit, ihre Anhänger auch materiell zu belohnen. Viele hielten auch nach den Kriegen an dieser Praxis fest und füllten das teilweise entstandene Machtvakuum in ihrem Einflussbereich aus, trugen damit zur weiteren Instabilität bei, dehnten in einigen Fällen ihre Macht sogar auf die gesamtstaatliche Ebene aus, wenn sie ihre Rivalen besiegen konnten. In der traditionellen ländlichen Sozialstruktur, d. h. im ausgedehnten Landbesitz der Hacienda oder der Estancia und in der weiterbestehenden, sich sogar belebenden persönlichen Beziehung zwischen schützendem Patron und abhängigen Unterschichten, seinen Arbeitern und Pächtern, im sogenannten Klientelismus, fanden die Caudillos, eben zumeist Grundbesitzer, einen idealen Nährboden. Mit ihren bewaffneten Landarbeitern oder Viehtreibern (Gauchos, Llaneros) sowie den abhängigen Pächtern ihrer Güter hatten sie ein Machtinstrument in Händen, über das die Regierungen dieser Zeit selten verfügten. Im Übrigen fehlte eine homogene politisch-gesellschaftliche Elite, die willens und fähig gewesen wäre, einen neuen starken Staat im Dienste eines gemeinsamen nationalen Projekts aufzubauen.

Mexiko und Zentralamerika

Ab 1820   Einwanderung US-amerikanischer Siedler in die mexikanische Provinz Texas.

1824   Die Republik Mexiko erhält eine bundesstaatliche
            Verfassung mit weitgehenden Machtbefugnissen des
            Präsidenten. Die Auseinandersetzungen zwischen Föderalisten und Zentralisten führen zu bürgerkriegsartigen Auseinandersetzungen.

1826   In der Konföderation der Vereinigten Provinzen von
            Zentralamerika spitzen sich die Konflikte zwischen
            Liberalen (Föderalisten) und Konservativen (Zentralisten) zu einem Bürgerkrieg zu.

1829   Es gelingt General Antonio López de Santa Anna in
            Mexiko, ein spanisches Expeditionskorps aus Havanna zurückzuschlagen.
            Der Bürgerkrieg in Zentralamerika endet mit einem
            Sieg der Liberalen und des Honduraners Francisco
            Morazán, der 1830 Präsident der Konföderation wird.

1830   Das Verbot des mexikanischen Kongresses, Sklaven
            nach Texas einzuführen und weiter US-Immigranten
            dort anzusiedeln, ruft den Unmut US-amerikanischer
            Kolonisten hervor.

1833–1835   Unter der ersten Präsidentschaft von General Santa
            Anna, der zunächst mit Föderalisten paktiert, tritt
            eine innenpolitische Beruhigung ein. Die zweite Hälfte seiner Amtszeit steht unter konservativem Vorzeichen.

1835   Eine Verfassungsreform stärkt zentralistische Bestrebungen.
            Die blutigen Strafmaßnahmen von Santa Anna gegen
            rebellierende Texaner rufen deren Widerstand hervor.

1836   April: In der Schlacht von San Jacinto besiegen die
            Texaner unter General Sam Houston das mexikanische Heer und nehmen Santa Anna gefangen.
            Herbst: Die Texaner rufen die Unabhängigkeit von
            Texas mit Houston als Präsidenten aus. Der Verlust
            von Texas kostet Santa Anna die Präsidentschaft.

1837   In Zentralamerika breiten sich partikularistische In teressen aus, die von sozialen Konflikten zwischen Weißen und Indios begleitet werden.

1838 April: Nicaragua verlässt als erster Bundesstaat die Konföderation. Guatemala, Honduras und Costa Rica folgen im Mai.

1841 El Salvador verlässt als letzter Staat die Konföderation, die damit zerbrochen ist.

1841–1844 In Mexiko regiert Santa Anna erneut als Diktator.

1844 Santa Anna wird gestürzt.

1845 Dezember: Die Aufnahme von Texas als 28. Staat in die Vereinigten Staaten von Amerika führt zum erneuten Konflikt zwischen Mexiko und den USA.

1846–1848 Krieg zwischen den USA und Mexiko, dessen Truppen vom zurückgeholten General Santa Anna geführt werden.

1847 September: US-amerikanische Truppen nehmen Mexiko-Stadt ein.

1847–1848 Soziale Regionalkonflikte wie z. B. der blutige Krieg der Maya gegen die weißen Haciendabesitzer auf der Halbinsel Yucatán, der sogenannte »Kastenkrieg« (*Guerra de las Castas*), sind Ausdruck politischer Instabilität.

1848 2. Februar: Im Friedensvertrag von Guadalupe Hidalgo, einem Vorort von Mexiko-Stadt, muss Mexiko endgültig auf Texas verzichten und zusätzlich etwa die Hälfte seines Staatsgebiets im Norden an die USA abtreten: Oberkalifornien, Neu-Mexiko, Arizona, Utah, Nevada und Teile von Wyoming und Colorado.

1853 Santa Anna kommt durch einen Putsch erneut an die Macht. Liberale und Konservative sind an der Regierung beteiligt.
Dezember: Santa Anna verschafft seiner Regierung, die er als Diktator führt, die notwendigen Finanzmittel, indem er im sogenannten »Gadsden Purchase« auch den Südteil von Arizona an die USA verkauft.

1854 Februar: Aufstand von Militärs gegen Santa Anna.

1855 Sommer: Es gelingt den Liberalen, Santa Anna endgültig zu stürzen und ins Exil zu schicken. Es beginnt die liberale Reformära.

Regionale Rivalität und Militärcaudillos

Diese instabile politische Entwicklung trat besonders deutlich in Mexiko zu Tage. 1824 hatte **Mexiko** zwar eine bundesstaatliche Verfassung mit Gewaltenteilung und einer parlamentarischen Ordnung – allerdings mit weitgehenden Machtbefugnissen des Präsidenten – erhalten. Doch da sich in den Einzelstaaten konservative und liberale Gruppen, Föderalisten und Zentralisten, jeweils verbündet mit rivalisierenden Generälen, oft in bürgerkriegsähnlichen Auseinandersetzungen befehdeten, kam es zu keiner geordneten Entwicklung des Staates. Zudem hatte sich die wirtschaftliche Lage nach Ausrufung der Republik u. a. auch dadurch verschlechtert, dass zahlreiche in Mexiko residierende wirtschaftlich aktive und potente Spanier aus dem Land vertrieben wurden. Im Ernstfall entschied häufig das Militär. Bis 1855 lösten nicht weniger als fünfzig verschiedene, überwiegend aus Militärrevolten hervorgegangene Regierungen einander ab. Besonders General Antonio López de Santa Anna, der ehemalige Kommandant von Veracruz, der 1822 den Sturz Kaiser Iturbides mit eingeleitet hatte, ein begabter, charismatischer, aber auch machthungriger und korrupter Caudillo, griff immer wieder in die politischen Geschicke des Landes ein, wobei er abwechselnd mal mit den Liberalen, mal mit den Konservativen kooperierte. Mehrere Male wurde er selbst Präsident und profitierte persönlich von diesem Amt: 1845 besaß er u. a. Großgrundbesitz mit einer Fläche von über 250 000 Hektar. Immerhin kam es in den Jahren 1833 bis 1835 während der ersten Präsidentschaft Santa Annas zu einer vorübergehenden Beruhigung der innenpolitischen Lage, u. a. deshalb, weil 1835 die Verfassung im zentralistischen Sinn reformiert wurde. Überhaupt wurde in den nächsten Jahren unter dem Einfluss von Santa Anna mit einer erneuten Verfassungsänderung 1843 die Exekutive weiter gestärkt und die Zentralisierung vorangetrieben, ohne dass daraus wirkliche Stabilisierung erfolgt wäre. Im Dezember 1844 wurde Santa Anna wieder einmal gestürzt; kurzfristig und ohne Erfolg entwickelten einige Konservative wie Lucas Alamán sogar Vorstellungen, in Mexiko eine konstitutionelle Monarchie einzurichten, mit der das unproduktive Alternieren zwischen Liberalen und Konservativen vermieden werden sollte. Das Fehlen einer akzeptierten Ordnungsmacht äußerte sich auch in der Zunahme politischer Unruhen oder Separationsbestrebungen wie z. B. in Yucatán im Jahr 1839, wo die Großgrundbesitzer sich durch Maßnahmen der Zentralregierung in ihrer wirtschaftlichen Entwicklung gehindert sahen. Solche Unruhen und Revolten wirkten dann ihrerseits wieder destabilisierend.

Der Verlust von Texas und weiteren Gebieten

In den ersten Jahrzehnten seiner politischen Souveränität geriet Mexiko auch unter Druck von außen. Als 1829 ein spanisches Expeditionskorps von Havanna aus versuchte, Mexiko zurückzuerobern, gelang es General Santa Anna noch, die Spanier zurückzuschlagen. Gegenüber dem Vordringen der US-Amerikaner jedoch war er machtlos, ja er selbst trug zum Gebietsverlust bei. In Texas waren zunächst auf durchaus legale Weise zahlreiche amerikanische Siedler eingewandert, seitdem 1820 Moses Austin die Konzession bekommen hatte, texanisches Land an seine Landsleute zu verteilen. Als dann 1830 der mexikanische Kongress ein Gesetz erließ, das verbot, Sklaven nach Texas einzuführen und US-Immigranten dort anzusiedeln, waren die amerikanischen Kolonisten mit diesen Restriktionen nicht einverstanden. Am 30. Juni 1835 stürmten einige Kolonisten die mexikanische Garnison von Anáhuac, und weitere Aufstände folgten. Schon im Frühjahr 1835 war der mexikanische Präsident Santa Anna nach Norden gegen die Texaner gezogen, und er errang auch einige militärische Erfolge. Doch riefen seine blutigen Strafmaßnahmen den Widerstand der Texaner hervor, die in der Schlacht von San Jacinto am 21. April 1836 unter ihrem General Sam Houston die mexikanischen Truppen schlugen, Santa Anna gefangen nahmen und im Herbst 1836 die Gründung der unabhängigen Republik von Texas mit Houston als Präsidenten ausriefen. Mexiko war zwar bereit, die Unabhängigkeit von Texas zu akzeptieren, nicht jedoch dessen Annexion durch die USA. Als im Dezember 1845 Texas als 28. Staat formell Mitglied der Vereinigten Staaten von Amerika wurde, kam es zum offenen Konflikt. Schon im August 1843 hatte Santa Anna, wieder einmal Präsident von Mexiko, die Vereinigten Staaten wissen lassen, dass die Aufnahme von Texas in die USA für Mexiko die Kriegserklärung bedeuten würde. So kam es 1846 zum Krieg mit den USA, der knapp zwei Jahre dauerte und mit der Niederlage Mexikos und einem erneuten Sturz von Santa Anna endete. Im Friedensvertrag von Guadalupe Hidalgo, am 2. Februar 1848 in einem Vorort von Mexiko-Stadt geschlossen, musste Mexiko den US-Amerikanern ein Gebiet von ungefähr 850 000 Quadratmeilen abtreten; damit verlor es mehr als die Hälfte seines Staatsgebiets im Norden: Oberkalifornien, Neu-Mexiko, Arizona, Utah, Nevada und Teile von Wyoming und Colorado. Als Entschädigung erhielt es 15 Millionen US-Dollar.

Innenpolitische Instabilität

Die Folgen dieser demütigenden Niederlage waren für die ohnehin schon gefährdete innenpolitische Stabilität verheerend. Soziale Unruhen auf dem Land brachen aus; im Norden des Landes besetzten Indiostämme wie die Coyo-

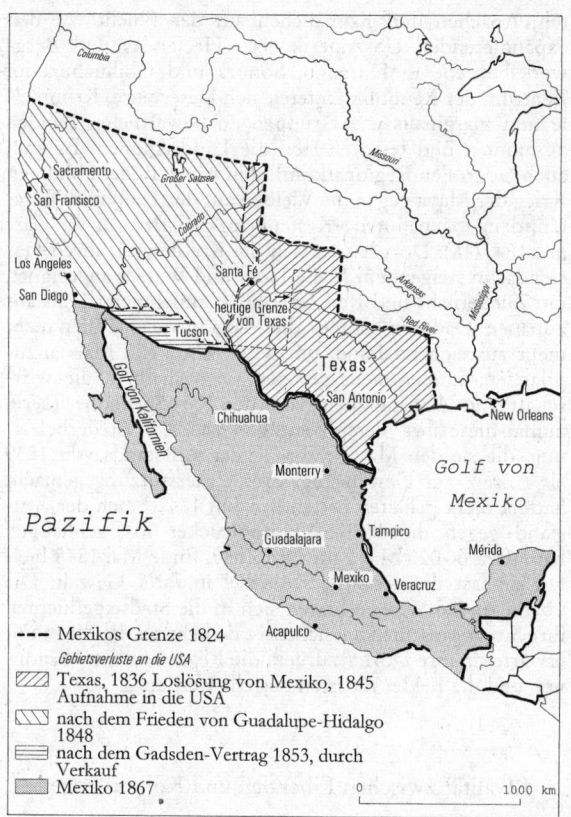

--- Mexikos Grenze 1824

Gebietsverluste an die USA

///// Texas, 1836 Loslösung von Mexiko, 1845
Aufnahme in die USA

\\\\\ nach dem Frieden von Guadalupe-Hidalgo
1848

≡≡≡ nach dem Gadsden-Vertrag 1853, durch
Verkauf

▓▓▓ Mexiko 1867

0   1000 km

Mexikos Gebietsverluste

ten, Apachen und Komanchen auf der Flucht vor den expandierenden US-Amerikanern Haciendas und Bergwerksbetriebe in Durango, Sonora und Chihuahua; im Zentrum der Republik rotteten sich Deserteure, Kriminelle und marginalisierte Gruppen zu bewaffneten Banden zusammen und terrorisierten die Landregionen. Es kam auch zu großen Regionalkonflikten wie z. B. dem blutigen Krieg der Maya gegen die Weißen auf der Halbinsel Yucatán, dem sogenannten »Kastenkrieg« (*Guerra de las Castas*, 1847/48). Dort hatten sich die Kreolen mit ihren Haciendas in steigendem Maße Land und Wasser angeeignet, um Zuckerrohr und Reis, aber auch zunehmend Mais anzubauen. Dadurch besaßen die Maya in vielen Fällen nicht mehr ausreichend Land, um selbst genügend Mais anzupflanzen. Immer mehr gerieten sie deshalb in die wirtschaftliche Abhängigkeit von den Großgrundbesitzern, zumal diese ihre Versprechungen wie z. B. Steuerbefreiung, die sie den Maya während des Aufstands von 1839 als Anreiz zur Gewährung ihrer Unterstützung gemacht hatten, nicht gehalten hatten. Im Juli 1847 brach der Aufstand gegen die weißen Unterdrücker los; schließlich kämpften 60 000 Maya für ihre Ziele, Ende Mai 1848 hielten sie fast die gesamte Halbinsel in ihrer Gewalt. Die überlebenden Weißen hatten sich in die Städte geflüchtet, ihre Situation schien aussichtslos, da kehrten die Maya unerwartet in ihre Dörfer zurück; die Regenzeit hatte begonnen und die Felder mussten bestellt werden.

Rivalität zwischen Liberalen und Konservativen

Die mexikanischen Politiker lernten wenig aus den Ereignissen von 1847. Zwar gingen sie gemeinsam gegen die Indios vor, aber Parteienstreit entzweite sie nach wie vor. Und nachdem die Entschädigungssumme u. a. für Militärkosten zur Bekämpfung der Aufständischen im Norden verbraucht war, kam Santa Anna 1853 mit einem erneuten Militärputsch wieder an die Macht. Diesmal beteiligte er sogar mit Lucas Alamán die Konservativen und mit Miguel Lerdo de Tejada die Liberalen an der Regierung, ohne dass jedoch ein wirklicher Konsens bestanden hätte, zumal die Vorhaben der Liberalen, die Staatseinnahmen durch den Verkauf von Land in Kirchenbesitz zu erhöhen, auf breiten Widerstand stießen. Deshalb formte er seine Regierung um, indem er sich selbst absolute Vollmacht zumaß und sich zum Diktator auf Lebenszeit erklärte. Geld beschaffte er dadurch, dass er am 30. Dezember 1853 ein großes Wüstengebiet, den Süden der heutigen Staaten New Mexiko und Arizona, im sogenannten »Gadsden Purchase« für zehn Millionen US-Dollar an die USA verkaufte. Damit war das Maß voll, und die liberale Opposition wurde aktiv. Im Februar 1854 erhob sich im Süden Mexikos, in Ayutla, eine Gruppe von Militärs gegen Santa Anna und suchte die Unterstützung des Generals Juan Álvarez, eines angesehenen und einflussreichen Mannes im Staat Guerrero, eines Kaziken (*cacique*), wie der regionale Caudillo in Mexiko heißt. Ein Reformplan wurde ausgearbeitet und von dem Liberalen Ignacio Comonfort überarbeitet. Im Sommer 1855 gelang es den Liberalen, Santa Anna endgültig zu stürzen und ihn dazu zu zwingen, ins Exil zu gehen. Mit einer umfassenden Reformtätigkeit wurde die liberale »Reformära« eingeleitet.

Zerfall der zentralamerikanischen Konföderation

Trotz der internen Auseinandersetzungen war abgesehen von dem riesigen Gebietsverlust an die expandierenden USA die Einheit der Republik Mexiko erhalten geblieben. In Mittelamerika, in der 1823 entstandenen Konföderation der Vereinigten Provinzen von **Zentralamerika**, verlief die Entwicklung anders. Im Generalkapitanat Guatemala hatten sich keine kulturellen und historischen Bindungen entwickelt, die zur Schaffung einer gemeinsamen Identität hätten dienen können. Überdies waren die Kreolen untereinander in Liberale und Konservative gespalten und konnten zur Identitätsbildung allenfalls auf den geographischen Faktor eines zukünftigen interozeanischen Kanals oder die allgemeine Staatsbürgerschaft, nicht jedoch auf gemeinsame kulturelle oder ethnische Symbole setzen. Da den Kreolen an einer kulturellen Aufwertung der Indios nicht gelegen war, ließen sie das indianische Element unberücksichtigt. Indigene Sprachen wurden sogar verboten, vielmehr sollte die spanische Sprache als verbindendes Element dienen. Ziel war es, die vorhandene ethnische Heterogenität der zentralamerikanischen Bevölkerung durch Mestizisierung zu überwinden, was in der politischen Realität jedoch die Ausgrenzung jener Bevölkerungsteile bedeutete, deren Lebensweise sich von der kreolischen unterschied.

Fehlende nationale, d. h. überregionale Identität, unterschiedliche Wirtschaftsinteressen in den einzelnen Bundesstaaten und divergierende Vorstellungen von einem funktionierenden Staat führten zu wiederholten Konflikten. Im Jahr 1826 spitzte sich der Konflikt zwischen der konservativen, zentralistisch orientierten Oligarchie und den Liberalen, die den Föderalismus vorzogen, zu einem Bürgerkrieg zu, der 1829 mit dem Sieg der Liberalen unter Francisco Morazán, einem Politiker aus Honduras, endete. Morazán wurde 1830 vom Kongress zum Präsidenten ernannt, damit schien zunächst der Fortbestand der Föderation gesichert. Jedoch rief seine liberale, d. h. kirchenfeindliche Politik Konflikte mit der Kirche hervor, und seine Maßnahme, aus Finanznot den Indianertribut wieder einzuführen oder das Gewicht der indianischen Gemeinschaften zu beschränken, führte zu Protesten der Indios. Dieser Widerstand kulminierte schließlich 1837 in einem Aufstand, in dem sich partikularistische Interessen mit den Gegensätzen zwischen konservativen und liberalen Kreisen sowie in gewissem Sinn auch zwischen Weißen und Indios/Ladinos verbanden. An der Spitze der Bewegung stand der guatemaltekische Caudillo Rafael Carrera, ein analphabetischer hispanisierter Indio, ein *ladino*. Ihm gelang es, die liberalen Kräfte zu besiegen, doch führte sein Sieg auch zum endgültigen Scheitern der Föderation. Im April 1838 verließ Nicaragua als erster Bundesstaat die Föderation. Als am 30. Mai 1838 der Kongress den einzelnen Bundesstaaten einräumte, sich nach ihrem Willen neu zu konstituieren, machten auch die anderen Staaten davon Gebrauch; noch im selben Jahr Guatemala, Honduras und Costa Rica. Lediglich El Salvador, mit der Hauptstadt San Salvador als wichtigem Zentrum des Liberalismus, hielt weiter an der Idee eines zentralamerikanischen Zusammenschlusses fest und trat erst 1841 als letzter Staat aus der Föderation aus.

Aus der Föderation waren fünf selbständige Staaten geworden, die in der Folgezeit ihre eigenen Wege gingen. In Guatemala errichtete Carrera, gestützt auf die Handelselite, eine persönliche Diktatur bis zu seinem Tod 1865. Seine Herrschaft war zwar autoritär, aber nicht despotisch, war zwar konservativ, zugleich aber auch populär. Denn er hielt Kontakt zu den Indios, die immerhin zwei Drittel der guatemaltekischen Bevölkerung von 751 000 Personen ausmachten und deshalb eine wichtige Machtbasis darstellten. Daher achtete er, selbst ein halber Indio, ihre Kultur, ihre Traditionen und natürlichen Ressourcen, d. h., er schützte ihre Ländereien und ihre Landwirtschaft, was insgesamt jedoch bedeutete, dass er die traditionelle Agrarwirtschaft auf dem Niveau der Subsistenzwirtschaft beließ. Indem er die Zwangsarbeit der Indios auf den Gütern im Zentraltal von Guatemala, wo weiterhin Koschenille angebaut wurde, nicht abschaffte, sicherte er sich auch die Zustimmung der weißen Elite. Ähnliche politischen Tendenzen gab es in ganz Zentralamerika.

Die nördlichen Andenstaaten Südamerikas

1830–1845 General Juan José Flores beherrscht die Politik Ecuadors als Militär und Präsident.

1830–1848 Die souveräne Republik Venezuela wird durch ihren ersten Präsidenten General José Antonio Páez geprägt, der das Land trotz der Aktionen regionaler Caudillos zusammenhält.

1831/32 Wiedergründung der Republik Neu-Granada.

1833–1841 Die Präsidenten General Francisco de Paula Santander (1833–1837) und José Ignacio de Márquez (1837–1841) bemühen sich um eine stabile Ordnung in Neu-Granada auf ziviler Basis.

1839–1841 Der Widerstand ehemaliger Generäle der Unabhängigkeitskriege, zugleich regionaler Caudillos, der *jefes supremos*, gegen die Zentralregierung führt zu bürgerkriegsähnlichen Auseinandersetzungen und Forderungen nach einer föderalistischen Ordnung.

1840 November: Die Provinz Panama löst sich von Neu-Granada und erklärt sich zum souveränen Staat des Isthmus.

1841 Dezember: Panama wird mit Waffengewalt wieder in die Republik Neu-Granada eingegliedert.

1845 Nach dem Sturz von Flores kommt es in Ecuador in der Auseinandersetzung zwischen den Großräumen der Sierra und der Küste zu Bürgerkriegen.

1851/52–1856 Die Ansätze zu einer liberalen und demokratischen Politik unter General José María Urbina zeitigen keine Ergebnisse.

1859–1861 Die peruanische Invasion und die Interessenpolitik regionaler Caudillos münden in einen regelrechten Bürgerkrieg und staatliche Auflösungserscheinungen.

Desintegration in Ecuador

In den drei Nachfolgestaaten Großkolumbiens, Ecuador, Kolumbien und Venezuela, übernahmen mit den Generälen Francisco de Paula Santander in Kolumbien (Neu-Granada), José Antonio Páez in Venezuela und Juan José Flores in Ecuador diejenigen politischen Führer die ersten Regierungen, die den Prozess der Auflösung Großkolumbiens betrieben hatten. In **Ecuador** dominierten in der Anfangsphase der Republik die Militärs. Über fünfzehn Jahre, von 1830 bis 1845, beherrschte General Juan José Flores die Politik Ecuadors als Präsident oder als militärischer Oberbefehlshaber, ohne dass er den notwendigen Prozess innerer Integration vorangetrieben hätte. Weder von ihm noch von seinem Nachfolger, dem Zivilisten Vicente Rocafuerte, gebürtig aus Guayaquil, gingen Impulse für eine nationale Konsolidierung aus. Sie unternahmen wenig, um politische Institutionen zu schaffen oder Verfahrensweisen zu entwickeln, die geeignet gewesen wären, die vorhandene wirtschaftliche, politische oder soziale Desintegration oder gar den Gegensatz zwischen der Küstenregion mit ihrer Hauptstadt Guayaquil und der Bergregion mit der Hauptstadt Quito zu überwinden. Auch die Ansätze zu einer liberalen und demokratischen Politik unter General José María Urbina (1851/52–1856) brachten keine Ergebnisse. Vor allem waren sie nicht geeignet oder ausreichend, die Auseinanderentwicklung der beiden Großräume aufzuhalten, deren Kommunikation und Integration nicht nur durch die Geographie und die fehlende Infrastruktur, sondern auch durch unterschiedliche wirtschaftliche und gesellschaftliche Strukturen und dementsprechende ideologische Präferenzen beeinträchtigt wurden. Die günstige geographische Lage Guayaquils und die guten Anbaumöglichkeiten für das begehrte Exportprodukt im Guayas-Becken hatten eine Ausweitung des Kakaogeschäfts und damit die wirtschaftliche Dominanz dieser Region gegenüber den traditionellen Hochlandregionen der Sierra mit sich gebracht. Auch unter Urbinas Nachfolger, General Francisco Robles, blieben die Auseinandersetzungen zwischen Anhängern liberaler und konservativer Vorstellungen bestehen, sie wurden sogar noch durch die peruanische Invasion von 1859 sowie durch die Interessenpolitik regionaler Caudillos verstärkt und mündeten schließlich in einen blutigen Bürgerkrieg und regelrechte Auflösungserscheinungen (1859–1861). Erst das autokratische Regime des Führers der Konservativen, Gabriel García Moreno, konnte die staatliche Einheit sichern.

Politische Instabilität in Neu-Granada

Nach der Wiedergründung **Neu-Granadas** 1831/32 bemühten sich die ersten Regierungen unter den Präsidenten General Francisco de Paula Santander (1833–1837) und José Ignacio de Márquez (1837–1841) um eine stabile Ordnung auf ziviler Basis. Das Bemühen der Zentralregierung, den Einfluss ehemaliger militärischer Führer aus den Unabhängigkeitskriegen zurückzudrängen, rief Ende 1839 die Reaktion alter Generäle, der *jefes supremos*, hervor, die in den Provinzen noch über Macht und Ansehen verfügten. Der über zwei Jahre dauernde Krieg brachte dem Land nicht nur neue Verwüstungen und Not, sondern förderte auch den Ruf nach Föderalismus, bestärkte sogar Separationsbestrebungen. So erklärte sich im November 1840 die Provinz Panama unter General Tomás Herrera zum souveränen Staat des Isthmus. Erst im Dezember 1841 konnte Panama mit Truppengewalt wieder in die Republik Neu-Granada eingegliedert werden. Noch war der Isthmus als wichtige Nahtstelle und Verkehrs- und Transportverbindung zwischen Atlantischem und Pazifischem Ozean für Neu-Granada gerettet. In den 1840er Jahren regierten konservative Persönlichkeiten, deren Politik weder wirtschaftliches Wachstum noch gesellschaftliche Entwicklung bewirkte. Eine Änderung vollzog sich erst ab 1848 mit dem Sieg der Liberalen und dem Übergang zum Föderalismus.

Stabilität durch Autorität in Venezuela

Als General José Antonio Páez im Januar 1830 die Präsidentschaft der Republik **Venezuela** antrat, sahen er und seine Anhänger, die Großgrundbesitzer, Großkaufleute, Intellektuelle und Beamte, bzw. die konservative Oligarchie, sich vor die doppelte Aufgabe gestellt, die Republik, deren Bevölkerung von ca. 700 000 bis 900 000 Einwohnern hauptsächlich in den Küstenregionen, in den Tälern der Anden und in einigen Regionen der Llanos lebte, neu zu ordnen und die Wirtschaft wieder zu beleben. Das hieß auf der politischen Ebene, für die nationale Integration eines Landes zu sorgen, das seit der Kolonialzeit durch Regionalismen gekennzeichnet war und während der Unabhängigkeitskriege den Föderalismus favorisiert hatte und nur über ein unzureichendes Wege- und Straßennetz verfügte. Bis 1848 waren diese Anstrengungen im Wesentlichen durch die Persönlichkeit des Generals Páez geprägt, nicht nur während seiner Präsidentschaften, sondern auch dann, wenn er als einfacher Bürger vom Amt lebte. Dank seiner ihm ergebenen Gefolgsleute, u. a. der Llaneros, verfügte er über tatsächliche Macht, er setzte aber auch sein Charisma geschickt ein. So ließ er innerhalb der formalen Demokratie, in der ein Zensuswahlrecht herrschte, und trotz der Interventionsmöglichkeiten als Präsident, die ihm die gemischt zentralistisch-föderalistisch orientierte Verfassung von 1830 gab, der Elite genügend Spielraum für politische Beteiligung und ökonomische Aktivitäten.

Gleichzeitig aber zwang er alte Caudillos der Unabhängigkeitskriege und Militärs unter die Verfassung. So
brachte die Herrschaft der Konservativen und des Caudillos Páez dem Land bis zur Mitte des Jahrhunderts eine
gewisse politische Stabilität.

Die Staaten im La-Plata-Raum

1829–1852	Juan Manuel de Rosas bestimmt als Gouverneur von Buenos Aires die Entwicklung im La-Plata-Raum und trägt durch seine autoritäre, allerdings auch gewaltsame Regierungsform zur Bildung des späteren argentinischen Einheitsstaats bei.
1833	Die Briten annektieren während der Abwesenheit von Rosas vom Gouverneursamt, ab 1832, die Falklandinseln.
1833/34	In einem Feldzug gegen die Indios der Pampa erweitert Rosas das Siedlungs- und Nutzungsgebiet der Provinz Buenos Aires nach Süden.
1835	Bei seiner erneuten Wahl zum Gouverneur von Buenos Aires erhält Rosas unumschränkte Machtbefugnisse, die er in den nächsten Jahren auch einsetzt, so dass zahlreiche Intellektuelle und Oppositionelle vor seiner Diktatur ins Exil fliehen.
1840	In Paraguay endet mit dessen Tod die seit 1816 andauernde Diktatur des Dr. Francia, der die Unabhängigkeit des Landes u. a. durch eine Autarkiepolitik gefestigt hatte.
1844–1862	Carlos Antonio López erringt in Paraguay die volle persönliche Macht und regiert das Land bis zu seinem Tod 1862 als Diktator; er macht durch staatsinterventionistische Wirtschaftspolitik Paraguay zu einem fortgeschrittenen und stabilen Staat.
1845–1848	Rosas übersteht eine Blockade der argentinischen Küsten durch Frankreich und Großbritannien als Reaktion auf die Schließung des Paraná für die Schifffahrt.
1851	Der Gouverneur von Entre Ríos am Paraná, Justo

José de Urquiza, fällt von Rosas ab und verbündet sich mit anderen Provinzen, Uruguay und Brasilien gegen Rosas.

1852   Februar: Rosas unterliegt in der Schlacht von Caseros und geht ins Exil nach England, wo er 1877 stirbt. Der Sieger Urquiza ruft eine Verfassunggebende Versammlung nach Santa Fé ein.

1853   Mai: Buenos Aires stimmt der von den anderen Provinzen angenommenen föderativen Verfassung der Argentinischen Konföderation nicht zu und trennt sich von den übrigen Provinzen.

1854   Buenos Aires gibt sich eine eigene Verfassung.

Brasilien greift in die inneren Angelegenheiten von Uruguay ein.

1860   Mit der Präsidentschaft von Bernardo Berro scheint der destabilisierende Caudillismus in Uruguay überwunden zu sein.

Stabilisierung in Buenos Aires unter Rosas

Im La-Plata-Raum war in der **Argentinischen Konföderation** nach den Auseinandersetzungen zwischen den Provinzen und Buenos Aires im Jahr 1829 eine gewisse Ruhe eingekehrt, indem jede Provinz wieder ihre eigenen Dinge regelte. In Buenos Aires wurde Juan Manuel de Rosas zum Gouverneur von Buenos Aires gewählt und mit besonderen Vollmachten ausgestattet, um die allgemeine Ordnung wiederherzustellen. Als seine Amtszeit 1832 abgelaufen war, hatte er tatsächlich den Grundstein für eine stabile Staatsführung in Buenos Aires gelegt. Bei seiner Politik konnte sich Rosas auf die Eliten, die Großgrundbesitzer und Kaufleute stützen, deren Interessen er bediente. Ihnen führte Rosas mit seinem Feldzug 1833/34 gegen die Indios in der Pampa weiteres Land zu. An der Indianergrenze war es immer wieder zu Überfällen durch

Indios gekommen, die auch in den Norden vorgedrungen
waren und weiße Dörfer überfallen hatten. Gegen sie richtete sich Rosas' Feldzug; er drängte sie weiter nach Süden
bis zum Río Negro ab und konnte der Provinz an die
70 000 Quadratkilometer bestes Weideland hinzugewin-
nen, das sogleich unter den großen Landbesitzern verteilt
wurde. So war es nicht verwunderlich, dass Rosas im Jahr
1835, als die Konföderation durch den Tod von Facundo
Quiroga, dem einflussreichen föderalistischen Caudillo
von La Rioja, in eine Krise geriet und die Föderalisten einen Coup der Unitarier fürchteten, erneut zum Gouverneur gewählt wurde. Diesmal erhielt er sogar uneingeschränkte Machtbefugnisse.

Rosas-Diktatur und Integrationsansätze

Bis 1852 bestimmte Rosas zunächst als Gouverneur von
Buenos Aires die Politik des Landes, lange Jahre dann als
gefürchteter Diktator, gestützt auf seine ihm ergebenen
Gaucho-Truppen und die materielle Basis seiner Estancia.
Mit diesen weitete er seine Macht auch über die Grenzen
der Provinz Buenos Aires hinaus aus, indem er Bündnisse
mit Föderalisten im Landesinneren einging und ihnen gegen die Unitarier oder Rivalen half. Rosas versuchte während dieser Zeit nicht, eine funktionierende Regierung auf
»nationaler« Ebene oder gar eine neue Verfassung zu
schaffen. Die anderen Provinzen der Argentinischen Konföderation übertrugen ihm lediglich das Recht, in Angelegenheiten der nationalen Sicherheit und der Außenpolitik
in ihrer aller Namen zu handeln. Und tatsächlich gelang es
ihm, zwei europäische Invasionen und Blockaden abzu-
wehren; die französische von 1838, als Frankreich angebliche Übergriffe auf seine Bürger vergelten wollte; und die
von 1845 bis 1848, als Frankreich und Großbritannien die

argentinische Küste blockierten, u. a. weil Großbritannien über die Schließung des Río Paraná für ausländische Handelsschiffe und über die Einmischung von Buenos Aires in die Angelegenheiten Uruguays verärgert war. Rosas war zwar zwar der Vertreter der einzelstaatlichen Rechte, also kein Unitarier, doch nützte er durch die Bündnisse mit anderen Provinzcaudillos der Einheit Argentiniens sehr und legte die Grundlagen für dessen nationalstaatliche Einigung. Erst die Unzufriedenheit mit einem Regime, das sich zur innenpolitischen Kontrolle auch des Terrors durch die Geheimpolizei Mazorca bediente und wegen der Unterdrückung der geistigen und persönlichen Freiheit viele bedeutende Argentinier wie Bartolomé Mitre, Juan Bautista Alberdi und Faustino Domingo Sarmiento ins Exil trieb, erst der Widerstand gegen Rosas' Hegemonie und Diktatur sowie die Sorge um deren negative Auswirkungen auf den internationalen Handel führten dazu, dass sich die *Porteños* und einige Provinzen gegen Rosas erhoben.

Buenos Aires gegen die Konföderation

1851 fiel der Gouverneur der Provinz Entre Ríos, Justo José de Urquiza, von Rosas ab und verbündete sich mit Uruguay und Brasilien, die die ständigen Einmischungen von Rosas in die inneren Angelegenheiten Uruguays als destabilisierend empfunden hatten. Im Februar 1852 wurde Rosas in der Schlacht von Caseros bei Buenos Aires geschlagen; er floh und begab sich ins Exil nach England, wo er 1877 starb. Urquiza zog in Buenos Aires ein; ein weiterer Caudillo trat an die Stelle des gestürzten, und Buenos Aires misstraute dem neuen Machthaber aus der Provinz. Nach der Schlacht von Caseros war die politische Einheit keinesfalls gesichert. Im Gegenteil, es brachen wieder Kämpfe zwischen Unitariern und Föderalisten aus. Andererseits benötigte das Land eine definitive Organisation, allein schon um es mit allen Regionen am Welthandel beteiligen zu können und nicht wie bisher einzelne Regionen auszuschließen oder andere zu bevorzugen. Es musste eine Verfassung erarbeitet werden, die von allen akzeptiert wurde. Urquiza ging diese Aufgabe schnell an und berief eine verfassunggebende Versammlung nach Santa Fé ein. In der Übereinkunft von San Nicolás de los Arroyos im Mai 1852, die zunächst die Autonomie der Provinzen und die Macht der Caudillos garantierte, wurde Urquiza bis zur Fertigstellung der Verfassung interimistisch die politische Macht innerhalb der Konföderation übertragen. Alle Provinzen stimmten zu, lediglich Buenos Aires verweigerte sich aus Furcht vor der Dominanz der Provinzen des Landesinneren. Als Urquiza im September 1852 Buenos Aires verließ und sich in seine Provinz begab, brach in der Stadt offener Widerstand aus: Buenos Aires verließ die Konföderation. Es stimmte auch nicht der im Mai 1853 von den anderen Provinzen angenommenen neuen Verfassung zu, die Argentinien zu einer föderativen Republik machte, die Selbstverwaltung der Provinzen garantierte und die freie Schifffahrt im gesamten Flusssystem des La-Plata-Raums gestattete. Fortan war Argentinien zweigeteilt: Den Provinzen mit Justo José de Urquiza als erstem Präsidenten und der neuen Hauptstadt Paraná stand Buenos Aires gegenüber, das sich 1854 eine eigene Verfassung gab.

Stadt-Land-Gegensätze in Uruguay

In den Jahrzehnten nach Erlangung seiner Unabhängigkeit, 1830, wurde der junge Staat **Uruguay** von schweren inneren Wirren erschüttert. Das Land besaß zwar mit der Weidewirtschaft die wichtigen Produkte für einen Exporthandel und dazu noch einen günstig gelegenen Hafen,

Montevideo, es hatte eine liberale Verfassung. Aber eben um diese Posten begannen die Uruguayer untereinander zu kämpfen. Gegensätze zwischen Stadt und Land, liberal und konservativ trafen hier aufeinander und traten in den Auseinandersetzungen zwischen der Partei der *Colorados* (der »Roten«) und der Partei der *Blancos* (der »Weißen«) zutage. Die Stadt Montevideo war »rot«. Ihre Einwohner waren liberal, auf den Außenhandel und den Schiffsverkehr mit den Flusssystemen des Río de la Plata ausgerichtet, dementsprechend reserviert gegenüber einer argentinischen Vorherrschaft, eher probrasilianisch eingestellt und offen für ausländische Ideen und für europäische Einwanderer. Das Land hingegen war »weiß«, stellte die Partei der Weidebesitzer, der Autorität und der alten Werte. Die Grundbesitzer sahen ihren Besitz durch brasilianische Expansionsgelüste bedroht und waren deshalb eher proargentinisch eingestellt. Beide Gruppierungen schlossen sich mächtigen Caudillos an, Manuel Oribe (weiß) einerseits und Fructuoso Rivera (rot) andererseits, von deren Machtkampf das Land seit 1830 bestimmt wurde. Diese innere Instabilität, ja geradezu Spaltung des Landes während der 1840er Jahre lud zu ausländischen Interventionen ein. Nicht nur Argentinien unter Rosas, immer noch mit der Loslösung Uruguays unzufrieden, und Brasilien mischten sich ein, sondern auch England und Frankreich auf der Seite des von Buenos Aires belagerten Montevideo. Erst im Oktober 1851 fanden die kriegerischen Auseinandersetzungen zwischen den Uruguayern ein Ende.

Die Okkupation Uruguays durch Brasilien

Der Krieg hatte das Land, das in gewissem Sinn eine Art Pufferstaat zwischen Argentinien und Brasilien darstellte, schwer getroffen; die Bevölkerung war zurückgegangen, die Viehwirtschaft hatte gelitten, nicht nur weil in den Kämpfen der Viehbestand reduziert worden war, sondern auch weil viele Landeigentümer in den Kriegszeiten ihre Wirtschaft verlassen hatten, um in Montevideo Schutz zu suchen. Zahlreiche Eigentümer sahen sich gezwungen, ihre Ländereien billig zu verkaufen, weil während ihrer Abwesenheit das Vieh entweder entlaufen oder gestohlen worden war und dadurch ihr Land an Wert verloren hatte. Als Käufer boten sich vorwiegend Brasilianer aus Rio Grande do Sul an, die die Gunst der Stunde nutzten und sich in Uruguay niederließen. Auch die politischen Rahmenbedingungen förderten diesen Zuzug, denn Uruguay hatte 1851 mit Brasilien – aus Dank für dessen Unterstützung gegen die Okkupationsversuche von Rosas – einen Vertrag geschlossen, in dem es an Brasilien territoriale Rechte abtrat und den freien Wechsel für Vieh von Uruguay nach Brasilien zugestand. Angesichts des allgemeinen wirtschaftlichen Rückgangs – der u. a. durch die Dezimierung des Viehbestands von sechs Millionen im Jahr 1843 auf zwei Millionen im Jahr 1852 und dessen negative Auswirkungen auf die Salzfleischproduktion bedingt war – verfügte der Staat nicht über ausreichende Mittel, um sich Gehorsam zu verschaffen. An seine Stelle traten nun wieder lokale und überregional agierende Caudillos, die mehr Loyalität als er erhielten. Immerhin schlossen sich die wichtigsten militärischen Caudillos Venancio Flores, Fructuoso Rivera und Juan Antonio Lavalleja zu einem Triumvirat zusammen, das das Land regierte und beide Parteien an der Macht beteiligte. Nach dem Tode von Rivera und Lavalleja verblieb die Macht zunächst in den Händen von Venancio Flores. Und als im Jahr 1854 Brasilien in die innneruruguayischen Rivalitäten eingriff und mit Truppen Einfluss auf die Wahl von Flores, dem Anhänger der liberalen *Colorados* und Gegenspieler von Oribe, zum Präsidenten nahm, verschob sich das Gleichgewicht zugunsten der *Colorados*, was die Situation keinesfalls ent-

schärfte. Bestrebungen, zwischen den beiden Parteien so
etwas wie einen Pakt jenseits von Parteiinteressen zu
schließen, damit den *caudillismo* zu überwinden und die
politischen Kräfte zum Wiederaufbau des Landes zu bün-
deln, hatten nur teilweise Erfolg. Weil die Parteien und
ihre Anhänger sich mit ihren politischen Projekten zu wenig profiliert sahen, kam es sogar wieder zu militärischen
Auseinandersetzungen. Erst als im Jahr 1860 der liberal-
konservative Bernardo Berro, ein Vertreter der *Blancos*,
ohne Intervention von außen zum Präsidenten gewählt
wurde – Venancio Flores war nach Argentinien geflohen –, schien in Uruguay politische Stabilität einzukehren.

Entwicklungsdiktatur in Paraguay

Im Unterschied zu anderen Staaten entwickelte sich in **Paraguay** eine stabile, allerdings autoritäre Ordnung. Dr.
Francia duldete keine Opposition oder Kritik, er elimi-
nierte die alte kreolische Oberschicht und konfiszierte ihren Besitz, der zu Staatsgütern umgewandelt wurde; eine
neue staatstragende Schicht oder auch nur eine unabhängige Bürokratie ließ er nicht entstehen, sondern fühlte sich
für alles selbst zuständig. Die Masse der Bevölkerung sah
geduldig und autoritätsgläubig zu. Das gesamte staatliche
Leben war auf den Diktator zugeschnitten.

In den fünfundzwanzig Jahren seiner Herrschaft gelang
es Francia, der sich von seinen Landsleuten als »Der
Oberste« (*El Supremo*) verehren ließ, die Unabhängigkeit
des Staates Paraguay zu sichern, indem er sich aus den
Konflikten im La-Plata-Raum heraushielt und die Politik
einer rigorosen Isolierung und Abschottung des Landes
betrieb. Zu Beginn der Eigenstaatlichkeit war die Politik
der Isolierung ein politisches Instrument gewesen, um
sich der Forderungen von Buenos Aires oder anderer

Interventionsversuche zu erwehren. Danach setzte sie Francia auch im ökonomischen Bereich ein, um Paraguay vor jedwedem ausländischen Einfluss, der seiner Diktatur gefährlich werden könnte, abzuschotten, zugleich aber auch, um der ungünstigen geographischen Lage Paraguays hinsichtlich des Zugangs zum Meer begegnen zu können. So ließ er keine ausländischen Geschäftsleute ins Land, verbot und unterband jeden freien Handel mit dem Ausland – erlaubt war nur ein vom Staat kontrollierter Handel über zwei Binnenhäfen am Río Paraná und Río Paraguay – und verordnete dem Land eine Wirtschaftspolitik der Autarkie. Einerseits verlor Paraguay damit wichtige Absatzmärkte für seine traditionellen Produkte, andererseits führte diese Maßnahme zu einer beachtlichen landwirtschaftlichen Diversifizierung und Steigerung der Produktion von Lebensmitteln und Kleidung für den Eigenbedarf sowie zur Entwicklung eines Binnenmarktes. Allerdings vollzog sich dieses vom Staat kontrollierte Wirtschaftswachstum auf einem eher niedrigen Subsistenzniveau ohne Impulse für eine eigene industrielle Entwicklung sowie für sozialen Wandel und das Entstehen einer privaten Unternehmerschicht. Und aus Furcht vor Kritik tat Francia nichts für die Bildung, verhinderte ein intellektuelles Leben, und obwohl er sich den Anschein eines Sozialreformers gab, veränderte er schon gar nicht die abhängige Situation der Guaraní-Indios in den ehemaligen Jesuitenreduktionen. Die Pflicht zur Zwangsarbeit ließ er bestehen.

Stabilität und Staatsinterventionismus in Paraguay

Aus den Streitigkeiten um Francias Nachfolge ging nach dessen Tod 1840 Carlos Antonio López, ein Mitglied der Führungsschicht in Asunción aus der Zeit vor Francias

Regierungsantritt, hervor. Ab März 1841 regierte er zunächst als einer von zwei Konsuln, ab 1844 konnte er die volle persönliche Macht erringen und regierte bis zu seinem Tod 1862 als Diktator. Insgesamt setzte er die autoritäre Politik von Francia fort. Wie Francia errichtete er ein allgegenwärtiges Regime, kontrollierte die öffentliche Meinung durch die von ihm herausgegebene erste Tageszeitung des Landes, *El Paraguayo Independiente*, förderte – zur besseren Indoktrination durch Lesefähigkeit – das Schulwesen. Wie Francia ging er ebenfalls gegen die alteingesessene Oligarchie vor und beschnitt deren Großgrundbesitz, indem er Privateigentum in Staatseigentum überführte, dabei aber nicht vergaß, sich und seine Familie zu bereichern. Überhaupt setzte er sein persönliches Interesse bzw. das seiner Familie mit der wirtschaftlichen Entwicklung des Landes gleich. Dabei folgte er nicht den zeitgenössischen Vorstellungen von freier individueller Aktivität, sondern praktizierte einen rigiden Staatsinterventionismus und -monopolismus. Auf exportorientierten Staatsbetrieben mussten Landarbeiter, *campesinos*, unter der Leitung von staatlichen Beamten das Land kultivieren, d. h. im Wesentlichen Tabak und Mate, *yerba mate*, produzieren, deren Ausfuhr zu hohen Preisen der Staat erneut monopolisierte. Carlos Antonio López öffnete das Land nicht nur für den Welthandel, sondern auch für eine selbstbestimmte Modernisierung. Die Einnahmen aus dem staatlich gelenkten Exporthandel, zusammen mit einer staatlichen Kontrolle der Zahlungsbilanz, erlaubten es der Regierung, Infrastruktur- und Modernisierungsmaßnahmen einzuleiten, die in Paraguay eine eigenständige Modernisierung ohne ausländische Investitionen und ohne die sonst übliche Verschuldung ermöglichten. Die Regierung initiierte technischen Fortschritt, begann mit dem Bau einer Eisenbahnlinie (Verbindung zwischen Asunción und Villa Rica) und einer Telegrafenleitung (zwischen Asunción und Humaitá), holte Fachpersonal zum Aufbau einer eigenen Rüstungsindustrie sowie von Krankenhäusern und Sanitätsdienst ins Land, gründete eine Eisengießerei in Ybicuí und schuf auf sie gestützt eine Handelsflotte aus Dampfschiffen für die Flussfahrt wie auch für die Überseefahrt.

Allerdings verursachte diese staatlich gelenkte und für die normale Bevölkerung durchaus vorteilhafte Modernisierungspolitik, in der zugleich auch die strategische Komponente der Verteidigung des von Nachbarn umschlossenen Staates sichtbar wird, gravierende Probleme, die die Dauerhaftigkeit eines solchen Modells beeinträchtigten. Zum einen riefen einige Maßnahmen die Opposition von Angehörigen der Oligarchie hervor, die sich ihrer Privilegien und ihrer Einflussnahme beraubt sahen, zumal sie erleben mussten, wie sich der López-Clan selbst bereicherte. Die Folge war, dass sie begannen, das Land zu verlassen und, zumeist von Argentinien aus, die Regierung in Paraguay zu bekämpfen. Zum anderen verhinderte die staatliche Monopolpolitik, die alle lukrativen Wirtschaftsaktivitäten dem Staat vorbehielt, dass sich ein Unternehmertum, eine Mittelschicht entwickelte, dass ein Bürgertum entstand, das die begonnene Modernisierung hätte weiterführen oder in der Gesellschaft verwurzeln lassen können.

In der Mitte des 19. Jahrhunderts stellte sich Paraguay zwar als ein stabiler Staat dar, benötigte aber für seine Existenz und die weitere Entwicklung seiner Wirtschaft die Zustimmung und den guten Willen seiner Nachbarn. Dies war gegeben, solange ein gewisses Gleichgewicht der Kräfte in diesem Raum bestand oder zumindest als vorhanden eingeschätzt wurde. 1864 schien das Gleichgewicht zerbrochen, es kam zum sogenannten Paraguayischen Krieg, der bis 1870 dauerte.

Die südlichen Andenstaaten Südamerikas

1826–1836	Nach dem Abzug Bolívars herrscht in Peru ein politisches Vakuum mit wechselnden kurzlebigen Präsidentschaften ehemaliger Militärs.
1829–1839	General Andrés Santa Cruz regiert das durch die Bergbaukrise wirtschaftlich geschwächte Bolivien zehn Jahre.
1833	In Chile erhält die unter der Ägide von Diego Portales erlassene sozialkonservativ und autoritär ausgerichtete Verfassung die Zustimmung der Oberschicht, so dass sich das Land innenpolitisch konsolidieren kann.
1836	Oktober: Der bolivianische Präsident General Andrés Santa Cruz vereinigt Peru und Bolivien unter seiner Herrschaft zur Peruanisch-Bolivianischen Konföderation, die von den Nachbarstaaten Argentinien und Chile jedoch nicht anerkannt wird.
1836/37	Chile und Argentinien erklären der Konföderation den Krieg.
1839	Januar: In der Schlacht von Yungay wird das Heer von Santa Cruz durch chilenische Invasionstruppen und peruanische Oppositionelle geschlagen und die Konföderation wieder aufgelöst.
	Nach dem Sturz von Santa Cruz wird Bolivien von politischen Auseinandersetzungen regionaler Caudillos ohne politische Ideen geschüttelt.
	Die von Agustín Gamarra auf den Weg gebrachte zentralistisch ausgerichtete Verfassung kollidiert mit den regionalen zentrifugalen Kräften in Peru. Es kommt zu erneuten Unruhen.
Ab 1840	Planmäßige Erschließung des von freien Araukanern bewohnten Südens Chiles.
1841–1851	Unter der starken Hand von General Manuel Bulnes verbindet sich in Chile wirtschaftliches Wachstum mit einem liberalen intellektuellen Klima, das allerdings auch Repressalien ausgesetzt ist.
1841–1847	Präsident José Ballivián versucht, Boliviens Grenzen im Osten zu sichern, zu erweitern und den Zugang zum Pazifik weiter zu öffnen.

1845–1851　In der ersten Amtszeit von Präsident Ramón Castilla, einem Mestizen, beginnt die allmähliche Konsolidierung Perus.

1848–1855　Mit Präsident Manuel Isidoro Belzú beginnt in Bolivien eine Periode gewaltsamer militärischer Despoten, der sogenannten *caudillos bárbaros*.

1851–1861　Unter den zwei Präsidentschaften von Manuel Montt kommt es in Chile zu verschiedenen Bürgerkriegen, in denen Forderungen nach mehr Demokratie und mehr Dezentralisierung laut werden.

Gruppeninteressen und regionale Caudillos in Peru

Mit der Unabhängigkeit hatte **Peru** die Möglichkeit erhalten, seine politischen Geschicke selbst zu gestalten, ohne die sozialen und ökonomischen Strukturen anzutasten. Doch dadurch, dass eine überregional, national orientierte politische Elite fehlte, die die Fragmentierung in Regionen und verschiedene Klassen und Rassen überwunden hätte, bestimmten Gruppeninteressen, lokale Loyalitäten und persönliche Bindungen die politische Entwicklung in einem Land, das seit der Kolonialzeit ohnehin schon durch den Gegensatz Küstenregion (*costa*) und Gebirgsregion (*sierra*) geprägt war. So entstand nach dem Abzug Bolívars im September 1826 ein politisches Vakuum; die politische Gewalt blieb in den Händen regionaler Caudillos, von denen jedoch niemand in der Lage war, wie in Argentinien oder Venezuela eine überregionale Machtstellung einzunehmen. Zwischen 1826 und 1836 lösten acht Präsidenten einander ab, sie waren durchweg ehemalige Militärs. Es kam zu verschiedenen Aufständen, deren wichtigster der im Süden des Landes war, weil er von General Andrés Santa Cruz, dem Präsidenten von Bolivien (1829–1839), genutzt wurde, um zuerst den Süden Perus

für sich zu gewinnen und dann das ganze Land zu beherrschen und die ehemaligen Teile des Vizekönigsreichs Peru
wieder zu vereinen.

Die kurzlebige Peruanisch-Bolivianische Konföderation

Tatsächlich schuf Santa Cruz im Oktober 1836 die Peruanisch-Bolivianische Konföderation unter seiner Leitung.
Diese sollte aus drei unabhängigen Staaten innerhalb der
Konföderation bestehen: Bolivien, einem Staat Südliches
Peru und dem restlichen Peru. Doch nicht nur im Land –
besonders innerhalb der alten Elite in Lima – gab es Widerstand gegen dieses Projekt; auch die Nachbarn Chile
und Argentinien sahen in der Konföderation eine Bedrohung, und als Santa Cruz die Häfen Arica, Cobija, Callao
und Paita zu freien Häfen erklärte, um den Schiffsverkehr
von Valparaíso abzuziehen, befürchtete Chile vor allem
einen möglichen potenten Konkurrenten an der Pazifikküste. So erklärten Chile im Dezember 1836 und der argentinische Diktator Rosas im Mai 1837 der Konföderation den Krieg. Nach ersten Niederlagen gelang es dann im
Januar 1839 chilenischen Invasionstruppen, unterstützt
von peruanischen Oppositionsgruppen, das Heer von
Santa Cruz in der Schlacht von Yungay zu besiegen. Die
Konföderation zerfiel wieder.

Stabilitätsansätze unter Castilla

In Peru hielten in den folgenden Jahren die innenpoliti-
schen Wirren an. Die von Agustín Gamarra 1839 auf den
Weg gebrachte konservative zentralistisch ausgerichtete
Verfassung zeigte keine Wirkung, weil sie der politischen

Realität des Landes und den regionalen zentrifugalen
Kräften nicht Rechnung trug. Sein Versuch, mit einer Invasion in Bolivien seinerseits eine Konföderation unter
peruanischer Führung zu schaffen, scheiterte; er wurde
gefangen genommen und im November 1841 getötet. Eine
neue Zeit von Gewalt und politischer Instabilität folgte,
bis mit der Präsidentschaft von Ramón Castilla, 1845,
Peru zu relativer innerer Stabilität gelangte.

Castilla war ein Mestize, sensibel für die Bedürfnisse
auch der Mehrheit der 1836 etwa 1,5 Millionen zählenden
Bevölkerung, also nicht nur der Eliten; er hatte weder
Bindungen an die Liberalen noch an die Konservativen,
sondern verfolgte eine pragmatische Politik, die vor allem
die Ordnung im Land herstellen wollte. Dazu benötigte er
einen schlagkräftigen Machtapparat, ein starkes Heer, mit
dem er die Akzeptanz der legitimen Autoritäten durchsetzen konnte, und natürlich Geld. So ist es nicht verwunderlich, dass Castilla den von den Indios zu zahlenden
Tribut, der 1826 wieder eingeführt war, nicht abschaffte,
bedeutete er doch neben den Zolleinnahmen eine wichtige
Einnahmequelle. Tatsächlich begann mit der ersten Amtszeit von Castilla, 1845–1851, die allmähliche Konsolidierung des Staates, wobei Castilla die Einnahmen aus dem
neuen Exportprodukt Guano zugute kamen, das zu dieser
Zeit die alten Exportprodukte Silber und Zucker zu ersetzen begann.

Caudillos und Putsche in Bolivien

In **Bolivien** nahm die politische Entwicklung nach der
Staatwerdung und nach dem Rückzug Sucres einen dramatischen Verlauf. Tatsächlich besaß Bolivien im Moment
seiner Unabhängigkeit wenig Stabilität oder Zusammenhalt, hatte seine Revolution doch einen ambivalenten Ver-

lauf genommen: Zunächst hatte es eine soziale Rebellion gegeben, dann die Gegenrevolution und schließlich die Befreiung durch ausländische Truppen. Seine Bergbauwirtschaft war in den Kriegen in die Krise geraten, zwischen 1820 und 1830 sank die Produktion in den Silberminen auf dreißig Prozent von derjenigen im Zeitraum von 1810 bis 1820. Zwar sollte der politische Prozess verfassungsmäßig mit Wahlen ablaufen, doch erfolgten die Regierungswechsel durch Putsche und Gegenputsche von Militärs, die verschiedene Truppenteile aus der Unabhängigkeitszeit anführten und diese auch alimentieren mussten. In den ersten drei Jahrzehnten gab es zwar einige längere Regierungsperioden wie z. B. die von General Andrés Santa Cruz in den Jahren 1829 bis 1839, doch kamen bis 1864 mit Ausnahme von Santa Cruz sämtliche Präsidenten – bis auf drei waren sie alle Militärs – durch einen Staatsstreich an die Macht. Nach dem Zerfall der Konföderation im Krieg mit Chile, der wiederum zur Militarisierung beigetragen hatte, setzte sich das Machtgerangel zwischen den verschiedenen Caudillos und ihren Anhängern fort, ohne dass eine klare politische Linie erkennbar gewesen wäre. Einer der wenigen Caudillos mit politischen Ideen war José Ballivián, 1841–1847, der Bolivien den Zugang zum Pazifik weiter öffnen wollte und Pläne für eine Bildungsreform hatte; die Projekte erwiesen sich jedoch sämtlich als teuer und damit unrealisierbar. Ein anderer war Manuel Isidoro Belzú, 1848–1855, ein konservativer Populist und blutiger Diktator, der seine Gegner mit harter Hand in Schach hielt. Mit ihm begann eine dreißig Jahre dauernde Periode mit gewaltsamen politischen Auseinandersetzungen und Militärdiktaturen. Immerhin entwarf er, zur Freude der Handwerker und der ländlichen Bevölkerung, aber zum Ärger der liberalen Elite, ein auf die Binnenwirtschaft ausgerichtetes Entwicklungsprojekt mit protektionistischen Zügen.

Politische Stabilität und Wachstum in Chile

Anders als in Peru und Bolivien sowie in den meisten anderen jungen Staaten entwarfen Politiker in **Chile** fünfzehn Jahre nach der Unabhängigkeit ein stabiles politisches System. Mit dem Sieg der Konservativen über die
Liberalen 1830 endete der Bürgerkrieg. Es endete aber
auch die kurze Ära der Liberalen mit ihren liberalen und
föderalistischen Experimenten, und es begann eine lange
Zeit politischer Stabilität und dementsprechend wirtschaftlichen Wachstums nach den Regeln, wie sie die neue
Verfassung von 1833 festlegte. Unter der Ägide von Diego
Portales entstand eine neue Regierungsform, dem Namen
nach republikanisch, in Wirklichkeit aber autoritär. Die
Verfassung von 1833 errichtete ein politisches System, das
das aktive und passive Wahlrecht auf weniger als zehn
Prozent der Bevölkerung beschränkte und den Präsidenten mit weitreichenden Befugnissen ausstattete. Damit
war es offensichtlich undemokratisch. Indem es aber die
Privilegien von Reichtum und sozialem Stand der Oberschichten weiter anerkannte (Wiedereinführung der Majorate), also die überkommene soziale Struktur widerspie-
gelte, trug es der sozialen Wirklichkeit Rechnung und erhielt die Zustimmung der Oberschicht. Der politische
Wandel von der Kolonialzeit zur Eigenstaatlichkeit hatte
sich innerhalb der bestehenden sozialen hierarchischen
Struktur abgespielt und diese nicht grundsätzlich geändert. Das chilenische konservative System stützte sich auf
die landbesitzende Oligarchie und die Kirche. Trotz aller
Repressionen war es ein ziviles, kein militärisches Regime,
dessen Akzeptanz auf Stabilität und Leistung, d. h. auf einer langsam wachsenden Wirtschaft beruhte. Schien diese
wie überhaupt das Mächtegleichgewicht am Pazifik bedroht, wie durch die Peruanisch-Bolivianische Konföderation, griff man zu den Waffen.

Autoritarismus, Liberalismus, Bürgerkriege

1841 erlangte General Manuel Bulnes, der Sieger im Kampf gegen Santa Cruz, die Präsidentschaft. Zehn Jahre sorgte er mit starker Hand und gestützt auf ein unerbittliches Überwachungssystem für Ordnung und Fortschritt. Die Wirtschaft wuchs, zudem herrschte auch ein liberales intellektuelles Klima, stimuliert von argentinischen politischen Exilanten wie Alberdi und Sarmiento, aber auch durch die Bildungspolitik an der Nationalen Universität von Chile unter ihrem Rektor Andrés Bello. Oppositionelle wie die Intellektuellen José Victorino Lastarria oder Francisco Bilbao forderten Schritte zu einer wahren Demokratie. Inspiriert von der Französischen Revolution von 1848, gründeten Bilbao und Santiago Arcos 1850 die Gesellschaft der Gleichheit (*Sociedad de la Igualdad*) und versuchten ähnlich wie die Liberalen in Neu-Granada, die Handwerker von Santiago zu mobilisieren, das Wahlrecht auszudehnen, die Wiederwahl des Präsidenten zu verbieten und sozialliberale Ideale durchzusetzen. Es kam zu Demonstrationen und Erhebungen, die die Regierung mit Repressalien beantwortete. Zugleich wählten die Konservativen angesichts der liberalen Herausforderung Manuel Montt, den Innenminister der Regierung Bulnes, 1851 zum neuen Präsidenten, der wie Bulnes zuvor ebenfalls zwei aufeinanderfolgende Amtszeiten bis 1861 absolvierte. Als Montt 1851 sein Amt antrat, kam es zu einem bewaffneten Aufstand der Liberalen, der von Concepción im Süden und La Serena im Norden ausging und von General José María de la Cruz, dem unterlegenen Gegenkandidaten Montts, geführt wurde. Dieser u. a. auch aus regionaler Unzufriedenheit mit der Vormachtstellung Santiagos entstandene erste Bürgerkrieg wurde durch Regierungstruppen schnell niedergeschlagen. Doch erlebte die Regierung Montt weitere Krisen. Seit den 1840er Jahren hatte die planmäßige Erschließung des noch von freien Araukanern bewohnten Südens und die Einwanderung deutscher Siedler begonnen. Das weitere Vordringen der Siedlungsgrenze in Indianerland während der Regierungszeit Montts provozierte Überfälle der Araukaner und erforderte kostspielige Sicherungsmaßnahmen der Regierung. Zudem rief der autoritäre Regierungsstil Widerstand selbst bei den Konservativen hervor, die sich wegen der antiklerikalen Politik Montts in zwei Gruppierungen, die Konservative Partei »(anti Montt)« und die Nationale Partei, spalteten. Wegen unterschiedlicher Vorstellungen über die Möglichkeiten einer Koalition mit den Konservativen als Opposition zu Montt spalteten sich auch die Liberalen in eine Liberale Partei und eine Radikale Partei. Als Montt 1859 versuchte, den unpopulären Innenminister Augusto Varas, einen engen Freund, als seinen Nachfolger durchzusetzen, kam es zu einem neuen Bürgerkrieg. In ihm kamen neben politischen Forderungen nach einem demokratischeren, mehr föderalistisch organisierten Staat auch ökonomische Interessen zum Ausdruck. Denn wiederum waren Gruppen aus den Regionen wie Concepción oder aus den Bergbaugebieten der Atacama an den Aufständen beteiligt. Nach ihren Vorstellungen sollte mehr Föderalismus den regionalen Interessen und Möglichkeiten Raum geben. Wieder wurde der Aufstand schnell niedergeschlagen und die Opposition verfolgt. Mit José Joaquín Pérez, dem Kandidaten der Nationalen Partei, blieben die Konservativen ab 1861 weiter an der Macht. Allerdings gewann das Parlament allein schon durch die größere politische Bandbreite – auch die Radikale Partei war im Kongress vertreten – an Einfluss, so dass die innenpolitisch relativ ruhige Regierungszeit von Pérez als eine Übergangszeit von einem bestimmenden Autoritarismus zu der liberalen Republik von Federico Errázuriz (ab 1871) gilt.

Brasilien

1824	Gegen die zentralistische Verfassung formieren sich erste föderalistische Aufstände in den Provinzen (Pernambuco).
1826	Durch die Zustimmung Pedros I. zu einem Vertrag mit Großbritannien, der den Sklavenhandel als illegal deklariert, schwindet das Ansehen des Kaisers.
1828	Der fehlgeschlagene Versuch, Uruguay als Cisplatinische Provinz zu annektieren, und privates Fehlverhalten mindert die Zustimmung der Brasilianer zu Pedro I.
1831	April: Nach einem Aufstand gegen seine portugiesenfreundliche Politik dankt Pedro I. zugunsten seines fünfjährigen Sohnes Pedro de Alcântara ab und begibt sich nach Portugal, wo er den portugiesischen Thron übernimmt.
1831–1840	Regentschaftsregierungen führen für den unmündigen Pedro die Regierungsgeschäfte und bewahren trotz zahlreicher innen- und sozialpolitischer Revolten sowohl die Einheit des Landes als Monarchie als auch das bisherige soziale Gefüge.
1840	Juli: Der fünfzehnjährige Pedro wird drei Jahre vor der Zeit für volljährig erklärt und übernimmt die Regierungsgeschäfte.
1841	Mit der Krönung zum Kaiser Pedro II. beginnt in Brasilien das Zweite Kaiserreich.
1842–1847	Nach verschiedenen Revolten gegen konservative und zentralistische Tendenzen arrangieren sich die Liberalen mit dem System.

Politische Stabilität durch kaiserliche Autorität

In **Brasilien** war die politische Stabilität nach erlangter Unabhängigkeit zunächst weniger durch rivalisierende Caudillos als durch die Person des Kaisers selbst und sei-

nen absolutistischen Regierungsstil gefährdet. Im Moment
der Unabhängigkeitserklärung war Pedro I. ein gefeierter
Mann gewesen. Doch schon bald begann seine Popularität
zu schwinden. Schon die Art, wie er die zentralistisch orientierte Verfassung von 1824 durch seinen Staatsrat statt
der von ihm 1823 abgesetzten verfassunggebenden Versammlung hatte ausarbeiten lassen, brachte ihm wenig
Freunde unter den Liberalen und in den Provinzen. Dom
Pedro sah sich innenpolitisch bald mit demokratischen
und separatistischen Kräften konfrontiert. Im Laufe des
Jahres 1824 formierten sich föderalistische Tendenzen in
den nordöstlichen Provinzen zu einer gewaltsamen Rebellion. In Pernambuco stieß die Verfassung auf Widerstand,
und im Juli 1824 rief der dortige abgesetzte Provinzpräsi-
dent eine unabhängige Republik, die Konföderation von
Äquator, *Confederação do Ecuador*, aus. Regierungstruppen konnten die Rebellion zwar schnell niederschlagen,
zumal konservative Pflanzer sich von der Rebellion zurückzogen, weil diese auch die Abschaffung des Sklavenhandels vorsah. Aber bei den Brasilianern blieben Vorbehalte gegenüber dem Kaiser bestehen, der zunehmend in
Brasilien lebende Portugiesen bei der Vergabe von Ämtern bevorzugte und sie auch zu seinen Ratgebern machte.
Ein weiterer Kritikpunkt richtete sich gegen seine Zustimmung zu einem Vertrag mit England vom 23. November
1826, sah dieser doch vor, dass drei Jahre nach seiner Ratifizierung Sklavenhandel in Brasilien illegal sein sollte. Für
den Staat Brasilien war dieser Vertrag, dieses Zugeständnis
an England wichtig, weil er sich damit Englands Hilfe und
Vermittlerrolle bei der völkerrechtlichen Anerkennung
durch Portugal versichern konnte. Die brasilianische
Pflanzerelite jedoch, die aus wirtschaftlichen Gründen gegen die Sklavenabschaffung – und das Verbot des Sklavenhandels bedeutete den ersten Schritt zur Abschaffung –
eingestellt war, sah ihre Interessen empfindlich betroffen
und empfand den Vertragsabschluss als Ausdruck absolu-

tistischer Politik des Kaisers. Dessen Popularität litt auch unter den militärischen Misserfolgen in der Banda Oriental, wo Brasilien seine sogenannte Cisplatinische Provinz aufgeben und 1828 gemeinsam mit Argentinien den unabhängigen Staat Uruguay anerkennen musste. Überdies verlor Pedro I. an Ansehen durch seine teure und kinderreiche Mätressenaffäre mit Domitilia de Castro; er erhob sie sogar zur Marquesa de Santos und räumte ihr Einfluss auf seine Politik ein, während seine Frau Leopoldine von Habsburg vor Kummer dahinsiechte und im Dezember 1826 starb. Die Tatsache, dass er sich nach dem Tod seines Vaters Johann VI. im Jahr 1826 in die Nachfolgestreitigkeiten in Portugal einmischte, da er selbst nie auf seine Anrechte auf den portugiesischen Thron verzichtet hatte, beeinträchtigte ebenfalls die Akzeptanz: Er wurde zunehmend als Fremder, nicht als Brasilianer wahrgenommen.

Die brasilianische Elite – Stütze des Kaiserreichs

Die schwindende persönliche Popularität des Kaisers führte allerdings nicht dazu, dass sich die kleine brasilianische Elite grundsätzlich vom Kaiserreich abwandte. Sie war im Unterschied zu den anderen lateinamerikanischen Staaten relativ homogen, ihr gehörten einerseits in Rechts- und Verwaltungsfragen graduierte Absolventen der Universität von Coimbra, andererseits die Gruppen der Pflanzer und Bergwerksbesitzer an. Sie alle profitierten von der Anwesenheit des Kaiserhofs, indem sie Ämter und Posten als Mitglieder in Regierung, Senat und Staatsrat oder als Landrichter erhielten, meldeten allerdings in Krisenzeiten auch ihre Bedenken und Vorbehalte an. In den 1820er Jahren hatte sich die wirtschaftliche Lage durch eine Ausfuhrkrise bei Agrarprodukten wie Zucker und Tabak sowie durch sinkende Zolleinnahmen verschlechtert, nicht

zuletzt durch den 1827 mit England abgeschlossenen
Handelsvertrag, der die England schon 1810 eingeräumten
Vergünstigungen bestätigte und Englands Importwaren
einen Vorzugszoll einräumte. Der wirtschaftliche Rückgang schlug sich 1831 in sozialen Protesten und antiportu-
giesischen Unruhen in Rio de Janeiro nieder, die besonders der radikale Flügel der Liberalen dazu nutzte, Druck
auf den Kaiser auszuüben, ihn dazu zu veranlassen, sein
ihm ergebenes Kabinett durch eines mit in Brasilien geborenen Politikern zu ersetzen. Was Pedro I. im März auch
tat. Als er aber schon wenige Tage später seine Entscheidung widerrief, die Brasilianer entließ und wieder seine
Günstlinge einsetzte, war das Maß voll. Am 5. und 6.
April kam es zu einem handfesten Aufstand, in dessen
Verlauf der Kaiser am 7. April zugunsten seines fünfjähri-
gen Sohns Pedro de Alcântara abdankte und wenige Zeit
später das Land Richtung Portugal verließ, wo er die Krone übernahm.

Regentschaftsregierungen nach der Abdankung
Pedros I.

Dieser Schritt verursachte zwar für den Augenblick einen
Schock; aber in der momentanen Krise gab es nur wenig
Unterstützung für einen radikalen Wandel des politischen
Systems. Die politische Elite von Rio und vor allem die
durch den Absolutismus von Pedro I. bisher von der poli-
tischen Macht ausgeschlossenen moderaten Liberalen aus
Rio, São Paulo und Minas Gerais, Großgrundbesitzer und
Sklavenhalter, hatten zwar ebendiesen Absolutismus kriti-
siert, nicht jedoch die Monarchie an sich. Um ihre eigenen
Privilegien und den bisherigen sozialen Status quo auf-
rechtzuerhalten, blieben sie auch gegenüber dem jungen
Pedro II. loyal. Sie unterstützten die Monarchie als Ga-

rant für die nationale Einheit, bestanden aber darauf, dass sie konstitutionell sein sollte. Da Pedro II. noch minderjährig war und erst mit der Volljährigkeit im Alter von achtzehn Jahren, also im Dezember 1843, die Regierung würde übernehmen können, sollten bis zu diesem Zeitpunkt vom Parlament gewählte Regentschaften die Regierungsgeschäfte führen.

Die Regentschaftsregierungen, die Regenten selbst und ihre Kabinette, waren nicht nur bei ihrer Wahl, sondern auch bei ihren Aktionen auf die Unterstützung durch das Parlament angewiesen, hingen also vom Gewicht der unterschiedlichen Gruppierungen ab. Zunächst wurden zwei dreiköpfige Regentschaftsräte gewählt, danach Alleinregenten. Bis 1837 dominierten die gemäßigten Liberalen mit einer Politik liberaler Reformen, die den bisherigen Absolutismus und den Zentralismus kaiserlicher Institutionen abschwächten. So schufen sie neben der Armee eine Nationalgarde, um die tendenziell undemokratisch gesinnte Armee aus der Innenpolitik herauszuhalten, eigentlich eine sinnvolle Reform mit allerdings ambivalenter Entwicklung. Denn die Nationalgarde, die dem Justizminister unterstand, war keine Bürgermiliz, vielmehr entwickelte sie sich in der Realität zu einer Polizeimacht auf lokaler Ebene, wurde von den Friedensrichtern und den örtlichen Eliten kontrolliert, die ihre Offiziere, die Obersten, die *coronéis*, stellte. Dadurch konnte sie entsprechend deren Interessen oder verwandtschaftlichen Beziehungen und Patronageverhältnissen manipuliert werden. Es entstand das auch in den späteren Jahrzehnten noch wirksame System der Einflussnahme auf lokaler Ebene, der sogenannte *coronelismo*. Die Liberalen schafften den Staatsrat ab und verabschiedeten 1834 auch eine Verfassungsreform, durch die die Provinzen eigene Provinzversammlungen mit weitgehenden Rechten von der Benennung örtlicher Polizei- und anderer Lokalbeamter bis zur Steuererhebung und Steuerverwendung erhielten. In diese Zeit, 1835, fiel auch die Wahl von Diogo Antônio Feijó, dem Führer der Moderaten und Justizminister des Regentschaftsrats, zum Alleinregenten.

Liberale Reformen und Sozialproteste

Die liberalen Reformen veränderten nicht die Sozialstruktur; trotzdem wirkten sie destabilisierend, indem sie nationale Probleme auf die lokale Ebene übertrugen und die lokalen Eliten quasi dazu einluden, ihre unterschiedlichen Interessen auszutragen und sie auch durchzusetzen. Elite-Konflikte waren die Folge. Überdies kam es während der Regentschaft zu zahlreichen innen- und sozialpolitischen Revolten: 1831 in Rio de Janeiro, Pernambuco, Ceará, Bahia und Maranhão; 1832 in Rio de Janeiro, Pernambuco, Piauí und Bahia; 1833 in Bahia und Minas Gerais; 1834 in Mato Grosso; 1834 (bis 1839) in Pará die Massenerhebung von Indios und armer Bevölkerung, der *cabanagem* (von *cabano* ›Armenhütte‹); 1835 im Nordosten; in Salvador der Sklavenaufstand der Malê und in Rio Grande do Sul bis 1845 die Separatistenbewegung, die *Farroupilha* (von *farrapos* ›Lumpen, Fahnenlappen‹); 1836 in Pernambuco eine messianische Bewegung; 1837 in Bahia die *Sabinada* – nach ihrem Führer Sabino Barroso genannt –, eine ohne Unterstützung der Sklaven betriebene Separatistenbewegung; und 1838 in der Provinz Maranhão die *Balaiada* – benannt nach dem Spitznamen eines ihrer Führer: *Balaio* (›Korbmacher‹) –, ein Kampf zweier lokaler Gruppen um die Vorherrschaft.

Diese Revolten machten deutlich, wie gefährdet die nationale Einheit war; sie ließen aber auch die ideologischen Differenzen innerhalb der brasilianischen Elite schärfer hervortreten und führten letztlich zur Formierung von zwei Parteien, den Liberalen und den Konservativen. Zu den Liberalen gehörten Intellektuelle und Großgrundbesitzer aus den weniger traditionellen Machtzentren wie

São Paulo, Minas Gerais und Rio Grande do Sul, während sich die Konservativen aus Großgrundbesitzern und Zuckerpflanzern aus der Provinz Rio de Janeiro und dem Nordosten rekrutierten. Angesichts der landesweiten Destabilisierung im Gefolge der liberalen Reformen gelang es den Konservativen, wieder größeren Einfluss auf die politischen Geschicke des Landes zu nehmen. Ab 1838 stellten sie mit Araújo Lima den Regenten, und da sie davon überzeugt waren, dass nur eine starke zentrale Regierung die soziale Ordnung und die Einheit des Landes wahren könne, bestand ihre vordringliche Politik darin, die Zentralgewalt wieder zu stärken. So begrenzten sie im Mai 1840 die Gestaltungsmöglichkeiten der Provinzversammlungen. Überdies gab ihnen die vorzeitige Thronbesteigung Pedros II. die Möglichkeit, mit dem als Integrationssymbol erachteten Kaiser die Wiederherstellung der konservativen Ordnung zu fördern. Dom Pedro II. galt als ein ruhiger, gebildeter, von hervorragenden Personen – u. a. José Bonifácio de Andrade, einem Protagonisten der Unabhängigkeit – erzogener, etwas frühreifer Jüngling, der an den Fortschritten der Wissenschaften lebhaften Anteil nahm, für liberale Ideen offen war und sich für die wirtschaftliche Entwicklung Brasiliens interessierte. Das hatte ihn auch für die Liberalen interessant gemacht, die über ihn versuchten, wieder an der Macht beteiligt zu werden. Im Juli 1840 wurde der fünfzehnjährige Kronprinz vorzeitig für mündig erklärt, 1841 erfolgte die Kaiserkrönung.

Das Zweite Kaiserreich

Die Krönung des ersten in Brasilien geborenen Kaisers markierte den Beginn des zweiten Kaiserreichs. Sie bedeutete die Fortführung der konstitutionellen Monarchie und der staatlichen Einheit, allerdings mit einem starken konservativen und zentralistischen Akzent. Im November 1841 wurde der Staatsrat wieder installiert, im Dezember erfolgte eine Rechtsreform, die die Kontrolle über die Rechtsinstitutionen und das Recht, Richter zu benennen, der Zentralregierung übertrug. Auch das Einspruchsrecht des Kaiser, der *poder moderador*, wurde wieder eingeführt. Und 1850 wurde die Nationalgarde der Kontrolle der Zentralregierung unterstellt. Vor diesem Hintergrund hatten es die Liberalen schwer, ihre Vorstellungen von Demokratie im Rahmen einer konstitutionellen Monarchie durchzusetzen, obwohl sie mehrmals an der Regierung waren. 1842 brach eine liberale Revolte in São Paulo aus, die sich gegen konservative und zentralistische Tendenzen richtete; sie wurde von General Lima e Silva (dem späteren Duque de Caxias), niedergeschlagen, ebenso wie ähnliche Revolten in Minas Gerais (ebenfalls 1842) und in Pernambuco, 1847. Letztlich arrangierten sie sich wie die übrige brasilianische Elite mit dem System, denn sie zogen die richtigen Lektionen aus den vielfältigen Aufständen der letzten beiden Jahrzehnte: Nur ein Staat mit starken zentralen Institutionen bot die Gewähr für politische Stabilität und wirtschaftliches Wachstum, das mit dem expandierenden Kaffeesektor aufschien. Mit der politischen Stabilität war allerdings noch kein sozialer Wandel eingetreten. Nach wie vor war die Mehrheit der 7,5 Millionen Einwohner von politischer Beteiligung ausgeschlossen, von sozialer Teilhabe ganz zu schweigen.

Die Phase von Liberalismus und Föderalismus

Um die Jahrhundertmitte, in einigen Ländern erst in den 1860er oder 1870er Jahren, traten zahlreiche Staaten mit der Übernahme politischer und wirtschaftlicher Ideen des

Liberalismus und der Umsetzung in Reformen in die Phase des Föderalismus, einer administrativen Dezentralisierung ein. Denn zahlreiche Zeitgenossen waren davon überzeugt, dass die einzelnen Provinzen ihre Angelegenheiten entsprechend ihren jeweiligen Voraussetzungen und Möglichkeiten besser und effektiver als eine Zentralregierung lösen und durch ihre politische und wirtschaftliche Entwicklung zu Impulsgebern für die nationale Entwicklung werden könnten. Diese Überlegungen zeitigten durchaus ambivalente Auswirkungen, die teils Wirtschaftswachstum, teils drohenden staatlichen Zerfall umfassten. In dieser Zeit dominierten zwar zumeist liberale Vorstellungen, aber es gab auch harte Auseinandersetzungen zwischen liberal und konservativ gesinnten Gruppen, die sich nun zu den traditionellen Parteien der Liberalen und Konservativen organisiert hatten. Bei den Parteien handelte es sich nicht um durchgebildete und disziplinierte Organisationen, geschweige denn Massenorganisationen, was angesichts der geringen Zahl von Wahlberechtigten nicht verwundert. Es waren auch keine Programmparteien, vielmehr stellten sie politische Gesinnungsgruppen, Wahlclubs oder Honoratiorengruppierungen dar, die als lockere Vereinigungen von angesehenen Persönlichkeiten des öffentlichen Lebens bei der Vorbereitung und Durchführung von Wahlen, der Nominierung von Ministern oder Präsidenten wie auch bei der Bildung der öffentlichen Meinung durch Presse, Versammlungen und auch literarische Werke wirkten. Überdies rekrutierten sich diese Gruppierungen aus der gleichen sozialen Oberschicht. Die Konservativen vertraten meistens, aber eben nicht ausschließlich, die Interessen des traditionellen Großgrundbesitzes; sie anerkannten das politische Autoritätsdenken, das Streben nach persönlicher Führerschaft und die strenge Bindung an das Gesetz; sie hielten fest am Prestige der oberen Gesellschaftsschichten und akzeptierten die Passivität und Unterwürfigkeit der Indios und

Mestizen sowie der in Analphabetismus belassenen und in der Autoritätsfixierung verharrenden Landbevölkerung. Vor allem wiesen sie der katholischen Kirche eine herausragende Rolle in Gesellschaft, Politik und Bildungsarbeit zu und sprachen sich für einen Zentralstaat aus. Insgesamt war ihr Gesellschaftsmodell eher beharrend und am traditionellen hierarchisch gegliederten sozialen Status quo ausgerichtet.

Ihnen gegenüber standen die Liberalen als Vertreter des modernen Exportsektors und des Handelsbürgertums, ohne dass jedoch diese Berufszugehörigkeit das ausschließliche Kriterium für die Parteizugehörigkeit gebildet hätte. Sie traten für das föderalistische Prinzip und für eine strikte Trennung von Kirche und Staat ein und lehnten die dominierende Rolle der Kirche ab. Sie setzten mit den Ideen von Gedankenfreiheit, individueller Fähigkeit und Selbständigkeit, freiheitlicher Demokratie und politischer Beteiligung, freiem Handel und wirtschaftlicher Freizügigkeit auf gesellschaftlichen Wandel, zumindest nahmen sie diesen Fortschrittsimpuls für sich in Anspruch. Insgesamt sprachen sie sich für eine liberale Gesellschaftspolitik aus, die immer auch die wirtschaftlichen Belange einschloss, oftmals ohne die sozialen Vorbedingungen und die Lebensformen der überkommenen Strukturen, die sich häufig resistent verhielten und sich erst durch einen langwierigen Umerziehungsprozess hätten ändern können, in Betracht zu ziehen.

Die zweite Phase des Konsolidierungsprozesses in der Jahrhundertmitte stand für viele Staaten unter den Zeichen von liberalen Reformen und Föderalismus mit den entsprechenden Richtungskämpfen zwischen Liberalen und Konservativen um Reformen und politische Ordnung des Staates, d. h. um Föderalismus oder Zentralismus. Besonders heftig waren sie in Mexiko, Kolumbien, Venezuela und Argentinien.

Mexiko und Zentralamerika

1849	Angesichts der bedrohlichen Präsenz von Großbritannien in Zentralamerika schließen sich Honduras, El Salvador und Nicaragua zu einem Bündnis zusammen und drängen auch Costa Rica und Guatemala zum Beitritt.
1851	Der konservative Caudillo in Guatemala, José Rafael Carrera, vereitelt diesen Versuch, indem er die liberalen Truppen der Verbündeten in der Schlacht von Arada, Guatemala, im Februar 1851 besiegt und eine gewisse Vorherrschaft über die Nachbarstaaten dadurch aufbaut, dass er den Konservativen jeweils zur Herrschaft verhilft.
1855	Mit dem Sturz von Santa Anna und der Wahl eines Liberalen, General Juan Álvarez, zum Präsidenten beginnt in Mexiko die liberale Reformära, die sich in zahlreichen Reformgesetzen und einer liberalen Verfassung ausdrückt.
	Das sogenannte Juárez-Gesetz (*Ley Juárez*) des Justizministers Benito Juárez schafft die Sonderrechte von Kirche und Armee ab.
1856	Das sogenannte Lerdo-Gesetz (*Ley Lerdo*) des Finanzministers Miguel Lerdo de Tejada erklärt Immobilienbesitz in den Händen von Körperschaften – Kirche und Indianergemeinden – für gesetzeswidrig.
1856/57	Der US-amerikanische Abenteurer William Walker nutzt die internen Auseinandersetzungen zwischen Liberalen und Konservativen in Nicaragua und macht sich zum Staatspräsidenten; von Nicaragua aus plant er die Eroberung Zentralamerikas.
1857	Aus Sorge um ihre staatliche Integrität schließen sich die zentralamerikanischen Staaten zu einem konservativen »Nationalen Feldzug« gegen Walker zusammen und vertreiben ihn im Mai. Damit ist die Vorherrschaft der Konservativen gesichert.
	In Mexiko organisiert die neue Verfassung den Staat nach föderalistischen Prinzipien und dekretiert die Trennung von Staat und Kirche.

1858–1860   Mit dem Beginn der Präsidentschaft von Benito Juárez führt der Widerstand gegen liberale Gesetze zu einem Bürgerkrieg zwischen Liberalen und Konservativen, der Ende 1860 mit dem Sieg der Liberalen endet.

1861   Juli: Präsident Juárez verfügt wegen der schlechten wirtschaftlichen Situation Mexikos ein Moratorium für die Rückzahlung der Auslandsschulden.
Oktober: England, Frankreich und Spanien beschließen, ihre Auslandsschulden mit Gewalt durch eine Invasion in Mexiko einzutreiben. Nur Frankreich führt diesen Beschluss aus, da Napoleon III. von dem Traum beseelt ist, ein neues romanisches Imperium zu errichten.

1862/63   Französische Invasionstruppen können nach ersten Niederlagen Mexiko-Stadt einnehmen und Teile des Landes besetzen. Neben einer Okkupationsregierung überlebt die Regierung Juárez in Rückzugsgebieten.

1864   Napoleon III. kann den österreichischen Erzherzog Maximilian, den jüngeren Bruder von Kaiser Franz Joseph I., überzeugen, die ihm von konservativen Mexikanern angetragene Kaiserkrone anzunehmen. Mit der Landung Maximilians im Mai in Veracruz beginnt das kurzlebige zweite Kaiserreich Mexikos. Gegen das Kaiserreich opponieren die Republikaner unter Juárez.

1867   Im Bürgerkrieg gewinnen die republikanischen Truppen unter dem Kommando von Porfirio Díaz die Oberhand und nehmen Maximilian I. von Mexiko in Querétaro gefangen; dort wird er am 19. Juni standrechtlich erschossen.
Dezember: Benito Juárez wird für weitere vier Jahre zum Präsidenten wiedergewählt. Seine Politik driftet immer mehr zu einer Stärkung der Exekutive ab, ruft dadurch den Widerstand der Gouverneure der Einzelstaaten hervor.

1871   Juárez kann seine erneute Wiederwahl angesichts der Furcht vor einem Übergewicht des Militärs unter Porfirio Díaz durchsetzen, stirbt aber schon 1872.

1872   Auch Juárez' Nachfolger, Sebastián Lerdo de Tejada,
         setzt auf eine Stärkung der Exekutive.
1876   Gegen Lerdos Versuch einer Wiederwahl putscht mit
         Erfolg General Porfirio Díaz.

Die Reformära in Mexiko

In **Mexiko** hat die zweite Phase des Konsolidierungsprozesses von der Historiographie sogar den Namen *Reforma,* Reformära, erhalten. Sie reicht vom Sturz Santa Annas 1855 bis zur französischen Intervention 1861 und dann noch einmal von 1867 bis 1876. Dazwischen liegen die Jahre der französischen Intervention und des zweiten mexikanischen Kaiserreichs unter Maximilian von Habsburg, beides Auswirkungen der Reformen.

Im Sommer 1855 war es den Liberalen im Anschluss an die liberale Revolution von 1854 gelungen, den Diktator Santa Anna zu stürzen und mit General Juan Álvarez einen liberalen Präsidenten zu stellen. Mit ihm waren auch Personen in den Vordergrund getreten, die in den Provinzen Einfluss innerhalb der liberalen Bewegung besaßen. Dazu gehörten Melchior Ocampo, der ehemalige Gouverneur von Michoacán, und Benito Juárez, ein gebürtiger Indio vom Stamm der Zapoteken, Anwalt und ehemaliger Gouverneur von Oaxaca. Das Programm der Reformära war eine Reaktion auf die vorhergehenden Zeiten und der Versuch, mit politischen Reformen auch wirtschaftliches Wachstum zu stimulieren bzw. den Rahmen dafür zu geben. Seine Grundvorstellungen entsprachen den Vorstellungen des europäischen Liberalismus. Individuelle Rechte, Freiheit der Meinungsäußerung und die Freiheit der wirtschaftlichen Betätigung sollten garantiert und Eigentumsrechte geschützt werden in einem Staat, der zugleich säkularisiert und egalitär in dem Sinn sein sollte, dass er staatsbürgerliche Gleichheit und Gleichheit vor dem Gesetz gewährleistete und Sonderrechte auf diesen Gebieten ablehnte. Von hier aus ergab sich die Gesetzgebung der liberalen Reformära, die zunächst mit dem Juárez-Gesetz (*Ley Juárez*) von 1855, als Juárez Justizminister war, Kirche und Armee ihre aus der Kolonialzeit noch bestehenden Sonderrechte nahm. Das Lerdo-Gesetz (*Ley Lerdo*) von 1856, benannt nach dem Finanzminister Miguel Lerdo de Tejada, erklärte den Immobilienbesitz in den Händen von Körperschaften für gesetzwidrig und sah deren zwangsweise Veräußerung vor. Das wichtigste Gesetzgebungswerk war jedoch die Verfassung von 1857, die das allgemeine Wahlrecht vorsah und die politische Ordnung des Staates nach föderalistischen Prinzipien regelte, eine Republik aus freien und souveränen Staaten schuf und damit meinte, die politische Ordnung mit der mexikanischen Realität auf einen Nenner zu bringen. Für die dekretierte Trennung von Staat und Kirche, für die vorgesehene Zivilehe traf das keinesfalls zu. So entwickelte sich schnell eine Opposition gegen die Liberalen, zumal diese ihrerseits in zwei Gruppierungen, radikale und moderate, gespalten waren. Es bildeten sich sogar zwei Regierungen, eine konservative zunächst unter General Félix Zuluaga und dann Miguel Miramón, 1859/60, in Mexiko-Stadt und eine liberale Gegenregierung unter Benito Juárez in Veracruz. In einem dreijährigen blutigen Bürgerkrieg kämpften Liberale und Konservative um die Vorherrschaft, ja standen sich zwei unterschiedliche nationale Projekte gegenüber: politische Demokratisierung durch Dezentralisierung und durch die Gleichstellung aller Mexikaner in ihren staatsbürgerlichen Rechten und Pflichten anstelle der Herrschaft von Einzelpersonen und Autoritätsfixierung. In diesem Sinn erließen die Liberalen auch während des Krieges weitere Reformgesetze, wie die entschädigungslose Enteignung kirchlicher Güter, gut geeignet, die Verbündeten der konservativen Gegenbewegung zu treffen, oder Präzisierungen zur Zivilehe, also zur Rückdrängung der Kirche, um negative Traditionen der Vergangenheit zu überwinden. Der Bürgerkrieg endete mit dem Sieg der Liberalen; Ende 1860 konnte die Regierung Juárez nach Mexiko-Stadt zurückkehren.

Das zweite mexikanische Kaiserreich

Das Land war durch diesen Bürgerkrieg an den Rand des wirtschaftlichen und finanziellen Ruins gelangt, so dass Juárez im Juli 1861 ein zweijähriges Moratorium für die Zahlung der Staatsschulden verfügte. Frankreich, England und Spanien, die durch das Moratorium besonders hart betroffen waren, beschlossen am 31. Oktober 1861, ihre Schulden gemeinsam mit Gewalt, d. h. durch militärische Intervention, einzutreiben. Aber bald fielen England und Spanien von dem Bündnis ab, so dass nur der französische Kaiser Napoleon III. aktiv blieb. Dieser träumte von einem neuen romanischen Großreich unter Frankreichs Führung, und in Frankreich lebende konservative mexikanische Emigranten lancierten die Idee einer mexikanischen Monarchie mit einem Monarchen aus europäischem Fürstenhaus. Ende 1861 und Anfang 1862 landeten französische Truppen in Mexiko. Die Gelegenheit zu dieser Intervention war insofern günstig, als die USA, die die Regierung Juárez anerkannt hatten und seit der Monroe-Erklärung von 1823 jegliche europäische Einmischung in Amerika scharf ablehnten, durch den 1861 ausgebrochenen Sezessionskrieg der Südstaaten in ihrer Aktionsfähigkeit eingeschränkt waren. Der Vormarsch der französischen Truppen und der mit ihnen verbündeten mexikanischen Verbände der Konservativen auf Mexiko-Stadt war schwierig.

Im Mai 1862 erlitten sie zunächst bei Puebla eine empfindliche Niederlage, konnten dann aber die Stadt und schließlich Mexiko-Stadt einnehmen, allerdings ohne das ganze Land damit unterworfen zu haben. Benito Juárez hielt seine Regierung aufrecht, indem er den Regierungssitz ständig verlegte. 1864 erreichte es Napoleon III. durch geschickte Schachzüge, den Erzherzog Maximilian von Österreich, der mit Prinzessin Carlotta, der Tochter des belgischen Königs Leopold, verheiratet war, dazu zu bewegen, die Kaiserkrone von Mexiko anzunehmen, die ihm angeblich vom ganzen mexikanischen Volk, in Wirklichkeit aber nur von einer kleinen Gruppe mexikanischer Konservativer angetragen worden war. Im Mai 1864 landete Maximilian in Veracruz, und damit begann das kurzlebige zweite mexikanische Kaiserreich. Der liberal gesinnte, idealistische Monarch war zwar bestrebt, mit einer Reihe von Maßnahmen das Land zu versöhnen und Entwicklung voranzubringen – u. a. beabsichtigte er sogar, das genossenschaftliche Nutzungsrecht von Indiogemeinden wiederherzustellen. Doch erreichte er letztlich nur, dass die Konservativen sich von ihm abwandten und die Liberalen nicht gewonnen werden konnten. Als er im Oktober 1865 die Anhänger von Präsident Juárez für vogelfrei erklärte, entbrannte ein neuer Krieg, dessen Opfer Maximilian selbst wurde. Die kaiserlichen Truppen konnten dem Druck der republikanischen, die nationale Freiheit verteidigenden Truppen nicht mehr standhalten. Diese eroberten Stadt auf Stadt zurück und zogen schließlich unter dem Kommando von Porfirio Díaz auch in der Hauptstadt ein. Kaiser Maximilian war nicht aus dem Land geflohen, sondern in Querétaro geblieben, wo er im Juni 1867 in Gefangenschaft geriet und kurze Zeit später als Hochverräter erschossen wurde.

Die zweite Phase der Reformära

Benito Juárez kehrte im Juli in die Hauptstadt zurück und wurde, allerdings nicht ohne Widerspruch z. B. von General Porfirio Díaz oder von Sebastián Lerdo de Tejada, für weitere vier Jahre zum Präsidenten gewählt. Die Republik war wiederhergestellt, sah sich aber mit akuter Finanznot und innenpolitischen Unruhen konfrontiert, was Juárez dazu veranlasste, den verfassungsmäßigen Liberalismus, d. h. die bundesstaatliche Ordnung und die Dominanz einer starken Legislative, immer mehr praktischen Überlegungen von Ordnung und Stabilität, also der Verstärkung der Exekutive, unterzuordnen. Die Erfahrungen der letzten Jahre hatten gelehrt, dass Theorie und Realität weit auseinanderklafften, dass also zur Erhaltung der staatlichen Einheit das Machtmonopol in den Händen einer starken zentralen Regierung liegen müsse. Verständlicherweise stießen Juárez' Versuche, die Kontrolle über die Gouverneure der einzelnen Bundesstaaten zu erlangen, bei den Betroffenen auf wenig Verständnis. Und als er dann noch 1871 ankündigte, ein weiteres Mal für die Präsidentschaft zu kandidieren, kam es zu Rebellionen. Die Konkurrenten Lerdo und Porfirio Díaz verbündeten sich sogar zeitweise gegen Juárez. Allerdings veranlasste die Furcht vor einem Übergewicht des Militärs mit Porfirio Díaz an dessen Spitze Lerdo dann doch dazu, sich erneut an die Seite seines alten Parteifreundes zu stellen. Und tatsächlich wurde Juárez im Oktober 1871 vom Parlament, dessen Zusammensetzung sich zuvor bei den Parlamentswahlen schon im Sinne von Juárez gestaltet hatte, zum Präsidenten proklamiert. Ein im November von Porfirio Díaz gegen den gewählten Präsidenten ausgerufener Aufstand konnte schnell niedergeschlagen werden, weil sich die Armee loyal verhielt. Allerdings blieb Juárez kaum Zeit, weitere Reformen durchzusetzen. Am 18. Juli 1872 starb er an Herzversagen. Sein Nachfolger wurde Sebastián Lerdo de

Tejada, ein eher radikaler Liberaler, zunächst als interimistischer und ab Dezember 1872 dann als gewählter Präsident. Auch er setzte auf eine Stärkung der Exekutive. Doch machte er sich mit seiner arroganten und autoritären Amtsführung und mit seinem rigorosen Antiklerikalismus wenig Freunde bei den Eliten beider Parteien, und die negativen Auswirkungen einiger Reformen der ersten Jahre der Reformära – wie die Zunahme des Großgrundbesitzes und die daraus resultierende prekäre Situation der Landbevölkerung – provozierten Unruhen auf dem Land und machten das Eingreifen der Armee erforderlich. Als Lerdo 1876 seinerseits versuchte, wieder gewählt zu werden, erhob sich Porfirio Díaz gegen ihn. Mit Erfolg.

Reintegrationsversuche in Zentralamerika

Zentralamerika fällt aus dem für die Jahrhundertmitte erkennbaren Schema der Auseinandersetzungen um Liberalismus und Föderalismus insofern heraus, als es in den einzelnen Staaten zwar heftige Kämpfe zwischen Liberalen und Konservativen um das Verhältnis von Staat und Kirche gab, angesichts der geringen Größe der Territorien jedoch keine Diskussion um eine föderale Strukturierung der Staaten stattfand. Allenfalls gab es Versuche, die frühere Konföderation auf dem Isthmus wiederzubeleben oder zumindest zwischen einzelnen Staaten eine Union herzustellen, also mit dem Föderalismus Getrenntes zusammenzuführen, statt Einheiten zu trennen. Doch vertieften die Umsetzung liberaler Vorstellungen bzw. die konservative Reaktion auf liberale Reformen besonders durch José Rafael Carrera in Guatemala sowie die Machtinteressen verschiedener militärischer Caudillos in den einzelnen Staaten die untereinander vorhandenen Regionalismen und verhinderten solche Versuche.

Diese Versuche gingen nicht zuletzt auf die Präsenz auswärtiger Mächte und ihre Interessen an der Region zurück. England besaß Kolonien in der Karibik und einige Enklaven in Zentralamerika wie die Küstenregion Mosquitia an der Atlantikseite Nicaraguas, Belize in Guatemala und die Inseln von Bahía an der Küste von Honduras; seit 1848 beherrschten die Engländer auch die Mündung des Río San Juan, der eine wichtige Wasserstraße zu den Seen Nicaraguas bildete. Durch Anleihen und finanzielle Unterstützungen an verschiedene Regierungen während und nach den Unabhängigkeitskriegen hatte England seinen Einfluss ausgebaut. Mit den wachsenden und expandierenden USA war ein neuer Akteur in der Karibik und in Zentralamerika aufgetreten. Diese waren besonders an den strategischen und wirtschaftlichen Möglichkeiten interessiert, die einige Länder Zentralamerikas als schneller Verbindungsweg zwischen der Ost- und Westküste der USA boten, solange die amerikanische Westwärtsbewegung über Land noch nicht abgeschlossen war. Besonders wichtig wurde diese schnelle Verbindung, als im Jahre 1848 in Kalifornien Gold gefunden wurde. US-Amerikaner ventilierten die Möglichkeit einer Kanalroute durch die Seen Nicaraguas. In dieser Zeit konnte England jedoch noch die sichtbar werdenden Hegemonialbestrebungen der USA konterkarieren und deren strategischen Überlegungen dadurch begegnen, dass in dem nach den Unterzeichnern benannten »Clayton-Bulwer-Vertrag« von 1850 sich beide Mächte verpflichteten, in Zentralamerika keine Kolonien oder Protektorate einzurichten, und den Schutz über eine zukünftige Kanalzone unter sich aufteilten. Damit war eine einseitige Vorherrschaft oder Schutzmacht ausgeschlossen, wie sie fünfzig Jahre später die USA in Panama errichteten.

Auf einige zentralamerikanische Staaten wirkte diese neutralisierte Rivalität jedoch keinesfalls beruhigend, eher alarmierend, zumal einzelne Interventionsaktivitäten von außen nicht nachließen. Sie führten zu den schon erwähnten Versuchen neuer Zusammenschlüsse. Als Antwort auf die Besetzung der Insel Tigre vor der Küste von Honduras durch die Engländer schlossen sich 1849 Honduras, El Salvador und Nicaragua zusammen und drängten auch Costa Rica und Guatemala zum Beitritt. Doch scheiterte dieser Versuch, als der konservative Caudillo in Guatemala, José Rafael Carrera, die liberalen Truppen der Verbündeten in der Schlacht von Arada, Guatemala, im Februar 1851 besiegte und eine gewisse Vorherrschaft über die Nachbarstaaten aufbaute, indem er den Konservativen zur Herrschaft verhalf. Auch die Machenschaften des US-amerikanischen Abenteurers und Freibeuters William Walker in Nicaragua in den 1850er Jahren provozierten ein gemeinsames Vorgehen zentralamerikanischer Staaten. William Walker, aus Nashville (Tennessee) gebürtig und eine Zeit lang im Rechtswesen, im Journalismus und in der Politik tätig, hatte durch einige spektakuläre Aktionen von sich reden gemacht: Unterstützt von mächtigen, an der territorialen Ausweitung für die Baumwollwirtschaft interessierten Sklavenhaltergruppen in den Südstaaten der USA hatte er mit einer kleinen Truppe von Freischärlern die Stadt La Paz im mexikanischen Nieder-Kalifornien – als Ausgangspunkt für die Eroberung des mexikanischen Sonora – besetzt und im Januar 1854 die selbständige Republik Sonora mit ihm selbst als zukünftigen Präsidenten ausgerufen. Zwar war das Unternehmen gescheitert, doch war er ein Jahr später von dem Führer der Liberalen in Nicaragua zu Hilfe gerufen worden, um die Liberalen in den Kämpfen mit den Konservativen zu unterstützen. Im Juni 1855 war Walker mit einer Gruppe von 57 nordamerikanischen Freischärlern, von ihm »Phalanx der Unsterblichen« (*Falange de los Inmortales*) genannt, an der Pazifikküste Nicaraguas gelandet und hatte in die Kämpfe eingegriffen. Nach dem Sieg der von ihm unterstützten Liberalen war er Kriegsminister Nicaraguas geworden und hatte von November 1855 bis Juni 1856 gemeinsam mit seiner Gruppe die Kontrolle über die von ihm geduldete Regierung übernommen. Er hatte zahlreiche Nordamerikaner im Lande angesiedelt und auch versucht, sich der Transportgesellschaft zu bemächtigen, die der nordamerikanische Unternehmer Cornelius Vanderbilt zur Durchquerung der Landenge aufgebaut hatte. Als Walker im Juni 1856 in manipulierten Wahlen selbst die Macht ergriff und Pläne zur zukünftigen Eroberung ganz Zentralamerikas von Nicaragua aus ruchbar wurden, schlossen sich die zentralamerikanischen Staaten aus Sorge um die Integrität ihrer Territorien unter der Führerschaft von Juan Rafael Mora aus Costa Rica zu einem konservativen »Nationalen Feldzug« (*Campaña Nacional*) zusammen und konnten im Mai 1857 den fremden Präsidenten vertreiben. Die Konservativen kehrten in Nicaragua an die Macht zurück.

Überhaupt hinderte eine starke Achse Costa Rica – Guatemala die übrigen zentralamerikanischen Staaten daran, sich dem Liberalismus erneut zuzuwenden oder den liberalen Föderalismus auf überregionaler Ebene zu realisieren. Als in El Salvador, der früheren Hochburg des Liberalismus, im Jahr 1860 General Gerardo Barrios, ein Liberaler, nach einer Rebellion gegen die konservative Regierung Francisco Dueñas die Macht ergriffen hatte, liberale, d. h. antiklerikale Reformen durchführte und sogar versuchte, eine Wiedervereinigung der mittleren Länder Zentralamerikas, Costa Rica, Nicaragua und El Salvador, in Gang zu setzen, scheiterte dieser Versuch an dem Widerspruch – konkret an dem von Guatemala aus erfolgenden Einmarsch – Carreras, der bis dahin eine gewisse Hegemonie über die Region ausgeübt hatte. Barrios musste das Land verlassen; er suchte Exil in Costa Rica, während Dueñas an die Regierung zurückkehrte. Allerdings ist nicht zu verkennen, dass das Scheitern eines überregionalen Liberalismus immerhin eine gewisse politische Konsolidierung zumindest in Bezug auf die Grenzen der einzelnen Staaten bedeutete.

Die nördlichen Andenstaaten Südamerikas

1847	Mit dem Sieg des Provinzcaudillos José Tadeo Monagas, eines Kandidaten von Páez, bei den Präsidentschaftswahlen in Venezuela endet die Ära der Konservativen.
1848	Januar: Monagas nutzt eine Rebellion der Konservativen gegen sich, den Kongress zu entmachten und eine zehn Jahre dauernde despotische Herrschaft unter der Präsidentschaft seiner Familie und zu deren Nutzen zu errichten.
1849	Mit dem Sieg der Liberalen bei den Präsidentschaftswahlen beginnt in Neu-Granada unter Präsident José Hilario López eine liberale und föderalistisch orientierte Modernisierungspolitik.
1851–1854	In Venezuela folgt Gregorio Monagas seinem Bruder als Präsident und setzt die Politik des Monagas-Clans fort.
1853	Eine neue Verfassung in Neu-Granada, die das allgemeine Wahlrecht für Männer einführt, organisiert den Staat zwar formal zentralistisch, überlässt den Provinzen aber zahlreiche Rechte.
1854	März: Das Gesetz über die endgültige Abschaffung der Sklaverei in Venezuela bringt konservative Eliten gegen Präsident Monagas auf.
	April–Dezember: Gegen die liberale Freihandelspolitik in Neu-Granada opponieren unter General José María Melo Handwerker und gemäßigte Liberale und bilden eine kurzlebige Gegenregierung.
1858	Eine neue Verfassung in Neu-Granada setzt die Dezentralisierungspolitik der Liberalen fort und bildet mit Zustimmung der Konservativen die Republik in die Granadinische Konföderation von acht Einzel-

staaten um, wodurch deren jeweiliges Entwicklungspotential gestärkt werden soll.

März: Frustrierte Konservative und Liberale erzwingen in Venezuela in der sogenannten »Märzrevolution« den Rücktritt von José Tadeo Monagas, der 1855
seinen Bruder im Präsidentenamt wieder abgelöst und
in der Verfassung von 1857 die Autonomie der Provinzen beschränkt hatte.

Dezember: Die neue in Valencia erarbeitete Verfassung von Venezuela versucht, konservative und liberale Aspekte zu vereinen, und sieht eine Zentralregierung
mit föderalistischen Elementen vor.

1859   Februar: Mit dem sogenannten »Schrei der Föderation« in Coro beginnt in Venezuela eine Bewegung zur
Durchsetzung liberaler Freiheitsrechte und föderaler
Vorstellungen; sie mündet in einen fünf Jahre dauernden Bürgerkrieg bis 1863 (»Krieg der Bundesstaaten«,
Guerra Federal).

1861   In Ecuador gelangt während des Bürgerkriegs Gabriel
García Moreno an die Macht und wird zum Präsidenten gewählt. Er errichtet während seiner Präsidentschaften (1861–1865 und 1869–1875) eine konservativ-klerikale Diktatur, die erste politische Stabilität
und wirtschaftliche Modernisierungseffekte zeitigt.

1863   Die neue, nach einem zweijährigen Bürgerkrieg erarbeitete Verfassung bildet den Höhepunkt des extremen Föderalismus in Neu-Granada. Sie reduziert die
Republik, die »Vereinigten Staaten von Kolumbien«,
auf einen losen Verband von souveränen Teilstaaten
unter einer schwachen nationalen Regierung.

In Venezuela endet der Bürgerkrieg mit dem Sieg der
Föderalisten. General Juan Crisóstomo Falcón tritt
die Präsidentschaft an.

1864   Die neue Verfassung der »Vereinigten Staaten von
Venezuela« gliedert die Republik in zwanzig Bundesstaaten, ohne dass sich aus der Verantwortung der
Einzelstaaten politische Stabilität oder Wachstumsimpulse ergeben, vielmehr setzen sich die Konflikte unter der schwachen Regierung Falcóns fort.

1869   Unter dem Einfluss von Gabriel García Moreno

	räumt die neue Verfassung in Ecuador nur Katholiken Bürgerrechte ein.
1875	Nach der Ermordung von García Moreno kommt der eingeleitete staatliche Integrations- und Modernisierungsprozess in Ecuador ins Stocken. Parteienkämpfe zwischen Konservativen und Liberalen leben wieder auf.
1895	Mit der »liberalen Revolution« setzt in Ecuador unter der Präsidentschaft des Generals Eloy Alfaro eine politische und wirtschaftliche Konsolidierung ein.

Beginn der liberalen Hegemonie in Neu-Granada

In **Neu-Granada** bzw. Kolumbien sind die Jahrzehnte ab der Mitte des 19. Jahrhunderts durch die Hegemonie der Liberalen und einen föderalistischen Staat gekennzeichnet. Im März 1849 gewannen die Liberalen die Präsidentschaftswahlen mit ihrem Kandidaten General José Hilario López. Ihnen war es gelungen, wichtige Teile der Bevölkerung u. a. mit der Aussicht auf Demokratisierung und wirtschaftliche und soziale Modernisierung zu mobilisieren. Dazu gehörten auch Handwerkergruppen, die sich zu Gesellschaften der Handwerker (*sociedades de artesanos*) oder zu Demokratischen Gesellschaften (*sociedades democráticas*) zusammengeschlossen hatten, um soziale und politische Rechte durchzusetzen. Im politischen Bereich setzten die Liberalen die Vorstellungen von der Eigenverantwortung des Individuums und von seinen Entfaltungschancen durch. Sie garantierten die Pressefreiheit (1851), schalteten den Einfluss des Klerus auf die Bildung aus und verfügten im Mai 1850 für den akademischen Bereich sogar die Freiheit der Bildung als Lehr- und Lernfreiheit dergestalt, dass akademische Grade für die Ausübung wissenschaftlicher Berufe wie Jurist oder Mediziner nicht mehr erforderlich waren. In der neuen Verfassung von 1853 regelten die Liberalen die Freiheit der Religionsausübung und verankerten ein allgemeines, direktes und geheimes Wahlrecht, das die bisherige Bindung an Bildung und Besitz aufhob. Mit der Verfassung wurde der Staat zwar formal zentralistisch organisiert, den Provinzen wurden aber weitgehende Rechte bis hin zur Formulierung eigener Verfassungen eingeräumt. Tatsächlich stellte sich durch die neue Freihandelspolitik bald wirtschaftliches Wachstum besonders in den Regionen ein, in denen Tabak angebaut werden konnte.

Da der mit der neuen Politik versprochene soziale Wandel nur einen Teil der Bevölkerung erfasste, bildete sich eine starke Opposition von Militärs, Handwerkern und dem gemäßigten Flügel der Liberalen, den sogenannten *draconianos*, die im Unterschied zum radikalen Flügel, den sogenannten *gólgotas*, für eine gemäßigte Freihandelspolitik und weniger Dezentralisierung eintraten und der Exekutive ein stärkeres Interventionsrecht einräumten. Im Verlauf offener Auseinandersetzungen übernahmen diese Gruppen unter General José María Melo am 17. April 1854 gewaltsam die Regierungsmacht. Die gegen Überfremdung, gegen eine extreme Politik des »Laissez-faire« und gegen religiöse Libertinage gerichteten Ziele der Revolutionsregierung, die sie als Erneuerung, als *regeneración*, verstand, heben die Machtübernahme aus den sonst üblichen Staatsstreichen oder Militärputschen zur Befriedigung privater politischer oder wirtschaftlicher Interessen eines Caudillos heraus. Vielmehr stellte die nur kurzlebige Revolutionsregierung – schon im Dezember 1854 unterlagen Melos Truppen den vereinten Kräften der Oberschicht – ein alternatives nationales Projekt mit anderen Prioritäten dar; sie war der Ausdruck der inneren Spannungen der liberalen Politik.

Extremer Föderalismus bis zur Staatsgefährdung

Mit ihren Maßnahmen zur Dezentralisierung leiteten die Liberalen einen Prozess ein, der aufgrund der zunehmenden regionalen Interessen z. B. Panamas mit der Verfassung von 1858 zur Umgestaltung der Republik Neu-Granada in die Granadinische Konföderation (*Confederación Granadina*) von acht Staaten führte. Interessant ist, dass auch Konservative die Umwandlung in eine Konföderation unterstützten, ja mit Mariano Ospina Rodríguez sogar den ersten Präsidenten der Konföderation (1857–1861) stellten. Dieser Prozess endete schließlich in einem in der Verfassung von 1863 geregelten extremen Föderalismus, der u. a. auch die Spannungen zwischen den Staaten und der Regierung zu überwinden und die Diktatur des Generals Tomás Cipriano de Mosquera, Gouverneur des Staates Cauca, abzuschaffen suchte, nachdem dieser 1860 gegen die legitime Regierung rebelliert und das Land in einen zwei Jahre dauernden Bürgerkrieg gestürzt hatte. Die 1863 in Rionegro, Antioquia, erarbeitete Verfassung der Vereinigten Staaten von Kolumbien war Höhepunkt liberaler Vorstellungen. Indem sie die traditionellen Institutionen wie Zentralregierung und die Kirche schwächte, die bislang die Basis für einen überregionalen Zusammenhang gebildet hatten, reduzierte sie den Staat auf einen losen Verbund von neuen souveränen Teilstaaten unter einer nationalen Regierung, deren politische Macht und Funktionen mehr oder weniger bloßen Symbolcharakter besaßen. Die Verfassung garantierte auch individuelle Rechte bis hin zum Waffenbesitz auch in Friedenszeiten und zum Handel mit Waffen. Über zwanzig Jahre haben die Liberalen, d. h. die Gruppierung der Radikalen, als Präsidenten der Nationalregierung, aber auch als Gouverneure in verschiedenen souveränen Staaten nach den Ideen von Freiheit, von privater und regionaler Selbstverantwortung regiert – mit ambivalenten Erfolgen. Denn abgesehen davon, dass das freie Wahlrecht nicht zu einer allgemeinen Demokratisierung beitrug, sondern der Wahlbeeinflussung und dem Stimmenkauf Raum gab, gefährdete der extreme Föderalismus den staatlichen Zusammenhalt und schwächte die Exekutive in politischer und finanzieller Hinsicht. Nicht alle Staaten konnten die innere Sicherheit gewährleisten; die Verantwortlichkeiten der Provinzregierungen bzw. der souveränen Teilstaaten führten auch dazu, dass es keine Koordination der Infrastrukturmaßnahmen im Straßenbau mehr gab und jeder Teilstaat das Kommunikationsnetz nach eigenen Notwendigkeiten plante – beim Eisenbahnbau z. B. mit unterschiedlicher Spurweite. Überdies dauerten die kräftezehrenden gewaltsamen Auseinandersetzungen zwischen den beiden großen Parteien um die politische Führung an; doch verlagerte sich der Streit von der nationalen auf die regionale bzw. lokale Ebene, so dass die Gewalt zwar nicht aufhörte, es in der zweiten Hälfte des 19. Jahrhunderts neben einigen lokalen und regionalen Konflikten aber nur zu zwei größeren nationalen Bürgerkriegen kam. In wirtschaftlicher Hinsicht erhielt die Exportwirtschaft durch den Tabakanbau und -export neue Impulse. Doch ging aus diesem nur auf einige Regionen im Einzugsbereich des Magdalena beschränkten Produkt keine gesamtwirtschaftliche Entwicklung hervor, ebenso wenig wie aus anderen regionalen Produkten wie Kakao, Indigo oder Chinabaumrinde (*quina*). Bis zum Ende des 19. Jahrhunderts fand sich kein Exportprodukt, das die Gesamtwirtschaft anhaltend und positiv beeinflusst hätte.

Die Despotie des Monagas-Clans in Venezuela

In **Venezuela** führte die Vorherrschaft der Liberalen bzw. die Praxis liberaler und föderalistischer Ideen in den beiden Jahrzehnten nach der Jahrhundertmitte zu politischer

Desintegration und wirtschaftlicher Stagnation. Im Vorfeld der Präsidentschaftswahlen für die Jahre 1847 bis 1851 verstärkten die Liberalen ihre Aktivitäten, gründeten *sociedades liberales* in zahlreichen Städten und stellten mit Antonio Leocadio Guzmán einen eigenen Kandidaten auf, um die Wahl von Páez zu verhindern. Doch da die Liberalen unter sich uneins waren und besonders Grundbesitzer und Landwirte den von Handwerkern und der breiten Masse getragenen Guzmán wegen seiner sozialen Äußerungen zunehmend ablehnten und je nach Region eigene Kandidaten favorisierten, konnte der von Páez vorgeschlagene Kandidat José Tadeo Monagas, ein Caudillo aus dem Oriente, der auch zahlreichen Liberalen akzeptabel erschien, im August 1846 die Wahlen gewinnen. Im März 1847 trat José Tadeo Monagas seine Präsidentschaft an (1847–1851). Damit fand die bisherige Vorherrschaft der Konservativen um Páez ein Ende, und es begann die Vorherrschaft der liberalen Oligarchie. Auch militärische Versuche der Konservativen in den Jahren 1848 und 1849, die Macht zurückzuerlangen, schlugen fehl. Diese Kämpfe aber führten nicht nur zu einer Verwüstung des Landes und zur Reduzierung des Viehbestandes in den Llanos sowie der Lebensmittel überhaupt, sondern auch zu einer wachsenden Militarisierung mit Monagas-Anhängern in hohen Posten, was die Kritik sowohl der Liberalen als auch der Konservativen hervorrief. Da die Regierung immer autoritärer wurde, öffentliche Freiheiten einschränkte und politische Opposition unmöglich machte, sahen auch die Liberalen, die mit Antonio Leocadio Guzmán den Vizepräsidenten stellten, dass es dem Monagas-Clan weniger um ein politisches liberales Programm als um Macht und Machterhalt ging. Sie zogen sich aus der Regierung zurück, die besonders unter Gregorio Monagas (1851–1855), einem Bruder von José Tadeo Monagas, den Staatshaushalt immer mehr verschuldete, den für interne Kommunikation wichtigen Ausbau von Straßen und Brücken vernachlässigte und lediglich ihre Anhänger und sich selbst versorgte. Auf Gregorio folgte dann erneut Tadeo als Präsident von 1855 bis 1858. Konservative, u. a. erbost über die endgültige Abschaffung der Sklaverei im Jahr 1854 und den Verzug der dafür versprochenen Entschädigung, und frustrierte Liberale unternahmen in den Jahren 1853/54 und 1856 in fast allen Landesteilen Rebellionen, an denen auch unterschiedliche soziale Gruppen beteiligt waren. Die 1857 von José Tadeo Monagas forcierte Verabschiedung einer neuen zentralistisch orientierten Verfassung, die die Autonomie der Provinzen beschränkte, die Exekutive und die Stellung des Präsidenten dagegen stärkte, indem ihm sogar die judikative Gewalt unterstellt wurde, war weniger der Versuch einer politischen Konsolidierung, sondern diente offensichtlich der Sicherung der eigenen Macht. Da überdies die Vizepräsidentenregelung auf eine Dynastie der Monagas-Familie hinauslief, kam es im März 1858 zu einem gemeinsamen bewaffneten Vorgehen unter der Führerschaft der Eliten von Konservativen und Liberalen, die u. a. auch über die Ausdehnung des allgemeinen Wahlrechts selbst an Besitzlose erschreckt waren. Am 15. März 1858 trat José Tadeo Monagas zurück.

Krieg der Bundesstaaten

Trotz der Beteiligung von breiten Bevölkerungsgruppen, von Landarbeitern, Tagelöhnern und *llaneros,* enthielt diese sogenannte »Märzrevolution« keine soziale Vertiefung; im Vordergrund stand die Überwindung der politischen Krise, der nationalen Desintegration. Doch die Auseinandersetzungen gingen weiter. Denn die Liberalen glaubten, in den Maßnahmen und Personalentscheidungen des neuen Präsidenten General Julián Castro eine Bevorzugung der Konservativen zu erblicken. Tatsächlich begann dieser, politische Einrichtungen von Liberalen zu säubern. Auch die neue, von der Verfassunggebenden Versammlung in Valencia erarbeitete Konstitution von Dezember 1858, die konservative und liberale Gesichtspunkte vereinen sollte, eine Regierung mit föderalistischen Zügen statt eines reinen Zentralismus vorsah, allgemeines Wahlrecht einführte und die Sklavenbefreiung bestätigte, brachte nicht nur keinen Konsens zwischen Liberalen und Konservativen, sondern führte auch zu keiner Lösung der sozialen und ökonomischen Probleme. Schon kurze Zeit später, am 20. Februar 1859 entstand mit dem sogenannten »Schrei der Föderation«, *Grito de la Federación*, in Coro eine Bewegung mit einem umfangreichen Programm liberaler Freiheitsrechte und föderaler Vorstellungen. An ihrer Spitze stand General Ezequiel Zamora. Sie entwickelte sich bald zu einer allgemeinen Bewegung, der sich auch General Juan Crisóstomo Falcón anschloss. Die Erhebung entfesselte ein allgemeines Chaos, einen fünf Jahre dauernden Bürgerkrieg, der über 100 000 Menschen das Leben kostete, große Teile Venezuelas in die Hände lokaler Caudillos und Militärs fallen ließ und den Staatshaushalt an den Rand des Ruins brachte. Obwohl Páez 1861 noch einmal versuchte, als Diktator die Sache der Konservativen und Zentralisten zu retten, endete der Krieg mit dem Sieg der Föderalisten. 1863 trat Falcón die Präsidentschaft an. 1864 wurde die Verfassung der Vereinigten Staaten von Venezuela verkündet, die das Land in zwanzig Teilstaaten gliederte. Doch erwuchsen aus der erhofften Selbstverantwortung der Staaten weder die Behebung des politischen Chaos noch allgemeine wirtschaftliche Impulse, vielmehr bildete die Verfassung den Rahmen für neue Auseinandersetzungen innerhalb der Staaten und zwischen einzelnen Staaten. Der schwachen Regierung Falcón gelang es nicht, die Verantwortlichkeiten zwischen Zentrale und einzelnen Staaten zu regeln und die nationale und soziale Desintegration zu beheben, die sich u. a. in der Bodenkonzentration, d. h. der Verfügung über ökonomische Ressourcen in den Händen weniger Grundbesitzer, äußerte. Erst mit der autokratischen Politik von Antonio Guzmán Blanco, dem Sohn des Gründers der Liberalen Partei, erfolgten ab 1870 während der beiden folgenden Jahrzehnte Schritte zur politischen Konsolidierung Venezuelas.

Die klerikale Diktatur
von García Moreno in Ecuador

In **Ecuador** verlief der politische Entwicklungsprozess etwas anders, übersprang in gewissem Sinn die Phase ausgedehnter liberaler Politik und des Föderalismus und trat schon ab 1860 in die Phase autoritärer Konsolidierung. Während der Bürgerkriege von 1859 bis 1861 gelangte Gabriel García Moreno an die Macht und übernahm diktatorische Gewalt, um die nationale Einheit zu retten. Überzeugt, dass der Konservativismus und der katholische Glaube die einzige Hoffnung für Ecuador im Kampf gegen Anarchie und gottlose Liberale darstellten, errichtete García Moreno ein konservativ-klerikales Regime, das Ecuador ganz unter den Einfluss der katholischen Kirche stellte. Fünfzehn Jahre lang bestimmte er die Politik Ecuadors in einer merkwürdigen Mischung aus konservativen, rückwärtsgewandten politisch-religiösen Vorstellungen und fortschrittlichen, auf Modernisierung ausgerichteten wirtschaftspolitischen Maßnahmen. García Moreno, aus Guayaquil gebürtig, war ursprünglich Anhänger der Liberalen, wurde aber zunehmend zum Wortführer der Konservativen. In dem Bestreben, Ordnung herzustellen und Fortschritt für das Volk zu sichern, setzte er die Stärkung der Autorität und Machtfülle des Präsidenten sowie die Zentralisierung der Verwaltung durch, womit gleichzeitig eine Reduzierung der bürgerlichen Freiheiten zugunsten der Kontrolle durch den Staat einherging. Die öffentliche Moral sollte durch die Grundsätze und Werte der katholischen Kirche angehoben werden. Entsprechende Fragen wurden 1862 im Konkordat zwischen García Moreno und Rom geklärt, und die Kirche erhielt eine privilegierte Stellung in Bildung und Gesellschaft. Indem García Moreno den konservativen und antiliberalen *Syllabus* von Papst Pius IX. (1864) in Ecuador durchsetzte, formte er einen katholischen Staat, der in der Verfassung von 1869 nur Katholiken die Bürgerrechte einräumte und von diesen dann die Religionsausübung auch einforderte. Ein bigotter Katholizismus machte sich breit. Die besonders in der *sierra* anzutreffende gleichgültige bzw. ablehnende Haltung der Oberschicht gegenüber sozialem Wandel muss ohne Zweifel auch auf den Einfluss der damaligen katholischen Kirche zurückgeführt werden, der soziale Ungleichheiten als gottgewollt und normal erschienen. So verwundert es auch nicht, dass diese Kirche Ecuadors Teilnahme an der Weltausstellung 1889 in Paris ablehnte, weil Letztere eine Feier zur Erinnerung an die gottlose und gleichmacherische Französische Revolution darstelle.

Diktatur und Modernisierungsansätze

García Morenos Politik, zu deren Durchsetzung er durchaus auch auf Repressionen und militärische Gewalt zurückgriff, hatte die externe und interne Konsolidierung Ecuadors zum Ziel. Extern in dem Sinne, dass er noch strittige Grenzfragen mit Kolumbien klärte. Was die innere Konsolidierung betrifft, so betont die neuere Historiographie, dass García Morenos Politik eigentlich den ersten ernsthaften Versuch darstellt, die bestehenden wirtschaftlichen und geographischen Divergenzen zu überwinden und Ecuador zu einem Nationalstaat zu machen und ihm dafür auch eine ökonomische Basis zu schaffen. Bei aller Skepsis gegenüber dem unzeitgemäßen Klerikalismus ist deshalb nicht zu übersehen, dass Ecuador unter der Regierung García Morenos erste Schritte auf dem Weg nationaler Integration und Modernisierung gehen konnte. Durch seine rigorose und autoritäre Politik, durch die administrative Zentralisierung erhielt der Präsident die Möglichkeit, allgemeine wirtschaftliche Entwicklung für materielle und institutionelle Infrastrukturverbesserungen in Gang zu setzen. Sein Ziel war es, mit Bau- und Bildungsmaßnahmen die landwirtschaftliche Produktion zu steigern, für die Ansiedlung von Industrien zu sorgen, den Handel anzuregen und die Erforschung und Ausbeutung der Bodenschätze voranzutreiben.

Liberale Revolution und persönliche Herrschaft

Nach der Ermordung von García Moreno 1875 kam der eingeleitete Modernisierungsprozess unter seinen Nachfolgern wegen politisch-militärischer Wirren bzw. wegen Unfähigkeit oder persönlicher Bereicherungsbestrebungen, wie z. B. des Generals Ignacio de Veintimilla (1876–1880), ins Stocken. Zu viele Fragen hinsichtlich der wirtschaftlichen Prioritäten und Maßnahmen, hinsichtlich des Wandels der überkommenen paternalistischen Produktions- und Gesellschaftsverhältnisse in der *sierra* zugunsten moderner Arbeitsbeziehungen, wie sie an der Küste bestanden, hinsichtlich Freihandel oder Protektionismus, hinsichtlich der Rolle der Kirche im gesellschaftlichen und politischen Leben waren noch offen. Die relativ spät errichteten politischen Organisationen von Liberalen und Konservativen – im Jahr 1883 schlossen sich die Konser-

vativen zum *Partido Católico Republicano* zusammen,
während die verschiedenen liberalen Zirkel erst 1890 eine
gemeinsame Partei, den *Partido Liberal Ecuatoriano*, bildeten – brachten noch keinen Wandel von Militärregimes
zu zivilen Regierungen. Im Zuge der Auseinandersetzungen zwischen Küste und *sierra*, zwischen Liberalen und
Konservativen gelang es 1895 den liberalen, weltmarktori-
entierten Interessengruppen der Küste, durch die gewaltsame Machtübernahme des Generals Eloy Alfaro die bisherige politische Vormachtstellung der Sierra-Eliten zu
brechen und die Kontrolle über den Staatsapparat zu
übernehmen. Diese »liberale Revolution« leitete eine dreißig Jahre dauernde Herrschaft der Liberalen ein, während
deren Ecuador Impulse für die Modernisierung von Gesellschaft und Wirtschaft erhielt. Ecuador hatte wichtige
Schritte auf dem Weg zur nationalen Konsolidierung gemacht. Allerdings war die politische Stabilität immer noch
durch die persönliche Herrschaft mit Mitteln der Gewalt
und nicht durch funktionierende politische Institutionen
gewährleistet.

Der La-Plata-Raum

Ab 1860	Seit seiner Wahl betreibt der legal gewählte Präsident von Uruguay, Bernardo Berro von der Blanco-Partei, eine stabilitätsorientierte Reform- und Modernisierungspolitik und versucht, die von Brasilianern bewirtschafteten ehemaligen uruguayischen Weidebetriebe zurückzugewinnen.
1861	Buenos Aires nimmt nach wechselvollen Kämpfen mit den übrigen Provinzen die föderalistische Verfassung von 1853 an.
1862	General Bartolomé Mitre wird zum ersten Präsidenten der nun geeinten föderativen Republik Argentinien gewählt; Hauptstadt wird Buenos Aires. Nach dem Tode von Carlos Antonio López über-

nimmt in Paraguay sein Sohn Francisco Solano die Staatsführung und setzt die bisherige autoritäre und staatsinterventionistische Politik fort.

1863   Mit dem Versuch des nach Argentinien geflohenen uruguayischen Caudillos General Venancio Flores von der Colorado-Partei, von Argentinien aus mit Unterstützung der dortigen Liberalen und Brasiliens den legal gewählten Präsidenten Bernardo Berro aus dem Amt zu treiben, zerbricht das prekäre Gleichgewicht im La-Plata-Raum.

1864/65   Präsident Francisco Solano López sieht die Sicherheit von Paraguay, besonders den lebenswichtigen freien Zugang zum Meer, durch die Aktionen der alliierten Truppen gefährdet und erklärt Brasilien und Argentinien den Krieg.

1865   Mai: Argentinien, Brasilien und die neue mit Hilfe der Nachbarn Argentinien und Brasilien an die Macht gekommene uruguayische Regierung von Venancio Flores schließen sich zur Tripelallianz gegen Paraguay zusammen. Ein Geheimvertrag sieht die Aufteilung strittiger Territorien Paraguays zwischen Brasilien und Argentinien vor.

1870   Erst mit dem Tod von López (März) endet der fünf Jahre dauernde Krieg der Tripelallianz. Das besiegte Paraguay verliert nicht nur einen Großteil seiner Bevölkerung, sondern erleidet auch immense territoriale Einbußen.

1868–1880   Die beiden Präsidenten Domingo Faustino Sarmiento (1868–1874) und Nicolás Avellaneda (1874–1880) setzen den Interessenausgleich zwischen Provinzen und Buenos Aires bei gleichzeitiger Dominanz von Buenos Aires fort.

Die Wiedervereinigung der Provinzen mit
Buenos Aires

In **Argentinien** versuchten sowohl die in der Konföderation zusammengeschlossenen Provinzen als auch Buenos Aires, ihren Machtanspruch über das ganze Land durchzusetzen. Die Politik Urquizas, die Zolleinkünfte des Hafens von Buenos Aires zu »nationalisieren«, also für das ganze Land zu reklamieren, seinerseits Handelsverträge mit ausländischen Mächten abzuschließen und die Häfen von Rosario und Santa Fé am Río Paraná als Konkurrenzhäfen zu Buenos Aires ausbauen zu lassen, führte nicht nur zu ökonomischen Spannungen mit Buenos Aires – ging an ihm nun doch ein großer Teil des Außenhandels vorbei –, sondern verunsicherte auch Diplomaten und Handelspartner. Angesichts dieser für beide Seiten prekären Situation kam es zu zwei Waffengängen zwischen den Truppen der Föderation und aus Buenos Aires. Die bonarenser Truppen unter dem Kommando von General Bartolomé Mitre verloren 1859 in der Schlacht von Cepeda, siegten aber im April 1861 in der Schlacht von Pavón. Daraufhin vollzog sich so etwas wie eine Wiedervereinigung, indem auch Buenos Aires die föderalistische Verfassung von 1853 annahm, sie allerdings wegen des Gewichts der Hafenstadt mit einem gewissen zentralistischen Zug versah. Überdies hatte die von Juan Bautista Alberdi entworfene Verfassung dem Präsidenten große Exekutivgewalt eingeräumt, ja eine autoritäre Organisation des Staates vorgeschlagen, um die für den wirtschaftlichen Fortschritt notwendige Ordnung zu garantieren. Im Jahr 1862 wurde Mitre als erster Präsident der nun geeinten föderativen Republik Argentinien, mit Regierungssitz in Buenos Aires, gewählt. Damit war die politische Einheit Argentiniens praktisch sichergestellt, obwohl Mitre nicht die vollständige Zustimmung einiger Provinzcaudillos, besonders nicht aus La Rioja und aus Entre Ríos, fand und ihn seine

Teilnahme am Paraguayischen Krieg wegen der Kriegskosten nicht gerade populär machte. Dennoch begann mit
seiner Regierung der nationale Konsolidierungsprozess.
Allerdings verfolgten bis 1880 in den Provinzen weiterhin
Caudillos eigene Interessenpolitik, und auf nationaler
Ebene rivalisierten verschiedene Personen der Elite miteinander, die zu dieser Zeit aus etwa vierhundert verwandt-
schaftlich oder wirtschaftlich miteinander verbundenen
Familien bestand. Trotz allem gewann Buenos Aires –
konkret dessen Handelsbürgertum und die mit ihm kooperierenden, weil auf Export angewiesenen Großgrundbesitzer – seinen Einfluss auf das ganze Land zurück und
gab die auf Viehzucht und Exportwirtschaft gestützte
Modernisierungspolitik vor. In gewissem Sinn vollzog
sich statt eines Konkurrenzkampfes ein Interessenabgleich
zwischen Buenos Aires und den Provinzen des Landesinneren derart, dass die Provinzen zunehmend Anteil am
nationalen Reichtum erhielten. Denn die Kaufleute in
Buenos Aires waren auf die Produktivität und die Produkte im Hinterland angewiesen, während Großgrundbesitzer und Viehzüchter ihrerseits für ihren Produktions-
sektor neue Infrastrukturmaßnahmen forderten, die wiederum nur von der Zentralregierung geleistet werden
konnten. Auch gelang es, bei der Wahl der Gouverneure
der Provinzen des Landesinneren solche zu favorisieren,
die mit den Vorstellungen der städtischen Eliten sympathisierten, so dass mit wirtschaftlichem Wachstum im
Laufe der nächsten Jahrzehnte alle Provinzen gewonnen
werden konnten. Dabei war die Herkunft der neuen Präsidenten nicht unwichtig. Während Mitre (1862–1868) aus
Buenos Aires gebürtig war und die städtische liberale und
zentralistisch orientierte Oligarchie repräsentierte, stammten die beiden folgenden Präsidenten aus dem Landesinneren – Domingo Faustino Sarmiento (1868–1874) aus San
Juan, Nicolás Avellaneda (1874–1880) aus Tucumán, und
vergaßen bei aller städtisch bestimmten Politik nicht das

Landesinnere und seine Belange. Das hieß allerdings nicht, dass sie die Wertvorstellungen des Landesinneren unbesehen vertraten. Gerade Sarmiento bewertete diese in seinem Werk *Facundo, civilización y barbarie* als modernisierungshemmend. Insgesamt erhielten Sarmiento und Avellaneda größere Zustimmung, weil sie aufgrund ihrer Bezüge zum Landesinneren die Nation als Ganzes besser als Mitre zu repräsentieren schienen.

Das prekäre Gleichgewicht im La-Plata-Raum

Für die Entwicklung **Paraguays** erwiesen sich, bedingt durch seine geopolitische Lage, die außenpolitischen Beziehungen als besonders problematisch. Abgesehen davon, dass die Nachbarstaaten den technischen und militärischen Aufbau des Landes mit Argwohn betrachteten – Carlos Antonio López' Sohn, Francisco Solano López, hatte eine überwiegend aus Guaraní-Indios bestehende schlagkräftige Armee aufgebaut –, befand sich Paraguay seit einiger Zeit in heftigen Grenzkonflikten mit Brasilien und Argentinien. Mit dem Kaiserreich Brasilien gab es Schwierigkeiten, weil Carlos Antonio López die für den internationalen Zugang in den Mato Grosso wichtige freie Schifffahrt auf den Flüssen Paraná und Paraguay abgeschafft hatte und in Brasilien seinerseits Expansionsbestrebungen in das paraguayische Grenzgebiet zum Mato Grosso bestanden. Mit Argentinien gab es nicht nur Unstimmigkeiten im Westen wegen der Gebiete des Chaco und im Osten über das Gebiet der ehemaligen Jesuitenmissionen, sondern es herrschte auch ein wechselseitiges Misstrauen zwischen der paraguayischen Regierung und besonders Buenos Aires wegen der freundschaftlichen Verbindungen von Asunción mit argentinischen föderalistischen Caudillos einerseits und einer möglichen Blockade des für Paraguay notwendigen freien Zugangs über den Río de la Plata und das inländische Flusssystem des Paraná und Paraguay andererseits.

Nach dem Tode von Carlos Antonio López 1862 übernahm sein Sohn Francisco Solano die Staatsführung und setzte die bisherige autoritäre und staatsinterventionistische Politik fort, die Paraguays wirtschaftlichen Wohlstand und Autarkie sowie eine gewisse Großmachtstellung sichern sollte. Dazu war ein sicherer bzw. gesicherter Ausgang durch das Flusssystem von Río Paraguay, Río Paraná und Río de la Plata zum Meer erforderlich, was wiederum vom guten Willen der Nachbarn bzw. vom Gleichgewicht der politischen Kräfte in der Region abhing. Dieses Gleichgewicht zerbrach, als im Jahr 1863 der nach Argentinien geflohene uruguayische Caudillo General Venancio Flores von dort aus mit Unterstützung der dortigen Liberalen nach **Uruguay** einmarschierte, um den legal gewählten Präsidenten Bernardo Berro von der Blanco-Partei aus dem Amt zu treiben. Hinzu kam, dass auch Brasilien dieses Vorgehen unterstützte, denn Präsident Berro hatte seit seiner Wahl 1860 eine Reform- und Modernisierungspolitik betrieben, die auf Ausgleich setzte, indem sie die ins Exil Geflüchteten amnestierte. Sie strebte politische Stabilität an und beabsichtigte mit dem Versuch, die Bedingungen des Vertrages mit Brasilien von 1851 aufzuweichen, langfristig auch die von den Brasilianern bewirtschafteten ehemaligen uruguayischen Weidebetriebe zurückzugewinnen, zumindest ein weiteres Vordringen von Brasilien zu verhindern. Für das Kaiserreich Brasilien war damit im Süden ein unliebsames Regime entstanden, unliebsam auch deshalb, weil es mit seinen liberalen Reformen die brasilianischen Liberalen, die 1864 an Macht gewonnen hatten, ermutigen konnte.

Angesichts dieser neuen Situation, der Gefährdung der freien Schifffahrt – hatten doch die vereinigten Angriffstruppen die uruguayische Grenzstadt Paysandú am Ufer des Río Uruguay erbarmungslos bombardiert und ihren Vormarsch auf Montevideo fortgesetzt –, griff Francisco Solano López in das Geschehen ein, zumal er von der legalen Regierung in der von Flores zunächst erfolglos belagerten Stadt Montevideo um Hilfe gerufen worden war. Zuerst brach er im November 1864 die Beziehungen zum Kaiserreich Brasilien ab und marschierte in der brasilianischen Provinz Mato Grosso ein. Um die brasilianische Provinz Rio Grande do Sul angreifen zu können, erbat er Anfang 1865 von der argentinischen Regierung die Erlaubnis, mit seinen Truppen durch die zwischen Brasilien und Paraguay liegende argentinische Provinz Corrientes ziehen zu dürfen. Obwohl Mitre diese Erlaubnis verweigerte, zogen die paraguayischen Truppen, nachdem López Argentinien den Krieg erklärt hatte, durch die Provinz Corrientes und eroberten die Stadt Uruguayana auf brasilianischem Territorium. Dies hatte zur Folge, dass sich am 1. Mai 1865 Argentinien, Brasilien und die neue uruguayische Regierung von Venancio Flores, die mit Hilfe der Nachbarn Argentinien und Brasilien an die Macht gekommen war, zu einer Einheitsfront, zur Tripelallianz, gegen Paraguay verbündeten, um, wie es offiziell hieß, das Land vom Tyrannen zu befreien, die freie Schifffahrt auf den Flüssen zu gewährleisten und den Paraguayern die Segnungen der Zivilisation zu bringen. Ein Geheimvertrag sah allerdings die Aufteilung strittiger Territorien Paraguays zwischen Brasilien und Argentinien sowie den Kampf bis zur völligen Eliminierung der Regierung in Asunción vor.

Der Krieg der Tripelallianz und seine Folgen

Die Einschätzung von Seiten der Alliierten, der Krieg werde schnell beendet sein, erwies sich als irrig. Er dauerte fünf Jahre, bis 1870. Das hing zum einen damit zusammen, dass die Bevölkerung der Alliierten den Krieg nicht als ihre Sache ansah, war doch Paraguay in den Jahren zuvor nicht nur ein Verbündeter Uruguays, sondern auch der argentinischen Föderalisten gewesen. Dementsprechend unwillig und zögerlich vollzog sich die Truppenrekrutierung in Argentinien und Uruguay, und überdies riefen die Kriegskosten Unmut hervor. Die Kampfmoral auf Seiten der Alliierten war also nicht gerade hoch. Lediglich Brasilien verfügte über ausreichende und letztlich kriegsentscheidende Truppen; es mobilisierte eine Armee von ca. 200 000 Mann, die z. T. auch aus Sklaven und Freigelassenen bestand. Die Dauer des Kriegs hing aber zum anderen damit zusammen, dass sich die paraguayische Armee und Bevölkerung in den blutigen Auseinandersetzungen tapfer verteidigten. Doch wurden sie in wechselvollen Kämpfen, mit Siegen und Niederlagen auf beiden Seiten, immer mehr in ihrem Land eingeschnürt. Hatten sie anfänglich noch gegen argentinische Truppen gesiegt, so dominierten ab 1867 mit starkem brasilianischen Einsatz unter ihrem Kommandanten, dem Marqués de Caxias, die Alliierten. Als im Juli 1868 die wichtige paraguayische Hauptkampfstellung Humaitá fiel, war der Weg nach Asunción frei. López bot nun zur Verteidigung des Landes sogar Greise, Frauen und Kinder auf. Doch bedeutete die Einnahme der Hauptstadt Asunción durch die Brasilianer Anfang Januar 1869 immer noch nicht das Ende des Krieges. Erst der Tod von López, im März 1870, der in Nordostparaguay von seinen letzten Truppen verteidigt wurde, beendete den Krieg.

Paraguay war nach dem Krieg ein entvölkertes, verheertes Land. Ob mehr als die Hälfte der Bevölkerung, das wären ungefähr 200 000 Personen, starb, ist angesichts fehlender Statistiken allerdings umstritten. Doch auch wenn etwa nur 20 Prozent starben, bedeutete das einen großen Bevölkerungsverlust. Entsprechend dem Vertrag unter den Siegern eigneten sich diese die strittigen Gebiete

Die Fixierung der staatlichen Grenzen im La-Plata-Raum

an, wodurch Paraguay immense territoriale Einbußen erlitt: Argentinien besetzte die umstrittene Region Misiones
mit ihren reichen Anbaugebieten von *yerba mate* und erhielt einen Teil des südlichen Chaco-Gebiets zwischen
den Flüssen Pilcomayo und Bermejo. Brasilien erhielt ein
riesiges Gebiet im nördlichen Paraguay am Río Paraguay.
Zudem forderten die Sieger hohe Reparationszahlungen.
Insgesamt bedeuteten die Niederlage und der Eingriff
von außen für die Paraguayer das Ende eines eigenständigen Modernisierungsmodells, eines besonderen nationalen

Projekts. Der Wiederaufbau in den nächsten Jahrzehnten erwies sich als äußerst schwierig und vollzog sich nur langsam, nicht zuletzt deshalb, weil wegen der rigiden Politik der früheren Regierungen gegenüber eventuellen Machtkonkurrenten aus der Oligarchie eine herrschaftsfähige politische Klasse fehlte. Immerhin hatten sich mit und durch den Krieg die internationalen Herrschaftsverhältnisse im La-Plata-Raum nun dadurch stabilisiert, dass die Staaten Argentinien, Paraguay und Uruguay in ihren Grenzen festgelegt waren, also eine Wiedervereinigung des ehemaligen Vizekönigreichs La Plata ausgeschlossen war.

Die südlichen Andenstaaten in Südamerika

1851–1854	José Rufino Echenique Präsident in Peru.
1855–1862	Der am Aufstand von 1854 gegen Echenique beteiligte Ramón Castilla setzt in seiner zweiten Amtsperiode als Präsident von Peru die Modernisierungspolitik fort.
1864/65	Während der Amtszeit von Juan Antonio Pezet kommt es an der peruanischen Küste zu feindlichen Aktionen der spanischen Pazifikflotte, die die guanoreichen Chinchainseln besetzt. Peru, Bolivien, Chile und Ecuador schließen sich zu einem kurzlebigen Bündnis zusammen.
1864–1871	Aus einer Reihe von Militärcaudillos, die schon seit dem Sturz von Santa Cruz Bolivien zum Spielball ihrer Interessen gemacht haben, ragt General Mariano Melgarejo heraus, dessen Amtszeit durch Korruption und diktatorische Maßnahmen gegen seine Gegner bestimmt ist.
1866	Präsident Melgarejo beginnt in Bolivien durch Gesetzgebung erste systematische Angriffe auf den Gemeinschaftsbesitz der Indianerdörfer.
	Vertrag mit Chile über den Grenzverlauf und über

die gemeinsame Ausbeutung der Salpetervorkommen in der Atacamawüste.

Die spanische Flotte wird bei Chiloé besiegt, nachdem es ihr zuvor noch gelungen war, Valparaíso und Callao zu bombardieren.

1868   Aus einem erneuten Bürgerkrieg in Peru zwischen Liberalen und Konservativen, verschärft durch Indianeraufstände, geht Oberst José Balta als Sieger und Präsident hervor.

1871   Der bolivianische Präsident Melgarejo wird in einer gemeinsamen Aktion von unzufriedenen Eliten und bedrohten Indios gestürzt und auf der Flucht umgebracht.

Mit der Präsidentschaft von Federico Errázuriz, dem Haupt der Liberalen Partei, beginnt in Chile ein Prozess der Liberalisierung.

1872   Mit Manuel Pardo, dem Kopf der Zivilistischen Partei, tritt der erste Zivilist das Präsidentenamt in Peru an.

1879   Der 1876 in Bolivien an die Macht gekommene Militärdiktator General Hilarión Daza fasst den Beschluss, auf die Salpeterexporte aus der gemeinsam mit Chile genutzten Zone Ausfuhrzoll zu erheben bzw. chilenische Salpeterunternehmen zu beschlagnahmen, und provoziert damit eine kriegerische Antwort Chiles.

Chilenische Einheiten besetzen die bolivianische Hafenstadt Antofagasta. Daraufhin erklärt Bolivien am 1. März 1879 Chile den Krieg; am 5. April erklärt Chile Bolivien und Peru, mit dem Bolivien sechs Jahre zuvor einen geheimen Bündnisvertrag gegen Chile geschlossen hatte, den Krieg. Der sogenannte Salpeterkrieg dauert fünf Jahre.

1883   Oktober: Im Vertrag von Ancon zwischen Chile und Peru erhält Chile den größten Teil der peruanischen Provinz Tarapacá und dehnt sein Territorium bis nach Arica aus.

1884   April: Im Waffenstillstand zwischen Chile und Bolivien muss Bolivien die Küstenregion um Antofagasta an Chile abtreten und verliert damit auch den Zugang zum Pazifik. Chile vergrößert nicht nur sein Territorium, sondern gewinnt das Weltmonopol für Salpeter sowie reiche Kupfervorkommen, wichtige Einnahmequellen für den Staatshaushalt.

Guano und Modernisierung in Peru

In Peru, Bolivien und Chile vollzog sich in den Jahrzehnten nach 1850 ein langsamer Übergang von autoritären Regimes, von starken Präsidentschaften zu liberaleren Regierungen, zumindest zu vom Liberalismus geprägten politischen und wirtschaftlichen Programmen. In **Peru** nutzte der 1845 an die Macht gekommene General Ramón Castilla den neuen Reichtum des Landes, der auf dem von englischen Firmen auf einigen unbewohnten Inseln vor der peruanischen Küste gewonnenen und exportierten Guano, einem in Europa begehrten Düngemittel, d. h. auf den daraus erzielten beachtlichen Zolleinnahmen beruhte. Zwar konnte Castilla mit dem Staatsmonopol auf den Guanohandel den Grund für einen wirtschaftlichen Aufschwung, erste Infrastrukturmaßnahmen und die Sanierung der Staatsschulden legen, doch ergab sich daraus noch keine innere Stabilität. Denn regionale Differenzen z. B. zwischen Lima und Arequipa blieben bestehen, und vor allem die im Gefolge des Guanobooms einsetzende Spekulation und Korruption, d. h. die ungezügelte Bereicherung eines Teils der Oberschicht, führte zur Unzufriedenheit derjenigen Angehörigen der Oberschicht und der Volksmassen, die an dem neuen Reichtum nicht teilhatten. Besonders Castillas Nachfolger, José Rufino Echenique (1851–1854), wurde der Korruption beschuldigt, und an dem Aufstand gegen dessen Regierung beteiligte sich 1854 auch Castilla von Arequipa aus, wobei er, um eine größere Massenbasis zu gewinnen, die Abschaffung der Sklaverei und des Indianertributs propagierte. Castilla siegte in diesem Bürgerkrieg und übernahm 1855 für eine zweite Amtsperiode die Präsidentschaft, die er trotz neuerlicher Zustimmungen zu liberalen Forderungen und ungeachtet der von der Liberalen Partei 1856 in der Verfassung vorgesehenen Kontrolle der Exekutive dennoch autoritär ausübte. Die Modernisierungsbestrebungen gründeten weiterhin auf Auslandsanleihen von ausländischen, an der Ausbeutung des Guano beteiligten Firmen oder von englischen Banken sowie auf den Einkünften aus dem Guanoexport und den Salpetervorkommen in den südlichen Provinzen. Der Guanoexport und die aus ihm gewonnenen Einkünfte ließ in Lima eine neue Oberschicht entstehen, die ihre Einkünfte auch in den Baumwoll- und Zuckerrohranbau investierte. Die Einwanderung chinesischer Kulis machten den Einsatz von Sklaven überflüssig und förderte den Wiederaufbau der Landwirtschaft an der Küste mit exportfähigen Produkten wie Zucker und Baumwolle. Insgesamt nahm mit dem Guanoboom die Macht der Zentralregierung, die sich bislang auf Lima und die angrenzenden Provinzen beschränkt hatte, zu, weil sie mit den Staatseinnahmen aus dem Guanomonopol von den Steuereinnahmen aus den andinen Provinzen (Indianertribut) unabhängiger geworden war.

1862 konnte Castilla die Regierung einem ihm genehmen Nachfolger, General San Román, übergeben, der jedoch schon vor Ablauf seines ersten Amtsjahrs starb, so dass der Vizepräsident Juan Antonio Pezet an die Macht kam. Dessen Amtsperiode wurde durch feindselige Aktivitäten der spanischen Pazifikflotte vor der peruanischen Küste überschattet, die durch einen nichtigen Streit im Hafen von Callao hervorgerufen waren, immerhin aber 1864 zur Besetzung der guanoreichen Chinchainseln führten und die Gefahr einer möglichen spanischen Reconquista heraufbeschworen. Angesichts dieser Aktionen der spanischen Flotte im Pazifik und aus Furcht vor weiteren

Interventionen schlossen sich Peru, Bolivien, Chile und Ecuador zu einem kurzlebigen Bündnis zusammen. Zunächst sah sich die Regierung Pezet gezwungen, mit den Spaniern, die Anfang des Jahres 1865 den Hafen von Callao besetzten, einen ungünstigen Vertrag über Reparationszahlungen abzuschließen, was den Unmut der Bevölkerung hervorrief. Diesen machte sich General Mariano Prado zunutze, indem er von Arequipa aus einen Aufstand anführte und Lima in seine Gewalt brachte, d. h. Präsident Pezet absetzte. Im Dezember erklärte er Spanien den Krieg und mobilisierte das Bündnis mit den Nachbarstaaten, und tatsächlich gelang es, die spanische Flotte bei Chiloé zu besiegen, die zwar 1866 noch Valparaíso und Callao bombardierte, aber letztlich die Pazifikküste erfolglos verlassen musste.

Prado blieb nicht lange im Amt. Zwar wurde 1867 eine neue Verfassung mit stärkeren liberalen Tendenzen erlassen, doch erregte sie auch Widerspruch, so dass es erneut zum Bürgerkrieg kam, der noch durch Indianeraufstände, provoziert durch die vorgesehene Wiedereinführung des Indianertributs, verschärft wurde. Aus ihm ging 1868 Oberst José Balta als Sieger und Präsident hervor, der zur Sicherung der Staatsfinanzen weiterhin auf das Staatsmonopol des Guanohandels setzte. Allerdings führte er insofern eine Änderung ein, als er 1869 den nationalen Konzessionären, die bisher für den Export des Guano zuständig waren, dieses Privileg entzog und nun eine einzige Konzession an das französische Handelshaus Dreyfus verlieh und überhaupt stark auf europäisches Kapital zugriff. Damit wurden weitere Modernisierungsmaßnahmen wie der Bau von Eisenbahnlinien zu den wichtigen Produktionszentren ermöglicht, doch nahm auch die Korruption wieder zu.

Die Zivilistische Bewegung als neue Kraft

Während dieser Zeit gewann eine zivilistische Bewegung an Bedeutung. Manuel Pardo, der einer alten und vornehmen Familie aus Lima entstammte und gleichzeitig zu dem entstehenden Handelsbürgertum gehörte, gelang es, die Zivilistische Partei zu einem Sammelbecken der allgemeinen Unzufriedenheit zu machen, die sich gegen die starke militärische Präsenz in den liberalen Präsidentschaften und die politische Korruption richtete. Diese Partei unterstützte seine Kandidatur bei den Präsidentschaftswahlen von 1871, und 1872 trat mit Manuel Pardo der erste Zivilist das Präsidentenamt in Peru an. Vorher waren alle Präsidenten Militärs gewesen, weil sie durch Putsche oder Aufstände den Weg zur Präsidentschaft hatten ebnen können. Die Zivilistische Partei blieb auch nach der Ablösung von Manuel Pardo durch General Mariano Prado als Präsident die vorherrschende politische Kraft des Landes.

Militärherrschaft und Korruption in Bolivien

In **Bolivien** war die innenpolitische Entwicklung noch stärker durch das Machtgerangel ehrgeiziger und rücksichtsloser Militärs geprägt. Bis 1871 waren die Präsidenten fast alle Militärs, gelangten durch einen Staatsstreich an die Macht oder wurden ihres Amtes enthoben. Das traf auch auf José María Linares zu, einen der wenigen Zivilisten, dem – nach einem Staatsstreich 1857 – das Präsidentenamt übertragen wurde. Doch geriet seine zivile, allerdings autoritär geführte Regierung auch dadurch in Misskredit, dass er die politische Korruption, also die an der politischen Macht als Zugang zu wirtschaftlichen Möglichkeiten interessierte Oberschicht bekämpfte. Nach seinem Sturz kamen wieder Militärregierungen an die Macht; auf General José María de Achá (1861–1864) folgte General Mariano Melgarejo (1864–1871). Gerade dessen Regierungszeit zeichnete sich durch Korruption und diktatorische Maßnahmen gegenüber seinen politischen Gegnern aus. Doch arbeitete er mit modernisierungswilligen, wirtschaftlich wichtigen Gruppen zusammen, die gemäß den liberalen Vorstellungen in dem gemeinschaftlichen Landbesitz der Indianerdörfer ein Wachstumshindernis sahen. So dekretierte im März 1866 Melgarejo, dass die Indios ihren Besitz eintragen lassen und innerhalb von sechzig Tagen bezahlen müssten, was für die verarmte Bevölkerung schlechterdings unmöglich war. Obwohl dieses Gesetz nur in der Gegend von La Paz Erfolg hatte, kam es zu zahlreichen gewaltsamen Protesten der Indios, die in der Maßnahme einen Angriff auf ihren Landbesitz sahen, denn angesichts ihrer Zahlungsschwierigkeiten kauften die Großgrundbesitzer statt ihrer das Land und arrondierten so ihren Grundbesitz. Auch das »Gesetz zur Veräußerung«, *Ley de Exvinculación*, von 1874, das den Dorfgemeinschaften den Status einer juristischen Person absprach und die Vergabe von Eigentumstiteln an Einzelpersonen vorsah, konnte wegen der Aufstände lange nicht in Kraft treten.

Da Melgarejo für Korruption zugänglich war und da auch das Land finanziell am Boden lag, veräußerte er strittige, aber wichtige Territorien. 1866 schloss er mit Chile einen Vertrag, der den Grenzverlauf zwischen Chile und Bolivien in der Atacamawüste an der Pazifikküste auf den 24. südlichen Breitengrad festlegte und die Teilung der Einkünfte aus der gemeinsamen Ausbeutung der Salpetervorkommen im Gebiet zwischen dem 23. und 25. Breitengrad vorsah. Diese Region zog schnell chilenische Unternehmen und Arbeiter an. In einem Vertrag mit Brasilien trat er 1867 eine Fläche von 300 000 km² Amazonasurwald ab. Anfang 1871 wurde Melgarejo in einer gemeinsamen

Aktion von unzufriedenen Eliten unter General Agustín Morales und bedrohten Indios unter ihrem Führer Santos Willca gestürzt und auf der Flucht umgebracht. Eine Zeitlang schien die Rückkehr zur Vorherrschaft der alten Oligarchien möglich zu sein, doch schon 1876 übernahm ein neuer Militärdiktator die Macht, General Hilarión Daza. Angesichts leerer Staatskassen fasste er den Beschluss, entgegen früheren Abmachungen mit Chile auf die Salpeterexporte aus der gemeinsamen Nutzungszone Ausfuhrzoll zu erheben. Chilenische Unternehmen sahen ihre Interessen bedroht. Damit war für die chilenische Regierung willkommener Anlass zum Krieg gegeben.

Parlamentarismus und Wirtschaftswachstum in Chile

In **Chile** hatte 1871 mit der Regierung von Präsident Federico Errázuriz ein Prozess der Liberalisierung begonnen, der durch das Verbot der Wiederwahl des Präsidenten, die Erweiterung der Befugnisse des Parlaments und die Einführung des Wahlrechts für Alphabeten (ca. 5,5 % der Bevölkerung) die bisherige autoritäre Macht des Staates abschwächte. Die Regierungschefs mussten sich daher der Unterstützung verschiedener politischer Lager versichern. Die Expansion von Handel und Bergbau hatte die chilenische Oberschicht anwachsen lassen und ihre Macht noch weiter vergrößert. Mit der Liberalisierung ging jedoch keine Demokratisierung einher, da die Ausweitung der Macht nur die ökonomisch und sozial herrschende Schicht betraf, die alten Oligarchien und die neuen besitzenden Gruppen. Diese Oberschicht war Nutznießer der Integration in den Weltmarkt und richtete ihre Politik danach aus, was auch Sicherung des Zugriffs auf die Salpeterausbeutung in den nördlichen Gebieten der Atacamawüste, ja auf peruanischem und bolivianischem Territorium einschloss. Die Salpeterlagerstätten befanden sich in der peruanischen Provinz Tarapacá und in der bolivianischen Provinz Antofagasta, deren Grenzverlauf schon seit der Unabhängigkeit zwischen Chile und Bolivien umstritten war. Mit dem Grenzvertrag von 1866 war zwischen Chile und Bolivien eine Regelung getroffen worden. Als im Januar 1879 die bolivianische Regierung Daza drohte, chilenische Salpeterunternehmer in der gemeinsam genutzten Region zwischen 23. und 25. Breitengrad, die die Bezahlung ihrer Steuer verweigerten, zu beschlagnahmen, um sie zu versteigern, erachtete Chile dies als offenen Bruch des Vertrages und entsandte Truppen. Chilenische Einheiten besetzten die bolivianische Hafenstadt Antofagasta, in der nur fünf Prozent der Bevölkerung bolivianisch waren. Daraufhin erklärte Bolivien am 1. März 1879 Chile den Krieg; am 5. April erklärte Chile Bolivien und Peru den Krieg. Es begann der sogenannte Salpeterkrieg, auch Pazifikkrieg genannt; er dauerte bis 1884.

Der Salpeterkrieg und seine Folgen

Chile gewann den Krieg, da es sich sowohl als Landmacht wie auch als Seestreitmacht beiden Ländern überlegen zeigte und sowohl Bolivien als auch Peru in mehreren Schlachten entscheidend schlug. Am 20. Oktober 1883 unterzeichneten Chile und Peru den Vertrag von Ancon; darin erhielt Chile den größten Teil der peruanischen Provinz Tarapacá und dehnte sein Territorium bis nach Arica aus. Am 4. April 1884 kam es zwischen Chile und Bolivien zu einem Waffenstillstand, in dem Bolivien die Küstenregion um Antofagasta abtreten musste, was dieses Land auch den Zugang zum Pazifik koste-

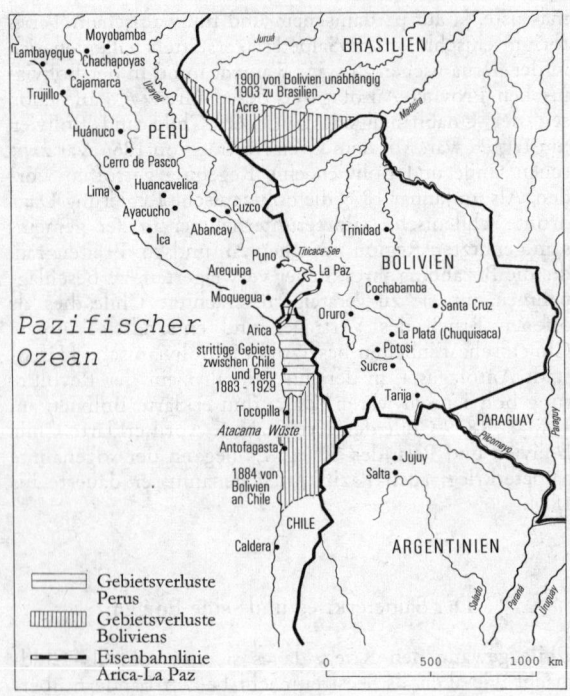

Neue Grenzen im südlichen Südamerika

te. Seitdem ist Bolivien vom Meer abgeschnitten und wurde zu einem Binnenland. Erst 1904 wurde der Friedens- und Grenzvertrag zwischen Bolivien und Chile unterzeichnet: Bolivien bestätigte die Zugehörigkeit der

Atacamaregion zu Chile, während Chile Bolivien zollfreien Zugang zu den Häfen von Arica und Antofagasta sowie den Bau einer Eisenbahnlinie von La Paz an die Küste gewährte. Durch diesen Krieg besaß Chile mit den reichen Salpetervorkommen das Weltmonopol für dieses wichtige Ausfuhrprodukt. Als zu Beginn des 20. Jahrhunderts durch Entdeckung von Kunstdünger der Salpeterabbau an Bedeutung verlor, machte das Chile wenig aus, denn die Atacamawüste war auch reich an Kupfervorkommen.

Brasilien

1850   Unter dem Druck Großbritanniens wird der Sklavenhandel nach mehreren früheren Anläufen endgültig verboten.

1853   Unter Vermittlung von Dom Pedro II. kommt eine Versöhnung zwischen Liberalen und Konservativen zustande.

1871   September: Mit Unterstützung des Kaisers wird das »Gesetz des freien Leibes« (*Lei do ventre libre*) eingebracht; es sieht eine allmähliche, über einen längeren Zeitraum erfolgende Abschaffung der Sklaverei vor, indem es die neugeborenen Kinder von Sklavinnen für frei erklärt, ihnen allerdings bis zum 21. Lebensjahr Arbeit für den Sklavenhalter abverlangt.

1873   In São Paulo gründen Liberale als Abspaltung von der Liberalen Partei die Paulistaner Republikanische Partei als dritte Partei neben den traditionellen Parteien der Konservativen und Liberalen.

1888   Während eines Aufenthaltes von Dom Pedro II. in Europa unterzeichnet seine Tochter Isabel, die zwischenzeitliche Regentin, am 13. Mai das »Goldene Gesetz« (*Lei Aurea*), das alle 700 000 Sklaven Brasiliens ohne Entschädigung für die Pflanzer befreit. Damit verlieren die Monarchie und die konservative Regierung die Unterstützung der konservativen Oligarchie von Pflanzern, die noch keine freien Lohnarbeiter beschäftigen.

1889   In einem militärisch-zivilen Putsch übernehmen am 15. November Militärs und Republikaner die Macht und zwingen den Kaiser, abzudanken und das Land zu verlassen.
17. November: Dom Pedro II. verlässt mit seiner Familie Brasilien Richtung Europa. Es beginnt die republikanische Ära.

Die versöhnliche Zusammenarbeit

Während des Zweiten Kaiserreichs erfreute sich **Brasilien** besonders seit der Mitte des 19. Jahrhunderts, nachdem die Revolten der 1840er Jahre niedergeschlagen waren, einer vergleichsweise stabilen Lage, da das Land im Unterschied zu den meisten Staaten Spanischamerikas von Bürgerkriegen und von Auseinandersetzungen um Föderalismus weitgehend verschont blieb. Anteil an dieser zumindest politisch stabilen Situation hatte die unter Vermittlung von Dom Pedro II. 1853 zustande gekommene und bis 1868 dauernde versöhnliche Zusammenarbeit, der *Conciliação*, zwischen den ideologisch verschieden ausgerichteten Mitgliedern der Elite des Reiches, die Machtteilung zwischen Liberalen und Konservativen, im Ministerrat, in den sogenannten Kabinetten der Versöhnung, *Gabinetes de Conciliação*. Diese Phase gilt als die Blütezeit des Zweiten Kaiserreichs. Denn die politische Stabilität bildete den erforderlichen Rahmen für die weitere wirtschaftliche Entwicklung in den wichtigen Exportregionen des Landes, hatte doch wie in den anderen Staaten Lateinamerikas die dominierende Schicht der Landoligarchie Brasiliens Wirtschaft auf den Export vor allem von Agrarprodukten ausgerichtet. Davon profitierten die alten nordöstlichen Provinzen mit ihrem auf Sklavenarbeit beruhenden Zuckerrohranbau und neuerdings auch die nördliche Küstenprovinz Maranhão sowie die nordöstlichen Provinzen Alagoas und Paraíba do Norte mit dem Anbau von Baumwolle, für die durch den Bürgerkrieg in den Vereinigten Staaten ein Konkurrent auf den Märkten wegfiel. Vor allem aber profitierten die südöstlichen Provinzen wie Rio de Janeiro und besonders São Paulo, wohin sich mit der zunehmenden Bedeutung des Kaffeeanbaus langsam, aber sicher das wirtschaftliche Wachstumszentrum verschob; so machte in den Jahren zwischen der Mitte des Jahrhunderts und 1870 der Anteil des Kaffees aus den Provinzen des Südostens 50 % am Gesamtexport Brasiliens aus, während alle Anbauprodukte aus den Provinzen des Nordostens nur etwa 33 % beisteuerten.

Das Sklavenproblem

Die politische Stabilität begann ab 1868 zu bröckeln, als es während des Kriegs der Tripelallianz mit Paraguay zu Auseinandersetzungen zwischen dem Marqués de Caxias, dem Oberbefehlshaber der kaiserlichen Truppen, und dem liberalen Kabinett Zacharias de Goés e Vasconcelos wegen unzureichender Unterstützung der Truppen durch die Regierung kam. Im Zuge dieser Auseinandersetzungen traten die Liberalen aus dem Kabinett aus, womit die Phase der Versöhnung endete. Nun übernahmen wieder konservativ geprägte Kabinette die Geschicke Brasiliens; sie mussten vor allem versuchen, das Problem der Sklaverei zu lösen.

Denn das beherrschende innenpolitische und am meisten Konfrontation verursachende Thema der Regierungszeit von Pedro II. war die Sklavenfrage, d. h. die Auseinandersetzungen um die Abschaffung der Sklaverei. Außer humanitären Einwänden gegen die Sklaverei wurden zunehmend auch außenpolitische und ökonomische Argumente vorgebracht. In den ehemaligen spanischen, britischen und französischen Kolonien in Amerika war die Sklaverei bereits abgeschafft, und in den Vereinigten Staaten stand ihre Abschaffung bevor. England hatte Brasilien schon lange zur Abschaffung der Sklaverei gedrängt, schon bei der Anerkennung der brasilianischen Unabhängigkeit hatte es die Abschaffung des Sklavenhandels binnen drei Jahren verlangt. 1831 war die Sklaveneinfuhr zwar gesetzlich verboten worden, doch wurde das Gesetz nicht beachtet. Erst 1850 wurde unter dem Druck Englands dieser Handel endgültig verboten, der sich bis dahin immer noch auf rund 50 000 bis 60 000 Sklaven pro Jahr belief. Nach dem Stopp der Sklaveneinfuhr stiegen die Anschaffungskosten und machten den Einsatz von kostspieligen Sklaven unrentabel. Ersatz aus dem Bestand im Land selbst war schwer zu beschaffen, weil die Fortpflanzung unter den Sklaven aus einer Vielzahl von Gründen wie z. B. ungleiche Geschlechterverteilung, unzureichende Nahrungsversorgung und auch Reproduktionsverweigerung gering war. So nahm nach dem Einfuhrstopp die Anzahl der Sklaven allmählich ab und belief sich 1872 noch auf 1,5 Millionen, was einen Anteil an der Gesamtbevölkerung von 15 % ausmachte. Im Übrigen hatten viele Sklaven, aus denen die Truppen während des Krieges mit Paraguay bestanden, ihre Freiheit erlangt. Diese Umstände förderten die Debatte über freie Lohnarbeit, die sich seit den 1860er Jahren zu einer von Intellektuellen und auch Kaffeeplantagenbesitzern in der Provinz São Paulo getragenen Antisklavereibewegung entwickelte, in deren Kontext auch die Möglichkeit diskutiert wurde, die notwendigen Arbeitskräfte über Einwanderung zu beschaffen. Denn im Unterschied zu den tropischen Küstengebieten von Bahia und Pernambuco, den Zuckerregionen, waren auf der kühleren Hochfläche von São Paulo, dem immer bedeutender werdenden Anbaugebiet von Kaffee, auch weiße Arbeitskräfte einsetzbar.

Obwohl Dom Pedro II. ein Gegner der Sklaverei war, was er 1867 auch öffentlich geäußert hatte, waren er und seine Kabinette sich wohl bewusst, was eine schnelle und allgemeine Sklavenbefreiung für die Exportlandwirtschaft bedeuten würde. So unterstützte Pedro II. eine schrittweise Abschaffung der Sklaverei, wie sie das »Gesetz des freien Leibes«, *Lei do ventre libre*, vorsah, das der neue konservative Premier José Maria da Silva Paranhos, Vizeconde von Rio Branco im September 1871 einbrachte. Dieses Gesetz erklärte die neugeborenen Kinder von Sklavinnen für frei; allerdings sollten die Kinder bis zum 21. Lebensjahr für den Sklavenhalter arbeiten, sofern dieser sie nicht bereits im Alter von acht Jahren gegen eine Entschädigung vom Staat freigab. Es schaffte also die Sklavenarbeit nur über einen längeren Zeitraum hin ab, indem es zukünftige, nicht aber bestehende Sklavenarbeit verbot. Beide Gruppierungen, Sklavenbesitzer und Abolitionisten, sahen sich in ihren Forderungen bestätigt. In den folgenden Jahren entbrannten um die völlige Freilassung der Sklaven harte parteipolitische Kämpfe, bei denen als Führer der Abolitionisten vor allem der liberale Abgeordnete Joaquim Nabuco, ein angesehener Schriftsteller und Mitglied der Oberschicht von Pernambuco, auftrat.

Anwachsen des Republikanismus

In den letzten Jahren des Kaiserreichs gewannen die Anhänger einer republikanischen Staatsform an Gewicht. Im November 1870 gründete eine kleine Gruppe von Liberalen in Rio de Janeiro einen Republikanischen Club und veröffentlichte im Dezember ein »Republikanisches Manifest«, in dem sie die üblichen liberalen Vorbehalte gegenüber einer Zentralisierung der politischen Macht formulierten, die Abschaffung der Monarchie forderten und die Bildung einer föderativen Republik mit starken Rechten der einzelnen Provinzen verlangten. Im Jahr 1873 gründeten Liberale in São Paulo als Abspaltung von den Liberalen die Paulistaner Republikanische Partei als dritte Partei neben den traditionellen Parteien der Konservativen und Liberalen. Beide Parteien waren eher elitär und wenig demokratisch-progressiv gesinnt; und der von den Liberalen praktizierte Liberalismus bezog sich mehr auf die Wirtschaft als auf die politischen Strukturen. Politische Partizipation war nicht ihr vorrangiges Ziel. So betrug um 1870 bei einer Gesamtbevölkerung von 10,5 Millionen der Anteil der Wahlberechtigten nur ca. 1,4 oder 1,9 Prozent; und diese geringe Zahl wurde noch unbedeutender dadurch, dass bei den Wahlen oft Korruption oder Wahlbeeinflussung durch den Druck lokaler Autoritäten, durch den *coronelismo,* im Spiel waren. Im Gegensatz dazu wurde die Republikanische Partei oder Bewegung zu einem Sammelbecken junger Leute, oft Studenten, die an den Universitäten mit republikanischen Ideen und der Philosophie des Positivismus in Berührung kamen, ferner von ebenfalls positivistisch orientierten Intellektuellen, Journalisten, Anwälten und Professoren an der Militärakademie, ferner von jungen Offizieren aus der Mittelschicht, aber auch von Angehörigen der paulistaner Elite, denen eine föderative Republik, ein dezentralisierter Staat für ihre wirtschaftlichen Interessen günstiger zu sein schien als ein zentral orientierter Staat. Auch Abolitionisten gehörten der Bewegung an. Der regionale Schwerpunkt des Republikanismus lag im Süden Brasiliens, in den Provinzen Rio de Janeiro, São Paulo und Rio Grande do Sul, der Nachbarprovinz zu Uruguay, einem wichtigen Aufmarschgebiet im Krieg der Tripelallianz gegen Paraguay, 1864–1870. Über die Art, wie ein als notwendig erachteter Regimewechsel erfolgen sollte, herrschte in der heterogenen Bewegung keine Einigkeit, vor allem auch deshalb, weil Dom Pedro II. große Popularität genoss.

Die Unzufriedenheit im Militär brachte dann die Entscheidung.

Gerade der Sieg über Paraguay hatte Position und Prestige des Militärs in der brasilianischen Gesellschaft gestärkt. Dadurch und durch die Ausbildung der Offiziere in den damals positivistisch orientierten Militärakademien wurde sich das Militär seiner Bedeutung als Alternative zur traditionellen Führungsschicht und zu den traditionellen Parteien bewusst und sah sich als möglichen Mitgestalter einer neuen Ordnung nach technokratischen und wissenschaftlichen Prinzipien. Als in den Jahrzehnten nach dem Krieg die Haushaltsmittel für das Militär gekürzt wurden, als sich besonders jüngere positivistisch orientierte Offiziere politisch äußerten und die Interessen ihres Standes, zu dessen Wahrnehmung 1887 ein Militärclub gegründet wurde, öffentlich vortrugen, kam es wiederholt zu Auseinandersetzungen mit der Regierung, die letztlich im November 1889 zu dem Entschluss führten, gemeinsam mit der republikanischen Bewegung einen Regimewechsel herbeizuführen.

Der Zeitpunkt war insofern günstig, als die Regierung u. a. durch die endgültige Sklavenbefreiung schwächelte. Während sich Dom Pedro II. in Europa aufhielt, hatte seine Tochter Isabel, die zwischenzeitliche Regentin, am 13. Mai 1888 das »Goldene Gesetz« (*Lei Aurea*) unterzeichnet, das mit einem Schlag alle 700 000 Sklaven Brasiliens ohne Entschädigung für die Pflanzer befreite. Jetzt konnten sich die Verschwörer für die Machtübernahme stark genug fühlen, weil der Monarch durch die Sklavenbefreiung die Unterstützung der konservativen Oligarchie, die noch nicht zur Beschäftigung freier Lohnarbeiter übergegangen war, verloren hatte. Am 15. November 1889 übernahm in einem militärisch-zivilen Putsch General Manoel Deodoro de Fonseca, ein Veteran des Krieges gegen Paraguay und Präsident des Militärclubs, gemeinsam mit den republikanischen Führern Rui Barbosa und Benjamín

Constant Botelho de Magalhaes die Macht und zwang Pedro II. dazu, abzudanken und das Land zu verlassen. Der Kaiser stimmte zu und begab sich, von der kaiserlichen Familie begleitet, noch am 17. November ins Exil nach Europa, zunächst nach Portugal und dann nach Frankreich, wo er 1891 starb. In Brasilien begann die republikanische Ära.

Die Phase der oligarchisch-politischen Konsolidierung

Wollten die lateinamerikanischen Staaten eine politische und wirtschaftliche Rolle in Lateinamerika oder in der Völkergemeinschaft spielen, dann mussten sie politisch reorganisiert und stabilisiert sowie die Wirtschaft modernisiert werden. Das hieß, eine nationale, nicht mehr personal oder regional orientierte Politik zu betreiben und die bislang divergierenden Interessen verschiedener Gruppen zu harmonisieren. Tatsächlich gelang es mehreren Staaten, z. T. aufbauend auf den liberalen Reformbewegungen, z. T. sich von ihnen abhebend, im letzten Viertel des 19. Jahrhunderts ihre Durchsetzungsfähigkeit in administrativer, polizeilicher und fiskalischer Hinsicht deutlich zu erhöhen und sukzessive auf das ganze Staatsterritorium auszudehnen und so die Grundlagen für funktionsfähige Nationalstaaten zu schaffen.

1870	April: Föderalistisch-liberale Revolution in Venezuela, General Antonio Guzmán Blanco übernimmt die Macht.
1870	Juni: Guzmán Blanco erlässt ein Gesetz über die allgemeine Schulpflicht.

1873   Januar: Um den Einfluss der katholischen Kirche zu-
        rückzudrängen, dekretiert Guzmán Blanco die Zivilehe
        und die Einrichtung eines Zivilstandsregisters über Ge-
        burt, Tod und Eheschließung.

1874   Zur Förderung der Einwanderung aus Europa gründet
        Guzmán Blanco die Kolonien »Guzmán Blanco« und
        »Simón Bolívar« mit europäischen Bauern.

1876/77 Der Bürgerkrieg in Kolumbien ist Ausdruck der insta-
        bilen politischen Situation unter dem extremen Födera-
        lismus. Die Liberale Partei spaltet sich in Radikale und
        Unabhängige.

1877   In Mexiko wird General Porfirio Díaz nach zehnjähri-
        gem vergeblichen Bemühen zum ersten Mal Präsident (bis
        1880) und beginnt eine politische Konsolidierungspolitik.

1878   In Venezuela wird die erste *Compañia Petroleo de Ta-
        chira* gegründet.

1880   In Argentinien gelingt es Präsident Nicolás Avellaneda,
        eine Regelung über die Beziehung der Stadt Buenos Ai-
        res zur Argentinischen Konföderation und zur Haupt-
        stadtprovinz in der Art zu finden, dass Buenos Aires
        verwaltungstechnisch von der Provinz getrennt und fö-
        deralisiert, also als Bundesdistrikt der Bundesregierung
        unterstellt wird. Die Provinz Buenos Aires erhält mit La
        Plata eine neue Hauptstadt.
        Mit der ersten Präsidentschaft von General Julio Argen-
        tino Roca (1880–1886) enden in Argentinien zunächst
        die Konflikte zwischen den Regionen. Mit dem Wahl-
        spruch »Friede und Verwaltung«, dem System des »Ro-
        quismo«, in dem der argentinische Staat zum ersten Mal
        Ordnungsfunktionen zur Entwicklung des Landes
        übernimmt, beginnt unter ihm und seinen Nachfolgern
        die Modernisierung Argentiniens.
        Mit der ersten Präsidentschaft von Rafael Núñez (1880–
        1882) deutet sich in Kolumbien mit seinen Maßnahmen
        zur wirtschaftlichen Modernisierung die »Regeneration«
        an.

1881   April: Guzmán Blanco lässt in der sechsten Verfassung
        Venezuelas die Teilstaaten auf neun reduzieren und zur
        Einbindung der regionalen Caudillos den Bundesrat
        (*Consejo Federal*) schaffen.

Der Vorschlag der kolumbianischen Regierung, die Grenzstreitigkeiten am Maracaibo-See durch einen Schiedsspruch regeln zu lassen, wird von Venezuela akzeptiert.

1884   Porfirio Díaz gewinnt zum zweiten Mal die Präsidentschaftswahlen und errichtet ein autoritäres Regime, das bis 1911 anhält.

Mit der zweiten Präsidentschaft von Rafael Núñez (1884–1886) konkretisiert sich in Kolumbien mit der Unterstützung der Nationalen Partei, eines Zusammenschlusses der Unabhängigen und Konservativen, das Programm der »Regeneration«.

1885   In Kolumbien gelingt es der Regierung Núñez, eine Rebellion der Radikalen niederzuschlagen.

1886   In Kolumbien schafft die unter der Federführung des konservativen Philologen Miguel Antonio Caro erarbeitete und im August angenommene neue Verfassung den Föderalismus ab und konstituiert die kolumbianische Nation wieder als eine unitarische Republik.

1887   Das Konkordat zwischen Kolumbien und Rom stellt die Rechte der katholischen Kirche wieder her und unterstellt das Bildungssystem der Kirche.

In Mexiko erlangt Porfirio Díaz die Zustimmung des Kongresses zu einer weiteren Amtszeit (1888–1892).

Guzmán Blanco bricht die diplomatischen Beziehungen Venezuelas zu Großbritannien wegen der seit Jahrzehnten schwelenden Streitigkeiten im Grenzgebiet von Orinoko und Essequibo (Guayana) ab. Auseinandersetzungen und diplomatische Verhandlungen ziehen sich bis 1895 hin.

Guzmán Blanco zieht sich von der Präsidentschaft zurück und begibt sich nach Europa. Seine Politik wird bis 1899 auch ohne ihn fortgesetzt.

1890   In Argentinien wird die Radikale Partei (*Unión Cívica Radical*) als Sammelbecken für den Unmut der Mittelschichten über fehlende Demokratie gegründet.

Porfirio Díaz setzt eine Verfassungsänderung durch, die unbeschränkte Wiederwahl erlaubt.

1891   Februar: In Brasilien verwandelt die neue republikanische Verfassung den bisher zentralistisch ausgerichteten

Staat nach dem Vorbild der USA in eine föderalistisch strukturierte Republik mit einem Präsidialsystem, das alle vier Jahre die Wahl des Präsidenten durch eine kleine Minderheit wahlberechtigter männlicher Erwachsener vorsieht.

März: Der Schiedsspruch durch den spanischen König spricht die gesamte Guajira bis auf einen kleinen Streifen Kolumbien zu und erklärt das linke Ufer des Orinoko zwischen Meta und Guaviare zur Grenze zwischen Kolumbien und Venezuela.

1894   Seit diesem Jahr stammen in Brasilien bis 1906 die Präsidenten aus der Gruppe der Kaffeeplantagenbesitzer von São Paulo.

1895   In der Note vom 20. Juli 1895 an den US-amerikanischen Botschafter in London, der sogenannten Olney-Auslegung (*Olney-Corollary*) der Monroe-Doktrin, erklärt der US-amerikanische Außenminister Richard Olney, dass die Vereinigten Staaten praktisch der Souverän des Kontinents seien und Englands Vorgehen in Venezuela die Interessen der amerikanischen Völker verletze. Großbritannien lenkt ein.

1896   In Argentinien wird als Vertreterin der unzufriedenen städtischen Arbeiter die Sozialistische Partei gegründet.

1897   Februar: Venezuela und Großbritannien kommen vertraglich überein, die Grenzstreitigkeiten durch ein Schiedsgericht regeln zu lassen.

1898   In Argentinien wird Roca, der auch ohne Präsidentenamt einflussreich geblieben war, zum zweiten Mal Präsident (1898–1904).

1899   Oktober: Ein internationales Schiedsgericht in Paris spricht Großbritannien 94 % des strittigen Gebiets zu, Venezuela erhält den Rest.

Mit der gewaltsamen Übernahme der Macht in Venezuela durch General Cipriano Castro endet der Konsolidierungsversuch von Guzmán Blanco; regionale Caudillos gewinnen ihren Einfluss zurück.

1910   Revolutionsaufruf gegen Porfirio Díaz in Mexiko.

Das Porfiriat in Mexiko

In **Mexiko** fiel die Entwicklung der Konsolidierung mit der Herrschaftszeit des Generals Porfirio Díaz zwischen den Jahren 1876 und 1911, dem sogenannten Porfiriat, zusammen. Porfirio Díaz, Jahrgang 1830, ein Mixteke aus dem Bundesstaat Oaxaca, ein Mann von niederer Bildung, aber mit politischer Zähigkeit und Gestaltungskraft ausgestattet und erfahren in den Mechanismen der ländlichen Politik, war Mitglied der liberalen Gruppe gewesen, die den Sieg der Republik über das importierte Kaisertum Maximilians hatte sichern können. Solange Benito Juárez lebte, hatte er keine Chance, als dessen Konkurrent und Gegenkandidat gewählt zu werden. Erst als dessen Nachfolger Präsident Lerdo de Tejada sich bei den Präsidentschaftswahlen im Juli 1876 erneut als Kandidat aufstellen ließ, also eine Wiederwahl anstrebte, was als Vorstufe zur Diktatur galt, konnte Porfirio Díaz die Macht an sich reißen. In einem bewaffneten Aufstand der mit Präsident Lerdo Unzufriedenen, deren Unmut Díaz im *Plan von Tuxtepec* vom 1. Januar 1876 zusammengefasst hatte, übernahm Porfirio Díaz nach zehnjährigem vergeblichen Bemühen die Präsidentschaft. Mit einer kurzen Ausnahme zwischen 1880 und 1884 gab er sie bis 1911 nicht wieder ab.

Porfirio Díaz bewirkte durch eine bisher nicht gekannte Monopolisierung politischer Macht, verbunden mit einer modernisierenden, durch Auslandsinvestitionen induzierten Wachstums- und Entwicklungspolitik, im Laufe seiner 33 Jahre dauernden Herrschaft Mexikos politische Konsolidierung. Dabei verlief die Konsolidierung seiner eigenen Macht keineswegs rasch und reibungslos, sondern zunächst zögernd und in verschiedenen Phasen, stand er doch zu Beginn seiner Herrschaft zahlreichen Problemen gegenüber, die sein Vorgänger ihm hinterlassen hatte und deren Lösung Zeit brauchte. Dazu gehörten eine leere

Staatskasse, ein unausgeglichener Staatshaushalt, verbreitetes, im Gefolge der vorhergehenden Bürgerkriege und der französischen Invasion stark angeschwollenes Banditenunwesen, schwelende Bauernunruhen und umstrittene Eisenbahnkonzessionen für eine Verbindung in die USA. Nach Ablauf seiner ersten Präsidentschaft im Jahre 1880 konnte es sich Díaz, der mit dem Slogan »Effektives Wahlrecht, keine Wiederwahl« angetreten war, noch nicht leisten, die Verfassungsbestimmung der Nichtwiederwahl des Präsidenten einfach zu ignorieren. Deshalb schied er aus dem Amt und verhalf nicht etwa einem der Minister seines ersten Kabinetts, angesehenen Vertretern der liberalen Partei, sondern einem alten Kampfgefährten beim Aufstand gegen Lerdo, dem General Manuel González, für die Amtszeit von 1880 bis 1884 zur Präsidentschaft; er selbst zog sich für die Jahre 1881 bis 1883 als Gouverneur nach Oaxaca zurück. 1884 trat Porfirio Díaz erneut als Kandidat an und gewann die Wahl. Während dieser zweiten Präsidentschaft von 1884 bis 1888 begann er, ein autoritäres Regime aufzubauen, konnte im Oktober 1887 die Zustimmung des Kongresses zu einer weiteren Amtszeit (1888–1892) erlangen und 1890 sogar eine Verfassungsänderung durchsetzen, die unbeschränkte Wiederwahl erlaubte, so dass er zwischen 1884 und 1911 siebenmal seine eigene Nachfolge antreten konnte.

Stabilität durch *Pan y Palo*

Die Regierungszeit von Díaz gilt auch als Zeit der *pax porfiriana*, was allerdings nicht hieß, dass im ganzen Land Frieden herrschte, denn während der Regierungszeit gab es immer wieder Aufstände und soziale Proteste, vor allem der unterdrückten Indios und der Land- und Industriearbeiter. Mit der Kennzeichnung als »Friedenszeit« ist

allerdings politische Stabilität, man könnte auch sagen
Stärke und Durchsetzungsfähigkeit des Zentralstaats, einerseits sowie gesellschaftliche Pazifizierung des Landes
andererseits gemeint. Und damit ist auch zugleich die
Strategie von Díaz benannt, mit der er politische Stabilisierung und Entwicklung, d. h. »Ordnung und Fortschritt« (*orden y progreso*), wie der damalige politische
Werbeslogan hieß, erreichte. Es handelte sich dabei nicht
etwa um brutale Gewaltanwendung oder um eine auf das
Militär gestützte Diktatur, sondern um ein geschicktes
Austarieren von Gegensätzen zwischen den Machtrivalen
des Präsidenten, um ein Aushandeln von Kompromissen
zwischen den regionalen Machthabern und dem Präsidenten, also der nationalen Ebene, nach dem alten Prinzip des
divide et impera, gepaart mit der Devise *Pan y Palo*, »Brot
und Stock«. Wer sich zur politischen Loyalität gegenüber
Díaz verpflichtete, konnte mit Belohnung und Anteil an
der Macht, z. B. durch ein Gouverneursamt oder einen
Sitz im Parlament, rechnen; wer sich weigerte, erfuhr die
Härte des Präsidenten. Mit dieser »Konziliationsstrategie«
gelang es Díaz besonders in den ersten Jahren seiner Herrschaft, die regionalen und lokalen Oligarchien, die Kaziken (*caciques*), zu entmachten, sie aber zugleich ebenso
wie andere wichtige Kräfte wie die Kirche oder das Militär an das neue Regime, d. h. an sich zu binden. So verhielt
sich z. B. die katholische Kirche zumindest neutral, denn
obwohl die antikirchlichen Gesetze der Reformära bestehen blieben, wurden sie in der Praxis abgemildert. Das betraf die Duldung von kirchlichen Festen, aber auch den
Besitz von Gemeindeländereien, die noch nicht aufgelöst
waren. Ein geschickter Schachzug war es auch, dass der
53-jährige Díaz im Jahr 1883 die 21-jährige praktizierende
Katholikin Carmen Romero Rubio aus der erzkatholi-
schen Familie Romero Rubio in einer katholischen Trau-
ungszeremonie heiratete und sich diese einflussreiche Familie zum Verbündeten machte; ja sogar seinen Schwie-

gervater Manuel Romero Rubio, einen erfahrenen, ursprünglich liberalen Politiker, als Innenminister in sein Kabinett einbezog.

Díaz organisierte einen politischen Apparat, der zunehmend perfekter funktionierte. Zur wirksamen Banditenbekämpfung bediente er sich der schon von Benito Juárez 1861 geschaffenen nationalen Landgendarmerie, der *rurales*, und baute sie zu einer direkt der Bundesregierung unterstellten berittenen nationalen Polizeitruppe mit einer Stärke von 3000 Mann aus, deren Wirkung umso größer war, als Díaz gleichzeitig die Milizen der Bundesstaaten und die freiwilligen Einheiten auf Dorfebene abschaffte und langfristig auch die mexikanische Armee durch Personalabbau, unzureichende militärische Ausbildung und geringen finanziellen Anteil am Staatshaushalt schwächte. Die Bundesstaaten überwachte er, indem er besonders nach 1884 Gouverneure und Munizipalpräsidenten nach eigener Wahl, also seine Anhänger, einsetzte oder auch wieder entließ. Zusätzlich zu den Gouverneuren schuf Díaz zur besseren administrativen Durchsetzungsfähigkeit der Zentralregierung die Institution der Distriktsvorsteher, *jefes políticos*, als seine Agenten in dreihundert neuerrichteten Distrikten, den *jefaturas políticas*. Materiell abgestützt wurde die zunehmende staatliche Durchdringung der Gesellschaft, d. h. die Ausdehnung der territorialen Reichweite der Zentralregierung, durch den gleichzeitigen Auf- und Ausbau einer nationalen Infrastruktur, wodurch die Kommunikation der Zentralregierung mit den Gouverneuren und Distriktsvorstehern, allerdings auch deren Kontrolle erst ermöglicht wurde. Besaß Mexiko um 1877 ein Eisenbahnnetz von ca. 700 km Länge, so war es am Ende des Porfiriats auf über 20 000 km Länge angewachsen und verband das Zentrum und die Produktionsstätten mit dem wichtigsten Ausfuhrhafen Veracruz und den USA. Gleichzeitig wurden das Post- und Fernmeldewesen sowie das Telefonnetz in der Weise erweitert, dass es sich über einen sehr großen Teil des Landes erstreckte und gemeinsam mit dem Eisenbahnnetz zur Entstehung eines nationalen Marktes beitrug, der auf einer grundlegenden Umwandlung der mexikanischen Wirtschaft beruhte.

Innere Sicherheit und Wirtschaftswachstum

Porfirio Díaz stellte seine Macht in den Dienst des Fortschritts, indem er für ausländische Investoren durch seine Pazifizierungspolitik die notwendigen Rahmenbedingungen schuf: innere Sicherheit. Da die Regierung zudem weitere investitionsfreundliche Reformen wie den Übergang von Staatsbesitz in Privatbesitz, die Ermöglichung von Privateigentum an Bodenschätzen (1883, 1884, 1892), die Senkung von Zöllen (1889) und den Fortfall der allgemeinen Verkaufssteuer, *alcabala* (1896), vornahm, kamen immer mehr ausländische Investoren ins Land – Amerikaner, Franzosen, Engländer und Deutsche. Zwischen 1884 und 1911 wuchs das Auslandskapital von 110 Millionen Pesos auf 3,4 Milliarden Pesos an, wodurch besonders Eisenbahnwesen, Bergbau (Silber, Kupfer) und Erdölförderung sowie Exportlandwirtschaft (Sisal, Kaffee, Zucker) und verarbeitende Industrie (Energieerzeugung, Herstellung von Textilien, Zucker, Spirituosen, Tabak, Papier und Schuhen) wesentliche Wachstumsimpulse erhielten, allerdings auch wichtige Wirtschaftssektoren wie Eisenbahnbau, Bergbau und Erdölförderung unter den Einfluss, ja sogar in den Besitz ausländischer Kapitalisten vor allem aus den USA gerieten. So besaßen von den 1030 Bergbaugesellschaften US-amerikanische Bürger 840, Mexikaner nur 148; die restlichen teilten sich Briten und Franzosen. Das betraf auch den landwirtschaftlichen Grundbesitz, der auf der Grundlage der Agrargesetze von 1883 und 1894 durch den Verkauf von Staatsländereien –

und das bedeutete oft die Enteignung von dörflichem Gemeinschaftsbesitz – zu einer unvorstellbaren Landkonzentration in den Händen weniger führte: 1910 besaßen 834 Großgrundbesitzer über 90 % der landwirtschaftlichen Nutzfläche. Immerhin hatte das wirtschaftliche Wachstum nachhaltige Auswirkungen auf das Verhalten der regionalen Machtgruppen und die Stellung der Zentralregierung. 1892 konnte Mexiko zum ersten Mal seit der Unabhängigkeit eine positive Handelsbilanz aufweisen. Es liegt auf der Hand, dass diese Entwicklung den politischen Machtanspruch von Díaz, also der Zentralregierung, auch wirtschaftlich abstützte und den Widerstand der Regionaleliten brach, verfügte doch der Zentralstaat nun über eigene Finanzmittel und war nicht mehr auf die regionalen Einnahmen angewiesen.

Die Fortschrittsideologie der *Científicos*

Zudem beruhten die Wirksamkeit des Porfiriats und seine Machtsicherung auch darauf, dass in dieser Zeit zum ersten Mal seit der Unabhängigkeit eine politisch-wirtschaftliche Führungsschicht mit nicht mehr nur regionalen, sondern nationalen Interessen vorhanden war, deren Entwicklungs- und Modernisierungsvorstellungen mit den Zielen von Díaz übereinstimmten. Aus diesem Grund unterstützten sie sein Regime, und Díaz seinerseits stützte sich seit den 1890er Jahren auf sie, gaben sie seinem System doch eine ideologische Rechtfertigung: die *Científicos*. Diese · Gruppe positivistisch beeinflusster Intellektueller leitete ihre Bezeichnung und Ideologie von dem von den Philosophen Auguste Comte und Herbert Spencer entwickelten sozialphilosophischen System ab, in dem eine stark sozialdarwinistisch gefärbte wissenschaftliche Theorie von Ordnung und Fortschritt sowie von deren Mach-

barkeit und Planbarkeit eine zentrale Rolle spielte. Nach
der Vorstellung dieser Gruppe war der Staat der Garant
des Fortschritts, und dessen Aufbau galt es nach messba-
ren Kriterien wie Infrastruktur, Wirtschaftswachstum und
günstige Positionierung im Welthandel durch vernünftige
Administration und unter der Ägide einer technokratisch
orientierten weißen Oberschicht effizient zu bewerkstel-
ligen. Diese *Científicos* nahmen als Finanz- und Wirt-
schaftsfachleute bald bestimmenden Einfluss vor allem auf
wirtschaftspolitischem Gebiet und hatten wie der langjäh-
rige Finanz- und Wirtschaftsminister José Ives Limantour,
der die Staatsfinanzen in Ordnung brachte, wichtige Re-
gierungspositionen inne. Sie bildeten keine Partei, waren
immer nur eine wichtige Interessenclique, der der porfiris-
tische Staat als Einlösung der positivistischen Entwick-
lungsvorstellung erschien.

Politische und soziale Defizite des Porfiriats

In den drei Jahrzehnten des Porfiriats, das in der Historiographie ambivalent beurteilt wird und sich am tref-
fendsten wohl als Entwicklungsdiktatur charakterisieren
lässt, erlangte Mexiko durchaus eine politische Konsolidierung in der Weise, dass der Zentralstaat an Durchsetzungsfähigkeit gegenüber den lokalen und regionalen Interessen gewann, tat damit einen großen Schritt auf dem
Weg zu einem funktionierenden Nationalstaat und erlebte
einen bedeutenden wirtschaftlichen Wandel. Doch hing
diese Konsolidierung ganz von der Person Porfirio Díaz
und seiner Fähigkeit ab, als Vermittler zwischen rivalisierenden Kräften zu wirken. Da das Regime ganz auf ihn
und seine präsidentielle Macht ausgerichtet war, das Parlament von ihm abhing und Díaz keine eigene politische
Partei oder eine funktionierende Bürokratie aufgebaut

hatte, die seinem Regime eine institutionelle Basis hätte geben können, fehlte der neuen Durchsetzungsfähigkeit des Zentralstaates noch die institutionelle Absicherung, ganz zu schweigen von einer größeren politischen Beteiligung der Bevölkerung und einer sozialen Teilhabe am Wirtschaftswachstum. Als Porfirio Díaz diese Vermittlerfunktion nicht mehr wahrnehmen konnte, als die partizipatorischen und sozialen Forderungen der mexikanischen Bevölkerung, die in den Jahren zwischen 1877 und 1910 um über 60 % von ca. 9,1 Millionen auf ca. 15,2 Millionen angewachsen war, zunahmen, brach das System zusammen, und Mexiko erlebte in der Mexikanischen Revolution nicht nur einen Regimewechsel, sondern auch soziale Veränderungen.

Der *Guzmanato* in Venezuela

In **Venezuela** erfolgten mit der autokratischen Politik von General Antonio Guzmán Blanco erste Schritte zur politischen Konsolidierung als Voraussetzung für wirtschaftliche Entwicklung. Während zweier Jahrzehnte beherrschte Guzmán Blanco die venezolanische Politik; sowohl direkt während seiner Präsidentschaften (1870–1877, 1879–1884, 1886–1887) als auch indirekt in den Zwischenzeiten, und noch im Jahrzehnt bis zu seinem Tod (1899) beeinflussten seine Vorstellungen die Regierungspraxis und das politische System in entscheidendem Maße. Wollte Venezuela eine politische und wirtschaftliche Rolle in Lateinamerika spielen, dann musste der Staat politisch reorganisiert und stabilisiert werden. Das hieß, eine nationale Politik zu betreiben und die bislang divergierenden Interessen verschiedener Gruppen zu harmonisieren: einmal der regionalen Caudillos, die bisher jede politische Machtkonzentration in Caracas ablehnten, zweitens der Kaufleute, die eine starke und finanzkräftige Zentralregierung favorisierten, und ferner der Agrarier, die von jeder Regierung vor allem finanzielle Unterstützung erwarteten.

Die administrative Reorganisierung der Republik

Guzmán Blanco kam im April 1870 in einer föderalistisch-liberalen Revolution an die Macht, unternahm anfangs nichts, was auf eine Machtbeschränkung der regionalen Caudillos hingedeutet hätte. Vielmehr überließ er den Caudillos die Sicherung und Aufrechterhaltung von Frieden und Stabilität und griff nur in Notfällen ein, wenn andere Mittel versagten. Diese Politik des Vertrauens erlaubte es bald, die Militärkosten der Zentralregierung zu reduzieren und stattdessen Kommissionen zur wirtschaftlichen Förderung (*juntas de fomento*) zu errichten, zu deren Präsidenten Guzmán Blanco die Caudillos ernannte. Dadurch band er sie in den Prozess der Modernisierung ein. Ein wichtiges Mittel der Einbindung der Regionen bzw. einer beginnenden Zentralisierung war die Einrichtung von Subventionszahlungen (*subsidios*) an Bundesstaaten ohne eigene Bodenschätze. Trotz großer finanzieller Engpässe bemühte sich die Zentralregierung, diese Subventionen zu zahlen, hatte sie doch mit der Zahlung bzw. mit der Zahlungsverweigerung ein Druckmittel in der Hand, das die einzelnen Staaten zu größerer Konformität mit der Zentralregierung anhielt. Indem Guzmán Blanco zur Verbesserung der öffentlichen Bauarbeiten, besonders des Wege- und Kommunikationsnetzes dazu überging, die bislang von den Kommunen eingezogenen Wegesteuern (*peaje*) abzuschaffen und stattdessen eine allgemeine Transportsteuer zentral einzuziehen, nahm er den einzelnen Staaten die ökonomische Macht und machte sie von der Nationalregierung abhängig. Guzmán Blancos Regierung war dem Namen nach ein föderales System, realiter aber praktizierte er einen politischen und ökonomischen Zentralismus. Diesen sanktionierte er 1879/81, indem er in der sechsten Verfassung Venezuelas die politischen Strukturen auf eine stärkere Zentralregierung ausrichten und an die zentrale Ressourcenverteilung angleichen ließ. Die sogenannte »Schweizer Verfassung« – denn ihr hatte das Schweizer Modell als Vorbild gedient – wurde im April 1881 erlassen; sie reduzierte die Zahl der zwanzig Teilstaaten nun auf neun und schuf den Bundesrat (*Consejo Federal*). Mit dieser Institution, dessen Mitglieder von den regionalen Caudillos bestimmt wurden und der die zukünftigen Präsidenten zu wählen hatte, waren die Regionen, d. h. regionale Caudillos, verantwortlich an der politischen Macht beteiligt.

Insgesamt sicherte Guzmán Blanco, der durchaus nicht frei war von persönlichen Eitelkeiten und von privater Bereicherung – so war er an zahlreichen Unternehmen und Gesellschaften als Aktionär beteiligt und hatte sich selbst den Titel *El Ilustre Americano* verliehen –, mit seiner Politik eines politischen Gleichgewichts zwischen Zentralregierung und den Interessen der regionalen Caudillos den staatlichen Zusammenhalt Venezuelas. Mit einer Reihe von Maßnahmen wie Laizisierung und Förderung von Bildung und Erziehung – u. a. durch das im Juni 1870 erlassene Gesetz über die allgemeine Schulpflicht oder das Gesetz vom Januar 1873 über die Zivilehe und die Errichtung eines Zivilstandsregisters für Geburt, Tod und Eheschließung – sowie ganz allgemein durch statistische Erhebungen brachte er das Land auf den Weg der Modernisierung. In dem Bestreben, den Einfluss der katholischen Kirche zurückzudrängen, nahm Guzmán ohne Zögern Konflikte mit ihr in Kauf; er ließ 1870 den Erzbischof Silvestre Guevara y Lira ausweisen und plante sogar die Errichtung einer venezolanischen Nationalkirche. Diese von einem starken Nationalismus geprägten Maßnahmen hatten zwar nur Teilerfolge, sie brachten ihm aber Ansehen und schienen seiner Politik des starken, autoritären Mannes Recht zu geben.

Wirtschaftliche Modernisierung durch Export

In dem Bestreben, das Land zu modernisieren, dessen Bevölkerung 1873 auf fast 1,8 Mio. Einwohner angewachsen war und das noch immer eine ländliche und landwirtschaftliche Struktur aufwies, setzte Guzmán auf die Im- und Exportkaufleute sowie auf die Banken, die zwar in ökonomischer Hinsicht liberal orientiert, nicht aber Anhänger des Föderalismus gewesen waren. 1870 schloss er einen Vertrag mit der Kreditgesellschaft (*Compañia de Créditos*), einem Zusammenschluss von Großkaufleuten aus Caracas, und machte sie als Verwalter der Zölle zum wichtigsten Finanzmanager und Geldgeber der Regierung, womit ihm selbst und seiner Regierung wieder die nötigen Geldmittel zur Verfügung standen. Auch wenn Guzmán den Agrariern in ihren Wünschen nach einem Kreditinstitut (*instituto de crédito*) oder einer Agrarbank (*banco agrícola*), mit denen sie ihr Schuldenproblem lösen zu können glaubten, nicht entgegenkam und lediglich die Exportzölle senkte, so profitierten sie doch von der neuen politischen und wirtschaftlichen Stabilität. Diese Stabilität erlaubte es nun auch, zur angestrebten Modernisierung und Inwertsetzung der Ressourcen des Landes auf ausländisches Kapital zurückzugreifen, das in zunehmendem Maße von ausländischen Investoren angeboten wurde und so Guzmán Blancos Möglichkeiten zur Verfügung und Verteilung von Mitteln erhöhte. Das ausländische Kapital wurde vorwiegend für den Ausbau eines Eisenbahn- und Wegenetzes, besonders in den Hauptanbaugebieten von Kaffee und Kakao (Bolívar, Aragua, Carabobo), aber auch für den großstädtischen Ausbau der Hauptstadt Caracas verwendet. Allerdings bedeuteten die Vertragsmodalitäten mit ausländischen Banken und Eisenbahnfirmen hinsichtlich Laufzeit und Gewinnentnahme langfristig gesehen enorme Belastungen für zukünftige Regierungen und Generationen. Im Übrigen erlaubten die auf 99 Jahre abgeschlossenen Verträge den ausländischen Vertragspartnern freizügige Einfuhr von Ausrüstungsgegenständen – brachten also für eine eigene Industrie kaum Impulse –, vergaben großzügig Rechte an Ländereien, erteilten den einzelnen Gesellschaften das Monopol in dem jeweiligen Streckengebiet, schlossen also Konkurrenz aus. Zudem garantierte der Staat noch eine jährliche Verzinsung des investierten Kapitals von sieben Prozent. Die Konsequenzen dieser Politik zeigten sich dann spätestens 1902, als Venezuela zahlungsunfähig wurde und sich europäische Mächte zu einer Blockade veranlasst sahen. Noch war die Erdölförderung mit ihrer nachgeordneten Industrialisierung nicht zum allgemeinen Impulsgeber geworden, obwohl 1878 die erste *Compañía Petroleo de Tachira* gegründet worden war.

Guzmán Blanco bemühte sich auch um eine Steigerung der Einwanderung, die frühere, wenig erfolgreiche Anstrengungen wieder aufnahm. Allerdings wurden solche Einwanderungen ebenfalls in den Agrarbereich geleitet. 1874 gründete er zwei Kolonien mit europäischen Bauern: die Kolonie »Guzmán Blanco« mit einer Ausdehnung von 555 km² und die Kolonie »Simón Bolívar« mit einer Fläche von 22 km²; 1886 lebten dort etwa 900 Personen. Beide Kolonien produzierten für den Kaffee-Export, fügten sich also in die Gesamtorientierung ein. Zwar stieg der Anteil von Kaffee am Exportvolumen von um 50 % in den 1880er auf über 70 % in den 1890er Jahren, doch da Guzmán Blanco und seine Nachfolger es unterließen, die Agrarproduktion zu diversifizieren oder Maßnahmen für eine Industrialisierung zu ergreifen, blieb Venezuela weiterhin vom Kaffee als Hauptagrarprodukt und dessen Weltmarktpreisen – ab 1898 erfolgte erneut ein Preiseinbruch – abhängig und war zugleich auf den Import von Konsumgütern angewiesen. Auch die Beschäftigungsstruktur entsprach ganz der agrar-/viehwirtschaftlichen Grundausrichtung. Noch 1891 waren bei einer Gesamtbevölkerung von fast 2,4 Mio. über 45 % der wirtschaftlich aktiven Bevölkerung in der Land- und Viehwirtschaft beschäftigt, während handwerkliche Tätigkeiten nur 17,6 % ausmachten und besonders in den Haupt- oder Hafenstädten anzutreffen waren.

Regionales Ungleichgewicht

Der Exportorientierung entsprechend bildeten die Häfen bzw. Caracas die Hauptzentren wirtschaftlicher Aktivitäten; dort konzentrierte sich auch das politische und gesellschaftliche Leben. Ein regionales Gleichgewicht bzw. eine stärkere Integration der verschiedenen Wirtschaftsräume erfolgte jedoch nicht. Vier verschiedene Wirtschaftsräume, jeweils für sich auf den Export ausgerichtet, bestanden ohne interregionale Kommunikation nebeneinander, denn die geplanten und gebauten Eisenbahnlinien dienten vordringlich zur Anbindung an die Häfen. Im Westen bildeten die Andenregion und der Staat Zulia, wo sich das Hauptanbaugebiet für Kaffee konzentrierte, mit Maracaibo als Ausfuhrhafen die wichtigste Wirtschaftsregion. Die zweite Zone umfasste Regionen und Einzugsgebiet der Städte Valencia und Caracas mit ihren jeweiligen Häfen Puerto Cabello und La Guaira. Hier gab es neben Kaffeeanbau noch verschiedene andere landwirtschaftliche Erzeugnisse wie Kakao und Zucker, ferner Viehzucht sowie den Abbau der Kupfergruben von Aroa; auch erste einheimische Manufakturbetriebe wie Baumwollwebereien in Valencia oder Gerbereien in Caracas hatten ihre Produktion aufgenommen. Anbau und Ausfuhr von Kakao sowie die von einer US-amerikanischen Firma betriebene Gewinnung von Asphalt aus dem Guanoco-See und die von einer englisch-französischen Gesellschaft geförderte Kohle der Gruben von Naricual prägten die östliche Wirtschaftszone Venezuelas, den Staat Bermúdez mit dem Ausfuhrhafen Carúpano. Das Einzugsgebiet des Orinokos, sein Mündungsgebiet und das Hochland von Guayana, der Staat Bolívar, stellten mit dem Ausfuhrhafen Ciudad Bolívar – dem alten Angostura – am Orinoko den vierten Wirtschaftsraum dar, reich an Bodenschätzen wie die berühmten Goldminen von El Callao oder die Eisenerzvorkommen im Orinoko-Delta, die allerdings wegen der Grenzstreitigkeiten mit Großbritannien zu Ende des 19. Jahrhunderts noch nicht abgebaut werden konnten.

Die Grenzstreitigkeiten am Essequibo

Diese Grenzstreitigkeiten sind nicht nur für die endgültige Klärung des territorialen Bestands von Venezuela wichtig, sie sind auch insofern von Bedeutung, als in ihrem Verlauf die USA sich nun eindeutig zum Hegemon in der westlichen Hemisphäre erklärten. Die Grenzstreitigkeiten mit Großbritannien resultierten aus dem unklaren und strittigen Grenzverlauf im Orinoko- und Essequibo-Gebiet zwischen Venezuela und Britisch-Guayana, der 1814 von den Holländern an Großbritannien abgetretenen Region. Der preußische Forschungsreisende Robert Schomburgk hatte 1841 im Auftrag der Royal Geographic Society of London und des British Colonial Office die bisher unbestimmte westliche Grenze zugunsten Bri-

tisch-Guayanas kartographisch aufgenommen und dabei
Point Barima, von dem aus die Mündung des Orinokos
kontrolliert werden konnte, in den britischen Herr-
schaftsbereich einbezogen. Venezuela hatte zwar Protest
eingelegt, war aber wegen der innenpolitischen Schwierigkeiten zu schwach gewesen, auf das britische Vorgehen
angemessen zu reagieren. Überdies hatten die Auseinandersetzungen zugenommen, seit man in den 1850er Jahren in dem strittigen Gebiet am Cuyuni und Yuruari
Gold gefunden hatte, 1867 die British Guiana Mining
Company zur Ausbeutung der Cuyuni-Minen gegründet
worden war und um die 40 000 britische Untertanen in
der Region lebten.

Da Venezuela auf das wirtschaftlich vielversprechende
Gebiet nicht verzichten und die Schomburgk-Linie nicht
akzeptieren wolle, erbat die Regierung Guzmán Blanco
1876 zum ersten Mal moralische Unterstützung von den
USA, allerdings noch vergebens. 1881 wandte sich Guzmán Blanco erneut an die USA um Hilfe und Vermittlung
für eine schiedsrichterliche Regelung der Frage. Diesmal
griffen die USA – die sich seit einiger Zeit der Bedeutung
des südamerikanischen Kontinents als potentiellen Ab-
satzmarkts für ihre Produkte und der Rolle des Orinokos
als Handelspforte ins Landesinnere bewusst geworden
waren – das Hilfeersuchen auf und versuchten, Großbritannien zur Einwilligung in ein Schiedsgerichtsverfahren
zu bewegen. Vergeblich. Ebensowenig konnte Guzmán
Blanco, der 1884 als Botschafter in Europa weilte, in direkten Gesprächen mit London diesbezügliche Erfolge erzielen. Die Situation spitzte sich u. a. durch das weitere
britische Vordringen derart zu, dass Guzmán Blanco 1887
die diplomatischen Beziehungen zu Großbritannien ab-
brach.

Die Olney-Auslegung der Monroe-Doktrin

Auseinandersetzungen und diplomatische Verhandlungen zogen sich ergebnislos bis 1895 hin, bis der US-amerikanische Außenminister Richard Olney in der berühmten Note vom 20. Juli 1895 an den US-amerikanischen Botschafter in London, J. T. Bayard, der sogenannten Olney-Auslegung (*Olney-Corollary*) der Monroe-Doktrin, unmissverständlich erklärte, dass die Vereinigten Staaten praktisch der Souverän des Kontinents seien und Englands Vorgehen in Venezuela die Interessen der amerikanischen Völker verletze. Dem europäischen Vordringen in Südamerika kündigte Olney den amerikanischen Widerstand, d. h. die Anwendung der Monroe-Doktrin an. Großbritannien lenkte daraufhin ein und kam im Vertrag vom 2. Februar 1897 mit Venezuela überein, eine schiedsgerichtliche Regelung zu akzeptieren. Nach 45 Sitzungen erließ ein internationales Schiedsgericht, das sich ohne einen Venezolaner aus zwei Amerikanern, zwei Engländern und dem russischen Völkerrechtler Martens zusammensetzte, am 3. Oktober 1899 in Paris einen Schiedsspruch, der Großbritannien ca. 94 Prozent des strittigen Territoriums – immerhin über 80 000 km^2 –, Venezuela den Rest, die Orinokomündung und Point Barima zusprach. Für den Moment war zwar eine Klärung erfolgt, doch barg der Spruch wegen der für Venezuela unvorteilhaften territorialen Aufteilung genügend Zündstoff für zukünftige internationale Auseinandersetzungen. In der Grenzfrage führte Guzmán Blancos Politik indirekt nur zu einem Teilerfolg.

Rückkehr zum regionalen Caudillismus

Wie sehr die erreichte Stabilität tatsächlich von der Person Guzmán Blancos abhing, wie wenig dagegen die Stabilität in die politischen Strukturen selbst eingebaut war, d. h.

wie wenig der regionale *caudillismo* überwunden und wie
weit Venezuela von einer wirklichen Konsolidierung noch
entfernt war, belegen die politischen Widerstände, denen
sich Guzmán Blancos Nachfolger, auch General Joaquín
Crespo (1892–1897), gegenübersahen. Als 1899 Cipriano
Castro, ein Anhänger des radikalen Liberalismus, von Kolumbien aus mit einer militärischen Invasion die Macht
übernahm und die *Revolución liberal Restauradora* durchführte, endete der *Guzmanato*, der Versuch, einen Schritt
zur politischen Normalisierung zu tun. Indem Castro die
föderale Verfassung von 1864 und die Autonomie der einzelnen Staaten wieder in Kraft setzte, gab er dem Einfluss
regionaler Caudillos neuen Raum. Erst in den 1920er Jahren traten sichtbare Veränderungen zutage, als sich mit
dem Erdöl als dominierendem Wirtschaftsfaktor auch ein
venezolanisches Bürgertum, eine Mittelschicht als stabili-
sierendes Element herausbildete, das sozialen Frieden
nicht nur als Sicherung der nationalen Einheit verstand,
sondern dem nun auch an einer vertikalen Ressourcenverteilung gelegen war.

Die »Regeneration« in Kolumbien

In **Kolumbien** begannen in den 1870er Jahren wichtige
Gruppen der kolumbianischen Gesellschaft die Dominanz
des Föderalismus, die Konzentration auf den Agrarexport
sowie die Abkehr von alten spanischen kulturellen und
katholischen Werten zunehmend kritischer zu beurteilen.
Die Ausfuhrerfolge hatten die ökonomische Basis gebildet, auf der sich das liberale Modernisierungskonzept hatte entwickeln können. Als aber, bedingt durch Preisfluk-
tuationen auf dem Weltmarkt und durch Krisen des welt-
wirtschaftlichen Handelssystems, die kolumbianischen
Exporterlöse und damit die Staatseinnahmen nicht mehr

den bisherigen Rhythmus aufwiesen, sondern Einbußen erlitten, zeigte sich, dass das liberale Konzept in der Krise nicht mehr tauglich war, zumindest nicht mehr für tauglich gehalten wurde. Über die Parteigrenzen hinweg wurde der Ruf nach einer neuen Ordnung immer lauter, konkret nach einem zentralen Staat, der in der Lage sein sollte, nicht nur die entstandene Krise zu meistern, sondern auch die während des Exportbooms gewachsenen Wirtschaftskräfte des Agrar-, Handels- und Kapitalsektors mehr zu koordinieren.

Wortführer und Chefideologe der Erneuerungsbewegung war Rafael Núñez, der die neue Politik unter das Motto »Erneuerung oder Katastrophe« (*regeneración ó catástrofe*) stellte. Im Programm der »Regeneration« überlappten sich ökonomische Maßnahmen mit denen zur staatlichen Organisation; in ihm tauchten Vorstellungen wieder auf, die knapp dreißig Jahre zuvor schon die Revolutionsregierung Melo formuliert hatte. Im Unterschied zu damals konnte sich Núñez jedoch auf wichtige Gruppen der Oberschicht stützen. Teile der Liberalen, die sogenannten Unabhängigen (*independientes*), die mit den Ergebnissen der Verfassung von 1863 unzufrieden waren und sich seit dem Bürgerkrieg von 1876 von den Radikalen gelöst hatten, trugen gemeinsam mit der Konservativen Partei das Programm. Nach 1886, seit der zweiten Präsidentschaft Núñez, 1884–1886, nachdem die Regierung 1885 gegen einen Aufstand der »Radikalen« des Staates Santander, wo die Exportverluste im Geschäft mit Chinabaumrinde (*quina*) eine wirtschaftliche und soziale Krise hervorgerufen hatten, siegreich geblieben war, wurde es in der dritten Präsidentschaft von Núñez als ein nationales Entwicklungskonzept praktiziert.

Staatlicher Interventionismus und Wirtschaftswachstum

Núñez förderte mit Unterstützung der Nationalen Partei, eines Zusammenschlusses der *independientes* und der Konservativen, ein Programm der Importsubstitution, indem er argumentierte, dass das Freihandelskonzept zu einer fatalen Abhängigkeit von ausländischen Lieferanten selbst für die einfachsten Gebrauchsartikel geführt habe. Der Aufbau einer einheimischen Industrie sollte die Außenorientierung reduzieren und die verschiedenen Wirtschaftszweige zu einer nationalen Einheit integrieren. Neue Schutzzölle, Maßnahmen zum Aufbau eines bislang vernachlässigten nationalen Verkehrsnetzes zwischen den Staaten, die Förderung eines effizienten Bankensystems sowie die Vermehrung des Geldumlaufs durch die Einführung von Papiergeld dienten diesem Ziel. Gleichwohl blieb die Wirtschaft auf den Agrarexport ausgerichtet, denn mit dem Kaffee als neuem Hauptausfuhrprodukt erlebte Kolumbien positive Effekte der Konzentration auf den Export. Zwischen 1887 und 1897 wurden mehr als dreißig Millionen Kaffeebäume angepflanzt. Der Kaffee wurde einerseits zum Hauptdevisenbringer und andererseits zum wichtigsten Impulsgeber für Veränderungen der sozialen und wirtschaftlichen Struktur Kolumbiens. Da Kaffee im Unterschied zu den früheren Produkten nicht nur auf Großgrundbesitz wie besonders in Cundinamarca, sondern auch auf landwirtschaftlichem Kleinbesitz, besonders an den Andenhängen der Departamente Antioquia und Caldas angebaut wurde, die durch die Kultivierung im Zuge der antioquenischen Kolonisation seit der Mitte des 19. Jahrhunderts in die landwirtschaftliche Nutzfläche einbezogen waren, ergab sich in diesen Gebieten eine größere Einkommensverteilung. Auch entstand hier eine dem Kaffee nachgelagerte Kleinindustrie zur Verarbeitung des Kaffees bzw. zu seinem Transport. In gewissem Sinn setzte die »Regeneration« die frühere Orientierung auf den Agrarexport fort – nur mit anderen Akzenten und im Rahmen eines starken, intervenierenden Staates.

Zentralismus und Autoritarismus

So stand die Umgestaltung der staatlichen Organisation im Zentrum der politischen Erneuerung. Unter der Federführung des Philologen Miguel Antonio Caro, eines Konservativen, wurde eine neue Verfassung erarbeitet und im August 1886 angenommen. Sie schaffte den Föderalismus der Verfassung von Rionegro ab und konstituierte die kolumbianische Nation wieder als eine unitarische Republik. Anstelle der »souveränen Staaten« wurden Departamente mit direkt dem Präsidenten unterstellten Gouverneuren errichtet. Von dieser Regelung war besonders Panama betroffen, wurde es doch der Zentralregierung direkt unterstellt, um die Sicherheit für die seit 1880 begonnenen und von französischen Finanzgesellschaften finanzierten Kanalbauarbeiten gewährleisten zu können. Der für sechs Jahre gewählte Präsident erhielt weitgehende Vollmachten; u. a. konnte er die oppositionelle Presse verbieten, eine Maßnahme, die die Vizepräsidenten Carlos Holguín und Miguel Antonio Caro in Abwesenheit von Núñez mehrmals praktizierten. Überhaupt wurde die Exekutivgewalt gegenüber der Legislative wieder gestärkt; sogar die richterliche Gewalt war der Exekutive untergeordnet. Das allgemeine Wahlrecht für Männer beschränkte sich auf die Gemeindewahlen, für die Wahlen zum Repräsentantenhaus galt ein qualifiziertes, an Besitz und Bildung gebundenes Wahlrecht, die Wahl des Präsidenten und der Senatoren erfolgte durch Wahlmänner. Die Todesstrafe wurde wieder eingeführt, und ein ca. 6000 Mann starkes Heer bildete ein wichtiges Ordnungsinstrument. Kolumbien organisierte sich zu einer autoritären Republik, in der die katholische Kirche ein neues Gewicht erhielt, da die Verfassung die katholische Religion wieder zur Staatsreligion und zum essentiellen Bestandteil der kolumbianischen Gesellschaft erklärte. Entsprechende Regelungen, die 1887 im Konkordat mit Rom formuliert waren und 1892 ergänzt wurden, sorgten für die finanzielle Wiedergutmachung in Bezug auf die enteigneten Kirchengüter und sahen vor, dass das Bildungssystem wieder in Übereinstimmung mit den Dogmen und Moralvorstellungen der katholischen Religion organisiert werden sollte. Der Religionsunterricht wurde obligatorisch, und die Kirche übernahm wieder ihre frühere bevorrechtigte Funktion bei Zivilstandsfragen wie Geburten, Eheschließungen, Sterbefällen.

Mit der Verfassung von 1886 hatte Kolumbien seine endgültige Regierungsform gefunden: Es konstituierte sich als unitarische Republik. Mit dem Kaffee stand ihm ein Exportprodukt zur Verfügung, das für die nächsten Jahrzehnte zum entscheidenden Impulsgeber wurde. Kolumbien hatte auf dem Weg zur innenpolitischen Konsolidierung einen wichtigen Schritt getan. Doch bezeugt die Handhabung der Verfassung von 1886, dass die kolumbianische Gesellschaft noch hierarchisch strukturiert und autoritär orientiert war und die politischen Führungsschichten vom Konzept eines demokratischen Staates noch weit entfernt waren. Die Lösung der »sozialen Frage« stand Kolumbien ebenfalls noch bevor.

Grenzstreitigkeiten

Auch zwei internationale Konflikte, bei denen das Staatsgebiet betroffen war, konnten nicht bzw. nicht zur vollständigen Zufriedenheit Kolumbiens geregelt werden. Seit der Auflösung Großkolumbiens war es wegen Gebietsansprüchen und ungeklärten Grenzfragen in der Guajira, der Region am Golf von Venezuela und am Maracaibo-See, und im Tieflandgebiet der Flusssysteme Meta und Orinoko mit Venezuela immer wieder zu Auseinandersetzungen gekommen. Alle Versuche – so noch 1872 durch ein Treffen der beiden Präsidenten Manuel Murillo Toro und Antonio Guzmán Blanco –, zu einer einvernehmlichen Regelung zu kommen, waren gescheitert. Eine Lösung zeichnete sich erst ab, als Kolumbiens wiederholter Vorschlag, die Grenzfrage durch einen Schiedsspruch klären zu lassen, auch von Venezuela im September 1881 akzeptiert wurde. Damit ging Venezuela auf die von Kolumbien befürwortete internationale Schiedsgerichtsbarkeit zur Beilegung internationaler Konflikte ein, die Kolumbien auf einer von ihm für den September 1881 nach Panama einberufenen, allerdings nicht zustande gekommenen Konferenz lateinamerikanischer Staaten sanktionieren lassen wollte. Im Streit mit Venezuela sollte der spanische König auf der Grundlage alter kolonialspanischer Grenzziehungen einen Schiedsspruch fällen. Erst Anfang des Jahres, am 30. Januar 1881, hatte Kolumbien als letzter lateinamerikanischer Staat durch einen Friedens- und Freundschaftsvertrag die endgültige politische Anerkennung durch das ehemalige Mutterland erhalten. Nach zehn Jahren, am 16. März 1891, wurde der spanische Schiedsspruch gefällt. Er sprach die gesamte Guajira bis auf einen kleinen Streifen Kolumbien zu und erklärte das linke Ufer des Orinokos zwischen Meta und Guaviare zur Grenze zwischen Kolumbien und Venezuela. Da aber das internationale Recht der freien Schifffahrt auf gemeinsamen Flüssen galt, an der Kolumbien in Bezug auf Orinoko und Zulia wegen des Zugangs zum Atlantik interessiert war, kam es zu weiteren Auseinandersetzungen. Die kolumbianische Regierung trat zwar 1894 die Hälfte der Guajira an Venezuela ab, um das venezolanische Zugeständnis der freien Schifffahrt auf Orinoko und Zulia zu erhalten. Bestrebungen, diese Abmachungen nachzubessern und zu einer einvernehmlichen endgültigen Regelung zu gelangen, hatten erst im April 1941 Erfolg.

Ein zweiter internationaler Konflikt, der 1899 aus innenpolitischen Auseinandersetzungen begann, kostete Kolumbien 1902 einen wichtigen Teil seines Staatsgebiets, führte andererseits zur Bildung des neuen Staates Panama.

Der *Roquismo* in Argentinien

Auch im südlichen Südamerika vollzogen sich in einzelnen Staaten wie z. B. in **Argentinien** politische Konsolidierungen unter oligarchischem Vorzeichen. Um 1880 begannen die politischen Strukturveränderungen der 1860er und 1870er Jahre sich positiv auszuwirken. Während der Regierungen von Sarmiento und Avellaneda war es zwar noch zu Auseinandersetzungen mit einzelnen Provinzen gekommen, doch erreichten diese nie das gewaltsame und blutige Ausmaß wie vorher. Das hing auch mit den Personen der Präsidenten, d. h. mit dem Respekt vor ihrem Wirken zusammen. Besonders Sarmiento beeindruckte die Argentinier einerseits durch seinen autoritären politischen Stil, der sich u. a. in einer Vielzahl von Dekreten und dem Einsatz der Armee äußerte, andererseits durch seine unermüdlichen Bemühungen, das Bildungsniveau in Argentinien durch die Verbesserung des Erziehungswesens und ein staatliches Schulsystem anzuheben. Avellaneda schaffte es, zwei für die territoriale und politische Konsolidierung des Staates noch bestehende Probleme zu erledigen: die Eingliederung der südlichen Regionen der Pampa und von Patagonien sowie die Stellung von Buenos Aires als nationale Hauptstadt in der Konföderation.

Im Jahr 1875 beauftragte Avellaneda General Julio Argentino Roca, gebürtig aus Tucumán, mit der Aufgabe, die kriegerischen Indios in der Pampa endgültig niederzuwerfen. Die Pampa-Indianer, besonders der Stamm der Ranqueles, hatten unter ihren Häuptlingen Calfucurá und Catriel wesentliche Teile des Gebietes, das Juan Manuel Rosas 1833/34 für die Provinz Buenos Aires erobert hatte, zurückerobern können und damit die wirtschaftlichen Interessen der Viehzüchter und Großgrundbesitzer, der *estancieros*, empfindlich gestört. Für die weitere wirtschaftliche Entwicklung der Provinz und Argentiniens überhaupt aber waren sowohl die Befriedung an der Indianergrenze als auch Land erforderlich. So führte Roca, ab 1878 Kriegsminister der Regierung Avellaneda, in der Zeit von Juli 1878 bis Juli 1879 mehrere erfolgreiche Feldzüge in das Indianerland. Diese wurden von den Argentiniern und der argentinischen Geschichtsschreibung noch bis vor rund dreißig Jahren beschönigend als »Eroberung der Wüste«, *conquista del desierto*, bezeichnet, so als ob eine menschenleere Region erobert worden wäre. In Wirklichkeit rotteten die besser ausgerüsteten argentinischen Truppen die Indios aus, vertrieben sie oder fassten sie in Reservationen zusammen. Insgesamt fügte Roca mit diesen Feldzügen etwa 350 000 km² Indianerland dem Territorium Argentiniens hinzu und sicherte auch den Besitz Patagoniens, obwohl Grenzstreitigkeiten mit Chile, das gerade durch den Pazifikkrieg gebunden war, anhielten und erst 1902 durch britischen Schiedsspruch beigelegt wurden. Nun standen neue Weiden der Bewirtschaftung durch die Kreolen und neue Einwanderer zur Verfügung. Im Jahr 1880 gelang es Avellaneda, eine Regelung bezüglich der Beziehung der Stadt Buenos Aires zur Konföderation und zur Provinz zu finden. Die Stadt war zugleich Sitz der Bundesregierung und Hauptstadt der gleichnamigen Provinz, was immer wieder zu Konflikten sowohl zwischen den jeweiligen Verwaltungen als auch zwischen der Hauptstadtprovinz und den Provinzen im Landesinneren hinsichtlich der Beteiligung an den Erfolgen des Wirtschaftswachstums führte. Nun wurde Buenos Aires verwaltungstechnisch von der Provinz getrennt und föderalisiert, also als Bundesdistrikt der Bundesregierung unterstellt. Die Provinz Buenos Aires erhielt mit La Plata eine neue Hauptstadt, die 1882 ungefähr sechzig Kilometer von Buenos Aires entfernt gegründet wurde. Als Roca, durch den Indianerfeldzug zu hohem Ansehen gelangt, im Jahr 1880 zum Präsidenten gewählt wurde, regierte er von einem Bundesdistrikt aus.

Mit der Präsidentschaft von Roca (1880–1886) endeten zunächst die Konflikte zwischen den Regionen, und Roca, der mit dem Wahlslogan »Friede und Verwaltung«, *Paz y Administración*, angetreten war, begann die nationale Verwaltung umzuwandeln und das Land zu modernisieren. Zum ersten Mal übernahm der argentinische Staat wirklich Ordnungsfunktionen, indem er mit Gesetzen über die Schulpflicht, über die Einrichtung von Zivilregistern und die Zulassung der Zivilehe festen Zugriff auf die Bürger organisierte. Und die schon von Sarmiento begonnene und von Roca weitergeführte Institutionalisierung und Professionalisierung der Armee gaben den Präsidenten ein Machtinstrument an die Hand, das ihre Autorität stärkte. Roca konnte sich auf eine von ihm initiierte neue politische Partei, die Autonomistische Nationale Partei, *Partido Autonomista Nacional* (PAN), ein Bündnis von alten Föderalisten und Porteños, stützen, die nationalen Fortschritt herbeiführen wollten. Mit ihrer Hilfe und in Zusammenarbeit mit seinem engen Vertrauten Carlos Pellegrini aus Buenos Aires, mehrmals Minister in seinem Kabinett, Vizepräsident und von 1890 bis 1892 selbst Übergangspräsident, schuf er ein politisches System, *Roquismo,* das während der letzten beiden Jahrzehnte des 19. Jahrhunderts, trotz neuer Auseinandersetzungen nach 1890, Argentinien politisch stabilisierte.

Ordnung und Fortschritt

Ob als Präsident, zuerst von 1880 bis 1886, zum zweiten Mal von 1898 bis 1904, oder als einflussreiche Person hinter den Kulissen zwischen seinen Präsidentschaften, immer sorgte Roca dafür, dass die Macht der Zentralregierung wuchs, während er andere politische Institutionen, die ein Gegengewicht hätten bilden können, vernachlässigte bzw. für die Verteilung von Sitzen im Nationalkongress an seine Parteigänger sorgte. In diesen stabilisierenden politischen Rahmenbedingungen nahm die argentinische Wirtschaft, besonders im landwirtschaftlichen Bereich (Vieh und Getreide) sowie auch in der Fleischkonservierung in Kühlhäusern, einen weiteren Aufschwung, das Eisenbahnnetz wuchs und die Einwandererzahlen stiegen. Ähnlich wie Porfirio Díaz in Mexiko war Roca klug genug, seine Freunde und Anhänger an dem neuen Reichtum teilhaben zu lassen und so die vom Wachstum und dem geschlossenen politischen System profitierende Oligarchie der Agrarexporteure ruhig zu stellen. Allerdings brachte das wirtschaftliche Wachstum, die Urbanisierung, die beginnende Industrialisierung neue gesellschaftliche Gruppen hervor, deren politische und soziale Interessen sich nicht mehr durch den *Roquismo* befriedigen ließen und die deshalb mit neuen Parteien wie der 1890 als Sammelbecken des Unmuts der Mittelschichten gegründeten Radikalen Partei, der *Unión Cívica Radical*, und der 1896 als Vertreterin der städtischen Arbeiter gegründeten Sozialistischen Partei im 20. Jahrhundert eine Veränderung des autoritären und oligarchischen politischen Systems herbeiführten.

Die Herrschaft der Kaffeeplantagenbesitzer
in Brasilien

In **Brasilien** beendete der 1889 gewaltsam erzwungene
Übergang vom Kaiserreich zur Republik zwar die zentrale
Autorität des Kaisers und förderte die Autonomie der Provinzen, doch stärkte er auch die oligarchischen Kräfte. Der
Übergang von der Monarchie zur Republik veränderte die
politische Struktur Brasiliens gewaltig. Eine am 24. Februar 1891 verabschiedete republikanische Verfassung ver-
wandelte das zentralistisch ausgerichtete Kaiserreich nach
dem Vorbild der USA in eine föderalistisch strukturierte
Republik mit einem Präsidialsystem, das alle vier Jahre die
Wahl des Präsidenten durch eine kleine Minderheit wahlberechtigter männlicher Erwachsener vorsah. Diese bis
1930 geltende Verfassung gewährte den alten Provinzen,
nun Staaten genannt, weitreichende Autonomie gegenüber
der Union, während der Zentralregierung nur solche Befugnisse belassen blieben, die die neuen »Vereinigten Staaten von Brasilien« als Ganzes betrafen. Der positivistische
Slogan »Ordnung und Fortschritt«, *Ordem e Progreso*,
wurde Bestandteil des Nationalwappens.

Dominante Oligarchien und Coronelismus

Von der Umsetzung dieses Leitspruchs war allerdings
nur wenig zu spüren. Denn statt einer liberalen Demokratie erlebte Brasilien zunächst einige instabile Regierungen, zum Teil vom Militär an die Macht gehievt. Und
dem defizienten parlamentarischen System des Kaiserreichs folgte ein fast noch weniger partizipatorisches oder
durch Institutionen abgesichertes System. Im Gegenteil,
die politische Macht geriet bald unter die Kontrolle oligarchischer Gruppen aus dem Exportsektor, einschließlich

der Großgrundbesitzer und Kaufleute. Das hing einmal damit zusammen, dass das Wahlrecht weiterhin auf alphabetisierte Personen beschränkt blieb, deren Anteil an der Bevölkerung nicht mehr als 15 bis 20 Prozent ausmachte. Das resultierte zum anderen aus dem extremen Föderalismus und der Schwäche der Zentralregierung. So beruhte die Politik in der Republik auf einer Reihe von informellen Abmachungen zwischen der Zentralregierung und den Gouverneuren der Staaten, wodurch sich ein Gleichgewicht und ein Interessenausgleich zwischen den herrschenden Eliten einpendelten. Die Gouverneure schickten dem Präsidenten willige und formbare Abgeordnete aus ihren Staaten, so dass er die Legislative kontrollieren konnte, was er im Gegenzug dadurch honorierte, dass er die Stellung der Gouverneure garantierte und sich nicht in die inneren Angelegenheiten der Staaten einmischte. Im Übrigen blieb die Einflussnahme der lokalen Führungskader, der *coronéis*, ungebrochen. Sie kontrollierten weiterhin die Wahlen und beschafften durch Druck und andere Manipulationen den Kandidaten der herrschenden Eliten in den Hauptstädten der Staaten die notwendigen Stimmen. So war Brasiliens Politik in dieser Zeit eigentlich nicht mehr als die Summe der verschiedenen Regionalpolitiken in den bestehenden Teilstaaten.

Regionale Ungleichgewichte

Dennoch bedeutete dieser Interessenausgleich zwischen den herrschenden Eliten nicht auch ein Gleichgewicht zwischen den einzelnen Staaten, im Gegenteil, die Autonomie der Staaten verschärfte die schon bestehende Kluft zwischen den Staaten mit und denen ohne wirtschaftliche Ressourcen. Dadurch, dass die Wirtschaft auf den Export von Rohstoffen, hauptsächlich Kaffee ausgerichtet war, gewannen solche Staaten wie Rio de Janeiro, vor allem aber São Paulo, in denen dieses Exportprodukt am intensivsten angebaut wurde, an Gewicht und Einfluss vor allem gegenüber den Staaten im Nordosten und im Landesinneren. Durch die Exporteinnahmen war São Paulo in der Lage, in die Infrastruktur, Bildung und Gesundheitswesen zu investieren, was Stadt und Region für Binnenwanderung und Einwanderung attraktiv machte. São Paulos Stellung kam auch darin zum Ausdruck, dass von 1894 bis 1906 die politischen Vertreter der Kaffeeplantagenbesitzer den Präsidenten stellten. Da die Export- und Landoligarchie nach wie vor die Wirtschaft beherrschte und demzufolge die Exportwirtschaft Priorität besaß, fand eine industrielle Modernisierung nicht statt, immerhin gab es aber Ansätze zu einer importsubstituierenden Industrialisierung.

Soziale Ungleichheiten

Der regionalen und politischen Ungleichheit entsprach eine soziale Ungleichheit. Denn die Befreiung der Sklaven führte nicht zu deren Emanzipation, sondern zu städtischer Verelendung und Marginalisierung. Nach ihrer Befreiung waren die ehemaligen Sklaven sich selbst überlassen, weil die Abolitionisten für die Zeit danach kein soziales oder ökonomisches Hilfsprogramm vorbereitet hatten, um die Schwarzen in die brasilianische Gesellschaft zu integrieren. So verließen diese die Plantagen und zogen in die Städte, wo sich das wirtschaftliche, handwerkliche und kommerzielle Wachstum beschleunigt hatte. Dort jedoch verloren sie alle mit der Sklaverei auch verbunden gewesenen patriarchalischen Sicherungen ihres Lebensunterhalts und verelendeten zum großen Teil, teils weil sie keine Arbeitsplätze fanden bzw. mit europäischen Einwanderern in Wettbewerb treten mussten, teils weil sie aufgrund ihrer in der Sklaverei gemachten Erfahrungen nicht bereit waren, in den neuen Zwang der Lohnarbeit zu wechseln. In dem Maße, wie die ehemaligen Sklaven, Schwarze oder Mulatten, ihre privilegierte Stellung als einzige Arbeitskraft verloren, verloren sie auch alles Interesse, das ihnen die herrschenden Schichten zuvor entgegengebracht hatten. So geriet gerade dieser Teil der brasilianischen Bevölkerung in den Städten in die Marginalität.

Modernisierung durch Agrar- und Rohstoffexporte

Mitte des 19. Jahrhunderts hatte – mit zeitlichen Verschiebungen – in fast allen lateinamerikanischen Staaten ein sich konsolidierendes Handels- und Bildungsbürgertum die Staatsgewalt übernommen und war zu politisch administrativer und wirtschaftlicher Modernisierung übergegangen, um nationale Entwicklung voranzutreiben. Nationale Entwicklung, formuliert in nationalen Projekten, welche die Realisierung der Staatsbürgernation, also gesamtgesellschaftlichen Wandel und die Vollendung des mit den Unabhängigkeitsrevolutionen eingeleiteten Prozesses der Nationalstaatsbildung versprachen, wurde zum Schlagwort dieser dynamischen Gruppen, die mit der Errichtung souveräner Staaten weder allgemeines Wachstum verwirklicht noch ihre eigenen ökonomischen und politischen Interessen erfüllt sahen.

Einbindung in die Weltwirtschaft
als Entwicklungsziel

Bei der Entstehung dieser nationalen Projekte spielte eine
entscheidende Rolle, dass wichtige Gruppen, die besonders im Handel, im Exportsektor und der Bereitstellung
entsprechender Produkte tätig waren, in zunehmendem
Maße die politische und sozioökonomische Stagnation ihrer Länder zur Kenntnis nahmen. Diese stellte sich ihnen
als Rückständigkeit dar, verglichen mit den Industriestaaten Europas, vor allem Englands, aber auch im Vergleich
zu den Möglichkeiten des eigenen Landes. Sie glaubten, in
einer stärkeren Einbindung in das internationale Staaten-
system und in die Weltwirtschaft sowie in der effektiveren
Ausnutzung der eigenen Ressourcen den Weg zur Überwindung der Stagnation zu erkennen. Diese Ressourcen
sahen sie in den Bodenschätzen und den tropischen, in
Europa begehrten Agrarprodukten, nicht jedoch in eigener industrieller Produktion, wie es der neu-granadinische
(kolumbianische) Wirtschaftsminister Florentino González in seinem Rechenschaftsbericht von 1847 formulierte,
und womit er gleichsam eine Zusammenfassung der damaligen Wirtschafts- und Entwicklungsvorstellungen gab:
»In einem Land, reich an Bodenschätzen und Agrarprodukten, die einen beachtlichen und ertragreichen Außenhandel ausmachen können, dürfen die Gesetze nicht Industrien unterstützen, welche die Bevölkerung nur von
der Beschäftigung in der Landwirtschaft und im Bergbau
abhalten, aus denen sie große Vorteile ziehen können. Die
Granadiner können hinsichtlich der Manufakturen nicht
mit den Europäern oder Nordamerikanern konkurrieren.
[...] Europa, mit einer gebildeten Bevölkerung, im Besitz
der Dampfkraft und seiner Anwendung, erfahren bezüglich Manufakturen, erfüllt seinen Auftrag in der industriellen Welt, indem es die Rohstoffe verarbeitet. Wir
müssen unseren Auftrag auch erfüllen; und angesichts der

Fülle an reichen nationalen Produkten, mit denen die Vorsehung unser Land ausgestattet hat, kann es keinen Zweifel geben, worin er besteht. Wir müssen Europa unsere Rohstoffe anbieten und unsere Häfen seinen industriellen Erzeugnissen öffnen, um den Handelsaustausch zu erleichtern und dessen mögliche Vorteile zu verwirklichen, sowie um den Verbraucher zu niedrigen Preisen mit Industrieprodukten zu versorgen.« Vorstellungen, Werte und Perspektiven des politischen und wirtschaftlichen Liberalismus wie staatliche Dezentralisierung, individuelle Leistung, Eigenverantwortung, Freihandel und internationale Arbeitsteilung schienen in der Sicht dieser Gruppen die notwendigen und geeigneten Impulse zu geben.

Modernisierung durch »Entwicklung nach außen«

Zur Mobilisierung breiter Bevölkerungskreise für ihre Modernisierungsvorhaben bedienten sich die Liberalen derjenigen Formeln, Begriffe und Symbole, die schon früher wirkungsvoll verwendet worden waren, weil sie Gleichheit und ökonomische Freiheit versprachen. Es gelang ihnen tatsächlich, mit an liberalen Vorstellungen orientierten Modernisierungsprojekten nationale Entwicklungsbewegungen in Gang zu setzen und mit entsprechenden Maßnahmen, wie Freihandelsregelungen, Nutzbarmachung des Bodens, Zurückdrängung des intervenierenden Staates usw. sozialen Wandel und wirtschaftliches Wachstum einzuleiten und insgesamt die bis dahin fortdauernden kolonialen Wirtschaftsstrukturen endgültig zu beenden. In der Historiographie besteht Einigkeit darüber, dass erst zu diesem Zeitpunkt die Kolonialzeit eigentlich beendet ist, was jedoch angesichts fortdauernder Verhaltensweisen wie Paternalismus, Klientelismus und Autoritätsfixierung noch keine Überwindung des kolonialen Erbes bedeutete.

Zudem rief diese Modernisierung, mit der die Gesamtbevölkerung in den sozialen Wandel einbezogen werden
sollte, nur partiellen Wandel hervor, der weder die Gesamtgesellschaft noch die Gesamtwirtschaft oder sämtliche
Regionen in den einzelnen Staaten erfasste. Die Konzentration auf die Rolle als Rohstofflieferanten einerseits und
Abnehmer für europäische und nordamerikanische Industrieprodukte andererseits mit den jeweiligen Konsequenzen für die Struktur der Agrarwirtschaft – Monokulturen,
Landbesitzkonzentration, abhängige Landarbeiter – und
den vernachlässigten Manufaktur- bzw. Industriesektor
ging zu Lasten besonders der indianischen Bevölkerung,
der einheimischen Handwerker, der Unterschichten allgemein. Die nationalen Projekte – Entwicklung, Fortschritt,
Beteiligung an Wirtschaft und Politik – verwirklichten
sich nur für die von der neuen Wirtschaftspolitik profi-
tierenden Gruppen und Regionen. Es begann für die lateinamerikanischen Staaten die Phase der »Entwicklung
nach außen«, die bis weit in das 20. Jahrhundert hinein andauerte.

Export von Agrarprodukten und Rohstoffen

Diese Phase innerhalb der Geschichte der lateinamerikanischen Staaten ist dadurch gekennzeichnet, dass in ihnen
allen seit der Mitte des 19. Jahrhunderts, als die Nachfrage
in den europäischen Ländern nach Lebensmitteln, tropischen Agrarprodukten und Rohstoffen wuchs, der Außenhandel eine bedeutendere Rolle als die Binnenwirtschaft einnahm. Der Exportsektor entwickelte sich mit
Abstand zum wichtigsten Wirtschaftssektor, der die gesamte nationale Wirtschafts- und Gesellschaftsstruktur
bestimmte. Begünstigt wurde die Konzentration auf den
Export noch dadurch, dass schon in der Kolonialzeit das

Entstehen eines größeren gewerblichen Sektors behindert worden war, so dass die Nachfrage der Lateinamerikaner nach Fertigwaren nicht von einer einheimischen Industrie, sondern nur durch Importe befriedigt werden konnte. Exporteure, Land- und Bergwerksbesitzer wurden die führende Schicht. Teils behielten sie die nationale Kontrolle über den Exportsektor wie z. B. in Argentinien, Brasilien, Kolumbien, Mexiko (Landwirtschaft) oder Zentralamerika (Kaffeeproduktion), so dass Gewinne in nationaler Hand blieben, allerdings durch die Importe von Fertigwaren wieder ins Ausland abflossen und nur selten auf dem Binnenmarkt verwendet wurden. Teils verbündete sich die kleine Oberschicht mit ausländischem Kapital oder ausländischen Unternehmen, die in Enklaven wie den Bananenplantagen in Zentralamerika oder in Bergwerken wie in Mexiko (Silber und Kupfer) und Chile (Salpeter) Exportgüter produzierten, wodurch die Gewinne direkt ins Ausland abflossen. Eine Ausnahme bildete Chile, das Teile der Gewinne aus dem Kupferabbau durch Steuern und Zölle zurückbehielt.

Um den reibungslosen Warenaustausch und die Freiheit des Handels zu gewährleisten, hatten die Liberalen parallel zum wirtschaftlichen Liberalismus in den Verfassungen auch die liberalen individuellen Freiheits-, Gleichheits- und Entfaltungsrechte sowie auch den Schutz des Privateigentums vor Eingriffen Fremder verankert. Auch die Rolle des Staates hatten sie darauf konzipiert, eine funktionierende Exportwirtschaft zu gewährleisten: Wurde die individuelle Betätigung als Impulsgeber wirtschaftlicher Entwicklung gefordert und gefördert, so blieb dem Staat die bloße Schutz- und Garantiefunktion für diese Betätigung vorbehalten; ein staatliches Eingreifen in wirtschaftliche und soziale Belange, um etwaige Fehlentwicklungen zu korrigieren, war nicht vorgesehen.

Das Entstehen neuer wirtschaftlicher Abhängigkeiten

Allerdings gerieten die lateinamerikanischen Staaten mit diesen Modernisierungsprojekten auf der Basis von Freihandel, internationaler Arbeitsteilung, Weltmarktintegration, Rohstoffexport, Fertigwarenimport, Laisser-faire, ohne es zu wollen, in eine neue wirtschaftliche Abhängigkeit. Zweifellos war diese Modernisierungspolitik durch das Interesse bestimmter lateinamerikanischer Gesellschaftsschichten beeinflusst worden. Doch lässt sich die bewusste Entscheidung für die Ausnutzung des tropischen Agrarpotentials und der natürlichen Ressourcen kaum als autonome Entscheidung, als Auswahl aus unbegrenzten Alternativen kennzeichnen, wie der englische Historiker D. C. M. Platt über die »autonomen Wirtschaften« lateinamerikanischer Länder im 19. Jahrhundert urteilte. Denn trotz des erkennbaren Interesses bestimmter Gruppen war die Entscheidung auch durch Bedingungen mitbestimmt, auf die die lateinamerikanischen Länder selbst nur wenig Einfluss nehmen konnten, wie z. B. Angebot und Nachfrage auf dem Weltmarkt, die durch die Kolonialzeit deformierten Strukturen, aber auch die geographischen Gegebenheiten, die die Entwicklung eines Binnenmarktes bei fehlender Infrastruktur erschwerten.

Die »Befreiung« der Indios

Ein besonderer Zug dieser an europäischen liberalen Vorstellungen orientierten Modernisierungspolitik, die dezidiert vom iberischen katholischen Erbe abzurücken versuchte, zeigte sich in der Bevölkerungspolitik, der Haltung gegenüber den Indios und den Einwanderern. Für die Politik gegenüber den Indios lassen sich zwei Denkansätze erkennen, die in ihrer Wirkung für die Indios gleichermaßen fatal waren. Ein Denkansatz hing mit den liberalen Vorstellungen zusammen: Entsprechend dem liberalen Glauben, korrekter wohl Irrglauben, an die regulierende Kraft rechtlicher Gleichheit, an die Freiheit des Individuums sowie an die Eigeninitiative, an Fähigkeiten und Verantwortlichkeiten des Einzelnen und der daraus resultierenden Zurückweisung eines staatlichen Interventionismus bzw. einer Schutzpolitik wie unter der spanischen Krone, gab es für die Indios keine spezielle Fürsorge mehr. Vor allem sollten Sonderstellungen welcher Art auch immer aufgehoben werden. Das Ziel bestand darin, den bestehenden ethnisch-kulturellen Pluralismus im Sinn einer Ausrichtung an den liberalen Grundsätzen Freiheit, wirtschaftliche Freizügigkeit, Individualbesitz, Leistung, Wettbewerb, Marktwirtschaft und Gleichheit zu überwinden. Privateigentum an Land und die daraus entstehende Verantwortung für das Individuum galt als das wichtigste Instrument zur raschen Integration der Indios in die jeweiligen nationalen Gesellschaften. Die Freisetzung des Bodens sollte auch zu einer Veränderung des Grundbesitzes führen, wie aus der Erläuterung erhellt, mit der der mexikanische Finanzminister Lerdo de Tejada Motive und Erwartungen des von ihm eingebrachten Gesetzes zur Veräußerung von Immobilien im Besitz von Körperschaften, der *Ley Lerdo* von 1856, angab. Das Gesetz sollte gesehen werden »als eine Entscheidung, die einen derjenigen wirtschaftlichen Irrtümer beseitigen wird, die am meisten dazu beigetragen haben, den Grundbesitz bei uns stagnieren zu lassen und die Entwicklung von Handwerk und Industrie zu verhindern, die von ihm [dem Grundbesitz] abhängen«. In ähnlicher Weise begründete der kolumbianische Präsident General Tomás C. de Mosquera das Agrarreformgesetz vom 9. September 1861, d. h. die zwangsweise Verteilung von Grundbesitz religiöser und ziviler Korporationen: Bislang sei in Kolumbien das Eigentum an Boden schlecht verteilt gewesen; »diese Verteilung«, so argumentierte er, »entspricht nicht einem freien Volk; [...] bringen wir also Eigentum in Einklang mit der Demokratie; geben wir das Land denen, die es bearbeiten und es ertragreich machen«.

Die Freisetzung indianischen Gemeindelandes

Die Aufhebung der Sonderstellung betraf vor allem den kommunalen Landbesitz der Indiodörfer, wie z. B. die *resguardos* in Kolumbien oder die *ejidos* in Mexiko, und deren private, individuelle Nutzung. Die Nutzbarmachung des Bodens vollzog sich in verschiedenen Schritten, doch sind jeweils deutlich die liberalen Vorstellungen zu erkennen, dass wirtschaftlich wenig genutztes und nicht zur freien Verfügung (Kauf, Veräußerung) stehendes Land die gesamtwirtschaftliche Entwicklung hindere und dass Privateigentum zu einer materiellen Verbesserung des Lebensstandards führe, da das Interesse am Eigentum die notwendigen Impulse für eine höhere Produktion mit sich bringe. Aus beiden Überlegungen heraus war eine Bodenreform angezeigt. In fast allen lateinamerikanischen Staaten mit hohem indianischen Bevölkerungsanteil und Gemeindeland der Indiodörfer versuchten Modernisierungspolitiker, die private Nutzbarmachung und Umverteilung dieses Landbesitzes in Gang zu setzen. Teils war dies zunächst wenig erfolgreich, wie in Kolumbien ab 1850 oder in Bolivien in den Jahren zwischen 1866 und 1871; dort lebte 1880 noch über die Hälfte der Landbevölkerung in Indiodörfern, obwohl bereits 1874 die *Ley de Exvinculación* dem gemeinschaftlichen Landbesitz die rechtliche Grundlage entzogen hatte; danach aber wurde das Gesetz durchgesetzt. Teils hatten diese Versuche mehr Erfolg, wie in Mexiko durch die *Ley Lerdo* von 1856, sowie

durch die Auswirkungen der Agrargesetze von Porfirio
Díaz aus den Jahren 1883 und 1894, oder wie in Guatemala mit dem Dekret von 1877. Allerdings erfolgte die Aufteilung weniger zum Nutzen der betroffenen Indios als
vielmehr zum Nutzen der umliegenden Grundbesitzer,
die häufig die einzelnen Anteile aufkauften und damit wie
z. B. in Kolumbien, in Guatemala oder in Mexiko die Anbauflächen für Tabak bzw. Kaffee bzw. Zuckerrohr erweiterten, während die landlosen Indios als Arbeiter entweder auf den Haciendas blieben oder in die neuen Produktionsstätten abzogen.

Bodenkonzentration und Freisetzung
von Arbeitskraft

Die politischen Führungsschichten glaubten an den obersten Grundsatz der Gleichheit; sie glaubten, mit einer breiteren Streuung des individuellen Landbesitzes wirtschaftlichen Fortschritt initiieren zu können. Sie übersahen dabei, dass individuelle Wirtschaftsaktivität nicht für alle
Bevölkerungsteile selbstverständlich war. War das ein
wohlgemeinter Irrtum? Oder schufen sich die neuen politischen Machthaber mit der Aufhebung der kolonialzeitli-
chen Sonderrechte für die Indios nicht die Handhabe, einen erhöhten wirtschaftlichen und sozialen Druck auf den
indigenen Teil der Bevölkerung zu ihrem eigenen Nutzen
auszuüben? Diese letzte Frage wird man wohl bejahen
müssen, denn zahlreiche frühe Bestandsaufnahmen aus
politischen Kreisen der Oberschicht über Politik und
Wirtschaft belegen, dass sie die negativen sozialen Auswirkungen ihrer Maßnahmen auf die Indios wohl sahen,
diese jedoch angesichts einer erhofften positiven wirtschaftlichen Entwicklung für die anderen Teile der Bevölkerung guthießen und akzeptierten. Dadurch, dass die

indigenen Dorfgemeinschaften ihren geschlossenen Charakter verloren, indem die liberalen Maßnahmen den Gemeindebesitz schrittweise privatisierten, wurde den Indios die eigentliche Existenzgrundlage – nämlich gemeinschaftlich bewirtschaftetes Land – entzogen. Da sie an privates Wirtschaften nicht gewöhnt waren, veräußerten sie häufig den individuellen Landbesitz. Die Aufteilung der kollektiven Strukturen führte deshalb keineswegs zu einer Existenzsicherung indianischer Kleinbauern, vielmehr förderte sie die Ausbreitung des Großgrundbesitzes durch Arrondierung und Aufkauf privaten indianischen Landes. Erst mit diesen Maßnahmen, ergänzt durch Aufteilung von ehemaligem Kirchenbesitz oder staatlichem noch nicht bebautem Land, erfolgte die für Lateinamerika so charakteristische starke Bodenkonzentration, sowohl in den Händen der alten »Landaristokratie« als auch neuer Großgrundbesitzer. Die landlosen Indios aber standen nun als billige Arbeitskräfte zur Verfügung und gerieten zunehmend in ökonomische Abhängigkeit von den Großgrundbesitzern. Der Verlust ihres Landes wirkte sich auch politisch aus. Denn mit ihm verloren die indigenen Dorfgemeinschaften nicht nur ihre Geschlossenheit, sondern vor allem auch ihre politische Repräsentation. Während zuvor die lokalen Amtsträger als vom Staat anerkannte Vertreter der indigenen Gemeinschaften fungiert hatten, bemächtigten sich nun die neuen Grundbesitzer bald auch dieser politischen Positionen und nahmen damit den Indiodörfern die Möglichkeit, ihre Vorstellungen und Bedürfnisse wirksam zu artikulieren. Insgesamt sah sich der indianische Bevölkerungsanteil, der in den Andenländern immerhin fünfzig Prozent der Gesamtbevölkerung ausmachte, zunehmend ökonomisch, sozial und auch politisch marginalisiert. Denn in die allmählich wachsenden Städte abzuwandern bedeutete angesichts der noch nicht vorhandenen Industrie keine Verbesserung der Armutssituation.

Die Dichotomie von Zivilisation und Barbarei

Nachdem die Indios als Legitimationsfaktor für die Separation vom alten Mutterland ausgedient hatten, unternahmen die politischen und ökonomischen Führungsschichten keine gezielten Schritte, sie als Staatsbürger in die jeweiligen Gesellschaften der neuen Staaten zu integrieren. Stattdessen ist eine gewisse Gleichgültigkeit gegenüber den Indios, ja sogar eine bewusste Vernachlässigung nicht zu übersehen, die sich aus dem zweiten Denkansatz der Indianerpolitik ergab.

Dieser rührte aus dem Bild, das sich die lateinamerikanischen Eliten besonders in der Mitte des 19. Jahrhunderts von Europa machten. Das Bild Europas als Paradigma von Modernisierung, von Fortschritt und Zivilisation, wie es in seinen Städten, der industriellen Entwicklung mit neuen Infrastrukturen und einer – vermeintlich – homogenen Kultur in den Nationalstaaten zum Ausdruck kam, verstärkte sich nämlich in den Eliten der lateinamerikanischen Gesellschaften, die zugleich ihre eigene ethnische und kulturelle Heterogenität wahrnahmen und diese als Problem sahen. Denn obwohl die indigene Bevölkerung formal Bürgerrechte erhalten hatte, war sie keineswegs in die neuen Gesellschaften integriert. Dieses neue Bild vom modernen Europa als Bezugspunkt für Fortschritt und Zivilisation erhielt zusätzliche Konturen dadurch, dass es vor dem Zerrbild der kolonialen Vergangenheit gezeichnet wurde, einer Vergangenheit, die sich in den Worten des chilenischen Intellektuellen José Victorino Lastarria aus dem Jahr 1842 als eine Zeit des Obskurantismus, als »ein schwarzer Winter von drei Jahrhunderten« ohne das »Licht der Zivilisation« darstellte.

Im Diskurs der Ideologen einer »Enthispanisierung« durch intellektuelle und politische Propagandisten von Fortschritt und Aufklärung entstand die für lange Jahre geltende und in der Literatur oft beschriebene Dichoto-

mie von »Zivilisation und Barbarei« als Charakteristikum
der ehemals iberischen Staaten Amerikas. Wie früher
schon den erobernden Europäern stellte sich nun lateinamerikanischen Führungsgruppen das Eigene, das Amerikanische, das Autochthone als Barbarei dar, während
Europa Zivilisation symbolisierte. Zu den wichtigsten
Vertretern dieser Sichtweise gehörten die beiden Argentinier Juan Bautista Alberdi (1810–1884) und Domingo
Faustino Sarmiento (1811–1888) mit ihren Schlüsselwer-
ken *Grundlagen und Gesichtspunkte für die politische Organisation der Republik Argentinien* (*Bases y puntos de
partida para la organización política de la República Ar-
jentina, derivados de la lei que preside al desarrollo de la
civilización en la América del Sud*) von 1852 bzw. *Facundo. Zivilisation und Barbarei* (*Facundo. Civilización y
barbarie*) von 1845. Beide schrieben ihre Werke im Exil in
Chile, wohin sie vor der Diktatur des Juan Manuel Rosas
geflohen waren.

Juan Bautista Alberdi war ein gebildeter Intellektueller,
ein Jurist, der mit den zeitgenössischen europäischen phi-
losophischen und politischen Tendenzen vertraut war. Im
Unterschied zu anderen Fortschrittstheoretikern bewertete er die koloniale Vergangenheit, das spanische Erbe etwas differenzierter: Durch die Entdeckung und spanische
Kolonisierung sei die Neue Welt in die westliche Zivilisation integriert worden, und nur die Urbevölkerung bewertete er als barbarisch. Allerdings sei die spanische Zivilisation eben diejenige des 16. Jahrhunderts gewesen,
habe sich im Landesinneren fest etabliert, aber nicht wei-
terentwickelt und falle demzufolge im Vergleich mit der
modernen Zivilisation der entwicklungsorientierten, weil
im Kontakt mit dem modernen Europa stehenden Küstenregionen ab. Zukünftige Entwicklung erwartete Alberdi durch weitere Kontakte mit dem modernen Europa
und durch eine gezielte Einwanderung von Nordeuropä-
ern. Domingo Faustino Sarmiento, einem Autodidakten,

dem späteren Präsidenten Argentiniens (1868–1874), ging es in seinem Werk darum, die jüngste Geschichte Argentiniens, eben die Auseinandersetzungen zwischen Landesinnerem und Küste sowie das Vorhandensein der Diktatur, historisch zu erklären. Er tat dies anhand der Biographie des Caudillos Facundo Quiroga, dessen Leben er im Kontext der argentinischen Landschaft, der heterogenen Bevölkerung und der gespaltenen Gesellschaft beschreibt. In seiner Sicht war der Unabhängigkeitskampf ein Kampf der europäisch, französisch-aufklärerisch gesitteten Städte gegen die spanische Kolonialmacht gewesen. Dabei hatten sich die Städte der halbbarbarischen Massen des Landesinneren, der wilden Reitertruppen der Gauchos bedient. Diese wiederum, ihrer Macht bewusst und von Buenos Aires am Erfolg der Unabhängigkeit nicht beteiligt, erhoben sich unter ihren Führern gegen die Küstenregion. Die jüngste Geschichte Argentiniens stellte sich Sarmiento als Aufstand der Pampa gegen die Kultur der Städte dar, eben als Gegensatz von Barbarei und Zivilisation. Im Unterschied zu Alberdi zählte Sarmiento zu dieser Barbarei auch das iberische Erbe, die besondere Art der Kolonisation und sogar die iberische Rasse selbst sowie die negativen Ergebnisse der Vermischung. Nach Sarmientos Meinung gehörte Spanien gar nicht zu Europa. Obwohl Sarmiento eine gewisse Sympathie für Facundo als Produkt der amerikanischen Erde hegte, ließ er doch keinen Zweifel daran, dass er eine zukünftige Entwicklung Argentiniens nicht vom Landesinneren mit seinen Gauchos oder anderen Mischungen ohnehin »minderer Rassen«, sondern von den europäisch gesinnten Städten, ja sogar neuen Menschen, eben durch die Einwanderung erwartete.

Die Indios als Hemmschuh des Fortschritts

Die Fixierung auf einen festgestellten und stilisierten Gegensatz zwischen Zivilisation und Barbarei, verstärkt
durch die Rezeption von sozialdarwinistischen und positivistischen anthropologischen Evolutions- und Rassen-
theorien aus Europa, führte in zahlreichen Staaten Lateinamerikas dazu, dass man sich von den Indios abwandte.
Die weißen Oberschichten bewerteten indigene Kultur als
Ausdruck einer irrationalen, traditionalistischen Neue-
rungsfeindlichkeit, erachteten Indios als nationale Schan-
de, als Hemmschuh für den Fortschritt. Fortschritt und
Entwicklung aber erwarteten und erhofften lateinamerikanische Politiker von der Einwanderung europäischer
Weißer, von ihren Kenntnissen und Fertigkeiten, von ihrem Verhalten, insgesamt also von einer »Aufweißung«.
Einwanderungspolitik ersetzte häufig die Integrationspo-
litik und verhinderte eine verständnisvolle Politik gegenüber den Indios (Mexiko, Peru, Venezuela, Argentinien).
Die Führungsschichten der neuen Staaten wollten westlich-europäisch werden und materiell möglichst schnell
auf das Niveau europäischer Staaten gelangen. Dabei ließen sie die vorhandenen ethnischen und kulturellen
Strukturen unberücksichtigt, ja fügten mit der Einwanderung neue soziale und kulturelle Elemente hinzu, wodurch die soziale und kulturelle Integration ihrer Gesellschaften erschwert wurde.

Einwanderungspolitik als Entwicklungspolitik

Die mit wirtschaftlichen Anreizen wie z. B. Landzuteilung
betriebene Einwanderungspolitik erlangte besondere Bedeutung in denjenigen südamerikanischen Staaten, die
über weite, zum Teil noch unerschlossene Gebiete im

Landesinneren verfügten, bzw. wie in Chile und Argentinien sich Indianerland eroberten. Chile hatte die Indios nicht in die nationale Gemeinschaft eingegliedert, sondern immer weiter in den Süden des Landes abgedrängt und Anfang der 1880er Jahre einen regelrechten Vernichtungsfeldzug geführt. Argentinien hatte in den 1880er Jahren ebenfalls mit einer gewaltsamen Zurückdrängung der Indios in der Pampa, mit der sogenannten »Eroberung der Wüste«, neuen Raum hinzugewonnen. Mit Hilfe einer europäischen Masseneinwanderung und einer organisierten Binnenkolonisation, der Indios weichen mussten, gelang es den Staaten am Río de la Plata und Chile sowie Brasilien, wo eine ähnlich abwertende Haltung gegenüber den aus Afrika zwangsimmigrierten Sklaven und deren Nachkommen bestand, wichtige Schritte auf dem Weg zur Modernisierung der Wirtschaft, vor allem der Landwirtschaft zu gehen. Schon in den 1860er und 1870er Jahren waren mehr als 400 000 Einwanderer nach Argentinien gekommen, wodurch der landwirtschaftliche Exportsektor expandieren konnte. Mit dem neuen Raum in der Pampa wurde Argentinien dann zwischen 1890 und 1914 zu einem der attraktivsten Einwanderungsländer für europäische Auswanderungswillige, mehr als vier Millionen Einwanderer kamen ins Land, von denen immerhin 50 % für immer blieben. Auch Uruguay profitierte von 400 000 Einwanderern. Chile erlebte mehrere Einwanderungswellen, wenn auch nur in geringerem Maße, ca. 10 500 Einwanderer kamen im Jahr 1889 und 11 000 im Jahr 1890. Brasilien dagegen konnte schon zwischen 1846 und 1875 mehr als 300 000 meist portugiesische Einwanderer begrüßen, wodurch der weiße Anteil an der Bevölkerung stark anstieg. Im Zeitraum zwischen 1883 und 1893 wanderten mehr als 885 000 europäische Einwanderer, meist portugiesischer und italienischer Herkunft, nach Brasilien, besonders in die Region São Paulo, ein.

Infrastrukturen für den Außenhandel

In allen Staaten bemühten sich die politischen Führungsschichten um den Ausbau der Infrastruktur. Obwohl diese zur Förderung des Außenhandels mehr nach außen als
auf die Entwicklung eines Binnenmarktes gerichtet war,
wie an der Streckenführung z. B. in Argentinien sehr
schön ablesbar ist, ermöglichten Straßen, Eisenbahnen,
Dampfschifffahrt und Telegraph doch eine bessere Kommunikation innerhalb der einzelnen Staaten, wodurch
bestehende Regionalismen abgeschwächt werden konnten. Eine Nationalstaatsbildung, d. h. die wachsende gesellschaftliche, ökonomische und politische Integration,
brachten die Modernisierungsbestrebungen des 19. Jahrhunderts jedoch nur wenig voran. Den für die Nationbildung erforderlichen Schritt, nach der Staatsgründung auch
größere Bevölkerungskreise durch die Ausweitung aktiver
Beteiligung und die dafür notwendige ökonomische und
soziale Absicherung in das neue System einzubeziehen,
haben die liberalen Führungsgruppen in der zweiten Hälfte des 19. Jahrhunderts nicht oder nur ungenügend unternommen. Indem das Handelsbürgertum in Koalition mit
Großgrundbesitzern und Agrarunternehmern als dominierende Schichten an ihren liberalen Vorstellungen festhielten und deren negative ökonomische und gesellschaftliche Auswirkungen als unvermeidlich in Kauf nahmen,
verkehrte sich die modernisierende Funktion der liberalen
Maßnahmen in ihr Gegenteil. Die nationalen Programme
der Liberalen, denen in ökonomischer Hinsicht auch die
Konservativen, die oligarchischen Regimes der letzten
Jahrzehnte des 19. Jahrhunderts, ja selbst Diktatoren wie
Porfirio Díaz in Mexiko oder autoritäre Regimes unter
Guzmán Blanco, Crespo und Castro in Venezuela zustimmten, wurden bald zu einer Ideologie der gesellschaftlich etablierten Schichten, mit der diese ihren sozialen und ökonomischen Status legitimierten und gegenüber

den Ansprüchen unterer Schichten verteidigten. Statt zur gesellschaftlichen Integration führten diese Programme eher zur sozialen Abgrenzung, verschärften sogar die soziale Kluft zwischen einer kleinen Oberschicht und der übergroßen Bevölkerungsmehrheit. Von Nationalstaaten konnte am Ende des 19. Jahrhunderts immer noch keine Rede sein.

Neue Staatsbildungen unter dem Einfluss der USA

Am Ende des 19. bzw. zu Beginn des 20. Jahrhunderts gab es im Bereich des ehemaligen spanischen Kolonialreichs zwei weitere Staatsgründungen. Sie erfolgten in einem neuen historischen Kontext und sind eng mit dem politischen und wirtschaftlichen Interesse der USA als neuer Hegemonialmacht in der westlichen Hemisphäre, vor allem in der Karibik und in Zentralamerika, verbunden. Durch diese Konstellation erhielten die Staatsgründungen von Kuba und Panama eine besondere Note.

1868   In Kuba beginnt ausgehend vom Ostteil der Insel der Zehnjährige Krieg um die Unabhängigkeit von Spanien. Er scheitert an der fehlenden Mitwirkung des wichtigen Teils der kubanischen Pflanzeroligarchie in der Westregion der Insel, aus Furcht vor einer sozialen Revolution.

1878   Februar: Mit dem Friedensvertrag von Zanjón endet der erste Unabhängigkeitskrieg.

Seit 1882 Im zu Kolumbien gehörenden Teilstaat Panama laufen die von französischen Aktiengesellschaften finanzierten Kanalbauarbeiten zwischen Colón und Panama-Stadt.

1886   Die neue zentralistische Verfassung von Kolumbien unterstellt den Bundesstaat Panama als Departament wieder dem Präsidenten in Bogotá.

1892   Die von José Martí im Exil in New York gegründete Revolutionäre Kubanische Partei, *Partido Revolucionario Cubano*, wird zum Sprachrohr der mit der spanischen Kolonialmacht unzufriedenen Kubaner, die ein freies Kuba anstreben.

1892/93   Nach dem definitiven Scheitern des französischen Kanalbaus in Panama sind die expandierenden USA bereit, die französischen Konzessionen zu übernehmen.

1895   Februar: In Kuba beginnt der Aufstand; er erfasst im Unterschied zum ersten Unabhängigkeitskrieg die ganze Insel und besitzt eine größere Massenbasis.
Mai: Martí fällt schon zu Beginn des Krieges, der unter großen Verlusten auf beiden Seiten drei Jahre dauert.

1897   Seit Ende Dezember wartet das Schlachtschiff »Maine« in Key West, um auf Kuba einzugreifen und angesichts eines schwachen und hilflosen Spaniens die Sicherheit US-amerikanischer Bürger und US-amerikanischen Besitzes in Kuba zu gewährleisten.

1898   Februar: Eine verheerende Explosion auf der »Maine« im Hafen von Havanna gibt den USA den gewünschten Vorwand, auf Kuba zu intervenieren. Am 22. April ordnet Präsident McKinley eine Seeblockade rund um Kuba an, woraufhin Spanien den USA am 24. April den Krieg erklärt. Der kubanisch-spanische Unabhängigkeitskrieg wird zum »Spanisch-Amerikanischen Krieg von 1898«.
Nach kurzem Kampf wird Spanien besiegt. Im Frieden von Paris, vom 10. Dezember, an dessen Verhandlungen Kubaner nicht beteiligt sind, tritt Spanien die letzten Reste seines Kolonialreichs, Puerto Rico, Guam und die Philippinen, an die USA ab und verzichtet auf jedwedes Hoheitsrecht in Kuba. Im Austausch dafür werden die USA verpflichtet, die Ordnung auf der Insel herzustellen und für eine eigene Regierung der Kubaner zu sorgen.

1899   April: Kuba erhält zunächst eine Militärregierung der US-Amerikaner.
Oktober: In Kolumbien greifen die Liberalen erneut zum Mittel der Gewalt gegen die autoritäre Regierung

der Regeneration, um die Hegemonie der Nationalen Partei und der Konservativen zu brechen. Aus einem zunächst regionalen Aufstand entwickelt sich ein blutiger Krieg, der bald das ganze Land ergreift und auch Panama einbezieht.

1901   März: Mit dem sogenannten *Platt-Amendment*, benannt nach dem Vorsitzenden der US-Senatskommission für die Beziehungen mit Kuba, finden die USA eine Formel, einerseits die Unabhängigkeit Kubas zu bewahren, andererseits aber den USA entscheidenden Einfluss auf Politik und Wirtschaft der Insel zu sichern. Zwar wird die formale politische Souveränität Kubas bestätigt, doch gleichzeitig durch das Recht der USA, zur Aufrechterhaltung der inneren Sicherheit in Kuba intervenieren zu dürfen, wieder eingeschränkt. Auch muss Kuba Teile seines Territoriums als Militärstützpunkte (Guantánamo) an die USA abgeben.

Mai: Die Delegierten der Verfassunggebenden Versammlung willigen ein, die von Platt vorgeschlagene Formel als Zusatz in die neue kubanische Verfassung aufzunehmen. Das *Platt-Amendment* wird bis 1934 gelten und zahlreiche Interventionen der USA in Kuba rechtfertigen.

Dezember: Zum ersten Präsidenten Kubas wird Tomás Estrada Palma gewählt.

1902   Mai: Mit dem Abzug der US-amerikanischen Truppen endet die Militärherrschaft der USA in Kuba vorerst.

Oktober: In Kolumbien endet der mit wechselndem Erfolg geführte »Krieg der tausend Tage« mit der Niederlage der Liberalen und hinterlässt ein verwüstetes Land. In Panama setzen am Handel interessierte Panamenen auf die am Kanalbau interessierten USA.

1903   Januar: Nach monatelangen Verhandlungen erarbeiten der US-Außenminister John Hay und der Botschaftssekretär Kolumbiens, Tomás Herrán, den sogenannten Hay-Herrán-Vertrag; dieser ermächtigt die USA zu Bau und Betrieb eines von ihnen zu finanzierenden Kanals durch Panama und sieht einen zehn Kilometer breiten Landkorridor mit Gerichtsbarkeiten von Kolumbianern und US-Amerikanern vor.

August: Der kolumbianische Senat sieht in dem Vertrag eine imperialistische Bedrohung und lehnt, anders als die USA, die Ratifizierung ab. Damit treibt er wichtige Gruppen der am internationalen Handel interessierten Panamenen in die Arme der USA.

November: Unter dem militärischen Schutz von US-amerikanischen Kriegsschiffen und mit Hilfe von Angestellten der Eisenbahngesellschaft, die ein Eingreifen kolumbianischer Truppen verhindern, erklärt am 4. November der »Offene Cabildo« von Panama-Stadt die Unabhängigkeit Panamas von Kolumbien und errichtet als provisorische Regierung eine Revolutionsjunta.

November: Am 6. November erkennt Präsident Theodore Roosevelt Panama als souveränen Staat an.

November: Nach kurzen Verhandlungen schließen John Hay und Philippe Bunau-Varilla, der ehemalige französische Chefingenieur, am 18. November einen neuen Kanalvertrag, den sogenannten Hay-Bunau-Varilla-Vertrag, allerdings mit für Panama ungünstigeren Bedingungen: die Kanaltrasse wird nun auf zehn Meilen erweitert, die USA erhalten ein Nutzungsrecht auf ewig, und sie dürfen dort zur Aufrechterhaltung der öffentlichen Ordnung intervenieren.

1904   Februar: Die unter dem Einfluss der USA entstandene Verfassung weitet im Artikel 136 das Interventionsrecht der USA sogar auf das gesamte Staatsgebiet aus.

1914   Der Panamakanal wird in Betrieb genommen.

Die sicherheitsbedingte Treue in Kuba

Fast hundert Jahre später als die übrigen ehemaligen spanischen Kolonien erlangte auch **Kuba** seine politische Unabhängigkeit. Als die anderen Kolonien den kolonialen Status überwanden und sich vom Mutterland lösten, war die dominante Gruppe der Zuckerproduzenten dem Mutterland treu geblieben, weil sie sich des kolonialen Systems zu ihrem eigenen Vorteil zu bedienen wusste und gerade von dem kolonialen Status profitierte. Das hieß konkret, dass sie für die am Beginn des 19. Jahrhunderts in Gang gekommene Expansion der Zuckerproduktion weiterhin nicht nur die Versorgung mit der erforderlichen Arbeitskraft von Sklaven, sondern auch die Disziplinierung der Sklavengesellschaft durch das Mutterland und seine Militärmacht erwartete. Immerhin gab es in der Zeit von 1825 bis 1850 fast neunzig Erhebungen von Feldsklaven und 1843/44 sogar den Versuch einer Revolution von städtischen Farbigen mit weißen Verbündeten, bei der über 4000 Verdächtige verhaftet wurden. Solange also während des 19. Jahrhunderts die Frage der Sklaverei virulent war – und um die Mitte des Jahrhunderts machte die Gesamtzahl der Sklaven mit 43 % und der freien Farbigen mit 15 % mehr als die Hälfte der kubanischen Bevölkerung aus –, hatten diese ökonomischen und Sicherheitsinteressen Priorität gegenüber Forderungen nach politischer Souveränität und bewogen die einheimischen Pflanzer, die spanische Herrschaft zu ertragen, allenfalls mehr Autonomie zu verlangen. So fanden kreolische Verschwörungen wie die von 1823, *Soles y Rayas de Bolívar*, oder diejenigen in den 1850er Jahren keine allgemeine Unterstützung. Auch der sogenannte Zehnjährige Krieg von 1868 bis 1878, der erste Krieg um die Unabhängigkeit, scheiterte an der fehlenden Mitwirkung des wichtigen Teils der kubanischen Pflanzeroligarchie in der Westregion der Insel.

Der Zehnjährige Krieg

Die Forderungen und Bestrebungen nach mehr Autonomie, ja nach Souveränität erfolgten in dem Moment, als in den 1860er und 1870er Jahren die Sklavenfrage ihre Problematik verlor, d. h. sowohl der Anteil der Sklaven an der Gesamtgesellschaft als auch die Nachfrage nach Sklavenarbeit zurückgingen. Kubas Wirtschaft war ganz auf den Zucker ausgerichtet, mehr als 25 % des bebaubaren Bodens wurden für den Zuckerrohranbau genutzt, so dass sie sich ab 1840 als eine Monokulturwirtschaft auf großen Zuckerplantagen darstellt. Fortschrittliche Technologien wie die Dampfmühle verminderten den hohen Einsatz von Sklavenarbeit; um 1861 waren 71 % aller Zuckerrohrplantagen mit Dampfmühlen ausgestattet. Als 1866 Spanien im Kontext der internationalen Anstrengungen zur Abschaffung der Sklaverei den Sklavenhandel endgültig verbot, waren viele Pflanzer schon zur freien Lohnarbeit übergegangen, für die überdies spanische Immigranten oder Kontraktarbeiter sogar aus China zur Verfügung standen. Vor Ausbruch des Zehnjährigen Kriegs 1868 betrug die Sklavenbevölkerung etwa 365 000 Personen, bei Beendigung des Kriegs war sie auf 228 000 Personen gesunken; als dann Spanien 1886 die Abschaffung der Sklaverei proklamierte, lag die Zahl der noch vorhandenen Sklaven unter 30 000. Um 1887 waren ca. 68 % einer Gesamtbevölkerung von 1,75 Millionen Personen Weiße, u. a. als Ergebnis einer forcierten Einwanderungspolitik Spaniens in den Jahren 1882 bis 1884, als ungefähr 250 000 Spanier nach Kuba einwanderten.

Der erste Unabhängigkeitskrieg begann in einer Zeit politischer Schwierigkeiten in Spanien, als um die Mitte der 1860er Jahre gemachte Zusagen über Reformen in Kuba, wie eine Liberalisierung der spanischen Handelsbestimmungen, gleiche Rechte für Spanier und Kreolen und eine politische Vertretung der Kreolen in Spanien, widerrufen wurden und sogar noch neue Beschränkungen wie höhere Steuern, noch mehr Handelsprotektionismus und politische Repression hinzukamen. Wie in den Unabhängigkeitskriegen auf dem Kontinent waren es wieder in ihren Interessen getroffene Kreolen, die am 10. Oktober

1868 mit dem Aufruf von Yara, dem *Grito de Yara*, in der Provinz Oriente, also im Ostteil der Insel, die Unabhängigkeit Kubas proklamierten und mit dem Grundbesitzer Carlos Manuel de Cespedes als Präsidenten eine provisorische Republik ausriefen. Auf diesen Teil, dessen Landwirtschaft diversifizierter und nicht auf Zucker konzentriert war, blieb auch während der folgenden zehn Jahre die Republik beschränkt, weil es den aufständischen Kreolen und ihren Anhängern nicht gelang, die Spanier im Westen zu besiegen. Zum einen war ihre Bewegung zahlenmäßig zu gering, zwischen 10 000 und 20 000 Personen, und hatte noch wenig Resonanz bei der Bevölkerung, obwohl sie besonders von freien Farbigen und befreiten Sklaven unterstützt wurde. Zum anderen verweigerten die Plantagenbesitzer im Westen, der als wirtschaftlich wichtigste Region, wo fast 80 % der Bevölkerung lebten, noch dem Sklavereisystem Vorrang gab, ihre Unterstützung aus Furcht vor einer sozialen Revolution im Gefolge des Krieges. Zwar hatten die Aufständischen die Abschaffung der Sklaverei nicht in ihr Sofortprogramm aufgenommen, doch erhielten im Verlauf der Auseinandersetzungen im Oriente Sklaven ihre Freiheit, und militärische Führer wie der freie Farbige Antonio Maceo und Máximo Gómez aus Santo Domingo setzten sich für die Abschaffung der Sklaverei ohne Entschädigung als Hauptziel des Krieges ein. Angesichts dieser Radikalisierung sahen die weißen Plantagenbesitzer im Westen wenig Grund zur Unterstützung.

Spaniens letzte Chance

Der für beide Seiten verlustreiche – insgesamt waren 250 000 Tote zu beklagen – und für die Landwirtschaft im Oriente verheerende Krieg endete am 11. Februar 1878 mit dem Friedensvertrag von Zanjón, von dem Dichter José Martí als eine feige Kapitulation der Oberschicht qualifiziert. Der Vertrag sah eine Generalamnestie für alle Aufständischen vor, bestätigte die Freiheit für alle Sklaven, die mitgekämpft hatten, und sicherte den Kubanern einige politische Rechte zu, stellte auch die politische Mitwirkung loyaler Kubaner in Aussicht. Die Anführer der Aufständischen, unter ihnen José Martí, mussten ins Exil. Für Spanien bedeutete der Vertrag zunächst eine Stärkung seiner Herrschaft, eine 1878 gegründete und von spanischen Konservativen beherrschte Partei der Konstitutionellen Union, *Partido Unión Constitucional*, setzte sich als Sprachrohr der spanischen Kaufleute und Verwaltung dafür ein, Kuba für immer für Spanien zu erhalten. Ihre Gegenpartei, der *Partido Autonomista*, propagierte demgegenüber die Autonomie Kubas innerhalb des spanischen Reiches.

Doch da Spanien seine Versprechungen nicht einhielt, vielmehr neue Steuern erhob, Pflanzer im Ostteil der Insel die Beschlagnahmung ihres Eigentums erlebten, wuchsen die Vorbehalte der Kubaner, und als die weltweite Zuckerkrise der 1880er Jahre auch die wirtschaftliche Stellung der kubanischen Führungsschicht im Westteil der Insel gefährdete, erstarkte der Widerstand gegen Spanien. Es begannen neue Bestrebungen, die Unabhängigkeit zu erlangen, d. h. nicht nur größere Autonomie zu erhalten, sondern eines freies Kuba zu gründen.

Der zweite Unabhängigkeitskrieg

Sprachrohr dieser neuen Zielsetzung wurde die vom Exil aus in den USA wirkende Revolutionäre Kubanische Partei, *Partido Revolucionario Cubano*, in der Martí im Januar 1892 die revolutionären Kräfte vereint hatte, und die das Ideal eines freien Kuba, *Cuba libre*, propagierte. Zu den Führern dieser Partei gehörten ehemalige Mitstreiter des Zehnjährigen Kriegs wie Tomás Estrada Palma, Antonio Maceo und General Máximo Gómez, der im Januar 1893 zum Oberbefehlshaber des »Revolutionsheeres« ernannt wurde. Doch der eigentliche Motor dieser Bewegung war José Martí, der die Partei in den USA organisierte, dort Geld für den bevorstehenden Kampf sammelte. Sein Ziel war es, ein freies Kuba zu schaffen, das sich durch eine diversifizierte Landwirtschaft, die Umverteilung des Eigentums und die Gleichheit der Rassen auszeichnen sollte. Dabei meinte »Freies Kuba« nicht nur die Unabhängigkeit von Spanien, sondern auch die Unabhängigkeit von den USA, deren neue hegemoniale Politik in Mittelamerika und der Karibik Martí sehr wohl als Bedrohung Kubas sah und auch öffentlich anprangerte.

Im Februar 1895 begann der Aufstand. Er erfasste im Unterschied zum ersten Unabhängigkeitskrieg die ganze Insel und besaß eine größere Massenbasis, bot sich doch für die verarmte Landbevölkerung, für die arbeitslosen ehemaligen Sklaven die Möglichkeit, ihre Lage zu verbessern. Der Krieg wurde mit wechselnden Erfolgen bis 1898 geführt; die Verluste waren auf beiden Seiten enorm hoch, Martí war schon zu Beginn des Kriegs im Mai 1895 gefallen. Nachdem um die Jahreswende 1895/96 Antonio Maceo mit seinen Guerillakriegern weit in den Westen der Insel vorgedrungen war, gewannen die Aufständischen allmählich die Oberhand, obwohl Spanien seine Truppen bis auf 200 000 Mann erhöht hatte. Madrid war nicht mehr in der Lage, für Ordnung und Sicherheit zu sorgen, den Schutz von Eigentum und Leben seiner Bürger und derjenigen der USA zu gewährleisten. Dies war der Augenblick, in dem die USA intervenierten.

Die Intervention der USA

Schon seit der Erringung der eigenen Unabhängigkeit waren die USA an Kuba interessiert. Es lag ja quasi vor ihrer Haustür und erschien ebenso wie Puerto Rico als eine Art natürliches Anhängsel, und so hatten die Vereinigten Staaten (1848, 1854) schon Kaufangebote an Spanien gemacht. Auch Kubaner hatten im Laufe des 19. Jahrhunderts mit dem Gedanken eines Anschlusses an die USA gespielt, zumal man in eng wirtschaftlichen Beziehungen stand: So gingen um 1850 30 % aller Ausfuhren in die USA, um 1860 schon 45 %, während das Mutterland Spanien nur 15 % abnahm. US-Bürger und US-Firmen hatten in den Zuckerplantagen investiert und zahlreiche Anlagen erworben. Ende 1897, nach zwei Jahren »Unordnung«, als die Krisensituation in Kuba US-Bürger in der Provinz Matanzas in Mitleidenschaft zu ziehen drohte, bat der amerikanische Konsul Fitzhugh Lee die Regierung in Washington darum, ein Kriegsschiff in kubanische Gewässer zu entsenden. Am 15. Dezember ankerte das Schlachtschiff »Maine« in Key West, nur einige Seemeilen von Havanna entfernt, und wartete auf seinen Einsatz. Die USA unter Präsident William McKinley waren dazu übergegangen, Spanien zur Ordnung zu bringen, und damit wurde – zumindest in Teilen der Historiographie – der kubanisch-spanische Unabhängigkeitskrieg zum »Spanisch-Amerikanischen Krieg von 1898«, so als ob Kubaner nicht beteiligt gewesen wären.

Am 24. Januar 1898 schickte Präsident McKinley das Schlachtschiff zu einem »Freundschaftsbesuch« nach Havanna. Eine gewaltige Explosion auf dem amerikanischen Kriegsschiff im Hafen von Havanna in der Nacht zum 15. Februar, bei der 260 Besatzungsmitglieder starben und das Schiff brennend sank, gab expansionsfreudigen Politikern und Wirtschaftskreisen in den USA den gewünschten Vorwand, auf Kuba zu intervenieren, so wie es Präsident

McKinley am 11. April in seiner Botschaft an den Kongress formulierte: Die USA sollten »durch eine gewaltsame Intervention in Kuba für Frieden sorgen«. Am 20. April nahm der Kongress eine Resolution an, die als weiteres Ziel der Intervention die Unabhängigkeit Kubas nannte, Spanien zum Rückzug seiner Militärmacht aufforderte und den Präsidenten ermächtigte, militärische Mittel zur Erreichung dieser Forderung einzusetzen. Zugleich erklärten die USA in dem sogenannten *Teller-Amendment*, dass sie keine Absicht hätten, die Insel zu annektieren, und sie Regierung und Kontrolle des Landes den Kubanern überlassen würden. Am 22. April ordnete McKinley eine Seeblockade rund um Kuba an, woraufhin Spanien den USA am 24. April den Krieg erklärte.

Die kubafreundliche Haltung der USA änderte sich jedoch bald nach einem kurzen und siegreichen Krieg von 113 Tagen. Nachdem die US Navy Ende Mai zunächst die spanische Flotte im Hafen von Santiago de Cuba ausgeschaltet hatte, konnten die amerikanischen Truppen am 17. Juli Santiago de Cuba einnehmen und die Kapitulation der Spanier entgegennehmen. Die kubanischen Freiheitskämpfer, die in dreijährigem Kampf die Spanier so weit niedergerungen hatten, dass sie den amerikanischen Truppen kaum mehr nennenswerten Widerstand leisten konnten, durften an dem Einzug in Santiago und dem Akt der Kapitulation nicht teilnehmen. Sie, die sich wegen des hohen Anteils schwarzer Soldaten schon während der Kämpfe beleidigende und rassistische Äußerungen von Seiten der US-amerikanischen Truppen hatten anhören müssen, wurden geradezu zu Statisten degradiert und blieben es auch für die nächste Zeit. Denn als am 1. Oktober in Paris die Friedensverhandlungen aufgenommen wurden, fanden diese nur zwischen einer spanischen und amerikanischen Delegation statt. Die Kubaner selbst waren gar nicht vertreten und konnten ihre Sicht hinsichtlich einer eigenen Regierung auf der Insel gar nicht vortragen.

Dieser Punkt besaß für die USA auch keine Priorität mehr. Im Friedensvertrag vom 10. Dezember 1898 trat Spanien die letzten Reste seines Kolonialreichs, Puerto Rico, Guam und die Philippinen, an die USA ab und verzichtete auf jedwedes Hoheitsrecht in Kuba. Im Austausch dafür erhielten die USA die Verpflichtung, besser gesagt das Recht, die Ordnung auf der Insel herzustellen und dafür zu sorgen, dass die Kubaner in nächster Zeit eine eigene Regierung stellen könnten.

Die beschränkte Souveränität

So erhielt Kuba nach dem Austausch der Ratifizierungsurkunden und der offiziellen Beendigung des Spanisch-Amerikanischen Krieges im April 1899 zunächst eine Militärregierung der US-Amerikaner. Die aufständischen Kubaner gaben ihre Waffen ab und überließen es der amerikanischen Besatzung, für Ruhe und Ordnung zu sorgen, oder, wie es Präsident McKinley in seiner Jahresansprache am 5. Dezember 1899 formulierte, die entsprechenden Bedingungen für eine eigenständige kubanische Regierung zu schaffen und auch Regelungen für künftige Beziehungen zwischen Kuba und den USA zu treffen. Für diese Regelungen fand sich bald eine Formel, die einerseits die im *Teller-Amendment* zugesicherte Unabhängigkeit Kubas bewahrte, andererseits aber den USA entscheidenden Einfluss auf Politik und Wirtschaft der Insel gewährte. Am 25. Februar 1901 legte Senator Orville H. Platt, Vorsitzender der Senatskommission für die Beziehungen mit Kuba, indem er Vorschläge des Kriegsministers Elihu Root aufgriff, eine Ergänzung zur *Army Appropriation Bill* vor, die am 2. März vom Kongress mit großer Mehrheit angenommen wurde. Diese als *Platt-Amendment* berühmt gewordenen Zusatzartikel, die die Kubaner in ihre neue Verfassung aufnehmen sollten, schränkten in den ersten beiden Artikeln die Souveränität Kubas in der Weise ein, dass es keine Verträge mit anderen Ländern schließen und im Ausland keine Schulden aufnehmen durfte, die die Unabhängigkeit gefährden könnten. In Artikel 3 sollte die kubanische Regierung den USA das Recht auf Intervention in folgenden Fällen zugestehen: zur Erhaltung der kubanischen Unabhängigkeit (bei Angriffen von europäischen Ländern), zur Aufrechterhaltung einer Regierung, die in der Lage sein sollte, Leben, Eigentum und persönliche Freiheit zu schützen, und zur Erfüllung der im Vertrag von Paris eingegangenen Verpflichtungen. Artikel 7 sah vor, dass Kuba einen Teil seines Territoriums an die USA zur Einrichtung von Flotten- und Militärstützpunkten abtreten sollte. Obwohl in Kuba eine Welle des Protests gegen diese Aushöhlung der nationalen Souveränität losbrach, blieb den kubanischen Politikern, wollten sie die amerikanische Militärregierung nicht unnötig weiter verlängern, nichts andres übrig, als den amerikanischen Pressionen nachzugeben. Am 28. Mai 1901 willigte die knappe Mehrheit – eine Stimme mehr – der seit Anfang November 1900 an einer neuen Verfassung arbeitenden 31 gewählten Delegierten ein, das *Platt-Amendment* als Zusatz in die kubanische Verfassung aufzunehmen, was dann wenige Tage später auch geschah. Nachdem dann am 31. Dezember 1901 Tomás Estrada Palma, der sehr gute Beziehungen zu den USA besaß, zum Präsidenten gewählt worden war – Máximo Gómez, einer der führenden Generale der Unabhängigkeitskriege, hatte eine Kandidatur ausgeschlagen –, endete am 20. Mai 1902 die Militärherrschaft der USA in Kuba.

Damit hatte Kuba zwar formal seine Souveränität erlangt, wurde aber durch das *Platt-Amendment* zu einem Protektorat der USA, und hatte überdies mit dem nach Artikel 7 abgetretenen Stützpunkt Guantánamo die »Schutzmacht« im eigenen Land. Bis 1934 galt das *Platt-*

Amendment und diente den USA zur Rechtfertigung
mehrerer militärischer Interventionen zum »Schutz« Kubas und ihrer eigenen Interessen. In wirtschaftlicher Hinsicht wirkte sich die enge Verbindung mit den USA und
dem in Kuba vermehrt investierten US-amerikanischen
Kapital insofern günstig aus, als die Hauptprodukte der
Insel, Zucker und Tabak, in den USA einen guten Absatz-
markt fanden, wovon die kubanische, kooperationswillige
Oberschicht profitierte. Hinter der Fassade der Zucker-
prosperität jedoch, die auch Abhängigkeit von einer Monokultur bedeutete, bestanden schwere soziale Spannungen, die mit der Unabhängigkeit nicht gelöst waren.

Die besondere Ressource Panamas

Auch **Panama** entstand als neuer Staat mit Hilfe der USA.
Von der neuen Regelung der kolumbianischen Verfassung
von 1886, anstelle der »souveränen Staaten« wieder Departamente mit direkt dem Präsidenten unterstellten Gouverneuren zu errichten, war besonders der Bundesstaat
Panama betroffen. Nun unterstand das Departament wieder direkt der Zentralregierung, die panamenische Armee
wurde abgeschafft und durch zwei kolumbianische Garnisonen ersetzt. Diese sollten die Sicherheit für die seit 1878
vom Erbauer des Suezkanals, Ferdinand de Lesseps, geplanten, mit der kolumbianischen Regierung vertraglich
abgestimmten, seit 1882 begonnenen und von französischen Aktiengesellschaften finanzierten Kanalbauarbeiten
zwischen Colón und Panama-Stadt gewährleisten. Für
wichtige Gruppen der Kreolen in Panama, besonders für
die, die am Waren- und Transitverkehr über den Isthmus
beteiligt waren und von ihm profitierten, bedeutete diese
Regelung einen Eingriff in ihre Interessen.

Schon in der Kolonialzeit hatte die Audiencia Panama

wegen ihrer verkehrsgeographisch günstigen Lage an der
engsten Stelle des mittelamerikanischen Isthmus eine besondere Rolle gespielt: Hier war die günstigste Verkehrs-
verbindung zwischen den beiden Ozeanen; auf einer Stra-
ßenverbindung über den Isthmus erfolgte entsprechend
dem Handelssystem der »Flotten und Galeonen« fast
während der gesamten Kolonialzeit der Warenaustausch
zwischen Spanien und den Gebieten an der Westküste
Südamerikas, also dem wirtschaftlich wichtigen Vizekönigreich Peru. Der nach dem »Freihandelsgesetz« von
1778 etwas rückläufige Transitverkehr hatte nach dem
Ende der Kolonialzeit und besonders im Zuge der West-
ausdehnung der USA und im Gefolge der Goldfunde in
Kalifornien, das im mexikanisch-amerikanischen Krieg
1846–1848 an die USA gefallen war, wieder zugenommen.
Gerade für die USA war eine Verbindung wichtig, mit der
die gefährliche Reise durch den noch nicht vollständig erschlossenen Westen durch das Indianerland vermieden
werden konnte. So hatten sich die USA darum bemüht,
mit Kolumbien bzw. Neu-Granada, zu dem Panama ja
seit 1821 gehörte, ins Benehmen zu kommen und ihre
Transitmöglichkeiten wie auch ihre Präsenz in Panama zu
sichern. Dies gelang im Jahr 1846 im sogenannten Mallari-
no-Bidlack-Vertrag. Dieser Vertrag, der an die Stelle des
alten schon abgelaufenen Freundschafts- und Handelsvertrages von 1824 trat, sah neben dem Fortfall der fünf Prozent Differentialzölle auf Waren nun die Gleichstellung
von US-amerikanischen Waren, Schiffen und Bürgern in
allen Häfen Neu-Granadas sowie freien Transport über
den Isthmus durch Panama vor und gestattete ferner den
USA, auf dem Isthmus durch militärische Interventionen
auch für Ordnung zu sorgen, hatten in Panama doch
schon verschiedene Separationsbewegungen stattgefun-
den. Das Abkommen kam Neu-Granadas Handels- und
vor allem Sicherheitsinteressen angesichts britischer Aktivitäten an der mittelamerikanischen Karibikküste entge-

gen. Langfristig aber hatte das Abkommen auch negative Auswirkungen, indem es die USA ins Land holte. Probleme traten schon bald auf, als ab 1848 mit den Goldfunden in Kalifornien US-Firmen in den Jahren 1850–1855 eine schnelle Eisenbahnverbindung zwischen karibischer Ost- und pazifischer Westküste bauten, der Personen- und Warenverkehr über Land zunahm und es zu Reibereien zwischen US-Bürgern und Einheimischen kam. Die von den Liberalen in Kolumbien eingeleiteten Maßnahmen zur Dezentralisierung, d. h. die mit der Verfassung von 1858 eingeleitete Umgestaltung der Republik Neu-Granada in die »Granadinische Konföderation« und dann in der Verfassung von Rionegro 1863 abgeschlossene Konstituierung als »Vereinigte Staaten von Kolumbien«, kamen den Interessen der Panamenen sehr entgegen. Bezeichnenderweise war einer der entschiedensten Befürworter des föderalistischen Systems der liberale Rechtsgelehrte Justo Arosemena aus Panama, der schon 1853 die Konstituierung Panamas als souveränes Bundesland innerhalb Neu-Granadas mit dem Argument durchgesetzt hatte, dass jedes Bundesland entsprechend seinen jeweiligen Möglichkeiten und Ressourcen selbst wirtschaften und davon profitieren können sollte. Panamas Ressource war seine geographische Lage, für dessen Nutzung, sei es durch die transisthmische Eisenbahn oder durch den Bau eines interozeanischen Kanals, sich wichtige Gruppen der panamenischen Elite Mitspracherecht und finanzielle Beteiligung erhofften.

Interessenkonflikte

Die »Regeneration« in Kolumbien versprach Ordnung und Sicherheit, doch statt die verschiedenen Gruppen von Liberalen und Konservativen zu koordinieren und Regeln des politischen Miteinanders zu entwerfen sowie die Opposition in den politischen Willensbildungsprozess einzubeziehen, führte die Politik der konservativen Regierung immer mehr zu einer ideologischen Polarisierung und Repression gegen die Liberalen. Besonders die rigide Einflussnahme der Zentralregierung bei Departaments- und Kongresswahlen, wobei den Konservativen die ländliche Struktur und die Unterstützung der Kirche zugute kam, grenzte die Liberalen fast vollständig aus und nahm ihnen auch angesichts der eingeschränkten Pressefreiheit die Möglichkeit, über Wahlen politische Macht wiederzugewinnen. Bürgerkriege waren damit geradezu programmiert. Im Jahr 1895 erhoben sich die Liberalen zum ersten Mal gegen die autoritäre Regierung der »Regeneration«. Im Oktober 1899 griffen die Liberalen erneut zum Mittel der Gewalt, um die Hegemonie der Konservativen zu brechen. Aus einem zunächst regionalen Aufstand in Santander entwickelte sich ein blutiger Krieg, der bald das ganze Land ergriff, weil sich in ihm liberale Ansprüche mit einer allgemeinen Unzufriedenheit über den wirtschaftlichen Rückgang verbanden, den Preiseinbrüche beim Kaffeeexport verursacht hatten. Drei Jahre, bis zum Friedensschluss im Oktober 1902, dauerte dieser mit wechselndem Erfolg und zum Teil mit Guerillataktik geführte »Krieg der tausend Tage«, ohne dass die Liberalen, die zeitweise von den liberalen Regierungen Ecuadors und Venezuelas unterstützt wurden, die Hegemonie der Konservativen brechen konnten. Der Krieg kostete nicht nur an die 100 000 Tote und verwüstete das ohnehin wirtschaftlich geschwächte Land. Er absorbierte auch die politischen und militärischen Kräfte, die notwendig gewesen wären, um die drohende Abspaltung Panamas von Kolumbien zu verhindern.

Zu Beginn des Krieges hatten Teile der in Panama stationierten Truppen der kolumbianischen Zentralregierung auf das Festland abgezogen werden müssen und fehlten als Ordnungsmacht für interne Auseinandersetzungen auf dem Isthmus, zumal dort die Liberalen siegreich waren. Den Begehrlichkeiten der USA und den Interessen einer kleinen weißen panamenischen Oberschicht, die zu Beginn des 20. Jahrhunderts (gegenüber ca. 57 % Mischlingen, 14 % Schwarzen und 14 % Indios) nur eine Minderheit von 13 % einer auf ca. 300 000 geschätzten Gesamtbevölkerung ausmachte, in den wichtigen Hafenstädten lebte und am Handel interessiert war, konnte das durch den Krieg geschwächte Kolumbien wenig entgegensetzen. Da die Wirtschaft stark gelitten hatte, war die Regierung auf ausländische Devisen angewiesen. Diese schienen durch die Verhandlungen mit den USA über einen Kanalbau in greifbare Nähe gerückt.

Die Kanalbauinteressen der USA

Die expandierenden USA waren nämlich aus wirtschaftlichen, aber auch aus militärischen Gründen gewillt, nach dem Bankrott der französischen Kanalgesellschaft und dem definitiven Scheitern des französischen Kanalbaus 1892/93 mit der Übernahme der Panama-Konzessionen die Arbeiten am Kanal fortzusetzen, dafür auch eine beträchtliche Summe an die kolumbianische Regierung zu zahlen, allerdings zu ihren Bedingungen. Um im mittelamerikanischen Raum agieren zu können, hatte die US-amerikanische Regierung unter Theodore Roosevelt nach Verhandlungen mit Großbritannien im zweiten Hay-Pauncefote-Vertrag von 1901 erreicht, dass die im Clayton-Bulwer-Vertrag von 1850 festgeschriebene Neutralität der beiden Mächte in Mittelamerika nun zugunsten eines Kanals unter US-amerikanischer Kontrolle aufgehoben wurde. Nach mehreren Monaten harter Verhandlungen kam es in Washington im Januar 1903 zwischen US-Außenminister John Hay und dem Botschaftssekretär Kolumbiens, Tomás Herrán, zum sogenannten Hay-Herrán-Vertrag. Dieser ermächtigte die USA zu Bau und Betrieb eines von ihnen zu finanzierenden Kanals durch Panama; er sah einen zehn Kilometer breiten Landkorridor mit Gerichtsbarkeiten von Kolumbianern und US-Amerikanern vor, wodurch im Grunde die Souveränität Kolumbiens in der Kanalzone ausgehöhlt wurde. Für diese Konzessionen sollte Kolumbien eine einmalige Zahlung von zehn Millionen US-Dollar sowie eine jährliche Summe von 250 000 US-Dollar erhalten, die neun Jahre nach Baubeginn zum ersten Mal zu zahlen war.

Während die USA den Vertrag ratifizierten, gab es in Kolumbien langwierige Diskussionen und ernste Vorbehalte gegen den Verlust der Souveränität in einem Teil des eigenen Landes. Besonders der kolumbianische Senat sah in dem Vertrag eine imperialistische Bedrohung und lehnte im August 1903 die Ratifizierung ab, trieb aber gerade damit die am internationalen Handel interessierten Panamenen in die Arme der USA.

Das Eingreifen der USA

Die Regierung Roosevelt nahm ihrerseits Kontakt zu den separationswilligen Kräften auf. So kam es unter dem militärischen Schutz von US-amerikanischen Kriegsschiffen in den Häfen und mit Hilfe von Angestellten der Eisenbahngesellschaft, die ein Eingreifen kolumbianischer Truppen verhinderten, Anfang November 1903 zur Separation von Kolumbien. Am 3. November berief der Gemeinderat von Panama-Stadt die Bevölkerung zu einer offenen Versammlung für den folgenden Tag ein. Am 4. November erklärte dieser »Offene Cabildo« auf dem Platz vor der Kathedrale die Unabhängigkeit Panamas von Kolumbien und errichtete als provisorische Regierung eine Revoluti-

onsjunta. Schon zwei Tage später, am 6. November, erkannte Präsident Roosevelt, der die Weigerung Kolumbiens als Hindernis für die Zukunft Amerikas bezeichnete, Panama als souveränen Staat an. Nach kurzen Verhandlungen zwischen John Hay und dem Franzosen Philippe Bunau-Varilla, Lesseps' ehemaligem Chefingenieur
mit guten Kontakten zu Washington und Bevollmächtig-
tem der Junta, kam es am 18. November zum sogenannten
Hay-Bunau-Varilla-Vertrag, einer Neuauflage des Kanal-
vertrags, nun allerdings mit für Panama ungünstigeren Bedingungen. Denn der Vertrag erweiterte die Kanaltrasse
nun auf zehn Meilen, gewährte den USA ein Nutzungsrecht auf ewig und räumte ihnen sogar ein weitgehendes
Interventionsrecht zur Aufrechterhaltung der öffentlichen
Ordnung ein. Die unter dem Einfluss der USA entstandene Verfassung vom Februar 1904 weitete im Artikel 136
das Interventionsrecht sogar auf das gesamte Staatsgebiet
aus.

Die ambivalenten Konsequenzen des Panamakanals

Interessendifferenzen zwischen der kolumbianischen Zentralregierung und einer kleinen Gruppe panamenischer
Oberschichtenmitglieder hatte zur Staatsbildung geführt.
Von dieser Staatsbildung und von dem 1914 in Betrieb ge-
nommenen Kanal profitierten jedoch nur kleine Gruppen
in den Hafenstädten; für die Bauarbeiten und spätere Er-
weiterungen stellten die Kanalbehörden keine Panamenen
ein, sondern warben Arbeitskräfte auf den Antillen an;
überdies teilte der Kanal das Land in zwei Hälften und
beschränkte Wachstum und Modernisierung nur auf die
Kanalzone und die Hafenstädte. Die übrige Bevölkerung
war im wahrsten Sinn des Wortes ausgeschlossen. Konflikte zwischen US-Amerikanern und Panamenen wa-

ren die Folge. Für die weitere staatliche Konsolidierung Panamas und die Entwicklung einer Loyalität größerer Bevölkerungsgruppen gegenüber dem eigenen Staat spielte der Kanal eine ambivalente Rolle: Einerseits galten Technik, Wohlstand und Ordnung in der Kanalzone als Vorbild, andererseits provozierten gerade das Ausgeschlossensein der Bevölkerung und die Präsenz einer fremden Macht zunehmende Ablehnung, die allmählich in ein eigenes Bewusstsein umschlug.

Bemühungen um kulturelle Identität

Die innenpolitische Geschichte der unabhängigen Staaten Lateinamerikas im 19. Jahrhundert war von zahlreichen Auseinandersetzungen zwischen einzelnen Führungspersonen, Caudillos oder Parteien bestimmt, ohne dass sich daraus ein sichtbarer Wandel der gesamtgesellschaftlichen Bedingungen ergeben hätte. Ein Charakteristikum dieser Entwicklung war es, dass es lange Zeit keine die Gemeinschaft aller Bewohner verbindende Loyalität gegenüber den jeweiligen Staaten gab, kein Gemeinschaftsbewusstsein der Bewohner des jeweiligen Staatsgebietes, das den Staat zu einem Teil ihres persönlichen Lebens gemacht hätte. Allerdings waren die Leistungen der Staaten bzw. Regierungen zum Entstehen von Loyalität nicht gerade angetan. Denn die oft blutigen Auseinandersetzungen zwischen diesen traditionellen Parteien, getragen von der oligarchischen Oberschicht, drehten sich im Wesentlichen um die Frage der Gestaltung der Regierung und orientierten sich selten an den sozialen Belangen der Gesamtbevölkerung. Sie haben u. a. – im Bereich des ehemaligen spanischen Kolonialreichs – zu einem Hin- und Herpendeln zwischen zivilen Regierungen und Diktaturen geführt. Bei einem solchen Verhalten, das den Staat und seine Aufgaben nicht als etwas Objektives verstand, dem subjektive Interessen unterzuordnen sind, sondern ihn vielmehr als ein Instrument der eigenen Interessenvertretung benutzte, blieben wenig Spielraum, Zeit und Möglichkeit für reformerische Veränderungen zugunsten der Gesamtbevölkerung.

Geschichtsschreibung als sinnstiftendes Medium

Gleichwohl entwickelten sich auch in dieser Auseinandersetzung nationale Sinnstiftungen. Die politischen Führungsschichten verwendeten zur Förderung der Identitätsbildung und Identifizierung mit den jeweils neuen Staaten einen Begriffs- und Symbolapparat sowie eine Rhetorik, wie sie auch in den europäischen Nationalstaaten bekannt waren: Nationale Fahnen, nationale Wappen, Nationalhymnen wurden entworfen; alljährlich wurde der »Tag der Unabhängigkeit« als höchstes Nationalfest gefeiert. Man gedachte der Heroen der »Nation« und ihrer Taten, denen die nationale Unabhängigkeit zu verdanken war. In diesen Dienst der Identitätsbildung stellten sich schon frühzeitig auch Geschichtsschreiber, indem sie ihre Zeitgenossen bzw. die nachwachsende Generation zunächst einmal über die Abläufe der Unabhängigkeit und ihre Ursachen informierten und zugleich mit der Verherrlichung der nationalen Symbole und historischen Persönlichkeiten die nationale Identitätsbildung auf patriotische Tugend stützten und als patriotisches Verhalten die Zustimmung zum neuen Staat einforderten, dessen Legitimität und Notwendigkeit sie immer wieder unterstrichen.

Im 19. Jahrhundert entstanden zahlreiche historische Werke, die zu Standardwerken wurden und zum Teil bis in die Gegenwart weiterwirken und als die großen historischen Erzählungen gelten. Zu diesen Autoren und Werken gehören unter anderen José Manuel Restrepo, *Historia de la revolución de la República de Colombia*, erste Fassung und Ausgabe 1827, zweite und definitive Fassung 1857; Rafael María Baralt y Ramón Díaz, *Resumen de la historia de Venezuela* – ein Band *Desde el descubrimiento de su territorio por los castellanos en el siglo XV, hasta el año de 1797*, 2 Bände *Desde el año de 1797 hasta el de 1830*, erschienen 1841 in Paris; Bartolomé Mitre, *La historia de Belgrano y la independencia argentina*, erschienen zuerst 1857 und in der vierten definitiven Auflage 1887; Bartolomé Mitre, *Historia de San Martín y de la emancipación sudamericana*, 1887–90; Vicente Fidel López, *Historia de la República Argentina. Su orígen, su revolución y su desarrollo político hasta 1852*, 10 Bände 1883–93; Diego Barros Arana, *Historia general de la independencia de Chile*, 1854–58; Diego Barros Arana, *Historia general de Chile*, 1884–1902; Carlos María Bustamante, *Cuadro histórico de la revolución mexicana*, 1823–32; Lucas Alamán, *Historia de México desde los primeros movimientos que preparon su independencia en el año de 1808 hasta la época presente*, 1849–52.

Vaterlandsgeschichte und Patriotismus

Schon ein flüchtiger Blick auf die Titel dieser Werke zeigt, dass es sich bei den Werken um sogenannte *Historia Patria* handelt, konkret um die historische Darstellung der Unabhängigkeitsbewegungen und/oder der politischen Entwicklung in den ersten Jahrzehnten der souverän gewordenen ehemaligen Kolonien. Und eben dieser Kontext der Emanzipation bzw. der Separation erklärt Entstehen, Inhalt, Funktion und wohl auch Form dieser Historiographie. Trotz mancher Unterschiede hinsichtlich der ethnischen Gegebenheiten in den einzelnen Staaten besteht das gemeinsame Merkmal dieser Geschichtsschreibung darin, dass sie von Beginn an eine affirmative politische Ausrichtung besaß, welche die Staatsbildung – und damit die Aktionen der gegen die iberischen Kolonialmächte rebellierenden kreolischen Kolonialbevölkerung – rechtfertigte und die weitere politische und gesellschaftliche Entwicklung, und sei es nur durch die Förderung von Patriotismus und von Loyalität gegenüber den neuen Staaten, mitzugestalten bemüht war. Zwar hatte unter den Kreolen, die gegen die Mutterländer agierten, ein gewisses Eigenbewusstsein und ein Gefühl der Zusammengehörigkeit bestanden, aber das war situationsbedingt nach außen gerichtet gewesen und hatte keine nach innen gerichtete Komponente enthalten. Vor allem hatte das Eigenbewusstsein noch keinen kulturell oder ethnisch angereicherten Nukleus enthalten, der die Besonderheit und Identität bestimmt hätte. Einerseits war das politische Merkmal der staatlichen Zugehörigkeit, wie es durch den Bürgertitel, *ciudadano*, formuliert wurde, in der Zeit der politischen Abnabelung von den Mutterländern notwendig und sinnvoll gewesen, andererseits war die kulturelle Heterogenität bewusst nicht thematisiert, also die Vielfalt nicht akzeptiert worden, um den sozialen Status der Weißen nicht zu gefährden. Doch sahen die politischen Eliten schon bald, dass ein über das rein politische, häufig ja auch gar nicht für die Mehrheit der Bevölkerung geltende Merkmal des Staatsbürgers hinausgehender Identitätsnukleus erforderlich war. Diesen bemühten sich die politischen Führungsgruppen zunächst durch die Identifizierung mit der nationalen Geschichte aufzubauen.

Einige der Autoren solcher nationalen Erzählungen hatten an den Unabhängigkeitskriegen teilgenommen. Ihre Erinnerungsarbeit als Zeitzeugen versuchten sie ebenso wie die später geborenen Autoren auch wegen einer möglichst großen Authentizität dadurch zu objektivieren, dass sie in ihre Texte eine Vielzahl von Dokumenten einfügten, nicht nur als Belege, sondern auch als für sich oder die Hauptakteure sprechende Dokumente, hinter die sie zurücktreten konnten, um angeblich dem Leser die Interpretation dieser Texte zu überlassen. Alamán argumentierte so, und viele Autoren begründeten in ähnlicher Weise die ausführliche Dokumentation.

Die Qualifikation der Autoren leitete sich zum einen aus der Tatsache ab, dass sie Zeitzeugen waren, zum anderen daraus, dass sie Zugang zu den wichtigsten Dokumenten der Ereignisse während und nach der Unabhängigkeit hatten. Beide Aspekte aber kennzeichnen die Autoren als Angehörige der gesellschaftlich herrschenden Schicht der Kreolen während und nach der Unabhängigkeit. Sie waren von Haus aus keine professionellen Historiker, sondern Angehörige der politischen Oberschicht, die sich geschichtsschreibend betätigten. Als Mitglieder dieser Schicht, meist als studierte Juristen, die in politischen Ämtern auf verschiedenen Ebenen als Minister, Diplomaten oder Abgeordnete, im Falle Mitres sogar als Staatspräsident dienten, hatten sie Teil am politischen Diskurs ihrer Regierungen und Gesellschaften und an den Überlegungen über die zukünftigen Entwicklungsperspektiven ihrer Länder. Geschichtsschreibung war also ein durchaus politisches Unterfangen, mit weitreichenden Folgen für die Themenauswahl und die Darstellungsform.

Ziel der Autoren war es nicht nur, die nachwachsenden Generationen über die Vorgänge der Unabhängigkeit zu informieren, sondern auch die Unabhängigkeit und die neue Souveränität zu rechtfertigen, was ja in vielen Fällen hieß, das eigene Handeln oder dasjenige von Familienmitgliedern zu rechtfertigen. Deshalb lag es auch nahe, vorzugsweise diesen Ausschnitt der Vergangenheit zu betrachten, hatte sich doch in den Kämpfen um die Souveränität die Handlungsfähigkeit oder – um im Bild der damaligen Zeit zu bleiben – das Erwachsensein der Kreolen gezeigt. Und da es auch um Identitätsbildung, um die Identifizie-

rung mit dem Ergebnis des Handelns der Kreolen, also mit
den neuen Staaten ging, bot sich eben diese glorreiche Zeit
als zentraler Bezugspunkt an. Sich auf die Spanier oder
Portugiesen und deren Kultur zu beziehen war schlechterdings nicht möglich, da die Kreolen mit der Souveränität
ja gerade die Überwindung des Kolonialstatus angestrebt
hatten.

Identität und Heroenkult

So blieben aus mehreren Gründen die jeweiligen Unabhängigkeitskriege und die Taten der Helden, denen sich
die Unabhängigkeit verdankte, als Kern einer eigenen
Identität oder als Anknüpfungspunkt für Patriotismus,
wobei die Autoren in den einzelnen Ländern je nach politischer Couleur auch unterschiedliche Akzente setzten.
Da damals der Gegenstand Geschichte vor allem als eine
Sammlung von heroischen Beispielen und Vorbildern verstanden wurde, leuchtet die Auswahl der Unabhängigkeitszeit durchaus ein. Denn vorbildhafte Persönlichkeiten, Beispiele von Vaterlandsliebe und Opferbereitschaft
waren eben vorwiegend in der Zeit der Unabhängigkeitsbewegung zu finden.

Von diesem Tatbestand sind die Zeitzeugen-Autoren
bei der Konzipierung ihrer Werke ausgegangen, denn bis
auf einige wenige Fälle konzentriert sich die historische
Darstellung auf die Epoche der Unabhängigkeitskämpfe
und einige Jahrzehnte zuvor, als mit den Bourbonischen
Reformen in Spanischamerika und mit den Pombalinischen Reformen in Brasilien seit der Mitte des 18. Jahrhunderts die Ressentiments der Amerikaner, der Kreolen,
gegenüber den Europa-Spaniern oder Europa-Portugiesen
zunahmen. Allenfalls werden Entdeckung oder Conquista, der Beginn der Kolonialherrschaft bzw. die Ankunft
der Vorfahren der Kreolen thematisiert, ausgespart blei-

ben zweihundert Jahre Kolonialherrschaft und die Entwicklung während dieser Zeit. Zum einen beschränken so
die Autoren die Vergangenheit bzw. die Vorgeschichte auf
die Zeit der Unabhängigkeit, zum anderen reduzieren sie
die handelnden Personen auf einige herausragende Persönlichkeiten, bisweilen sogar nur auf eine Person und lassen auf diese Weise die allgemeine Geschichte sich in der
Geschichte einiger Personen oder einer einzigen Person
widerspiegeln. Sie rückten die Ereignisse der Unabhängigkeitsbewegung in einen Erzählzusammenhang und versuchten so, historische Geschehensabläufe sinnhaft zu
konstruieren. Restrepo, der seine *Historia de la revolución
de la República de Colombia* dem Befreier und Präsidenten Kolumbiens, Simón Bolívar, gewidmet hatte, stellt in
der *Introducción* sein diesbezügliches Konzept als die
Darstellung eines dramatischen Handlungsstrangs vor.
Ein extremes Beispiel dafür, wie die nationale Geschichte
in der Biographie einer einzelnen Figur komprimiert wurde, wie eine Analogie zwischen dem Leben einer Person
und der Entwicklung der gesamten Nation hergestellt
wurde, ist die *Historia de Belgrano y la independencia argentina* von Bartolomé Mitre.

Gesinnungsbildung statt Aufklärung

Die historischen Gegebenheiten, die inhaltlichen Komponenten der Darstellungen und die soziokulturelle Ver-
ankerung der Autoren prägten auch den historischen
Diskurs. Dieser war weitgehend durch eine lineare Anordnung der Ereignisse, eine Porträtierung von helden-
haften Personen und eine sequentielle Strukturierung der
Geschichte in dramatische Handlungsstränge gekennzeichnet und begünstigte so die Darstellungsform der
chronologischen Erzählung und ihrer Sonderform der

Biographie. Es war ja auch unbestreitbar für die Autoren ohne geschichtswissenschaftliche Ausbildung einfacher, Erzählungen/Biographien mit einem chronologischen Aufbau und mit der Aufzählung von militärischen Ereignissen, staatlichen Unternehmungen oder Regierungen zu schreiben, an denen sie selbst oder Familienmitglieder beteiligt gewesen waren, als ein komplexes sozial- und wirtschaftsgeschichtliches Thema zu behandeln. Im Übrigen entsprach diese Art der Darstellung auch einer personenzentrierten Betrachtung von Gesellschaft und Geschichte sowie der bisherigen Tradition einer literarischen Beschäftigung mit Geschichte, wie sie auch in Europa noch galt.

Jedoch stellte die narrative chronologische Darstellung der Ereignisse, oft um individuelle Lebensläufe gruppiert, keine nationale Geschichte dar, welche die Autoren darzustellen vorgaben. Denn im Grunde schrieben sie nur eine partielle Geschichte, nicht nur hinsichtlich einzelner Personen, sondern hinsichtlich der Gesamtgesellschaft. Was nämlich die Autoren erzählten, machte nur einen Aspekt des jeweiligen nationalen Geschichtsprozesses aus: die Geschichte der politisch und sozial herrschenden Oberschicht. Damit korrespondierte auch, dass in den Geschichtswerken die Masse der Bevölkerung eigentlich gar nicht präsent war. In dem Maße, wie die Kreolen und ihre Nachkommen, also die Elite, zu der die Autoren gehörten, als die wahren Träger des nationalen Entwicklungsprozesses erschienen, wurden die unteren Bevölkerungsschichten nicht als aktiv Handelnde einbezogen, allenfalls fanden sie als Objekte einer Politik der Eliten Erwähnung. Das zeigte sich sehr deutlich in der Art, wie zum Beispiel Restrepo die Fähigkeiten der Kreolen und auf der anderen Seite die Dummheit der Massen betonte, oder Mitre den indianischen und mestizischen Bevölkerungsteilen jedwede Entwicklungsfähigkeit absprach. Im Grunde stellt die Geschichtsschreibung im 19. Jahrhundert in Lateinamerika nicht mehr dar als die Apologie der Vorkämpfer der Unabhängigkeit, der *próceres*, und ihrer Nachkommen und damit auch des eigenen Aufstiegs seit der Unabhängigkeit.

Diese Art der patriotischen Geschichtsschreibung schuf durch die Glorifizierung der Unabhängigkeitsbewegungen und der heroischen Gründerfiguren der einzelnen Nationen, wie Bolívar, Belgrano, San Martín, O'Higgins, Hidalgo und Morelos für die neuen Staaten neue, große Traditionen und für die Identität geeignete Bezugsgrößen. Sie wirkte politisch affirmativ und beabsichtigte das auch. Sie enthielt aber auch implizite Deformationseffekte, indem sie letztlich zu einem übersteigerten Heroenkult und zu einer Mythisierung der Zeit der Unabhängigkeit beitrug. Die personenbezogene, heroisierende und damit moralisierende Vergangenheitsdarstellung ließ die politisch führenden Schichten ein elitäres Geschichts- und Gesellschaftsverständnis äußern, das politische Führungsqualitäten und aktive politische Verantwortung eigentlich nur bei den bisherigen politischen Machthabern wirken sah. Das hieß für die anderen Bevölkerungsgruppen, dass sie die Autorität der Regierungen unhinterfragt zu akzeptieren hatten. Die Historiographie des 19. Jahrhunderts hat mit die Grundlage dafür gelegt, dass die nachfolgende Beschäftigung mit Geschichte eher im Sinne von vorwissenschaftlicher Tradition und Erinnerungspflege und nicht im Sinne einer kritischen Erklärung komplexer Zusammenhänge erfolgte. Manche dieser Texte sind geradezu zu Gründungstexten geworden und haben durch ständige Wiederverwendung und Wiederholung in anderen Büchern zur Mythenbildung beigetragen. Erst Ende des 20. Jahrhunderts entstand eine kritische Historiographie, welche die im 19. Jahrhundert entstandenen Mythen aufbrach.

Die Bedeutung dieser nationalen Aktivitäten für die Konsolidierung der Staatsbildungsprozesse im 19. Jahrhundert ist nicht zu übersehen. Sie haben die herrschenden Gruppen trotz ihrer politischen Auseinandersetzungen zu mobilisieren und zu integrieren vermocht, so dass die Staaten trotz teilweiser exzessiver Anwendung des föderalistischen Prinzips (Argentinien, Kolumbien, Venezuela) nicht auseinanderfielen, sondern in zunehmendem Maße eine politische und gewollte Einheit bildeten. Nur Panama löste sich 1903 unter dem Einfluss der USA von Kolumbien.

Das Bemühen um kulturelle Eigenständigkeit

Allerdings stellten Ende des 19. und zu Beginn des 20. Jahrhunderts Intellektuelle, Schriftsteller, Philosophen und Politiker fest, dass die bisherige Praxis, sich vor allem an Frankreich und England politisch und kulturell zu orientieren und europäischen Ideen wie z. B. Utilitarismus und Positivismus als Modellvorgaben zu folgen, für die Entwicklung der lateinamerikanischen Gesellschaften keineswegs förderlich gewesen war, vielmehr die Integration der westlich-europäisch orientierten Oberschichten und der übrigen indianischen oder mestizisierten Bevölkerungsgruppen erschwert und insgesamt zu kultureller Abhängigkeit geführt hatte. Wirtschaftliche Stagnation, aber auch die seit den 1890er Jahren immer deutlicher sichtbar werdende US-amerikanische Politik der Intervention in die inneren Angelegenheiten lateinamerikanischer Staaten ließen Lateinamerikaner Forderungen nach einer grundlegenden geistig-kulturellen Erneuerung als Voraussetzung für eine eigenständige Entwicklung und Selbständigkeit gegenüber dem Anspruch der angelsächsischen Völker stellen. In zahlreichen Staaten Lateinamerikas setzte ein Wandel hinsichtlich der bisherigen rigorosen Ablehnung eigener kultureller Werte und Eigenheiten ihrer Bevölkerung sowie der gleichzeitigen Überbewertung europäischer, nicht-spanischer und nicht-portugiesischer Kultur ein.

Die Wiederentdeckung des Autochthonen

Einerseits fand eine gewisse Rückbesinnung auf das iberische, ja sogar auf das indianische Erbe statt, indem Autoren die gesellschaftliche Wirklichkeit ihrer Staaten unter Einbeziehung der ethnischen Heterogenität und der bisherigen Geschichte diskutierten. Schon im letzten Drittel des 19. Jahrhunderts hatten sich in verschiedenen Ländern Autoren in literarischer Weise der autochthonen Bevölkerung in positiver, nicht mehr abwertender Beurteilung zugewandt: So verklärte der Uruguayer Juan Zorilla de San Martín in seinem Epos *Tabaré* (1888) das indigene Element; der Argentinier Lucio Victorio Mansilla gab in seinem Bericht »Exkursion zu den Ranqueles«, *Excursión a los indios ranqueles* (1870), ein differenziertes Bild der Lebensgewohnheiten und Sitten eben jener Ranqueles in der Pampa, die Jahre später brutal vertrieben wurden. Selbst in Brasilien erschienen Werke, in denen über die Darstellung von Indianerkämpfen in grauer Vorzeit der Mythos von der indianischen Ursprünglichkeit, als Bestandteil einer *brasilianidade*, ausgebreitet wurde, so in dem Epos *Os Timbirais* von Antônio Gonçalvez Dias (1860) oder in dem Feuilletonroman *O Guarani* von José Martiniano de Alencars (1857), oder in dessen Epen *Iracema* (1865) und *Ubijara* (1874). In vielen Staaten mit hohem Anteil an Indio-Bevölkerung entwickelte sich geradezu ein literarischer Indigenismus, die Beschäftigung mit der erbärmlichen Situation der Indios, wie z. B. in Peru durch das Werk *Vögel ohne Nest*, *Aves sin nido* (1889), der aus Cuzco stammenden Schriftstellerin Clorinda Matto de Turner. Einige Autoren hoben ganz allgemein die Bedeutung vor allem des Hinterlandes, d. h. der von Europa abgewandten Landesteile wie der Pampa in Argentinien oder des Sertão in Brasilien, für die nationale Entwicklung hervor, indem sie wie der Argentinier José Hernández in seinem Epos *El Gaucho* (1872) oder der Brasilianer Euclides da Cunha in seinem Essayband *Os Sertões* (1902) in einem Gemisch aus Ablehnung und Bewunderung die Gauchos bzw. die Mischlingsbevölkerung des Sertão, die *Sertanejos*, als wesentlichen Bestandteil der Gesellschaft und der nationalen Identität darstellten.

Die Zurückweisung der angelsächsischen Rasse

Andererseits versuchten Autoren, zur Schaffung eines die Völker Lateinamerikas umfassenden Bewusstseins sich gegenüber den USA und überhaupt der angloamerikanischen Rasse, gegenüber dem materialistischen und utilitaristischen Norden (USA und Nordeuropa) abzugrenzen. Intellektuelle und Literaten wie José Martí aus Kuba, Rubén Darío aus Nicaragua, José Enrique Rodó aus Uruguay beschrieben und analysierten die Entwicklung in ihren »Nationen« bzw. deren Defizite und wiesen dabei auf die negativen Einflüsse Europas oder der USA hin. Den Tenor ihrer Vorstellungen brachte schon im ausgehenden 19. Jahrhundert der Kubaner José Martí in der Situation der amerikanischen Expansion in seinem berühmten Essay *Nuestra América* aus dem Jahr 1891 auf den Punkt. So wie es später, 1900, Rodó in seinem Essay *Ariel* tat, kritisierte Martí die bisherige unreflektierte Orientierung an Europa und den USA, wie sie sich ihm in der Übernahme von politischen Vorstellungen und Rechtssystemen, ja auch den Inhalten des Geschichtsunterrichts darstellte, und forderte die Amerikaner auf, sich auf ihre Eigenheiten, ihre eigenen Kulturen und ihre Geschichte zu besinnen und schöpferisch zu sein. Nicht die so oft zitierte Opposition zwischen Zivilisation und Barbarei, den Gegensatz zwischen Stadt und Land, hob er als Kennzeichen der lateinamerikanischen Situation hervor, sondern den Kampf zwischen importiertem Gedankengut und den nicht erforschten und berücksichtigten Gegebenheiten Lateinamerikas, zwischen »falscher Gelehrsamkeit und der Natur«. Martí machte die ungeprüfte Übernahme fremder Modelle für die fehlende Entwicklung Lateinamerikas verantwortlich.

Die Idee der Rassenverschmelzung

Statt der Orientierung an Europa hoben Autoren dieser Zeit wie z. B. der Argentinier Leopoldo Lugones in seinen 22 Erzählungen des Bandes *La Guerra Gaucha* (1905) die Bedeutung der autochthonen Kulturen hervor. In Staaten mit überwiegendem indianischen Bevölkerungsanteil betonten sie die Bedeutung der indianischen bzw. nicht-weißen Bevölkerungteile für die neuen zu bildenden Nationen. Sie versuchten, indem sie das europäische und das indianisch-afrikanische Erbe berücksichtigten, für die innergesellschaftliche Entwicklung eine handlungsorientierende Identität zu entwerfen, die von dem bisherigen Konzept des Entweder-oder abließ und ein Sowohl-als-auch akzeptierte. Sie bemühten sich um die Konstruktion einer neuen nationalen Identität, die sie vor allem in der Verschmelzung der verschiedenen Rassen, in der *mestizaje*, sahen.

Ziel dieser Überlegungen war vor allem die Integration der bisher marginalisierten Indios in die herrschende, nach europäischen Werten ausgerichtete Gesellschaft. Die Methode dieser Integration war ein gelenkter Kulturwandel, der die Marginalisierten endlich zu Mitgliedern der einzelnen Nationen machen sollte. Weitreichende Konsequenzen hat dieser Identitätsentwurf von Intellektuellen und Literaten für die innergesellschaftliche Entwicklung nur bedingt gehabt. Mit der Betonung autochthoner Aspekte hat er ohne Zweifel den indianischen, afroamerikanischen und mestizischen Bevölkerungsgruppen neue und bessere Möglichkeiten der Identifikation mit ihren Gesellschaften geboten und hat auch das Entstehen des Indigenismus – einer politischen Bewegung zur Verbesserung der Lebensbedingungen der Indios – gefördert. Zwar hat er insgesamt das Augenmerk auf die Integrationsproblematik der lateinamerikanischen Gesellschaften gelenkt; ein neues, die unterschiedlichen Gesellschaftsschichten und Ethnien verbindendes Identitätsbewusstsein jedoch, das die Unfähigkeit der herrschenden Gruppen, auch die Randgruppen einzugliedern, überwunden hätte, ist aus ihm nicht entstanden. Das Problem, auch für Intellektuelle und Literaten, bestand darin, dass in den lateinamerikanischen Staaten eine Einheit von Gesellschaft und Kultur propagiert wurde und man von einem vereinheitlichten kulturellen Raum ausging. Die vorgefundene kulturelle Verschiedenheit erschien als ein Negativum, das es ebenso wie angeblich entwicklungshemmende traditionelle Relikte zu überwinden galt. Gemäß dem für verbindlich gehaltenen Fusionsmodell nationaler Identität und einer fortschrittsoptimistischen Modernisierungsthese der allmählichen Nivellierung religiöser, ethnischer und sozialer Unterschiede praktizierte man das Modell einer Gesellschaft, nach dem ethnische und kulturelle »Minderheiten« sich gewissermaßen um eine kulturell definierte homogene Mehrheit herumgruppieren, sich zumindest partiell assimilieren sollten.

Die zögerliche Rezeption sozialistischer Vorstellungen

Im 19. Jahrhundert dominierten die Vorstellungen des politischen und ökonomischen Liberalismus. Mit seiner Hilfe hatten politische Führer aus Ober- und Mittelschicht, Zivilisten und Militärs, unterstützt von mehr oder weniger heterogenen städtischen Bevölkerungsgruppen, die hergebrachte Ordnung ins Wanken und halbwegs formal funktionierende parlamentarische Systeme auf den Weg gebracht, dabei gleichzeitig jedoch eine neue Oligarchenherrschaft und wirtschaftliche Abhängigkeit geschaffen.

Bisweilen meldeten sich auch erste Vertreter des Sozialismus, von den Vorgängen der 1848er-Revolution in Europa beeinflusst, zu Wort, ohne allerdings das liberale System radikal in Frage zu stellen, d. h. den Freihandel zu beseitigen und durch die Überwindung der wirtschaftlichen Abhängigkeit den Lebensstandard ihrer Länder anzuheben. Wenn sie sozialistische Vorstellungen formulierten, dann stützten sie sich auf Programme des europäischen utopischen Sozialismus. Sie kämpften vor allem um politische Beteiligung am System, nicht um dessen Veränderung. Vorherrschend war die Idee der Gleichheit im Sinne einer hauptsächlich politisch verstandenen Bürgerlichkeit, die im extremsten Fall die soziale Gleichheit aus der Sicht von Kleineigentümern einschloss, wie es in der Mitte des Jahrhunderts z. B. bei den Gesellschaften der Handwerker und den Demokratischen Gesellschaften in Kolumbien oder bei der Gesellschaft der Gleichheit in Chile zu beobachten war. Die Lebensumstände der benachteiligten Schichten zu verbessern war auch das Ziel von eher unpolitischen Genossenschaften zur gegenseitigen Hilfe, *Sociedades mutualistas*, in Zentralamerika und Argentinien.

Gegen Ende des 19. Jahrhunderts machten sich dann die ersten sozialistischen Strömungen bemerkbar. Die Gründung der Zweiten Internationale im Juli 1889 in Paris führte in einigen Ländern wie z. B. Argentinien, Brasilien, Chile, Mexiko und Uruguay, wo sich im Gefolge der Exportwirtschaft erste Industrialisierungsansätze zeigten und demzufolge ein Proletariat entstand, zur Gründung meist kurzlebiger sozialistischer Parteien.

Es formierten sich auch Arbeiterbewegungen, die, wie z. B. in Argentinien und Brasilien, Impulse aus dem internationalen ideologischen Prozess erhielten, durch europäische Einwanderer besonders aus den romanischen Ländern seit den 1870er und 1880er Jahren beeinflusst, in erster Linie wichtige Bestandteile des kollektivistisch-kommunistischen Anarchismus und des Anarchosyndikalismus rezipierten, sich entsprechend organisierten und ihre Ziele formulierten: Ablehnung der politischen Tätigkeit und der politischen Organisation der Arbeiter; Feindschaft gegen den Staat an sich als Wurzel allen Übels; direkte Aktion wie Generalstreiks gegen die Unternehmer, Arbeitgeber und den Staat; die Bildung von Gewerkschaften als einziger und ausreichender organisatorischen Grundlage für eine künftige klassen- und staatenlose Kollektivordnung.

Der Einfluss von Anarchismus und Anarchosyndikalismus reichte bis weit ins 20. Jahrhundert und dominierte die sozialistischen Vorstellungen; die Rezeption marxistischer Ideen war dagegen im 19. Jahrhundert sehr begrenzt, partiell und fragmentarisch, hauptsächlich auf Intellektuelle beschränkt. Erst mit dem Sieg der sozialistischen Oktoberrevolution von 1917 in Russland trat die Rezeption des Sozialismus in Lateinamerika in eine neue Phase. Im Kontext der Dritten Internationale von 1919 begannen sich in denjenigen Ländern Lateinamerikas kommunistische Parteien zu formieren, in denen man überhaupt von einer organisierten Industriearbeiterschaft sprechen konnte. Der Einfluss von Anarchismus und Anarchosyndikalismus ging zurück, hatte sich 1930 endgültig überlebt.

Die besonderen Vorbedingungen, speziell die fehlende Industrialisierung, erklären die zögerliche Rezeption des Sozialismus im 19. Jahrhundert. Immerhin begann unter dem Eindruck der nur partiellen Modernisierung seit der Mitte des Jahrhunderts und des wachsenden Autoritarismus in dessen letztem Drittel bei Intellektuellen und Arbeitern ein Prozess der Bewusstwerdung. Doch waren bis weit in das 20. Jahrhundert hinein die Arbeiterbewegungen weder in der Lage, ihre Interessen aus eigener Kraft zu vertreten, noch verfügten sie über sympathisierende Bündnispartner innerhalb der führenden gesellschaftlichen Schichten. Der elitäre Charakter des politischen Systems ließ das nicht zu.

Mit dem Ende des 19. und dem Beginn des 20. Jahrhunderts kann der Prozess der Staatsbildung bzw. der politischen Konsolidierung der lateinamerikanischen Staaten als abgeschlossen gelten. Alle Staaten besaßen einen ausgesprochen oligarchischen, nicht-demokratischen und nicht-partizipatorischen Charakter, ungeachtet der Tatsache, dass sie auf Verfassungen beruhten, die sich an europäischen Modellen, vor allem aber am US-amerikanischen Vorbild des Präsidialsystems orientierten. Verfassungsrechtliche Einschränkungen des Wahlrechts, die Kontrolle und Manipulation der Wahlen durch die Regierung sowie die verbreiteten Praktiken politischer Patronage und klientelistischer Einbindung breiter Bevölkerungsschichten verhinderten nämlich eine Demokratisierung. Ob in Form einer faktischen Diktatur wie im porfiristischen Mexiko, eines autoritären Regimes wie in Venezuela oder eines stärker parlamentarisch abgestützten Regimes wie im südlichen Südamerika (Argentinien, Brasilien, Chile), die politische Herrschaft lag überall in der Hand einer kleinen, wirtschaftlich und gesellschaftlich dominierenden Schicht, der »Oligarchie«. Der elitäre, sozial exklusive Charakter der lateinamerikanischen Regierungssysteme

am Ende des 19. Jahrhunderts war die Folge einer oligarchischen Machtverteilung in Wirtschaft und Gesellschaft, in denen neben der traditionellen Oberschicht der
Großgrundbesitzer und Bergbauunternehmer die Expo-
nenten der Großhändler, des Bankwesens und – in Ansätzen – der in Entstehung begriffenen Industrieunterneh-
merschaft dominierten. Auch die Staaten, die mit Hilfe
der USA ihre Selbständigkeit erlangt hatten, waren oligar-
chisch strukturiert; sie mussten zusätzlich mit dem Interventionsrecht der USA leben, waren für lange Jahre praktisch Protektorate der USA.

Auch am Ende des 19. Jahrhunderts hatten sich Nationalstaaten im Sinne von politischer und ökonomischer
Partizipation oder gar sozialer Integration noch nicht herausgebildet, obwohl in den einzelnen Ländern – zeitlich
verschoben – insbesondere liberale Gruppen versucht hatten, nationale Entwicklung in wirtschaftlicher und sozialer Hinsicht in Gang zu bringen, insgesamt Modernisierung voranzutreiben, und obwohl die politischen Führungsschichten sich bemühten, eine kollektive Identität
und ein Bewusstsein von einer Zusammengehörigkeit zu
konstruieren. Weil Partizipation und Integration nur auf
einen kleinen Teil der Bevölkerung beschränkt blieben,
konnte ein kollektives Bewusstsein in diesen exklusiven
Gesellschaften nicht entstehen.

Von Staaten zu Nationen:
Die Epoche ökonomisch-sozialen Wandels

(1900–1990)

Epochenüberblick

Waren im 19. Jahrhundert die politischen Eliten der Oberschicht noch damit beschäftigt gewesen, den territorialen Bestand ihrer Staaten zu sichern, erste Modernisierungsimpulse zu setzen und ihre Staaten politisch zu konsolidieren, so erweiterte sich im 20. Jahrhundert, bedingt durch die zunehmende gesellschaftliche Differenzierung, nicht nur der Kreis der Akteure, sondern zu den wirtschaftlichen Entwicklungsbestrebungen kam auch die soziale Dimension hinzu. Um die bisherige einseitig auf den Agrar- und Rohstoffexport ausgerichtete Wirtschaft zu überwinden und ein eigenständiges Wachstum einzuleiten, begannen mit dem Eintritt ins 20. Jahrhundert die Eliten in den meisten lateinamerikanischen Ländern damit, die bisherige Wirtschaftspolitik zu modifizieren und entschiedener die Industrialisierung voranzutreiben. Sie machten sich dabei die Krisen des internationalen Wirtschaftssystems bzw. die durch die beiden Weltkriege sowie die Weltwirtschaftskrise von 1929 sich ergebenden Lockerungen der Handelsbeziehungen zu den Industrienationen, konkret den Rückgang der Importe von Fertigwaren und Industrieprodukten zunutze, auf deren Einfuhr sie bislang angewiesen waren. Statt diese zu importieren, richtete sich die neue und dann das ganze Jahrhundert praktizierte Wirtschaftspolitik darauf, zunächst die Importe von Konsumgütern und später in einigen Fällen wie z. B. Brasilien auch die Kapitalgüter zu ersetzen. Mit diesem Prozess der Industrialisierung als Importsubstitution und der damit verbundenen Ausweitung des nationalen Binnenmarktes begann für die meisten lateinamerikanischen Staaten der sogenannte »Entwicklung nach innen«, *desarrollo hacia adentro*. Damit begann die erste Phase der Industrialisierungspolitik, die gezwungenermaßen auf Importsubstitution setzte. Nach dem Zweiten Weltkrieg propagierten Entwicklungstheoretiker erneut Industrialisierung über den Weg der Importsubstitution als geeigneten Prozess, die immer noch sichtbare Unterentwicklung in den meisten Staaten Lateinamerikas zu überwinden. Die 1950er, 1960er und 1970er Jahre bilden die zweite Phase der Industrialisierungspolitik.

Tatsächlich hatten die Industrialisierungsbemühungen in vielen Fällen Erfolg, wenn denn dieser Erfolg in bloßen Wachstums-, Produktivitätszahlen oder Prozentanteilen an der Gesamtwirtschaft im Vergleich zu anderen Wirtschaftssektoren wie der zumeist dominierenden Landwirtschaft gemessen wird. Werden aber auch die mit dem Industrialisierungsprozess eingetretene Auslandsverschuldung, die den Aufbau von Industrieanlagen erst ermöglichte, oder die Abhängigkeit vom technischen Know-how oder maschineller Grundausstattung aus den Industrienationen mit berücksichtigt, dann trübt sich die Erfolgsbilanz. Zudem brachte die Industrialisierung auch Probleme mit sich, die zu den bislang ungelösten gesellschaftlichen Problemen der lateinamerikanischen Staaten, wie besonders der Bodenbesitzkonzentration auf dem Land bzw. einer ungleichen Verteilung der ökonomischen Ressourcen und eines ungleichen Zugangs zur politischen Mitentscheidung, hinzukamen. Neue Interessengruppen und Organisationen entstanden – wie z. B. Parteien und Gewerkschaften oder, besonders in der zweiten Hälfte des Jahrhunderts, professionalisierte Militärs –, traten in Konkurrenz zu den bisherigen oligarchischen Gruppen und kämpften um den Zugang zur Macht. Insgesamt sahen sich die lateinamerikanischen Gesellschaften mit den Herausforderungen des sozialen Wandels, mit der sozialen Frage konfrontiert.

Die Antworten darauf waren nicht nur von Land zu Land verschieden, sie unterschieden sich entsprechend den jeweiligen Akteuren auch hinsichtlich ihrer Ziele und Maßnahmen. Im Verlauf des Jahrhunderts versuchten in einigen Ländern wie Mexiko, Bolivien, Kuba und Nicaragua Allianzen meist aus Ober-/Mittelschichtsoppositionellen und ländlicher Bevölkerung sowie Arbeiterbewegungen mit Revolutionen als notwendig erachtete Veränderungen im politischen und sozialen Bereich durchzusetzen. Da diese Revolutionen mehr waren als bloße Putsche oder gewaltsame Regierungsübernahmen und auch soziale Komponenten mit z. T. längerfristiger Wirkung enthielten, werden sie als soziale Revolutionen bezeichnet. In anderen Ländern griffen angesichts schwacher Staaten, die den Gruppeninteressen nicht als Ordnungsmacht entgegentreten konnten und wirtschaftliche und soziale Probleme, auch solche der revolutionären Gewalt in Gestalt der Guerilla, nicht in den Griff bekamen, die Militärs als neue Akteure ein. Neuartig insofern, als sie sich nicht mehr nur für die Verteidigung des Landes zuständig fühlten, sondern sich durch die Professionalisierung und Erweiterung ihrer Ausbildung in neuen Fächern wie Soziologie und Ökonomie auch in Entwicklungsfragen für kompetent hielten. Zur Durchsetzung ihrer Ziele errichteten sie Militärdiktaturen, die demokratische Spielregeln außer Kraft setzten. Dabei war die Vorstellung, was unter Entwicklung zu verstehen war, keineswegs einheitlich. Militärdiktaturen mit sozialreformerischen Zielen (Peru, Ecuador) standen solche mit vornehmlich ökonomisch ausgerichteten Zielen und Maßnahmen gegenüber (Brasilien, Uruguay, Chile, Argentinien). Als neue Akteure im Zusammenhang mit der sozialen Frage, aber auch mit den Menschenrechtsverlet-

zungen besonders in den Diktaturen traten in der zweiten
Hälfte des Jahrhunderts Teile der katholischen Kirche auf.
Diese selbst wandelte sich von einer Stütze des bisherigen
sozialen Status quo zu einem Träger von Veränderung,
change agent, der oft Oppositionsfunktionen wahrnahm.
In allen Staaten spielten die Interventionen der USA eine
mehr oder weniger wichtige Rolle.

Dieses Kapitel zeichnet zunächst die Grundzüge der Industrialisierung in den beiden Phasen der Importsubstitution, ihre Erfolge und ihre Probleme nach und beschreibt
den wechselvollen und oft schmerzhaften Prozess der
Antworten lateinamerikanischer Gesellschaften auf die
Herausforderungen des sozialen Wandels. Es ist nicht
chronologisch beschreibend, sondern systematisierend angelegt. Denn angesichts der immer differenzierter werdenden historischen Entwicklung der einzelnen Staaten ist es
nicht möglich, auf alle Staaten jeweils detailliert einzugehen. So zeigt dieses Kapitel systematisierend bestimmte
Charakteristika der lateinamerikanischen Geschichte im
20. Jahrhundert auf dem Weg zu Nationalstaaten auf und
konkretisiert sie an einzelnen Beispielfällen.

Die Epoche des Wandels und ihre Probleme

1890–1928	Die USA beginnen in **Zentralamerika** und in der Ka- ribik mit dem Ausbau von Handelsbeziehungen und »Dollar-Imperialismus«. Als Schutz vor Interventio- nen von außen kommt der Gedanke des »Panameri- kanismus« zum Tragen.
1893–1909	In **Nicaragua** bildet sich unter José Santos Zelaya eine US-freundliche Regierung.
1895–1911	In **Ecuador** errichtet Eloy Alfaro eine liberale Herr- schaft mit bescheidener Modernisierung.

1899–1920	Unter der Diktatur des liberalen Caudillos Manuel Estrada Cabrera gerät **Guatemala** unter starken wirtschaftlichen Einfluss der USA.
	Erste Verfassung der Republik **Kuba**. Sie enthält das *Platt-Amendment*, das den USA ein Interventionsrecht gewährt. Diese erhalten auch das Recht zum Bau ständiger Marinebasen (Guantánamo).
1902	Ein britischer Schiedsspruch legt den Grenzstreit zwischen **Argentinien** und **Chile** bei.
	In **Brasilien** wird die nationale Politik hauptsächlich von Politikern aus São Paulo und Minas Gerais bestimmt (bis 1930). Rodrigues Alves wird Präsident.
	In **Kolumbien** endet der Bürgerkrieg (»Krieg der tausend Tage«) zwischen Konservativen und Liberalen.
1903	Mit US-amerikanischer Unterstützung trennt sich **Panama** von Kolumbien. Die USA erhalten Land zum Bau eines Kanals. Die Verfassung von 1904 gibt den USA ein Recht zur Intervention in die inneren Angelegenheiten des Landes.
	Bolivien tritt in einem Grenzstreit mit **Brasilien** das Kautschukgebiet von Acre an Brasilien ab.
	In **Uruguay** wird José Batlle y Ordóñez Präsident (1903–1907, 1911–1915). Im Zeichen des Batllismo kommt es zu innenpolitischer Stabilisierung, zu wirtschaftlichen, politischen und sozialen Reformen.
1904	Präsident Theodore Roosevelt formuliert mit seiner Ergänzung zur Monroe-Doktrin, dem *Roosevelt-Corollary*, das Recht der **USA** zur Intervention in die Angelegenheiten der lateinamerikanischen Staaten. Es beginnt die Zeit der US-amerikanischen *big stick policy*.
1904–1917	Liberale Regierungen treiben die Modernisierung **Boliviens** voran.
	Die USA besetzen **Kuba** zum zweiten Mal.
1908	Augusto Leguía wird Präsident von **Peru**.
1908–1935	Juan Vicente Gómez herrscht als Diktator in **Venezuela**. Die bisher vom Kaffee bestimmte Exportwirtschaft wird zunehmend vom Erdöl dominiert.
1910–1920	**Mexikanische** Revolution.
1910–1929	In **Kolumbien** wird die Kaffeewirtschaft zum Leitsektor ausgebaut.

1911	Rücktritt von Porfirio Díaz in **Mexiko** angesichts von Aufständen im Norden (Madero, Orozco, Villa) und im Süden (Emiliano Zapata). Madero wird Präsident.
1911/13	Die USA intervenieren in Honduras zum Schutz der Interessen von US-Firmen.
1913	Ermordung Maderos. Beginn eines Bürgerkriegs in **Mexiko** zwischen einem eher konservativen nördlichen Flügel (Villa, Obregón, Carranza) und einem sozialradikaleren Flügel der Bauernbewegung unter Zapata.
1914	Der **Panama**-Kanal, über den die USA die Hoheitsrechte ausüben, wird eröffnet.
1916–1922	In **Argentinien** regiert Hipólito Yrigoyen, dessen Radikale Partei Mittelschichteninteressen vertritt.
1917	Die **mexikanische** Revolutionsverfassung von Querétaro verbietet die Wiederwahl des Präsidenten, nationalisiert die Bodenschätze (Art. 123), garantiert soziale Rechte wie Arbeitsschutz, erlaubt die Enteignung privaten Landbesitzes und macht die Enteignung des bäuerlichen Gemeindebesitzes rückgängig (Art. 27).
1919	In **Peru** errichtet Augusto Leguía nach seiner Wiederwahl zum Präsidenten ein diktatoriales Regime.
1921–1923, 1926–1927	In **Uruguay** wird José Batlle y Ordóñez Präsident einer Kollegialregierung. Die Grenzen seiner Reformpolitik werden sichtbar.
1922	In **Brasilien** setzt sich die Leutnantsbewegung, *Tenentismo*, für soziale Reformen und die Machtbeschränkung der Oligarchie ein.
1924	Victor Raúl Haya de la Torre gründet in **Peru** die sozialistische Revolutionäre Volksallianz Amerikas (*Alianza Popular Revolucionaria Americana*, APRA).
1925	In **Mexiko** veröffentlicht Erziehungsminister José Vasconcelos sein Buch *Kosmische Rasse*, *La raza cósmica*, über die Vorzüge der Vermischung, des *mestizaje*.
1925	Staatsstreich junger Offiziere in **Ecuador**. Der 1926 an die Macht gekommene Isidro Ayora regiert bis 1931 mit einer aktiven staatlichen Sozial- und Wirtschaftspolitik.
1927	In **Chile** wird Carlos Ibáñez zum Präsidenten gewählt. Er regiert autoritär.

1927–1934 Ein Guerilla-Heer unter Augusto Sandino kämpft gegen die militärische Besetzung **Nicaraguas** durch die USA. Anfang 1933 ziehen die US-Truppen ab.

1928–1945 Die **USA** rücken von der Politik des Interventionismus ab und beginnen ab 1933 die von Franklin D. Roosevelt propagierte »Politik der guten Nachbarschaft«.

1929/30 Die Weltwirtschaftskrise leitet in fast allen Ländern **Lateinamerikas** eine erste Phase der Industrialisierungspolitik durch Importsubstitution ein; es beginnt die »Entwicklung nach innen«. In einigen kommen populistische, nationalistisch orientierte Regierungen an die Macht.

1930 In **Argentinien** wird Präsident Hipólito Yrigoyen in einer Situation wirtschaftlicher und politischer Krise durch das Militär gestürzt.

In **Kolumbien** erfolgt im Gefolge der Weltwirtschaftskrise ein Machtwechsel von den Konservativen zu den Liberalen: Enrique Olaya Herrera wird Präsident. Aufschwung im industriellen Sektor.

In der **Dominikanischen Republik** folgt auf einen von der Armee unterstützten Umsturzversuch die Machtergreifung des Armeekommandanten Rafael Trujillo.

Die **brasilianische** »Revolution« bringt Getúlio Vargas an die Macht, der Brasilien autoritär regiert (1932–1938).

1930–1961 Trujillo regiert die **Dominikanische Republik** als autokratischer Diktator, teils selbst, teils durch Marionettenpräsidenten; Macht und extremer Reichtum konzentrieren sich in seiner Hand.

1931 In **Chile** tritt Präsident Carlos Ibáñez nach Massenprotesten wegen des wirtschaftlichen Niederganges als Folge der Weltwirtschaftskrise zurück. Politische Instabilität prägt das Land, kurzzeitig existiert die »Sozialistische Republik Chile«.

1931–1944 Der US-freundliche Politiker und Militär Jorge Ubico ergreift in **Guatemala** die Macht und führt eine repressive Diktatur ein.

1932 In **Ecuador** übernimmt zum ersten Mal José María Velasco Ibarra die Präsidentschaft.

1932–1935   Der Chaco-Krieg zwischen **Bolivien** und Paraguay endet mit der Niederlage Boliviens. In **Paraguay** kommt es trotz des Sieges im Chaco-Krieg zu wirtschaftlichem Niedergang als Folge des Krieges.
Aufhebung des *Platt-Amendment* in **Kuba**.
In **Nicaragua** wird Augusto Sandino im Kampf mit der Nationalgarde unter Anastasio Somoza ermordet.
In **Kolumbien** wird Alfonso López Pumarejo Präsident. Er kann sein Reformprogramm, die »Revolution auf dem Marsch«, gegen den Widerstand der Oligarchie nur zum Teil verwirklichen.

1934–1940   Präsidentschaft von Lázaro Cárdenas in **Mexiko**, der die Landreform durchsetzt: 18 Millionen Hektar an Grundbesitz werden enteignet und an rund 800 000 Begünstigte als Gemeinbesitz mit kollektiver Bewirtschaftung durch Indiogemeinden, *ejidos*, verteilt.

1937   Mit der ersten Präsidentschaft von Anastasio Somoza beginnt in **Nicaragua** eine Jahrzehnte dauernde Bereicherungsdiktatur des Somoza-Clans.

1937–1945   In **Brasilien** proklamiert Getúlio Vargas den *Estado Novo*, den Neuen Staat, der die Wirtschaft fördern und die nationale Integration der Bevölkerung bewirken soll; Vargas regiert diktatorisch und populistisch.

1938   Als Folge des Chaco-Krieges muss **Bolivien** große Gebiete an **Paraguay** abtreten.
In **Chile** regiert die Volksfront unter Pedro Aguirre Cerda (Radikale Partei, Sozialisten, Kommunisten).

1939   In **Peru** wird der Bankier Manuel Prado mit Unterstützung der APRA zum Präsidenten gewählt.

1941   Gründung der »Nationalrevolutionären Bewegung« (*Movimiento Nacionalista Revolucionario*, MNR) in **Bolivien**.

1943   Unter Gualberto Villarroel übernimmt in **Bolivien** die »Nationalrevolutionäre Bewegung« (MNR) die Macht; Ansätze zu populistischer Politik.

1945   In **Venezuela** wird Präsident Isaías Medina durch eine Allianz von mittelständischen, in der »Demokratische Aktion« (*Acción Democrática*, AD) organisierten Kräften und Militärs gestürzt.
Kurz vor Ende des *Estado Novo* in **Brasilien** unter-

zeichnet Getúlio Vargas ein Gesetz zur Förderung der Einwanderung von weißen Europäern, mit dem Ziel der »Aufweißung«, *branqueamento*.

1945–1948　In **Ecuador** setzt der Bananenboom ein und führt zu wirtschaftlichem Aufschwung.

1946　Umbenennung der 1928 gegründeten Regierungspartei in **Mexiko** in *Partido Revolucionario Institucional* (PRI); in dieser Einheitspartei sind in gleichberechtigten Sektoren alle wirtschaftlichen Interessen und sozialen Schichten vertreten.

In einer Situation politischer Instabilität in **Argentinien** übernimmt Juan Domingo Perón die Präsidentschaft. Mit populistischer Rhetorik und einem personalistischen Regierungsstil betreibt er eine dezidierte Reformpolitik.

Nach Sturz und Ermordung von Gualberto Villarroel nehmen in **Bolivien** wieder Latifundisten und Großbürgertum eine beherrschende Stellung im Staat ein.

1947　In **Venezuela** wird Rómulo Gallegos von der *Acción Democrática* zum Präsidenten gewählt.

1948　In einer Zeit wachsender sozialer und politischer Mobilisierung erfolgt in **Peru** ein Militärputsch durch Manuel Odría, der bis 1956 diktatorisch regiert.

Gründung der Organisation Amerikanischer Staaten (OAS) in Bogotá. Die entsprechende Charta schafft ein interamerikanisches, auf demokratischen Prinzipien beruhendes System, das gegen Aggressionen von außen zu verteidigen ist. Damit wird **Lateinamerika** in die Auseinandersetzungen des Kalten Krieges einbezogen.

In **Kolumbien** beginnen nach der Ermordung des Liberalen Jorge Eliécer Gaitán bürgerkriegsähnliche Auseinandersetzungen, die Zeit der *violencia*, die bis 1965 ca. 250 000 Tote fordert.

1948–1960　In **Ecuador** kommt es unter Galo Plaza Lasso (1948–1952), Velasco Ibarra (dritte Amtszeit 1952–1956) und Camilo Ponce Enríquez (1956–1960), dem ersten konservativen Präsidenten Ecuadors im 20. Jahrhundert, zu einer Periode innenpolitischer Stabilität.

1950　Die Wirtschaftskommission der UN für **Lateinamerika** (*Comisión Económica para América Latina*,

CEPAL), formuliert als Weg zur Entwicklung eine forcierte Industrialisierung. Die Importsubstitution bringt wirtschaftliche Erfolge, aber auch neue Abhängigkeiten.

1951   Bei den Präsidentschaftswahlen in **Bolivien** gewinnt die »Nationalrevolutionäre Bewegung«, MNR, unter ihrem Führer Víctor Paz Estenssoro die Mehrheit. Die Oligarchie verhindert die Übernahme der Regierung.

1951–1954   In **Guatemala** führt Präsident Jacobo Arbenz die Reformpolitik des linksliberalen Juan José Arévalo fort. Die Agrarreform bringt die *United Fruit Company* gegen seine Regierung auf.

1952   Nach einem blutigen Aufstand des MNR gegen die bestehende Militärjunta, unterstützt von Teilen der Armee, von Gewerkschaften, den Mineros und Teilen der ärmeren Mittelschichten, kann Paz Estenssoro in **Bolivien** die verweigerte Präsidentschaft übernehmen. In mehreren Gesetzen geht die neue Regierung Sozialreformen an: Juli, Verleihung des Wahlrechts an die Indígenas; Oktober, entschädigungslose Enteignung der Zinnbergwerke in ausländischer Hand und Gründung einer staatlichen Bergbaugesellschaft (*Corporación Minera de Bolivia*, COMIBOL). Wirtschaftliche Schwierigkeiten: Kapitalmangel und Sinken des Zinnpreises auf dem Weltmarkt.
              In **Kuba** übernimmt Fulgencio Batista durch einen Staatsstreich die Macht.
              In **Venezuela** wird der Wahlsieg die Mittelklassepartei *Unión Republicana Democrática* (URD) von den Militärs nicht anerkannt. Oberst Marcos Pérez Jiménez übernimmt die Macht und errichtet eine Militärdiktatur.

1953   In **Kuba** schlägt der Angriff einer kleinen Schar Oppositioneller unter der Führung des jungen Rechtsanwalts Fidel Castro auf die Moncada-Kaserne in Santiago de Cuba (26. Juli) fehl. Castro wird verhaftet und zu fünfzehn Jahren Gefängnis verurteilt.

1953–1956   In **Bolivien** treten Arbeitermilizen an die Stelle der aufgelösten Armee und werden zu einem wichtigen politischen Machtfaktor. Allmählich werden jedoch die sozialen Ziele der »Revolution« ausgehöhlt. Es kommt zu Flügelkämpfen innerhalb des MNR.

1954   In **Paraguay** übernimmt Alfredo Stroessner nach einem Militärputsch die Macht.

In **Guatemala** unterstützen die USA einen Putsch durch Carlos Castillo Armas, der Mitte 1954 die Militärs an die Macht bringt.

Getúlio Vargas begeht Selbstmord. Ihm folgt João Café Filho in der Präsidentschaft. **Brasilien** lehnt sich wirtschaftlich an die westlichen Industriestaaten an.

1954–1989   Alfredo Stroessner regiert **Paraguay** als Diktator. Er erstickt die innere Opposition und wird in regelmäßigen Abständen wieder zum Präsidenten gewählt.

1955   In **Argentinien** wird Perón durch einen Militärputsch gestürzt, doch bleibt der Einfluss der Peronisten auf die Politik. Übergangsregierungen unter Eduardo Leonardi und Pedro Aramburu (1955–1958).

Nach einer Generalamnestie wird Castro freigelassen und geht nach Mexiko ins Exil, wo er die Rückkehr nach **Kuba** vorbereitet.

Eine Revision der Kanalverträge bringt **Panama** etwas höhere Einnahmen.

1955–1959   In **Brasilien** forciert Juscelino Kubitschek eine fremdfinanzierte Industrialisierung.

1956   In **Peru** wird mit Unterstützung der APRA Manuel Prado wiederum Präsident.

Nach der Ermordung von Anastasio Somoza folgt ihm sein älterer Sohn Luis Somoza Debayle als Präsident von **Nicaragua**.

Am 2. Dezember landet Castro mit 81 Revolutionären, unter ihnen der argentinische Arzt Ernesto »Che« Guevara, auf dem Küstenschiff »Granma« an der **kubanischen** Küste in der Provinz Oriente. Die nächste Phase der Revolution beginnt, zunächst mit Rückschlägen, dann mit der Guerillabewegung in der Sierra Maestra immer erfolgreicher.

1956–1960   In **Bolivien** nimmt unter Präsident Hernán Siles Zuazo der Reform-Elan ab, wegen ökonomischer Probleme verengt sich der Handlungsspielraum.

1957	In **Chile** gewinnt Jorge Alessandri die Präsidentschaftswahlen als Kandidat der Rechten gegen Salvador Allende, den Kandidaten des Bündnisses der Linken, sowie Eduardo Frei von der Christdemokratischen Partei. Alessandri führt Ibáñez' Stabilitäts- und Austeritätspolitik fort.
1958	In **Kolumbien** vereinbaren Konservative und Liberale zur Überwindung der Violencia und der Militärdiktatur des Generals Gustavo Rojas Pinilla (1953–1957) als eine Art Großer Koalition die Nationale Front, *Frente Nacional*, mit geregelter Machtteilhabe beider Parteien und automatisch alternierender Präsidentschaft. Der Liberale Alberto Lleras Camargo wird Präsident.

In **Venezuela** wird der Diktator Marcos Pérez Jiménez durch eine Koalition der Oppositionsparteien und fortschrittlicher Militärs gestürzt. Übergangsregierung unter Admiral Wolfgang Larrazábal.

In **Kuba** beenden ein Generalstreik und die Selbstauflösung der Armee, die den vorrückenden Guerilleros keinen Widerstand leistet, die Diktatur Batistas. In der Silvesternacht flieht Bastista aus Kuba; Castro zieht mit seinen Guerillatruppen in Santiago de Cuba ein. Das erste Agrarreformgesetz leitet in Kuba eine Agrarreformpolitik »von oben« ein und bricht zum Ärger der Mittelschichten und der USA den privaten Großgrundbesitz im Zucker- und Viehwirtschaftssektor.

Unter der Präsidentschaft von Rómulo Betancourt von der AD kommt es in **Venezuela** zu zahlreichen Terror- und Sabotageakten von Guerillas.

1960	**Kuba** und die Sowjetunion nähern sich an. Nach Verstaatlichungen verhängen die USA gegen Kuba ein Handelsembargo. Gründung von revolutionären Massenorganisationen; die sozialistische Umgestaltung der Gesellschaft beginnt.

In **Ecuador** beginnt die vierte Amtsperiode von José María Velasco Ibarra, dessen Agrarreformprojekt jedoch scheitert.

Ab 1960	In verschiedenen Ländern **Lateinamerikas** wie Guatemala, Kolumbien, Peru und Venezuela entstehen

nach dem Vorbild Kubas größere Guerillabewegungen.

1961 Die von den USA unterstützte Invasion von Exil**kubanern** in der Schweinebucht scheitert.

In **Nicaragua** formiert sich die Sandinistische Befreiungsfront gegen das Somoza-Regime.

Auf Initiative der USA Gründung der »Allianz für den Fortschritt« zur Vorbeugung radikaler Revolutionen in **Lateinamerika**.

1961–1964 In **Brasilien** kommt es unter den Regierungen von Jânio da Silva Quadros und João Goulart zu Reformbestrebungen auf wirtschaftlichem, sozialem und politischem Gebiet.

1962 Der Aufbau sowjetischer Raketenrampen auf **Kuba** löst die »Raketenkrise« aus.

Nach innenpolitischen Wirren wird in der **Dominikanischen Republik** in den ersten freien Wahlen seit 1924 Juan Bosch vom *Partido Revolucionario Dominicano* (PRD) zum Präsidenten gewählt.

1963 In der **Dominikanischen Republik** wird Präsident Juan Bosch von der Armee gestürzt, eine Militärregierung übernimmt die Macht.

1964 **Kuba** wird auf Druck der USA aus der Organisation Amerikanischer Staaten (OAS) ausgeschlossen. Bis auf Mexiko brechen die amerikanischen Staaten die Beziehungen zu Kuba ab.

Mit Eduardo Frei gewinnt in **Chile** der Vertreter der bürgerlichen Mittelschichten die Präsidentschaftswahl gegen den linken Kandidaten Allende und den Vertreter der Rechten, Julio Durán.

In **Brasilien** stürzt das Militär in einem unblutigen Putsch den sozialreformerischen Präsidenten Goulart und übernimmt noch im Rahmen demokratischer Regeln mit General Castelo Branco selbst die Macht.

In **Bolivien** wird Víctor Paz Estenssoro kurz nach Antritt seiner dritten Amtszeit vom Militär gestürzt, das zum dominierenden politischen Machtfaktor wird.

1964–1970 In **Chile** ist Freis »Revolution in Freiheit«, gedacht als reformerische Alternative zu einer marxistischen Revolution, nur teilweise erfolgreich.

1965 In der **Dominikanischen Republik** wird ein Volksaufstand für die Rückkehr zur Demokratie mit Hilfe US-amerikanischer Interventionstruppen niedergeschlagen. Der zur **kubanischen** Staatspartei avancierte *Partido Socialista Popular* wird reorganisiert und in *Partido Comunista de Cuba (PCC)* umbenannt.

1966 In **Argentinien** wird Präsident Arturo Illía abgesetzt, eine Militärregierung unter Juan Carlos Onganía übernimmt die Macht.

1966–1978 In der **Dominikanischen Republik** wird der konservative Joaquín Balaguer zum Präsidenten gewählt. Unter seiner Regierung (Wiederwahl 1970 und 1974) wird die US-freundliche, wirtschaftsliberale Politik fortgesetzt; das Wohlstandsgefälle und die strukturellen Defekte im Wirtschaftsgefüge der Republik bleiben bestehen.

1967 In **Panama** schreibt eine weitere Revision der Kanalverträge das Weiterbestehen der US-Hoheit über die Kanalzone bis 1999 fest.

1967 In einem Gefecht zwischen **bolivianischen** Truppen und Partisanen wird Che Guevara gefangen genommen und erschossen.

1967–1969 In **Brasilien** wandelt sich unter Arturo da Costa e Silva nach Auflösung des Parlaments die Regierung zu einer wirklichen Militärdiktatur.

1967–1972 In **Uruguay** regiert Jorge Pacheco Areco autoritär. Die Aktivitäten der Guerillabewegung *Tupamaros* nehmen zu.

1968 Ein Militärputsch unter Führung von General Juan Velasco Alvarado errichtet in **Peru** ein linkes Militärregime und leitet eine Phase politischer und sozialer Reformen ein.

   In **Panama** stürzt die Nationalgarde unter Omar Torrijos den Präsidenten, eine Offiziersjunta verbietet die Parteien und regiert diktatorisch. Ziel ist die Wiedergewinnung der nationalen Souveränität (Panamakanal).

   In **Ecuador** wird José María Velasco Ibarra zum fünften Mal Präsident. Er regiert ab 1970 diktatorisch. Der Ölboom beginnt.

Gewaltsame Auflösung einer Studentendemonstration in **Mexiko**-Stadt, Massaker von Tlatelolco.

Die 2. Lateinamerikanische Bischofskonferenz in Medellín, **Kolumbien**, betrachtet die sozialen, wirtschaftlichen und politischen Verhältnisse in Lateinamerika als Herausforderung der Kirche für Verkündigung und Seelsorge im Sinn einer sozialen Verantwortung; sie charakterisiert im Schlussdokument der Kommission »Gerechtigkeit und Friede« die gesellschaftlichen Strukturen in Lateinamerika als »institutionalisierte Gewalt«, *violencia institucionalizada.*

1969   **El Salvador** führt gegen **Honduras** den sogenannten »Fußballkrieg«. Die OAS kann einen Waffenstillstand vermitteln.

1969–1973   In **Venezuela** tritt Rafael Caldera Rodríguez von der Oppositionspartei, dem christlich-sozialen »Komitee der unabhängigen politischen Wahlorganisation« (*Comité de Organización Política Electoral Independiente*, COPEI), die Präsidentschaft an; innenpolitische Stabilisierung.

1969–1974   In **Brasilien** setzt sich unter der Regierung von Emílio Garrastazú Médici die Militärdiktatur fort; blutige Repressionen gegen Regimegegner. Diese harte Phase der Militärherrschaft fällt mit einem enormen wirtschaftlichen Aufschwung, den »goldenen Jahren« des sogenannten brasilianischen »Wirtschaftswunders«, *milagre econômico*, zusammen.

1970   Die angestrebte Zehn-Millionen-Tonnen-Zuckerernte lässt sich nicht realisieren. **Kuba** leidet unter schweren wirtschaftlichen Problemen.

In **Chile** wird der Kandidat der linken *Unidad Popular* (»Volkseinheit«), Salvador Allende, zum Präsidenten gewählt. Reformmaßnahmen wie Verstaatlichungen, Agrarreform und Aufbau politischer Massenorganisationen stoßen auf Opposition, die sich ausweitet, als die Wirtschaft stagniert.

In **Argentinien** wird Präsident Onganía durch einen neuerlichen Militärputsch gestürzt. Es folgen Regierungen unter Roberto Levingston (1970–1971) und Alejandro Lanusse (1971–1973).

1971   Blutiger Putsch rechtsgerichteter Kräfte unter Oberst
            Hugo Banzer in **Bolivien**.
1972   In **Panama** kann sich Torrijos als Führer der Junta
            durchsetzen, er übernimmt für sechs Jahre die Lei-
            tung der Regierung.
1972–1976   In **Ecuador** übernimmt eine linksnationalistische Mi-
            litärregierung unter Guillermo Rodríguez Lara die
            Macht. Das ambitiöse Reformprogramm bleibt in An-
            sätzen stecken.
1973   In **Chile** beendet ein Militärputsch die Regierung der
            Unidad Popular. Es beginnt eine autoritäre, repressive
            Militärdiktatur unter Augusto Pinochet Ugarte.
            In **Argentinien** kann sich der in Wahlen siegreiche
            linksperonistische Kandidat Héctor Cámpora gegen
            die rechtsperonistischen Kräfte, besonders die Ge-
            werkschaft CGT, nicht durchsetzen. Neuwahlen brin-
            gen Juan Domingo Perón erneut an die Macht.
            Nach dem kalten Staatsstreich von Juan María Borda-
            berry kommt es in **Uruguay** zu einer zivil-militäri-
            schen Doppelherrschaft und autoritären Regierung.
1973–1989   Pinochet verfolgt in **Chile** eine neoliberale Wirt-
            schaftspolitik, verbunden mit sehr hohen sozialen
            Kosten. Vor allem in der zweiten Hälfte der achtziger
            Jahre erreicht die Wirtschaft weit überdurchschnittli-
            che Wachstumsraten (1989: 10 %), doch leidet das
            Land unter den undemokratischen innenpolitischen
            Verhältnissen.
1974   Der *poder popular*, die »Volksmacht«, wird in **Kuba**
            eingeführt. Sie wird durch gewählte Versammlungen
            ausgeübt und soll die Tätigkeit der Regierungsorgane
            kontrollieren.
            Nach dem Tod Peróns übernimmt dessen Frau Isabel
            Perón die Präsidentschaft in **Argentinien**. Der Aus-
            nahmezustand wird verhängt, es kommt zu Hyper-
            inflation und starken sozialen Spannungen. Guerillas
            und Todesschwadronen treten auf.
            Erster Regionalkongress der Indios von Chiapas, **Me-
            xiko**.
1974–1979   In **Brasilien** sucht die Regierung von Ernesto Geisel
            nach Lösungen für die Abschwächung des Wirt-

schaftswachstums. Vorsichtiger Beginn eines politischen Öffnungsprozesses.

1975   In **Peru** bringt ein erneuter Militärputsch General Francisco Morales Bermúdez an die Macht. Frühere Reformen werden abgebaut.

In **Kuba** findet der erste Parteikongress der Kommunistischen Partei statt. Kubanische Truppen kämpfen im angolanischen Unabhängigkeitskrieg.

1975–1979   In **Nicaragua** verstärkt die Sandinistische Befreiungsfront ihre Guerillaaktivität. Es kommt zu inneren Unruhen und Repressionen.

1976   In **Kuba** wird eine neue sozialistische Verfassung verabschiedet.

Brasilianische Bischöfe prangern die repressive und sozialfeindliche Politik der Militärregierung an.

Ein Militärputsch bringt in **Argentinien** Jorge Videla an die Macht. Er regiert repressiv, die Wirtschaftslage verschlechtert sich weiter.

1977   Das Tauwetter in den Beziehungen zwischen **Kuba** und den USA bleibt auf die Amtszeit Präsident Carters beschränkt.

In **Panama** sieht nach langen Verhandlungen ein neuer Kanalvertrag die Beendigung der Hoheit der USA über die Kanalzone für den 31. Dezember 1999 vor.

1978   In **Peru** entschließt sich Morales Bermúdez zu einer schrittweisen Rückkehr zur Demokratie.

1978–1986   In **Guatemala** setzen die Militärdiktaturen der Generäle Romeo Lucas García (1978–1982), Efrain Ríos Montt (nach Militärputsch) und Humberto Mejía Victores (nach erneutem Militärputsch) den Terror gegen die Bevölkerung fort. Ab 1983 bereitet sich eine politische Öffnung vor.

1979   In **Ecuador** siegt das Mitte-Links-Bündnis unter Jaime Roldós Aguilera und Osvaldo Hurtado Lara bei den Präsidentschaftswahlen; Beginn der Redemokratisierung, Einführung des allgemeinen Wahlrechts, zum ersten Mal darf die analphabetische Indiobevölkerung wählen.

In **Peru** wird eine neue Verfassung erlassen, Rückkehr zu einer zivilen Regierung.

Der **kubanische** Staatschef Fidel Castro wird Präsident der Organisation Blockfreier Staaten.

In **Nicaragua** wird Präsident Anastasio Somoza Debayle nach einem Volksaufstand und großangelegten militärischen Operationen der Sandinistischen Befreiungsfront gestürzt. Eine Junta aus den bürgerlichen und sandinistischen Oppositionsgruppen übernimmt die Macht.

Die 3. Gesamtlateinamerikanische Bischofskonferenz in Puebla, **Mexiko**, bestätigt die sozialkritische Haltung der Kirche.

1979–1984	Unter der Präsidentschaft von João Batista Figueiredo setzt sich in **Brasilien** langsam die politische Öffnung zur Demokratie fort.
1980	In **Peru** wird Belaúnde Terry zum zweiten Mal Präsident. Die maoistische Guerillabewegung »Leuchtender Pfad«, *Sendero Luminoso*, verstärkt ihre Guerillaaktivität.

Staatlich geduldete rechtsextremistische Todesschwadronen ermorden den Erzbischof von San Salvador, Oscar Arnulfo Romero, einen Kritiker der ungerechten sozialen Situation in **El Salvador**. Die sozialen Proteste nehmen zu.

Die bürgerlichen Vertreter, unter ihnen Violeta Chamorro, verlassen die »Regierungsjunta des nationalen Wiederaufbaus« in **Nicaragua**.

1981	Grenzkonflikte zwischen **Ecuador** und Peru. Der Präsident Ecuadors Jaime Roldós Aguilera stirbt, ihm folgt Osvaldo Hurtado Lara.

In **El Salvador** wird der Kriegszustand verhängt. Starke Fluchtbewegungen und Tausende von Toten sind Folge des Bürgerkriegs.

Die USA beginnen ihre Destabilisierungspolitik gegen die von Sandinisten dominierte Regierung in **Nicaragua**. Die USA unterstützen die *Contra*-Rebellen.

1982	Nach der Besetzung der unter britischer Hoheit stehenden Islas Malvinas / Falkland-Inseln durch **Argentinien** kommt es zum Krieg mit Großbritannien, den Argentinien verliert. Präsident Leopoldo Galtieri wird durch Reynaldo Bignone ersetzt, der die Rede-

mokratisierung des Landes einleitet und eine Währungsreform durchführt (1983).

1982–1985 Nach dem offensichtlichen Versagen der Militärs in der Staatsführung wird in **Bolivien** der Übergang zur Demokratie eingeleitet. Der frühere Präsident Hernán Siles Zuazo übernimmt die Amtsgeschäfte.

1983 In freien Wahlen wird Raúl Alfonsín in **Argentinien** zum Präsidenten gewählt. Er versucht die Inflation zu bekämpfen. Wegen der Frage der Verfolgung von Menschenrechtsverletzungen unter der Militärherrschaft entstehen starke innenpolitische Spannungen.

1983–1986 In **Chile** kommt es zu Massenprotesten gegen die Regierung als Folge der schweren Wirtschaftskrise zwischen 1982 und 1984. Ein Guerillakampf gegen die Regierung beginnt.

1984 In **Nicaragua** gewinnen die Sandinisten die Wahl. Präsident wird Daniel Ortega Saavedra.

Uruguay kehrt zur Demokratie zurück. Die *Colorados* gewinnen in freien Präsidentschaftswahlen, Präsident wird Julio Sanguinetti (1985–1990).

In **Guatemala** sollen Wahlen zu einer Verfassunggebenden Versammlung die Rückkehr zur Demokratie einleiten. Das Militär verspricht, seine Macht an eine Zivilregierung abzugeben.

Massive Proteste erzwingen die Rückkehr **Brasiliens** zur Demokratie; noch gestehen die Militärs nur indirekte Präsidentschaftswahlen zu.

1985 In **Brasilien** wird Tancredo Neves von der »Partei der Demokratischen Bewegung Brasiliens« (*Partido do Movimento Democrático Brasileiro*, PMDB) zum Präsidenten gewählt.

Die USA führen ein Wirtschaftsembargo gegen **Nicaragua** ein.

1986 In **Guatemala** werden die Regierungsgeschäfte an die zivile Regierung des gewählten Präsidenten Vinicio Cerezo Arévalo übergeben. Die Militärs, die für ihre massiven Menschenrechtsverletzungen nicht belangt werden, bleiben bestimmender politischer Machtfaktor.

In **Ecuador** erfolgt der Zusammenschluss der drei regionalen Indioorganisationen aus Küste, Bergland und Urwald zum nationalen Dachverband »Konföderation Indigener Nationalitäten von Ecuador« (*Confederación de Nacionalidades Indígenas del Ecuador*, CONAIE), der insgesamt mehr als 70 % der indigenen Bevölkerung des Landes repräsentiert.

1986–1990   In **Bolivien** nimmt der Einfluss von Gewerkschaften und Militärs ab.

In **Costa Rica** kommt es unter der Präsidentschaft von Óscar Arias Sánchez (PLN) zu einer aktiven Außenpolitik (Friedensplan für Zentralamerika und Verleihung des Friedensnobelpreises 1987), und neue Impulse beleben die Wirtschaftspolitik.

1987   In **Uruguay** verhindert ein Amnestiegesetz, dass die Militärs für Menschenrechtsverletzungen zur Rechenschaft gezogen werden können.

1988   In **Chile** beginnt der Übergang zur Demokratie (*transición*). Im Oktober verliert Pinochet das Plebiszit, das seinen Verbleib im Amt hätte legitimieren sollen.

In **Honduras** kommt es zu innenpolitischen Unruhen und Protesten gegen die US-Präsenz im Land, insbesondere im Grenzgebiet zu Nicaragua.

Die neue **brasilianische** Verfassung tritt in Kraft.

1988–1994   Zweite Präsidentschaft von Carlos Andrés Pérez, von der AD, in **Venezuela**.

1989   In **Venezuela** kommt es zu Unruhen angesichts der schlechten Wirtschaftslage, der Verhärtung der politischen Strukturen und der Menschenrechtsverletzungen durch staatliche Sicherheitskräfte.

In **Paraguay** wird Alfredo Stroessner gestürzt. Der Putschführer Andrés Rodríguez wird zum Präsidenten gewählt.

Der Sieg des Christdemokraten Patricio Aylwin gegen den Kandidaten der Militärs, Hernán Büchi, führt **Chile** zu einer verfassungsmäßigen Regierung zurück. Der Verbleib von Pinochet als Oberkommandierendem der Streitkräfte stellt eine erhebliche Belastung für die Demokratie dar. Die Bevölkerung stimmt in einem Plebiszit der weitgehend nach den Vorstellungen der demokratischen Opposition revidierten Verfassung von 1980 zu.

1989/1990 In **Panama** führt die Annullierung der Präsidentschaftswahlen durch General Manuel Noriega, den Oberbefehlshaber der Streitkräfte, und dessen Machtübernahme zur Invasion durch US-Streitkräfte (ca. 5000 Tote). Noriega wird wegen Drogenhandels inhaftiert.

In **Argentinien** wird ein neoliberales Strukturreformprogramm zur Bekämpfung der Wirtschaftskrise eingeleitet. Die Verarmung vor allem der Mittelschichten schreitet rasch voran.

1990 In der **Dominikanischen Republik** gewinnt Balaguer die Präsidentschaftswahl gegen seinen alten Widersacher Juan Bosch. Aufgrund starker sozialer und politischer Spannungen kündigt er für 1992 Neuwahlen an.

In **Uruguay** stellen die *Blancos* mit Luis Alberto Lacalle Herrera den Präsidenten. Eine große Koalition von *Blancos* und *Colorados* bildet die Regierung. Der linke *Frente Amplio* unter Tabaré Vazquez wird drittstärkste politische Kraft und übernimmt das Bürgermeisteramt von Montevideo. Der soziale Kurs der Hauptstadt steht einem neoliberalen Regime auf Landesebene gegenüber.

In **Peru** gewinnt Alberto Fujimori als Vertreter eines Mitte-Links-Bündnisses die Präsidentschaftswahlen gegen Mario Vargas Llosa. Die Austeritätspolitik der Regierung stößt auf Opposition, eine Cholera-Epidemie verschlimmert die Lage. Die Guerilla intensiviert ihre Aktionen.

In **Nicaragua** verlieren die Sandinisten die allgemeinen Wahlen gegen eine von den USA unterstützte Parteienkoalition. Präsidentin Nicaraguas wird Violeta Barrios de Chamorro. Die Hoffnung auf eine Besserung der katastrophalen Wirtschaftslage bleibt unerfüllt.

Modernisierung durch Industrialisierung

Seit dem ausgehenden 19. Jahrhundert nahmen wichtige Gruppen der lateinamerikanischen Staaten, Intellektuelle und eine sich langsam herausbildende Mittelschicht, wahr, dass die wirtschaftliche und gesellschaftliche Entwicklung ihrer Staaten stagnierte und sie trotz anfänglichen Wirtschaftswachstums und trotz der Nachahmung europäischer Modelle von Freihandel und Wirtschaftsliberalismus den Rückstand gegenüber den europäischen Industrienationen und den Vereinigten Staaten nicht aufgeholt hatten, weil die Entwicklung fast ausschließlich von den Absatzmöglichkeiten der Exportprodukte auf dem Weltmarkt abhängig war. Die liberalen Gruppen der Jahrhundertmitte hatten mit ihrem Modernisierungsmodell die einzelnen Staaten Lateinamerikas wieder dazu gebracht, auf ihre traditionellen Exporte zurückzugreifen, wobei sie sich der billigsten Produktionsfaktoren – Land (Rohstoffe, Viehwirtschaft) und abhängige Arbeitskraft – bedienten. Auch die nachfolgenden konservativ-oligarchischen Gruppen hatten die gleiche Wirtschaftspolitik betrieben, weil sie als landbesitzende Oberschicht davon am meisten profitierten. So waren Agrarstaaten entstanden, und es kam nicht dazu, dass sich auf breiter Ebene eine industrielle Unternehmerschicht herausbildete, die den eigenen wirtschaftlichen Aufbau hätte leisten können. Die industriellen Aktivitäten blieben eng mit der exportorientierten Agraroligarchie verbunden und waren deren spezifischen Interessen untergeordnet. Auch erfolgte keine Ausdehnung der Kaufkraft im Inneren, da die Großgrundbesitzer kein Interesse daran hatten, die Löhne ihrer Landarbeiter über das Subsistenzniveau ansteigen zu lassen; und angesichts niedriger Löhne waren bei ausreichendem Arbeitskräfteangebot arbeitsparende Investitionen oder technische Innovationen nicht erforderlich. Zwar erforderte die Steigerung der Produktion im Exportsektor als Folge der Nachfrage eines expansiven Weltmarktes den Ausbau der Infrastruktur auf dem Gebiet der Technik, des Handels und des Finanzwesens (Eisenbahn, städtische Transportmittel, Kommunikationswesen, Vertrieb der Produktion und Export, Finanzierung und Schifffahrt), doch geriet dieser ebenso wie der Export der Bodenschätze fast ausschließlich in die Hände von ausländischem Kapital – Gewinne aus dem Außenhandel verwandte die Oberschicht der lateinamerikanischen Staaten statt zur Reinvestition weitgehend zum Kauf von Luxusgütern. Der so in Ansätzen eingeleitete Industrialisierungsprozess hatte sich einerseits nicht selbsttätig vollzogen und hatte andererseits keine eigenständige wirtschaftliche Entwicklung in Gang gebracht.

Weltwirtschaftskrise und »Entwicklung nach innen«

Um eigenständiges Wachstum einzuleiten, begannen deshalb mit Beginn des 20. Jahrhunderts die meisten lateinamerikanischen Länder damit, die bisherige Wirtschaftspolitik zu modifizieren und entschiedener die Industrialisierung voranzutreiben. Begünstigt wurde der Übergang zu einer Industrialisierungspolitik durch Krisen des internationalen Wirtschaftssystems. Besonders der Erste Weltkrieg förderte den beginnenden Industrialisierungsprozess. Dadurch, dass der Import, d. h. die Versorgung mit ausländischen Produkten, besonders aus Europa zurückging und durch Importe aus den USA nur teilweise ersetzt wurde, erhielt die in Ansätzen vorhandene einheimische Industrie Auftrieb, allgemeine Konsumgüter selbst zu produzieren bzw. die vorhandene Kapazität auszubauen. Von entscheidender Bedeutung aber war die Weltwirtschaftskrise von 1929/30. Sie zeigte den lateinamerikanischen Ländern neue Möglichkeiten und wies sie auf den

Weg industrieller Aktivität hin. Denn die Weltwirtschaftskrise von 1929/30 schwächte die wirtschaftlichen Bindungen Lateinamerikas mit Europa und den USA und verringerte so deren Einflussnahme auf Lateinamerika. Sie schuf
neue wirtschaftliche Rahmenbedingungen und führte zu
politischen Maßnahmen, die sich in einer starken nationa-
listischen Politik und enormen unabhängigen Industrialisierungsbestrebungen ausdrückten. Seit der Krise, seitdem
– durch die weltweite Devisenknappheit bedingt – die
Nachfrage nach den Exportprodukten Lateinamerikas auf
dem Weltmarkt rapide zurückging und demzufolge die
Importkapazität für ausländische Fertigwaren in Lateinamerika sank, erst seitdem die für die rohstoffproduzie-
renden Länder schwerwiegenden Nachteile der internationalen Arbeitsteilung zutage traten, modifizierten zahlreiche Staaten ihre bisherige Wirtschaftspolitik. Statt sich
weiterhin lediglich auf Export und Integration in den internationalen Markt zu konzentrieren, erhielt nun der
Aufbau bzw. Ausbau einer nationalen Industrie, die seit
dem ausgehenden 19. Jahrhundert ansatzweise und in einigen Teilbereichen der Konsumgüterversorgung schon
vorhanden war, die größere Priorität. Mit dem nun einsetzenden Industrialisierungsprozess und der damit verbundenen Ausweitung des nationalen Binnenmarktes begann
für die meisten lateinamerikanischen Staaten die sogenannte »Entwicklung nach innen«, *desarrollo hacia adentro*.
So stellt die Weltwirtschaftskrise nach der Meinung
relevanter historischer Analysen für eine Vielzahl von
lateinamerikanischen Staaten zwar keine direkte Zäsur innerhalb ihres historischen Entwicklungsprozesses, aber
doch eine Verstärkung und Beschleunigung einer schon
vorher angelaufenen Entwicklung dar. Denn die mit ihr
oder nach ihr eingetretenen Veränderungen im wirtschaftlichen und gesellschaftlichen Bereich sind unübersehbar.
Trotz unterschiedlicher gesellschaftlicher und wirtschaftlicher Strukturen in den einzelnen Staaten, trotz der unter-

schiedlichen Intensität der Industrialisierung lassen sich in den Reaktionen auf die Krise und bei den Maßnahmen zur Förderung des Industriesektors doch einige Gemeinsamkeiten erkennen. Entscheidend wurde, dass angesichts des noch schwachen Industrieunternehmertums nun von staatlicher Seite starke Eingriffe in den Wirtschaftsprozess erfolgten; eine neue Massenbasis u. a. durch Gewerkschaften gab den Regierungen eine gewisse Autonomie und Sicherheit in ihren Entscheidungen gegenüber den traditionellen Interessengruppen. Schutzzölle, Außenhandelskontrolle, Importbeschränkungen wurden als Stimulatoren einer nationalen Entwicklung eingesetzt.

Die erzwungene Importsubstitution

Ziel war es, die Industrialisierung durch Importsubstitution voranzutreiben, die Landwirtschaft darauf abzustimmen und einen Binnenmarkt zu schaffen, der durch seine Nachfrage und Kaufkraft wieder stimulierend auf den Industriesektor wirken sollte. Deshalb vollzogen sich auch im ländlichen Bereich ansatzweise Veränderungen, die die Landarbeiter in den Markt integrieren sollten, indem z. B. bisher ungenutztes, sozial und wirtschaftlich gesehen also wertloses Land der Großgrundbesitzer an Landarbeiter verteilt wurde, ohne dadurch allerdings die Grundstrukturen des Landbesitzes entscheidend zu berühren.

Diese Maßnahmen brachten als neue politische Strömung den Populismus hervor bzw. dieser kam in ihnen zum Ausdruck: Nichtmarxistische, nationalrevolutionäre Kräfte, häufig mit einer Mittelschicht-Elite und entweder gruppiert um autoritäre, z. T. militärisch orientierte Führerpersönlichkeiten wie z. B. Getúlio Vargas (1930–1945, 1950–1954) in Brasilien, Juan Domingo Perón (1944–1955) in Argentinien oder in Gruppen bzw. Parteien mit z. T.

starken indigenistischen Zügen organisiert – wie z. B. die
peruanische *Alianza Popular Revolucionaria Americana*
(APRA) von Victor Haya de la Torre (seit 1924), der boli-
vianische *Movimiento Nacionalista Revolucionario* (MNR)
von 1940 mit Victor Paz Estenssoro (ab 1952/53) an der
Spitze –, traten neben die alten traditionalen politischen
Kräfte. In diesen Kontext einer populistisch-nationalrevo-
lutionären Politik gehören u. a. auch die Regierung von
Lázaro Cárdenas (seit 1934) in Mexiko und Alfonso López
Pumarejo (1934–1938) in Kolumbien.

Die »Revolution auf dem Marsch« in Kolumbien

Kolumbien ist ein passendes Beispiel für die politische
und wirtschaftliche Neuausrichtung. Im Jahr 1930 löste
die Liberale Partei die abgewirtschaftete Regierung der
Konservativen ab. Fünfundzwanzig Jahre hatten diese die
politischen Geschicke Kolumbiens bestimmt, es aber nicht
geschafft, die sozialen Konflikte und Proteste in den Griff
zu bekommen, die besonders in den 1920er Jahren virulent wurden, als mit dem Boom der Kaffeeexporte und
durch die von den USA als Entschädigung für die Loslösung Panamas von Kolumbien gezahlten 25 Millionen
Dollar und weitere Kredite Kolumbiens Wirtschaft ein
beschleunigtes und fieberhaftes, allerdings weiterhin auf
den Agrarexport ausgerichtetes Wachstum mit einer regen
Bautätigkeit im öffentlichen Bauwesen und im Eisenbahn-
und Straßenbau erlebte. Den berechtigten Forderungen
der unteren Bevölkerungsschichten, der Bauarbeiter in
den Städten und der kleinen Landbesitzer, Pächter und
Tagelöhner, an der Prosperität teilzuhaben, hatten die
Konservativen wenig Rechnung getragen. In dem Maße,
wie die wirtschaftliche Prosperität gewachsen war, hatte
auch der Protest der Gruppen zugenommen, die an dieser

Prosperität nicht beteiligt waren, im Gegenteil unter den Konsequenzen des Wachstums zu leiden hatten. Denn mit der zunehmenden Kaufkraft war auch die Nachfrage nach Lebensmitteln gestiegen, was bald einen Anstieg der Lebensmittelpreise zur Folge gehabt hatte, da die Landwirtschaft aufgrund ihrer Struktur – Konzentration des Landbesitzes in wenigen Händen, unproduktive Nutzung der Gesamtfläche, extensive Viehwirtschaft –, aber auch durch den forcierten Kaffeeanbau, dem andere Agrarprodukte zu weichen hatten, nicht in der Lage gewesen war, die Nachfrage zu decken. So war im Laufe der 1920er Jahre trotz des vermehrten Imports agrarischer Güter eine hohe Inflationsrate festzustellen gewesen, von der naturgemäß die Arbeiter und kleinen Handwerker am schwersten betroffen waren. Auf dem Land war es zu gewaltsamen Auseinandersetzungen gekommen, weil die kleinen Pächter oder Tagelöhner begannen, öffentliches oder privates ungenütztes Land zu besetzen und zu bebauen, denn sie wollten am Wirtschaftsboom teilhaben, indem sie überhaupt Land erwerben und dann Kaffeebäume anpflanzen konnten. In der oppositionellen Liberalen Partei waren angesichts der sozialen Probleme Tendenzen sichtbar geworden, das bisherige Konzept des liberalen Laissez-faire im politischen und ökonomischen Bereich aufzugeben und auf ein stärkeres staatliches Eingreifen zu drängen, das auf eine gerechtere Verteilung der Güter abzielte und die Gesellschaft beeinträchtigende Privilegien verhindern sollte. Auf diese Krise traf die Weltwirtschaftskrise.

Reaktionen auf die Weltwirtschaftskrise

Im Gefolge dieser verstärkten Krise kamen die Liberalen wieder an die Macht und vollzogen unter den Präsidenten Enrique Olaya Herrera (1930–1934) und dann besonders unter Alfonso López Pumarejo (1934–1938) den ersten deutlichen Bruch mit den traditionellen Strukturen von Politik, Wirtschaft und Gesellschaft. Unterstützt von wichtigen Gruppen wie den Intellektuellen, Teilen eines sich konsolidierenden Industriebürgertums und in zunehmendem Maße auch von Gewerkschaften, trugen sie den Problemen der Zeit Rechnung. Sie formulierten, indem sie auf die Rahmenbedingungen der Weltwirtschaftskrise und ihre Auswirkungen in Kolumbien reagierten, eine neue Politik, die in wirtschaftlicher Hinsicht die Abkehr von der ausschließlichen Orientierung auf den Weltmarkt und den Agrarexport beinhaltete, stattdessen durch den Ausbau einer eigenen Konsumgüterindustrie, gekoppelt mit Reformen im Agrarbereich, eine stärkere Orientierung am Binnenmarkt vorsah und allgemein eine stärkere Einflussnahme des Staates besonders in wirtschaftlichen und sozialen Fragen praktizierte. Diese Politik vollzog sich in zwei Stufen.

Die Regierung Olaya Herrera, die sich als »nationale Konzentration« verstand, weil in ihr auch die Konservativen durch einige Minister vertreten waren, war eigentlich noch die bloße Reaktion auf die bedrohliche wirtschaftliche Situation, eine Verteidigung gegenüber dem immer bedrohlicher werdenden Ungleichgewicht der gestörten Zahlungsbilanz. Mit außerordentlichen Vollmachten ausgestattet, war Olaya Herrera bestrebt, durch vorwiegend finanzpolitische und monetäre Maßnahmen der Krise zu begegnen, d. h. die Verschuldung gegenüber dem Ausland zu verringern und den Geldabfluss ins Ausland zu bremsen. Diesem Ziel dienten verschiedene Gesetze und Dekrete zur Festsetzung bzw. Erhöhung von Einfuhrzöllen, wodurch Importe von ausländischen Agrargütern, sowie von Rohstoffen und Industrieprodukten, die im Land selbst angebaut bzw. produziert werden konnten, gestoppt wurden. Dazu gehörten u. a. Reis, Weizen, Gerste, Hafer, Mais, Bohnen, Malz, Obst, Zucker, Kakao, Fleisch und Butter; Nahrungsmittel wie Mehl, Brot, Kekse, Süßigkeiten und Schokolade, Bier; Konsumgüter wie Schuhe, Stoffe und Webartikel, Seife, Zigarren und Zigaretten; Zement unterlag einer totalen Einfuhrbeschränkung. Für einschneidende soziale Reformen fehlte den Liberalen zu diesem Zeitpunkt noch die soziale und ökonomische Basis, um auf die Unterstützung und das Wohlwollen der bisher dominierenden Gruppen verzichten zu können. Solange die Vertreter des Agroexportsektors noch voller Stolz ihre Verdienste als Devisenbringer herausstreichen und die Industrialisierung für Kolumbien als Absurdität abtun konnten, solange der Staat auf die Einnahmen aus dem Agroexportsektor angewiesen war, waren die Liberalen in ihrem Handlungsspielraum eingeengt, zumal sie die nationale Entwicklung im verfassungsmäßigen, parlamentarischen Rahmen zu realisieren gewillt waren. Tatsächlich hielt sich die Menge der Exporte, doch fiel ihr Wert in den Jahren 1932/33 bis fast auf die Hälfte des Wertes im Jahr 1928 und erholte sich erst wieder 1934/35. Entsprechend dem Rückgang der Exporterlöse, die aber immer noch die Grundlage der staatlichen Einnahmen bildeten, sank auch die Menge der Importe.

Die ambivalente Wirkung der Importsubstitution

Diese gleichsam erzwungene Importbeschränkung gab die entscheidenden Impulse, eine eigene Industrie auf- bzw. auszubauen. In den Jahren zwischen 1930 und 1933 wurden ca. 850 neue Betriebe der Konsumgüterindustrie gegründet und insgesamt die Kapazität der schon bestehenden Betriebe stärker ausgenutzt. Das bedeutete, dass in den Jahren von 1930 bis 1939 die industrielle Produktion mit einem jährlichen Wachstum von 10,8 % um mehr als das Zweifache zunahm und die Zahl der in der Industrie

Beschäftigten von ca. 55 000 im Jahr 1928 bis auf 110 000 im Jahr 1939 anstieg, wobei mit einer Steigerung von ca. 4800 Arbeitern im Jahr 1929 auf ca. 22 000 im Jahr 1939 in der Textilproduktion der größte Beschäftigungszuwachs stattfand.

Die Reduzierung der Importkapazität ermöglichte zwar die Entwicklung einer eigenständigen Industrie, indem Konsumgüter für einen wachsenden Binnenmarkt nun im Land selbst produziert und dadurch Importe zum Teil ersetzt wurden. Doch ist nicht zu übersehen, dass dieser Industrialisierungsprozess sich nur auf einige Bereiche der Konsumgüterindustrie bezog und ihm durch den Technologievorsprung einiger Firmen (Tabakverarbeitung, Brauereien, Textilindustrie) die Tendenz zur Konzentration und Monopolbildung innewohnte. Überdies war die Industrie zum großen Teil auf ausländische Rohstoffe und Vorprodukte angewiesen, deren Import in den 1930er Jahren parallel zum Industriewachstum zunahm und nur zögernd durch einheimische Produkte wie z. B. Baumwolle ersetzt wurde. Zudem schränkte die Reduzierung der Importkapazität den Import von Produktionsgütern ein, der zu einer weiteren Diversifizierung und vor allem zum Aufbau einer eigenen Schwerindustrie erforderlich gewesen wäre. Indem dieser Aufbau ausblieb, benötigte Kolumbien in der Folgezeit bis zum Zweiten Weltkrieg weiterhin ausländische Maschinen und technische Ausstattung, um den Industrialisierungsprozess zur Importsubstitution von Konsumgütern aufrechterhalten und erweitern zu können. Dazu aber war Kolumbien nur in der Lage, wenn ausreichend Devisen zur Verfügung standen, was bei den schwankenden internationalen Preisen für Kaffee, der noch immer das Hauptausfuhrprodukt bildete, nicht immer der Fall war, so dass nach 1939 auf externe Finanzierung zurückgegriffen werden musste. Es vollzog sich ein Industrialisierungsprozess, dessen innerer Widerspruch offensichtlich war. Denn er stellte Kolumbien neue Arbeitskräfte für eine wachsende Bevölkerung bereit, bewirkte aber gleichzeitig eine Festigung der internationalen Verflechtung. Langfristig führte der Erfolg der Importsubstitutionspolitik, d. h. die Veränderung der Importstruktur, zu einer neuen Abhängigkeit von den Industrieländern.

Staatlich gelenkte Entwicklungspolitik

Die Tatsache, dass die Regierung Olaya Herrera 1931 die Gründung von Gewerkschaften legalisierte und das Streikrecht regelte, erlangte in der Folgezeit besondere Bedeutung, konnte doch dadurch und in Verbindung mit einigen weiteren arbeiterfreundlichen Gesetzen wie Arbeitsschutz (1931) und Achtstundentag (1934) in den unteren Bevölkerungsschichten langfristig ein wichtiger Koalitionspartner gewonnen werden. Die Regierung López Pumarejo konnte dann auch den Bruch mit den traditionellen Strukturen von Politik und Wirtschaft vollziehen und mit ihrem Programm der »Revolution auf dem Marsch«, *La Revolución en Marcha*, eine neue nach innen gerichtete Entwicklungspolitik verfolgen. Sie reagierte nicht bloß, sondern setzte Schutzzölle, Landverteilung mit dem berühmten Agrarreformgesetz von 1936, Gewerkschaftsgründung und Arbeiterschutz bewusst und gezielt als Stimulatoren einer nationalen Entwicklung ein. Sie wies dabei dezidierter als es die Regierung Olaya Herrera getan hatte, 1936 mit den im »Gesetzesakt Nr. 1« erlassenen Zusätzen zur seit 1886 bestehenden Verfassung, also in einer Verfassungsreform, dem Staat die Rolle eines wirtschaftlichen Akteurs zu, der in das freie Spiel der wirtschaftlichen Kräfte korrigierend eingreifen sollte. Statt der früheren Zurückhaltung des Staates gegenüber den Freiheiten und Aktivitäten des Individuums wurde nun in

Artikel 11 bzw. 28 das Recht des Staates sanktioniert, zum
Nutzen der Allgemeinheit auf die Wirtschaft Einfluss zu
nehmen sowie die Verteilung und den Verbrauch von Gütern und Ressourcen zu rationalisieren. Die Zusätze betonten stärker als bisher die auf das Wohl der Gemeinschaft ausgerichteten Aufgaben und Verpflichtungen des
Staates wie auch des Einzelnen, so dass z. B. mit der Formel von der »sozialen Funktion von Eigentum« (Art. 10
bzw. 26), mit der Zusicherung des »Rechts auf Arbeit«
(Art. 17 bzw. 40) und mit der Garantie des »Streikrechts«
(Art. 20 bzw. 44) die wesentlichen Instrumente der neuen,
nach innen gerichteten Entwicklungspolitik ihre verfassungsmäßige Legalisierung erhielten.

In diesem rechtlichen Rahmen gelang es der Regierung
López Pumarejo endlich, nachdem drei Jahre daran gear-
beitet und darüber diskutiert worden war, ein Agrargesetz
zu erlassen, das den Forderungen nach Bodenbesitz Rechnung trug. Das Gesetz 200 von 1936, dem die Überzeugung zugrunde lag, dass privates Eigentum an Grund und
Boden nicht schon allein durch den Rechtstitel, sondern
erst durch die Ausnutzung gegeben sei (Art. 1), legalisierte
praktisch die in den Jahren zuvor durchgeführten Besetzungen und Inwertsetzungen privaten und öffentlichen
Landes. Es war zu gewaltsamen Landbesetzungen gekommen, weil Landarbeiter und Campesinos sowie aus der
Stadt aufs Land zurückgekehrte arbeitslose Bauarbeiter
am Kaffeeexport teilhaben wollten, Großgrundbesitzer
aber nicht bereit gewesen waren, bisher nicht genutzte
brachliegende Flächen abzugeben. Die Campesinos hatten
zur Selbsthilfe gegriffen, sich zu lokalen oder regionalen
Bauernligen oder Bauerngenossenschaften zusammengeschlossen und mit gewaltsamen Landbesetzungen voll-
endete Tatsachen geschaffen und begonnen, den Boden zu
nutzen. Im ganzen Land gab es immerhin an vierzig Stellen solche Bauernbewegungen mit mindestens 30 000 beteiligten Campesinos. Das spektakulärste Beispiel dieser

Aktionen war die in den Jahren 1934–1936 durchgeführte Besetzung und Übernahme großer Kaffeeplantagen in der Gegend von Viotá, sechzig Kilometer südwestlich von Bogotá, wo die Invasoren eine »Unabhängige kommunistische Republik«, die »Republik von Tequendama« von etwa fünfzig Quadratkilometer Größe errichteten, die im Schutze einer schwer zugänglichen Topographie über zwanzig Jahre bestand. Mit dem Agrargesetz erschwerte die Regierung es nun durch eine Reihe von Maßnahmen den Großgrundbesitzern, die Siedler von ihrem Boden wieder zu vertreiben, falls diese auch nur die geringste Verbesserung bisher ungenutzten Bodens vorgenommen hatten (Art. 4). Gleichzeitig versuchte es, das zentrale Problem der bisherigen Landbesitzstruktur – privates ungenutztes und brachliegendes Land – dadurch zu lösen, dass es vorsah, dass über einen Zeitraum von zehn Jahren nicht genutzter Landbesitz der Latifundien als Brachland dem Staat zufallen und anschließend landlosen Bauern und Pächtern zugeteilt werden sollte (Art. 6).

Die Grenzen der sozialen Veränderungspolitik

Dem Ziel einer gerechteren Verteilung diente auch eine arbeiterfreundliche und gewerkschaftsfördernde Politik, mit der der Staat sich für bessere Arbeitsbedingungen und höhere Löhne einsetzte, sowie die Steuerreform von 1935/36. Diese sah die direkte, progressive Besteuerung der Einkommen und des Vermögens sowie die Anhebung der Steuertarife für die hohen und Höchsteinkommen vor. Sie verfolgte das Ziel einer gleichmäßigeren Verteilung von Nutzen und Lasten des Wachstums. Vor allem aber diente sie dazu, den Staat von der bisherigen Haupteinnahmequelle, den Außenhandelszöllen, unabhängiger zu machen und ihm mit der Erschließung der neuen Einnahmequelle, die sich durch das Wirtschaftswachstum auftat, auch die materiellen Möglichkeiten zu geben, das Reformprogramm zu realisieren. Tatsächlich erhöhten sich die Staatseinnahmen zwischen 1933 und 1936 um rund 100 %, und in den Jahren 1935 bis 1939 wies der Staatshaushalt nicht mehr Defizite, sondern Überschüsse auf. Zugleich bot die Neuregelung und Effektivierung des Steuersystems die Möglichkeit, die bisherige Beziehung zwischen Staat und den traditionellen Wirtschaftsgruppen zu verändern; dominierten vorher die Forderungen und Ansprüche dieser Gruppen, so nahm nun der Staat mit dem Erfolg der Steuerpolitik sein Recht auf Kontrolle und Einfluss in der nationalen Wirtschaft wahr.

Indem die Liberalen den Prozess der Industrialisierung forcierten, eine arbeiterfreundliche und gewerkschaftsfördernde Politik betrieben, große Flächen von bisher ungenutztem Land der Großgrundbesitzer an die Campesinos verteilten, im Bildungsbereich von einer bloßen Eliteförderung abrückten und deshalb die Schulpflicht sowie die weltanschaulich neutrale, unentgeltliche staatliche Schule mit neuen, an den Natur- und Sozialwissenschaften ausgerichteten Bildungsinhalten und Methoden einzuführen und damit den bisherigen Einfluss der sozialkonservativen katholischen Kirche aus dem öffentlichen Erziehungssektor zurückzudrängen versuchten, unternahmen sie Schritte zur Modernisierung der Wirtschaft und zugleich zur sozialen Veränderung der Gesellschaft. Diese Reformen bedeuteten den Versuch einer Neugestaltung der Beziehung zwischen Staat und Gesellschaft. Es ging darum, durch Modernisierung der Bürokratie und Kooperation mit einer breiten Massenbewegung dem Staat eine größere Autonomie gegenüber den bisher dominierenden Gruppen von Grundbesitzern und wirtschaftlichen Verbänden zuzumessen, um soziale Konflikte zu entschärfen und den unteren bzw. mittleren Schichten Raum und Gelegenheit zur Artikulation ihrer Wünsche zu geben.

Allerdings hat die Regierung López ihr Reformprogramm nicht durchsetzen können. Schon Ende 1936 sah sich López gezwungen, einen gemäßigteren Kurs einzuschlagen. Seine Wirtschafts- und Sozialpolitik bedeutete einen zu abrupten Bruch gegenüber derjenigen vor 1930, als dass die immer noch einflussreichen traditionellen Gruppen zusammen mit den erstarkenden Industrieunternehmern die vorgesehenen Gesellschaftsveränderungen widerstandslos hingenommen hätten. Die Agrarier sahen sich durch die Reformen im Agrarbereich – obwohl eine vollständige Zerschlagung des Großgrundbesitzes gar nicht erfolgt war – und Industrieunternehmer durch die direkte Steuer betroffen und begannen, einzeln oder in organisierten Gruppen gegen das Reformprogramm zu opponieren.

Die Abwehrhaltung der Oligarchie und die Folgen

Die negative Reaktion der Oligarchie auf die Reformmaßnahmen aber bedeutete letztlich nichts anderes, als die Bevölkerungsmehrheit in den Städten und auf dem Land, die sogenannten *masas populares y rurales*, die ca. 70–80 % der Gesamtbevölkerung ausmachten, von wirklicher politischer Aktivität und sozialer Teilhabe fernzuhalten. Die Oberschicht hat ihre Interessen zielstrebig verfolgt und auch gegenüber der ca. 15 % der Gesamtbevölkerung ausmachenden Mittelschicht von mittleren Landbesitzern, Staatsbediensteten, Advokaten, Intellektuellen, Lehrern und Akademikern realisieren können. Jedoch hatte die Unfähigkeit der herrschenden Oligarchie, Strukturreformen zu akzeptieren oder gar einzuleiten, ständige soziale Spannungen und Unruhen zur Folge, die zum Teil von Gewerkschaften oder linksliberalen und sozialistischen Gruppierungen der Liberalen Partei in Oppositionsbewegungen kanalisiert wurden, sich aber auch in spontanen Ausbrüchen von Gewalttätigkeiten entluden. Bereits seit 1940 erfolgten mehrere Aufstände von Bauern und Landarbeitern, weil die Konflikte auf dem Land nicht grundsätzlich gelöst worden waren. Als am 9. April 1948 der populäre linksliberale Führer Jorge Eliécer Gaitán ermordet wurde, kam es in Bogotá zu gewalttätigen Auseinandersetzungen, Plünderungen, Mord und Totschlag, dem sogenannten *Bogotazo*. In den ländlichen Regionen eskalierten die angestauten Konflikte zu einem Bürgerkrieg, der sogenannten *violencia*, die weite Teile des Landes erfasste und bis 1963 andauerte. An die 200 000 Menschen verloren während dieser Jahre ihr Leben.

Importsubstitution als Entwicklungskonzept

Nach dem Zweiten Weltkrieg galten in ganz **Lateinamerika** die Wachstumserfolge einer einheimischen Industrialisierung durch Importsubstitution mit Auswirkung auf den Binnenmarkt, wie sie in dem Jahrzehnt nach der Weltwirtschaftskrise festzustellen waren, als Beleg für die Gangbarkeit dieses Weges zu Industriestaaten und führten so in den 1950er Jahren zum Entwicklungsmodell der Industrialisierung durch Importsubstitution. Die zweite Phase der Industrialisierung durch Importsubstitution begann.

Die Entwicklungsstrategie der CEPAL

1950 betonte die Wirtschaftskommission der UN für Lateinamerika (*Comisión Económica para América Latina*, CEPAL) den von der Weltwirtschaftskrise ausgehenden Industrialisierungseffekt und leitete u. a. daraus Industrialisierung als Weg zur Entwicklung ab. Raúl Prebisch, der Leiter dieser Kommission, ein argentinischer Wirtschaftswissenschaftler und Hochschullehrer, begründete 1950 die Notwendigkeit einer Industrialisierung mit der historischen Erfahrung Lateinamerikas: »In Lateinamerika untergräbt die Wirklichkeit das überholte Schema der internationalen Arbeitsteilung, das im 19. Jahrhundert große Bedeutung erlangte. Die innerhalb dieses Schemas spezielle Aufgabe Lateinamerikas als Teil der Peripherie des Weltwirtschaftssystems bestand darin, Agrarprodukte und Rohstoffe für die großen industriellen Zentren zu liefern. Zwei Weltkriege innerhalb einer einzigen Generation und die große Wirtschaftskrise dazwischen haben den lateinamerikanischen Ländern ihre Möglichkeit gezeigt, indem sie auf den Weg industrieller Aktivität hinwiesen.«

Prebisch und die CEPAL formulieren ihre Entwicklungsstrategie der importsubstituierenden Industrialisierung, als einer vorrangig ökonomisch ausgerichteten Modernisierungsstrategie, im Kontext der Ursachenklärung zur Unterentwicklung der Länder der Dritten Welt innerhalb ihrer Theorie der peripheren Wirtschaft, in deren Mittelpunkt das Austauschverhältnis zwischen Industrieländern als Zentrum und Entwicklungsländern als Peripherie steht. Nach dieser Theorie bestimmen die Industrieländer den Handelsaustausch zu ihrem Vorteil gegen die Interessen der Entwicklungsländer. Die industrielle Entwicklung sollte die Abhängigkeit der lateinamerikanischen Wirtschaft von der Einfuhr der sich ständig verteuernden Fertigwaren und Industriegüter verringern, indem diese durch eigene Erzeugnisse ersetzt werden sollten. Im Grunde ging es aber um eine Änderung in der Zusammensetzung der Einfuhr. Zwar versprach die Politik einen Rückgang der Einfuhr von Konsumgütern; dafür aber mussten mehr Kapitalgüter und Rohstoffe für die Industrie importiert werden.

Wirtschaftliche Erfolge und neue Abhängigkeiten

Und so bedeutete dieser Weg trotz erkennbaren Wachstums des Sozialprodukts, das z. B. laut CEPAL-Statistik von 1960 bis 1980 um etwa 5,8 % jährlich stieg, und trotz eines beachtlichen Anteils der industriellen Produktion in einigen Ländern, im Jahr 1979 in Brasilien, Argentinien, zwischen 25 und 30 %, keine gesamtgesellschaftliche Entwicklung. Denn obwohl die Industrialisierung in den Städten bald eine eigene Dynamik entwickelte, änderte sich nur wenig an der Gesellschafts- und Besitzstruktur auf dem Lande. Anders als in Europa, wo mit der Industrialisierung das Industrieunternehmertum gegenüber dem alten Adel die führende Rolle übernommen hatte, blieben die Großgrundbesitzer in Lateinamerika die dominierenden Gruppen; auch die traditionelle Produktionsform im Agrarsektor blieb erhalten. Insgesamt wurde kein Prozess eigenständigen Wachstums eingeleitet: Denn bis weit in die Mitte des 20. Jahrhunderts haben alle nationalen Industrialisierungsprozesse eine fremde Grundstoff- und Schwerindustrie zum Ausgangspunkt gehabt, die für die komplexere Aufgabe der Herstellung von Gütern der Schwerindustrie und von dauerhaften Konsumgütern erforderlich waren. Das Ergebnis war wiederum Abhängigkeit von den großen Industriemächten: durch die Lieferung von Maschinen, Ersatzteilen, Halbfertigprodukten oder durch die Wartung und außerdem durch den Transport; durch die finanzielle »Hilfe« vom Ausland in Form von öffentlichen oder privaten Anleihen, der Einwanderung ausländischer Kapitalgeber oder in der Errichtung von völlig oder teilweise im ausländischen Besitz befindlichen Firmenniederlassungen; durch die technische und technologische »Hilfe« in Form von ausländischen technischen Fachkräften, der Übertragung moderner Technologie durch die Vermittlung ausländischer Niederlassungen, die ihre eigene Technologie in Form von Lizenzen, Patenten, Markenzeichen oder Verträgen über technische Zusammenarbeit mitbrachten, oder die Übernahme ausländischer Technologie. Als Auswirkungen dieser ausländischen Unterstützung bei der internen industriellen Entwicklung erlebten die lateinamerikanischen Staaten eine jeweilige nationale Verschuldung (z. B. Argentinien 1968/70: Auslandsinvestitionen 1,892 Mrd. US-$; Auslandsverschuldung 2,221 Mrd.; Gesamtexportwert 2,030 Mrd.; Mexiko: Auslandsinvestitionen 3,023 Mrd.; Auslandsschuld 3,047 Mrd., Gesamtexportwert 2,875 Mrd.) und die Durchdringung der nationalen Volkswirtschaften mit ausländischen Niederlassungen (für 1969 z. B. Argentinien: von den dreizehn Unternehmen mit dem größten Umsatzvolumen gehörten sechs dem Staat, sieben dem ausländischen, keines dem argentinischen Privatkapital; in Brasilien gehörten von achtzehn Gesellschaften elf dem Staat, sechs dem ausländischen Privatkapital, nur eins dem nationalen Privatkapital). Die Industrialisierung verminderte insgesamt gesehen keineswegs Abhängigkeiten vom Ausland, sondern führte eher zu einer Entlateinamerikanisierung oder Entnationalisierung.

Soziale Disparitäten durch Industrialisierung

Das Problem dieses abhängigen Industrialisierungsprozesses stellt sich aber nicht nur in seinem abhängigen Verhältnis zu den Industrieländern dar, sondern auch und gerade in der Auswirkung auf die interne Struktur der Gesellschaft in den lateinamerikanischen Staaten. Hier sind besonders die Probleme der Urbanisierung und der Marginalisierung zu nennen. In der Wachstumsphase des Exportsektors war die Beschäftigung der wachsenden Bevölkerung im Wesentlichen gewährleistet, ja das Wachstum des Exportsektors trug direkt oder indirekt zur Schaffung

neuer Arbeitsplätze bei. Dann jedoch trat – zum Teil begründet auch in der Dynamik des Weltwirtschaftssystems
(Konzentration der Nachfrage, Wettbewerb mit anderen
Erzeugerländern, Einsatz immer kapitalintensiverer Pro-
duktionsverfahren) – der Moment ein, zu dem dieser Sektor nicht nur keine weiteren Arbeitskräfte mehr aufnehmen konnte, sondern sogar Beschäftigte entlassen musste.
Hinzu kam, dass durch das Wachstum des meist monokulturellen Exportsektors in vielen Fällen Ländereien von
Kleinbauern enteignet oder besetzt und damit die sozialen
und wirtschaftlichen Grundlagen der landwirtschaftlichen
Subsistenzwirtschaft zerschlagen wurden. Das Export-
wachstum produzierte Binnenwanderung aus den verfal-
lenden zu den sich entwickelnden Landwirtschaftsgebie-
ten und aus beiden dann in die Städte. Das Land begann,
sein überschüssiges Bevölkerungswachstum an die Städte
abzugeben, und trug zu deren ungesundem Wachstum
bei. Zu dieser Zeit aber konnte der Exportsektor keine
weiteren Arbeitskräfte mehr aufnehmen. Auch der einsetzende Industrialisierungsprozess durch Importsubstitution, bald gekennzeichnet durch eine immer kapitalin-
tensivere Technologie, hatte zur Folge, dass der Industriesektor große Schwierigkeiten hatte, neue Arbeitskräfte
aufzunehmen, während die Stadtbevölkerung gewaltig anwuchs. Die Urbanisierung und die Industrialisierung entwickelten sich auseinander, die Industrie konnte die Landflucht nicht absorbieren.

Der Industrialisierungsprozess schuf trotz oder gerade
durch die Investitionssteigerungen im modernen Wirtschaftssektor immer weniger Arbeitsplätze, so dass der
Anteil der gesamten aktiven Bevölkerung, der im industriellen Sektor Beschäftigung finden konnte, sich stetig
verringerte, während der Beschäftigungsanteil im tertiären
Sektor sich stets erhöhte. Der Beschäftigungsrückgang –
durch Modernisierung und Konzentration – im primären
Sektor (traditioneller Exportsektor und Landwirtschaft)

wurde nicht vom sekundären (industrielle Fabrikation), sondern vom tertiären Sektor, der Dienstleistung, absorbiert (für 1960–1969 z. B. Argentinien: Primärsektor 19,1 % – 15,6 %, Sekundärsektor 38,0 % – 36,9 %; Tertiärsektor 42,9 % – 47,5 %; Brasilien: Primärsektor 52,2 % – 46,6 %, Sekundärsektor 23,0 % – 23,3 %, Tertiärsektor 24,8 % – 30,1 %; Kolumbien: Primärsektor 48,2 % – 42,3 %, Sekundärsektor 24,5 % – 23,0 %, Tertiärsektor 27,3 % – 34,7 %). Dieser zeichnete sich durch aufgeblähte Verwaltungsbeschäftigung und volkswirtschaftlich wenig produktive Tätigkeit wie Straßenhandel, Schuhputzen o. Ä. aus. Er ist die Endstation für die vom Land in die Stadt Abgewanderten, die nur eine sporadische oder gar keine Beschäftigung haben, die die marginale und unterprivilegierte Randgruppenbevölkerung in den Armutsgürteln der Stadt bilden und keinen Zugang zu einem ausreichenden und stabilen Einkommen haben.

Partielle Modernisierung durch Industrialisierung

Die bisherige Industrialisierungspolitik, die häufig nichts anderes bedeutete als die Ansiedlung von Inseln der Technologie in einem rückständigen Umland, hat nicht zu einer allgemeinen Hebung des materiellen Lebensstandards, zur Lösung der Beschäftigungsprobleme, zum Abbau von Armut und sozialer Diskriminierung geführt. Es handelte sich ja auch um ein ökonomisches Entwicklungsprogramm. Zwar brachte die Industrialisierung in Teilbereichen wirtschaftliches Wachstum, doch hat sie nicht die grundlegende Veränderung der Gesellschafts- und Wirtschaftsstrukturen bewirkt. Das lag nicht etwa daran, dass die Industrialisierung an sich nicht tauglich war. Vielmehr haben es die herrschenden Schichten – oft mit den wirtschaftlichen Interessen der Industrienationen liiert – an

sozialem Verantwortungsbewusstsein fehlen lassen, das
über bloße soziale Fürsorge und die Beschwichtigung mo-
mentaner Probleme hinausging. Sie haben es versäumt,
eine bessere und gerechtere Verteilung des nationalen Einkommens z. B. durch die bislang fehlende progressive Besteuerung von Einkommen und Vermögen vorzunehmen
oder über eine Umverteilung des Landbesitzes zu Lasten
der Großgrundbesitzer den unteren Schichten eine wirtschaftliche Basis und damit Zugang zum politischen Leben bereitzustellen.

Darüber hinaus hat die politische Führung in einer In-
dustrialisierungseuphorie den Agrarsektor vernachlässigt,
so als ob es sich um die Alternative »Industrialisierung
oder Ausbau des Agrarsektors« gehandelt hätte. Auch die
Furcht vor Auseinandersetzungen mit den einflussreichen
Großgrundbesitzern hat sie die Bedeutung des Agrarsektors in seinen Verflechtungen mit den übrigen Wirtschaftszweigen und mit der Gesellschaftsproblematik
übersehen bzw. angesichts der Defizite bei den Industrialisierungsbestrebungen nur zu halbherzigen und ober-
flächlichen Agrarreformen besonders in den fünfziger und
sechziger Jahren greifen lassen. Doch erst eine durchgrei-
fende Lösung der Agrarfrage, die sich in Lateinamerika
immer noch als Problem von Konzentration des Bodenbe-
sitzes, von Monokulturen, von ungleicher Einkommensverteilung, von niedriger Produktivität und Vermark-
tungsschwierigkeiten der traditionellen Landwirtschaft,
von Arbeitslosigkeit und Landflucht darstellt, wäre die
Voraussetzung für eine gesamtgesellschaftliche und gesamtwirtschaftliche Entwicklung, die Vollbeschäftigung
und Zugang zu stabilem Einkommen und Versorgung mit
Grundnahrungsmitteln ermöglichen könnte, Landflucht
und damit Arbeitslosigkeit in den Städten unnötig machte
und mit der Integration des Landes und seiner Bevölkerung in den allgemeinen Wirtschaftsprozess auch die Nationsbildung vorantreiben könnte.

Die Kultur politischer Gewalt

Mit Recht ist das politische System Lateinamerikas als eine Kultur politischer Gewalt bezeichnet worden. Dass Gewalt seit der Unabhängigkeit und nach wie vor ein Grundelement der politischen Auseinandersetzungen ist, belegen 115 sogenannte »Revolutionen« zwischen der Unabhängigkeit und dem Ersten Weltkrieg, weitere 98 zwischen 1931 und 1965 sowie die hohe Zahl von 121 Präsidenten in der Zeit von 1940 bis 1955, von denen 42 nur weniger als ein Jahr im Amt blieben; dabei sind misslungene Putsche sowie die nach 1965 stattgefundenen gewaltsamen Machtübernahmen durch das Militär wie z. B. die in Chile 1973 oder Argentinien noch nicht berücksichtigt. Die im politischen Prozess der lateinamerikanischen Länder zum Ausdruck kommende Gewalt als politisches Durchsetzungsmittel trat und tritt in verschiedenen Formen auf. Sie reicht von direkter Gewaltanwendung zur Machtgewinnung (*machetismo*, brutale, meist blutige Methode zur Gewaltmobilisierung; *cuartelazo*, oft unblutige Kasernenrevolte; *golpe de estado*, nicht nur auf das Militär beschränkter bewaffneter Staatsstreich, mit dem der regierende Präsident durch Mord oder Festnahme direkt ausgeschaltet wird) bis zu indirekter Gewaltanwendung zur Machtsicherung wie Verfassungs- und Wahlrechtsmanipulationen (*imposición*, Nominierung eines Kandidaten durch die regierende Gruppe mit anschließender Wahlbeeinflussung; *candidato único*, Wahlen mit nur einem einzigen Kandidaten; *continuismo*, Fortsetzung einer Präsidentschaft über die von der Verfassung vorgeschriebene Zeit). Doch nicht nur im politischen, sondern auch im ökonomisch-sozialen Bereich äußert sich Gewalt, in dem seit der Kolonialzeit bis weit in das 20. Jahrhundert hinein soziale und wirtschaftliche Ungleichheit, fehlende Partizipation an den nationalen Ressourcen und die Verhinderung des Abbaus von Ungleichverteilung und sozialer Diskriminierung, also das, was sich als Sozialverhältnisgewalt bezeichnen ließe, die lateinamerikanischen Gesellschaften charakterisieren.

Strukturelle Gewalt

Auch einer linken Ideologie unverdächtige Personen, die lateinamerikanischen Bischöfe und Papst Paul VI., haben diese in den bestehenden Strukturen immanente Gewalt, mit der die notwendigen wirtschaftlichen, politischen und sozialen Veränderungen in Lateinamerika verhindert werden, präzise analysiert. Für ihre Gesellschaften prägte die 2. Lateinamerikanische Bischofskonferenz von August/September 1968 in Medellín, Kolumbien, im Schlussdokument der Kommission »Gerechtigkeit und Friede« den Begriff »institutionalisierte Gewalt«, *violencia institucionalizada*; dieser Begriff wurde seitdem im Sprachgebrauch üblich und ist in der Analyse der sozialen Ungerechtigkeit dem der »strukturellen Gewalt« verwandt, wie ihn der norwegische Friedensforscher Johan Galtung zur Unterscheidung von personaler, rein physischer Gewalt formulierte. Die Bischöfe kamen in der Analyse der Gesellschafts- und Machtstrukturen ihrer Staaten und unter Verwendung zahlreicher Zitate aus verschiedenen Enzykliken Papst Pauls VI. zu dem Ergebnis, dass in vielen Teilen Lateinamerikas Ungerechtigkeit herrsche und fundamentale Rechte oft durch institutionalisierte Gewalt verletzt würden. Solche Situation erfordere umfassende, kühne und drängende Änderungen und erfahrene Reformer. Sie hoben ausdrücklich hervor, dass ein echter, sozial gerechter Frieden mehr bedeute, als dass Gewalttaten und Blutvergießen aufhören. Die Unterdrückung durch die besitzenden Gruppen könnte äußerlich so erscheinen, als ob Frieden und Ordnung herrschten. Aber in Wahrheit sei dieser Frieden nichts anderes als »der Same, der ständig und unvermeidbar Revolten und Kriege hervorbringt« (Botschaft Papst Pauls VI. am 1. Januar 1968). Der Frieden könne allein an eine neue Ordnung glauben lassen, die »eine möglichst vollkommene Gerechtigkeit zwischen den Menschen herstellt« (Enzyklika *Populorum Progressio*, 76). Das sei so gemeint, dass die richtige Entwicklung des Menschen durch den Abbau der weniger menschlichen Bedingungen geschähe und zu menschlicheren Bedingungen hinführe. Dieser Vorgang verdiene dann den Namen Frieden. Mit großer Entschiedenheit mahnten die Bischöfe tiefgreifende und notwendige Reformen an, und diese Mahnung war an die politischen Entscheidungsträger gerichtet, denn, so argumentierten sie, man dürfe die Geduld eines Volkes nicht missbrauchen, das seit langen Jahren unter Bedingungen lebe, die kein Mensch, der sich der Menschenrechte bewusst sei, akzeptieren würde.

Unterentwicklung und Gewalt

Die Bischöfe redeten keiner unüberlegten Revolution das Wort, gleichwohl machten sie deutlich, dass die von den Oberschichten gewollte Bewahrung der bestehenden Ordnung keinesfalls gewaltlos verläuft. Sie zeigten Verständnis für die Anwendung von Gegengewalt, zumal dann, wenn die bestehende Ordnung ungerecht war und sich einem Wandel zu mehr sozialer Gerechtigkeit entgegenstellte. Sie erkannten die Beziehungen zwischen Unterentwicklung und Gewalt: Gewalt, *revolutionäre* Gewalt als Änderungsgewalt der gemeinsamen Benachteiligten zur Durchsetzung sozialen Wandels, entsteht dort als Gegengewalt, wo bestimmte gesellschaftliche Bedingungen sie hervorrufen und wenn andere Wege zu sozialem Wandel verschlossen sind. In Lateinamerika bestanden diese Bedingungen, und im 20. Jahrhundert gab es mehrere Versuche, die »institutionalisierte Gewalt« zu brechen.

Soziale Revolutionen

Im Verlauf des 20. Jahrhunderts und bis in unsere Gegenwart hinein hat es in Lateinamerika nicht an entwicklungsorientierter Politik gefehlt, um die Gesamtbevölkerung und nicht nur eine Minderheit von materiellen und sozialen Zwängen zu befreien und durch Hebung des allgemeinen materiellen Lebensstandards, durch Abbau von Ungleichverteilung und sozialer Diskriminierung sozialen Wandel zu initiieren, also endlich Nationalstaaten zu bilden, und den ökonomischen und sozialen Abstand zu den industriell fortgeschrittenen Ländern, mit denen Lateinamerika nach der Loslösung von den iberischen Kolonialreichen konfrontiert war, zu verringern. Bei allen Bemühungen kehren besonders zwei Forderungen und Maßnahmen als Angelpunkte zur Erreichung dieser Ziele – zwar unterschiedlich betont und bewertet – immer wieder: die Veränderung der Sozialstruktur und die Überwindung des ausgeprägten ökonomischen Imperialismus, d. h. der Abhängigkeit, der wirtschaftlichen und politischen Fremdbestimmung von außen.

Neben Versuchen, im Rahmen der verfassungsmäßigen Ordnung über traditionelle Parteien wie in Kolumbien (Liberale und Konservative, seit 1959 in einer großen Koalition), über Reformparteien und -bewegungen wie in Peru (APRA), in Argentinien (Peronismus), in Venezuela (Demokratische Aktion und Christdemokraten), in Chile (Christdemokraten und 1970–1973 die *Unidad Popular*) durch Reformen nachhaltige Strukturveränderungen zu erreichen, hat es in Lateinamerika auch Revolutionen als

Antwort auf soziale Spannungen, soziale und ökonomische Ungleichheit und Beeinflussung von außen gegeben. Die Rede ist nicht von den Scheinrevolutionen, jenen für Lateinamerika so charakteristischen Kasernenrevolten, Militärputschen und gewaltsamen Regierungsumbildungen, mit denen die ohnehin schon an der politischen und wirtschaftlichen Macht teilhabenden Gruppen sich in der Regierung abwechselten, ohne dass dieser Austausch von Eliten eine Veränderung der sozioökonomischen Gesamtstruktur der Gesellschaft bewirkt hätte. Gemeint sind vielmehr jene Bewegungen, die auf die Bedürfnisstruktur breiter Massen und deren soziales Elend eingingen und vom Verlauf – getragen von einer Massenbasis – und vom Ergebnis her soziale Revolutionen darstellten, weil sie die traditionellen Strukturen der Gesellschaft und Politik aufbrachen und die seit der Unabhängigkeit fehlenden Bedingungen für die Emanzipation der ganzen Nation und besonders der Land- und Eingeborenenbevölkerung zumindest ansatzweise schufen. Die revolutionären Bewegungen bewirkten eine Neugestaltung der alten sozialen Ordnung in Verbindung mit einer Umverteilung von Besitz und politischer Macht: die mexikanische Revolution ab 1910, die bolivianische Revolution ab 1952, die kubanische Revolution ab 1959 und die Revolution in Nicaragua ab 1977/1979.

Entscheidend für den Charakter der vier Revolutionen, ihre Zielsetzung und Maßnahmen zur Neugestaltung der politischen und sozialen Ordnung waren sowohl die Agrar- und Besitzstruktur der Länder als auch ihr politisches Regime, das lediglich zur Durchsetzung gruppengebundener Interessen einer Elite, bzw. im Falle Nicaraguas der Familie Somoza, diente. Wie im übrigen Lateinamerika handelte es sich um Gesellschaften, in denen Landbesitz Reichtum, Sicherheit und Ansehen bedeutete. Seit der Kolonialzeit war Landbesitz ungleich verteilt gewesen. Auch nach der Unabhängigkeit, besonders im Zuge der liberalen Reformbewegungen des 19. Jahrhunderts, konzentrierte er sich in immer weniger Händen, so dass einer relativ kleinen Zahl von Großgrundbesitzern eine Vielzahl von kleinsten landwirtschaftlichen Einheiten gegenüberstand. Verschärft wurde dieses Landbesitzsystem noch durch die abhängige Stellung der Landarbeiter (*colonos*) auf den Latifundien, die nicht mit Geld, sondern mit der Nutzung eines kleinen Stück Landes entlohnt wurden. Außerdem trug im wirtschaftlichen Bereich die extensive Bewirtschaftung der Haciendas in Mexiko und Bolivien wenig zur nationalen Volkswirtschaft und zur Entwicklung des Agrarsektors bei. Die kubanische Landwirtschaft war durch eine fehlende Diversifizierung und die Konzentrierung auf den Zuckerrohranbau, der sich zudem noch in ausländischem Besitz befand, sowie durch eine extrem niedrige Nutzung des kultivierbaren Landes und der vorhandenen Arbeitskräfte charakterisiert. Abgesehen von den Ungerechtigkeiten und Brutalitäten der Bereicherungsdiktatur der Somoza-Familie, die mit Agrar- und Industriebetrieben ein Wirtschaftsimperium zusammengerafft hatte, litt die Landbevölkerung des exportorientierten Nicaragua (Kaffee und Baumwolle) unter einem Marginalisierungs- und Proletarisierungsprozess, der u. a. durch die Konzentration riesiger Flächen in den Händen weniger Familien einerseits und die Aufteilung des übrigen Landes in eine Vielzahl von Minifundien andererseits – ungeachtet vorhandener Landreserven – hervorgerufen worden war.

In den genannten vier Ländern wurde deshalb die Agrarreform eines der wichtigsten und grundlegendsten Vorhaben der revolutionären Bewegungen, die in ihrem Ansatz wohl als politische Bewegungen zum Sturz der jeweiligen Regierung anzusehen sind, sich aber nicht zuletzt durch die aktive Beteiligung bzw. Unterstützung der benachteiligten und vernachlässigten Bevölkerung, vor allem der Landbevölkerung und in geringerem Maße der Arbeiter – im Falle Nicaraguas auch der bürgerlichen Mittelschichten – zu einer sozialen Revolution wandelten.

Die Revolution in Mexiko

In **Mexiko** begann die Bewegung zunächst als politischer Aufstand, als im November 1910 Francisco I. Madero, ein reicher und zur Oberschicht gehörender Großgrundbesitzer, sich mit dem Aufruf »Wirkliche Wahlen, keine Wiederwahl« im Norden Mexikos (Coahuila, Sonora, Chihuahua und Sinaloa) an die Spitze einer breiten Opposition gegen die seit 1876 andauernde Diktatur des Porfirio Díaz setzte. Bald schlossen sich ihm politische und militärische Gruppen unterschiedlicher Richtungen und Zielsetzungen an. In dem nun ausbrechenden Bürgerkrieg erlangten vor allem der Bandenführer Francisco (Pancho) Villa aus Chihuahua im Norden und der Bauernführer Emiliano Zapata aus dem Zuckerstaat Morelos im Süden große Bedeutung. Zapata war Gemeindevorsteher des Dorfes Anenecuilco und damit beauftragt, im Rechtsstreit um von der benachbarten Hacienda okkupiertes Gemeindeland die Rechte des Dorfes gegenüber der Hacienda zu vertreten. Unter dem Einfluss der Erfolge der maderistischen Bewegung im Norden brach die Rebellion im März 1911 auch in Morelos aus. Zapata, im Mai 1911 zum »Obersten Chef der Revolutionsbewegung des Südens« gewählt, führte seine Anhänger mit einem sozialen Programm und unter dem Schlagwort »Land und Freiheit« in den Krieg. Er forderte radikale Agrarreformmaßnahmen und führte in den Gebieten, die unter der Kontrolle seiner Truppen standen, auch Landverteilungen durch.

Rivalisierende Revolutionskonzepte

Im Mai 1911 trat Porfirio Díaz zurück, und im November übernahm Madero die Präsidentschaft, sah sich allerdings bald politischen Gegnern bzw. Rivalen aus seiner eigenen Schicht gegenüber. Mit dem Versprechen, die Landfrage zu regeln, hatte er auch die Landbevölkerung mobilisieren können. Doch erwies er sich als unfähig, diese Versprechungen einzuhalten und notwendige soziale Reformen durchzusetzen, so dass die zapatistischen Aufständischen weiterhin ihre Forderungen stellten und für soziale Unruhe sorgten. Nur bis zum 18. Februar 1913 konnte Madero sich im Amt halten, als eine Gruppe von Militärs – unter ihnen Felix Díaz, ein Neffe des gestürzten Diktators, und General Victoriano Huerta, Kommandant der Regierungstruppen in der Hauptstadt – mit aktiver Unterstützung des US-amerikanischen Botschafters Henry Lane Wilson in einem Putsch Madero und seinen Vizepräsidenten Pino Suárez zum Rücktritt zwangen, um eine Stabilisierung der politisch-gesellschaftlichen Verhältnisse herbeizuführen. Die Regierungsgeschäfte übernahm nun Huerta.

Doch die erwünschte Stabilität trat nicht ein. Nicht zuletzt die Nachricht von der heimlichen Ermordung von Madero und Pino Suárez einige Tage nach ihrer Gefangennahme sorgte für Widerstand gegen das neue Regime, das trotz der Unterstützung durch den Botschafter von der Regierung in Washington nicht anerkannt wurde. Der Bürgerkrieg trat in eine neue Phase. Zapata und Pancho Villa kämpften gegen Huerta weiter; im Norden, im Staat Coahuila organisierte der dortige Gouverneur Venustiano Carranza, ein Hacendado und Madero-Anhänger, das sogenannte »verfassungstreue Heer«, mit dem er und sein General Alvaro Obregón gegen Huerta antraten, um wieder verfassungsmäßige Verhältnisse herzustellen, was ihnen die Bezeichnung Konstitutionalisten eintrug. Als

Huerta sich mit den USA anlegte und US-amerikanische Marinetruppen im April 1914 den Hafen von Veracruz besetzten, trat er am 8. Juli 1914 zurück. Nach der Einnahme der Hauptstadt durch konstitutionalistische Truppen in der zweiten Hälfte des Augusts 1914 übernahm Carranza die Regierungsgeschäfte, meldete damit seinen Machtanspruch an. Das Chaos in Mexiko hielt jedoch an, denn nun bekämpften sich die Gegner Huertas untereinander, die Revolutionsbewegung zerbrach in zwei Lager, die in sich jeweils noch weiter gespalten waren: Auf der einen Seite standen die städtisch-bürgerlich-konservativen, eher auf politische Veränderung ausgerichteten Gruppen um Carranza und Obregón, auf der anderen Seite die eher bäuerlich-populär-progressive Allianz von Villa-Anhängern und Zapatisten mit ihren sozialen Reformbegehren. Die Letzteren verabredeten mit anderen Revolutionsführern im Oktober 1914 in der Konvention von Aguascalientes ein gemeinsames Vorgehen, weshalb sie die Bezeichnung Konventionisten erhielten. In blutigen Auseinandersetzungen im Kampf um die Macht konnte sich schließlich Carranza, nachdem die Armeen von Villa und Zapata gespalten und einzeln besiegt worden waren, durchsetzen; schon im Oktober 1915 tolerierten die USA die von Carranza geführte Regierung.

Soziale Dimensionen der Verfassung von 1917

Anfang Dezember 1916 trat in der Provinzstadt Querétaro eine Verfassunggebende Versammlung zusammen, für die nur Angehörige und Anhänger der Konstitutionalisten, jedoch keine Anhänger von Zapata und Villa wählbar waren. Carranza selbst trat nur für unwesentliche Änderungen der Verfassung von 1857 wie das Verbot der Wiederwahl eines Präsidenten ein, sah keine Notwendigkeit für umfassende gesellschaftliche Reformen. Doch waren die im Bürgerkrieg von den Zapatisten geforderten Maßnahmen zur Agrarreform und die sozialen Forderungen der Arbeiter so tief ins allgemeine politische Bewusstsein gedrungen, dass die Mitglieder der Versammlung weitgehende Beschlüsse fassten. So erhielt Mexiko im Februar 1917 eine Verfassung, die das staatliche Eigentum an allen Bodenschätzen (Art. 123), einen starken Arbeitsschutz gesetzlich verankerte und insgesamt Weichen für eine weitreichende Sozialgesetzgebung stellte. Von besonderer Bedeutung waren die Bestimmungen in Artikel 27 über die staatlichen Rechte, privaten Landbesitz zu enteignen, und über die Methoden der Landverteilung. Land konnte nun, wenn nötig, enteignet werden, während andererseits die Enteignung des bäuerlichen Gemeindebesitzes rückgängig gemacht wurde.

Allerdings wurde die Verfassung in den folgenden Jahren kaum in die Praxis umgesetzt. Umwandlung und Verteilung des Großgrundbesitzes waren anfangs nur dort möglich, wo sich die Bauern gut organisierten oder über bewaffnete Streitkräfte gegen die Opposition der Hacendados verfügten, und selbst dort vollzog sich der Prozess nur langsam. Erst in den 1930er Jahren, als sich die Revolution nach einer langen Phase von Aufständen und gewaltsamen Auseinandersetzungen zwischen rivalisierenden Militärs institutionalisiert hatte, setzte Präsident Lázaro Cárdenas (1934–1939) die Landreform durch. Er ließ 18 Millionen Hektar an Grundbesitz enteignen und an rund 800 000 Begünstigte verteilen, und zwar auf der Basis von Gemeinbesitz und kollektiver Bewirtschaftung durch indianische Gemeinden, also als *ejidos*, um eine unwirtschaftliche Aufteilung der Ländereien zu vermeiden.

Die mexikanische Einheitspartei

Die Agrarreform machte über die Hälfte der bäuerlichen Familien zu Landbesitzern und verbesserte die Lebenssituation der Landbevölkerung gegenüber der Zeit vor 1910. Durch die Errichtung von Bauerngewerkschaften und durch die 1928 gegründete und seit 1946 Institutionelle Revolutionspartei (*Partido Revolucionario Institucional*, PRI) genannte Regierungspartei, die in gleichberechtigte Sektoren – Arbeit, Landwirtschaft, Volkssektor (1940 wurde der Sektor Militär abgeschafft) – gegliedert war, wurden institutionelle Grundlagen für eine politisch aktive Landbevölkerung geschaffen. Der PRI fungierte als Einheitspartei. Demokratisches Leben spielte sich in Mexiko nicht zwischen Parteien, sondern innerhalb des PRI ab, waren doch innerhalb der Partei alle wirtschaftlichen Interessen und sozialen Schichten vertreten. In ihr kamen sozusagen im vorparlamentarischen Raum die unterschiedlichen Meinungen zur Geltung, und die auf den Kongressen des PRI erzielten Kompromisse stellten eigentlich den Gemeinwillen der gesamten Bevölkerung dar. Lange Zeit war Mexiko ein Einparteienstaat, doch diente die Einheitspartei nicht als Mittel eines totalitären Staates.

Mestizaje und mexikanisches Nationalgefühl

Ein wesentliches Ergebnis der mexikanischen Revolution stellte die aus ihr abgeleitete Hinführung zu einem mexikanischen Nationalgefühl dar, das Staat und Nation konsolidieren sollte. Die Tatsache, dass in den Revolutionskämpfen alle Bevölkerungsschichten beteiligt gewesen waren, diente als Symbol für eine neue kulturell/ethnisch bestimmte kollektive Identitätskonstruktion. Es sollte ein

Wir-Gefühl geschaffen werden, das auf der Synthese indianischer, spanischer und mestizischer Komponenten beruhte. Wegbereiter und Medium dieser Hinführung waren neue Schulbücher, die neue mexikanische Literatur, vor allem aber und am augenfälligsten die monumentale Wandmalerei, die besonders in den Werken des mexikanischen Malers Diego Rivera eine idealisierende Vision und Interpretation der Figur des Indios lieferte. Rivera stellte die Indios als die Armen dar, die sich in weiße Ponchos oder eigene Trachten kleiden, die meist die schweren Arbeiten ausführen und beenden müssen; die Gebräuche, Tänze und Feste haben, die ihnen einen kulturellen Zusammenhalt geben, und die würdevoll und schön sind.

Diese verklärende Darstellung wurde der Wirklichkeit der Indios ebenso wenig gerecht wie deren Abwertung als Barbaren. Immerhin hat sie im Kontext des seit dem ausgehenden 19. Jahrhundert bestehenden Indigenismus, wie auch in anderen Staaten mit hohem Indioanteil, der Gesellschaft Ansätze zu einer breiteren Identitätsbasis geliefert, indem sie die nationale Geschichte um die Geschichte der Indios, ihre vorspanische Kultur und ihre koloniale Vergangenheit erweiterte. Ähnliches vollzog sich auch in anderen Staaten, wie z. B. in Peru, wo der Historiker und Autor José Carlos Mariátegui in den 1920er Jahren dafür plädierte, sowohl das indianische als auch das spanische Erbe als Bestandteile einer peruanischen Identität anzunehmen. Während Mariátegui dies nicht als Verschmelzung von Indios und Weißen verstand, entwickelte in Mexiko José Vasconcelos gerade die Vorstellung von der Vermischung, dem *mestizaje*. Vasconcelos war unter der Regierung von General Alvaro Obregón (1920–1924) Minister des neugeschaffenen Erziehungsministeriums, hatte wesentlichen Anteil an der Konsolidierung der mexikanischen Revolution und der Entwicklung einer Identitätskonstruktion und sah eine seiner Aufgaben in der Schaf-

fung von nationaler Identität. In seinem Buch über die
»Kosmische Rasse«, *La raza cósmica*, von 1925 argumentierte er, dass das wahre mexikanische Volk sich aus der
Vermischung der jeweils besten Eigenschaften von Indios
und Spaniern ergebe. Damit erhob er die Rassenvermischung in Lateinamerika zum Identitätsmerkmal. Er war
der Meinung, dass die Völker Lateinamerikas durch die
Rassenvermischung über reiche schöpferische Fähigkeiten
verfügten und diese realisieren würden, wenn die sozioökonomischen Ursachen, die ihre Entwicklung behinder-
ten, endlich beseitigt worden seien. Der besondere Weg
Lateinamerikas schien ihm auch für die Lösung von Problemen in anderen Regionen gangbar. Positive Impulse
für die innergesellschaftliche Entwicklung sind von solchen neuen Identitätsentwürfen nicht ausgegangen, die
Vorstellung von Nation als einer ethnischen und kulturellen Einheit mit europäischem Gehalt war noch ungebrochen.

Die Revolution in Bolivien

Rund vierzig Jahre nach der Revolution in Mexiko vollzog sich in **Bolivien** 1952 die zweite echte Revolution in
Lateinamerika. Auch in Bolivien, einem Land mit einer
ausgebeuteten, in Unwissenheit gehaltenen indianischen
Bevölkerungsmehrheit, nahmen die marginalisierte Landbevölkerung und vor allem die Bergarbeiter in den auf
dem zentralen Hochplateau, dem am dichtesten besiedelten Teil des Landes, gelegenen Zinngruben Einfluss auf
die Entwicklung von einer zunächst politischen zu einer
sozialen Revolution. Aktiv wurden also diejenigen Bevölkerungsgruppen, die wenig Anteil an Boliviens ungeheu-
rem Zinnreichtum hatten.

Die Vorbedingungen

Im ausgehenden 19. Jahrhundert war es zu einer Verschiebung vom Silber- zum Zinnabbau gekommen. Seit Beginn des 20. Jahrhunderts lag Boliviens wichtigster Wirtschaftssektor in den Händen dreier Konzerne, Patiño, Aramayo und Hochschild, die über eine gewaltige Mehrheit der nationalen Zinnproduktion verfügten und gestützt auf britische und US-amerikanische Investitionen die bolivianische Bergbauindustrie beherrschten. Fast alle Gewinne gingen in die USA oder nach Europa, denn die Besteuerung lag nur zwischen 3 und 18 %. Zwar stellte der Zinnbergbau Arbeitsplätze bereit, doch war wegen der kapitalintensiven Produktion der Arbeitskräftebedarf gering und belief sich nur auf 5 % der Erwerbstätigen. Die Situation auf dem Land war durch eine extrem hohe Landbesitzkonzentration gekennzeichnet: So verfügten Ende der 1940er Jahre nur ca. 8 % der landwirtschaftlichen Betriebe über 95 % der Gesamtfläche, während etwa 60 % der Landbesitzer nur etwa 0,4 % bewirtschafteten. Hinzu kam, dass große Teile der Indiobevölkerung, die 1950 noch 52 % von einer Gesamtbevölkerung von 3,01 Millionen ausmachte, zu Zwangsarbeitsdienst bei den Hacendados, *pongueja*, verpflichtet waren. Die politische Herrschaft lag in den Händen der Allianz von Bergbaubesitzern, Großgrundbesitzern, der Export- und Agraroligarchie, was angesichts restriktiver Wahlbestimmungen den Ausschluss von 95 % der Bevölkerung, d. h. der Analphabeten und der Indios bedeutete. Allerdings waren seit den 1940er Jahren – besonders nach dem verlustreichen Chaco-Krieg (1932–1935) gegen Paraguay, der wegen vermuteter Erdölfelder im umstrittenen Grenzgebiet geführt wurde und Bolivien im Südosten ein großes Gebiet gekostet, die Wirtschaft des Landes schwer zerrüttet und das Vertrauen weiter Volkskreise in die bisherige Politik erschüttert hatte – sozialreformerische, ja sogar sozialrevolutionäre Bewegungen entstanden. Neue Parteien bildeten sich, die Minenarbeiter formierten sich zu einer starken Gewerkschaftsbewegung, insgesamt rückten die grundlegenden Probleme der bolivianischen Gesellschaft mehr und mehr ins Blickfeld.

Der Sieg der »Nationalrevolutionären Bewegung«

Eine dieser Bewegungen hatte sich 1941 zur »Nationalrevolutionären Bewegung« (*Movimiento Nacionalista Revolucionario*, MNR) formiert und umfasste Mitglieder aus der Mittelklasse und der Arbeiterbewegung sowie jüngere Militärs. Schon in den Jahren 1943–1946 hatte sie mit Major Gualberto Villarroel die Regierung gestellt und erste Ansätze zu Reformen, u. a. eine höhere Besteuerung der Zinnexporte, durchzusetzen versucht, war allerdings im Juli 1946 durch eine Revolte der Opposition wieder von der Macht entfernt worden. Bei den Präsidentschaftswahlen im Mai 1951 siegte dann der MNR unter seinem Führer Víctor Paz Estenssoro, einem früheren Mitarbeiter von Villarroel. Obwohl Paz Estenssoro eindeutig die Mehrheit der Stimmen erreicht hatte, verweigerte ihm die Oligarchie wegen einer angeblich kommunistischen Haltung des MNR die rechtmäßig erworbene Regierungsgewalt, und eine Militärjunta übernahm die Macht. Erst am 9. April 1952 konnte Paz Estenssoro nach einem dreitägigen blutigen Aufstand des MNR gegen die bestehende Regierung, unterstützt von Teilen der Armee, von Gewerkschaften, den Mineros und Teilen der ärmeren Mittelschichten, die verweigerte Präsidentschaft übernehmen. Eine der ersten Maßnahmen bestand darin, diejenige Institution zu ersetzen, auf die sich bisherige Regierungen hatten stützen können: die Armee. Sie wurde aufgelöst, ihre Waffen wurden an die Bergarbeiter und Bauern verteilt, die nun lokale

Milizen bildeten. Seitdem war die Regierung auf die Unterstützung dieser Gruppierungen angewiesen und musste entsprechend ihren eigenen sozialrevolutionären Zielen auf deren Bedürfnisse und Forderungen eingehen, denn schon kurz nach der Regierungsübernahme durch den MNR gründete sich ein machtvoller Dachverband der Gewerkschaften, *Central Obrera Boliviana* (COB), der die Verstaatlichung der Minengesellschaften ohne Kompensationszahlungen sowie wenig später eine nachträgliche Sanktionierung spontaner Landbesetzungen durch Campesinos forderte.

Sozialrevolutionäre Maßnahmen

Schon im Juli 1952 verlieh ein Wahlgesetz den bislang von der Wahl ausgeschlossenen Indios das aktive und passive Wahlrecht und gab ihnen die Rechte von Staatsbürgern, die auszunutzen ihnen die Bildungskampagnen und die von dem MNR organisierten Bauerngewerkschaften ermöglichten. Am 31. Oktober 1952 enteignete die Regierung – zunächst entschädigungslos – die in ausländischer Hand konzentrierten Zinnbergwerke, nationalisierte sie, so dass die Privilegien der Minenbesitzer abgebaut wurden, und gründete stattdessen eine staatliche Bergbaugesellschaft, *Corporación Minera de Bolivia* (COMIBOL). Auch musste sie die Durchführung einer radikalen Agrarreform beschleunigen, als landhungrige Indios begannen, die Haciendas mit Gewalt zu übernehmen, deren Eigentümer entweder töteten oder davonjagten und diese Bewegung sich über das ganze Land auszubreiten drohte. Am 3. August 1953 erging das Agrarreformgesetz, das alle unbezahlten Dienstleistungen der Indios verbot, die Enteignung der meisten, über 800 Hektar großen Latifundien, ausgenommen die intensiv bewirtschafteten, vorsah und ihre Verteilung an die indianischen Bauern regelte. Diesen blieb es freigestellt, ob sie das Land in Privat- oder in Gemeinschaftsbesitz übernehmen wollten. Tatsächlich wurden im Verlauf der Agrarreform in den nächsten Jahrzehnten mehrere Millionen Hektar enteignet und an Familien verteilt. Doch da z. B. auf dem Altiplano die Indios die individuelle Parzellierung des Grundbesitzes einer gemeinschaftlichen Bewirtschaftung vorzogen, bildeten sich dort unproduktive Subsistenz-Minifundien, die allenfalls für die Selbstversorgung, nicht jedoch für die Integration in einen nationalen Agrarmarkt geeignet waren. Anders sah es in den Kolonisierungsgebieten des Ostens aus, wo größere Plantagen entstanden. Die von der Regierung eigentlich favorisierten kooperativen Betriebsformen kamen kaum zustande, zumal der Staat über keine diesbezüglichen Fördermittel verfügte.

Veränderungsdefizite

Überhaupt konnten die Regierungen des MNR in den folgenden Jahren die Reformenvorhaben der Revolution nicht in dem Maße umsetzen, wie es für eine wirkliche Umformung der bolivianischen Gesellschaft erforderlich gewesen wäre. Zum einen kam es innerhalb des MNR zu ideologischen Flügelkämpfen und auch zu Meinungsverschiedenheiten zwischen MNR und Gewerkschaften, zum anderen führten gerade soziale Maßnahmen wie die Lohnerhöhung und kürzere Arbeitszeiten für die Minenarbeiter zusammen mit einem Preisverfall von Zinn auf dem Weltmarkt zu finanziellen Engpässen. So ging die Regierung zu einer moderateren Reformpolitik über. Schon Ende 1953 gestand sie unter dem Druck der USA die Zahlung von 120 Millionen US-Dollar als Entschädigung an die enteigneten Zinnbarone zu, um dafür US-amerikanische

Finanzhilfen für die Deckung des Haushaltsdefizits zu erhalten. Die Abhängigkeit vom Ausland nahm wieder zu, zumal dann, als 1955 ein neues Erdölgesetz das seit 1937 bestehende Staatsmonopol aufgab und ausländische, vor allem US-amerikanische Investitionen begünstigte, was dann letztlich zur vollständigen Übertragung der bolivianischen Ölfelder an die US-amerikanische Gulf Oil Company führte. Mit den Regierungen von Hernán Siles Zuazo (1956–1960) und einer zweiten Amtsperiode von Paz Estenssoro (1960–1964) nahmen Reform-Elan und der Handlungsspielraum weiter ab. Ab 1956 baute der Staat auch wieder solide Streitkräfte auf, die vor allem im Kontext der Bekämpfung zunehmender Guerillabewegungen nach der kubanischen Revolution und aus Furcht vor kommunistischen Bedrohungen massive Hilfsmittel aus den USA erhielten. Im November 1964 beendete ein Staatsstreich unter General René Barrientos Ortuño die gerade begonnene dritte Amtszeit von Paz Estenssoro und zugleich damit die Konsolidierungsbemühungen des MNR. Das Militär wurde wieder zum bestimmenden Faktor der bolivianischen Politik.

Die Revolution in Kuba

In ihren Anfängen war die Revolution in **Kuba** durchaus politisch motiviert. Sie begann im Jahr 1953, als sich der Rechtsanwalt Fidel Castro Ruiz als Anführer einer bürgerlichen Oppositionsbewegung, deren Anhänger hauptsächlich zur Mittelschicht gehörten, gegen das korrupte und diktatorische Regime von Fulgencio Batista richtete. Dieser war 1952 mit einem Staatsstreich den legalen Wahlen zuvorgekommen und hatte die Rechte und Freiheiten der Verfassung von 1940 außer Kraft gesetzt.

Die bürgerliche Phase der Revolution

Am 26. Juli 1953 griff Castro mit einer kleinen Schar Gleichgesinnter die Moncada-Kasernen in Santiago de Cuba an, um die Bevölkerung bewaffnen zu können. Dieser Angriff, später bekannt geworden als »Bewegung des 26. Juli«, scheiterte. Die wenigen Überlebenden, unter ihnen Fidel Castro und sein Bruder Raúl, wurden vor Gericht gestellt. Der Rechtsanwalt Castro verteidigte sich selbst und hielt seine berühmte Rede »Die Geschichte wird mich freisprechen«. Diese Verteidigungs- und zugleich Anklagerede enthielt die wichtigen Programmpunkte und Zielsetzungen der Rebellen; sie stellt eine überzeugende Analyse der sozialen Verhältnisse dar und wurde später zum Manifest der Revolution: »Das Problem der Landreform, das Problem der Industrialisierung, das Wohnungsproblem, das Arbeitslosenproblem, das Erziehungsproblem und das Problem der Volksgesundheit, das sind die sechs Probleme, deren Lösung wir sofort in Angriff nehmen werden, ebenso wie die Wiederherstellung der Grundrechte und der politischen Demokratie. Es gibt 300 000 Hütten und Katen auf Kuba. 400 000 Familien auf dem Lande und in den Städten sind eingezwängt in Baracken und Behausungen ohne die geringsten sanitären Einrichtungen. 2,2 Millionen Landbewohner bezahlen Mieten, die ein Fünftel bis ein Drittel ihres Einkommens aufbrauchen, und 2,8 Millionen Menschen auf dem Lande und in den Vorstädten haben keinen elektrischen Strom. Unser Erziehungssystem entspricht genau dem Zustand der übrigen sozialen Verhältnisse. Wo dem *guajiro* [etwa: Landarbeiter] sein Land nicht gehört, wozu braucht es da Landwirtschaftsschulen? Wo es keine Industrie gibt, wozu sind da technische oder industrielle Ausbildungsstellen nötig? Mehr als die Hälfte des fruchtbaren Bodens gehört Ausländern. In Oriente, der größten Provinz, reichen die Ländereien der

United Fruit Company und der West Indian Company von der Nordküste bis zur Südküste. Es gibt 200 000 Bauernfamilien, die nicht einen einzigen Morgen Land besitzen, um ihre hungernden Kinder mit etwas Nahrung zu versorgen. Aber fast 300 000 Caballerias [1 Caballeria = ca. 33 Morgen] fruchtbarster Boden im Besitz großer Gesellschaften liegen brach. Abgesehen von einer unbedeutenden Nahrungsmittel-, Leder- und Textilindustrie ist Kuba nach wie vor ein bloßer Erzeuger von Rohmaterialien. Wir exportieren Zucker und führen Süßigkeiten ein, wir führen Häute aus und importieren Schuhe, wir exportieren Eisenerz und importieren Pflüge. Jedermann weiß, dass es brennend notwendig ist, unser Land zu industrialisieren, dass wir Stahl-, Papier- und chemische Industrien brauchen; dass wir die Methoden der Weiterverarbeitung von landwirtschaftlichen und Fleischprodukten in unserer Nahrungsmittelindustrie verbessern müssen.«

Castro wurde zu fünfzehn Jahren Gefängnishaft verurteilt; nach einer Generalamnestie konnte er 1955 ins Exil nach Mexiko gehen. Dort bereitete er die Rückkehr nach Kuba, d. h. einen erneuten Angriff gegen das Regime vor, während in Kuba die »Bewegung des 26. Juli«, zumeist aus jungen Leuten aus der Mittelschicht bestehend, in den Städten den Widerstand zu mobilisieren versuchte.

Der Weg zum Sturz des Batista-Regimes

Am 2. Dezember 1956 landete Castro mit einer neuen Gruppe von 81 Revolutionären, unter ihnen der argentinische Arzt Ernesto »Che« Guevara, auf dem berühmt gewordenen Küstenschiff »Granma« an der kubanischen Küste in der Provinz Oriente. Der für denselben Tag geplante Generalstreik schlug fehl, weil die Beziehungen der

»Bewegung des 26. Juli« zu den Gewerkschaften nicht sehr intensiv waren. Auch die Invasion war zunächst ein Misserfolg, denn sie wurde von Batistas Truppen entdeckt und fast aufgerieben. Nur achtzehn Rebellen, unter ihnen auch die beiden Castros, gelang es, sich ihren Verfolgern in die unzugänglichen Gebiete der Sierra Maestra zu entziehen. Bald jedoch fand diese Kerntruppe weitere Unterstützung vor allem durch die mit den bestehenden Verhältnissen unzufriedene Landbevölkerung, Bauern ohne Landtitel. Dort bauten sie ein Rebellenheer auf, das mit Guerillaaktivitäten militärische Erfolge hatte und Batistas Regime in eine Krise stürzte. Bald war der Kampf der Guerillabewegung, die im November 1958 den Kampf aus den Bergen auf weite Teile der Insel verlagerte und den Truppen Batistas hart zusetzten, so erfolgreich, dass der Diktator Batista in der Silvesternacht 1958/59 ins Exil floh. Am 2. Januar 1959 zog Castro mit seiner Guerillatruppe in Santiago de Cuba ein, während eine andere Kolonne Havanna besetzte.

Zunächst übernahmen zivile Oppositionspolitiker aus städtischer Mittelschicht und Bürgertum die höchsten Regierungsämter; einerseits hielten sich Castro und seine Anhänger zurück, andererseits regte sich in den Städten Widerstand gegen Castros Führungsanspruch und seine Guerillas – Streitpunkte bildeten die Regierungsform, Reformpolitik und die Beziehungen zu den USA. Castro war zunächst nur Oberkommandierender. Die neue Regierung unter Staatspräsident Manuel Urrutia, einem Richter aus Santiago, löste den Kongress auf und erließ im Februar 1959 eine neue Verfassung, die der Exekutive die Macht zumaß und die Verwaltungsautonomie der Gemeinden abschaffte. Im selben Monat trat Castro in die Regierung Urrutia ein und übernahm das Amt des Ministerpräsidenten, das er seitdem nicht mehr abgab. Als im Juni Urrutia zurücktrat, bedeutete das zugleich den Einflussverlust ziviler Oppositioneller; seitdem bestimmten Castro und seine Anhänger die politische Richtung in Kuba, wobei sie sich auf neu mobilisierte Gewerkschaftsgruppen in der Stadt und auf dem Land stützen konnten. Nicht zuletzt die Agrarreform brachte neue Anhänger.

Die Bedeutung der Agrarreformgesetze

Im Unterschied zu Mexiko und Bolivien war die bäuerliche initiative Beteiligung an der Revolution jedoch gering. Auch von der organisierten städtischen Arbeiterklasse erhielten die Revolutionäre erst gegen Ende des Kampfes (Mitte 1958) Unterstützung, als der Sturz Batistas – nicht zuletzt durch die innere Auflösung der Armee – bereits feststand. Dennoch erfolgte eine Agrarreform, die nicht nur ausgelöst wurde durch den zweijährigen Aufenthalt Fidel Castros in der Sierra Maestra, wo er in der unmittelbaren Berührung mit der ländlichen Bevölkerung ihre Probleme kennen gelernt hatte. Sie entsprang auch nicht Castros subjektivem Willen, sondern entsprach den tatsächlichen Erfordernissen des Landes im beherrschenden Wirtschaftssektor. Diese machten eine Agrarreform notwendig. Schon im 19. Jahrhundert war Kuba eine Zuckerinsel gewesen. Nach der Unabhängigkeit 1898 und unter dem Einfluss der USA, die unter dem Dach des *Platt-Amendment* Kuba bis 1934 als Protektorat behandelten und ihm überhaupt Vorzugspreise und Abnahmegarantien für Zucker gewährten, hatte im 20. Jahrhundert die Konzentration auf das Monoprodukt Zucker weiter zugenommen. Als Gegenleistung hatte Kuba Zollpräferenzen für Importe von Fertigwaren aus den USA zugestehen müssen, wodurch die Entwicklung einer eigenständigen Industrie blockiert wurde. Die Folgen der monokulturellen Zuckerexportwirtschaft waren Bodenkonzentration einerseits und Fremdbestimmung andererseits. So verfügten am

Vorabend der Revolution ca. 3 % der landwirtschaftlichen Betriebe über 57 % des Bodens, während sich 78,5 % der Betriebe mit 15 % des Bodens begnügen mussten. Nur während der Zuckerernte (*zafra*) fiel die Arbeitslosigkeit auf 9 %, während sie in der Zeit nach der Ernte bei 21 % lag. Wie kaum ein anderes Land war Kuba von US-amerikanischem Kapital durchdrungen. 1958 besaßen US-amerikanische Zuckergesellschaften 48 % der Zuckerrohrländereien und produzierten ca. 37 % des Zuckers. Andere Bereiche wie z. B. Bergbau, Erdölraffinierung, öffentliche Eisenbahn kontrollierten US-Firmen zu mehr als 50 %, bisweilen sogar bis zu 90 %.

Das Agrarreformgesetz vom 17. Mai 1959 – eine der ersten Maßnahmen der neuen revolutionären Regierung – leitete »von oben« die Agrarreformpolitik ein. Es legte als Höchstgrenze für landwirtschaftliche Betriebe etwa 402 Hektar fest und brach damit den privaten Großgrundbesitz im Zucker- und Viehwirtschaftssektor. Mit der Aufteilung des in wenigen, zumal ausländischen Händen konzentrierten Bodens zielte sie zum einen auf eine soziale und wirtschaftliche Verbesserung der Situation der landwirtschaftlichen Bevölkerung, auf die Gewährung des freien Eigentums an Boden und auf eine Verringerung der Agrarimporte ab. Zum anderen hatte sie zum Ziel, durch eine Ausdehnung der Anbauflächen und über eine Diversifizierung der Landwirtschaft die Abhängigkeit der kubanischen Wirtschaft von der Monokultur des Zuckerrohrs zu lockern und bei gleichzeitiger Industrialisierung dadurch die ökonomische Abhängigkeit von den USA zu überwinden. Auf diese Weise sollte der Weg zu politischer und ökonomischer Selbständigkeit beschritten werden.

Die Reaktion der USA

Tatsächlich wurden im Jahr 1959 an die 850 000 Hektar Land enteignet, allerdings nur 420 000 Hektar an Kleinbauern verteilt. Diese Enteignungen fanden nicht die Zustimmung der Mittelschichten und schon gar nicht der USA, weil sie besonders die großen US-amerikanischen Zuckergesellschaften trafen. Sie schürten die ersten Konflikte mit den USA, die sich zu einer Reihe von ökonomischen Aktionen und Reaktionen aufschaukelten und letztlich zur Umwandlung der Revolution in eine sozialistische Revolution führten. Anfang 1960 unterzeichnete die Sowjetunion ein Wirtschaftsabkommen mit Kuba, in dem sie sich zur Abnahme von 1 Million Tonnen Zucker pro Jahr und zur technischen Hilfestellung beim Aufbau einer industriellen Infrastruktur verpflichtete. Als sich Mitte Juni die US-amerikanischen Erdölgesellschaften in Kuba weigerten, sowjetisches Erdöl zu raffinieren, ließ Castro diese Gesellschaften verstaatlichen. Als dann im Juli Präsident Eisenhower die für Kubas Wirtschaft lebenswichtigen zugesagten Zuckerkäufe drastisch um 700 000 Tonnen reduzierte und ab Oktober eine immer schärfer werdende Wirtschaftsblockade gegen Kuba verhängte, die – neben eigenen konzeptionellen Entwicklungsfehlern der Revolutionäre um Castro – die wirtschaftlichen Erfolge der Revolution erheblich beeinträchtigten, zögerte Castro nicht, sämtlichen Besitz US-amerikanischer Firmen zu verstaatlichen.

Die Transformation zur sozialistischen Revolution

Castro begann, sich von den USA ab- und der Sowjetunion zuzuwenden, zumal diese die Abnahme der von den USA reduzierten Zuckermenge von 700 000 Tonnen zusagte. Nach der gescheiterten, von den USA unterstützten Inva-

sion von Exilkubanern am 16. April 1961 in der Schweinebucht brach Castro vollständig mit den USA, proklamierte
den sozialistischen Charakter der Revolution und erklärte
am 2. Dezember Kuba zur sozialistischen Republik auf der
Grundlage des Marxismus-Leninismus, zunächst noch getragen von der Bevölkerung, denn die gescheiterte Invasion, die »imperialistische Aggression« bewirkte eine stärkere Identifizierung mit den Zielen der Revolution. Und tatsächlich waren Veränderungen sichtbar: Die soziale Lage
der Bevölkerung verbesserte sich durch die neuen Eigen-
tumsverhältnisse, durch die Reduzierung der Arbeitslosigkeit, vor allem aber durch die für lateinamerikanische Verhältnisse enormen Veränderungen im Gesundheits- und
Schulwesen (Alphabetisierungskampagnen). Im Übrigen
konnte Castro nach diesem Schritt mit der Unterstützung
der sozialistischen Länder rechnen. Mit Castros Bekenntnis zum Sozialismus änderten sich die Instrumente und
Wege zur angestrebten sozialen und ökonomischen Entwicklung. Die revolutionäre Führung ging nun dazu über,
die Entwicklung von oben durch den Staat durchzusetzen,
Entscheidungsprozesse zu zentralisieren, den Privatsektor
einzuschränken und den Bodenbesitz in Staatsfarmen zu-
sammenzufassen. Auch wenn in späteren Agrarreformge-
setzen der Landbesitz teils privat, teils genossenschaftlich
geregelt wurde, bleibt der Stellenwert der Agrarreform un-
bestritten, da sie gerade für die ländliche Bevölkerung große soziale Leistungen erbrachte. Allerdings bedeutete die
kollektive Bewirtschaftung der enteigneten Böden, dass
sich eine neue bürokratische Funktionärskaste herausbildete und die bäuerliche Landbevölkerung vom Entscheidungsprozess ausgeschlossen blieb. Im Übrigen sah sich
die Revolutionsregierung bald genötigt, statt der vorgesehenen Diversifizierung und Industrialisierung sich wieder
auf den Zuckerexport als den wirtschaftlichen Impulsgeber
zu konzentrieren.

Der Ausbau der politischen, wirtschaftlichen und mili-

tärischen Beziehungen zur Sowjetunion und zum Ost-
block überhaupt gipfelte im Sommer und Herbst 1962 in
der Stationierung sowjetischer Mittel- und Langstrecken-
raketen auf Kuba. US-Präsident John F. Kennedy antwortete mit der Seeblockade Kubas. Die Kuba-Krise zwischen
den USA und der Sowjetunion brachte die Welt an den
Rand eines dritten Weltkriegs, und erst der ohne Absprache mit Castro gefasste Beschluss des sowjetischen Partei-
chefs Nikita Chruschtschow, die Raketen von Kuba abzuziehen, entschärfte die weltpolitische Krise. In der westlichen Hemisphäre, in Amerika, verschlechterte sich die
Position Kubas. Hatte die Revolution bei den anderen
lateinamerikanischen Staaten wegen ihres Erfolgs, die politische und wirtschaftliche Bevormundung durch die USA
abzuschütteln, zunächst Sympathien genossen, so bewirkte der Trend zum Sozialismus kommunistischer Prägung
eine Verschlechterung der Beziehungen. Unter dem Druck
der USA wurde Kuba schließlich im Juli 1964 aus der Organisation Amerikanischer Staaten (OAS) ausgeschlossen.
Bis auf Mexiko brachen alle amerikanischen Staaten die
politischen, wirtschaftlichen und kulturellen Beziehungen
zu Kuba ab.

Die Revolution in Nicaragua

In der **nicaraguanischen** Revolution vermischten sich
von Anfang an politische und soziale Motive. Im Jahr
1979 gelang es einer breiten Oppositionsbewegung unter politischer und militärischer Führung der Sandinistischen Befreiungsfront (FSLN), die seit 1937 bestehende Bereicherungsdiktatur des Somoza-Clans endlich zu
stürzen.

Die Bereicherungsdiktatur der Somozas

Seit dieser Zeit befand sich die Herrschaft über das Land Nicaragua in den Händen der Familie Somoza oder der von ihr vorgeschobenen Kandidaten. Der Somoza-Clan, der die reichsten Familien des Landes umfasste, verwaltete den Staat als eine Art »Privatbesitz«. Er stützte sich dabei auf die Nationalgarde, die angeblich zur Verteidigung des Landes gegen äußere Angriffe eingerichtet wurde. Diese übte nicht nur politische Macht im Namen der Familie Somoza aus, sondern vereinigte gleichzeitig alle Arten von administrativen, juristischen und polizeilichen Funktionen auf sich. In Nicaragua gab es keine andere Polizeiorganisation, da die Nationalgarde alle entsprechenden Funktionen ausübte. Sie war ganz offensichtlich ein Besatzungsheer im eigenen Land, eine Art Privatarmee der Somozas, die diese durch zahlreiche Privilegien bei Laune hielt. Zu seiner »demokratischen« Legitimation baute Somoza eine ihm verpflichtete Partei, die »Nationalistische Liberale Partei (*Partido Liberal Nacionalista*, PLN), auf.

Die Somozas beschränkten sich nicht nur auf die Ausübung der politischen Macht und die Verteidigung der Interessen der Oberschicht, sondern gingen auch dazu über, zwischen 1937 und 1960 Investitionen im Landwirtschaftsbereich (Viehzucht, Kaffee- und Zuckerrohrplantagen) zu tätigen. Dadurch entstand eine Konkurrenz zu der konservativen Oligarchie, die auf diesem Gebiet vorherrschend war. Die Verbitterung dieser Kreise nahm in dem Maße zu, wie Somoza seine politische Macht benutzte, um eigene Interessen durchzusetzen. Er bediente sich des Staatsapparats, um billige Kredite zu erhalten und sich Landbesitz anzueignen. Als der ehemalige Kriegsminister und Chef der Nationalgarde Anastasio Somoza García 1937 zum ersten Mal Präsident wurde, besaß er nichts außer einer ruinierten Kaffeeplantage. Bei seiner Ermordung im Jahr 1956 belief sich sein Vermögen auf rund 150 Millionen US-Dollar; er war der reichste Mann Nicaraguas. Zu diesem Zeitpunkt gehörten ihm zehn Prozent des bebaubaren Bodens in Nicaragua und zahlreiche Firmen. Wer mit Somoza nicht verhandeln wollte, wurde unter Druck gesetzt. Zwar wandte er gegenüber seinen Gegnern auch repressive Gewalt an, doch taktierte er auch geschickt mit Teilen der Oberschicht, besonders aus der agrarwirtschaftlich orientierten Konservativen Partei, indem er sie gleichsam zu Verbündeten machte. 1950 kam eine formale Einigung mit den Konservativen zustande, nach der ihnen Somoza zusicherte, sie wirtschaftlich überleben und an den Früchten der wirtschaftlichen Entwicklung teilhaben zu lassen, wenn sie als Gegenleistung sich mit zugeschanzten Kongress- und Regierungsposten an seinem System beteiligen und diesem gleichsam als wohlwollende Oppositionspartei einen demokratischen Anstrich verleihen würden. Diese Einigung funktionierte, mit ihr sicherte Somoza die Herrschaft des Clans auf Jahrzehnte hinaus.

Veränderungsversuche durch bürgerliche Gruppen

Nach der Ermordung des ersten Somoza im September 1956, während seiner vierten Präsidentschaft, wurde sein ältester Sohn Luis Somoza Debayle Präsident des Staates, d. h. zunächst vom Nationalkongress gewählt, um die Amtszeit seines Vaters zu Ende zu führen, dann 1957 in einer öffentlichen Wahl bestätigt. Sein Bruder Anastasio Somoza Debayle übernahm das Kommando über die Nationalgarde. In den folgenden Jahren zeigten die Eliten, auch die Liberalen, also eher die Angehörigen der städtischen Oberschicht, erste Unmutsäußerungen, denn die Familie Somoza betätigte sich nun auch in deren Aktionsfeldern. Sie errichtete Fabriken im Textil-, Öl-, Chemie-,

Bau-, Holz-, Tabak-, Plastik-, Metall-, Fleisch-, Fisch-
und Zuckerbereich und war auch im Transport-, im Han-
dels-, im Versicherungswesen, im Bankenbereich, in Fi-
nanzorganisationen und Grundstücksmakleragenturen
vertreten. Allerdings veranlassten der wirtschaftliche
Boom der 1960er Jahre – u. a. bedingt durch die Zuteilung
eines Teils des stornierten kubanischen Zuckerkontin-
gents an Nicaragua – und die Aussicht auf wenn auch reduzierte Beteiligung am Boom die Oberschichten dazu,
stillzuhalten, zumal sowohl die Konservative als auch die
Liberale Partei mehrere Spaltungen erlebten. Sie stellten
deshalb keine wirkliche Gefahr für den Somoza-Clan dar;
zudem ließ Luis Somoza wegen des Wiederwahlverbots
der Verfassung René Schick Gutiérrez von der Nationalis-
tischen Liberalen Partei und Gefolgsmann der Somozas
für die Präsidentschaftswahlen von 1963 kandidieren und
diese dann auch gewinnen.

Politisch änderte sich die Situation, erneuter Widerstand regte sich, als Ende 1966 der jüngere Anastasio Somoza seine Kandidatur für die Präsidentschaft ankündigte. Die öffentliche Reaktion war negativ, bedeutete diese
Kandidatur doch eine Verlängerung der Somoza-Herr-
schaft. So kam es Anfang 1967 zu Massenprotesten vor
dem Präsidentenpalast in Managua, die Somoza durch
seine Nationalgarde blutig zusammenschießen ließ. Er-
wartungsgemäß wurde Anastasio Somoza mit Hilfe ma-
nipulierter Stimmzettel im Februar 1967 Präsident und
»besiegte« Pedro Joaquín Chamorro Cardenal, den Herausgeber der wichtigen Tageszeitung *La Prensa*, der mit
der Bildung der »Nationalen Oppositions-Union«, *Unión
Nacional Opositora*, einen ersten Versuch unternommen
hatte, die zersplitterte bürgerliche Opposition zu vereinen. Trotz dieser Niederlage nahmen angesichts verstärk-
ter Repressionen durch das Regime die Bemühungen der
politischen Gegner Somozas zu, das Land ohne ihn oder
zumindest mit eigenen Kandidaten neu zu gestalten. Sie

hatten insofern Erfolg, als es gelang, als Nachfolger Somozas im Mai 1972 ein Triumvirat aus zwei Liberalen und einem Konservativen als Regierungsjunta zu installieren. Allerdings blieb Somoza Oberbefehlshaber der Nationalgarde und kündigte seine Präsidentschaftskandidatur für die für 1974 vorgesehenen Wahlen an. Damit war für neue Unruhe gesorgt, die sich zuspitzte, als Somoza sich an den Hilfsgeldern für eine verheerende Erdbebenkatastrophe schamlos bereicherte. Am 23. Dezember 1972 zerstörte ein gewaltiges Erdbeben fast die gesamte Hauptstadt Managua; zwischen 12 000 und 20 000 Menschen kamen ums Leben und 300 000 Menschen wurden obdachlos. Anastasio Somoza nutzte diese Katastrophe dazu, seine politische und ökonomische Macht weiter auszubauen, indem er sich zum Chef des Nationalen Krisenrates ernannte und mit der Verteilung der internationalen Hilfsfonds besonders in die eigene Tasche, also mit deren Veruntreuung begann. Mit der Verteilung der aus aller Welt eingehenden Hilfsgüter war Anastasio III., der Sohn Anastasios II., beauftragt: Wenige Tage nach ihrer Ankunft lagen diese Güter bereits in den Geschäften der Familie Somoza in Managua zum Verkauf aus. Zudem ließ Somoza die Stadt Managua an einem neuen Ort wieder aufbauen, wo aller Grund und Boden zufällig seiner Familie gehörte. Während sich Somoza so weiter bereicherte, verarmte die Bevölkerung zu einer der ärmsten in Zentralamerika. Die Arbeitslosigkeit stieg auf 33 %, der Analphabetismus lag bei 74 %, und 60 % der Bevölkerung litten unter Unterernährung. Missernten und Schwankungen in der auf Agrarexportprodukte konzentrierten Wirtschaft, an deren eigentlich guter Entwicklung die breite Bevölkerung ohnehin keinen Anteil hatte, Inflation sowie der zunehmende Terror der Regierung machten das Regime bei allen Bevölkerungsgruppen immer unbeliebter. Als dann im September 1974 in einer Atmosphäre von Gewalt, Repression und Verhaftung von Oppositionsführern Somoza wie erwartet die Wahlen gewann, erreichte der Widerstand gegen das Regime eine neue Dimension: Auf der einen Seite erfolgte eine Neugruppierung der Opposition in der »Demokratischen Befreiungsunion« (*Unión Democrática de Liberación*, UDEL) unter Pedro Joaquín Chamorro Cardenal, auf der anderen Seite nahmen die Aktionen der »Sandinistischen Front der Nationalen Befreiung« (*Frente Sandinista de Liberación Nacional*, FSLN) zu.

Die Bildung der Sandinistischen Front

Die Sandinistische Front der Nationalen Befreiung hatte ihre Opposition gegen die Somozas 1961 begonnen, als unter dem Einfluss der kubanischen Revolution Carlos Fonseca Amador, Tomás Borge Martínez und Silvio Mayorga eine kleine Oppositionsgruppe bildeten, die bald zu einer größeren Guerillabewegung anwuchs. Mit der Namengebung als »Sandinistische Front der Nationalen Befreiung« berief sich die nicaraguanische Guerilla auf eine nationalistische Tradition. Denn sie bezog sich auf den nationalen Volkshelden Augusto Cesar Sandino, der Ende der 1920er / Anfang der 1930er Jahre die US-amerikanischen Besatzungstruppen für die Befreiung des Landes in Guerilla-Manier bekämpft hatte und den der erste Somoza hatte ermorden lassen. Anfangs entwickelte die Sandinistische Front eine Strategie, die sich an die von Kuba propagierte Fokustheorie anlehnte, nach der die objektiven Bedingungen für die Revolution gegeben waren, während die subjektiven durch den Guerillakrieg geschaffen werden sollten. Allerdings hatte sie wenig Erfolge, denn die Nationalgarde war zu mächtig und der Rückhalt in der Bevölkerung war noch zu gering. So waren Ende 1967 fast alle Führungspersonen getötet oder gefangen genommen. Um 1970 formierte sich die Sandinistische Front, deren

Reste in den Bergen im Norden Zuflucht gefunden hatten, erneut und hatte Zulauf. Zunächst von linken Studenten, jungen Intellektuellen aus der Oberschicht wie der jungen Poetin Gioconda Belli, die später mit ihrer Autobiographie *Die Verteidigung des Glücks* (*El país bajo mi piel*, 2000) einen der eindringlichsten Einblicke in die nicaraguanische Revolution gegeben hat. Dann aber auch von der unzufriedenen Landbevölkerung, die unter dem Anwachsen der Agrarlandwirtschaft und der dafür benötigten Anbauflächen ihre Ländereien verloren hatte, d. h. von diesen verdrängt worden war.

Spektakuläre Aktionen der Sandinisten

Die Popularität des FSLN wuchs zusehends, nachdem ein dreizehnköpfiges Guerillakommando am 27. Dezember 1974 in das Haus von José María Castillo, dem Präsidenten der Nationalbank, eingedrungen war, während dort ein Fest gefeiert wurde, mehrere hohe Regierungsfunktionäre als Geisel nahm und für deren Freilassung von Somoza die Amnestie aller politischen Gefangenen sowie eine Million Dollar Lösegeld erpresste. Das Guerillakommando und die Freigelassenen begaben sich nach Kuba. Somoza antwortete mit der Verhängung des Ausnahmezustands und der Pressezensur sowie einer Welle des Terrors. Ein erster Versuch der Sandinisten im Oktober 1977, in einem nationalen Aufstand das Regime abzuschütteln, wurde von Somoza leicht zurückgeschlagen, das Regime war noch nicht so zerrüttet, wie es der aufstandswillige Flügel der Sandinisten unter den Brüdern Daniel und Humberto Ortega – die sogenannte dritte Tendenz, *tendencia tercerista*, innerhalb der drei Fraktionen im FSLN – gemeint hatte.

Trotz dieses Misserfolges gewannen die Sandinisten

weiterhin an Zuspruch, gerade auch von Jugendlichen aus der Ober- und Mittelschicht, zumal eine Gruppe von zwölf prominenten Nicaraguanern, die sogenannte »Gruppe der Zwölf«, offen mit dem FSLN sympathisierte, ihn in der Zeitung *La Prensa* als politische Kraft anerkannte, seinen Kampf für legitim erklärte und sich für eine breite gemeinsame Oppositionsbewegung von Sandinisten und bürgerlichen Gruppen aussprach. Zu dieser »Gruppe der Zwölf« gehörten bekannte Persönlichkeiten aus Wirtschaft, Kirche und Politik, unter ihnen Felipe Mantica Abaunza, ein Unternehmer und Inhaber einer Ladenkette, Arturo Cruz, Mitarbeiter der Interamerikanischen Entwicklungsbank, der Priester Fernando Cardenal SJ, der Generalsekretär der Zentralamerikanischen Universitätskonferenz und Schriftsteller Sergio Ramírez Mercado, der frühere Rektor der Universität von León Carlos Tunnerman-Bernheim und der Schriftsteller Ernesto Castillo. Da Somoza gegen alle Haftbefehl erließ, mussten sie ins Exil gehen, von wo aus sie weiter für den Sturz Somozas arbeiteten und die Sandinisten unterstützten.

Die Kooperation breiter Oppositionsgruppen

Am 10. Januar 1978 wurde der Gründer der Oppositionspartei UDEL und Herausgeber der *La Prensa*, Pedro Joaquín Chamorro, ein potentieller Verbündeter der Sandinisten und entschiedener Gegner Somozas, ermordet. Sein Tod löste gewaltige Protestaktionen der Bevölkerung und Demonstrationen der Studenten und Streiks der Arbeiter aus, die von der Nationalgarde blutig niedergeschossen wurden. Doch nun bildete sich eine effektivere und stärkere Vereinigung der bürgerlichen Opposition als noch 1974: UDEL und andere Gruppen schlossen sich im Juli 1978 zur »Breiten Oppositionsfront« (*Frente Amplio Opositor*,

FAO) zusammen. Katholische Geistliche unterstützten die
Opposition und begannen von der Kanzel gegen das Somoza-Regime zu predigen. Überhaupt stellte sich die katholische Kirche in Nicaragua unter ihrem Erzbischof Miguel Obando y Bravo an die Seite der FOA und forderte
Somozas Rücktritt. Allerdings gelang es dem FAO nicht,
eine breite Massenbasis aufzubauen. Der FSLN seinerseits
gründete die »Bewegung des vereinten Volkes« (*Movimiento Pueblo Unido*, MPU); Gewerkschaften, Landarbeiter, Studentengruppen und fortschrittliche christliche
Gruppen schlossen sich dem revolutionären Kampf ebenso an wie Revolutionäre aus der ganzen Welt. Auch die
Meinungsverschiedenheiten zwischen den drei Tendenzen
innerhalb des FSLN schwächten sich ab; die sogenannten
terceristas, die aufstandswillige und zu Bündnissen mit anderen Oppositionsgruppen bereite Gruppe, gewannen die
Oberhand. Nun begannen die bewaffneten Aktionen der
sandinistischen Guerillas. So besetzte am 22. August 1978
ein sandinistisches Kommando von 25 FSLN-Mitgliedern
den Nationalpalast von Managua, nahm alle Abgeordneten
als Geiseln und presste Hunderte von politischen Gefangenen, unter ihnen auch Daniel Ortega, frei, die seit Dezember 1974 inhaftiert waren.

Massenbewegung und Sturz des Somoza-Regimes

Während ein unbefristeter Generalstreik ausgerufen wurde, kam es in zahlreichen Städten des Landes wie León,
Chinandega, Matagalpa und Masaya zu einer Serie spontaner Aufstände schlechtbewaffneter Menschen, die von der
mit US-amerikanischen Waffen gut ausgerüsteten Nationalgarde brutal niedergeschlagen wurden, indem Somoza
u. a. über den aufständischen Städten Phosphor- und Na-
palmbomben abwerfen ließ. Doch konnte Somoza trotz
seiner Grausamkeiten, trotz Verhängung des Ausnahme-

zustands die immer wieder aufflackernden Unruheherde
im ganzen Land nicht mehr unter Kontrolle bringen; die
Aktionen des FSLN weiteten sich weiter aus und wurden
immer mehr von einer starken Massenbewegung begleitet,
die über einen eigenen, von Costa Rica aus operierenden
Untergrundsender und Flugblätter mobilisiert waren und
sich gegen die Unterdrückung des Somoza-Regimes und
seine Menschenrechtsverletzungen erhoben. Der FSLN
übernahm in der von ihm im Februar 1979 ins Leben gerufenen »Nationalen Patriotischen Front« (*Frente Patriótico Nacional*, FPN) die Führung. Im Mai 1979 erfolgte
die militärische Schlussoffensive gegen Somoza in Managua, Anfang Juni wurde in fast allen Städten Nicaraguas
gegen das Regime gekämpft, Städte wurden befreit, und
Berichte über die brutalen Reaktionen des Regimes erreichten die konsternierte Weltöffentlichkeit, die nun auch
reagierte. Während am 17. Juni Mexiko, Costa Rica, Ecuador und Panama ihre diplomatischen Beziehungen zum
Somoza-Regime abbrachen, verlangte die Organisation
Amerikanischer Staaten den Rücktritt Somozas, lehnte
mehrheitlich den Antrag der USA ab, eine »Friedenstrup-
pe« nach Nicaragua zu schicken, und akzeptierte die drei
Hauptziele der Revolution: politischer Pluralismus, ge-
mischtwirtschaftliche Ordnung (wirtschaftliches Nebeneinander von Staats- und Privatsektor) und Blockfreiheit.
Kurz zuvor (16. Juni) wurde die Gründung der »Regierungsjunta des nationalen Wiederaufbaus«, *Junta de Gobierno de Reconstrucción Nacional*, verkündet, die aus
Violeta Chamorro, der Witwe des ermordeten Pedro Joaquín Chamorro, Moisés Hassan, einem Mathematikpro-
fessor und Mitglied der »Bewegung des Vereinten Volkes«, Alfonso Robelo, einem Privatunternehmer, Daniel
Ortega vom FSLN und Sergio Ramírez von der »Gruppe
der Zwölf« bestand. Am 17. Juli floh Somoza in die Vereinigten Staaten, nachdem schon vorher zahlreiche seiner
Anhänger das Land verlassen hatten; die Nationalgarde

lief auseinander. Am 19. Juli 1979 marschierten die sandinistischen Truppen in Managua ein; die Sandinisten übernahmen die Macht in Nicaragua und beendeten die 46
Jahre dauernde »Dynastie« der Somoza. 40 000 bis 50 000
Tote hatte der revolutionäre Kampf gekostet.

Den Revolutionären kam zugute, dass sie gegen ein in
der gesamten Bevölkerung unbeliebtes, korruptes und zudem auch gegenüber der gemäßigten Opposition zunehmend brutales Clan-Regime kämpften. Zuletzt unterstützten selbst Unternehmer die Revolution der Sandinisten
gegen das Somoza-Regime. Die Sandinisten profitierten
auch davon, dass ihre Revolution weder im Im- noch im
Ausland, abgesehen von den USA, größere Befürchtungen
auslöste, vielmehr als berechtigt angesehen wurde und
Sympathien genoss. Sie sahen sich allerdings mit einer prekären Situation konfrontiert, denn die Wirtschaft lag dar-
nieder, der Krieg hatte Infrastruktur und zahlreiche Pro-
duktionsanlagen zerstört, die Auslandsschulden beliefen
sich auf 1,53 Milliarden US-Dollar, und die exportorien-
tierte Wirtschaft war von den Weltmarktpreisen abhängig.

Die Dominanz der Sandinisten

Nach der Machtübernahme errichteten die Sandinisten ein
Regime, das weder vollständig demokratisch-pluralistisch
noch vollständig autoritär war. Zunächst wirkten mit Alfonso Robelo und Violeta Chamorro zwei Vertreter des
Bürgertums in der »Regierungsjunta des Nationalen Wiederaufbaus« in der Hoffnung auf baldige Wahlen mit. Bei
einem Streit über die Zusammensetzung des künftigen
Staatsrats, einer Art Übergangsparlament, verließen sie
schon im April 1980 die Junta, die im Frühjahr 1981 reorganisiert, d. h. auf drei Personen mit Daniel Ortega als
Koordinator an der Spitze verkleinert und letztlich von

dem FSLN dominiert wurde. Auch in dem im Mai 1980 ins Leben gerufenen Staatsrat, in dem sich alle gesellschaftlich relevanten Gruppen politisch beteiligen sollten, erlangten die Sandinisten durch eine geschickte Sitzverteilung eine klare Mehrheit, ja waren nach dem Auszug der Vertreter der bürgerlichen Somoza-Gegner unter sich. Wahlen waren erst für 1984 vorgesehen. Zwar blieben Oppositionsparteien und nicht-sandinistische Interessengruppen wie z. B. die Gewerkschaften erlaubt, aber der FSLN und die sandinistischen Massenorganisationen wie die großen Arbeiter- und Bauernorganisationen, die Frauen- und Jugendverbände und die Verteidigungskomitees beanspruchten besondere Privilegien für sich. Obwohl marxistischer Einfluss offensichtlich war und Nicaragua politische und wirtschaftliche Beziehungen zu Kuba und der Sowjetunion aufnahm, verfolgte der FSLN doch eher eine eigene Linie. Ein entscheidender Faktor für die immer enger werdenden Beziehungen zu Kuba und dem sozialistischen Block waren die vom US-amerikanischen Präsidenten Ronald Reagan schon im Frühjahr verordneten Sperrungen von Krediten, die für Nicaragua lebenswichtig waren, sowie die Unterstützung der von Honduras und Costa Rica aus operierenden Gegenrevolutionäre, der *Contras*, meist ehemaliger Somoza-Anhänger und Nationalgardisten. Die Reagan-Regierung befürchtete eine Destabilisierung in Zentralamerika und wollte ein zweites Kuba verhindern, förderte aber stattdessen den Bürgerkrieg in Nicaragua.

Erfolgreiche soziale Reformmaßnahmen

Die ersten Jahre der FSLN-Regierung zeichneten sich durch erfolgreiche Bildungs- und Gesundheitskampagnen aus. Tausende von jungen Leuten, unterstützt von freiwil-

ligen Lehrern und Studenten aus dem Ausland, gingen aufs
Land, um dort bei der Alphabetisierungskampagne zu helfen. Tatsächlich fiel die Analphabetenrate von 42,5 % im
Jahr 1970 auf 13,0 % im Jahr 1985, und die Einschulungs-
rate – es bestand Schulpflicht bei kostenlosem Schulbesuch
– stieg für Primarschulen von 80,0 % im Jahr 1970 auf
100 % im Jahr 1985, für Sekundarschulen von 20,9 % im
Jahr 1970 auf 39,0 % im Jahr 1985. Angesichts der bestehenden Ungleichverteilung von Landbesitz und der Unterstützung, die die Revolution durch die Landbevölkerung
erhalten hatte, standen Agrarreformmaßnahmen im Zentrum der Regierungspolitik, wobei ein Problem darin bestand, den Widerstreit zwischen wirtschaftlichen Effi-
zienzkriterien und den Hoffnungen der Landarbeiter und
Kleinbauern zu lösen. Nach dem Sieg der Revolution 1979
enteignete die FSLN-Regierung sämtliche Ländereien und
landwirtschaftlichen Betriebe der Somoza-Familie und ihrer Anhänger, womit ca. 21 % der gesamten landwirtschaftlichen Nutzfläche in den Staatsbesitz übergingen.
Diese wurden in der *Area de Propiedad del Pueblo* zusammengefasst, also zunächst noch nicht aufgeteilt, um die Bildung von unwirtschaftlichen Minifundien zu vermeiden
und ertragreiche, für den Export landwirtschaftlicher Produkte taugliche Betriebe zu erhalten. Nach Verabschiedung des Agrarreformgesetzes vom Juli 1981 wurde ein
Teil der staatlichen Ländereien an Privatpersonen und an
Genossenschaften verteilt: So erhielten 70 000 Bauern und
3820 Kooperativen eigenes Land. In den folgenden Jahren
schwankten die Sandinisten in ihrer Agrarpolitik zwischen
einer stärkeren Förderung von genossenschaftlichen Betriebsformen, deren Mitglieder das Land gemeinsam besaßen, bewirtschafteten und verwalteten, und einer Begüns-
tigung von privaten Kleinbauern, die ab 1986 im Zuge einer
Landumverteilung von nicht produktiv bearbeitetem pri-
vatem Landbesitz eintrat. Zwar blieb insgesamt die Revolutionsregierung der Sandinisten hinter der revolutionären

Propaganda und den entsprechenden Erwartungen der Kleinbauern und Landarbeiter zurück, doch ermöglichte sie durch staatliche Kredithilfen an die Kleinbauern und durch die Mithilfe bei deren politischer Organisation und Interessenvertretung eine bislang nicht gekannte Integration in das politische Leben.

Die Erfolge der ersten Jahre bescherten den Sandinisten bei den ersten Wahlen nach der Revolution im Jahr 1984 einen hohen Wahlsieg, der Kandidat des FSLN, Daniel Ortega Saavedra, wurde mit 68 % der abgegebenen Stimmen gewählt und trat das Amt des Präsidenten im Januar 1985 an.

Ökonomische Schwäche und Abwahl des FSLN

Die folgenden Jahre der FSLN-Regierung waren durch steigende Inflation und eine schwächelnde Wirtschaft gekennzeichnet, die zum großen Teil aus den durch den Krieg gegen die *Contras* sowie durch die US-amerikanischen Finanz- und Handelsembargos, aber auch durch das Missmanagement des FSLN verursachten finanziellen und menschlichen Kosten herrührten. In dem Maße, wie die Sandinisten gezwungen waren, zu einer Austeritätspolitik überzugehen und die Bevölkerung unter erheblichen Rationierungen von Grundnahrungsmitteln litt, verloren sie den Rückhalt in der Bevölkerung. Obwohl die Sandinisten für die Friedensaktivitäten der sogenannten Contadora-Gruppe offen waren und 1989 den von Óscar Arias Sánchez, dem Präsidenten von Costa Rica, vorgeschlagenen Friedensplan für Zentralamerika akzeptierten, mit dem der Krieg gegen die *Contras* beendet wurde, schwand die Zustimmung zu ihrer Politik. Der Bürgerkrieg, der über 40 000 Personen das Leben kostete, insgesamt Schäden in Höhe von 1,5 bis 4 Milliarden US-Dollar verursachte und 62 % des Staatshaushalts für Verteidigungskosten verschlang, demoralisierte letztendlich die Bevölkerung. So war es nicht verwunderlich, dass in den Präsidentschaftswahlen vom Februar 1990 die Kandidatin der antisandinistischen oppositionellen Koalition »Nationale Oppositionsunion« (*Union Nacional Opositora*, UNO), einer Koalition von vierzehn politischen Parteien, Violeta Chamorro, in der Wahlkampagne unterstützt von den USA, die Wahlen gewann. Der FSLN akzeptierte die Niederlage, und am 25. April 1990 trat die neue Präsidentin ihr Amt an; die USA nahmen ihre Finanzhilfe wieder auf. Immerhin blieb der FSNL eine starke politische Kraft und unterstützte die neue Regierung gegen Kräfte von rechts.

Die Ambivalenz der Revolutionen

Ohne die Ursachen der genannten Revolutionen allein auf den Agrarkomplex zu reduzieren oder die Erfolge nur an der Veränderung im Agrarbereich messen zu wollen, lässt sich doch feststellen, dass die Agrarreformen ein unerlässlicher Bestandteil der sozialen Revolution in Gesellschaften waren, die auf der Landwirtschaft basierten oder von ihr abhängig waren. Sie bildeten die notwendige, wenn auch nicht ausreichende Basis, um die soziale Ordnung neu zu gestalten, und wurden flankiert von anderen Maßnahmen zur Neuverteilung von Besitz und Macht, auch gegenüber den dominierenden Industrienationen. In den genannten Fällen wurde dies durch die Entmachtung der traditionellen Eliten bewirkt, durch den Abbau der alten Armeen und den Aufbau neuer militärischer Gruppen, durch Erziehungskampagnen und die Ausweitung politischer Partizipation. Besondere Bedeutung gewann die Nationalisierung der Bodenschätze und der öffentlichen Dienstleistungsbereiche, wodurch Souveränität und nationale Kontrolle über die wesentlichen Quellen des Reichtums und damit über die eigenständige wirtschaftliche Entwicklung gesichert und Fremdbestimmung von außen abgewehrt werden sollten.

Die Revolutionen in Mexiko, Bolivien, Kuba und Nicaragua waren Ausbruch und Ausdruck sozialer und nationaler Forderungen und Interessen, die insgesamt Verlauf und Ergebnis der Veränderungen bestimmten. Sie haben in wichtigen Bereichen die Strukturen der Politik und der Gesellschaft verändert, indem sie in Staaten, deren nationaler Entwicklungsprozess anders als derjenige der europäischen Nationalstaaten in einem viel kürzeren Zeitraum und wesentlich stärker von außenpolitischen und außenwirtschaftlichen Rahmenbedingungen abhängig ablaufen musste, nochmals einen beschleunigten und sichtbaren Wandel der Gesamtgesellschaft in Gang gesetzt haben. So ist verständlich, dass Lateinamerikaner wie z. B. der mexikanische Schriftsteller Carlos Fuentes unter dem Eindruck der ersten erfolgreichen Jahre der kubanischen Revolution ungeachtet der gewaltsamen Begleitumstände bei den revolutionären Veränderungen die eigentlichen Lösungsmöglichkeiten der sozialen und nationalen Entwicklungsprobleme in Revolutionen sahen. Fuentes hat diese Ansicht 1962 in seiner Fernsehansprache »Rede an die Bürger der USA« eindrucksvoll dargelegt. Tatsächlich haben die Revolutionen die Grundlagen für eine Emanzipation und Integration der Bevölkerungsmehrheit in das wirtschaftliche, politische und soziale Leben ihrer Staaten gelegt und die Überfremdung und Einflussnahme von außen bis zu einem gewissen Grade zurückgedrängt.

Die genannten Revolutionen haben weder die sozialen Unterschiede endgültig abgebaut noch die Mehrheit der Bevölkerung an die Macht gebracht, noch die Umwandlung der formalen Demokratien in konkrete Demokratien vollendet. So entstand z. B. in Kuba keine partizipatorische Demokratie mit einem breiten Parteienspektrum. Die

1965 gegründete Einheitspartei »Vereinigte Partei der sozialistischen Revolution« (*Partido Unido de la Revolución Socialista*, PURS) repräsentierte nicht wie der PRI in Mexiko die unterschiedlichen Gesellschaftsgruppen, sondern war ganz auf Castro ausgerichtet. Und die neue Verfassung von 1975 sah zwar eine Nationalversammlung vor, im Zentrum des Machtsystems stand jedoch Castro. Ein Grund für diese zögerliche Entwicklung hin zur Demokratie ist darin zu sehen, dass der Spielraum für die Reform- und Sozialpolitik sowohl von der Leistungsfähigkeit der Volkswirtschaften, innen- und außenpolitischen Rahmenbedingungen und Beeinflussungen als auch von der Tragfähigkeit der revolutionären Programme sowie von der Konsensbereitschaft der politischen Gruppen abhing. Dennoch haben die Revolutionen eine Rückkehr zu den jeweils vorrevolutionären Gesellschaftsstrukturen unmöglich gemacht, sie bedeuten deshalb mit sozialen Integrations- und politischen Partizipationsbestrebungen einen wichtigen Schritt auf dem Wege zur Nation.

Guerilla-Aktivitäten

Eine der bekanntesten und wichtigsten Formen der Gegengewalt mit dem Ziel, die bestehenden Ungerechtigkeiten und Ungleichheiten zu beseitigen und die Gesellschaft neu zu gestalten, ist die Guerilla.

In Lateinamerika tauchte die Guerilla, die sowohl eine Gruppe bewaffneter Menschen als auch eine Kampfform bezeichnen kann, seit jeher während besonderer Spannungszeiten auf. So hat es z. B. schon in der Kolonialzeit Aktionen kleiner, irregulärer bewaffneter Gruppen gegen die Kolonialmacht gegeben, und während der Unabhängigkeitskriege zu Beginn des 19. Jahrhunderts hat die *guerilla* – wörtlich: ›Kleinkrieg‹ – als spezielle Form der Kriegsführung neben den Operationen der regulären Streitkräfte auf kreolischer und spanischer Seite eine z. T. kriegsentscheidende Rolle gespielt. Besonders in Mexiko haben die *guerilleros* auch politische Bedeutung erlangt, und ihr Vorbild wirkte über den Krieg von 1846/48 gegen die Vereinigten Staaten bis in das 20. Jahrhundert in die Aktionen der Bauernpartisanen von Emiliano Zapata während der Mexikanischen Revolution hinein fort. Auch Fidel Castro konnte sich mit seiner Guerilla in der Sierra Maestra an Vorbildern aus den kubanischen Unabhängigkeitskämpfen in den 1860er Jahren und um die Jahrhundertwende orientieren, und ebenso konnte sich die »Sandinistische Befreiungsfront« auf den nicaraguanischen Nationalhelden und Guerillero Augusto C. Sandino (1895–1934) beziehen, der in den 1920er und 1930er Jahren gegen die US-amerikanischen Besatzungstruppen in Nicaragua gekämpft hatte.

In jüngerer Zeit entstanden Guerillabewegungen aus den verschiedensten Gründen, die nicht in allen Fällen weitreichende politische Ziele verfolgten. In Kolumbien z. B. kämpften in dem langen und blutigen Bauern- und Bürgerkrieg der 1940er und 1950er Jahre – einer Periode, die von den Kolumbianern *la violencia*, d. h. die Gewalt, benannt wird, und die ihren Ursprung in der Gesamtkrise der kolumbianischen Politik und ihrer Träger, der Liberalen und der Konservativen Partei, seit den 1930er Jahren hatte –, »liberale« gegen »konservative« Guerillas, ohne dass diese Bezeichnung programmatische Bedeutung gehabt hätte. Später entwickelten sich daraus teils kriminelles Bandentum, teils bewaffnete Bauernformationen, sogenannte »Selbstschutz«-Organisationen, die Bauern in meist abgelegenen Regionen, sogenannten »unabhängigen Republiken« gegen Angriffe von außen schützten, um ihre »Autonomie« gegenüber der kolumbianischen Zentralregierung zu erkämpfen.

Bis zur Kubanischen Revolution lässt sich die Guerilla

dahingehend charakterisieren, dass sie im 19. Jahrhundert vorwiegend für nationale Ziele kämpfte, wohingegen im 20. Jahrhundert soziale und ökonomische Forderungen immer stärker in den Vordergrund traten. Sie war dann zwar Ausdruck von Rebellion und Protest, aber ohne große Reichweite der Konsequenzen für die Gesamtgesellschaft. Denn ihre Forderungen, hervorgerufen durch soziale und politische Missstände, richteten sich auf begrenzte Veränderungen, die von den jeweiligen Gesellschaften toleriert werden konnten, weil die bestehende Ordnung dadurch nicht berührt wurde.

Die castristische Landguerilla

Erst nach dem Sieg der Kubanischen Revolution wandelte sich der Charakter der Guerilla. Die in verschiedenen Ländern Lateinamerikas wie Bolivien, Guatemala, Kolumbien, Peru und Venezuela auftretenden Guerillas wurden als Revolutionsstrategie zur Zerstörung der etablierten Ordnung konzipiert. Sie verstanden sich als Ausgangspunkt und zugleich Instrument des sozialen Wandels. Zahlreiche Studenten und Intellektuelle der jüngeren Generation vorwiegend aus der Ober- und Mittelschicht, wie z. B. die venezolanischen Studenten, der Priester und Soziologe Camilo Torres in Kolumbien oder der Rechtsanwalt Luis de La Puenta in Peru, die aufgrund ihrer Bildung die bestehenden Ungerechtigkeiten durchschauten, fortschrittliche junge Offiziere wie z. B. Luis Augusto Turcios Lima oder Marco Antonio Sosa in Guatemala, der auf einer amerikanischen Militärschule seine Offiziersausbildung erhalten hatte, schlossen sich der Guerilla an und übernahmen z. T. Führungsfunktionen.

Diese Guerilla der 1960er Jahre wird zur Unterscheidung von den früheren Guerillas in der Literatur die *cas-*

tristische Guerilla genannt, weil sie in ihrer revolutionären Strategie dem Machterlangungsmodell der Kubanischen Revolution folgte, die im *Nachhinein*, in einer »Post-Rationalisierung«, sich eine Revolutionsdoktrin – den *Castrismo* – geschaffen hat, mit der sie die Wiederholbarkeit der eigenen Revolutionserfahrung in Lateinamerika propagierte.

Der Castrismus entwickelte für die Revolution auf kontinentaler Ebene eine neue Strategie, die sich in erster Linie in den von traditionellen Mustern revolutionären Wandels abweichenden Handlungsanweisungen ausdrückt; d. h., er entwarf eine Konzeption, nach der im Gegensatz zu der Auffassung der orthodoxen kommunistischen Parteien in Lateinamerika der bewaffnete Kampf, die Guerilla als grundlegendes revolutionsentscheidendes politisches und strategisches Prinzip definiert wurde. Die kommunistischen Parteien waren darauf bedacht, eine legalistische Politik im Rahmen und dennoch zu Lasten der bestehenden politischen Systeme zu betreiben und höchstens temporäre Gewaltanwendung zu billigen. Einen guten Einblick in die Revolutionskonzeption gibt die Deklaration der Konferenz der »Lateinamerikanischen Solidaritätsorganisation« (*Organización Latinoamericana de Solidaridad*, OLAS) vom August 1967; sie kann neben Che Guevaras Buch über die Guerilla in Kuba von 1960, der Zweiten Deklaration von Havanna 1962 und den Thesen von Régis Debray in seinem Buch *Revolution in der Revolution?* von 1967 als die wohl präziseste Zusammenfassung der castristischen Revolutionsdoktrin gelten: »1. Die Völker Lateinamerikas haben das Recht und die Pflicht zur Revolution. [...] 3. Der wesentliche Inhalt der Revolution in Lateinamerika besteht in der Auseinandersetzung mit dem Imperialismus und mit den bürgerlichen und Grundbesitzer-Oligarchien. Infolgedessen trägt die Revolution den Charakter des Kampfes für die nationale Unabhängigkeit, für die Befreiung von den Oligarchien und für den sozialistischen Weg der vollen wirtschaftlichen und gesellschaftlichen Entwicklung. 4. Die Prinzipien des Marxismus-Leninismus sind für die revolutionäre Bewegung Lateinamerikas richtungsweisend. 5. Der bewaffnete revolutionäre Kampf stellt die grundlegende Linie der Revolution in Lateinamerika dar. 6. Alle anderen Kampfformen müssen der Entwicklung der grundlegenden Linie des bewaffneten Kampfes dienen und dürfen sie nicht verzögern. 7. Für die Mehrheit der Länder des Kontinents besteht heute die unmittelbare, grundlegende Aufgabe der revolutionären Bewegung darin, das Problem der Organisierung, Ingangsetzung, Entfaltung und Vollendung des bewaffneten Kampfes zu lösen. [...] 10. Der Guerillakampf stellt als Entstehungsform der Befreiungsarmeen die wirksamste Methode für die Ingangsetzung und Entfaltung des revolutionären Kampfes in der Mehrzahl unserer Länder dar. 11. Zur Führung der Revolution ist, um den Erfolg sicherzustellen, als Organisationsprinzip die Zusammenfassung des politischen und militärischen Oberbefehls notwendig. [...] 14. Die Kubanische Revolution bildet als Symbol des Triumphes der bewaffneten revolutionären Bewegung die Vorhut der antiimperialistischen Bewegung Lateinamerikas.«

Erfolge und Misserfolge der Landguerilla

Die Kontinentalisierung der Kubanischen Revolution ist nicht gelungen. Che Guevara hatte geglaubt, die aus den Erfahrungen der kubanischen Revolution gezogenen Lehren als Modell für die Entwicklung des revolutionären Kampfes übertragen zu können. Er war der Meinung, dass 1. die Kräfte des Volkes im Krieg gegen eine reguläre Armee den Sieg davontragen könnten; man 2. nicht immer warten müsse, bis alle Bedingungen für die Revolution herangereift seien, die Führung des Aufstandes könne solche Bedingungen selbst schaffen; 3. der bewaffnete Kampf in den schwach entwickelten Ländern des lateinamerikanischen Kontinents hauptsächlich in den landwirtschaftlichen Gebieten geführt werden müsse. Doch ließen sich diese »Lehren« nicht übertragen, denn sie beruhten auf einer Reihe von z. T. objektiv falschen Bewertungen der Kubanischen Revolution, wie z. B. der These, dass sie eine Revolution der unterdrückten Bauernbevölkerung gewesen sei oder dass die am Ende des Batista-Regimes demoralisierten Truppen militärisch besiegt worden seien, oder auf Fehleinschätzungen wie der Mobilisierbarkeit der Landbevölkerung, um nur einige Gründe zu nennen.

Größere Guerillabewegungen entstanden in den 1960er Jahren in Guatemala, Venezuela, Peru und Kolumbien. Doch der erhoffte Erfolg blieb den castristischen Guerillas versagt. Die im Guerillerismus vorgesehene Entwicklung des Guerillakampfes mit Hilfe der Bauern, die Verschärfung der gesellschaftlichen Polarisierung durch militärische Operationen und politische Agitationen und schließlich die Niederlage des Militärs blieben aus. Der *foco guerillero*, der Guerilla-Herd, als geplantes militärisches und politisches Zentrum der revolutionären Bewegung, erfüllte nicht die erwartete Initialfunktion. Dies musste Che Guevara 1967 selbst in Bolivien erfahren, wo er vergebens versuchte, die Campesinos zu mobilisieren und eine Guerillabewegung aufzubauen. Nach dem Misserfolg und seinem Tod wurde die Krise des castristischen Guerillakampfes – der Landguerilla – offenbar.

Die Stadtguerilla

In der Folgezeit entstand in den La-Plata-Ländern Argentinien, Brasilien und Uruguay die Stadtguerilla, die sich als an der gewandelten Realität orientierte Weiterführung der castristischen Guerilla verstand. Träger dieser Stadtguerilla war ebenso wie in der vorher vom Land her operierenden Guerilla die lateinamerikanische revolutionäre Intelligenz, die politische Avantgarde, die von der Unwirksamkeit der konventionellen politischen Mittel, wie z. B. Wahlen, besonders in Zeiten der Diktatur überzeugt war. Ihr Ziel bestand darin, mit unmittelbaren Aktionen, wie sie Carlos Marighela für Brasilien beschrieben hat, d. h. mit Banküberfällen, Besetzungen, Waffendiebstählen, Entführungen und Hinrichtungen, Sabotagen gegen Wirtschaftseinrichtungen die Militärdiktatur und die Kräfte der Repression abzulenken, sie aufzureiben und zu demoralisieren, das bestehende ökonomische, politische und gesellschaftliche System Brasiliens zu entlarven und zu zerstören. Ziel war es, durch ein Gefühl der Empörung über die Ungerechtigkeit der Regierung und ihre Unfähigkeit, den Schwierigkeiten anders als mit Mitteln der Gewalt und physischer Liquidierung der Opposition beikommen zu können, in den Lebenszentren Lateinamerikas eine revolutionäre Situation mit Bürgerkriegscharakter zu erzeugen, die eine Machtübernahme ermöglichte. Berühmt wurden die sogenannten *Tupamaros* in Uruguay, die ihren Namen von Túpac Amaru, dem Führer des großen Indioaufstandes von 1780 in Peru, ableiteten, und die argentinischen *Montoneros*, die nach den berittenen Kämpfern in der Unabhängigkeitsrevolution benannt wurden und in den Jahren 1973/74 über bis zu 10 000 aktive Mitglieder verfügten.

Es fällt Außenstehenden schwer, in der Gewalt der Guerilla etwas Positives zu sehen. Doch war sie, in der lateinamerikanischen Wirklichkeit, rational motiviert und eingesetzt, Gewalt um der Aufhebung der institutionalisierten und strukturellen Gewalt willen, mit der die notwendigen wirtschaftlichen, politischen und sozialen Veränderungen in Lateinamerika verhindert werden. Unterentwicklung, Gewalt und soziale Revolution sind in einem direkten

Beziehungszusammenhang zu sehen: Jede Form der Revolution bewies ein Versagen der Politik, aber Guerilla-Revolutionen bewiesen die Perversion der Politik: die Notwendigkeit, Krieg zu führen, um eine soziale Gruppe zu vertreiben, die dem Wandel im Wege stand.

Die Ambivalenz der Guerilla

Die in zahlreichen Ländern Lateinamerikas besonders nach der Kubanischen Revolution entstandenen Guerilla-bewegungen haben in ihren Bestrebungen, die etablierte Ordnung zu zerstören, keine wesentlichen Veränderungen und Verbesserungen der sozialen und politischen Strukturen lateinamerikanischer Staaten bewirkt. In Kuba und Nicaragua konnten sie zwar Unrechtsregimes stürzen, doch haben sie in anderen Fällen wie in Argentinien, Uruguay und Brasilien eine Verhärtung der Positionen bewirkt und die Rolle des Militärs verstärkt oder wie in Peru (»Leuchtender Pfad«) oder Kolumbien eher zur Destabilisierung demokratischer Regimes beigetragen. Ein eklatantes Beispiel sind die gegenwärtigen Guerillaaktivitäten in Kolumbien. Einerseits haben sie, z. T. in Zusammenarbeit mit den Drogenkartellen, zur Verbesserung der ökonomischen und sozialen Situation der in ihrem Einflussgebiet lebenden Campesinos beigetragen, andererseits zeigt gerade die Zusammenarbeit mit den Drogenbaronen und -kartellen, den *Narcos*, wie weit sie ihre Aktionen als Geschäft verstehen. Der Staat Kolumbien hat gegenwärtig sein Gewaltmonopol verloren und herrscht nur noch über ein Drittel des Staatsgebiets.

Die Guerillabewegungen haben allerdings auf die Ungerechtigkeit und Ungleichheiten in Lateinamerika aufmerksam gemacht. Bereits ihre bloße Existenz war und ist Ausdruck dieser Strukturen und beweist ein Versagen der bisherigen Politik, liegt doch der entscheidende Beweggrund für ihr Entstehen in der wirtschaftlichen Ausbeutung, der politischen Unterdrückung und dem Vorenthalten der gesamtgesellschaftlichen Emanzipation durch eine Minderheit in den jeweiligen Staaten.

Entwicklungsbestrebungen durch Militärdiktaturen

In den 1960er und 1970er Jahren etablierten sich in einigen lateinamerikanischen Ländern als Reaktion auf die wirtschaftlichen und gesellschaftlichen Defizite bzw. Umbrüche Militärregimes. Die Militärs griffen in politische Prozesse ein, weil sie sich durch die Professionalisierung ihrer Institution, durch neue Ausbildungsangebote an den Militärakademien in Fächern wie z. B. Ökonomie, Politik und Soziologie in die Lage versetzt glaubten, die prekären Probleme ihrer jeweiligen Länder in den Griff zu bekommen oder gar umgestalten zu können. Dabei zeigten sich, bedingt durch die jeweilige Ausgangslage, unterschiedliche Zielsetzungen, die zwei unterschiedliche Typen von Militärregimes hervorbrachten: einerseits sozialreformerische, andererseits ökonomisch-modernisierend orientierte Militärregimes.

Die sozialreformerischen Militärregimes

Zum sozialreformerischen Typ gehören die Militärregimes in Peru (1968–1980) und in Ecuador (1972–1976). In diesen Staaten bildeten die großen Unterschiede zwischen Stadt und Land, Industrie und Landwirtschaft und jeweils innerhalb der Wirtschaftssektoren zwischen traditionellen und modernen Betrieben, zwischen einer reichen Oberschicht und einer Masse armer ländlicher und städtischer Bevölkerung strukturelle Hindernisse für die wirtschaftliche und soziale Entwicklung. Im Grunde versuchte das Militär, das umzusetzen, was früheren zivilen oder auch militärischen Regierungen nicht gelungen war. Es übernahm die Aufgabe, grundlegende Reformen in Wirtschaft und Gesellschaft herbeizuführen, indem die Industrialisierung beschleunigt, der Agrarsektor modernisiert und überhaupt durch Umverteilung, einschließlich der Nationalisierung ausländischen Eigentums, der Besitz breiter gestreut werden sollten. Um ihre Reformen realisieren zu können, suchten die Militärs in Peru und Ecuador die Unterstützung durch gesellschaftliche Gruppen, Parteien und Gewerkschaften, banden also die Bürger aktiv ein.

Die Krisensituation in Peru vor 1968

Während die vom Militärregime in Ecuador unter General Guillermo Rodríguez Lara angekündigten Reformen jedoch in Ansätzen stecken blieben, hatte das Militärregime in **Peru** zunächst Erfolg. Am 3. Oktober 1968 putschten die peruanischen Militärs unter General Velasco Alvarado gegen die Regierung von Präsident Fernando Belaúnde Terry, Führer der gemäßigten »Volksaktion« (*Acción Popular*, AP), und errichteten ein linkes Militärregime mit einer Militärjunta an der Spitze. Es war nicht der erste Putsch seit der Jahrhundertwende. Belaúnde selbst war im Juni 1963 durch Intervention des Militärs an die Macht gekommen, als bei den Wahlen vom Juni 1962 der Wahlsieger Victor Raúl Haya de la Torre, der Führer der von ihm 1924 gegründeten sozialistischen »Revolutionären Volksallianz Amerikas« (*Alianza Popu-*

lar Revolucionaria Americana, APRA) unter dem Druck
der Militärs hatte weichen müssen, diese im Juli 1962
selbst die Macht übernommen und Neuwahlen anbe-
raumt hatten. Belaúnde hatte ein ehrgeiziges Regierungs-
programm entworfen, das den Notwendigkeiten Perus zu
entsprechen schien: Agrarreform, zügige industrielle Entwicklung, Nationalisierung der von ausländischen Konzernen ausgebeuteten Erdölvorkommen, Integration der
ca. 45 % der Gesamtbevölkerung ausmachenden Indios
und der städtischen Marginalbevölkerung in den Kultur-
und Wirtschaftsprozess und die Lösung der Infrastruk-
turprobleme des Landes sowie eine gerechte Einkommensverteilung durch grundlegende Sozial- und Steuerrefor-
men. Das alles sollte im Rahmen der verfassungsmäßigen
Ordnung durchgesetzt werden. Doch hatte sich Belaúnde
als unfähig erwiesen, die versprochenen Reformen tatsächlich auch umzusetzen, was weniger am fehlenden guten Willen als an einer Blockadehaltung der oppositionellen Parteien im Parlament, der APRA und der Partei
»Nationale Union für Odría (*Unión Nacional Odriísta*,
UNO) des konservativen Ex-Diktators General Manuel
Odría (1948–1956), lag. Die Agrarreform kam nicht in
Gang. Zwischen 1963 und 1968 erhielten weniger als
15 000 Familien Land. Die Agrarreform hatte nach fünf
Jahren gerade etwa 1,5 % der bebauten landwirtschaftlichen Nutzflächen erfasst. Zu einer Umverteilung kam es
nicht, weil viele Großgrundbesitzer einer Enteignung ent-
gingen, indem sie ihren Landbesitz unter Familienmitglieder aufteilten oder weil die Gesetze selbst nicht eindeutig
festlegten, was effizient oder nichteffizient bewirtschafte-
te Ländereien waren. Die Folge war eine starke Landflucht der Land-, d. h. der Indiobevölkerung besonders
aus der Sierra in die Küstenstädte, und das bedeutete ein
enormes Anwachsen der städtischen Marginalbevölkerung. Während im Jahr 1950 noch 5,2 Millionen Menschen auf dem Land und 2,9 Millionen in den Städten leb-

ten, wies das Verhältnis 1960 mit 6 Millionen zu 4,5 Millionen schon eine »Verstädterung« auf und zeigte 1970 mit jeweils 7 Millionen ländlicher und großstädtischer Bevölkerung einen Gleichstand mit Tendenz zum Übergewicht der Städte auf. Dabei war diese Art der Urbanisierung keineswegs ein Zeichen von Modernisierung, sondern im Gegenteil der Beleg für die prekäre ländliche Situation mit dem Fehlen von Arbeitsplätzen, einem unzulänglichen Bildungs- und Gesundheitswesen sowie anderen Einrichtungen der Daseinssicherung. Andererseits stellten die Städte, speziell Lima, keine besseren Lebensbedingungen bereit, so dass sich dort in den Randzonen der Stadt *barrios marginales* bildeten. Die Industrialisierung machte keine Fortschritte, das Wirtschaftswachstum verlangsamte sich, die Abwertung des peruanischen Sol um fünfzig Prozent, steigende Inflation und Auslandsverschuldung riefen den Unmut großer Bevölkerungsteile einschließlich der Mittelschichten hervor und ließen im Kontext der Kubanischen Revolution, aber auch der Verbreitung der Befreiungstheologie linke und radikale Gruppen, die Guerilla, entstehen. Insgesamt war unter der Regierung Belaúnde eine Krisensituation entstanden.

Motive und Ziele der Militärjunta

Am 3. Oktober 1968 übernahm das Militär die Macht, um eben diese Krise, die in der Literatur auch als »Hegemonie-Krise« gilt, zu lösen und Peru zu modernisieren. Die Militärs reagierten auf die wirtschaftlichen, sozialen und politischen Defizite des Landes: ungerechte Landverteilung, verfehlte Politik der Wirtschaftseliten und externe Abhängigkeit. Ihrer Meinung nach hatte sich die Demokratie aufgrund der Eigeninteressen der Politiker, des Widerstandes mächtiger Interessenorganisationen und des

Ausschlusses breiter Bevölkerungsgruppen als unfähig erwiesen, die Probleme des Landes zu lösen. Unmittelbarer Anlass des Staatsstreichs war die ungeschickte und undurchsichtige Handhabung der Regierung Belaúnde in Sachen Nationalisierung der Erdöllager in Talara, die seit 1925 von der US-amerikanischen International Petroleum Company (IPC), einer Tochterfirma der Standard Oil Company of New Jersey, ausgebeutet wurden. Belaúnde hatte am 28. Juli 1968 die Nationalisierung angekündigt, doch waren im Vertrag mit der IPC nur die Lager und der Grundbesitz, nicht aber die Raffinerien, d. h. die Weiterverarbeitung nationalisiert worden. Die »nationale« Empörung war groß und verschaffte den Militärs hilfreiche Sympathien. Mit einer ihrer ersten Maßnahmen, der Annullierung des Vertrags mit der IPC am 4. Oktober, und der gewaltsamen Enteignung der Erdöllager in Talara am 9. Oktober 1968 konnte die Militärjunta die öffentliche Meinung auf ihre Seite ziehen.

Am Tage ihrer Machtübernahme legte die Militärjunta ihr »Statut der Revolutionsregierung«, *Estatuto de Gobierno Revolucionario*, vor. Es enthielt nicht nur eine Kurzanalyse der peruanischen Krisensituation, sondern auch die Rechtfertigung für den Staatsstreich sowie die Ziele der Junta. In Artikel I rechtfertigte sie die Machtübernahme mit der Notwendigkeit, dem »wirtschaftlichen Chaos«, der »Korruption in der öffentlichen Verwaltung«, der »Preisgabe, *entreguismo*, der Bodenschätze und ihrer Ausbeutung zugunsten privilegierter Gruppen«, dem »Autoritätsschwund« und der »Unfähigkeit zur Durchführung der [...] im Interesse der Entwicklung des Landes [...] dringenden Reformen« ein Ende zu setzen. Artikel II benannte als wichtigste Ziele der Junta: a) »strukturelle Änderungen des Staates zur Erreichung einer dynamischeren und wirksameren Regierungsgewalt«, b) »Veränderungen der wirtschaftlichen, sozialen und kulturellen Strukturen«, c) »die konsequente Verteidigung der nationalen Souveränität und Würde«, d) »die Moralisierung des Landes in allen Bereichen, die Wiederherstellung der staatlichen Autorität, des Respekts vor dem Gesetz und der Rechtsstaatlichkeit« und e) durch »Integration aller Peruaner das nationale Zusammengehörigkeitsgefühl zu stärken«. Gerade mit dem letzten Ziel sprach die Militärjunta eines der größten Defizite der peruanischen Gesellschaft an: die fehlende Identifizierung.

Wichtige Reformmaßnahmen

Eine der wichtigsten Reformmaßnahmen war das Agrarreformgesetz vom 24. Juli 1969, mit dem die Militärjunta allen Landbesitz über 150 Hektar an der Küste und über 35–65 Hektar in der Sierra enteignete und die Umverteilung auch konsequent durchführte, weil weder ein Parlament noch der aufgelöste einflussreiche Agrarierverband, *Sociedad Nacional Agraria*, Einspruch erheben konnten. Zwischen 1969 und 1976 wurden über acht Millionen Hektar Land enteignet. Dabei versuchte die Junta auch neuartige Produktionsstrukturen einzuführen. Denn nur etwa 10–13 % der enteigneten Ländereien wurden als Privatbesitz vergeben, meistens wurden neue kollektive Einheiten geschaffen; 22 % gingen unter Berücksichtigung traditioneller indianischer Strukturen entweder an indianische Dorfgemeinschaften oder an Bauerngruppen; etwa 65 % wurden für die Gründung von Produktionsgenossenschaften oder Agrargenossenschaften verwandt. Die agroindustriellen Zuckerplantagen an der nördlichen Küste wurden zwar enteignet, blieben aber als genossenschaftlich organisierte Einheiten bestehen.

Um die industrielle Entwicklung fördern zu können, erließ die Militärjunta 1972 ein Industriereformgesetz, das die wichtigsten Produktionssektoren wie Stahlindustrie,

Düngemittel, Zement und chemische Industrie staatlicher Kontrolle unterstellte und ausländische Firmen, die im Bergbau, in der Agrarindustrie, Bank-, Transport-, Fernmelde- und Elektrizitätswesen tätig waren, verstaatlichte. Investitionskontrollen gegenüber den Privatunternehmen und Ausbau der öffentlichen Verwaltung sollten Impulse geben. Mit der Neuordnung im Industriesektor strebte die Militärjunta zugleich eine Sozialreform in diesem Bereich an, indem sie für die Arbeitnehmer Beteiligungsmodelle am Entscheidungsprozess und am Gewinn entwickelte. Es wurden Mitbestimmungsorgane geschaffen und eine Kapitalbeteiligung der Arbeiter vorgeschrieben. Firmen wurden verpflichtet, einen Anteil des unternehmerischen Gewinns in Form von Firmenanteilen an die Arbeiter abzuführen, womit diese zu Mitaktionären werden sollten. Ferner wurden z. B. 1973 Gesetze erlassen, die sehr zum Unwillen der Industriellen die Gründung von Firmen in Gemeinschaftsbesitz, *empresas de propiedad social*, vorsahen.

Das Bildungsgesetz von 1972 reformierte die bisherigen Lehrpläne, indem diese mit anderen Inhalten neuen Erziehungszielen wie Partizipation und nationaler Identität dienen sollten. Dazu erhielt nun die eigene, peruanische Geschichte Vorrang vor der Unterweisung in europäischer Geschichte. Zu dieser Verbeugung vor der eigenen Vergangenheit passte es auch, dass im Kontext der 1974 eingeleiteten Kampagne gegen den Analphabetismus auf dem Land Velasco Alvarado Peru zum zweisprachigen Land erklärte und Quechua zur zweiten offiziellen Landessprache machte. Wie sehr die Militärs die Notwendigkeit von identitätsstiftender Symbolik erkannten, wird auch aus der öffentlichen Präsentation des Agrarreformgesetzes von 1969 deutlich: Der Einband einer der zahlreichen Broschüren mit diesem Gesetz zeigte neben dem Präsidenten Velasco Alvarado den berühmten Indioführer Túpac Amaru II., der 1780/81 für eine bessere Stellung der

Indios gegen die spanische Kolonialverwaltung in Peru und gegen die Weißen rebelliert hatte. Im Übrigen hieß der Entwicklungsplan *Plan Inca*.

Die Errichtung von Basisorganisationen

Um Unterstützung für sich zu gewinnen, um sich eine Basisorganisation und gewissermaßen einen Ersatz für die traditionellen Parteien zu schaffen, gründete die Militärjunta eine neue staatliche Behörde »Nationales System zur Unterstützung Sozialer Mobilisierung« (*Sistema Nacional de Apoyo a la Movilización Social*, SINAMOS), eine organisatorische Zusammenfassung früherer selbständiger entwicklungspolitischer staatlicher Organisationen. Diese Behörde sollte u. a. Bauern, Industriearbeiter und Slumbewohner organisieren, die Bevölkerung über die Ziele der Revolution aufklären, die Durchführung der Agrarreform, besonders die Errichtung der Genossenschaften, kontrollieren und Selbsthilfeorganisationen in den Slums ins Leben rufen. Ziel war es auch, die Unterschichten in den politischen Entscheidungsprozess einzubeziehen. Deshalb war das Ausmaß politischer Repression im Vergleich mit den anderen Militärregimes geringer. Erst nachdem Velasco Alvarado im August 1975 durch einen unblutigen Sturz aufgrund interner Auseinandersetzungen innerhalb des Militärs von General Francisco Morales Bermúdez gestürzt worden war und in den folgenden Jahren die wirtschaftlichen Anfangserfolge der Revolution zurückgingen, als die Sparpolitik der Regierung Morales Bermúdez zu einem Anstieg der Arbeitslosigkeit und empfindlichen Einkommenseinbußen der Arbeitnehmer führte und es dadurch zu Streiks und Protesten kam, reagierte das Militär mit umfassenden Repressionen. Die während der Militärdiktatur angestrebte Einbindung in das politische System sollte allerdings nicht durch eine praktizierte repräsentative Demokratie, sondern auf von oben kontrollierte Weise erfolgen.

Das Scheitern der peruanischen »Revolution«

Das peruanische Modell der Entwicklung durch Militärherrschaft scheiterte sowohl wirtschaftlich als auch politisch. Die Agrarreform hatte zwar eine Umverteilung in Gang gesetzt, nicht aber die Leistungsfähigkeit der Landwirtschaft gesteigert. Während die Großbetriebe unter staatlichem Schutz erneut Bodenressourcen monopolisierten, in großen Genossenschaften die Genossenschaftler Privilegien erhielten, bald jedoch in ihrer Produktivität nachließen, änderte sich nur wenig an der prekären Situation der Masse der ländlichen Bevölkerung, vor allem in der Sierra. In dem Bestreben, die Konsumpreise in den Städten zu kontrollieren, d. h. niedrig zu halten, hatte die Militärregierung Einfluss auf die Bereitstellung von Saatgut und Düngemitteln sowie auf die Gestaltung der Erzeugerpreise genommen und den Import von Nahrungsmitteln gefördert. Das hatte zu starken Einbußen im Einkommen der Produzenten geführt, also die Situation der armen bäuerlichen Familien nicht verbessert. Das Haushaltsdefizit erhöhte sich in den Jahren zwischen 1969 und 1976 dramatisch; die Handelsbilanz wurde stark negativ, die Inflationsrate stieg, und die Auslandsverschuldung verdoppelte sich zwischen 1970 und 1976. Dazu trug auch die massive Aufrüstung der peruanischen Streitkräfte bei. Nach der Absetzung von General Velasco Alvarado vollzog das Militärregime gemäß den Auflagen des Internationalen Währungsfonds (Sparmaßnahmen zur Reduzierung der Staatsverschuldung) in der Wirtschaftspolitik einen Kurswechsel, der einen stufenweisen Abbau früherer revolutionärer Maßnahmen wie z. B. Arbeitermitbestimmung und Selbstverwaltung, stattdessen eine stärkere Berücksichtigung des privatwirtschaftlichen Sektors vorsah, allerdings eine Radikalisierung der armen Bevölkerungsschichten hervorrief. Ab 1978, als Forderungen nach Rückkehr zur Demokratie lauter wurden, zeigte sich, dass die Militärs in keiner sozialen Schicht mehr über Rückhalt verfügten. Die radikalen Reformen hatten die Oberschicht, der wirtschaftliche Einbruch die Mittel- und Unterschichten verprellt. Auch der Versuch, durch Reformen von oben Guerillagruppen den Boden zu entziehen, war erfolglos. Im Gegenteil, die reformistische, nationalistische und antiimperialistische politische Propaganda der Militärregierung und die Defizite der Agrarreform schufen für die revolutionäre Linke nicht nur eine gedeihliche Atmosphäre, sondern lieferten ihr auch schlagkräftige Argumente. So entwickelte sich der schon 1970 von dem Philosophieprofessor Abimael Guzmán gegründete »Leuchtende Pfad«, *Sendero Luminoso*, während der 1980er Jahre zu einer der stärksten Guerillabewegungen in Lateinamerika und zur problematischsten Belastung der peruanischen Gesellschaft. Unter dem Eindruck einer weitverbreiteten antimilitärischen Stimmung und angesichts wachsender interner Auseinandersetzungen innerhalb des Militärs entschloss sich 1978 Morales Bermúdez zu einer schrittweisen Rückkehr zur Demokratie, indem er Wahlen zu einer Verfassunggebenden Versammlung zuließ. Die APRA erhielt zwar mit 35 % die meisten Stimmen, sie bestimmte auch gemeinsam mit der rechtskonservativen »Christlichen Volkspartei« (*Partido Popular Cristiano*, PPC) die Diskussionen um den Verfassungsentwurf, der wiederum ein Präsidialsystem als Regierungsform vorsah, doch gewann bei den Präsidentschaftswahlen im Mai 1980 der Kandidat der AP, der von General Velasco Alvarado abgesetzte Belaúnde. Seine zweite Amtsperiode als Präsident, 1980–1985, bedeutete die Rückkehr zu einer Zivilregierung, nicht aber den Beginn einer stabilen, nachhaltigen Entwicklung. Im Gegenteil.

Die ökonomisch-modernisierenden Militärdiktaturen

Zum ökonomisch-modernisierenden Typ gehören die Militärregimes von Brasilien (1964–1985), Uruguay (1973–1984), Chile (1973–1989) und Argentinien (1976–1983). In diesen Staaten existierten andere Voraussetzungen. Hier waren Industrialisierung und Urbanisierung ziemlich weit vorangeschritten. Doch erfüllte die bisherige Entwicklung nicht die Erwartungen von Teilen der Mittelschichten und der unteren Schichten. Deren Organisationen drängten auf Strukturreformen und gesellschaftliche Umverteilung und versuchten, für diese Ziele die Masse der Bevölkerung u. a. unter Verwendung sozialistischer Ideologien oder sozialer Reformvorstellungen zu mobilisieren. In Chile waren unter der demokratisch gewählten sozialistischen Regierung von Salvador Allende (1970–1973) gegen heftigen Widerstand der Opposition sogar einschneidende Strukturreformen durchgeführt worden. In solche Auseinandersetzungen zwischen Ideologien bzw. unterschiedlichen Entwicklungsstrategien sowie zwischen Parteien, d. h. Gegnern und Verteidigern der bestehenden Eigentums- und gesellschaftlichen Machtverhältnisse, griff das Militär ein, indem es unter der neuen Doktrin der »nationalen Sicherheit« gegen angebliche »innere« Bedrohung für die Verteidiger des Status quo die Macht ergriff. Tatsächlich hatten in Uruguay eine wirtschaftliche Dauerkrise und ihre sozialen Folgen in weiten Sektoren der Bevölkerung zu einer Verunsicherung geführt. Einerseits hatten in den traditionellen Parteien rechte bis rechtsautoritäre Gruppierungen an Einfluss gewonnen, die demokratische

Grundrechte einschränken wollten; andererseits hatten sich große Teile der Linken radikalisiert. Einige Gruppierungen, wie die Stadtguerilla *Tupamaros*, hatten sich dem bewaffneten Kampf gegen die bestehende ungerechte Ordnung verschrieben. Sowohl eine regressive Praxis der Regierungen seit 1967 als auch die Gewaltakte der *Tupamaros* hatten die demokratische Ordnung in Uruguay und das Vertrauen in sie zerstört. In Argentinien, das seit dem Militärputsch und Aufstieg von Juan Domingo Perón 1943 schon zahlreiche Militärregierungen erlebt hatte, war es Anfang der 1970er Jahre zu gravierenden politischen Problemen gekommen. Perón, der 1955 gestürzt worden und ins Exil nach Spanien gegangen war, hatte nach seiner Rückkehr 1973 die Präsidentschaftswahlen gewonnen, seine dritte Frau Maria Estela Isabel Martínez de Perón war zur Vizepräsidentin gewählt worden. Nach Peróns Tod im Juli 1974 hatte seine Frau die Amtsgeschäfte übernommen. Doch waren zwischen der Präsidentin und den peronistischen Gewerkschaften offene Konflikte ausgebrochen, die schließlich in einem Generalstreik gipfelten, weil die Wirtschaft angesichts sozialer und politischer Spannungen aus dem Ruder gelaufen war. Zudem hatte der allgemeine Terror zugenommen, indem die Guerilla, die *Montoneros*, ihre Aktionen verstärkt und Sicherheitskräfte sowie paramilitärische Todesschwadronen mit Gegenmaßnahmen reagiert hatten. In allen genannten Fällen versuchten die Militärregimes, die jeweilige politische und wirtschaftliche Krise mit autoritären Mitteln zu lösen. Sie unterbanden politische Betätigungen von Parteien und Gewerkschaften, verfolgten die politischen Gegner, die bewaffneten Widerstand leisteten, und verhinderten lange Zeit mit großer Brutalität jeglichen Widerstand gegen die Militärherrschaft. An aktiven Bürgern waren sie nicht interessiert. Allerdings begünstigten sie solche gesellschaftlichen Schichten (Kapitalgruppen), die für ihr vorrangiges Entwicklungsziel wirtschaftliches

Wachstum wichtig waren. In gewissem Sinn wurde das brasilianische Militärregime zum Vorbild für die anderen in Südamerika.

Die brasilianische Militärdiktatur

In **Brasilien** setzten in einer Phase tiefer politischer Polarisierung zwischen linksnationalen und rechten, antikommunistischen Bewegungen, wachsender Arbeitskonflikte, zunehmender Radikalisierung von Massenbewegungen, getragen von Gewerkschaften im Verbund mit der Studentenbewegung »Nationale Studentenunion« und kirchlichen Reformgruppen, und schwerer wirtschaftlicher Probleme wie einer hohen Inflationsrate und Abschwächung der Industrieproduktion die brasilianischen Militärs am 31. März 1964 in einem unblutigen Putsch Präsident João Goulart ab. Goulart, ein ehemaliger Arbeitsminister von Getúlio Vargas und Führer der von Vargas gegründeten »Brasilianischen Arbeiterpartei« (*Partido Trabalhista Brasileiro*, PTB), war nach dem Rücktritt von Präsident Jânio Quadros 1961 als dessen Vizepräsident an die Macht gekommen, hatte allerdings durch eine Verfassungsänderung das parlamentarische System einführen müssen. Im Januar 1963 gelang es ihm jedoch im Rahmen einer Volksabstimmung, das Präsidialregime und damit die persönliche präsidentielle Macht wiederherzustellen. Er galt wegen seiner Reformbestrebungen im Agrarbereich, im Verwaltungssystem, einer selbständigen Außenpolitik und der Zusammenarbeit mit den Gewerkschaften bei der großen Mehrheit der Militärs und der wirtschaftlichen Elite als linkslastiger und politisch unzuverlässiger Präsident, der seine radikalen Anhänger, vor allem die Gewerkschaften, nicht unter Kontrolle hatte.

Die demokratische Fassade des Militärregimes

Generalstabschef Humberto Castelo Branco übernahm die Macht. Mit einer Reihe von sogenannten »Institutionellen Akten« als Ergänzung bzw. Modifizierung der Verfassung errichteten die Militärs eine autoritäre Herrschaftsstruktur, die dann 1968 in eine repressive Militärdiktatur überging. Mit dem Institutionellen Akt Nr. 1 vom 13. April 1964 wurde Castelo Branco, der Anführer des Putsches, von den anderen Militärführern zum Präsidenten gewählt, das Parlament konnte nur zustimmen. Dieser Akt stattete den Präsidenten mit quasidiktatorischen Vollmachten aus, gab ihm die Befugnis, politischen Gegnern die politischen Rechte abzuerkennen und ihre Abgeordnetenmandate aufzuheben – eine Befugnis, die in den nächsten Jahren in über tausend Fällen zur Anwendung kam –, schaffte aber das Parlament nicht ab. Es blieb trotz des Ausschlusses regimefeindlicher oder unliebsamer Abgeordneter als »demokratische« Fassade bestehen. Als im Oktober 1965 bei Gouverneurswahlen Kandidaten der Opposition gewannen, setzte Castelo Branco weitere Elemente des demokratischen Systems außer Kraft, indem er im Institutionellen Akt Nr. 2 die indirekte Wahl des Staatspräsidenten, des Vizepräsidenten und der Gouverneure verfügte und alle bestehenden Parteien verbot. Sie wurden durch ein künstliches Zweiparteiensystem ersetzt, in dem die Rollen der Regierungs- und der Oppositionspartei im Voraus verteilt waren. Die neue Regierungspartei »Allianz der Nationalen Erneuerung« (*Aliança Renovadora Nacional*, ARENA) nahm die alten konservativen Parteien auf, während die »Brasilianische Demokratische Bewegung« (*Movimento Democrático Brasileiro*, MDB) als »offizielle« Oppositionspartei fungierte. Unabhängig von den Wahlergebnissen wurden die Parlamentssitze zwischen ARENA und MDB nach dem Schlüssel 2 : 1 verteilt. Als es im Dezember 1968 wegen der Aufhebung der Immunität des Abgeordneten der MDB Márcio Moreira Alves zu einer Auseinandersetzung zwischen Parlament und Regierung kam, fiel auch die letzte »demokratische« Fassade der Militärherrschaft. Moreira Alves hatte die brasilianische Polizei und Armee wegen Folterungen an politischen Gefangenen öffentlich angeprangert, woraufhin die Militärs die Aufhebung seiner Immunität forderten. Da das Parlament mit der Mehrheit der Stimmen von MDB und der regierungsoffiziellen ARENA dies jedoch ablehnte, antwortete Präsident Costa e Silva, der im Oktober 1966 von eben diesem Parlament »gewählt« worden war, mit dem Institutionellen Akt Nr. 5 vom 13. Dezember 1968. Dieser sah die Entlassung des Kongresses vor, sanktionierte das Recht der Militärregierung, durch Dekrete zu regieren, und hob die Persönlichkeitsrechte auf. Neue Säuberungsaktionen gegen Politiker, Richter, Universitätsprofessoren und Priester waren die Folge, der Terror eskalierte. Als im September 1969 Präsident Costa e Silva einen Schlaganfall erlitt und regierungsunfähig wurde, hätte nach den Regeln der Verfassung Vizepräsident Pedro Aleixo, ein ziviler ARENA-Politiker aus der alten »Nationalen Demokratischen Union« (*União Democrática Nacional*, UND), das Präsidentenamt übernehmen müssen. Da er jedoch den Institutionellen Akt Nr. 5 kritisiert hatte, ergriff eine Militärjunta die Macht, benannte als Kandidaten für das Amt des Präsidenten General Emílio Garrastazú Médici, den bisherigen militärischen Geheimdienstchef, und für das Amt des Vizepräsidenten Admiral Augusto Rademaker, und ließ sie im Oktober 1969 von dem wiedereingesetzten Kongress mit den Stimmen der ARENA »wählen«. General Garrastazú Médici bekleidete das Präsidentenamt bis 1974. Die Militärdiktatur war endgültig institutionalisiert.

Diktatur und Guerillabewegungen

Während der repressiven Regierungen von Castelo Branco, Costa e Silva, der kurzzeitigen Militärjunta und von Garrastazú Médici, als durch institutionelle Manipulation eine legale Opposition keinen Spielraum mehr besaß, sahen sich oppositionelle Gruppen gezwungen, in den Untergrund zu gehen. Es entstanden revolutionäre Untergrundorganisationen, städtische und ländliche Guerillabewegungen wie die in den Städten agierende 1967 von Carlos Marighela, einem ehemaligen Mitglied der Kommunistischen Partei, gegründete »Nationale Befreiungsaktion« (*Acção Libertadora Nacional*, ALN), die 1968 gegründete »Revolutionäre Avantgarde des Volkes« (*Vanguarda Popular Revolucionária*, VPR), die »Revolutionäre Bewegung des 8. Oktober« (*Movimento Revolucionário 8 de Outubro*, MR-8) – benannt nach dem Todestag von Che Guevara – oder die von einer maoistischen Splittergruppe der Kommunistischen Partei 1970 gegründete Landarbeiterbewegung im Amazonasstaat Pará. Sie beantworteten die offizielle politische Gewaltausübung ebenfalls mit Gewalt, mit Entführungen prominenter Personen, wie z. B. des US-amerikanischen Botschafters Charles Elbrick (September 1969) oder des westdeutschen Botschafters von Holleben (Juni 1970). Die große Zahl der bei solchen Aktionen dann im Austausch freigepressten politischen Gefangenen offenbarte das Ausmaß des staatlichen Terrors. 1972 war die Stadtguerilla jedoch durch einen starken Einsatz der Sicherheitskräfte aufgerieben; der Kopf der ALN, Marighela, und jener der VPR, der ehemalige Armeehauptmann Carlos Lamarca, waren schon im November 1969 bzw. im September 1970 getötet worden. Als Ergebnis der Repression war der Widerstand gegen die Militärherrschaft zu Beginn der 1970er Jahre weitgehend gebrochen. Einzig im Umfeld der katholischen Kirche gab es Proteste. Zwar hatte die brasilianische Bischofskonferenz in den ersten Verlautbarungen nach dem Putsch das Militär als tapferen Verteidiger des Landes gegen die kommunistische Bedrohung begrüßt, und selbst als zahlreiche kritische Priester als Regimegegner ins Gefängnis gesperrt wurden oder ins Exil gehen mussten, war der Gesamtepiskopat noch vorsichtig in seiner Kritik. Aber einzelne Bischöfe, hauptsächlich aus den Armutsgebieten des Nordostens, wie Dom Hélder Câmara, Bischof von Recife und Olinda, und Dom Antônio Fragoso, Bischof von Crateus, ließen sich nicht einschüchtern und kritisierten das Regime und seine Politik weiterhin. Zahlreiche Priester und Laien fuhren mit ihrer Sozial- und Basisarbeit fort.

Das Entwicklungsmodell der Militärdiktatur

Trotz dieser offensichtlichen Demokratiedefizite wurde das brasilianische Militärregime zum Vorbild für die Militärs in anderen lateinamerikanischen Ländern. Es gewann Vorbildcharakter als »Entwicklungsdiktatur« vor allem durch seine wirtschaftlichen Erfolge. Denn die harte Phase der Militärherrschaft (1969–1974) fiel mit einem enormen wirtschaftlichen Aufschwung zusammen. In den »goldenen Jahren«, in der Zeit des sogenannten brasilianischen »Wirtschaftswunders«, *milagre econômico*, wuchs die brasilianische Volkswirtschaft um über 10 % jährlich. Die Inflation sank 1971 auf 20 % gegenüber 80 % im Jahr 1963. Der Export wuchs von 2,7 Milliarden Dollar im Jahr 1968 auf 6,2 Milliarden Dollar im Jahr 1973. Auslandskapital kam erneut ins Land und war an der Finanzierung und Expansion vor allem der chemischen Industrie, des Fahrzeug- und Maschinenbaus, der Metallverarbeitung und der Elektrotechnik beteiligt, Wirtschaftszweigen, die von der staatlichen Industrialisierungspolitik besonders gefördert wurden. Deren Hauptaugenmerk richtete sich in den

1970er Jahren statt auf die Importsubstitution von Konsumgütern nun auf die Importsubstitution in der Kapitalgüterindustrie und auf die massive Nutzung von Technologie bis hin zur Nuklearenergie. Grundlage des Wirtschaftswachstums waren niedrige Löhne durch die Unterdrückung der Gewerkschaften und rigide Lohnkontrollen, die Erleichterung des Zuflusses ausländischer Investitionen, die Förderung nationaler wie internationaler Großunternehmen und die massive Inanspruchnahme von Auslandskrediten.

Wirtschaftsabschwung und politische Öffnung

Das brasilianische Wirtschaftswunder schien die Militärdiktatur zu legitimieren. Als sich aber ab 1974, z. T. bedingt durch die erste Ölkrise, d. h. wegen höherer Ölpreise, das Wirtschaftswachstum abschwächte, als das Ausmaß der Auslandsverschuldung sichtbar und spürbar wurde, verlor das Militärregime an Zustimmung und sah sich angesichts zunehmenden öffentlichen Drucks genötigt, eine schrittweise Rückkehr zur Demokratie vorzunehmen. Präsident General Ernesto Geisel (1974–1979) leitete einen vorsichtigen politischen Öffnungsprozess ein, den sein Nachfolger, General João Batista Figueiredo (1979–1985) fortsetzte. Durch die politische Öffnung mit einer wenigstens formalen Aussicht auf echten politischen Wettbewerb, den die offizielle Oppositionspartei MDB mit Erfolg nutzte, und durch die anschließende erneute Unterdrückung der Opposition gewann Letztere, anders, als Geisel erwartet hatte, an neuer Kraft und Legitimität. Der MDB, der sich in »Partei der Demokratischen Bewegung Brasiliens« (*Partido do Movimento Democrático Brasileiro*, PMDB) umbenannte und Züge einer echten Volkspartei annahm, erhielt immer mehr Zulauf. 1979 gab Präsident General Figueiredo das künstlich aufrechterhaltene Zweiparteiensystem zugunsten eines Mehrparteiensystems auf. Doch trat die damit erhoffte Zersplitterung der Opposition nicht ein. Bei den ersten halbwegs freien Wahlen von 1982 verlor die regierungsfreundliche ARENA, die sich in »Demokratisch-Soziale Partei« (*Partido Democrático Social*, PDS) umbenannt hatte, trotz Wahlmanipulation die Mehrheit in der Abgeordnetenkammer. Der PMDB wurde zu einer Alternative zur Regierungspartei. Obwohl auf Großdemonstrationen die Direktwahl des Präsidenten gefordert wurde, gestanden die Militärs zunächst nur die indirekte Wahl durch ein Wahlmännergremium zu. Bei den Wahlen im Januar 1985 gewann Tancredo Neves vom PMDB, Vizepräsident wurde José Sarney, der vorher Führer des PDS gewesen war. Als Neves kurz vor Amtsantritt und Vereidigung im April starb, rückte Sarney zum Nachfolger auf. Der unter Aufsicht des Militärs erfolgte Übergang zu einer Zivilregierung war insofern prekär, als Sarney kein persönliches Mandat besaß und über keine eigene politische Basis verfügte. So waren seine Regierungsjahre bis 1988 von politischer Instabilität gekennzeichnet.

Gesellschaftliche Konsequenzen der Militärdiktaturen

Am Ende der Militärherrschaft nahm Brasilien einerseits, gemessen an dem Volumen seines Sozialprodukts, den achten Platz in der Welt ein und lag damit um vierzig Plätze höher als 1964; es hatte den Aufstieg zu einer der bedeutendsten Volkswirtschaften der Dritten Welt erlebt, und die Entwicklungspolitik der 1960er und 1970er Jahre hatte zweifellos die Modernisierung des gesamtwirtschaftlichen Produktionsapparates, vor allem im Industriesektor, begünstigt. Hatte der Beitrag des Industriesektors zum Bruttoinlandsprodukt im Jahr 1950 knapp 25 % betragen, so machte er in den 1980er Jahren über 40 % aus, während in demselben Zeitraum der Beitrag der Landwirtschaft von ca. 24 % auf 10 % fiel. Doch abgesehen davon, dass sich diese Modernisierung (die allerdings den ärmeren Nordosten kaum einbezog) um den Preis einer enormen Auslandsverschuldung vollzog – die Gesamtverschuldung stieg von 5,1 Mrd. US-Dollar im Jahr 1970 auf 105,5 Mrd. im Jahr 1985 an –, geschah sie andererseits, u. a. wegen der rigiden staatlichen Lohnkontrollen, auch unter hohen sozialen Kosten. Denn die wachstumsorientierte »Entwicklungspolitik« sah eine armutsorientierte Sozialpolitik nicht vor. Während im Zeitraum zwischen 1960 und 1980 der Anteil des reichsten 1 % der Bevölkerung am nationalen Einkommen von rund 12 % auf 17 % anstieg, verringerte sich derjenige der ärmeren 50 % der Bevölkerung von 17,7 % auf 13,4 %; die Zahl der Unterernährten wuchs von 27 Millionen in den Jahren 1961–1963, d. h. von 38 % der Bevölkerung, auf 72 Millionen in den Jahren 1974–1975, d. h. 67 %, verringerte sich auf 65 % im Jahr 1984.

Die prekären materiellen Bedingungen, unter denen der größere Teil der brasilianischen Bevölkerung leben musste, die ungleiche Einkommens- und Besitzverteilung zwischen wenigen Reichen und vielen Armen hat die brasilianische Militärdiktatur ebenso wenig aufgebrochen wie die argentinische oder uruguayische. Die Militärregimes haben durch ihre »Entwicklungspolitik« keinen Beitrag zur Konsolidierung der Nationalstaaten geleistet. Vor allem haben sie durch ihre repressiven, gewalttätigen und oft die Menschenrechte verletzenden Regimes nicht nur keine allgemeine Loyalität der Bevölkerung gegenüber dem Staat bewirkt, sondern auch die Beziehungen zwischen verschiedenen Gruppen der Bevölkerung, d. h. zwischen ihren Anhängern und Gegnern, zerstört. Statt eine auch nur imaginäre kollektive Identität zu fördern, haben sie die Bevölkerung polarisiert, die Gesellschaften tief gespalten. Dass nach der Rückkehr zur Demokratie die Militärs noch Selbstamnestiegesetze für ihre Verbrechen, Tötungen, Folterungen und »Verschwindenlassen« ihrer Gegner oder vermeintlicher Störer der nationalen Sicherheit durchsetzen konnten, hat den ohnehin schon geringen nationalen Konsens empfindlich gestört und macht die Aussöhnung oder Versöhnung unendlich schwer.

Die neue Rolle der Kirche als Entwicklungsträger

Bis in die 1960er und 1970er Jahre galt die katholische Kirche als Hemmnis für gesellschaftliche Entwicklung, als eine fortschrittsfeindliche Institution, die mit den herrschenden Klassen, den traditionellen Oligarchien und dem Konservativismus verbündet war, d. h. als eine Institution mit traditionellen und formalen Wertvorstellungen, durch die sich die bestehenden Strukturen von Abhängigkeit und Unterdrückung legitimieren ließen; als eine Institution, die sogar Diktaturen tolerierte. Seit den 1960er und 1970er Jahren nun wurde ein Wandel in der katholischen Kirche Lateinamerikas sichtbar, der sich darin äußerte, dass die Kirche sensibler gegenüber den strukturellen Ungerechtigkeiten in Lateinamerika agierte und sich immer engagierter zeigte, die katholische Soziallehre auf Themen wie die Unterentwicklung anzuwenden. Seitdem fragen sich Historiker, Politikwissenschaftler, Soziologen und Theologen, ob die Kirche tatsächlich eine entscheidende Kraft für Fortschritt und Entwicklung darstellen kann und auf welche Weise sie dies tun soll. Sie diskutieren die Rolle der Kirche wie überhaupt des Christentums für Prozesse des sozialen Wandels in Lateinamerika.

Die Kirche als Stütze des sozialen Status quo

Die Haltung der katholischen Kirche zu Problemen der Entwicklung bzw. Unterentwicklung, also zu den Problemen, die sich auch unter dem Komplex ›soziale Frage‹ subsumieren lassen, war lange Zeit eher zögerlich. In Europa hatte die Sozialenzyklika *Rerum Novarum* aus dem Jahr 1891 eine schnelle und wirksame Verbreitung gefunden und hatte besonders in den Ländern, in denen bereits sozialpolitische Initiativen bestanden, verstärkend gewirkt. In Lateinamerika dagegen wurde diese Sozialenzyklika zur Zeit ihrer Verkündung offiziell kaum rezipiert, geschweige denn umgesetzt, vielmehr erfuhr sie eine beredte Zurückweisung, die besonders in den Akten des 1. Plenarkonzils Lateinamerikas im Jahr 1899 zum Ausdruck kam. Papst Leo XIII. hatte im Zusammenhang der Vierhundertjahrfeiern der Entdeckung Amerikas die lateinamerikanischen Bischöfe zu einem Plenarkonzil nach Rom eingeladen, das vom 28. Mai bis 9. Juli 1899 stattfand, im 1858 von Pius IX. gegründeten Colegio Pio Latinoamericano. 53 lateinamerikanische Bischöfe (davon dreizehn Erzbischöfe) nahmen an dieser Konferenz teil, deren Ergebnisse in sechzehn Dekreten mit 998 Artikeln festgehalten wurden. Glaubensfragen und das Verhältnis von Kirche und Staat standen im Vordergrund, nicht jedoch die wirtschaftliche und soziale Realität Lateinamerikas oder die strukturellen Probleme der Gesellschaft, also soziale Fragen. Lediglich im Titel XI über den Eifer für die Erlösung der Seele und die christliche Caritas wurde die Sozialenzyklika *Rerum Novarum* kurz in Verbindung mit einer Ermahnung zu Pflichten der Gerechtigkeit und der Caritas erwähnt; es war zwar die Rede von den Perversionen gegen die menschliche Würde, soziale Gebrechen wie Faulheit, Genusssucht, Spiel usw. wurden beklagt, nicht jedoch die Ungerechtigkeiten gegen Tagelöhner oder *colonos*: Obwohl elf brasilianische Bischöfe teil-

nahmen, fanden die afrikanischen Sklaven keine Erwähnung, wohl aber die armen Einwanderer, die von Verfüh-
rern betrogen würden.

Für die katholische Kirche war die soziale Frage noch
nicht relevant, weil sie in dem Prozess der Nationalstaatsbildung nach der Unabhängigkeit erst noch ihre Rolle finden musste. Die Unabhängigkeitskriege zu Beginn des 19.
Jahrhunderts hatten das Ende einer Epoche und den Beginn einer neuen Zeit – auch für die Kirche – bedeutet.
Die kolonialzeitliche Kirche war von der politischen Gewalt abhängig gewesen und hatte sich zahlreicher sozialer
und ökonomischer Privilegien erfreut; ihre Stellung innerhalb der Gesellschaft war unangefochten gewesen, sie
selbst hatte den soziopolitischen Status quo der Kolonialherrschaft gestützt.

Die Rivalität zwischen Staat und Kirche

Die Unabhängigkeit rief in der Kirche eine tiefe Identitätskrise hervor, weil erstens mit der Emanzipation die engen Bande mit dem Mutterland, das sie einst gegründet
hatte, zerrissen waren und zweitens die neuen Regierungen versuchten, die Kirche den sozialen und politisch-
ideologischen Bedürfnissen der neugegründeten Staaten
unterzuordnen. In gewissem Sinn suchte deshalb die Kirche während des gesamten 19. und zu Beginn des 20. Jahrhunderts nach einer eigenen Identität, versuchte sich gegenüber dem Liberalismus, der die Rolle der Kirche in der
Gesellschaft in Frage stellte und die Kirche kontrollieren
wollte, zu verteidigen. Das Besondere an diesem Prozess
war die Tatsache, dass auch die neuen Staaten an einer
Identitätskrise litten und sich überhaupt erst organisieren
mussten. Enorme geographische, politische und soziale
Schwierigkeiten waren auf dem Weg der neuen Staaten zu

Nationalstaaten zu überwinden. Innerhalb dieses Prozesses ging es unter anderen Problemen darum, die Verantwortlichkeiten zwischen verschiedenen Organisationen und Einrichtungen zu regeln, so dass die zwischen Staat und Kirche entstehenden Konflikte bis zu einem gewissen Grad verständlich sind, zumal fast alle politisch und kulturell einflussreichen Gruppen dem zeitgenössischen Liberalismus anhingen.

Der lateinamerikanische Liberalismus war Ideologie, Gesinnung und Politik zugleich. In fast allen Staaten führte seine politische Dominanz zu Konfrontationen mit der Kirche und zur Beschneidung ihres früheren Einflusses: Trennung von Staat und Kirche, allgemeine Religionsfreiheit, laizistische Erziehung, Einführung der Zivilehe, Legalisierung der Scheidung, Pressefreiheit, Abschaffung ökonomischer Privilegien der Kirche, Laizisierung der Friedhöfe, Vertreibung unliebsamer Bischöfe, Vertreibung der Jesuiten und Unterdrückung religiöser Gemeinschaften. Der Kampf richtete sich gegen die »Theokratie«, gegen den »Klerikalismus« und gegen den »Ultramontanismus«, im Namen der Freiheit und der Volkssouveränität.

Das Verhältnis zwischen Staat und Kirche wurde dadurch problematisch, dass die neuen Staaten ihre politische und administrative Vorherrschaft demonstrieren und unter Beweis stellen wollten, während es der Kirche darum ging, ihre alten Privilegien wie Kontrolle über die Erziehung, die katholische Eheschließung, Friedhöfe usw., sowie die Verfügung über ökonomische Mittel für Werke der Nächstenliebe zu verteidigen. In gewissem Sinn standen sich Staat und Kirche wie zwei politische Rivalen gegenüber, woraus sich zahlreiche Konflikte ergaben, Konflikte, die in großem Maß sowohl bei den Staaten als auch bei der Kirche wertvolle Energie absorbierten, die eigentlich für die wirtschaftliche und soziale Modernisierung erforderlich gewesen wäre. Solange sich ein »antiklerikaler« Staat und eine »antiliberale« Kirche gegenüberstanden, wie es besonders seit der Umsetzung der Enzykliken Pius' IX. *Quanta Cura* und des *Syllabus* (1868) gegen die Freimaurer und den Liberalismus sowie der antikirchlichen Reaktionen der Staaten der Fall war, besaß für die Kirche die religiöse Frage die größte Bedeutung.

Paternalismus und Caritas statt Strukturveränderungen

So war das traditionelle sozialpolitische Verhalten der lateinamerikanischen Kirche zu dieser Zeit noch nicht für soziale Fragen offen, die Veränderungen überkommener Sozialstrukturen betrafen. Noch orientierte sich die Kirche als offizielle Institution, die Amtskirche an dem Modell einer statischen, hierarchisch strukturierten Gesellschaft, wie sie sich im Hacienda- oder Latifundium-System darstellte. Vieles deutet darauf hin, dass das vormoderne, agrarische Lateinamerika der Kirche zur damaligen Zeit als Inbegriff christlicher Ordnung galt. Soziale Ungleichheit begriff sie als natürliches und gesellschaftsnotwendiges Phänomen und deutete das Verhältnis zwischen den Extremen der Gesellschaft – dem *patrón* und dem *colono* – paternalistisch als Aufeinander-Angewiesensein, ein paternalistisches und Klientelverhältnis, wie es die Betroffenen oft in gleicher Weise sahen. Indem die Kirche ein soziales Gerechtigkeitsideal propagierte, das innerhalb der ständischen Ordnung »Gleichheit« als je entsprechenden Lebensstandard und gegenseitige »Loyalität« verstand, mussten ihr Vorstellungen von liberaler Chancengleichheit und sozialer Gleichbehandlung als Verfallsprozess der guten alten Ordnung erscheinen. Es ist deshalb nachvollziehbar, dass die Kirche in einer Zeit, als diese ständisch geschichtete agrarische Ordnung noch zu funktionieren schien, soziale Probleme wie Armut,

Massenelend und soziale Benachteiligung und Sklaverei als Probleme der Caritas, der Wohltätigkeit von Seiten der Begüterten, als Forderungen an die christliche Moral behandelte und sie noch nicht als Strukturprobleme wahrnahm.

Obwohl soziale Probleme in Lateinamerika vorhanden waren, verdichteten sie sich seit dem ausgehenden 19. Jahrhundert, zur Zeit der Sozialenzyklika *Rerum Novarum* und in den ersten Jahrzehnten des 20. Jahrhunderts noch nicht zur sozialen Frage, die Staat und Kirche herausgefordert hätten. Handlungsbedarf war eigentlich gegeben, aber es fehlte an sozialpolitischen Initiativen, wohl auch noch an Trägern solcher Initiativen.

Industrialisierung und neue Sichtweise

Es drängt sich der Eindruck auf, dass Armut, Massenelend und soziale Benachteiligung, wie sie in den agrarischen Gesellschaften Lateinamerikas bestanden, erst dann als soziale Frage zum Bewusstsein kamen, als sie sich aus Industrialisierungsbestrebungen und den damit einhergehenden gesellschaftlichen Differenzierungsprozessen ergaben. Ein Blick auf Länder Lateinamerikas mit vorwiegend agrarischer Struktur oder auf Brasilien, wo die Sklaverei zwar 1888 mit dem »Goldenen Gesetz« offiziell abgeschafft wurde, damit aber das Problem der sozialen und kulturellen Marginalität dieser Bevölkerungsgruppe nicht gelöst war, zeigt, dass dort die Sozialenzyklika *Rerum Novarum* wenig Resonanz fand, auch nur ganz sporadisch an individuelle Forderungen anknüpfen konnte. In denjenigen Ländern dagegen, in denen es wie z. B. in Chile und Argentinien schon seit dem ausgehenden 19. Jahrhundert Industrialisierungsansätze gab, wurde auch an der Basis über die soziale Frage diskutiert und nach Lösungsmög-

lichkeiten gesucht. Und sobald sich in lateinamerikanischen Staaten z. B. seit dem Ersten Weltkrieg und in den
1920er Jahren oder nach der Weltwirtschaftskrise die
Wirtschaftsordnungen durch Industrialisierung in Form
von Importsubstitution änderten und eine wachsende Ar-
beitnehmerschaft mit Streiks und in Arbeiterorganisatio-
nen auch soziale Forderungen erhoben, wurde die soziale
Frage Gegenstand von Gesetzen und von kirchlichen
Überlegungen. Die Kirche, die sich auch in Lateinamerika
immer mehr der Konkurrenz säkularer Weltanschauungen
und Ideologien gegenübersah und ihre weltanschauliche
Monopolstellung angesichts der Auflösung eines einheitlichen kulturell-religiösen Kontexts verloren hatte, änderte
ihr Verhalten und wandte sich nun verstärkt auch den sozialen Fragen zu.

Europa oder Lateinamerika in den Sozialenzykliken

War die verzögerte und verspätete Rezeption der Sozialenzykliken möglicherweise auch dadurch bedingt, dass
sich Lateinamerika in ihnen nicht abgebildet sehen konnte
und die Vorschläge zur gesellschaftlichen und politischen
Verbesserung eher als Dogma einer eurozentrischen Mo-
dellvorgabe denn als offene Lösungswege auffassen musste? Tatsächlich waren in den frühen Sozialenzykliken die
soziale Frage und die entsprechende katholische Soziallehre durch die europäische Situation geprägt worden, und
erst in späteren Enzykliken, vor allem in *Centesimus Annus*, waren Lateinamerika und seine Probleme enthalten,
wurden in den Lösungsvorschlägen lateinamerikanische
Erfahrungen berücksichtigt.

Die Benennung der sozialen Frage in *Rerum Novarum*,
der »Arbeiterenzyklika«, war hauptsächlich auf die sozialen Probleme gerichtet, die sich aus der Industrialisierung

in Europa ergaben: u. a. Arbeiterfrage, Industrieproletariat, Arbeitslosigkeit, Löhne, Arbeitszeit, gewerkschaftliche Organisation. Für Lateinamerika waren diese Probleme im ausgehenden 19. Jahrhundert jedoch noch nicht relevant; dort gab es zu dieser Zeit hauptsächlich agrarische Gesellschaften mit ganz andersartigen sozialen Problemen. Armut, Massenelend und soziale Benachteiligung, wie sie sich in Lateinamerika aufgrund der ungleichen und ungerechten Besitzstruktur im Agrarbereich ergaben, bildeten jedoch nicht das Thema der Enzyklika *Rerum Novarum.* Wenn die Enzyklika die Bedeutung von Eigentum hervorhob, dann meinte sie ja nicht die Umverteilung von Grundbesitz, sondern unterstrich das Privateigentum gegenüber kollektivistischen Tendenzen des Kommunismus.

In der Sozialenzyklika *Quadragesimo Anno* von 1931 und vor allem in den folgenden Enzykliken bis hin zu *Centesimus Annus* von 1991 waren dann in zunehmendem Maße auch die strukturellen Probleme der lateinamerikanischen Wirtschaft und Gesellschaft präsent bzw. angesprochen. In den lateinamerikanischen Ländern kamen zu den alten Problemen des Agrarbereichs nun solche mit der Industrialisierung zusammenhängende Probleme hinzu, die den europäischen ähnlich waren, allerdings noch stärker auftraten. Denn der auch durch die Krisen des internationalen Wirtschaftssystems wie besonders der Weltwirtschaftskrise von 1929/30 stimulierte Industrialisierungsprozess in Lateinamerika brachte eine Industrialisierung hervor, die als Importsubstitution auf einer fremden, ausländischen Grundstoff- und Schwerindustrie beruhte und damit von den großen Industriemächten in vielfältiger Weise abhängig wurde. Dieses abhängige Verhältnis (Patente, Ersatzteillieferung, kapitalintensive Technologie, Kreditvergaben, Protektionismus der Industrieländer mit Quotierung von Produkten) wirkte wiederum auf die interne Struktur von Wirtschaft und Gesellschaft, indem sich der Dualismus zwischen Stadt und Land verstärkte, die Marginalisierung auch in den Städten zunahm, weil der moderne, zunehmend kapitalintensive Wirtschaftssektor immer weniger Arbeitskräfte absorbieren konnte. Zwar brachte die auch von europäischen und US-amerikanischen Entwicklungstheoretikern nach dem Zweiten Weltkrieg propagierte Industrialisierung in Teilbereichen erkennbares wirtschaftliches Wachstum. Doch da die herrschenden Machtgruppen nicht zu Sozialreformen, die ihre Privilegien beschnitten hätten, bereit waren und es ihnen an sozialem Verantwortungsbewusstsein fehlte, bewirkte die Industrialisierung weder die grundlegende Veränderung der Gesellschafts- und Wirtschaftsstrukturen noch führte sie zum Abbau von sozialer Diskriminierung.

In dem Maße, wie sich die Sozialenzykliken seit *Mater et Magistra* von Papst Johannes XXIII. (1961) und *Populorum Progressio* von Papst Paul VI. (1967) verstärkt dem allgemeinen Problem von Entwicklung bzw. von Unterentwicklung sowie dem Verhältnis von Erster und Dritter Welt widmeten, so dass sie deshalb auch als Entwicklungsenzykliken gelten, machten sie auch für Lateinamerika geltende entwicklungspolitische Aussagen. Von der Kirche Lateinamerikas wurde *Populorum Progressio* geradezu als an sie gerichtet verstanden, und es verwundert nicht, dass sie von weiten Teilen des sozial engagierten Klerus begeistert aufgenommen und gemeinsam mit den Dokumenten der 2. Bischofskonferenz von Medellín als Handlungsanweisung verstanden wurde.

Centesimus Annus und Lateinamerika

In dieser Linie stand ebenfalls die Enzyklika *Centesimus Annus*, die gegenüber *Rerum Novarum* auf neue Formen der Armut einging und vor allem in den Paragraphen 20, 33, 42 und 43 auch Lateinamerika betreffende soziale und

Entwicklungsprobleme benannte. Diese lassen sich in drei Komplexen zusammenfassen: Beschreibung der Situation der Armut, Erklärungen zur Unterentwicklung, Rahmenbedingungen und Strategie zur Überwindung von Unterentwicklung. Wie frühere Sozialenzykliken machte sich auch *Centesimus Annus* zum Anwalt der Armen, sowohl der schwächeren Nationen gegenüber den hochentwickelten Industrieländern als auch der Armen in den Ländern selbst, die das Recht verlangen, »an der Nutzung der materiellen Güter teilzuhaben und ihre Arbeitsfähigkeit einzubringen, um eine gerechtere und für alle glücklichere Welt aufzubauen« (28). Die Enzyklika wies darauf hin, dass es in zahlreichen Ländern der Dritten Welt (also auch Lateinamerikas) immer noch Formen der Ausbeutung und der Marginalität gebe; sie beschrieb, ohne sich auf konkrete Beispiele zu beziehen, die augenfälligsten Erscheinungen der dortigen Armut. Hatte sich *Rerum Novarum* noch auf die Industrialisierungsproblematik beschränkt, so trug *Centesimus Annus* im Anschluss an *Sollicitudo Rei Socialis* von 1988 auch den Defiziten z. B. der lateinamerikanischen Agrargesellschaften Rechnung, wenn sie Armut in den Kontext ungleicher und ungerechter Verfügbarkeit über Grund und Boden stellte. Sie führte Armut und Rückständigkeit bzw. das Beharren in Armut nicht auf angeborene Schwächen oder Unfähigkeiten der Armen zurück, wie es vielfach die lateinamerikanischen Oligarchien im Hinblick auf die Indios, die schwarze Bevölkerung oder die Mischlinge taten, sondern machte dafür die fehlende Hinführung zu Wissen und Bildung, also fehlende soziale Verantwortung der politischen Eliten verantwortlich.

Mit dieser Aussage benannte die Enzyklika implizit wichtige, vielleicht *die* dominierenden Faktoren für die Erklärung der Ursachen von Unterentwicklung in Lateinamerika, die schon 1968 die Gesamtlateinamerikanische Bischofskonferenz in Medellín anführte: die interne

Struktur bzw. das verantwortungslose Verhalten der politischen Entscheidungsträger hinsichtlich zu beschreitender Entwicklungswege sowie ihre Reaktion auf weltwirtschaftliche oder weltpolitische Rahmenbedingungen wie den Weltmarkt oder den Kalten Krieg bzw. den Marxismus. In der Dritten Welt seien Systeme »nationaler Sicherheit« errichtet worden, die »die ganze Gesellschaft bis in die feinsten Verästelungen kontrollierten, um marxistische Infiltrationen zu verhindern«. Da dieses Ziel aber zu einer Verherrlichung und Steigerung der Macht des Staates geführt habe, stellten solche Systeme selber eine Gefahr für die Freiheit und den Wert des Menschen dar (19). Tatsächlich haben in dieser Weise z. B. Argentinien, Brasilien und Chile in ihren letzten Militärregimes eine derartige Politik betrieben. Die Enzyklika versäumte allerdings auch nicht, die regionale Entwicklungsproblematik in den internationalen Kontext einzubetten und neben den internen Defiziten auch die Verantwortung und Mitschuld der Industrieländer der Ersten Welt an der Unterentwicklung zu betonen, indem sie z. B. auf die unvollständige Dekolonisation hinwies, die vielen Ländern nur formale politische Souveränität gebracht habe, während »wichtige Bereiche der Wirtschaft noch in den Händen großer ausländischer Unternehmen« blieben, »die nicht bereit« seien, »sich auf Dauer zur Entwicklung des Gastlandes zu verpflichten«, und oft sogar »die Politik [...] von ausländischen Mächten kontrolliert« werde. Unbestreitbar können die Lateinamerikaner in der Charakterisierung der Armut ebenso wie in der Analyse der Ursachen von Unterentwicklung auch ihre soziale Frage, ihre Entwicklungsprobleme berücksichtigt sehen, weil *Centesimus Annus* sowohl europäische als auch lateinamerikanische Erfahrungen zugrunde legte. Sie schärfte den Blick für die sozialen Probleme Lateinamerikas und zielte auf sozialen Wandel.

Der Wandel in der katholischen Kirche

In der Historiographie besteht Übereinstimmung darüber, dass in den 1960er, 1970er und 1980er Jahren wohl kaum eine Einrichtung einen solchen raschen Wandel durchgemacht hat wie die katholische Kirche. Als Indizien dieses Wandels werden u. a. Probleme, ja Konflikte in der kirchlichen hierarchischen Struktur, ferner die Entwicklung verschiedener Tendenzen und Haltungen unter den Bischöfen sowie offene Konfrontation zwischen verschiedenen Gruppen angeführt. Man weist auf eine neue Sozialpolitik hin, die sich teils als Umformung, teils als Überwindung ungerechter Strukturen versteht. Dazu gehört eine gewisse Toleranz gegenüber sozialistischen Ideen in der Weise, dass einige Mitglieder der Amtskirche sogar dazu übergingen, sozialistische Bewegungen und Regierungen zu akzeptieren oder zu tolerieren, obwohl sie weiterhin eine Vermischung zwischen Christentum und Marxismus ablehnten.

Was oder wer hat diesen Wandel ausgelöst? Historiker und Soziologen sind sich einig hinsichtlich der Bedeutung der Lehrmeinungen Papst Johannes' XXIII. mit den Enzykliken *Mater et Magistra* (1961) und *Pacem in Terris* (1963) oder des 2. Vatikanischen Konzils, das als Zäsur in der politischen und sozialen Haltung der katholischen Kirche in Lateinamerika gilt, oder der Enzyklika *Populorum Progressio* (1967) Papst Pauls VI. sowie der Anwendung und Umsetzung der Beschlüsse des Konzils und der Hinwendung der Kirche zu den Gegenwartsproblemen (*ad extra*), wie sie in der 2. Gesamtlateinamerikanischen Bischofskonferenz in Medellín im Jahr 1968 und in der Veränderung der Kirche zu einer Kirche der Armen sichtbar wurden.

Tatsächlich ist seitdem in der katholischen Kirche eine Hinwendung zu den Strukturproblemen Lateinamerikas zu erkennen, die sich sowohl auf den Bischofskonferenzen und in Verlautbarungen von Bischöfen als auch in direkten Aktionen einiger Gruppen im Klerus äußerte. Man könnte auch sagen, die katholische Soziallehre wird nun auch in Lateinamerika praktiziert. Es entstanden radikale Gruppen wie z. B. Christen für den Sozialismus, Bewegung Priester für die Dritte Welt (Argentinien), Junge Kirche (Chile), Gruppe Golconda (Kolumbien). Die spektakulärste, zugleich für den Vatikan auch problematischste Erscheinung war die Ausarbeitung einer neuen genuinen lateinamerikanischen theologischen Ethik, der »Theologie der Befreiung« als einer Theorie für sozialrevolutionäres Handeln der Kirche.

Die Periodisierung des Wandels

Betrachtet man diese Veränderungen, erscheint es durchaus korrekt, wenn man in der Absicht, die gegenwärtige Entwicklung der katholischen Kirche zu periodisieren und Phasen ihres Wandels zu benennen, das 2. Vatikanum als Datum post quem / ante quem bezeichnet, wie es die Autoren der *historia general de la iglesia en América Latina* oder der 10. Band des *Manual de historia de la iglesia* tun. Der Wandel wurde allen sichtbar, doch waren die Wurzeln für die Erneuerung oder Bewusstwerdung der katholischen Kirche in Lateinamerika schon in vorkonziliarer Zeit angelegt. Zu erkennen sind Impulse für Veränderungen in den 1930er Jahren, als die sozialtheologischen Überlegungen Jacques Maritains an Einfluss gewannen; als ferner nach der Weltwirtschaftskrise von 1929 der Prozess der Industrialisierung, Modernisierung und Mobilisierung mit all seinen sozialen, wirtschaftlichen, politischen und kulturellen Implikationen in Gang kam; als neue Weltanschauungen und Ideologien wie Sozialismus und Marxismus auftauchten und zu Reaktionen und Aktivitäten verschiedener Gruppen des Katholizismus führten. Besonders in dieser Zeit bildeten sich in verschiedenen Ländern Lateinamerikas innerhalb der Kirche Laiengruppen, wie die Katholische Aktion oder die Katholische Arbeiterjugend, um die Unzulänglichkeiten derjenigen kirchlichen Gruppen zu kompensieren, die sich vorwiegend mit religiösen Themen befassten und wenig Interesse an der politischen und sozialen Problematik zeigten. Vieles deutet darauf hin, dass in den 1930er Jahren die Wurzeln einer genuinen lateinamerikanischen Kirche, der sogenannten neuen Christenheit liegen.

Ohne Zweifel sind dann die 1950er Jahre eine wichtige Vorbereitungsphase für die Erneuerung. 1953 fand die III. Interamerikanische Konferenz der Katholischen Aktion in Chimbote (Peru) statt, 1955 wurde, während der 1. Gesamtlateinamerikanischen Bischofskonferenz in Rio de Janeiro, der Gesamtlateinamerikanische Bischofsrat (CELAM) gegründet. Auf diesen Konferenzen wie auch auf anderen theologischen und pastoralen Treffen diskutierte man nicht nur die zukünftige Rolle der Kirche, ihre gefährdete Situation als eine Ansammlung von nur nominellen Katholiken, sondern auch den Wert eines Katholizismus, der sich weitgehend durch oft oberflächliche Frömmigkeitspraktiken ohne Wirkung und Widerhall im politischen und sozialen Leben auszeichnete. Aus dieser Einschätzung resultierte die Zielsetzung, den Katholizismus im sogenannten katholischen Kontinent zu erneuern, wo aber laut Statistiken nur 10 % bis 30 % der Getauften wirklich praktizierende Katholiken waren.

Die Faktoren, die Historiker insgesamt für den tiefgreifenden Wandel in der sozialen und politischen Haltung verantwortlich machen, liegen auf verschiedenen Ebenen: einige auf internationaler Ebene wie die Rolle Papst Johannes' XXIII., des 2. Vatikanischen Konzils, neuer supranationaler Strukturen, internationaler Hilfsorganisationen (Adveniat, Misereor) sowie ausländischer Geistlicher;

andere auf nationaler Ebene wie die Bewegungen und Aktivitäten von Laienorganisationen und die prekäre ökonomische Situation. Man könnte auch unterscheiden in äußere Faktoren wie die Einflüsse von Wandlungsvorgängen im sozialen und politischen Umfeld, die Reaktionen und Anpassungen an die neuen Bedingungen hervorriefen, und in innere Faktoren wie den Wandel in der Weltanschauung und vor allem im theologischen Denken. Sicherlich waren alle diese Faktoren wichtig. Gleichwohl erhebt sich die Frage, ob es eine Rangordnung unter ihnen gibt, ob einige gewichtiger als andere sind.

Die Präsenz anderer Glaubensrichtungen

Ivan Vallier, ein bekannter Soziologe und Experte in theologischen Fragen, vertrat Ende der 1960er, Anfang der 1970er Jahre die These, dass sich die katholische Kirche in Lateinamerika vor allem deshalb gewandelt und eine progressive politische Haltung eingenommen habe, weil sie angesichts der Rivalität von sozialistischen Parteien und eines neuen missionarischen Protestantismus US-amerikanischer Prägung reagierte, um nicht ihren Einfluss auf eine Bevölkerung zu verlieren, die sich gesellschaftlich mehr und mehr differenzierte und bestimmte soziale Grundlagen wie die Familie verloren hatte. Zweifellos lassen sich mit dieser Annahme, die weitgehend soziopolitische Faktoren berücksichtigte, Grundlage und Ursprung des Wandel erklären; im Übrigen stimmte sie mit der Selbstkritik der Konferenz von Chimbote und der Haltung der CELAM in ihrer ersten Phase überein, als sie angesichts der kommunistischen Bedrohung Reformen verlangte. Es war ja damals die Zeit der gescheiterten Revolution in Guatemala von 1954, der Kubanischen Revolution von 1959 sowie der US-amerikanischen und lateinamerikani-

schen Antwort mit dem Programm der Allianz für den
Fortschritt, einem Hilfsprogramm für wirtschaftliche und
soziale Entwicklung, das seit 1961 existierte. Hinzu kam,
dass mit dem Anwachsen eines neuen Protestantismus ein
neuer religiöser Pluralismus auftrat. Neu war an diesem
Protestantismus, dass er sich von demjenigen der europäischen Einwanderer im 19. Jahrhundert unterschied. Die
Einwanderer, wie z. B. in den deutschen Kolonien in Brasilien und Chile, hatten Volkskirchen gegründet, ohne
ihre katholischen Nachbarn missionieren zu wollen. Der
neue Protestantismus US-amerikanischer Provenienz, vor
allem der Methodisten, der Mormonen und der Pfingstbewegung, stellte sich jedoch als ein aggressiver Protestantismus mit organisierten Missionsbestrebungen dar, nachdem Lateinamerika nach der Dekolonisation Afrikas und
Asiens nach dem Zweiten Weltkrieg zum Missionsgebiet
erklärt worden war. Er warb mit aggressiven Methoden
die Gläubigen erfolgreich der katholischen Kirche ab, weil
diese für viele die feudalistische Vergangenheit symbolisierte. Dieser Missionsprotestantismus war attraktiv und
stellte besonders für die Marginalisierten in Lateinamerika
eine religiöse Alternative dar, weil die neuen Kirchen ihnen soziale und ökonomische Integration in ihre Gemeinden versprachen. Besonders in Chile, Brasilien, Guatemala
und Mexiko wurde die Pfingstbewegung zu einer Religion
für die Massen.

Hier liegen zweifellos stimulierende Faktoren vor, doch
bleibt zu fragen, warum sich im lateinamerikanischen Klerus radikale Gruppen bildeten; warum es diesen Linksruck
auch in der Hierarchie gab; warum eine Politik und Soziallehre oft mit Klassenkampfelementen verbreitet wurde;
warum es diese intensive Hinwendung zu den Problemen
der unteren und unterdrückten Schichten, intensiver als in
der vorkonziliaren Zeit, gab; warum sich nun die Kirche
autoritären und diktatorischen Regimes – seien sie links
oder rechts – entgegenstellte. Diese neue Haltung verwun-

dert schon, denn Unterentwicklung, politische Instabilität, schwerste soziale Konflikte und die Marginalisierung und Armut der Massen in Lateinamerika sind keine neuen Phänomene erst der postkonziliaren Zeit.

Die Entwicklung einer neuen Theologie

Deshalb haben zahlreiche Autoren die neue Haltung der Kirche mit einem Wandel innerhalb der Kirche selbst sowohl in Bezug auf die hierarchische Gliederung und auf die Rolle des Laienapostolats – die sogenannten Basisgemeinden – als auch in Bezug auf die Theologie erklärt. Besonders seit dem 2. Vatikanischen Konzil ist sichtbar geworden, dass sich die katholische Kirche Lateinamerikas immer bewusster den Herausforderungen des sozialen Wandels gestellt hat. Sie beschränkte sich nicht mehr auf die rein seelsorgerische Arbeit oder auf die Auseinandersetzungen mit dem Staat um ihre Position, sondern betrachtete die sozialen, wirtschaftlichen und politischen Verhältnisse in Lateinamerika als Herausforderung für Verkündigung und Seelsorge im Sinn einer sozialen Verantwortung auch für die diesseitige Welt. Für diese progressive Haltung steht Medellín 1968 als eine Art Wendepunkt.

Tatsächlich war dieser innere Wandel der katholischen Kirche in Lateinamerika, beeinflusst durch das 2. Vatikanische Konzil, formuliert und veröffentlicht auf der 2. Gesamtlateinamerikanischen Bischofskonferenz in Medellín (1968), dann bestätigt auf der 3. Gesamtlateinamerikanischen Bischofskonferenz in Puebla (1979) bei einem großen Teil der Hierarchie und im Klerus wie auch bei den Gläubigen selbst zu erkennen. Er äußerte sich in einer Theologie und einem Christentum, die nun die soziopolitischen Dimensionen und die Handlungsanforderungen des Glaubens lehren und praktizieren wollten. Christsein war nicht nur religiöse Glaubensangelegenheit, sondern wurde als eine öffentliche Tugend verstanden, dazu verpflichtend, die sozioökonomische Entwicklung mit der Befreiung von »sozialer Sünde« zu verbinden. Für diese Theologie prägte der peruanische Theologe Gustavo Gutierrez 1972 den Begriff »Theologie der Befreiung«. Nach der Meinung von Vertretern dieser Theologie wie z. B. der Brüder Clodovis und Leonardo Boff OFM oder Paulo Suess aus Brasilien, des Uruguayers Juan Luis Segundo SJ darf Theologie die Armen nicht auf ein besseres Leben im Jenseits vertrösten, sie muss auch die Grundlage dafür sein, schon im Diesseits menschenwürdige Bedingungen zu schaffen.

Diese Konzeption einer »Option für die Armen« stellte sich in ihrer radikalen Form eben als die Bewegung der »Theologie der Befreiung« dar und ging und geht davon aus, dass in Lateinamerika eine im doppelten Wortsinn abhängige Christenheit existiert, die es zu befreien gilt. Im historischen Kontext Lateinamerikas war eine solche Theologie, die den persönlichen Glauben an das Evangelium mit dessen sozialer Verpflichtung verbindet, nicht nur enorm wichtig, sondern auch geeignet, das Handeln der Kirche im ausgehenden 20. Jahrhundert oder zumindest zahlreicher ihrer Gruppen zu erklären. Dass die Weltkirche in Rom Schwierigkeiten mit dieser speziellen lateinamerikanischen Sichtweise hatte, belegt der Fall Leonardo Boff. Dieser wurde 1985 wegen seiner Schriften zur Befreiungstheologie von der römischen Kongregation für die Glaubenslehre unter dem damaligen Kardinal Ratzinger, heute Papst Benedikt XVI., zu einem Jahr Schweigen verurteilt und bekam ein Lehrverbot, das bis heute gilt.

Kirche und soziopolitische Wandlungsprozesse

Lässt sich die Frage nach den Ursachen und den Phasen des Wandels innerhalb der katholischen Kirche relativ sicher beantworten, fällt eine eindeutige Beantwortung der Fragen nach der Funktion der Kirche innerhalb der sozialen und politischen Wandlungsprozesse in Lateinamerika und für die Überwindung von Unterentwicklung und Armut schwer. Ergibt sich aus der Analyse einer neuen theologischen Konzeption, die neue Orientierungen für Verhalten und Handeln bereitstellt, wie sie in der Formel von der »Option für die Armen« enthalten ist, auch eine angemessene Strategie? Impliziert diese direkte Intervention der Kirche? Die Frage wird weder von Akteuren noch von der Historiographie eindeutig beantwortet, obwohl Übereinstimmung darüber besteht, dass die Kirche eine wichtige Rolle als Innovationsfaktor, als *change agent*, ja oft als Oppositionsersatz im Entwicklungs- und Demokratisierungsprozess spielte und noch spielt. Unterschiedliche Meinung herrscht hingegen darüber, ob dazu eher integratives oder besser konfliktives Handeln und Verhalten geeignet sei.

Die Kirche als moralische Instanz »über der Politik«

Der Ansatz des schon erwähnten Soziologen Ivan Vallier mag hier klärend wirken, weil darin die Ambivalenz eines nur harmonisierenden Verhaltens »über der Politik« deutlich wird. Auf der Grundlage profunder Untersuchungen über die katholische Kirche in Lateinamerika schlug Vallier vor, der spezifische Beitrag der Kirche zum Entwicklungsprozess Lateinamerikas solle darin bestehen, einen allgemeinen Rahmen von Normen und Wertvorstellungen über soziales und ethisches Verhalten bereitzustellen. Mit

diesen sei es möglich, eine pragmatischere soziale Vermitt-
lungspolitik zu betreiben. Um dieses Wertesystem auf der
Basis von Kooperation und Konsens zwischen den verschiedenen Gruppen sowie auch eine theologische Pasto-
ral erarbeiten zu können, sei es erforderlich, dass die Kirche eine Stellung »über der Politik« einnehme und sich
nicht in die Politik einmische. Vorteilhaft würde es sein,
wenn die Kirche einseitige Allianzen vermiede, d. h. die
alten engen Beziehungen mit der Oligarchie aufgäbe, ohne
jedoch neuerlich nur mit den niederen Schichten zu pak-
tieren. In gewissem Sinn nimmt dieser Ansatz die sozialen
und karitativen Aktivitäten wie Alphabetisierungspro-
gramme, Gründung von Kooperativen, Agrarreform auf,
die kirchliche Gruppen seit den 1950er Jahren entwickelt
haben.

In der prekären sozialökonomischen und politischen Situation Lateinamerikas, die von Seiten der Kirche deutlich
wahrgenommen wird, greift dieser harmonisierende Ansatz jedoch zu kurz. Denn wenn die Kirche die Rechte der
Armen und Unterdrückten wirklich verteidigen oder die
Ungerechtigkeit lateinamerikanischer Diktaturen anprangern will, bleibt ihr eigentlich nichts anderes übrig, als
sich in die Politik einzumischen, so wie es z. B. 1968 die
Dokumente der Bischofskonferenz von Medellín begründeten und forderten. Eine Haltung »über der Politik«, wie
sie Vallier vorschlug, kann als Regelfall kaum wirklich die
Lösung sein.

Die Kirche als *change agent*

Zahlreiche kirchliche Gruppen oder Vertreter der Kirche
haben in den letzten Jahrzehnten auf die eine oder andere
Weise eine politisch wirksame Rolle gespielt. Einerseits
waren Priester und Laien an direkten Aktionen beteiligt,

wie z. B. in El Salvador und in Nicaragua, und haben dabei gegenüber Revolutionen eine andere Haltung eingenommen, als es noch vor der Kubanischen Revolution (1959) der Fall war. Der zum Symbol für soziales Engagement gewordene kolumbianische Priester Camilo Torres bezeichnete die Revolution sogar als christlichen Imperativ. Selbst in Kuba ist heute die Kirche wieder aktiv geworden, diesmal zur Überwindung eines verhärteten und unglaubwürdig gewordenen Sozialismus. In anderen Situationen setzte sich die Amtskirche als Vermittler zwischen Rechten und Linken und bei Konflikten zwischen verschiedenen Klassen ein, wie z. B. in Brasilien, Chile, El Salvador und Nicaragua, wo es darum ging, einseitige Allianzen und eine parteiische Identifizierung zu vermeiden und die Gewalt sowohl von rechts als auch von links anzuprangern. Sie setzte sich, wie z. B. in Brasilien, Argentinien und Chile, für Demokratie und die Wahrung der Menschenrechte ein und wurde dabei selbst zur Zielscheibe der Militärdiktaturen. Allein in der Zeit zwischen den Konferenzen von Medellín und Puebla wurden über 850 Bischöfe, Priester und Nonnen sowie mehr als 1500 Laien, die mit den sozialen Reformvorschlägen von Medellín ernst machen wollten, bedroht, inhaftiert, gefoltert oder ermordet. Der Erzbischof von San Salvador, Oscar Romero, musste seine Kritik an der Regierung, an der Oligarchie und am Militär mit dem Leben bezahlen. Am 24. März 1980 wurde er während einer Messe vor dem Altar ermordet.

Theologie der Befreiung und Weltkirche

Die neue Haltung war trotz einer neuerlichen, nun konservativen Wende auch noch auf der 4. Gesamtlateinamerikanischen Bischofskonferenz 1992 in Santo Domingo spürbar, als anlässlich des Gedenkens an die fünfhundertste Wiederkehr von Entdeckung und Eroberung Amerikas zum ersten Mal die indianischen und afroamerikanischen Kulturen und Religionen als solche anerkannt wurden. Die progressive Haltung führte dazu, dass sich die Kirche von der bisherigen einseitigen Bindung an die privilegierten Oberschichten löste und von diesen Schichten eine verantwortliche Politik für Strukturreformen mit Gleichheitstendenzen einforderte und den dazu notwendigen Rahmen in demokratischen Regimes sah. Diese veränderte Haltung führte aber auch zu Konflikten mit der Vatikanischen Glaubenskongregation, indem gerade die Hinwendung zu den tagespolitischen sozialen Problemen im Rahmen der Theologie der Befreiung mit ihrer Vorstellung eines gesellschaftsverändernden Christentums die lateinamerikanische Kirche innerhalb der katholischen Weltkirche ein eigenständiges Profil gewinnen ließ. Die gegen diese Eigenständigkeit gerichtete Ernennung konservativer Bischöfe durch den Vatikan soll anscheinend einer ›Lateinamerikanisierung‹ der Kirche entgegenwirken, sie verunsichert aber viele engagierte Christen in Lateinamerika und den fortschrittlichen Teil der dortigen katholischen Kirche. In der lateinamerikanischen Wirklichkeit jedoch, in der weder Parteien noch andere zivilgesellschaftliche Gruppen eine gerechte, der Einhaltung liberaler Freiheitsrechte und sozialer Grundrechte verpflichtete Gesellschaft gewährleisten können, kommt auf die Kirche diese Ordnungs- und Sinngebungsfunktion zu. Sie hat diese schon in vielen Fällen wahrgenommen und wahrnehmen können, weil sich große Teile von ihr den genuin lateinamerikanischen Problemen zugewandt haben. Für die Entwicklung der lateinamerikanischen Gesellschaften kann die katholische Kirche eine wichtige Rolle spielen, wenn denn der seit dem 2. Vatikanischen Konzil und seiner Umsetzung für die lateinamerikanische Wirklichkeit sichtbar gewordene innere Wandel auch die noch konservativ geblie

benen Teile der katholischen Kirche erreicht und nicht abgeblockt wird. Angesichts der Globalisierung sind die
wirtschaftlichen, sozialen und politischen Herausforderungen in Lateinamerika nicht geringer geworden. Eine
progressive katholische Kirche Lateinamerikas ist weiterhin als *change agent* zur Festigung und Bewahrung der
Demokratie sowie zur Veränderung der noch immer bestehenden Strukturen von Armut und Marginalisierung
gefragt.

Der Interventionismus der USA in Lateinamerika

Zu den wichtigsten äußeren Faktoren, die sowohl im 19.
als auch im 20. Jahrhundert den historischen Prozess der
lateinamerikanischen Staaten beeinflusst haben, gehören
zweifellos die Beziehungen zwischen Lateinamerika und
den USA. In diesen Beziehungen manifestieren sich einerseits die Hegemonie der Vereinigten Staaten, andererseits
so positive Konzepte wie Zusammenarbeit, Nachbarschaft
und Panamerikanismus.

Lateinamerika als Raum der Expansion der USA

Die Vereinigten Staaten verwarfen zwar seit dem 19. Jahrhundert den Kolonialismus und kritisierten den Imperialismus der europäischen Mächte, gleichzeitig verfolgten
sie jedoch, als mit dem Ende der Westwärtsbewegung um
1890 eine wichtige Epoche der US-amerikanischen Geschichte abgeschlossen war und in Nordamerika keine
»Grenze« (*frontier*) mehr offen stand, eine expansionisti-
sche Politik; eine »neue Grenze« (*new frontier*) wurde er-

richtet, wie der US-amerikanische Historiker Frederick J. Turner 1893 in einem Vortrag über die »Grenze« formulierte. Diese Expansion machte die Staaten Lateinamerikas zu einem Aktionsfeld US-amerikanischer politischer und wirtschaftlicher Interessen und unterwarf sie einem wachsenden Einfluss. Zwar errichteten die USA kein Kolonialreich, sondern bauten entsprechend den Überlegungen des Politikers William Henry Seward, Außenminister von Präsident Andrew Johnson (1861–1869), ein »informelles Imperium« auf, basierend auf Handelsstützpunkten und ökonomischer Durchdringung. So betrieben die USA seit 1898, seit dem US-amerikanischen Eingreifen in die Auseinandersetzungen zwischen Spanien und Kuba, keine direkte annektionistische Politik gegenüber Lateinamerika – Puerto Rico bildet eine Ausnahme. Dennoch erwuchs aus der konsequenten Verteidigung ihrer ökonomischen und politischen Interessen eine umfassende Kontrolle über zahlreiche Staaten Lateinamerikas, was letztlich deren Unterordnung bedeutete, z. T. sogar den zeitweiligen Verlust der Souveränität hinsichtlich eigener Entscheidungen mit sich brachte.

Die ideologischen Grundlagen des Interventionismus

Die ideologische Grundlage für die US-amerikanischen Interventionen in Lateinamerika war in der Jahresbotschaft des Präsidenten James Monroe vom 2. Dezember 1823 enthalten, die später als Monroe-Doktrin bezeichnet wurde. In ihr warnte Monroe die Europäer vor Interventionen und erklärte den amerikanischen Kontinent für tabu hinsichtlich weiterer Kolonisation seitens Europa. In Amerika sei ein politisches System entstanden, das sich grundsätzlich von demjenigen Europas unterscheide. Deshalb würden die USA jeden Versuch europäischer Mächte, ihr altes monarchisches System auf irgendein Gebiet der westlichen Hemisphäre auszudehnen, als Gefahr für ihre Sicherheit und ihren Frieden betrachten. Es war ja die Zeit, als die Unabhängigkeit der lateinamerikanischen Republiken von Europa noch nicht anerkannt war. In der Monroe-Erklärung verbanden sich ein geopolitischer Determinismus – Amerika – mit dem Ideal eines »amerikanischen Systems«, in welchem die USA die Vormachtstellung beanspruchten, weil sie sich als Schutzmacht der westlichen Hemisphäre sahen. Zu diesem Zeitpunkt war die Monroe-Erklärung eindeutig gegen Europa gerichtet. Erst später, als sich im Laufe der Westwärtsbewegung ein amerikanisches Sendungsbewusstsein und in der Überzeugung von der »offensichtlichen Bestimmung« (_manifest destiny_) hinsichtlich der US-amerikanischen Besitzergreifung des Kontinents eine Expansionsideologie entwickelten, als ferner die Sättigung des amerikanischen Binnenmarktes die Suche nach neuen Absatzmöglichkeiten der amerikanischen Industrie und amerikanischen Kapitals erforderlich machte, wofür sich Lateinamerika wegen seiner geographischen Nähe und der agrarisch ausgerichteten, wenig industrialisierten Wirtschaftsstrukturen seiner Staaten als geeigneter Markt anbot, erhielt sie eine andere Stoßrichtung. Parallel zu der ideologischen und wirtschaftlichen Entwicklung entwarfen die USA in den 1890er Jahren einen neuen Panamerikanismus, der im Unterschied zu der von Simón Bolívar als politisches Gegengewicht gegen die starken USA propagierten Bewegung nicht mehr nur den lateinamerikanischen, sondern den gesamtamerikanischen Bereich umfassen und vor allem einen freieren Handelsaustausch ermöglichen sollte. Auch er wurde zum Instrument der US-Amerikaner zur Sicherung ihres Einflusses in Lateinamerika.

Instabilität in Lateinamerika und Interventionismus

Zu ihrer Interventionspolitik sahen sich die USA auch durch die in dieser Zeit in den lateinamerikanischen Staaten herrschenden Strukturen veranlasst. Die allgemeine politische Instabilität, die häufigen Auseinandersetzungen zwischen rivalisierenden Gruppen oder Regionen, die sozialen Spannungen überhaupt bedeuteten ihrer Meinung nach eine Gefährdung der Sicherheit amerikanischer Bürger und amerikanischen Eigentums in den jeweiligen Staaten. Die Zahlungsunfähigkeit der lateinamerikanischen Staaten, d. h. ihr Unvermögen, den Verpflichtungen gegenüber ihren europäischen Schuldnern nachzukommen, die ihnen während der Unabhängigkeitskriege und später bei dem Ausbau der Infrastruktur und ersten industriellen Maßnahmen mit Krediten und Anleihen geholfen hatten, bedeutete in den Augen der US-Amerikaner angesichts europäischer militärischer Interventionsbestrebungen zur Schuldeneintreibung eine Gefährdung der gesamten amerikanischen westlichen Hemisphäre. Ausgelöst waren solche Befürchtungen durch die sogenannte Venezuela-Krise von 1902, eine Seeblockade venezolanischer Häfen durch deutsche, englische und italienische Kriegsschiffe zum Zweck der Schuldeneintreibung.

Das Interventionsrecht der *Roosevelt-Corollary*

Aus dieser doppelten Gefährdung ihrer Interessen leiteten die USA nun eine Verpflichtung, ja geradezu ein Recht auf Interventionen in lateinamerikanischen Staaten ab. In Erweiterung der Vorstellung von *manifest destiny* und der Monroe-Erklärung, die im 19. Jahrhundert kaum angewandt worden war, brachte Präsident Theodore Roosevelt 1904 diese Überlegungen auf die Formel, dass die USA als zivilisierte Nation geradezu zwangsläufig dazu verpflichtet seien, angesichts chronischen Fehlverhaltens und Unfähigkeit seitens der lateinamerikanischen Staaten eine internationale Polizeimacht auszuüben und diese Staaten in den Stand zu versetzen, Sicherheit und Ordnung zu schaffen. Mit dieser als Roosevelt-Ergänzung, *Roosevelt-Corollary*, berühmt gewordenen Erweiterung verlor die Monroe-Doktrin ihren antieuropäischen Charakter und erhielt die Funktion, die Interventionen der USA in Lateinamerika zu legitimieren.

In den folgenden Jahrzehnten bildete das von den USA einseitig formulierte Recht auf Interventionen innerhalb der westlichen Hemisphäre die Grundlage ihrer Politik gegenüber Lateinamerika. In den Jahren zwischen 1905 und 1930 häuften sich die als *big stick policy* berüchtigt gewordenen militärischen Interventionen, die – kombiniert mit finanzpolitischen Maßnahmen – einige Staaten wie Kuba (1898–1934), Panama (Truppenbesetzungen 1904, 1912, 1925), die Dominikanische Republik (Besetzung 1915–1924, Zollabtretung 1905–1940), Haiti (Zollabtretung 1915–1934) und Nicaragua (1912–1933) geradezu zu Protektoraten bzw. zu Finanzprotektoraten machten, indem die USA politische Schutzrechte wahrnahmen bzw. amerikanische Banken oder Finanziers die Finanzhoheit des »geschützten« Staates übernahmen. Militärische Interventionen bzw. Bedrohungen zur Durchsetzung amerikanischer Interessen erlebten auch Honduras 1903, 1907, 1911, 1919, 1924, 1925, Guatemala 1920 und Mexiko 1914.

Investitionen, Wirtschaftswachstum und Abhängigkeit

Oft im Zuge dieser Interventionen, aber auch ohne solche spektakulären Maßnahmen investierten US-amerikanische Industrielle und Banken in Lateinamerika. Bis zum Ausbruch des Ersten Weltkriegs und der Öffnung des Panama-Kanals 1914 hatten US-Amerikaner 1,7 Millarden Dollar in Lateinamerika investiert; danach stiegen bis 1929 die Direktinvestitionen bis auf 3,5 Milliarden an. Dieses Auslandskapital schuf Arbeitsplätze und half beim Ausbau notwendiger Infrastrukturen. Investitionen wären an und für sich nicht schädlich gewesen und hätten die propagierte Hilfe darstellen können. Doch da sie sich wesentlich auf die Monoproduktion sowie den Bergbausektor und den Eisenbahnbau konzentrierten, zogen sie die lateinamerikanischen Volkswirtschaften in Weltmarktkrisen hinein und stärkten den nach außen gerichteten Sektor zu Lasten des nach innen gerichteten. Die strukturellen Nachteile der seit der Mitte des 19. Jahrhunderts wirkenden internationalen Arbeitsteilung zwischen den Fertigwarenexporteuren in Europa und den Rohstofflieferanten in Lateinamerika verstärkten sich, da nun die USA die Rolle des Fertigwarenexporteurs, z. T. sogar die Rolle des Fertigwarenproduzenten in Lateinamerika selbst übernahmen. Mit US-amerikanischem Kapital entstanden nämlich in Lateinamerika Fabrikanlagen, wodurch zwar Arbeitsplätze geschaffen wurden, aber keine eigenständige Industrialisierung oder Modernisierung erfolgte, teilweise eigene Ansätze sogar zerstört wurden. Zudem mussten die einheimischen Kräfte oft zu ungünstigeren Bedingungen arbeiten als das ausländische, amerikanische Personal, das überdies auch die Führungspositionen innehatte. Wie machtlos gegenüber den ausländischen Interessen die lateinamerikanischen Regierungen waren bzw. wie sehr sie mit diesen zu Lasten der einheimischen Arbeiter kooperierten, zeigt der Aufstand in der Bananenzone bei Santa Marta in Kolumbien im Jahr 1928. Die Forderungen der ca. 25 000 kolumbianischen Bananenarbeiter der United Fruit Company nach menschenwürdiger Unterbringung, besseren Arbeitsbedingungen und höheren Löhnen, was auch die Angleichung an die den ausländischen Arbeitnehmern gezahlten Löhne implizierte, wurden am 5. Dezember 1928 durch die kolumbianische Armee blutig zusammengeschossen. Das »Massaker in der Bananenzone«, das der kolumbianische Schriftsteller Gabriel García Márquez in seinem Roman *Hundert Jahre Einsamkeit* eindrucksvoll beschrieben hat, erregte das ganze Land, weil es nicht nur die Parteilichkeit der damaligen Regierung offen legte, sondern auch die Dominanz der US-amerikanischen Interessen bewusst werden ließ.

Dass die Rohstoffexporte in den Händen großer amerikanischer Konzerne oder Monopolgesellschaften wie z. B. der United Fruit Company lagen, trug ebenfalls wenig zum nationalen Profit der lateinamerikanischen Staaten und Gesellschaften bei. Im Übrigen führten die als Hilfe deklarierten Aktivitäten und die propagierte Wohlstandssicherung, mit der auch der Verbreitung von Radikalismus und sozialistischen Ideen seit der russischen Oktoberrevolution von 1917 entgegengewirkt werden sollte, bald dazu, dass US-Amerikaner ein hohes Maß an Kontrolle über einzelne Staaten ausübten bzw. dass die US-amerikanische Politik zur Wahrung ihrer Interessen Koalitionen mit reaktionären Kräften und Diktatoren einging. Im Übrigen hatten die USA mit ihrem ökonomischen Gewicht eine solche Vormachtstellung erlangt, dass im Jahr 1923 Präsident Warren G. Harding mit den zentralamerikanischen Staaten einen Vertrag abschließen konnte, der den USA das Recht einräumte, denjenigen Regierungen die diplomatische Anerkennung zu versagen, die durch einen Staatsstreich an die Macht kommen würden. Wie anders aber hätten dort, wo US-amerikanische Firmen große Ländereien besaßen und wirtschaftlichen Einfluss ausübten, solche den USA und der United Fruit Company wohlgesinnte Diktatoren wie Lázaro Chacón oder Jorge Ubico in Guatemala oder autoritäre, mit Unterstützung der USA »formal« gewählte Präsidenten von der Macht verdrängt werden können? Unter dem Einfluss dieser Androhung scheiterten in Guatemala 1930 und in El Salvador 1931 Versuche, eine eher nationalistische Politik durchzusetzen.

Die Politik der »guten Nachbarschaft«

Ab 1933 gingen die USA zu einer neuen Politik gegenüber den lateinamerikanischen Staaten über. Besonders die ökonomischen Auswirkungen der Weltwirtschaftskrise von 1929, die durch die weltweite Devisenknappheit und protektionistische Maßnahmen auch den Handel der USA mit Lateinamerika beeinträchtigt, d. h. den Wert der Exporte um 60 % von 5 Mrd. Dollar 1929 auf 1,7 Mrd. Dollar 1933 reduziert hatte, ließen die USA nun zu einer Politik der »guten Nachbarschaft« übergehen, wie sie Präsident Franklin Delano Roosevelt am 12. April 1933 in seiner berühmten Rede vor dem Leitungsgremium der Panamerikanischen Union in Washington formulierte. Statt Unterordnung sollte nun ein interamerikanisches System praktiziert werden, in dem gegenseitiges Vertrauen, Freundschaft, guter Wille und das Prinzip der Gleichheit herrschen. Roosevelt revidierte auch die Monroe-Doktrin, indem er das in der *Roosevelt-Corollary* enthaltene Interventionsrecht zurückzog. Dieses Interventionsrecht war schon seit einiger Zeit von US-amerikanischen Politikern in Frage gestellt worden. Auch sahen sich die USA angesichts der offenkundigen Interessen Nazi-Deutschlands an Lateinamerika nach 1933 zu einer Änderung ihrer Beziehungen zu Lateinamerika genötigt.

Tatsächlich praktizierten die USA eine neue Politik und beendeten die direkten Interventionen. Im Frühjahr 1934 hoben sie die militärische Besetzung Haitis auf und hielten nur die Finanzkontrolle aufrecht. Im Mai 1934 gaben sie das *Platt-Amendment* auf, wodurch Kuba endlich seine volle Souveränität erhielt. Im März 1936 kamen sie mit

VEREINIGTE STAATEN VON AMERIKA

Golf von Mexiko

Explosion „U.S.S. Maine"
Februar 1898, Besetzung
1898-1902, Platt Amend-
ment 1901-1934

Bahia Honda

Havanna

KUBA

Besetzung
April 1914

o Mexiko ✶ Veracruz

MEXIKO

JAMAICA (Brit.

BRITISCH
HONDURAS

Interventionen
1907, 1911, 1924

GUATEMALA

HONDURAS

EL SALVADOR

NICARAGUA

Golfo de Fonseca
Managua

Cora Inseln
gepachtet 1916

Besetzung 1912-1933
Rechte für Kanalroute 1916

COSTA RICA

PANAMA

Panamá

Pazifischer Ozean

Interventionen der USA in Lateinamerika bis 1945

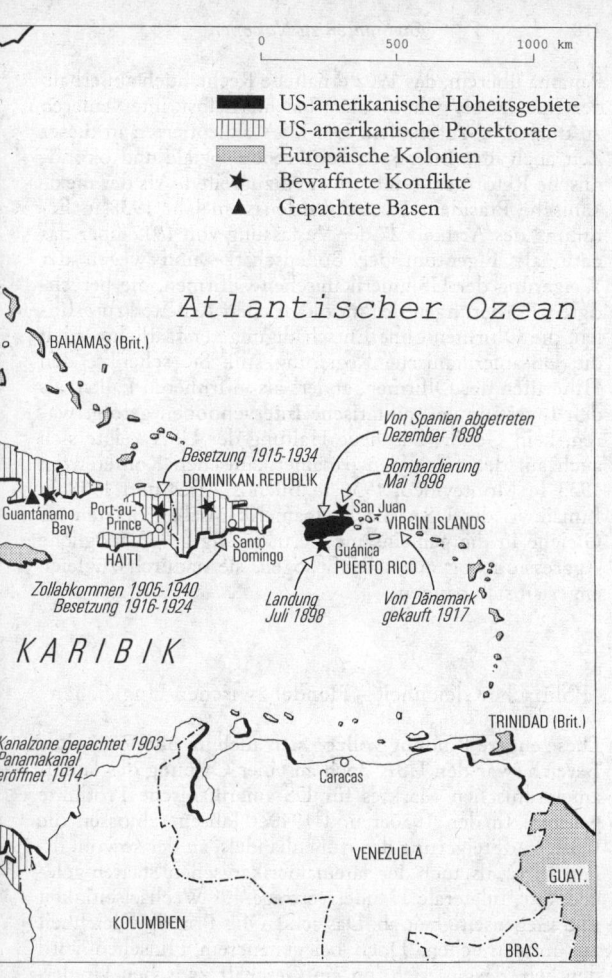

0   500   1000 km

■■■ US-amerikanische Hoheitsgebiete
‖‖‖ US-amerikanische Protektorate
▦ Europäische Kolonien
★ Bewaffnete Konflikte
▲ Gepachtete Basen

Atlantischer Ozean

BAHAMAS (Brit.)

Von Spanien abgetreten
Dezember 1898

Besetzung 1915-1934

Bombardierung
Mai 1898

DOMINIKAN.REPUBLIK

Guantánamo   Port-au-   San Juan
Bay   Prince   VIRGIN ISLANDS
                        Santo
                        Domingo   Guánica PUERTO RICO
              HAITI

Zollabkommen 1905-1940   Von Dänemark
Besetzung 1916-1924   Landung   gekauft 1917
                       Juli 1898

KARIBIK

TRINIDAD (Brit.)

Kanalzone gepachtet 1903
Panamakanal
eröffnet 1914   Caracas

                         VENEZUELA   GUAY.

KOLUMBIEN

                                            BRAS.

Panama überein, das 1902 erhaltene Recht, auch außerhalb
der Kanalzone, d. h. im Staat Panama selbst, intervenieren
zu dürfen, abzuschaffen. Die USA akzeptierten in dieser
Zeit auch ihre Interessen berührende soziale und ökonomische Reformen, ohne sofort einzugreifen. Als der mexikanische Präsident Lázaro Cárdenas im Jahr 1938 in Erfüllung des Artikels 27 der Verfassung von 1917 über das
nationale Eigentum der Bodenschätze und wegen der
Weigerung der US-amerikanischen Ölfirmen, die berechtigten Forderungen der mexikanischen Arbeiter zu erfüllen, die Ölfirmen ohne Entschädigung verstaatlichte, hielt
die US-amerikanische Regierung still. Sie schenkte den
Hilferufen der Ölfirmen, anders als in früheren Fällen, als
den Investitionen militärische Interventionen gefolgt waren, kein Gehör. Die neue Haltung der USA zeigte sich
auch auf den folgenden panamerikanischen Konferenzen
1933 in Montevideo, 1936 in Buenos Aires und 1938 in
Lima, wo die USA die lateinamerikanischen Staaten als
Gleiche in die gemeinsame Verteidigung gegen mögliche
Aggression von außen einbezogen, sie dadurch zugleich
enger an sich banden.

Politische Gleichheit – Handel zwischen Ungleichen

Diese engere Bindung vollzog sich auch im ökonomischen
Bereich, war den USA doch an einer Öffnung des lateinamerikanischen Marktes für US-amerikanische Produkte
gelegen. In den 1930er und 1940er Jahren schlossen die
USA, zur Steigerung des Außenhandels, an der sowohl ihnen selbst als auch den lateinamerikanischen Staaten gelegen war, bilaterale Handelsverträge auf Wechselseitigkeit
und Gegenseitigkeit ab. Das schien das Prinzip Gleichheit
zu unterstreichen. Doch bei genauerem Hinsehen wird
deutlich, dass es sich um ein Geschäft zwischen Unglei-

chen handelte. Denn die Verträge brachten den USA größeren Vorteil als den lateinamerikanischen Nachbarn. Während nämlich die USA den lateinamerikanischen Vertragspartnern Zollsenkungen vor allem auf Agrarprodukte, die nicht mit den einheimischen konkurrierten, also auf tropische Produkte wie Kaffee, Kakao, Zucker oder Bananen sowie auf Bodenschätze wie Erdöl, Kupfer, Zinn, Nitrate usw. gewährten, handelten sie Zollsenkungen für ihre einheimischen Fertigwaren wie Autos, Maschinen, Elektromotoren, Kühlschränke, Radiogeräte, ja sogar für einige landwirtschaftliche Produkte wie Getreide, Mehl, Fisch und Fruchtkonserven aus. Eine Förderung der von lateinamerikanischen Staaten für notwendig erachteten Umstrukturierung ihrer Wirtschaft hin zu mehr Industrialisierung bzw. Diversifizierung bedeuteten diese bilateralen Handelsverträge nicht. Durch ihre faktische industrielle Überlegenheit, die die USA in den Handelsabkommen gegenüber den schwächeren, auf Devisen, also auf Export angewiesenen lateinamerikanischen Staaten ausspielten, schufen sie in der Durchsetzung ihrer wirtschaftlichen Interessen eine Außenhandelsstruktur, die wesentlich dazu beitrug, dass die wirtschaftliche Abhängigkeit der lateinamerikanischen Staaten in zweierlei Hinsicht erneut zunahm. Zum einen waren diese gezwungen, sich weiterhin auf die traditionellen Monoprodukte und -exporte wie Kaffee, Bananen, Zucker, Erdöl oder Zinn zu konzentrieren, was für einige Länder mit einem entsprechenden Anteil von über 50 % bis fast 90 % an den Gesamtexporten gefährliche Ausmaße annahm. Gleichzeitig hemmten die massiv eingeführten amerikanischen Fertigwaren die Entwicklung einer eigenständigen lateinamerikanischen Industrie. Der US-amerikanischen Exportoffensive waren die lateinamerikanischen Unternehmer noch nicht gewachsen. So waren zum anderen die lateinamerikanischen Wirtschaften enger als je zuvor an die amerikanische Wirtschaft gebunden und von den Entscheidungen in den

USA abhängig. Mit den Handelsabkommen auf Gegenseitigkeit im Rahmen der Politik der »guten Nachbarschaft« gab es zwar keine direkten Interventionen der USA in Lateinamerika, doch bedeutete die Qualität der Handelsbeziehungen durch die daraus resultierende Verfestigung der traditionellen Wirtschaftsstrukturen doch eine indirekte Intervention und eine qualitative Beeinträchtigung der lateinamerikanischen Wirtschaft.

Die Einbeziehung Lateinamerikas in den Kalten Krieg

Mit dem Ende des Zweiten Weltkriegs 1945, als die USA neue Weltgeltung gewonnen hatten und die Führungsrolle in den einsetzenden Ost-West-Auseinandersetzungen übernahmen, trat wiederum ein Wandel in den Beziehungen zwischen den USA und den lateinamerikanischen Staaten ein. Nun wurden diese in die neuen Auseinandersetzungen des Kalten Krieges einbezogen, und das bedeutete sowohl die weitere Bereitstellung der von den USA benötigten Bodenschätze und Mineralien wie u. a. Öl, Zinn, Blei als auch die politische und militärische Unterstützung der USA im Kampf gegen den internationalen Kommunismus.

Als Komplex wichtiger Institutionen und Verfahrensregeln für die »gemeinsamen« Aktionen wurde auf der 9. Panamerikanischen Konferenz, die von März bis Mai 1948 in Bogotá stattfand, die »Organisation Amerikanischer Staaten« (OAS) gegründet. Die entsprechende Charta stellte in gewissem Sinn die Verfassung eines interamerikanischen, auf demokratischen Prinzipien beruhenden Systems dar, das es gegen Aggressionen von außen zu verteidigen galt. Sie enthielt in Artikel 6 sogar ein definitives Interventionsverbot, also eine Absage an die erweiterte

Monroe-Doktrin als Rechtfertigung für eine einseitige Intervention der USA. Doch wurde gleichzeitig über die Resolution 32 »Wahrung und Verteidigung der Demokratie in Amerika«, die den internationalen Kommunismus als antidemokratisch und interventionistisch verdammte, das gerade abgeschaffte Interventionsrecht doch wieder ins Spiel gebracht: Darin verpflichteten sich die amerikanischen Staaten, im Falle einer kommunistischen Bedrohung oder kommunistischer Aktivitäten in ihren Staaten geeignete Gegenmaßnahmen zu ergreifen. Diese Formel hatte in Kombination mit den Beschlüssen des sogenannten Rio-Vertrags von 1947, dass ein Angriff auf einen amerikanischen Staat wie ein Angriff auf alle amerikanischen Staaten betrachtet werden und kollektive Verteidigungsmaßnahmen hervorrufen sollte, weitreichende Folgen. Denn unter dem Eindruck der Sozialreformen in Guatemala 1954, die mit ihren Verstaatlichungsmaßnahmen – u. a. war Land der United Fruit Company betroffen – den USA als Eindringen des internationalen Kommunismus in die amerikanische Region erschien, drängten sie auf weitere Verschärfung des antikommunistischen Verteidigungsgebots. Auf der 10. Internationalen Konferenz der Amerikanischen Staaten in Caracas im März 1954 setzten sie nach kontroversen Debatten die Resolution CXII »Solidaritätserklärung zur Aufrechterhaltung der politischen Integrität der amerikanischen Staaten gegen die Intervention des internationalen Kommunismus« durch. Diese besagte, dass die Beherrschung oder Kontrolle der politischen Institutionen eines amerikanischen Staates durch den internationalen Kommunismus, wodurch das politische System einer extrakontinentalen Macht beabsichtigt sei, eine Bedrohung der Souveränität und politischen Unabhängigkeit der amerikanischen Staaten darstellen würde, weil es den Frieden in Amerika gefährde. In einem solchen Fall müsse ein Konsultativtreffen stattfinden, um die erforderlichen Gegenmaßnahmen zu treffen. Mit dieser Resolution erfolgte gleichsam eine Rücknahme des Prinzips der Nicht-Intervention; von ihr machten die USA in den folgenden Jahren mehrmals Gebrauch.

Der Umstand, dass dieser Resolution auch und besonders Diktatoren wie Rafael Leónidas Trujillo aus der Dominikanischen Republik, Fulgencio Batista aus Kuba, Anastasio Somoza aus Nicaragua oder Marcos Pérez Jiménez aus Venezuela zustimmten bzw. zustimmen ließen, Personen also, deren undemokratische und menschenverachtende Regierungen nicht angeprangert wurden, macht deutlich, dass die gemeinsame Verteidigung der »repräsentativen Demokratie« eine Leerformel war, hauptsächlich dazu bestimmt, als ein ideologisches Instrument zum Zweck der Verteidigung der USA nach außen zu dienen. Der eigentlich notwendige Wandel interner politischer Strukturen lateinamerikanischer Staaten und die Errichtung demokratischer Regimes anstelle der bestehenden Diktaturen besaß keine Priorität.

Die OAS als Instrument der Interventionen der USA

Wann immer nun in den Jahren nach den Regelungen von 1947/48 und 1954 eine lateinamerikanische Regierung oder eine Oppositions- bzw. Befreiungsbewegung in Lateinamerika den Versuch unternahm, sozialen, wirtschaftlichen und politischen Ungerechtigkeiten durch Sozialreformen oder Revolutionen ein Ende zu bereiten, warnten die US-amerikanischen Politiker vor der »kommunistischen« Gefahr. In der Furcht, dass Strukturveränderungen oder soziale Reformen sofort unter kommunistische Kontrolle geraten würden, glaubten sie, jeder Veränderungsversuch sei automatisch gefährlich für die Sicherheit der USA. Tatsächlich musste jede noch so gemäßigte Sozialreform durch die Maßnahmen von Nationalisierungen oder Agrarreformen zwangsläufig in irgendeiner Weise wirtschaftliche Interessen von amerikanischen Firmen oder Investoren berühren. Indem die USA nun solche sozialen Veränderungen, selbst wenn sie noch so gemäßigt und gerecht erschienen, als kommunistisch gelenkt und dementsprechend als Gefahr für die Sicherheit nicht nur der USA, sondern auch der amerikanischen Staaten überhaupt qualifizierten, schufen sie sich die Legitimation für ihre Reaktionen, nämlich Interventionen verschiedenster Art.

In den folgenden Jahrzehnten griffen die USA verschiedentlich in die inneren Angelegenheiten lateinamerikanischer Staaten ein. Die meist durch angeblich gefährliche Sozialreformen ausgelösten Aktionen zeigen die ganze Spannbreite möglicher Interventionen. Sie reichten von direktem militärischen Eingreifen, wie z. B. in Guatemala 1954, in Kuba 1961, in der Dominikanischen Republik 1965, in Grenada 1983 und in Panama 1989, über mehr oder weniger verdeckte militärische Hilfestellung für die »Contras« in Nicaragua oder für rechtsgerichtete Gruppen in Mittelamerika überhaupt, ferner über Blockade- und Boykottmaßnahmen wie z. B. im Falle Kuba bis zu den subtileren Maßnahmen von Kreditverweigerung oder günstigen Kreditvergaben. So gelang es den USA, die in finanzielle Schwierigkeiten geratene Revolution in Bolivien durch großzügige Kredite 1964 umzubiegen, während sie mit der Verweigerung der Auslandshilfe und notwendiger Kredite in Chile 1973 den Sturz der sozialistischen Regierung Allende herbeiführten und in Nicaragua in den 1980er Jahren die sandinistische Regierung destabilisierten bzw. die dortigen Oppositionsparteien großzügig finanziell unterstützten und deren Wahlsieg mit herbeiführten.

Fast jeder lateinamerikanische Staat hat in irgendeiner Form die Interventionen der USA und damit eine Beeinträchtigung seines nationalen Entwicklungsprozesses erlebt: als bewaffnete Invasion, als diplomatische Eingriffe in die Souveränität, als ökonomische Beherrschung wich-

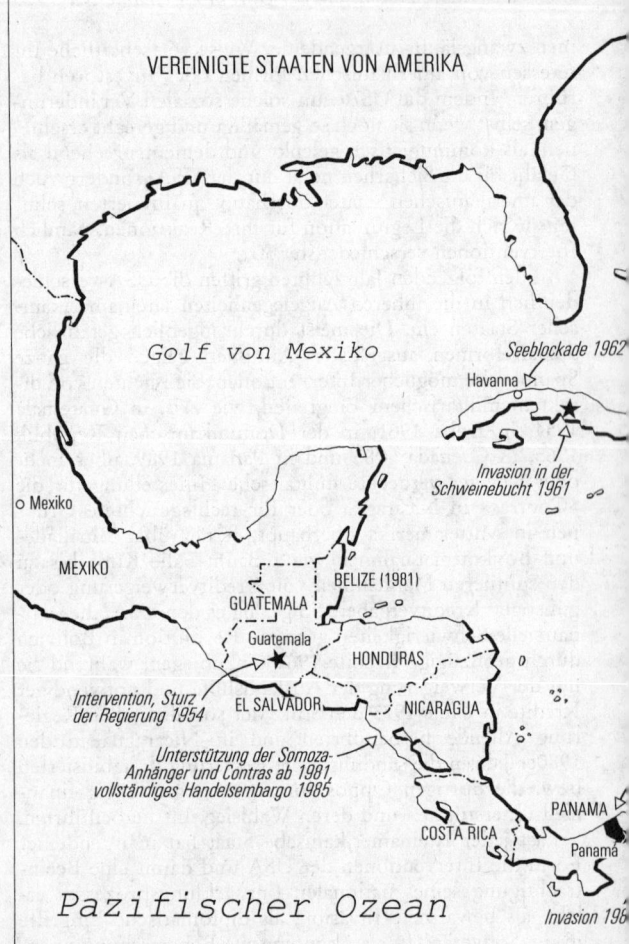

VEREINIGTE STAATEN VON AMERIKA

Golf von Mexiko

Seeblockade 1962

Havanna

Invasion in der
Schweinebucht 1961

o Mexiko

MEXIKO

BELIZE (1981)

GUATEMALA

Guatemala

HONDURAS

Intervention, Sturz
der Regierung 1954

EL SALVADOR

NICARAGUA

Unterstützung der Somoza-
Anhänger und Contras ab 1981,
vollständiges Handelsembargo 1985

PANAMA

COSTA RICA

Panama

Pazifischer Ozean

Invasion 198

Interventionen der USA in Lateinamerika nach 1945

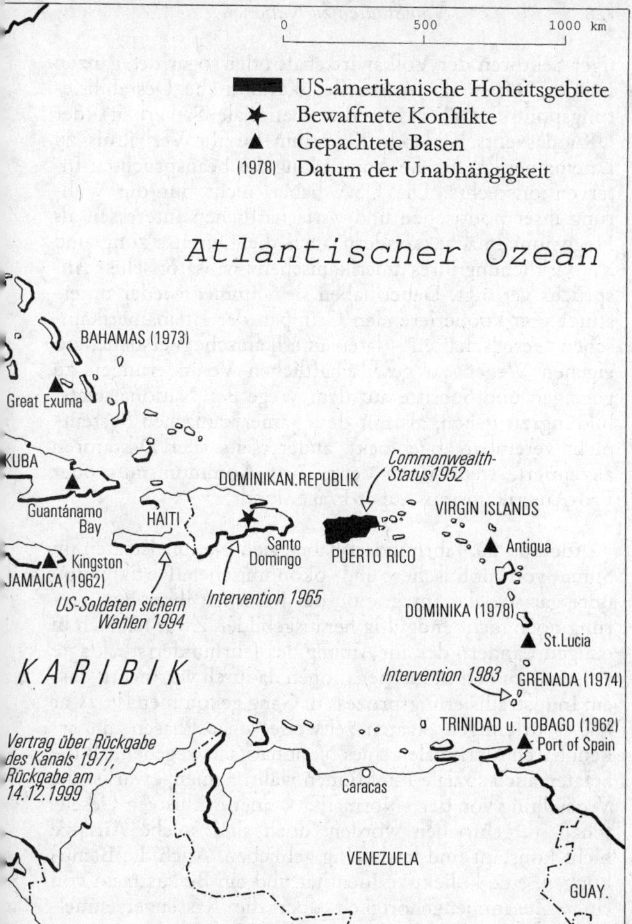

▬	US-amerikanische Hoheitsgebiete
✴	Bewaffnete Konflikte
▲	Gepachtete Basen
(1978)	Datum der Unabhängigkeit

Atlantischer Ozean

BAHAMAS (1973)

Great Exuma

KUBA

Guantánamo
Bay

HAITI

Kingston

JAMAICA (1962)

*US-Soldaten sichern
Wahlen 1994*

DOMINIKAN. REPUBLIK

Santo
Domingo

Intervention 1965

*Commonwealth-
Status 1952*

PUERTO RICO

VIRGIN ISLANDS

▲ Antigua

DOMINIKA (1978)

▲ St. Lucia

Intervention 1983 GRENADA (1974)

TRINIDAD u. TOBAGO (1962)

▲ Port of Spain

KARIBIK

*Vertrag über Rückgabe
des Kanals 1977,
Rückgabe am
14.12.1999*

Caracas

VENEZUELA

GUAY.

KOLUMBIEN

BRAS.

tiger Sektoren der Volkswirtschaft oder sogar des ganzen Landes, ferner als finanzielle ökonomische Destabilisierungspolitik. Dabei war die »nationale Sicherheit« der USA das entscheidende Kriterium für ihr Verhältnis zu Lateinamerika, für die Anwendung des beanspruchten Interventionsrechts. Die USA haben nicht nur die Wahrung ihrer politischen und wirtschaftlichen Interessen als Hegemonialmacht, sondern auch die Durchsetzung und Verwirklichung ihres amerikanischen zivilisatorischen Anspruchs verfolgt. Dabei haben sie – immer wieder unterstützt von kooperierenden Gruppen der lateinamerikanischen Gesellschaften – lateinamerikanische Versuche, auf eigenen Wegen zu gesellschaftlichen Veränderungen zu gelangen und Schritte auf dem Wege der Nationalstaatsbildung zu gehen, als mit dem »amerikanischen System« nicht vereinbar abgeblockt, andererseits aber Diktaturen akzeptiert, wenn denn deren Anti-Kommunismus oder Pro-Amerikanismus außer Frage stand.

Auch im 20. Jahrhundert haben sich Nationalstaaten im Sinne von politischer und ökonomischer Partizipation oder gar sozialer Integration der Mehrheit ihrer Bevölkerung noch nicht endgültig herausgebildet. Zwar hat sich in einigen Ländern der am Anfang des Jahrhunderts beklagte Abstand zu den Industrienationen dadurch verringert, dass ein Industrialisierungsprozess in Gang gekommen ist; zwar hat es in einigen Staaten zeitweise sogar Phasen mit erkennbaren Merkmalen eines Nationalstaats gegeben, als die Staaten auch soziale Funktionen wahrnahmen; zwar ist die Vorstellung von der »Normalität« einer exklusiven Gesellschaft aufgebrochen worden; doch sind solche Ansätze nicht konstant und nachhaltig geblieben. Auch die Bemühungen, eine kollektive Identität und ein Bewusstsein von einer Zusammengehörigkeit über die Rassenverschmelzung zu konstruieren, hatten keinen Erfolg, da nach wie vor die westlich-europäische Kultur dominant blieb.

Auf dem Wege zu Nationen:
Realisierungschancen unter neuen
Rahmenbedingungen der Gegenwart?

Epochenüberblick

Nach wie vor befinden sich die lateinamerikanischen Staaten auf dem Weg zu Nationalstaaten. Allerdings haben sich seit dem letzten Viertel des 20. Jahrhunderts die Rahmenbedingungen durch die ökonomischen Prozesse der Globalisierung und durch die Internationalisierung von politischen Entscheidungen stark verändert. Die Weltordnung ist nicht mehr nur durch Nationalstaaten geprägt. Sind in solchen Rahmenbedingungen Nationalstaaten gegenwärtig überhaupt noch anzustreben? Überdies sind in zahlreichen Staaten Lateinamerikas durch die postdiktatorialen Traumata sowie durch die Abkehr von kultureller Homogenität als Merkmal von Nation neue Identitätsprobleme entstanden: Die Traumata der überstandenen Diktaturen können zwar mit Wahrheitsfindungskommissionen aufgearbeitet werden, wie aber neues Vertrauen entstehen kann, bleibt problematisch. Dass die Vielfalt der kulturellen und ethnischen Wurzeln der lateinamerikanischen Staaten endlich auch öffentlich wahrgenommen und die Bedeutung der indianischen Kultur zumindest in zahlreichen Verfassungen aufgewertet wird, ist positiv zu sehen, kann aber auch zu neuen Abgrenzungen führen. Dieses kurze Kapitel wird, ohne eine definitive Antwort geben zu wollen, den Fragen nachgehen, welche Chancen die trotz Modernisierungsbestrebungen immer noch bzw. immer wieder von neuem ökonomisch, sozial und kulturell gespaltenen Gesellschaften der lateinamerikanischen

Staaten haben, sich zu funktionierenden, Freiheit, Gleichheit und Teilhabe praktizierenden Gesellschaften zu entwickeln.

Stabilität durch neue politische Kräfte?

1991   In **Venezuela** bringt die neoliberale Wirtschaftspolitik die Wirtschaft auf Wachstumskurs, doch nehmen Verarmung und Unmut der Bevölkerung zu. Streiks und Studentenproteste erschüttern das Land.

Der Kampf zwischen **peruanischer** Regierung und dem *Sendero Luminoso* eskaliert; wachsende Aktivitäten einer weiteren Guerilla-Gruppierung »Revolutionäre Bewegung Túpac Amaru« (*Movimiento Revolucionario Túpac Amaru*, MRTA). Mit Unterstützung von Armee und Polizei führt Präsident Fujimori einen Staatsstreich, einen Selbstputsch (*autogolpe*), durch.

In **Kolumbien** verabschiedet eine direkt vom Volk gewählte Verfassunggebende Versammlung eine neue Verfassung, die zweite seit 1886. Diese definiert Kolumbien als einen sozialen Rechtsstaat in Form einer unitarischen, dezentralisierten Republik, als demokratisch, partizipativ und pluralistisch. Sie verbietet die Auslieferung von Kolumbianern an das Ausland und gibt den indianischen und schwarzen Minderheiten Sonderrechte.

Das noch von Pinochet erlassene Amnestiegesetz erschwert die Aufarbeitung der Menschenrechtsverletzungen während seiner Diktatur in **Chile**. Dennoch gelingt eine Offenlegung der Verantwortung von Justiz, Polizei und Militär. Die Stabilisierung der Demokratie wird durch eine günstige wirtschaftliche Entwicklung und vergleichsweise erfolgreiche Sozialpolitik gefördert.

Argentinien, Brasilien, Paraguay und **Uruguay** unterzeichnen in Asunción die Verträge zur Bildung eines gemeinsamen Marktes, MERCOSUR (MERCOSUL).

1992 In **Venezuela** kann Präsident Carlos Andrés Pérez von der AD einen Putschversuch links-nationaler Militärs niederschlagen. Die schlechte wirtschaftliche und gesellschaftliche Lage führt zu Massendemonstrationen. Ende des Jahres scheitert ein weiterer Putschversuch. Bei den Regionalwahlen gewinnen die oppositionellen Christdemokraten.

In Mexiko-Stadt unterzeichnen Vertreter der Regierung von **El Salvador** und der Guerilla FMLN, *Frente Farabundo Martí para la Liberación Nacional,* ein Abkommen zur Beendigung des zwölf Jahre andauernden Bürgerkriegs. Die Entmilitarisierung des Landes schreitet langsam voran.

Rigoberta Menchú, eine Maya-Indianerin aus **Guatemala,** erhält für ihren Einsatz für die Menschenrechte den Friedensnobelpreis. Die Vereinten Nationen erklären das Jahr 1993 zum Internationalen Jahr der indigenen Völker und machen Rigoberta Menchú zur Sonderbotschafterin.

In **Peru** wird Abimael Guzmán, der Gründer des »Leuchtenden Pfads«, gefasst und zu lebenslanger Haft verurteilt; damit beginnt der Niedergang dieser maoistischen Guerilla.

Die USA vertreten nach wie vor eine harte Linie gegen **Kuba** (Embargo, Verweigerung von Visa). Die Sowjetunion kündigt den Abzug ihrer Militärberater aus Kuba an. Die UNO-Vollversammlung verurteilt das amerikanische Embargo gegen Kuba.

1993 In **Chile** bilden nach wie vor die Menschenrechtsfrage und die Aufarbeitung der Vergangenheit ein Hauptproblem der Demokratie. Pinochet versucht erfolglos, ein definitives Amnestiegesetz zu erzwingen.

Die Einführung demokratischer Grundrechte und die freie politische Betätigung in **Paraguay** ermöglichen eine allmähliche Aufarbeitung der Stroessner-Ära. Schwere Vorwürfe besonders gegen die Armee.

In **Bolivien** wird Gonzalo Sánchez de Lozada vom MNR Präsident. Während sein neoliberales Privatisierungsprogramm in Arbeiterkreisen Widerstand hervorruft, kann der indianische Vizepräsident Víctor Hugo Cárdenas die Beziehungen zur ländlichen Bevölkerung verbessern. Die Kampagne gegen den Kokaanbau bleibt erfolglos; nach wie vor ist Bolivien weltweit der drittgrößte Kokaproduzent.

In einem Referendum spricht sich die Mehrheit der **brasilianischen** Bevölkerung für die Beibehaltung der Republik aus. In einer Serie von Morden (Juli bis August) töten Killerkommandos Straßenkinder. Eine Währungsreform ersetzt den alten Cruzeiro durch den Cruzeiro real.

In **Argentinien** protestieren Tausende von Bauern gegen die liberale Wirtschaftspolitik, die zu hoher Verschuldung führt. Die katholischen Bischöfe beklagen die mit diesem Wirtschaftskurs einhergehende Verarmung.

In **Chile** siegt der Christdemokrat Eduardo Frei Ruiz-Tagle bei den Präsidentschaftswahlen, er tritt im März 1994 sein Amt an.

1993–1996   **Kolumbien** wird zu einem Großproduzenten von Kokablättern und Schlafmohn. Die Sicherheitstruppen sind im Kampf gegen die Drogenkartelle von Medellín und Cali erfolgreich; deren Chefs werden verhaftet oder getötet.

1994   Beitritt **Mexikos** zur Nordamerikanischen Freihandelszone (NAFTA). Erster international beachteter Aufstand der bäuerlich-indianischen »zapatistischen« Befreiungsarmee in Chiapas.

Die UNO erklärt die Dekade von 1994 bis 2004 zum »Internationalen Jahrzehnt der indigenen Völker der Welt«.

In **Paraguay** demonstrieren, unterstützt von Kirche, Opposition und Gewerkschaften, Tausende von Bauern für eine bessere soziale Versorgung, höhere Baumwollpreise und für Besitzurkunden für das von ihnen bearbeitete Land.

Bei den Präsidentschaftswahlen in **Brasilien** besiegt der Sozialdemokrat Fernando Enrique Cardoso den

Kandidaten der sozialistischen Arbeiterpartei (PT) Luis Inácio (Lula) da Silva, er tritt im Januar 1995 sein Amt an.

1995 In **Ecuador** Gründung des politischen Arms der CONAIE, »Bewegung der plurikulturellen Einheit Pachakutik – Neues Land«, *Movimiento de Unidad Pluricultural Pachakutik – Nuevo País*. Neuer Grenzkonflikt mit Peru. Ecuador geht als militärischer Sieger aus den heftigen Kämpfen hervor, wodurch die Militärs innenpolitisch gestärkt werden.

In **Peru** geraten Fujimori und die Armeeführung durch den Sieg Ecuadors im Grenzkonflikt innenpolitisch unter Druck. Dennoch wird Fujimori als Präsident wiedergewählt. Der Kandidat der Opposition, der ehemalige UNO-Generalsekretär Javier Pérez de Cuéllar, unterliegt deutlich.

In **Bolivien** wird nach wochenlangen Streiks, u. a. von Lehrern und Kokabauern, der Ausnahmezustand verhängt.

Argentiniens Heereschef General Martín Balza gibt Verbrechen der Militärs während der Diktatur zu. Weitere Offiziere üben ebenfalls Selbstkritik. Auch die Rolle der Kirche während des Militärregimes wird kritisiert. Wiederwahl von Präsident Carlos Menem im ersten Wahlgang für eine zweite Amtszeit.

Seit 1995 Operationen der **mexikanischen** Armee in Chiapas gegen die Zapatisten, Aufbau paramilitärischer Gruppen.

1996 Wahl von Alvaro Arzú Irigoyen zum Staatsoberhaupt von **Guatemala**. Die Unterzeichnung eines Waffenstillstandsabkommens zwischen Regierung und Vertretern der Guerillaorganisation »National-Revolutionäre Einheit Guatemalas«, URNG, in Guatemala-Stadt beendet den 36-jährigen Bürgerkrieg.

Die **brasilianische** Bischofskonferenz übt scharfe Kritik an der Regierung, vor allem an ihrer Indianerpolitik.

1997 In **Nicaragua** werden die im Rahmen der Landreform während der Sandinistenherrschaft erfolgten Enteignungen legalisiert.

Das Parlament setzt Abdalá Bucaram Ortíz als Präsident von **Ecuador** ab.

1998   Anfang des Jahres besucht Papst Johannes Paul II. **Kuba**. Im Oktober plädieren 157 Staaten für die Aufhebung der US-Sanktionen gegen Kuba.

In **Chile** übergibt General Pinochet das Kommando als Oberbefehlshaber des Heeres an General Ricardo Izurieta Caffarena. Im März wird er im Kongress als Senator auf Lebenszeit vereidigt, wodurch er vor Strafverfolgung sicher ist.

Argentiniens früherer Diktator Jorge Rafael Videla wird wegen mutmaßlicher Beteiligung an Kindesentführung während der Militärdiktatur (1976–1983) festgenommen. Es folgen weitere acht Verhaftungen ranghoher Militärs.

In **Kolumbien** verhandelt die Regierung des Konservativen Andrés Pastrana mit der Guerilla-Organisation *Ejército de Liberación Nacional* (ELN). Im November erhält die Guerilla-Organisation *Fuerzas Armadas Revolucionarias de Colombia* (FARC) die Kontrolle über ein ca. 42 000 km² großes demilitarisiertes Gebiet im Süden des Landes.

Im Oktober wird der ehemalige Diktator **Chiles**, General Pinochet, in London verhaftet und unter Hausarrest gestellt.

Ecuador einigt sich mit Peru über eine endgültige Grenzziehung. Durch den Rückgang der Erdölpreise (Haupteinnahmequelle des Staates) und unterlassene Strukturreformen befindet sich das Land in der schwersten Wirtschaftskrise seit Jahrzehnten. Die vorgezogenen Präsidentschaftswahlen gewinnt Jamil Mahuad Witt.

In **Venezuela** wird bei den Parlamentswahlen im November die linksnationalistische Bewegung *Polo Patriótico* stärkste politische Kraft. Ihr Spitzenkandidat Hugo Chávez Frías, Initiator des gescheiterten Putsches von 1992, gewinnt auch die Präsidentschaftswahlen im Dezember. Die Wahlergebnisse offenbaren den Vertrauensverlust der beiden Traditionsparteien AD und COPEI.

1999 In **Guatemala** legt die Kommission für die Wahrheitsfindung ihren Abschlussbericht vor. Demnach gehen die Menschenrechtsverletzungen im Bürgerkrieg zu 93 % auf das Konto der Armee. Im Mai stimmen bei einem Referendum 55 % der Teilnehmer gegen eine grundlegende Demokratisierung und Modernisierung des Landes.

In **Venezuela** erhält Präsident Chávez Sondervollmachten zur Haushaltssanierung. Die unter Einfluss seiner Anhänger verabschiedete neue Verfassung räumt dem Präsidenten bedeutende Machtbefugnisse ein. Das Land erhält den neuen Namen »Bolivarische Republik Venezuela«.

In **Kolumbien** beginnen erste direkte Friedensgespräche zwischen Regierung und FARC. Im Oktober wird in Bogotá, Medellín und Cali im Rahmen einer internationalen Polizeiaktion eines der größten Drogenkartelle Lateinamerikas zerschlagen.

In **Peru** wird der letzte Führer des »Leuchtenden Pfades«, Oscar Ramírez Durand alias Feliciano, gefasst. Für die Präsidentschaftswahlen von 2000 in **Mexiko** wird der Kandidat des regierenden PRI nicht durch Empfehlung des scheidenden Präsidenten, sondern durch landesweite Vorwahlen ermittelt.

Im Dezember übergibt der ehemalige US-Präsident Carter in einer Feier an der Miraflores-Schleuse den Kanal an **Panama**; Ende der Hoheit der USA über die Kanalzone mit Ablauf des Jahres.

2000 Im Januar gewinnt in **Chile** der Kandidat der regierenden Mitte-Links-Koalition, Ricardo Lagos, die Präsidentenwahl gegen den Rechtspopulisten Joaquín Lavín. Im März Rückkehr Pinochets nach über 16 Monaten Hausarrest in London. Im Oktober scheitert im Parlament eine Verfassungsreform zur Stärkung der Rechte der Indiobevölkerung (ca. 1,2 Mio.). Im November gesteht die katholische Kirche Chiles Verfehlungen während der Militärdiktatur ein.

Bolivien erhält einen enormen Schuldenerlass von der Weltbank. Im Februar kommt es in Cochabamba, dem Zentrum des bolivianischen Kokaanbaus, wegen

der harten Linie der Regierung in der Drogenbe-
kämpfung (*Plan Dignidad*) zu Zusammenstößen zwischen Bauern und Polizei. Landwirtschaftliche Sub-
stitutionsprogramme bieten keinen ausreichenden Ersatz für die zerstörten Anbauflächen.

In **Kolumbien** erhält im Februar die ELN-Guerilla
nach dem Muster der mit der FARC getroffenen Ver-
einbarung ebenfalls ein entmilitarisiertes Gebiet.

Im März erklärt die Regierung von **Uruguay**, die
Menschenrechtsverletzungen und Verbrechen wäh-
rend der Militärherrschaft (1973–1984) aufklären und
Entschädigungszahlungen leisten zu wollen. Bildung
einer entsprechenden Kommission unter Erzbischof
Nicolás Cortugno.

Bei den Präsidentschaftswahlen in **Mexiko** stellt zum
ersten Mal seit 1929 nicht der PRI den Präsidenten. Es
gewinnt der Vertreter der rechtsliberalen »Partei der
Nationalen Aktion« (*Partido Acción Nacional*, PAN),
Vicente Fox Quesada. Die gleichzeitigen Kongresswahlen bringen Fox keine Mehrheit für sein Bündnis
aus PAN und Grünen. Im Abgeordnetenhaus bleibt
der PRI stärkste Einzelfraktion, verfügt im Senat sogar über die Mehrheit. Nach seinem Amtsantritt im
Dezember ordnet Fox Quesada den Abzug von
18 000 Soldaten aus der Konfliktregion Chiapas an.

Im September besetzen in **Brasilien** rund 15 000 Akti-
visten der »Landlosenbewegung«, *Movimento dos
Trabalhadores Rurais Sem Terra* (MST), vorüberge-
hend öffentliche Gebäude und Banken in elf Bundesstaaten, um ihre Forderung nach Verteilung brachlie-
genden Landes zu unterstreichen.

Bei den Parlamentswahlen in **Peru** verliert Fujimoris
Wahlbündnis »Perú 2000« die absolute Mehrheit. Die
gleichzeitigen Präsidentschaftswahlen gewinnt Präsident Fujimori gegen seinen Herausforderer Alejandro
Toledo. Bei seiner Vereidigung im Juli kommt es in
Lima zu Massenprotesten. Wegen eines Bestechungs-
skandals verliert Fujimori den Rückhalt im Parlament, er flieht im November nach Japan, sein Kabinett tritt zurück.

In **Ecuador** führen die desolate Wirtschaftslage (50 % Inflation jährlich), die Privatisierungspläne der Regierung und die Absicht, den schwachen Sucre durch den US-Dollar zu ersetzen, zum Sturm der Indios auf das Parlament und das Oberste Gericht in Quito. Präsident Mahuad Witt wird abgesetzt, der bisherige Vizepräsident Gustavo Noboa tritt die Nachfolge an.
In **Panama** gibt die Regierung im Dezember die Einrichtung einer Wahrheitskommission bekannt, die das »Verschwinden« von ca. 50 Personen in den Jahren 1968–1989 untersuchen soll.

2001 Ein Bericht der UN-Menschenrechtskommission belegt die schweren Menschenrechtsverletzungen, die in **Kolumbien** vom Militär, den rechtsgerichteten Paramilitärs und den Rebellenverbänden vor allem an der Zivilbevölkerung verübt werden.
In **Chile** wird das Verfahren gegen Pinochet wegen Altersdemenz des Angeklagten ausgesetzt.
In **Ecuador** protestieren im Februar Indios gegen Preiserhöhungen für Kraftstoffe und öffentliche Verkehrsmittel. Die Regierung lenkt schnell ein.
Im März erklärt das Bundesgericht in **Argentinien** zwei der unter Präsident Alfonsín erlassenen Amnestiegesetze für verfassungswidrig und ermöglicht so eine strafrechtliche Verfolgung der Verbrechen während der Militärdiktatur (1976–1983).
Bei den **peruanischen** Präsidentschafts- und Parlamentswahlen im April wird das Oppositionsbündnis »Perú Posible« stärkste politische Kraft. Sein Führer Alejandro Toledo gewinnt im Juni die Stichwahl gegen den ehemaligen Präsidenten Alan García Pérez; er wird im Juli als Präsident vereidigt.

2002 **Kolumbiens** Präsident Pastrana beendet die Friedensverhandlungen mit der FARC. Im Februar beginnt eine Militäroffensive gegen das von der Guerilla kontrollierte Gebiet.
Im April drängt in **Venezuela** die Armeeführung Präsident Chávez' nach Massenprotesten gegen die Regierung zum Rücktritt. Nach 40 Stunden Militärarrest kehrt Chávez jedoch wieder in sein Amt zurück.

Im Juni spricht sich in **Kuba** bei einer Volksbefragung die überwältigende Mehrheit der Wähler dafür aus, den Sozialismus als unantastbaren Bestandteil der Verfassung festzuschreiben.

In **Chile** stellt der Oberste Gerichtshof das Verfahren gegen Pinochet ein.

Im Juli wird in **Argentinien** Ex-Juntachef Leopoldo Galtieri mit 42 weiteren wegen Menschenrechtsverletzungen während der Diktatur Beschuldigten inhaftiert.

Die Präsidentschaftswahlen in **Bolivien** gewinnt in einer Stichwahl im August der Unternehmer Gonzalo Sánchez de Lozada (bereits 1993–1997 Staatsoberhaupt) vor dem Sozialisten und Führer der Kokabauernbewegung Evo Morales. Er verspricht vor allem Verbesserung der Infrastruktur.

In **Costa Rica** wird Abel Pacheco de la Espriella vom *Partido Unidad Social Cristiana* Präsident.

In **Kolumbien** gewinnt Alvaro Uribe Vélez, der als unabhängiger Kandidat antritt, die Präsidentschaftswahlen. Er gilt als Hardliner im Kampf gegen die Guerillas FARC und ELN.

Im November gelangt in **Ecuador** bei den Präsidentschaftswahlen mit Unterstützung von CONAIE und *Pachakutik* der reformwillige ehemalige Oberst Lucio Gutiérrez, der den Aufstand von 2000 unterstützt hatte, an die Macht (2003), er holt sogar Vertreter von *Pachakutik* in sein Kabinett.

2003　　Luis Inácio (Lula) da Silva von der Arbeiterpartei, *Partido dos Trabalhadores*, gewinnt die Präsidentschaftswahlen in **Brasilien**.

Néstor Carlos Kirchner Ostoik, Vertreter einer »progressiven« Richtung innerhalb der Peronistischen Partei, wird Präsident von **Argentinien**, nachdem in der erforderlichen Stichwahl Carlos Menem nicht mehr antritt.

In **Paraguay** gewinnt Óscar Nicanor Duarte Frutos von der *Asociación Nacional Republicana* (ANR) die Präsidentschaftswahlen.

Im Oktober führt die Absicht der **bolivianischen** Regierung, im Rahmen einer Liberalisierung der bolivianischen Energiewirtschaft Erdgas über Chile nach Mexiko und in die USA zu verkaufen, zum Sturz von Präsident Sánchez de Lozada. Sein Nachfolger wird der frühere Vizepräsident Carlos Diego Mesa Gisbert.

2004

Am 14. Januar wird Óscar Rafael Berger Perdomo vom Rechtsbündnis *Gran Alianza Nacional* (GANA) Präsident von **Guatemala**.

Für die anstehenden Kommunalwahlen im November schließt sich **Nicaraguas** Präsident Enrique Bolaños Geyer vom rechtsgerichteten *Partido Liberal Constitucionalista* (PLC) mit fünf kleineren Parteien zur *Alianza para la República* (Apre) zusammen.

In **Peru** wächst gewaltsamer Widerstand der gut organisierten Kokabauern gegen die Maßnahmen der Regierung zur Zerstörung der Anbauflächen.

Im Rahmen der Initiative für hoch verschuldete arme Länder erhält **Nicaragua** einen Schuldenerlass von 4,5 Mrd. US-Dollar.

Verhandlungen der **kolumbianischen** Regierung mit FARC und ELN ohne Erfolge: Die FARC weisen den Austausch von rund 50 von der Regierung festgehaltenen Guerilleros gegen 63 Geiseln der FARC (darunter auch die ehemalige Präsidentschaftskandidatin Ingrid Betancourt) zurück. Nach Ablauf eines von Präsident Uribe der FARC gestellten Ultimatums zur Freilassung der Geiseln nimmt Kolumbien die Auslieferung inhaftierter FARC-Mitglieder an die USA wieder auf.

Tony (Elías Antonio) Saca González von der *Alianza Republicana Nacionalista* (ARENA) wird Präsident von **El Salvador**.

In **Venezuela** setzt das Oppositionsbündnis *Coordinadora Democrática* (CD) zwar ein Referendum über die Abberufung von Präsident Chávez durch, scheitert jedoch mit ihrem Versuch, Chávez auf verfassungsmäßigem Weg zu stürzen.

Im August entzieht der Oberste Gerichtshof in **Chile** Pinochet erneut die Immunität. Im Oktober einigen sich Regierung und Opposition auf eine Änderung der noch aus der Zeit der Militärdiktatur stammenden Verfassung. Mit der Reform wird vor allem der Einfluss des Militärs in den politischen Institutionen des Landes zurückgedrängt. Laut dem Untersuchungsbericht einer vom Präsidenten im August 2003 eingesetzten Kommission haben Militär, Geheimdienst und Polizei Folterungen politischer Gegner während der Diktaturzeit (1973–1990) systematisch als Mittel politischer Unterdrückung gehandhabt. Daraufhin kündigt Präsident Lagos ein Gesetz zur Entschädigung anerkannter Folteropfer an. Im Dezember erhebt Untersuchungsrichter Juan Guzmán Anklage gegen Pinochet wegen Mord und Entführung im Fall der »Operation Condor«.

In **Panama** wird im September der neue Präsident Martín Torrijos Espino vom *Partido Revolucionario Democrático* (PRD) vereidigt.

In **Uruguay** erfolgt im Oktober ein wichtiger Machtwechsel, als das Linksbündnis *Encuentro Progresista – Frente Amplio* (EP-FA) nicht nur deutlich die Präsidentschaft, sondern auch die Mehrheit in beiden Kammern des Parlaments gewinnt. Damit ist die Dominanz der beiden großen Traditionsparteien, der *Blancos* und *Colorados*, beendet, die sich seit 170 Jahren gegenseitig an der Macht abgewechselt oder zusammen regiert hatten.

In **Kolumbien** beginnt Anfang November die erste Kampagne zur Demobilisierung der Paramilitärs der AUC (*Autodefensas Unidas de Colombia*).

In **Nicaragua** gewinnt der sandinistische FSLN (*Frente Sandinista de Liberación Nacional*) bei den Kommunalwahlen im November mit 44,7 % deutlich, er stellt in 90 der 152 Gemeinden, auch in der Hauptstadt Managua, die Regierung.

In Cuzco, **Peru**, schließen sich am 180. Jahrestag der Schlacht von Ayacucho, mit der die spanische Kolonialherrschaft in Südamerika beendet wurde, 12 südamerikanische Staaten nach dem Vorbild der EU zur »Südamerikanischen Nationengemeinschaft«, *Comunidad Sudamericana de Naciones*, zusammen. Treibende Kraft ist der linksnationalistische Populist Chávez aus Venezuela, der sich in der Nachfolge Bolívars sieht. Ziel ist die politische und wirtschaftliche Stärkung Südamerikas gegenüber den USA und der EU.

2005 In **Nicaragua** wird im Januar der FSLN-Politiker René Núñez Téllez mit Unterstützung der Liberalen von der Nationalversammlung zum Parlamentspräsidenten gewählt. Der FSLN besetzt erstmals seit dem Ende der Sandinisten-Ära 1990 wieder ein zentrales Staatsamt. Die Nationalversammlung verabschiedet ein umstrittenes Gesetzespaket, das wichtige Kompetenzen der Exekutive beschneidet. Zum Teil gewalttätige Streiks von Studenten und Gewerkschaften Ende April legen das öffentliche Leben der Hauptstadt Managua für drei Tage lahm. Die Proteste entzünden sich an der Erhöhung der Buspreise und weiten sich zum Protest gegen die neoliberale Wirtschaftspolitik von Präsident Bolaños aus.

In **Venezuela** unterzeichnet Präsident Chávez im Januar ein Dekret über die Umverteilung von landwirtschaftlichem Großgrundbesitz, der brachliegt oder dessen Eigentumsrechte ungeklärt sind.

Bis Anfang Januar setzen die **kubanischen** Behörden insgesamt 14 der 75 im Jahr 2003 festgenommenen Regimekritiker wieder auf freien Fuß. Im April lehnt Kuba jedoch die Erneuerung einer UN-Mission zur Untersuchung der dem Land vorgeworfenen Menschenrechtsverletzungen ab.

Im März Vereidigung von Tabaré Vázquez Rosas (EP-FA) als neuer Präsident **Uruguays**. Er unterzeichnet einen mit 100 Mio. US-Dollar ausgestatteten »Plan zur Behebung der ›sozialen Notlage‹« im Land zur Soforthilfe für die ärmsten Bevölkerungsschichten.

Im März ratifiziert das Parlament in **Guatemala**-Stadt das im Mai 2004 zwischen den USA und den zentralamerikanischen Staaten Costa Rica, Dominikanische Republik, El Salvador, Guatemala, Honduras und Nicaragua geschlossene Abkommen über die Zentralamerikanische Freihandelszone CAFTA.

Im April unterzeichnet **Brasiliens** Präsident da Silva ein Dekret zur Schaffung des 17 000 km^2 großen Indianerschutzgebietes Raposa Serra do Sol nahe der Grenze zu Guyana und Venezuela. Im Mai demonstrieren erneut 12 000 Bauern und Landarbeiter in Brasília und fordern von da Silva eine beschleunigte Umsetzung der versprochenen Landreform.

Im April wird in Madrid Adolfo Scilingo, ein ehemaliger Angehöriger der **argentinischen** Junta, wegen seiner Mitverantwortung für den Tod von 30 Menschen, illegaler Festnahmen und Folter zu insgesamt 640 Jahren Gefängnis verurteilt.

In **Ecuador** setzt das Parlament Präsident Lucio Edwin Gutiérrez Borbúa ab. Noch am selben Tag wird der bisherige Vizepräsident Alfredo Palacio González neuer Staats- und Regierungschef.

Mitte Mai tritt in **Bolivien** ein neues Energiegesetz in Kraft: Danach soll gemäß den Vorgaben eines Referendums der Staat die Hälfte des Wertes der Erdgas- und Erdölproduktion in Form von Konzessionsgebühren und Steuern einbehalten. Nach massiven Protesten der Bevölkerung für die vollständige Verstaatlichung der Erdöl- und Erdgasvorkommen tritt Präsident Carlos Mesa im Juni zurück. Übergangspräsident wird der Vorsitzende des Obersten Gerichtshofs Eduardo Rodríguez Veltzé.

Im Juni erklärt das Oberste Gericht **Argentiniens** die Amnestiegesetze (Schlusspunktgesetz und Gesetz der Gehorsamspflicht) von 1986 und 1987 für verfassungswidrig. Damit löst Präsident Kirchner sein Versprechen ein, die während der Diktatur begangenen Verbrechen aufzuklären.

In **Peru** bildet die Verurteilung des ehemaligen Armeechefs, Nicolás de Bari Hermoza Ríos, wegen persönlicher Bereicherung bei illegalen Waffengeschäften einen weiteren Mosaikstein in der Aufarbeitung des Fujimori-Regimes.

In **Chile** wird nach verschiedenen Versuchen, ein Verfahren gegen Pinochet wegen angeblicher Verhandlungsunfähigkeit aufzuhalten, letztlich doch ein

Untersuchungsverfahren wegen geheimer US-Konten von Pinochet eingeleitet.

Präsident Uribe erreicht in **Kolumbien** eine Verfassungsänderung, die es ihm erlaubt, bei den Präsidentschaftswahlen von 2006 wieder zu kandidieren und eine bis dahin unmögliche direkte Wiederwahl zu erreichen.

Im Dezember gewinnt in **Bolivien** der Sozialist und Kokabauer Evo Morales mit über 50 % deutlich die vorgezogenen Präsidentschaftswahlen.

2006 Bei den Stichwahlen in **Chile** siegt die Sozialistin Michelle Bachelet mit 53,5 % der Stimmen (im ersten Wahlgang 45,9 %) deutlich gegenüber dem Konservativen Sebastián Piñera. Sie ist die erste Staats- und Regierungschefin des Landes.

Am 22. Januar wird in **Bolivien** mit Evo Morales der erste indianische Präsident des Landes vereidigt. Zum ersten Mal fühlt sich die indianische Bevölkerung wirklich vertreten. Morales kündigt die Abkehr von der neoliberalen Wirtschaftspolitik an.

Postdiktatoriale Traumata und Desintegration

Mit den Diktaturen und autoritären Regimes in den 1970er und 1980er Jahren erhielt die Desintegration in vielen lateinamerikanischen Staaten eine zusätzliche Dimension. Die Traumata tiefer gesellschaftlicher Gespaltenheit während der Diktaturen, deren Menschenrechtsverletzungen und die latente Präsenz der während der Diktaturen Verschwundenen, *desaparecidos*, aber auch die Versuche der Militärs oder der Zwischenregierungen, mit Selbstamnestiegesetzen Schlussstriche zu ziehen und so die Spuren der jüngsten Vergangenheit auszulöschen, wirken wie tiefe Wunden in den Gesellschaften weiter. Die Bemühungen um die Wiedergewinnung der politischen Demokratie nach dem Sturz der Diktaturen waren und sind noch begleitet von schmerzlichen Prozessen der Aussöhnung oder Versöhnung in der Gesellschaft, durch die nach der tiefen Gespaltenheit die nationale Gemeinschaft wieder aufgebaut werden soll. Die gegenwärtige Diskussion in vielen lateinamerikanischen Staaten richtet sich deshalb nicht nur auf das Problem, Institutionen zu schaffen, in denen sich die verschiedenen Personen, Sektoren oder Akteure als Teile ein und derselben Gesellschaft wiedererkennen, sondern auch darauf, ein soziales Gedächtnis, *memoria social*, als Ausdruck eines sozialen und politischen Bewusstseins zu fördern, das eben diese Verständigung unterstützt.

Abschied vom Nationalstaat?

Diese schmerzlichen innergesellschaftlichen Erfahrungen der postdiktatorialen Umbruchzeit fallen zusammen mit einer Reihe von Problemen – Transformationen im gesellschaftlichen und sozialen Bereich –, die sich für die zu bildenden Nationalstaaten Lateinamerikas aus den modernen Globalisierungsprozessen ergeben. Denn die Konturen von Nationalstaaten, die bisher das politische System bestimmt haben, beginnen zu verschwimmen. In dem Maße nämlich, wie sich die ökonomischen, sozialen und politischen Aktivitäten über die gesamte Welt ausdehnen, erhalten diese ihre Bedeutung nicht mehr oder nicht ausschließlich durch den Bezug auf einzelne Territorien oder Staaten. Geopolitische Grenzen verlieren an Gewicht. Neue, nicht mehr auf bestimmte Territorien oder Staaten bezogene Formen ökonomischer und politischer Ordnung entstanden – und entstehen noch weiter – auf globaler Ebene wie multinationale Korporationen, transnationale soziale Bewegungen oder supranationale Organisationen. Die Weltordnung ist nicht mehr nur durch Staaten bestimmt, Einfluss und politisches Gewicht verteilen sich zunehmend auf öffentliche und private Akteure (Nichtregierungsorganisationen, NGOs) auf lokaler, nationaler, regionaler und globaler Ebene. So besteht das internationale System heute neben rund 200 Staaten zusätzlich aus etwa 5000 Regierungsorganisationen und 15 000 Nichtregierungsorganisationen. Nationalstaaten sind nicht mehr die alleinigen Zentren der wichtigsten Erscheinungsformen von Herrschaft und Einfluss in der Welt, nicht mehr nur Nationalstaaten sind für die Bewahrung der Menschen- und Bürgerrechte oder sozialer Sicherheit zuständig. Dieser Globalisierungsprozess bewirkt keineswegs nur eine nivellierende Vereinheitlichung, sondern kann in der Reaktion auf die Offenheit durchaus auch Traditionen sowie religiöse und kulturelle Rückbesinnungen auf regionaler und lokaler Ebene stärken und die Erneuerung und Vielfalt kultureller Ausdrucksformen fördern, Phänomene, die auch in Lateinamerika auftreten.

Tatsächlich scheint sich in Teilen der Welt der Nationalstaat alter Ordnung überlebt zu haben. Das trifft auch auf Lateinamerika zu, wo der Staat als Akteur seit dem ausgehenden 20. Jahrhundert im Zuge kräftiger Neo-Liberalisierungsschübe an Ressourcen und Funktionen eingebüßt und seine gesellschaftlichen Integrationsfunktionen, wie sie etwa noch in früheren Modernisierungsexperimenten im Vordergrund standen, aufgegeben hat. Zwar hat die Entwicklung des Staates in Lateinamerika noch nicht Zustände erreicht, in denen der Staat einfach »abhanden« kommt und durch andere Akteure bzw. Herrschaftsgebilde bzw. multipolare gesellschaftliche Akteure ersetzt wird. Dennoch ist der Staat in Teilen Lateinamerikas, wie z. B. in dem von der Guerilla kontrollierten Gebiet in Kolumbien oder in urbanen Räumen, nicht (mehr) präsent. Nationalistische Bewegungen schließlich kommen in der Gegenwart in Lateinamerika kaum (mehr) vor; stattdessen ist das Aufkommen partikularer Bewegungen zu beobachten, die sich wie z. B. die Zapatistas in Chiapas,

Mexiko, oder die indigenen Gruppen in zahlreichen Staaten (Kolumbien, Ecuador und besonders Bolivien) ethnisch, parastaatlich oder als »neue soziale Bewegungen« definieren (feministische und ökologische Gruppen, Menschenrechtsgruppen usw.). Gerade die bislang marginalisierten Indios haben sowohl im nationalen wie internationalen Rahmen ihre Stimme geltend gemacht. Sie beeinflussten die Entscheidungsfindungsprozesse in der Politik mit und pochten dabei auf die Anwendung der Menschenrechte und die UNO-Erklärung über die Rechte indigener Völker aus dem Jahr 1994. Bereits 1989 hatte die Internationale Arbeitsorganisation (International Labour Organization, ILO) mit ihrer Konvention 169 ein wichtiges Instrument zum Schutz der indigenen Völker geschaffen. Die UNO-Erklärung hatte die Konvention präzisiert, indem sie in 45 Artikeln die Rechte der indigenen Völker auf Landbesitz und kulturelle Entwicklung in eigenen Territorien, insgesamt das Recht auf Verschiedenheit formulierte und die Respektierung dieser Verschiedenheit einforderte. Gestützt auf solche international sanktionierten Rechte, formierten Indios in Lateinamerika neue soziale Bewegungen, mit denen sie ihre Gesellschaft angesichts der Schwäche der Staaten selber gestalten wollten. Sie forderten eigene Territorien innerhalb der bestehenden Staaten als Basis für ihr Überleben und leisteten dem Nationalstaat, den sie als Widersacher ausmachten, zum Teil erbitterten Widerstand.

Die »Nation« scheint nicht mehr der dominante politische Wert zu sein, der in der Öffentlichkeit alles andere überragte und von dem eine zwar immer schon einseitige, jedoch breit legitimierte Integrationskraft für das Innere einer Gesellschaft ausging. Nation und Nationalstaat scheinen in Zeiten, in denen sich neue Dimensionen des Zusammenwirkens von Globalem und Lokalem zeigen, fragwürdige Fundamente zukunftsgerichteter Identität und Identifizierung geworden zu sein. Und noch ein weiterer

Aspekt der Globalisierung beeinträchtigt die nationalen Identitäten der lateinamerikanischen Staaten: die Verbindung von Globalisierung und *westernization*. Wiederum wird ein Modell von außen, aus dem Westen, aus Europa und den Vereinigten Staaten, angeboten, die weiterhin die Standards von Entwicklung und Zivilisation weltweit vorgeben. Gerade seitdem mit den Diktaturen in den 1970er Jahren eine neoliberale Politik in Lateinamerika Einzug gehalten hat, identifizieren sich die ökonomischen und politischen Eliten Lateinamerikas mit den westlichen Werten und Konzepten, um nicht den Anschluss zu verlieren, um mithalten zu können. Die Folge ist eine Schwächung der alten Elemente nationaler bzw. lateinamerikanischer Identitäten, wie sie noch zu Beginn des 20. Jahrhunderts unter dem Aspekt, sich gegen den übermächtigen Koloss im Norden, die USA, verteidigen zu müssen, formuliert worden waren.

Das plurikulturelle Nationskonzept

Überdies wandelte sich in den 1990er Jahren das Konzept von Nation unter dem Einfluss von Kulturtheoretikern – Historikern, Soziologen und Anthropologen, wie z. B. dem Uruguayer Angel Rama, den Mexikanern Néstor García Canclini und Carlos Monsiváis, dem Peruaner Antonio Cornejo Polar oder dem Kolumbianer Jesús Martín-Barbero. Diese stellten die lange Zeit geltende Konzeption von Nation als einem homogenen und vereinheitlichenden Kulturraum, wie sie sich in Europa entwickelt hatte, ebenso in Frage wie alte Konzepte der lateinamerikanischen Kultur von *mestizaje* und legten ihren Untersuchungen als Ansatz die neue Definition von Nation als Projekt, als »vorgestellte Gemeinschaft« unter Berücksichtigung der Kriterien von Hybridität, von Nebeneinander und Miteinander ebenso zugrunde wie ein Minimalquantum an Partizipation in sozialer, politischer und ökonomischer Hinsicht, also ein demokratisches Fundament. Seitdem rücken Intellektuelle, Historiker, Literaten und auch Politiker von den Vorstellungen von nationaler Identität ab, die von einer einzigen kulturellen und ethnischen Einheit ausgingen, diese aber nicht einlösten. Nun erhalten Projekte oder Entwürfe von Nation Gewicht, in denen diese multiethnisch und plurikulturell konstituiert sein soll. In diesem Konzept werden weder die europäisch-weiße Kultur noch die Verschmelzung favorisiert, vielmehr sollen die unterschiedlichen ethnischen und kulturellen Bevölkerungsgruppen gleichwertige und gleichberechtigte Teile der Nationalstaaten sein, so wie es Anfang des 20. Jahrhunderts José Carlos Mariátegui für Peru gefordert hatte.

Die Anerkennung von Vielheit in neuen Verfassungen

Interessant und bezeichnend ist, dass in den letzten zwei Jahrzehnten fast alle lateinamerikanischen Staaten begonnen haben, die veränderte Konzeption durch Verfassungs- und Gesetzesreformen zur Geltung zu bringen. Deutlich ist die Tendenz zu erkennen, die bisherige Fiktion von einem ethnisch und kulturell homogenen Nationalstaat aufzugeben und damit die ethnische und kulturelle Heterogenität ihrer Gesellschaften anzuerkennen, zugleich damit das bisherige nationale Entwicklungs- und Zivilisationsmodell als alleingültiges Modell zu relativieren und so vom bisherigen Ziel abzurücken, die verschiedenen ethnischen Gruppen der Bevölkerung in die nationale Kultur zu »integrieren«. In Argentinien z. B. erklärte ein Gesetz vom Jahr 1985 die Wahrung des kulturellen Erbes der indigenen Gemeinschaften zur nationalen Aufgabe. In Mexiko wurde am 7. Dezember 1990 die altehrwürdige Revolutionsverfassung von 1917 im Artikel 4 um einen Passus ergänzt, der die Plurikulturalität expressis verbis als grundlegend anerkennt und den Schutz der indigenen Völker, ihrer Sprachen und Kulturen fordert. In ähnlicher Weise erkannte die Verfassung Nicaraguas von 1987 den multiethnischen Charakter des Volkes an. Dasselbe gilt für die kolumbianische Verfassung von 1991 (Art. 7, 10, 286) oder für die von Paraguay von 1990 (Kap. V, Art. 62–67) oder die von Brasilien (Art. 231, 232). In Kolumbien sind den Vertretern der indigenen Völker drei Parlamentssitze verfassungsmäßig garantiert.

Der bolivianische Vizepräsident Víctor Hugo Cárdenas beschrieb in seiner Rede mit dem bezeichnenden Titel »Ureinwohner [*indígenas*], Entwicklung und Demokratie in Lateinamerika«, die er am 4. Februar 1997 vor der Interamerikanischen Entwicklungsbank hielt, mit einem gewissen Stolz diese positiven Veränderungen. Er hielt fest, dass es z. B. in Bolivien, Guatemala und Kolumbien zu Reformen gekommen sei, die den Status indigener Gemeinschaften stärkten. Dort seien die Indiogruppierungen zu Einrichtungen öffentlichen Rechts aufgestiegen, wodurch sie bestimmte Selbstverwaltungsfunktionen in den Territorien übernehmen könnten, in denen sie lebten. Diverse konstitutionelle Reformen hätten die Grundlagen des Landbesitzes so verändert, dass die Rechte der indigenen Gruppen besser geschützt werden könnten und diese einen besseren Zugang zu natürlichen Ressourcen erhielten. Von besonderem Interesse seien die Projekte zur Umsetzung bilingualer und multikulturell angelegter Bildungsreformen in vielen Ländern. Cárdenas hob hervor, dass auch der Status der für die Kommunikation zwischen den Regierungen und den indigenen Völkern zuständigen Institutionen verändert worden sei. So seien in Bolivien, Ecuador und Peru diese Institutionen zu Ministerien aufgewertet worden; in Guatemala, Chile und ansatzweise auch in

Mexiko seien spezielle Korporationen mit dem Ziel geschaffen worden, die indigenen Gemeinschaften zu unterstützen. Cárdenas folgerte daraus, dass paternalistische
und auf Assimilation bedachte Politikansätze damit der
Vergangenheit angehörten und eine neue »Politik der Integration« durch Partizipation, Schaffung von Konsens
und Förderung einer Entwicklung, die den Interessen der
indigenen Völker gerecht werde und gleichzeitig nationalen Interessen entspreche, entstanden sei.

Neue Interessenkollisionen

Ob und wieweit diese Reformen tatsächlich, wie Cárdenas
meinte, die Erkenntnis widerspiegeln, dass die Entwicklung der Rechte der Indios nicht nur keinen Identitäts-
konflikt heraufbeschwöre, sondern eine neue Art der
Identitätsbildung ermögliche, und dass eine autonome
Entwicklung in friedlicher Koexistenz möglich sei, die zur
Nachhaltigkeit beitrage und damit schließlich auch die nationale Entwicklung fördere, kann nicht bzw. noch nicht
endgültig beantwortet werden. Denn der zunehmende
Einfluss mächtiger Indiobewegungen kollidiert mit den
Interessen anderer Gruppen. So wird in zahlreichen Staaten Lateinamerikas mit hohem Indioanteil eine ambivalente Haltung gegenüber den Erfolgen der Indios sichtbar.

Die indigene Dachorganisation Venezuelas, der 1989
gegründete »Nationale Rat der Indios von Venezuela«
(*Consejo Nacional de Indios de Venezuela*, CONIVE),
bewirkte eine Umorientierung der Politik insbesondere im
Bereich des Umweltschutzes. Seit 1991 wurden vor allem
im Bundesstaat Amazonas diverse Nationalparks als
Schutzgebiete ausgewiesen. Das ursprüngliche Konzept
des Schutzes der Natur *für* die Indios wurde zum neuen
Konzept des Schutzes der Natur *mit* den Indios ausge-

baut. Die Notwendigkeit, die Umwelt zu erhalten und die natürlichen Ressourcen umsichtig auszubeuten, hatte zu der Einsicht geführt, sich dabei die Kenntnisse der Indios sinnvoll zunutze zu machen. In anderen Regionen dagegen wurden die Rechte der Indios beschnitten. Der CONIVE fasste im Juni 1992 vor der UN-Arbeitsgruppe zu indigenen Völkern die fortbestehenden Probleme zusammen: Einzelstaatliche Verwaltungsorgane hatten riesige Urwaldareale zur Abholzung und anderweitigen Nutzung freigegeben und verkauft, obwohl es sich um Gebiete handelte, die von Indiostämmen als Eigentum beansprucht wurden. Die neuen Besitzer schreckten nicht vor der Verwendung von Waffengewalt zurück, um die Indios aus ihren angestammten Gebieten zu vertreiben. Und im Dezember 1999 trugen venezolanische Regierungsvertreter vor der UN-Kommission für Menschenrechte, die die UNO-Erklärung von 1994 weiter diskutierte, ihre Bedenken hinsichtlich der staatlichen und territorialen Integrität vor, die sie durch das Selbstbestimmungsrecht indigener Völker beeinträchtigt sahen.

In Ecuador ist es der mächtigen Dachorganisation »Konföderation Indigener Nationalitäten von Ecuador« (*Confederación de Nacionalidades Indígenas del Ecuador*, CONAIE) gelungen, Hochlandindios und Indiogruppierungen aus dem Amazonasgebiet zu mobilisieren. Bereits 1990 demonstrierte die Bewegung in direkten Aktionen Geschlossenheit gegen strukturelle Anpassungsmaßnahmen der neoliberalen Politik. 1992 führten Indiogruppierungen aus dem Amazonasgebiet einen »Marsch für Leben, Würde und Land« bis zur Hauptstadt Quito durch. Zwei Jahre später weiteten sich die Proteste aus, als alle ethnischen Gruppen an Demonstrationen gegen ein Landwirtschaftsgesetz teilnahmen, das den Kommunalbesitz an Land massiv bedrohte. Land und Landbesitz rückten dabei in den Mittelpunkt, zum einen als lebenswichtige ökonomische Ressource, zum anderen aber auch als identitätsstiftender Faktor für die Bewegungen. In den folgenden Jahren nahm die Stärke der indigenen Bewegung in dem Maße weiter zu, in dem die Integrationskraft des Staates abnahm. 1995 entstand als politischer Arm für CONAIE die *Pachakutik*-Bewegung, *Movimiento de Unidad Pluricultural Pluri Pachakutik – Nuevo País* (*MUPP-NP*). Die indigene Bewegung trat damit als Akteur innerhalb des politischen Systems auf. Wichtige Erfolge waren die Durchsetzung der Annahme der ILO-Konvention 169 im Jahre 1997 durch das ecuadorianische Parlament und die Anerkennung der kollektiven Rechte der indigenen Völkerschaften in der neuen Verfassung von 1998. Doch da die in der Verfassung gemachten Versprechen ausblieben und sich die Situation der Indios nicht verbesserte, kam es im März und Juni 1999 zu zwei großen indigenen Protestbewegungen, denen sich weitere soziale Akteure anschlossen. Die christlich-demokratische Regierung versuchte, die Probleme einvernehmlich zu lösen. Als dies zu nichts führte, unternahm die CONAIE im Januar 2000 in Allianz mit reformwilligen Offizieren einen Putschversuch. Eine Regierung der »nationalen Rettung« sollte die Auflösung der drei Gewalten veranlassen, an deren Stelle ein neues basisdemokratisches System treten sollte. Ein »Volksparlament« sollte politische Apparate überflüssig machen. Die Aktion führte zur Absetzung von Präsident Jamil Mahuad Witt, scheiterte aber insgesamt, weil die Mehrheit der Bevölkerung einen derart radikalen Bruch scheute und die Spitze der Militärführung den Vizepräsidenten Gustavo Noboa an die Macht brachte. Immerhin gelangte mit Unterstützung von CONAIE und *Pachakutik* bei den Präsidentschaftswahlen im November 2002 der reformwillige ehemalige Oberst Lucio Gutiérrez, der den Aufstand vom Januar 2000 unterstützt hatte, an die Macht (2003) und holte sogar Vertreter von *Pachakutik* in sein Kabinett. Doch auch seine Regierung erbrachte nicht die erwarteten Verbesserungen für die Indios, so dass die Minister von *Pachakutik* sein Kabinett verließen und die Partei zusammen mit anderen Oppositionsparteien Gutiérrez am 20. April 2005 in einer Sondersitzung des Nationalkongresses absetzten.

In Bolivien haben die Indiobewegungen in den letzten Jahren gemeinsam mit Gewerkschaften, Landarbeitern und Kokabauern eine derartige Kraft erlangt, dass sie, wie die Ereignisse von Oktober 2003 zeigen, unliebsame Regierungen stürzen können. Am 17. Oktober 2003 musste Präsident Gonzalo Sánchez de Lozada unter dem Druck der mehrheitlich indigenen Opposition nach blutigen Auseinandersetzungen von siebzig Tagen zurücktreten. Auslöser der Proteste war die Energiepolitik, durch die sich die ärmeren Bevölkerungsschichten um ihren Anteil an den nationalen Ressourcen gebracht sahen. Ging es in der Revolution von 1952 um den Anteil an der Zinnproduktion, so bezogen und beziehen sich die Forderungen seit 2003 auf den Anteil an den Erdöl- und Erdgasvorkommen, die von zwei Dutzend ausländischen Konzernen gefördert werden. Ein neues Gesetz der Regierung Sánchez de Lozada verpflichtete diese, 32 % ihrer Förderung und 18 % ihrer Gewinne an den Staat abzuführen. Die von Evo Morales, dem Chef der Kokabauern und Führer der »Bewegung zum Sozialismus« (*Movimiento al Socialismo*, MAS), geführte Protestbewegung aber wollte 50 % Gewinnabgaben und die Verstaatlichung der Konzerne. Gleichzeitig fordern die reicheren Provinzen wie Santa Cruz ihre Selbständigkeit vom Zentralstaat; sie wollen wirtschaftliche, steuerliche und politische Autonomie. Vizepräsident Carlos Mesa, der die Nachfolge antrat, ging ebenfalls, obwohl konzilianter, nicht auf die Forderungen ein. Auch er verfolgte eine neoliberale Wirtschaftpolitik; angesichts fortdauernder Proteste erklärte er mehrmals seinen Rücktritt, dessen letzte Ankündigung vom 6. Juni 2005 endlich angenommen wurde.

Das Problem der Akzeptanz von kultureller Vielheit

Trotz Erfolgen im Einzelnen zeigen sich grundsätzliche Probleme in der Beziehung zwischen Regierung und ethnischen Gemeinschaften mit nationalen Eigenarten in fast allen lateinamerikanischen Staaten. Weiterhin bleiben Indios in der Regel vom politischen System weitgehend ausgeschlossen. Die Justiz behandelt sie häufig ungerecht, da sie die Standards nationalen Rechts anlegt, das eher den Interessen der nicht-indigenen Bevölkerung entspricht. Die Schaffung eines »indigenen Rechts« in Ergänzung zum nationalen, wie sie die UNO-Erklärung vorsah, bleibt eine wichtige unerfüllte Forderung. Zentral bleibt die Frage des Landbesitzes. In vielen Staaten Lateinamerikas leiden Indios unter den bewaffneten Übergriffen paramilitärischer Banden und Guerillagruppierungen, die bestimmte Gebiete kontrollieren, oder von Großgrundbesitzern, die sich mit den Rechtsansprüchen der Indios auf besetztes oder enteignetes Land konfrontiert sehen. Noch ist wenig davon zu spüren, dass die bisherige dominante Kultur die indigenen oder afroamerikanischen Kulturen als gleichwertig anerkennt.

Ein anderes Problem für die Bildung einer neuen Identität in den lateinamerikanischen Staaten entsteht möglicherweise gerade durch das neue Konzept von Nation als akzeptiertem Nebeneinander verschiedener Kulturen. Denn noch ist nicht klar erkennbar, ob sich bei der Mehrheit der weißen Bevölkerung aus diesem Konzept wirklich eine Anerkennung der Andersartigkeit der Nicht-Weißen ergibt. Zwar ist diese seit den 1980er Jahren bei Intellektuellen, Literaten und Historikern in der Art zu erkennen, wie sie sich mit ihren Gesellschaften beschäftigen und welche Themen sie wählen. Seit der Unabhängigkeit im 19. Jahrhundert und bis weit in das 20. Jahrhundert hatten diese Gruppen in ihren Werken, in Allegorien, in der politischen Rhetorik und in den Erzählungen der Literatur

»Mythen« geschaffen und auf diese Weise den Prozess der jeweiligen Nations- und Identitätsbildung im Sinne einer homogenen, weißen Gesellschaft beeinflusst, in der bewusst die kulturelle und ethnische Heterogenität ausgespart wurde. Nun rücken sie – die literarischen Autoren bildeten dabei die Avantgarde – bislang in der offiziellen Geschichtsschreibung nicht beachtete Gruppen als Akteure der gesellschaftlichen Prozesse, als Subjekte und nicht mehr nur als Objekte der Geschichte ins Blickfeld. Es ist eine Akzentverschiebung weg von der Glorifizierung der weißen Helden zu einer stärkeren Gewichtung der indianischen und afro-lateinamerikanischen Vergangenheit erkennbar, ein Vorgang, der mit Recht als Dekolonialisierung von Literatur und Geschichte bezeichnet wird. Allerdings ist damit noch keine allgemeine Bewusstseinsänderung gegeben, die für die Akzeptanz des neuen Konzepts von Nation wichtig wäre. Noch ist nicht ausgemacht, ob dieses neue Konzept nicht zu einer anderen Form von Ausschließung führen kann, zu einer neuen bewussten Ausgrenzung der Indios in »ihre« Territorien.

Kulturelle Vielheit und Exklusion

Die Gefahr von Ausgrenzung oder Abgrenzung besteht allerdings auch von Seiten der Indios, indem diese sich mit »ihren« Rechten in ihren Territorien von den umliegenden Campesinos abgrenzen bzw. diesen ihr Land nehmen, wie es in Kolumbien zu beobachten ist. Oder indem sie gar dazu übergehen, neue Indiostaaten zu fordern, in denen die Weißen keinen Platz mehr haben. Solche Forderungen erhebt die »Peruanische Nationalistische Bewegung« (*Movimiento Nacionalista Peruano*, MNP), bekannt als die Humala-Bewegung, da sie von den Brüdern Antauro und Ollanta Humala geführt wird. Diese Bewegung machte am 27. Januar 2005 durch einen Überfall auf die Polizeistation der im südöstlichen Andenhochland gelegenen Stadt Andahuaylas auf sich aufmerksam. Ihre Forderung richtet sich kurzfristig auf den Rücktritt von Präsident Alejandro Toledo, langfristig aber auf die Errichtung einer neuen Republik, die auf einer Wiederbelebung der kulturellen Errungenschaften des Inkareichs beruhen soll. Die globalisierte Welt wird ebenso abgelehnt wie die freie Marktwirtschaft oder die kreolische Form der in Peru anzutreffenden Demokratie.

Während die politischen Eliten der lateinamerikanischen Gesellschaften seit der Erlangung der Unabhängigkeit von den iberischen Kolonialmächten den Prozess der Bildung von Nationalstaaten mit einem Defizit begannen, indem sie die heterogene ethnische Struktur nicht berücksichtigten und diese mit dem Status des politischen Bürgers, des *ciudadano*, gleichsam verschwiegen, im Verlauf des 19. und 20. Jahrhunderts dann eine nicht einlösbare kulturelle Normierung vorgaben, wird heute die kulturelle Vielfalt propagiert. Ob sich dadurch schon die Chancen erhöht haben, funktionierende Nationalstaaten zu bilden, muss offen bleiben. Wie vor zweihundert Jahren stehen die lateinamerikanischen Gesellschaften bzw. deren jeweilige politische Führer oder Regierungen vor der Frage, wie sie mit dieser Vielheit umgehen. Ist es möglich und sinnvoll, die politische Staatsbürgerschaft durch eine kulturelle zu ersetzen? Vieles spricht dafür, nicht vollständig auf die politische Staatsbürgerschaft als Grundlage einer demokratischen Identität zu verzichten. Damit multikulturelle Staatsbürgerschaft und Vielheit von Identitäten nicht zum Auseinanderbrechen der Gesellschaften führen, bedarf es eines sozialen und nationalen Zusammenhalts, der über der kulturellen Vielheit steht. Dieser Zusammenhalt müsste eine demokratische Identität sein, d. h. ein Verhalten, das trotz der kulturellen Vielheit nicht nur demokratische Regeln und Werte akzeptiert und praktiziert, sondern auch den Demokratisierungsprozess unterstützt. Erst wenn in den Regierungen ein Bewusstsein davon vorhanden ist, dass Loyalität gegenüber dem Staat als Ordnungsmacht und Zusammengehörigkeit der unterschiedlichen Bevölkerungsgruppen untereinander sich nur dann ergeben, wenn vom Staat entsprechende Leistungen erbracht werden, wenn er die Beteiligung an den nationalen Ressourcen gewährt und seine sozialen Funktionen gegenüber allen Gruppen unabhängig von Sonderinteressen wahrnimmt, könnten auch Nationalstaaten Wirklichkeit werden. Denn trotz der Globalisierung liegt die Bedeutung von Nationalstaaten nach wie vor nicht nur in der Sicherung der politischen, sondern vor allem der sozialen Rechte.

Anhang

Bibliographie

Allgemeine, übergreifende Literatur

Bernecker, Walther L. [u. a.] (Hrsg.): Handbuch der Geschichte Lateinamerikas. 3 Bde. Stuttgart 1992–96. [Mit Beiträgen zu Sachfragen und einzelnen Ländern.]

Bethell, Leslie (Hrsg.): The Cambridge History of Latin America. 11 Bde. Cambridge 1984–1995. [Mit Beiträgen zu Sachfragen und einzelnen Ländern; Band 11 ist eine ausführliche Bibliographie.]

Nohlen, Dieter / Nuscheler, Franz (Hrsg.): Handbuch der Dritten Welt. Bd. 2: Südamerika. Bd. 3: Mittelamerika und Karibik. 1. überarb. und aktual. Nachdr. der 3. Auflage. Bonn 1995.

Rehrmann, Norbert: Lateinamerikanische Geschichte. Kultur, Politik, Wirtschaft im Überblick. Reinbek 2005.

Tenenbaum, Barbara A. (Hrsg.): Encyclopedia of Latin America. History and Culture. 5 Bde. New York 1996.

Werz, Nikolaus: Lateinamerika: Eine Einführung. Freiburg 2005.

Übergreifende Geschichtsdarstellungen zu Lateinamerika

Bakewell, Peter J.: A History of Latin America: Empires and Sequels, 1450–1930. Oxford ²2004.

Galeano, Eduardo: Die offenen Adern Lateinamerikas. Die Geschichte eines Kontinents von der Entdeckung bis zur Gegenwart. Erw. Neuaufl. Wuppertal ¹⁸2005. [Span. Orig.-Ausg. 1970.]

Übergreifende Geschichtsdarstellungen und Länderkunden zu einzelnen Ländern

Argentinien

Rock, David: Argentina 1516–1987. From Spanish Colonization to Alfonsin. Berkeley / Los Angeles 1987.

Sevilla, Rafael / Zimmerling, Ruth (Hrsg.): Argentinien – Land der Peripherie? Bad Honnef 1997.

Bolivien

Sevilla, Rafael / Benavides, Ariel (Hrsg.): Bolivien – Das verkannte Land? Bad Honnef 2001.

Brasilien

Bernecker, Walther L. / Pietschmann, Horst / Zöller, Rüdiger: Eine kleine Geschichte Brasiliens. Frankfurt a. M. 2000.

Burns, Bradford E. (Hrsg.): A Documentary History of Brazil. New York 1966.

Sevilla, Rafael / Ribeiro, Darcy (Hrsg.): Brasilien – Land der Zukunft? Bad Honnef 1995.

Smith, Joseph: A History of Brazil, 1500–2000. Politics, Economy, Society, Diplomacy. London 2002.

Ecuador

Sevilla, Rafael / Costa, Alberto (Hrsg.): Ecuador – Welt der Vielfalt. Bad Honnef 2004.

Haiti

Bernecker, Walther L.: Kleine Geschichte Haitis. Frankfurt a. M. 1996.

Kolumbien

Sevilla, Rafael / von Haldenwang, Christian / Pizarro, Eduardo (Hrsg.): Kolumbien – Hundert Jahre Einsamkeit? Bad Honnef 1999.

Kuba

Zeuske, Michael / Zeuske, Max: Kuba 1492–1902. Kolonialgeschichte, Unabhängigkeitskriege und erste Okkupation durch die USA. Leipzig 1998.

Zeuske, Michael: Kleine Geschichte Kubas. München 2000.

Mexiko

Bernecker, Walther L. / Pietschmann, Horst / Tobler, Hans-Werner: Eine kleine Geschichte Mexikos. Frankfurt a. M. 2006.
Ruhl, Klaus-Jörg / Ibarra García, Laura: Kleine Geschichte Mexikos. Von der Frühzeit bis zur Gegenwart. München 2000.

Mittelamerika

Sevilla, Rafael / Torres Rivas, Edelberto (Hrsg.): Mittelamerika – Abschied von der Revolution? Bad Honnef 2002.

Peru

Klarén, Peter Flindell: Peru. Society and Nationhood in the Andes. New York / Oxford 2000.
Sevilla, Rafael / Sobrevilla, David (Hrsg.): Peru – Land des Versprechens? Bad Honnef 2001.

Venezuela

Sevilla, Rafael / Boeckh, Andreas (Hrsg.): Venezuela – Die Bolivarische Republik. Bad Honnef 2005.

Die kolonialen Grundlagen der lateinamerikanischen Staaten: Die iberischen Kolonialreiche (1492–1750)

Entdeckung und Eroberung Amerikas

Bitterli, Urs: Die Entdeckung und Eroberung der Welt. Dokumente und Berichte. 2 Bde. München 1980–81.
Crosby Jr., Alfred W.: Die Früchte des weißen Mannes. Frankfurt a. M. 1991. [Engl. Orig.-Ausg. 1986.]
Domínguez Ortiz, Antonio: The Golden Age of Spain, 1516–1659. London 1971.

Engl, Liselotte / Engl, Theodor (Hrsg.): Die Eroberung Perus in Augenzeugenberichten. München 1975.

Friederici, Gerhard: Der Charakter der Entdeckung und Eroberung Amerikas durch die Europäer. 3 Bde. Nachdr. Osnabrück 1969. [¹1925–36.]

Gewecke, Frauke: Christoph Kolumbus. Leben. Werk. Wirkung. Frankfurt a. M. 2006.

König, Hans-Joachim: Die Entdeckung und Eroberung Amerikas 1492–1550. Freiburg i. Br. / Würzburg 1992.

– / Riekenberg, Michael / Rinke, Stefan: Die Eroberung einer neuen Welt. Präkolumbische Kulturen, europäische Eroberung, Kolonialherrschaft in Amerika. Schwalbach 2005.

Kolumbus, Christoph: Bordbuch. Mit einem Nachw. von Frauke Gewecke. Frankfurt a. M. 2006.

Lynch, John: Spain under the Habsburgs. 2 Bde. Oxford ²1981.

McAlister, Lyle N.: Spain and Portugal in the New World, 1492–1700. Minneapolis 1984.

Reinhard, Wolfgang: Geschichte der europäischen Expansion. Bd. 2.: Die Neue Welt. Stuttgart [u. a.] 1985.

Schmitt, Eberhard (Hrsg.): Dokumente zur Geschichte der europäischen Expansion. Bd. 1–4. München 1984–89. Bd. 5. Wiesbaden 2003.

Wallisch, Robert: Der Mundus Novus des Amerigo Vespucci. Wien 2002.

Koloniale Verwaltung

Boxer, Charles R.: The Dutch in Brazil, 1624–1654. Oxford 1957.

Góngora, Mario: Studies in the Colonial History of Spanish America. Cambridge 1975.

Konetzke, Richard: Süd- und Mittelamerika I, Die Indianerkulturen Altamerikas und die spanisch-portugiesische Kolonialherrschaft. Frankfurt a. M. 1965.

Lockhart, James / Schwartz, Stuart B. (Hrsg.): Early Latin America. A History of Colonial Spanish-America and Brazil. Cambridge 1983.

Pietschmann, Horst: Staat und staatliche Entwicklung am Beginn der spanischen Kolonisation Amerikas. Münster 1980.

Pietschmann, Horst: Die staatliche Organisation des kolonialen Iberoamerika. Stuttgart 1980.

Russel-Wood, A. J. R: Society and Government in Colonial Brazil, 1500–1822. Aldershot 1992.

Indianerpolitik und Gesellschaft

Becker, Felix: Die politische Machtstellung der Jesuiten in Südamerika im 18. Jahrhundert. Köln/Wien 1980.

Biermann, Benno M. OP: Las Casas und seine Sendung. Das Evangelium und die Rechte des Menschen. Mainz 1968.

Boxer, Charles R.: Race Relations in the Portuguese Colonial Empire, 1415–1825. Oxford 1963.

Delgado, Mariano (Hrsg.): Gott in Lateinamerika. Texte aus fünf Jahrhunderten. Düsseldorf 1991.

Dignath, Stephan: Die Pädagogik der Jesuiten in den Indio-Reduktionen von Paraguay, 1609–1767. Frankfurt a. M. 1978.

Hanke, Lewis: The Spanish Struggle for Justice in the Conquest of America. Boston [7]1965.

– Aristotle and the American Indian. A Study in the Race Prejudice in the Modern World. Bloomington/London 1959. Nachdr. 1975.

Hemming, John: Red Gold: The Conquest of the Brazilian Indians, 1500–1760. London [2]1995.

Höffner, Joseph: Kolonialismus und Evangelium. Spanische Kolonialethik im Goldenen Zeitalter. 3., verb. Aufl. Trier 1972.

Höner, Urs: Die Versklavung der brasilianischen Indianer. Der Arbeitsmarkt in portugiesisch Amerika im XVI. Jahrhundert. Zürich 1980.

Marchant, Alexander: From Barter to Slavery. The Economic Relations of Portuguese and Indians in the Settlement of Brazil 1500–1580. Gloucester 1966.

Mörner, Magnus: Race Mixture in the History of Latin America. Boston 1967.

Pagden, Anthony: The Fall of Natural Man. The American Indian and the Origins of Comparative Ethnology. New York 1982.

Thomas, Georg: Die portugiesische Indianerpolitik in Brasilien, 1500–1640. Berlin 1968.

Todorov, Tzvetan: Die Eroberung Amerikas. Das Problem des Anderen. Frankfurt a. M. 1985. [Frz. Orig.-Ausg. 1982.]

Handelssystem und Wirtschaft

Spanischamerika

Bakewell, Peter J.: Silver Mining and Society in Colonial Mexico, Zacatecas 1546–1700. Cambridge 1971.
– Miners of the Red Mountain: Indian Labor in Potosí, 1545–1650. Albuquerque 1984.
Haring, Clarence H: The Spanish Empire in America. New York ²1963.
MacLeod, Murdo J.: Spanish Central America. A Socioeconomic History, 1520–1720. Berkeley / Los Angeles 1973.
Nickel, Helmut: Soziale Morphologie der mexikanischen Hacienda. Wiesbaden 1978.
Pohl, Hans: Die Wirtschaft Hispanoamerikas in der Kolonialzeit (1500–1800). Stuttgart 1996.
Siebenmann, Gustav (Hrsg.): Die lateinamerikanische Hacienda. Ihre Rolle in der Geschichte von Wirtschaft und Gesellschaft. Diessenhofen 1979.

Brasilien

Alden, Dauril (Hrsg.): Colonial Roots of Modern Brazil. Berkeley 1973.
Boxer, Charles R.: The Golden Age of Brazil, 1695–1750. Growing Pains of a Colonial Society. Berkeley 1962.
Curtin, Philip D.: The Atlantic Slave Trade. A Census. Madison 1969.
Freyre, Gilberto: Herrenhaus und Sklavenhütte. Ein Bild der brasilianischen Gesellschaft. München 1990.
Furtado, Celso: Die wirtschaftliche Entwicklung Brasiliens. München 1975.
Morse, Richard M. (Hrsg.): The Bandeirantes. The Historical Role of Brazilian Pathfinders. New York 1965.
Russel-Wood, A. J. R.: The Black Man in Slavery and Freedom in Colonial Brazil. New York 1982.
Schwartz, Stuart B.: Sugar Plantations in the Formation of Brazilian Society – Bahia, 1550–1835. Cambridge 1985.

Erste Autonomiebestrebungen in den Kolonien:
Patriotismus und neuer kolonialer Zugriff (1750–1800)

Die Kolonialpolitik der spanischen Bourbonen, eine zweite Conquista

Neuordnung in Verwaltung, territorialer Gliederung und
Handelsbeziehungen

Barbier, Jacques: Reform and Politics in Bourbon Chile, 1755–1796. Ottawa 1980.

Campillo y Cossío, José de: Nuevo sistema de gobierno económico para América. Madrid 1789 (Nachdr. 1993.)

Campomanes, Pedro R.: Discurso sobre el Fomento de la Industria Popular. Madrid 1774. Edición a cargo de John Reeder. Madrid 1972.

Fisher, John: Commercial relations between Spain and Spanish America in the Era of Free Trade, 1778–1996. Liverpool 1985.

Krebs, Ricardo: Die iberischen Staaten von 1659–1788. In: Handbuch der europäischen Geschichte. Hrsg. von Theodor Schieder. Bd. 4. Stuttgart 1968. S. 549–584.

Kuethe, Alan J.: Military Reform and Society in New Granada, 1773–1808. Gainesville 1978.

Liss, Peggy K.: Atlantic Empires: The Network of Trade and Revolutions, 1713–1826. Baltimore/London 1983.

Lynch, John: Spanish Colonial Administration, 1782–1810. The Intendant System in the Viceroyalty of the Rio de la Plata. London 1958.

– Bourbon Spain, 1700–1808. Oxford 1989.

Pagden, Anthony: Spanish Imperialism and the Political Imagination. Studies in European and Spanish-American Political Theory 1513–1830. New Haven 1990.

Schmidt, Peer: Hispanoamerika von den bourbonischen Reformen bis zur Unabhängigkeit. In: Friedrich Edelmayer [u. a.] (Hrsg.): Die Neue Welt: Süd- und Nordamerika in ihrer kolonialen Epoche. Wien 2001. S. 105–126.

Walker, Geoffrey J.: Spanish Politics and Imperial Trade, 1707–1789. London 1979.

Die ambivalente Wirkung der Aufklärung

Aldridge, A. Owen (Hrsg.): The Ibero-American Enligthenment. Urbana 1971.

Büschges, Christian: Familie, Ehre und Macht. Konzept und soziale Wirklichkeit des Adels in der Stadt Quito (Ecuador) während der späten Kolonialzeit, 1765–1822. Stuttgart 1996.

Chiaramonte, José Carlos (Hrsg.): Pensamiento de la ilustración. Economía y sociedad iberoamericanas en el siglo XVIII. Caracas 1979.

Humboldt, Alexander von: Reise in die Äquinoktial-Gegenden des Neuen Kontinents. Hrsg. von Ottmar Ette. 2 Bde. Frankfurt a. M. 1991.

Keeding, Ekkehart: Das Zeitalter der Aufklärung in der Provinz Quito. Köln 1983.

Kraus, Werner: Die Aufklärung in Spanien, Portugal und Lateinamerika. München 1973.

Shafer, Robert: The Economic Societies in the Spanish World (1783–1821). Syracuse 1958.

Whitaker, Arthur P. (Hrsg.): Latin America and the Enlightenment. Ithaca 1961.

Reaktionen der Kolonialbevölkerung auf die zweite Conquista

Auld, Leone R.: Discontent with the Spanish System of Control in Upper Peru 1750–1809. Ann Arbor 1989.

Fisher, John / Kuethe, Alan / McFarlane, Anthony: Reform and Insurrections in Bourbon New Granada and Peru. Baton Rouge (La.) 1990.

Halperin-Donghi, Tulio: Reforma y disolución de los imperios ibéricos 1750–1850. Madrid 1985.

König, Hans-Joachim: Auf dem Wege zur Nation. Nationalismus im Prozeß der Staats- und Nationbildung Neu-Granadas 1750 bis 1856. Stuttgart 1988.

Lechner, Jan (Hrsg.): Essays on Cultural Identity in Colonial Latin America. Problems and Repercussions. Leiden 1988.

Meissner, Jochen: Eine Elite im Umbruch. Der Stadtrat von Mexiko zwischen kolonialer Ordnung und unabhängigem Staat (1761–1821). Frankfurt a. M. 1993.

O'Phelan Godoy, Scarlett: Rebellions and Revolts in Eighteenth Century Peru and Upper Peru. Köln/Wien 1985.

Phelan, John Leddy: The People and the King. The Comunero Revolution in Colombia, 1781. Madison 1978.

Romero, José Luis / Romero, Luis Albert (Hrsg.): Pensamiento político de la emancipación (1790–1825). 2 Bde. Caracas 1977.

Portugals neue Kolonialpolitik ab 1750

Alden, Dauril: Royal Government in Colonial Brazil 1769–1779. Berkeley 1968.

Maxwell, Kenneth R.: Pombal, Paradox of the Enlightenment. Cambridge 1995.

Kolonialkritik in Brasilien

Barman, Roderick J.: Brazil, the Forging of a Nation, 1798–1852. Stanford 1988.

Maxwell, Kenneth R.: Conflicts and Conspiracies: Brazil and Portugal, 1750–1808. Cambridge 1974.

Morton, Francis W. O.: The Conservative Revolution of Independence: Bahia 1790–1840. Oxford 1974.

Russel-Wood, A. J. R. (Hrsg.): From Colony to Nation: Essays on the Independence of Brazil. Baltimore 1975.

Die Staatsgründung Haitis durch ehemalige Sklaven –
Vorbild und Horrorszenario

Ambroise, Jean-Jacques / Rameau, Mario: La révolution de Saint-Domingue, 1789–1804. Port-au-Prince ²1990.

Fick, Carolyn: The Making of Haiti: The Saint Domingue Revolution from Below. Knoxville 1990.

Moïse, Claude (Hrsg.): Dictionnaire historique de la Révolution Haïtienne, 1789–1804. Collection du Bicentenaire. Montréal 2003.

Schottelius, Herbert: Die politische Emanzipation von Haiti und Santo Domingo. In: Inge Buisson / Herbert Schottelius: Die

Unabhängigkeitsbewegungen in Lateinamerika, 1788–1826. Stuttgart 1980. S. 133–150.

Schüller, Karin: Sklavenaufstand, Revolution, Unabhängigkeit: Haiti, der erste unabhängige Staat Lateinamerikas. In: Rüdiger Zoller (Hrsg.): Amerikaner wider Willen. Frankfurt a. M. 1994. S. 125–143.

Von Kolonien zu souveränen Staaten: Der Prozess der Staatenbildung (1808–1830)

Die Krise in Spanien

Anna, Timothy E.: Spain and the Loss of America. London 1983.

Domínguez, Jorge I.: Insurrection or Loyalty: The Breakdown of the Spanish American Empire. Cambridge 1980.

Kaufmann, William W.: British Policy and the Independence of Latin America. 1804–1828. New Haven 1951.

Schmidt, Peer: Desamortisationspolitik und staatliche Schuldentilgung in Hispanoamerika am Ende der Kolonialzeit. Saarbrücken 1988.

Die spanischamerikanischen Unabhängigkeitsrevolutionen

Allgemeine Darstellungen

Buisson, Inge / Schottelius, Herbert: Die Unabhängigkeitsbewegungen in Lateinamerika. 1788–1826. Stuttgart 1980.

Buisson, Inge [u. a.] (Hrsg.): Problemas de la formación del estado y de la nación en Hispanoamérica. Köln 1984.

Costeloe, Michael P.: Response to Revolution. Imperial Spain and the Spanish American Revolutions, 1810–1840. Cambridge 1986.

Guerra, François-Xavier: Modernidad e independencias. Ensayos sobre las revoluciones hispanicas. México 1993.

Humphreys, Robert A. / Lynch, John: The Origins of Latin American Revolutions. 1808–1826. New York 1965.

Lucena Salmoral, Manuel [u. a.]: Historia de Iberoamérica. Tomo III: Historia Contemporánea (siglos XIX y XX). Madrid 1988.

Lynch, John: The Spanish American Revolutions, 1808–1826. New York / London ²1986.
– (Hrsg.): Latin American Revolutions. 1808–1826. Old and New World Origins. Norman 1994.

Vizekönigreich Neu-Granada

Borrero, Manuel Maria: La revolución quiteña, 1809–1812. Quito 1962.
Bushnell, David: El régimen de Santander en la Gran Colombia. Bogotá 1966.
Carrera Damas, German: Boves. Aspectos socioeconómicos de su acción historica. Caracas 1968.
Fundación Eugenio Mendoza: Venezuela Independiente. 1810–1960. Caracas 1962.
König, Hans-Joachim: Auf dem Wege zur Nation. Nationalismus im Prozeß der Staats- und Nationbildung Neu-Granadas 1750 bis 1856. Stuttgart 1988.
Pino Iturrieta, Elías: La mentalidad venezolana de la emancipación (1810–1812). Caracas 1991.

Vizekönigreich Neu-Spanien

Al'Perovic, Moisej S.: Hidalgo und der Volksaufstand in Mexiko. In: Lateinamerika zwischen Emanzipation und Imperialismus 1810–1960. Berlin (Ost) 1961. S. 35–78.
Anna, Timothy E.: The Fall of the Royal Government in Mexico City, 1808–1821. Lincoln (Nebr.) 1978.
Hamill, Hugh M.: The Hidalgo Revolt: Prelude to Mexican Independence. Westport 1981.
Luján Muñoz, Jorge: La independencia y la anexión de Centroamérica a México. Guatemala 1975.
Meissner, Jochen: Eine Elite im Umbruch. Der Stadtrat von Mexiko zwischen kolonialer Ordnung und Unabhängigkeit 1761–1821. Frankfurt a. M. 1993
Robertson, William Spence: Iturbide of Mexico. New York ²1968.
Rodríguez, Jaime (Hrsg.): The Independence of Mexico and the Creation of the New Nation. Los Angeles 1989.
Timmons, Wilbert H.: Morelos. Priest Soldier Statesman of Mexico. El Paso 1963.

Torre, Villar, Ernesto de la: La constitución de Apatzingán y los creadores del estado mexicano. México 1978.

Vizekönigreich Río de la Plata

Auld, Leone R.: Discontent with the Spanish System of Control in Upper Peru 1750–1809. Ann Arbor 1989.

Bushnell, David: Reform and Reaction in the Platine Provinces, 1810–1852. Gainesville 1983.

Halperin Donghi, Tulio: Politics, Economics and Society in Argentina in the Revolutionary Period. Cambridge 1975.

Kahle, Günther: Grundlagen und Anfänge des paraguayischen Nationalbewusstseins. Köln 1962.

Levene, Ricardo: Ensayo histórico sobre la revolución de Mayo y Mariano Moreno. 3 Bde. Buenos Aires ^{4}1960.

Scobie, James: Argentina, a City and a Nation. New York 1971.

Street, John: Artigas and the Emancipation of Uruguay. Cambridge 1959.

White, Richard Lana: Paraguay's Autonomous Revolution, 1810–1840. Albuquerque 1978.

Williams, John Hoyt: The Rise and Fall of the Paraguayan Republic, 1800–1870. Austin 1979.

Vizekönigreich Peru

Anna, Timothy: The Fall of the Royal Government in Peru. Lincoln (Nebr.) 1979.

Arnade, Charles: The Emergence of the Republic of Bolivia. Gainesville ^{2}1957.

Bonilla, Heraclio (Hrsg.): La independencia del Peru. Lima 1981.

Collier, Simón: Ideas and Politics of Chilean Independence 1808–1833. Cambridge 1967.

Kinsbruner, Jay: Diego Portales: Interpretive Essays on the Man and Times. Den Haag 1967.

Valencia, Avaria, Luís: Bernardo O'Higgins, el buen genio de América. Santiago 1980.

Probleme der Staatenbildung

Föderalismus oder Zentralismus, Monarchie oder Republik

Johnson, John J.: Simón Bolívar and Spanish American Independence, 1783–1830. Princeton 1968.

König, Hans-Joachim (Hrsg.): Simón Bolívar. Reden und Schriften zu Politik, Wirtschaft und Gesellschaft. Hamburg / Obertshausen 1984.

Masur, Gerhard: Simón Bolívar. Konstanz [o. J.]. [Span. Ausg. Albuquerque 1948.]

Parra-Pérez, Caracciola: La Monarquía en la Gran Colombia. Madrid 1957.

Pérez Gilhou, Dardo: Las ideas monárquicas en el Congreso de Tucumán. Buenos Aires 1966.

Véliz, Claudio: The Centralist Tradition of Latin America. Princeton 1980.

Die Instrumentalisierung des Indianischen

König, Hans-Joachim: Die Mythisierung der ›Conquista‹ und des ›Indio‹ zu Beginn der Staats- und Nationbildung in Hispanoamerika. In: Karl Kohut (Hrsg.): Der eroberte Kontinent. Frankfurt a. M. 1991. S. 361–375.

Staatsbürgerschaft als Nation-Konzept

Guerra, François-Xavier / Quijada, Monica (Hrsg.): Imaginar la nación. Münster/Hamburg 1994.

König, Hans-Joachim: Nacionalismo y nación en la historia de Iberoamérica. In: H.-J. K. / Tristan Platt / Colin M. Lewis (Hrsg.): Estado-nación, comunidad indígena, industria. Tres debates al final del milenio. Ridderkerk 2000. S. 7–47.

Sabato, Hilda (Hrsg.): Ciudadanía política y formación de las naciones. Perspectivas históricas de América Latina. México 1999.

Der Sonderfall Kuba

Arango y Parreño, Francisco: Obras. 2 Bde. La Habana 1952.

Corwin, Arthur F.: Spain and the Abolition of Slavery in Cuba, 1817–1886. Austin 1967.

Moreno Fraginals, Manuel: El Ingenio. Complejo económico social cubano del azúcar. 3 Bde. La Habana 1978.

Opatrny, Josef: Antecedentes históricos de la formación de la nación cubana. Prag 1986.

Brasiliens friedlicher Übergang in die Souveränität

Barman, Roderick J.: Brazil, the Forging of a Nation, 1798–1852. Stanford 1988.

Bethell, Leslie (Hrsg.): Brazil, Empire and Republic, 1822–1930. Cambridge 1989.

Costa, Emília Viotti da: The Brazilian Empire: Myths and Histories. Chicago 1985.

Lang, James: Portuguese Brazil: The King's Plantation. New York 1979.

Macauley, Neil: Dom Pedro. The Struggle for Liberty in Brazil and Portugal, 1798–1834. Durham (N. C.) 1986.

Manchester, Alan K.: British Preeminance in Brazil, its Rise and Decline. Durham (N. C.) 1933.

Russel-Wood, A. J. R. (Hrsg.): From Colony to Nation: Essays on the Independence of Brazil. Baltimore 1975.

Internationale Rahmenbedingungen

Becker, Felix: Die Hansestädte und Mexiko. Handelspolitik, Verträge, Handel, 1821–1867. Wiesbaden 1984.

Bernecker, Walther L.: Die Handelskonquistadoren. Europäische Interessen und mexikanischer Staat im 19. Jahrhundert. Stuttgart 1988.

Holden, Robert H. / Zolov, Eric (Hrsg.): Latin America and the United States. A Documentary History. New York 2000.

Kaufmann, William W.: British Policy and the Independence of Latin America, 1804–1828. London 1967.

Kossok, Manfred: Im Schatten der Heiligen Allianz. Berlin 1964.

Whitaker, Arthur P.: The United States and the Independence of Latin America. 1800–1830. New York 1964.

Staatlich-politische Konsolidierung:
Entwicklungs- und Wachstumsbestrebungen (1830–1900)

Übergreifende Darstellungen

Bernhard, Virginia (Hrsg.): Elites, Masses, and Modernization in Latin America, 1850–1930. Austin 1979.

Beyhaut, Gustavo: Süd- und Mittelamerika II. Von der Unabhängigkeit bis zur Krise der Gegenwart. Frankfurt a. M. 1965. (Fischer Weltgeschichte. Bd. 23.)

Burns, E. Bradford: The Poverty of Progress: Latin America in the Nineteenth Century. Berkeley 1980.

Bushnell, David / Macauly, Neill: The Emergence of Latin America in the Nineteenth Century. New York 1988.

Cortes Conde, Roberto / Stein, Stanley J. (Hrsg.): Latin America. A Guide to Economic History 1830–1930. Berkeley 1977.

Halperin Donghi, Tulio: Geschichte Lateinamerikas. Von der Unabhängigkeit bis zur Gegenwart. Frankfurt a. M. 1994. [Span. Orig.-Ausg. 1968.]

König, Hans-Joachim / Wiesebron, Marianne (Hrsg.): Nation Building in Nineteenth Century Latin America. Dilemmas and Conflicts. Leiden 1998.

Platt, D. C. M.: Latin America and the British Trade. London 1972.

Woodward Jr., Ralph Lee: Central America: A Nation Divided. New York ²1985.

Die konservative Phase:
Zersplitterung und schwache Ordnungskräfte

Lynch, John: Caudillos in Spanish America, 1800–1850. Oxford 1992.

Mexiko und Zentralamerika

Costeloe, Michael: La primera república federal de México (1824–1835). México 1983.

Pletcher, David M.: The Diplomacy of Annexation: Texas, Oregon and the Mexican War. Columbia 1973.

Reichstein, A.: Der texanische Unabhängigkeitskrieg 1835–36: Ursachen und Wirkungen. Berlin 1984.

Stevens, Donald F.: Origins of Instability in Early Republican Mexico. Durham (N. C.) 1991.

Nördliche Andenstaaten

Blanksten, George L.: Ecuador: Constitutions and Caudillos. New York 1964.

Gilmore, Robert L.: Caudillismo and Militarism in Venezuela, 1810–1910. Athens (Oh.) 1964.

Rodríguez, Linda A.: The Search for Public Policy: Regional Politics and Government Finances in Ecuador, 1830–1940. Berkeley 1985.

Van Aken, Mark J.: King of the Night. Juan José Flores and Ecuador, 1824–1864. Berkeley / Los Angeles / London 1989.

Staaten im La-Plata-Raum

Barba, Enrique P.: Unitarismo, federalismo, rosismo. Buenos Aires 1972.

Burgin, Miron: The Economic Aspects of Argentine Federalism, 1820–1852, Cambridge (Mass.) 1946.

Lynch, John: Argentine Dictator: Juan Manuel de Rosas, 1829–1852. Oxford 1981.

Tau Anzoátegui, Víctor: Formación del estado federal argentino, 1820–1852: la intervención del gobierno de Buenos Aires en los asuntos nacionales. Buenos Aires 1965.

Brasilien

Graham, Richard: Patronage and Politics in the 19th Century Brazil. Stanford 1990.

Die Phase von Liberalismus und Föderalismus

Mexiko

Bazant, Jan: Alienation of Church Wealth in Mexico: Social and Economic Aspects of the Liberal Revolution. Cambridge 1971.

Buisson, Inge: Wege, Ziele und Ergebisse liberaler Entwicklungspolitik in der mexikanischen Reform-Ära. In: I. B. / Manfred Mols (Hrsg.): Entwicklungsstrategien in Lateinamerika in Vergangenheit und Gegenwart. Paderborn 1983. S. 83–98.

Knowlton, Robert K.: Church Property and the Mexican Reform 1856–1910. DeKalb 1976.

Lubiensky, Johann: Der Maximilianische Staat. Mexiko 1861–1867. Wien/Köln/Graz 1988.

Perry, Laurens B.: Juárez and Díaz: Machine Politics in Mexico. DeKalb 1978.

Sinkin, Richard N.: The Mexican Reform 1855–1876. A Study in Liberal Nation-Building. Austin 1979.

Weeks, Charles A.: The Juárez Myth in Mexico. Tuscaloosa (Ala.) 1987.

Die nördlichen Andenstaaten

Delpar, Helen: Red Against Blue: The Liberal Party in Colombian Politics, 1863–1899. Tuscaloosa (Ala.) 1981.

Der La-Plata-Raum

Kolinsky, Charles J.: Independence or Death! The Story of the Paraguayan War. Gainesville 1965.

Lewis, Colin: British Railways in Argentina 1857–1914. A Case Study in Foreign Investment. London 1983.

Scobie, James: Revolution on the Pampas: A Social History of Argentine Wheat, 1860–1910. Austin 1964.

Warren, Harris G.: Paraguay and the Triple Alliance. The Postwar Decade, 1869–1878. Austin 1978.

Die südlichen Andenstaaten

Bonilla, Heraclio: Guano y burguesía en el Perú. Lima 1974.
Miller, Rory (Hrsg.): Region and Class in Modern Peruvian History. Liverpool 1987.
Mücke, Ulrich: Der Partido Civil in Peru, 1871–1879. Stuttgart 1998.

Brasilien

Graham, Richard: Britain and the Onset of Modernization in Brazil, 1850–1914. Cambridge 1968.
Nunes Leal, Victor: Coronelismo: The Municipality and Representative Government in Brazil. Cambridge 1977.

Die Phase der oligarchisch-politischen Konsolidierung

Mexiko

Hale, Charles A.: The Transformation of Liberalism in the Late Nineteenth Century Mexico. Princeton 1989.
Roeder, Ralph: Hacia el México moderno. Porfirio Díaz. México 1973.
Tobler, Hans-Werner: Die mexikanische Revolution. Gesellschaftlicher Wandel und politischer Umbruch, 1876–1940. Frankfurt a. M. 1992. [Zuerst 1984.]

Kolumbien

Bergquist, Charles: Coffee and Conflict in Colombia, 1886–1910. Durham (N. C.) 1978.
Palacios, Marco: Coffee in Colombia, 1850–1970. An Economic, Social and Political History. Cambridge 1980.
Park, James W.: Rafael Núñez and the Politics of Columbian Regionalism, 1863–1886. Baton Rouge (La.) 1985.

Argentinien

Rock, David: Politics in Argentina, 1890–1930. The Rise and Fall of Radicalism. Cambridge 1976.

Slatta, Richard W.: Gauchos and the Vanishing Frontier. Lincoln (Nebr.) 1983.
Walther, Juan Carlos: La conquista del desierto. Buenos Aires 1948.

Brasilien

Barman, Roderick J.: Citizen Emperor: Pedro II and the Making of Brazil, 1825–91. Stanford 1999.
Freyre, Gilberto: Order and Progress: Brazil from Monarchy to Republic. New York 1970.
Hahner, June E.: Civilian-Military Relations in Brazil, 1889–1898. Columbia 1969.
– Poverty and Politics. The Urban Poor in Brazil, 1870–1920. Albuquerque 1986.
Love, Joseph L.: São Paulo in the Brazilian Federation, 1889–1937. Stanford 1980.

Modernisierung durch Agrar- und Rohstoffexporte

Feest, Christian F.: Die Indianerpolitik Mexikos und der USA, 1830–1930. In: Friedrich Edelmayer / Bernd Hausberger / Hans-Werner Tobler (Hrsg.): Die Vielen Amerikas. Die Neue Welt zwischen 1800 und 1930. Frankfurt a. M. / Wien 2000. S. 89–106.
Karlen, Stefan / Wimmer, Andreas (Hrsg.): Integration und Transformation. Ethnische Gemeinschaften, Staat und Weltwirtschaft in Lateinamerika seit ca. 1850. Stuttgart 1996.
König, Hans-Joachim: ›Entwicklung nach außen‹. Voraussetzungen, Maßnahmen und Ergebnisse des Entwicklungskonzepts der Liberalen in Kolumbien in der zweiten Hälfte des 19. Jahrhunderts. In: Inge Buisson / Manfred Mols (Hrsg.): Entwicklungsstrategien in Lateinamerika in Vergangenheit und Gegenwart. Paderborn 1983. S. 67–82.

Neue Staatenbildungen unter dem Einfluss der USA

Panama

Conniff, Michael L.: Panama and the United States. The Forced Alliance. Athens/London 1992.

Meding, Holger M.: Panama. Staat und Nation im Wandel (1903–1941). Köln/Weimar/Wien 2002.

Schubert, Alex: Panama. Geschichte eines Landes. Berlin 1978.

Zoller, Rüdiger (Hrsg.): Panama: 100 Jahre Unabhängigkeit. Handlungsspielräume und Transformationsprozesse einer Kanalrepublik. Erlangen 2004.

Kuba

Ette, Ottmar: José Martí. Tl. 1: Apostel – Dichter – Revolutionär. Eine Geschichte seiner Rezeption. Tübingen 1991.

Foner, Philip S.: The Spanish-Cuban-American War and the Birth of American Imperialism 1895–1902. Bd. 1 und 2. New York / London 1972.

Helg, Arline: Our Rightful Share. The Afro-Cuban Struggle for Equality 1886–1912. Chapel Hill / London 1995.

Offner, John L.: An Unwanted War. The Diplomacy of the United States and Spain over Cuba, 1895–1898. Chapel Hill / London 1992.

Pérez, Luis A. Jr.: Cuba between Empires, 1878–1902. Pittsburgh 1983.

– Cuba under the Platt Amendment, 1902–1934. Pittsburgh 1986.

Bemühungen um kulturelle Identität

Geschichte und Geschichtsschreibung als sinnstiftende Medien

Colmenares, Germán: Las convenciones contra la cultura. Ensayos sobre la historiografía hispanoamericana del siglo XIX. Bogotá 1987.

König, Hans-Joachim: Zwischen Essay, Erzählung und Mythos. Zur Entstehung der lateinamerikanischen Historiographie im 19. Jahrhundert. In: Bruno Walter Berg [u. a.]: Fliegende Bilder, fliegende Texte. Identität und Alterität im Kontext von Gattung und Medium. Frankfurt a. M. / Madrid 2004. S. 53–71.

Riekenberg, Michael (Hrsg.): Lateinamerika. Geschichtsunterricht, Geschichtslehrbücher, Geschichtsbewußtsein. Frankfurt a. M. 1990.

– Große Transformationen des Geschichtsunterrichts in Lateinamerika seit 1500. In: Jörn Rüsen [u. a.]: Die Vielfalt der Kulturen. Frankfurt a. M. 1998. (Erinnerung, Geschichte, Identität. 4.) S. 247–268.

Die Wiederentdeckung des Autochthonen

Ardao, Arturo: Génesis de la idea y el nombre de América Latina. Caracas 1980.

Del Río, Angel: The Clash and Attraction of Two Cultures. The Hispanic and Anglo-Saxon Worlds in America. Baton Rouge (La.) 1965.

Lugones, Leopoldo: La guerra gaucha. (1905). Buenos Aires 1966.

Raab, Josef: Pan-amerikanisches Ideal und US-amerikanische Vormacht: José Martís Sicht des ›vecino formidable‹. In: Hans-Joachim König / Stefan Rinke (Hrsg.): Transatlantische Perzeptionen. Lateinamerika – USA – Europa in Geschichte und Gegenwart. Stuttgart 1998. S. 139–160.

Rama, Angel (Hrsg.): Der lange Kampf Lateinamerikas. Texte und Dokumente von José Martí bis Salvador Allende. Frankfurt a. M. 1982.

Stabb, Martin S.: In Quest of Identity. Patterns in the Spanish American Essay of Ideas, 1890–1960. Chapel Hill 1967.

Vasconcelos, José: La raza cósmica. Misión de la raza iberoamericana. México 1925. [Auszüge in: Angel Rama (Hrsg.): Der lange Kampf Lateinamerikas. Frankfurt a. M. 1982. S. 140–157.]

Die zögerliche Rezeption sozialistischer Vorstellungen

Alexander, Robert: Communism in Latin America. New Brunswick (N. J.) 1957.

Liss, Sheldon B.: Marxist Thought in Latin America. Berkeley 1984.

Politisch-ideologische Strömungen in Lateinamerika. Historische Traditionen und aktuelle Bedeutung. Autorenkollektiv unter Leitung von Adalbert Dessau. Berlin 1987.

Von Staaten zu Nationen:
Die Epoche ökonomisch-sozialen Wandels (1900–1990)

Modernisierung durch Industralisierung

Erste Hälfte des 20. Jahrhunderts

Furtado, Celso: Economic Development of Latin America: A Survey from Colonial Times to the Cuban Revolution. Cambridge 1970.

Hentschke; Jens R.: Estado Novo. Genesis und Konsolidierung der brasilianischen Diktatur von 1937. Saarbrücken 1996.

König, Hans-Joachim: Lateinamerika in der Krise: Das Beispiel Kolumbien. In: Dietmar Rothermund (Hrsg): Die Peripherie in der Weltwirtschaftskrise: Afrika, Asien und Lateinamerika 1929–1939. Paderborn 1983. S. 245–284.

Thorp; Rosemary (Hrsg.): Latin America in the 1930s: The Role of the World Periphery in World Crisis. Oxford/London 1984.

Zweite Hälfte des 20. Jahrhunderts

Cardoso, Fernando H. / Faletto, Enzo: Abhängigkeit und Entwicklung in Lateinamerika. Frankfurt a. M. 1976.

CEPAL: América Latina: el Pensamiento de la CEPAL: Editorial Universitaria. Santiago 1969.

– Raúl Prebisch: un aporte al estudio de su pensamiento. Santiago 1987.

Cordova, Armando / Michelana, Héctor Silva: Die wirtschaftliche Struktur Lateinamerikas: Drei Studien zur politischen Ökonomie der Unterentwicklung. Frankfurt a. M. ⁴1974.

Davis, Harold E.: Latin American Thought: A Historical Introduction. New York 1972.

Esser, Klaus: Lateinamerika: Industrialisierungsstrategien und Entwicklung. Frankfurt a. M. 1979.

Feder, Ernest: Agrarstruktur und Unterentwicklung in Lateinamerika. Frankfurt a. M. 1973.

Frank, André G.: Kapitalismus und Unterentwicklung in Lateinamerika. Frankfurt a. M. 1969.

Kay, Cristóbal: Latin American Theories of Development and Underdevelopment. London 1989.

Nohlen, Dieter / Thibaut, Bernhard: Struktur- und Enwicklungsprobleme Lateinamerikas. In: D. N. / Franz Nuscheler (Hrsg.): Handbuch der Dritten Welt. Bd. 2. Bonn 1995. S. 13–143.

Prebisch, Rául: The Economic Development of Latin America and its Principal Problems. Economic Commission for Latin America. Santiago 1950.

– Für eine bessere Zukunft der Entwicklungsländer. Ausgewählte ökonomische Studien. Berlin 1967.

Wilhelmy von Wolff, Manfred: CEPAL und die entwicklungspolitische Debatte in Lateinamerika. In: Inge Buisson / Manfred Mols (Hrsg.): Entwicklungsstrategien in Lateinamerika in Vergangenheit und Gegenwart. Paderborn 1983. S. 217–225.

Die Kultur politischer Gewalt

Allgemein und übergreifend

Petras, James / Zeitlin, Maurice (Hrsg.): Latin America. Reform or Revolution? New York 1968.

Selbin, Eric: Modern Latin American Revolutions. Boulder 1993.

Sigmund, Paul E. (Hrsg.): Models of Political Change in Latin America. New York / Washington / London 1970.

Guerilla und Gewalt

Duff, Ernest A. / McCamant, John E.: Violence and Repression in Latin America; a Quantitative and Historical Analysis. New York 1976.

Feder, Ernest (Hrsg.): Gewalt und Ausbeutung: Lateinamerikas Landwirtschaft. Hamburg 1973.

Galtung, Johan: Gewalt, Frieden und Friedensforschung. In: Dieter Senghaas (Hrsg.): Kritische Friedensforschung. Frankfurt a. M. 1971. S. 55–104.

Höpken, Wolfgang / Riekenberg, Michael (Hrsg.): Politische und ethnische Gewalt in Südosteuropa und Lateinamerika. Köln/Weimar/Wien 2001.

Lamberg, Robert F.: Die Guerilla in Lateinamerika. München 1972.

Lindenberg, Klaus (Hrsg.): Lateinamerika: Herrschaft, Gewalt und internationale Abhängigkeit. Bonn 1982.

Riekenberg, Michael: Gewaltsegmente. Über einen Ausschnitt der Gewalt in Lateinamerika. Leipzig 2003.

Soziale Revolutionen

Mexiko

Brading, David A. (Hrsg.): Caudillo and Peasant in the Mexican Revolution. Cambridge 1980.

Knight, Alan: The Mexican Revolution. 2 Bde. Cambridge 1986.

Mols, Manfred: Mexiko im 20. Jahrhundert. Politisches System, Regierungsprozess und politische Partizipation. Paderborn ²1983.

Mols, Manfred / Tobler, Hans-Werner: Mexiko: Die institutionalisierte Revolution. Köln/Wien 1976.

Nationalgalerie Berlin: Wand Bild Mexico. Berlin 1982.

Ruhl, Klaus-Jörg: Kurze Geschichte der mexikanischen Revolution. Berlin 2000.

Tobler, Hans-Werner: Die mexikanische Revolution. Gesellschaftlicher Wandel und politischer Umbruch, 1876–1940. Frankfurt a. M. 1992. [Zuerst 1984.]

Womack, John: Sterben für die Indios: Zapata und die mexikanische Revolution. Zürich 1972. [Span. Orig.-Ausg. 1969.]

Bolivien

Alexander, Robert J.: The Bolivian National Revolution. New Brunswick (N. J.) 1958.

Dunkerley, James: Rebellion in the Veins. Political Struggle in Bolivia, 1952–1982. London 1984.

Grindle, Merilee / Domingo, Pilar (Hrsg.): Proclaiming the Revolution: Bolivia in Comparative Perspective. Cambridge 2003.

Guevara, Ernesto ›Che‹: Bolivianisches Tagebuch. München 1968.

Heath, Dwight [u. a.] (Hrsg.): Land Reform and Social Revolution in Bolivia. New York 1969.

Klein, Herbert S.: Bolivia: The Evolution of a Multiethnic Society. New York / Oxford ²1992.

Malloy, James M. / Gamarra, Eduardo: Revolution and Reaction: Bolivia, 1964–1985. New Brunswick (N. J.) 1988.

Turovsky, Paul: Bolivian Haciendas: Before and after the Revolution. Los Angeles 1980.

Von der Heydt-Coca, Magda: Die bolivianische Revolution von 1952. Eine Analyse unter besonderer Berücksichtigung des Agrarsektors. Köln 1982.

Kuba

Benjamin, Jules R.: The United States and the Originis of the Cuban Revolution. Princeton 1990.

Castro Ruiz, Fidel: Fanal Kuba. Berlin (Ost) 1963.

Fabian, Horst: Der kubanische Entwicklungsweg. Opladen 1981.

Furtak, Robert K.: Kubas sozialistischer Entwicklungsweg: Selbstanspruch und Leistung. In: Inge Buisson / Manfred Mols (Hrsg.): Entwicklungsstrategien in Lateinamerika in Vergangenheit und Gegenwart. Paderborn 1983. S. 131–151.

Hubermann, Leo / Sweezy, Paul M.: Kuba. Anatomie einer Revolution. Frankfurt a. M. 1960.

Krakau, Knud: Die kubanische Revolution und die Monroe-Doktrin. Frankfurt a. M. / Berlin 1968.

Liss, Sheldon B.: Fidel! Castro's Political and Social Thought. Boulder 1994.

Pérez-Stable, Marifeli: The Cuban Revolution. Origins, Course, and Legacy. New York 1993.

Spillmann, Kurt R.: Die Kubakrise von 1962: geschichtliche, politische und strategische Hintergründe. Zürich 1987.

Szulc, Tad: Fidel. A Critical Portrait. New York 1986.

Thomas, Hugh: Castros Cuba. Berlin 1984. [Engl. Orig.-Ausg. 1971.]

Nicaragua

Belli, Gioconda: Die Verteidigung des Glücks. Erinnerungen an Liebe und Krieg. München 2002.

Burns, E. Bradford: At War with Nicaragua: The Reagan Doctrine and the Politics of Nostalgia. New York 1987.

Dietrich, Wolfgang: Nicaragua. Entstehung, Charakter und Hoffnung eines neuen Weges. Heidelberg 1988.

Gottwald, Gaby [u. a.] (Hrsg.): Die Contra-Connection: Die internationalen Contramacher und ihre bundesdeutschen Helfer. Hamburg 1989.

Informationsbüro Nicaragua (Hrsg.): Nicaragua – ein Volk im Familienbesitz. Reinbek 1979.

Jung, Harald: Bereicherungsdiktatur und Volksaufstand. Frankfurt a. M. 1980.

Langguth, Gerd: Wer regiert Nicaragua? Geschichte, Ideologie und Machtstrukturen des Sandinismus. Stuttgart 1989.

Niess, Frank: Das Erbe der Conquista. Geschichte Nicaraguas. Köln 1987.

Ramírez, Sergio: Adios, Muchachos. Eine Erinnerung an die sandinistische Revolution. Wuppertal. 2001.

Entwicklungsbestrebungen durch Militärdiktaturen

Allgemein und übergreifend

Fernández, Mario: Nationale Sicherheit in Lateinamerika. Heidelberg 1971.

Remmer, Karen L.: Military Rule in Latin America. Boston 1989.

Sotelo, Ignacio / Esser, Karl / Moltmann, Bernhard (Hrsg.): Die bewaffneten Technokraten: Militär und Politik in Lateinamerika. Hannover 1975.

Tobler, Hans-Werner / Waldmann, Peter (Hrsg.): Staatliche und parastaatliche Gewalt in Lateinamerika. Frankfurt a. M. 1991.

Argentinien

Heinz, Wolfgang S.: Militär und Demokratie. In: Detlef Nolte / Nikolaus Werz (Hrsg.): Argentinien. Politik, Wirtschaft, Kultur und Außenbeziehungen. Frankfurt a. M. 1996. S. 225–240.

Rock, David: Authoritarian Argentina: The Nationalist Movement, its History, and its Impact. Berkeley 1993.

Brasilien

Alves, Maria H. M.: State and Opposition in Military Brazil. Austin 1985.

Amnesty International: Brasilien: Straffrei töten. Bonn 1988.

Bacchus, Wilfred A.: Mission in Mufti: Brazil's Military Regimes, 1968–1985. Westport 1990.

Castelo Branco, Lucio: Staat, Raum und Macht in Brasilien: Anmerkungen zu Genese und Struktur der brasilianischen Staats- und Großmachtideologie. München 1983.

Fiechter, Georges-André: Brazil since 1964: Modernization under a Military Regime. London 1975.

Skidmore, Thomas E.: The Politics of Military Rule in Brazil, 1964–85. New York 1988.

The Archdiocese of São Paulo: Torture in Brazil. Austin 1998.

Chile

Angell, Alan / Pollack, Benny (Hrsg.): The Legacy of Dictatorship: Political, Economic and Social Change in Pinochet's Chile. Liverpool 1993.

Drake, Paul W. / Jaksic, Iván (Hrsg.): The Struggle for Democracy in Chile, 1982–1990. Lincoln (Nebr.) 1991.

Friedmann, Reinhard: Chile unter Pinochet: das autoritäre Experiment (1973–1990). Freiburg i. Br. 1990.

Huneeus, Carlos: Der Zusammenbruch der Demokratie in Chile. Eine vergleichende Analyse. Heidelberg 1981.

Valenzuela, J. Samuel / Valenzuela, Arturo: Military Rule in Chile: Dictatorships and Oppositions. Baltimore 1986.

Peru

Anderson, James: Sendero Luminoso: A New Revolutionary Model. London 1987.

Booth, David / Sorj, Bernardo (Hrsg): Military Reformism and Social Classes: The Peruvian Experience, 1968–1980. London 1983.

Lowenthal, Abraham (Hrsg.): The Peruvian Experiment: Continuity and Change under Military Rule. Princeton 1975.

McClintock, Cyntia / Lowenthal, Abraham (Hrsg.): The Peruvian Experience Reconsidered. Princeton 1983.

Miller, Rory (Hrsg.): Region and Class in Modern Peruvian History. Liverpool 1987.

Reh, Hans-Ulrich: Der Staatsstreich in Peru 1968. Ursachen und Konsequenzen. Mainz 1970.

Wachendorfer, Achim: Gewerkschaften und Militärregierung in Peru. Heidelberg 1989.

Uruguay

Bodemer, Klaus [u. a.] (Hrsg.): Uruguay zwischen Tradition und Wandel. Hamburg 1993.

Bossung, Monika: Das Volk entscheidet: Uruguays Widerstand gegen die Militärdiktatur. München 1991.

Gillespie, Harles G.: Negotiating Democracy: Politicians and Generals in Uruguay. Cambridge 1991.

Kroch, Ernesto: Uruguay zwischen Diktatur und Demokratie: ein lateinamerikanisches Modell? Frankfurt a. M. 1991.

Labrousse, Alain: Die Tupamaros. Stadtguerilla in Uruguay. Regensburg 1971.

Die neue Rolle der Kirche als Entwicklungsträger

Allgemeine Literatur zur Kirche in Lateinamerika

Dussel, Enrique: Die Geschichte der Kirche in Lateinamerika. Mainz 1988.

Lembke, Ingo: Christentum unter den Bedingungen Lateinamerikas. Die katholische Kirche vor den Problemen der Abhängigkeit und Unterentwicklung. Frankfurt a. M. / Bern 1975.

Prien, Hans-Jürgen: Die Geschichte des Christentums in Lateinamerika. Göttingen 1978.

– Evangelische Kirchwerdung in Brasilien. Gütersloh 1989.

Wandel seit den 1960er Jahren

Broucker, J. de: Dom Hélder Câmara. Die Bekehrungen eines Bischofs. Wuppertal 1978.

Cleary, Edward L. (Hrsg.): Born of the Poor. The Latin American Church Since Medellín. Notre Dame 1990.

Krumwiede, Heinrich W.: Katholische Kirche und sozialpolitischer Wandel in Lateinamerika. In: Wolf Grabendorff (Hrsg.): Lateinamerika. Kontinent in der Krise. Hamburg 1973. S. 99–130.

Krumwiede, Heinrich W.: Politische Perspektiven kirchlichen Wandels. In: Klaus Lindenberg (Hrsg.): Lateinamerika. Herrschaft, Gewalt und internationale Abhängigkeit. Bonn 1982. S. 125–143.

Vallier, Ivan: Catholicism, Social Control, and Modernization in Latin America. Englewood Cliffs 1970.

Die Entwicklung einer neuen Theologie der Befreiung

Boff, Leonardo: Aus dem Tale der Tränen ins Gelobte Land. Düsseldorf 1982.

Dussel, Enrique: Herrschaft und Befreiung. Ansatz, Stationen und Themen einer lateinamerikanischen Theologie der Befreiung. Fribourg 1985.

Gutiérrez, Gustavo: Theologie der Befreiung. Mainz/München 1980.

Prien, Hans-Jürgen (Hrsg.): Lateinamerika: Gesellschaft – Kirche – Theologie. 2 Bde. Göttingen 1981.

Kirchliche Gruppierungen nach dem 2. Vatikanum und nach Medellín

Adler, Gerhard (Hrsg.): Revolutionäres Lateinamerika. Paderborn 1970.

Cardenal, Ernesto [u. a.]. (Hrsg): Priester für Frieden und Revolution. Wuppertal 1983.

Gerling, Axel Ulrich / Scholl, Erhard (Hrsg.): Kirche der Armen? München 1972.

Kirche gegen Diktatur, Oppositionsersatz, Wandlungsträger

Brasilien

amnesty international (Hrsg.): Brasilien. Kirche in Opposition. Köln 1977.

Bruneau, Thomas C.: The Political Transformation of the Brazilian Catholic Church. Cambridge 1974.

German, Christiano: Politik und Kirche in Lateinamerika. Zur Rolle der Bischofskonferenzen im Demokratisierungsprozess Brasiliens und Chiles. Frankfurt a. M. 1999.

Chile

Hengsbach, Franz / López Trujillo, Alfonso [u. a.] (Hrsg.): Kirche in Chile. Abwehr und Klärung. Aschaffenburg 1976.

Mella, O.: Religion and Politics in Chile. An Analysis of Religious Models. Uppsala 1987.

Poblete, R. (Hrsg.): Chile: Der Zukunft eine Chance. Ein Bericht des lateinamerikanischen Instituts ILADES zum Konflikt Kirche – Staat. Mainz/München 1988.

Mittelamerika

Ballin, Monika: Die politische Rolle der Kirche in Zentralamerika: eine vergleichende Länderanalyse. Frankfurt a. M. 1990.

Berryman, Philip: Religious Roots of Rebellion: Christians in Central American Revolutions. Maryknoll 1984.

Der Interventionismus der USA in Lateinamerika

Lateinamerika als Raum der Expansion der USA

Ahrens, Dieter: Der karibische Raum als Interessensphäre der Vereinigten Staaten. Stuttgart 1965.

Niess, Frank: Der Koloss im Norden. Geschichte der Lateinamerikapolitik der USA. Köln 1984.

Schoultz, Lars: Beneath the United States. A History of U. S. Policy Toward Latin America. Cambridge (Mass.) 1998.

Die ideologischen Grundlagen des Interventionismus

May, Ernste R.: The Making of the Monroe Doctrine. Cambridge (Mass.) 1975.

Merk, Frederick: Manifest Destiny and Mission in American History: A Reinterpretation. New York 1963.

Wehler, Hans-Ulrich: Der Aufstieg des amerikanischen Imperialismus. Studien zur Entwicklung des Imperium Americanum. Göttingen 1974.

Das Interventionsrecht der *Roosevelt-Corollary*, *Big-Stick-Policy* und Dollardiplomatie

Collin, Richard: Theodore Roosevelt's Caribbean: The Panama Canal, the Monroe Doctrine, and the Latin American Context. Baton Rouge (La.) 1990.

Küntzel, Ulrich: Der Dollar-Imperialismus. Neuwied/Berlin 1968.

Investitionen, Wirtschaftswachstum und Abhängigkeit

Dosal, Paul J.: Doing Business with the Dictators. A Political History of United Fruit in Guatemala, 1899–1944. Wilmington 1993.

May Stacy / Plaza, Galo: The United Fruit Company in Latin America. New York 1958.

Swansbrough, Robert H.: The Embattled Colossus: Economic Nationalism and United States Investors in Latin America. Gainesville 1976.

Die Politik der »guten Nachbarschaft«

Dallek, Robert: Franklin D. Roosevelt and American Foreign Policy, 1932–1945. New York 1979, 1995.

Gellman, Irwin F.: Good Neighbor Diplomacy: United States Policies in Latin America, 1933–1945. Baltimore 1979.

Steward, Dick: Trade and Hemisphere: The Good Neighbor Policy and Reciprocal Trade. Columbia 1975.

Die Einbeziehung Lateinamerikas in den Kalten Krieg

Arévalo, Juan José: The Shark and Sardines. New York 1961. [Guatemala.]

Blasier, Cole: The Hovering Giant: U. S. Responses to Revolutionary Change in Latin America, 1910–1985. Rev. ed. Pittsburgh 1985.

Carothers, Thomas: In the Name of Democracy. U. S. Policy Toward Latin America in the Reagan Years. Berkeley 1992.

Diederichs, Bernard: Somoza and the Legacy of U. S. Involvement in Nicaragua. New York 1981.

Gleijeses, Piero: Shattered Hope: The Guatemalian Revolution and the United States, 1944–1954. Princeton 1991.

LaFeber, Walter: Inevitable Revolutions. The United States in Central America. New York / London 1983.

Lowenthal, Abraham F. (Hrsg.): Exporting Democracy. The United States and Latin America. Baltimore/London 1991.

Petras, James / Morley, Morris: The United States and Chile: Imperialism and the Overthrow of the Allende Government. New York / London 1975.

Schlesinger, Stephen / Kinzer, Stephan: Bitter Fruit. The Untold Story of the American Coup in Guatemala. Garden City (N. Y.) 1982.

OAS und Allianz für den Fortschritt

Kutzner, Gerhard: Die Organisation der Amerikanischen Staaten (OAS). Hamburg 1970.

Levinson, Jerome / de Onis, Juan: The Alliance that Lost its Way. Chicago 1970.

Lateinamerika im System der allein verbliebenen Weltmacht

Bulmer-Thomas, Victor / Dunkerley, James (Hrsg): The United States and Latin America: The New Agenda. London 1999.

Mols, Manfred [u. a.].: Die internationale Situation Lateinamerikas in einer veränderten Welt. Frankfurt a. M. 1995.

Auf dem Wege zu Nationen:
Realisierungschancen unter neuen Rahmenbedingungen der Gegenwart?

Postdiktatoriale Traumata, Desintegration, Vergangenheitsbewältigung und Redemokratisierung

Bendel, Petra / Krennerich, Michael (Hrsg.): Soziale Ungerechtigkeit. Analysen zu Lateinamerika. Frankfurt a. M. 2002.

Fischer, Thomas / Krennerich, Michael (Hrsg.): Politische Gewalt in Lateinamerika. Frankfurt a. M. 2000.

Guzmán Bouvard, Marguerite: Revolutionizing Motherhood: The Mothers of the Plaza de Mayo. Wilmington (Del.) 1994.

Junker, Detlef / Nohlen, Dieter / Sangmeister, Hartmut (Hrsg.): Lateinamerika am Ende des 20. Jahrhunderts. München 1994.

Nolte, Detlef (Hrsg.): Lateinamerika im Umbruch? Wirtschaftliche und politische Wandlungsprozesse an der Wende von den 80er zu den 90er Jahren. Hamburg 1991.

– (Hrsg.): Vergangenheitsbewältigung in Lateinamerika. Frankfurt a. M. 1996.

Oettler, Anika: Erinnerungsarbeit und Vergangenheitspolitik in Guatemala. Frankfurt a. M. 2004.

Roniger, Luis / Sznajder, Mario (Hrsg.): Constructing Collective Identities and Shaping Public Spheres: Latin American Paths. Brighton 1998.

Siedler, Rachel (Hrsg.): Impunity in Latin America. London 1995.

Suter, Christian: Gute und schlechte Regimes. Staat und Politik Lateinamerikas zwischen globaler Ökonomie und nationaler Gesellschaft. Frankfurt a. M. 1999.

Abschied vom Nationalstaat, plurikulturelle Nation

Alvarez, Sonja E. [u. a.] (Hrsg.): Cultures of Politics. Politics of Culture. Revisioning Latin American Social Movements. Boulder 1998.

Cornejo Polar, Antonio: Escribir en el aire. Ensayo sobre la heterogeneidad socio-cultural en las literaturas andinas. Lima 1994.

García Canclini, Néstor: Culturas híbridas: Estrategias para entrar y salir de la modernidad. México 1990.

Gutmann, Matthew C. / Matos Rodríguez, Félix V. / Stephen, Lynn / Zavella, Patricia (Hrsg.): Perspectives in Las Américas. A Reader in Culture, History, and Representaion. Maden (Ma.) 2003.

Martín-Barbero, Jesús: De los medios a las mediaciones. Comunicación, cultura y hegemonía. México 1987.

– Procesos de comunicación y matrices de cultura. Itinerario para salir de la razón dualista. México 1989.

Monsiváis, Carlos: Aires de familia: Cultura y sociedad en América Latina. Barcelona 2000.

Radcliffe, Sarah / Westwood, Sallie (Hrsg.): Remaking the Nation: Place, Identity and Politics in Latin America. London 1996.

Rama, Angel: La ciudad letrada. Hanover (N. H.) 1984.

Scharlau, Birgit / Münzel, Mark / Garscha, Karsten (Hrsg.): Kulturelle Heterogenität in Lateinamerika. Tübingen 1991.

Schlesinger, Arthur M. Jr.: The Disuniting of America: Reflections of a Multicultural Society. New York 1992.

Yúdice, George [u. a.] (Hrsg.): On Edge: The Crisis of Contemporary Latin American Culture. Minneapolis 1992.

Indigene Bewegungen, neue Interessenkollisionen

Cárdenas, V. H.: Indigenous Peoples, Development, and Democracy in Latin America (4. 2. 1997). In: http://iadb.org/sds/utility.ctm/133/English/pub/373

Collier George A. / Quaratiello, Elizabeth L.: Basta! Land and the Zapatista Rebellion in Chiapas. Oakland 1994.

Díaz Polanco, Héctor: Indigenous People in Latin America: The Quest for Self-Determination. Boulder 1997.

Gleich, Uta von (Hrsg): Indigene Völker in Lateinamerika. Frankfurt a. M. 1997.

König, Hans-Joachim [u. a.] (Hrsg.): El indio como sujeto y objeto de la historia latinoamericana. Pasado y presente. Frankfurt a. M. 1998.

Chalmers D. A. [u. a.] (Hrsg.): The New Politics of Inequality in Latin America: Rethinking Participation and Representation. Oxford 1997.

Sherzer, Joel / Urban, Greg (Hrsg.): Nation States and Indians in Latin America. Austin 1991.

Wade, Peter: Race and Ethnicity in Latin America. Critical Studies on Latin America. London 1997.

Verzeichnis der Karten

Personenregister

Zum Autor

Hans-Joachim König, Jahrgang 1941, studierte Geschichte, Latein und Spanisch in Münster und Hamburg. Promotion zum Dr. phil. und Habilitation für Geschichte Lateinamerikas an der Universität Hamburg. Akademischer Oberrat am Lehrstuhl für Neuere Geschichte und an der Forschungsstelle für Europäische Expansion der Universität Bamberg (1984–1988), Universitätsprofessor für Geschichte Lateinamerikas an der Katholischen Universität Eichstätt-Ingolstadt (seit 1988) und Mitdirektor des dortigen Zentralinstituts für Lateinamerika-Studien (seit 1989). Gastprofessor in Argentinien, Chile, Kolumbien, Mexiko. Mitherausgeber der *americana eystettensia*, von *HISTORA-MERICANA* und des *Jahrbuch für Geschichte Lateinamerikas*. Korrespondierendes Mitglied der Akademien für Geschichte von Chile (1991) und Kolumbien (1996). Träger des Ordens *Orden del Libertador* (Venezuela 1997). Vizepräsident und Präsident der Vereinigung europäischer Lateinamerikahistoriker (AHILA 1999–2005). Buchveröffentlichungen u. a.: *Monarchia Mundi und Res Publica Christiana* (1969); *Simón Bolívar. Reden und Schriften zu Politik, Wirtschaft und Gesellschaft* (Hrsg., 1984); *Auf dem Wege zur Nation. Nationalismus im Prozess der Staats- und Nationbildung Neu-Granadas 1750 bis 1856* (1988); *Die Neuen Welten in alten Büchern* (Hrsg., 1988); *Lateinamerika: Zum Problem einer eigenen Identität* (1991); *Die Entdeckung und Eroberung Amerikas, 1492–1550* (1992); *Carl Richard. Briefe aus Columbien an seine Freunde von einem hannoeverischen Officier, Geschrieben in dem Jahre 1820* (Hrsg., 1992); Inge Buisson-Wolff, *Staat, Gesellschaft und Nation in Hispanoamerika. Ausgewählte Aufsätze* (Hrsg., 1999); *Die Eroberung einer neuen Welt. Präkolumbische Kulturen, europäische Eroberung, Kolonialherrschaft in Amerika* (Mitverf., 2005).